SCRIPTORVM CLASSICORVM

BIBLIOTHECA OXONIENSIS

OXONII

E TYPOGRAPHEO CLARENDONIANO

HOMERI

OPERA

RECOGNOVERVNT
BREVIQVE ADNOTATIONE CRITICA INSTRVXERVNT

DAVID B. MONRO

ET

THOMAS W. ALLEN

TOMVS II
ILIADIS LIBROS XIII–XXIV CONTINENS

EDITIO TERTIA

OXONII
E TYPOGRAPHEO CLARENDONIANO

Oxford University Press, Great Clarendon Street, Oxford OX2 6DP

Oxford University Press is a department of the University of Oxford.
It furthers the University's objective of excellence in research, scholarship,
and education by publishing worldwide in

Oxford New York

Auckland Bangkok Buenos Aires Cape Town Chennai
Dar es Salaam Delhi Hong Kong Istanbul Karachi Kolkata
Kuala Lumpur Madrid Melbourne Mexico City Mumbai Nairobi
São Paulo Shanghai Taipei Tokyo Toronto

Oxford is a registered trade mark of Oxford University Press
in the UK and in certain other countries

Published in the United States
by Oxford University Press Inc., New York

First Edition 1902
Second Edition 1908
Third Edition 1920

ISBN 0-19-814529-2

25 27 29 30 28 26 24

Printed in Great Britain on acid-free paper by
Biddles Short-Run Books, King's Lynn

ΙΛΙΑΔΟΣ Ν

Ζεὺς δ' ἐπεὶ οὖν Τρῶάς τε καὶ Ἕκτορα νηυσὶ πέλασσε,·
τοὺς μὲν ἔα παρὰ τῇσι πόνον τ' ἐχέμεν καὶ ὀϊζὺν
νωλεμέως, αὐτὸς δὲ πάλιν τρέπεν ὄσσε φαεινώ,
νόσφιν ἐφ' ἱπποπόλων Θρῃκῶν καθορώμενος αἶαν
Μυσῶν τ' ἀγχεμάχων καὶ ἀγαυῶν Ἱππημολγῶν   5
γλακτοφάγων, Ἀβίων τε δικαιοτάτων ἀνθρώπων.
ἐς Τροίην δ' οὐ πάμπαν ἔτι τρέπεν ὄσσε φαεινώ·
οὐ γὰρ ὅ γ' ἀθανάτων τινα ἔλπετο ὃν κατὰ θυμὸν
ἐλθόντ' ἢ Τρώεσσιν ἀρηξέμεν ἢ Δαναοῖσιν.
Οὐδ' ἀλαοσκοπιὴν εἶχε κρείων ἐνοσίχθων·   10
καὶ γὰρ ὁ θαυμάζων ἧστο πτόλεμόν τε μάχην τε
ὑψοῦ ἐπ' ἀκροτάτης κορυφῆς Σάμου ὑληέσσης
Θρηϊκίης· ἔνθεν γὰρ ἐφαίνετο πᾶσα μὲν Ἴδη,
φαίνετο δὲ Πριάμοιο πόλις καὶ νῆες Ἀχαιῶν.
ἔνθ' ἄρ' ὅ γ' ἐξ ἁλὸς ἕζετ' ἰών, ἐλέαιρε δ' Ἀχαιοὺς   15
Τρωσὶν δαμναμένους, Διὶ δὲ κρατερῶς ἐνεμέσσα.
Αὐτίκα δ' ἐξ ὄρεος κατεβήσετο παιπαλόεντος
κραιπνὰ ποσὶ προβιβάς· τρέμε δ' οὔρεα μακρὰ καὶ ὕλη

2 παρὰ] περὶ Zen. Aristoph. : Ar. fort. utrumque (μήποτ' οὖν διχῶς Did.) : πρὸς v. l. ap. T   ὀχέμεν Zen.   5 Μοισῶν Pcsid. ap. Strab. 296   6 δικαιοτάτων τ' v. l. ant. V¹⁶, cit. Ammian. xxiii. 6. 62   8 δ γ'] ἔτ' Aristoph.   9 ἀρηξέμεν b 1 A Ge V¹⁶ V¹⁸ : ἀρήξειν v. l. in A : ἀρηγέμεν vulg. : ἀμυνέμεν L¹⁸   10 ἀλαοσκοπιὴν vulg. : ἀλαὸς σκοπιὴν A (σ addito m. sec) P⁵⁹ H¹ V¹³, cf. K 515   12 ἀκροτάτης κορυφῆς Aristoph. : ἀκροτάτῃ κορυφῇ h B C Mc T U¹ V³²   Σάμου] Σάου v. l. ant.   17 κατεδύσατο L¹⁷ N¹   18 a καὶ κορυφαὶ Τρώων τε πόλις καὶ νῆες Ἀχαιῶν cit. Longinus de subl. 9. 8 (= Υ 60.)

ποσσὶν ὑπ' ἀθανάτοισι Ποσειδάωνος ἰόντος.
τρὶς μὲν ὀρέξατ' ἰών, τὸ δὲ τέτρατον ἵκετο τέκμωρ,　　20
Αἰγάς, ἔνθα δέ οἱ κλυτὰ δώματα βένθεσι λίμνης
χρύσεα μαρμαίροντα τετεύχαται, ἄφθιτα αἰεί.
ἔνθ' ἐλθὼν ὑπ' ὄχεσφι τιτύσκετο χαλκόποδ' ἵππω,
ὠκυπέτα, χρυσέῃσιν ἐθείρῃσιν κομόωντε,
χρυσὸν δ' αὐτὸς ἔδυνε περὶ χροΐ, γέντο δ' ἱμάσθλην　　25
χρυσείην εὔτυκτον, ἑοῦ δ' ἐπιβήσετο δίφρου,
βῆ δ' ἐλάαν ἐπὶ κύματ'· ἄταλλε δὲ κήτε' ὑπ' αὐτοῦ
πάντοθεν ἐκ κευθμῶν, οὐδ' ἠγνοίησεν ἄνακτα·
γηθοσύνῃ δὲ θάλασσα διίστατο· τοὶ δὲ πέτοντο
ῥίμφα μάλ', οὐδ' ὑπένερθε διαίνετο χάλκεος ἄξων·　　30
τὸν δ' ἐς Ἀχαιῶν νῆας ἐΰσκαρθμοι φέρον ἵπποι.

Ἔστι δέ τι σπέος εὐρὺ βαθείης βένθεσι λίμνης,
μεσσηγὺς Τενέδοιο καὶ Ἴμβρου παιπαλοέσσης·
ἔνθ' ἵππους ἔστησε Ποσειδάων ἐνοσίχθων
λύσας ἐξ ὀχέων, παρὰ δ' ἀμβρόσιον βάλεν εἶδαρ　　35
ἔδμεναι· ἀμφὶ δὲ ποσσὶ πέδας ἔβαλε χρυσείας,
ἀρρήκτους ἀλύτους, ὄφρ' ἔμπεδον αὖθι μένοιεν
νοστήσαντα ἄνακτα· ὁ δ' ἐς στρατὸν ᾤχετ' Ἀχαιῶν.

Τρῶες δὲ φλογὶ ἶσοι ἀολλέες ἠὲ θυέλλῃ
Ἕκτορι Πριαμίδῃ ἄμοτον μεμαῶτες ἕποντο,　　40
ἄβρομοι αὐίαχοι· ἔλποντο δὲ νῆας Ἀχαιῶν
αἱρήσειν, κτενέειν δὲ παρ' αὐτόθι πάντας ἀρίστους.
ἀλλὰ Ποσειδάων γαιήοχος ἐννοσίγαιος
Ἀργείους ὤτρυνε, βαθείης ἐξ ἁλὸς ἐλθών,
εἰσάμενος Κάλχαντι δέμας καὶ ἀτειρέα φωνήν·　　45
Αἴαντε πρώτω προσέφη, μεμαῶτε καὶ αὐτώ·
" Αἴαντε, σφὼ μέν τε σαώσετε λαὸν Ἀχαιῶν

27 κατα κυμα p⁵⁹　αὐτῷ v. l. ant., d e N⁴ V¹　28 ἠγνοίησαν Ar.
q Ass. L⁶ P¹ P² P⁴ U¹　29 γηθοσύνῃ Aristoph. Hdn. A B L² M³:
γηθοσύνη Ar. vulg.: γηθόσυν' ἡ δὲ Herodicus　39 ἠὲ] ἠδὲ a b c d h
q p⁶⁶ al.　42 αυτόθι a e f l p⁹ A B C T al.: αὐτόφι vulg.　ἀρίστους]
Ἀχαιούς a c d e f h p r p¹⁰ p⁵⁹ A D T V¹　47 τε] κε b e f i k m p⁸⁶
D N⁴ T al.

ἀλκῆς μνησαμένω, μηδὲ κρυεροῖο φόβοιο.
ἄλλῃ μὲν γὰρ ἔγωγ' οὐ δείδια χεῖρας ἀάπτους
Τρώων, οἳ μέγα τεῖχος ὑπερκατέβησαν ὁμίλῳ·   50
ἕξουσιν γὰρ πάντας ἐϋκνήμιδες Ἀχαιοί·
τῇ δὲ δὴ αἰνότατον περιδείδια μή τι πάθωμεν,
ᾗ ῥ' ὅ γ' ὁ λυσσώδης φλογὶ εἴκελος ἡγεμονεύει,
Ἕκτωρ, ὃς Διὸς εὔχετ' ἐρισθενέος πάϊς εἶναι.
σφῶϊν δ' ὧδε θεῶν τις ἐνὶ φρεσὶ ποιήσειεν   55
αὐτώ θ' ἑστάμεναι κρατερῶς καὶ ἀνωγέμεν ἄλλους·
τῷ κε καὶ ἐσσύμενόν περ ἐρωήσαιτ' ἀπὸ νηῶν
ὠκυπόρων, εἰ καί μιν Ὀλύμπιος αὐτὸς ἐγείρει."
Ἦ, καὶ σκηπανίῳ γαιήοχος ἐννοσίγαιος
ἀμφοτέρω κεκόπων πλῆσεν μένεος κρατεροῖο,   60
γυῖα δὲ θῆκεν ἐλαφρά, πόδας καὶ χεῖρας ὕπερθεν.
αὐτὸς δ' ὥς τ' ἴρηξ ὠκύπτερος ὦρτο πέτεσθαι,
ὅς ῥά τ' ἀπ' αἰγίλιπος πέτρης περιμήκεος ἀρθεὶς
ὁρμήσῃ πεδίοιο διώκειν ὄρνεον ἄλλο,
ὣς ἀπὸ τῶν ἤϊξε Ποσειδάων ἐνοσίχθων.   65
τοῖιν δ' ἔγνω πρόσθεν Ὀϊλῆος ταχὺς Αἴας,
αἶψα δ' ἄρ' Αἴαντα προσέφη Τελαμώνιον υἱόν·
"Αἶαν, ἐπεί τις νῶϊ θεῶν, οἳ Ὄλυμπον ἔχουσι,
μάντεϊ εἰδόμενος κέλεται παρὰ νηυσὶ μάχεσθαι,
οὐδ' ὅ γε Κάλχας ἐστί, θεοπρόπος οἰωνιστής·   70
ἴχνια γὰρ μετόπισθε ποδῶν ἠδὲ κνημάων
ῥεῖ' ἔγνων ἀπιόντος· ἀρίγνωτοι δὲ θεοί περ·
καὶ δ' ἐμοὶ αὐτῷ θυμὸς ἐνὶ στήθεσσι φίλοισι
μᾶλλον ἐφορμᾶται πολεμίζειν ἠδὲ μάχεσθαι,
μαιμώωσι δ' ἔνερθε πόδες καὶ χεῖρες ὕπερθε."   75
Τὸν δ' ἀπαμειβόμενος προσέφη Τελαμώνιος Αἴας·

51 σχήσουσιν Aristoph.   πάντες f g p⁸⁹ D T al. : ἅπαντας c d k
Eust. al.: ἅπαντες e   52 παθωσιν p⁵⁹   53 ὅ γ'] δδ' a o h k A ss.
al.   58 κέν μιν f A marg. B C U¹ V¹ al.   60 κεκοπὼς et κεκοφὼς
Ar. (διχῶς): κεκοφὼς b g Ge al.: κεκοπὼν Antim. Chia   67 om. p⁹²
71 ἴχματα Zen. Aristoph.: ἴθματα v. l. in A   75 καὶ] η pⁿ
ααπτοι p⁵⁹

" οὕτω νῦν καὶ ἐμοὶ περὶ δούρατι χεῖρες ἄαπτοι
μαιμῶσιν, καί μοι μένος ὤρορε, νέρθε δὲ ποσσὶν
ἔσσυμαι ἀμφοτέροισι· μενοινώω δὲ καὶ οἶος
Ἕκτορι Πριαμίδῃ ἄμοτον μεμαῶτι μάχεσθαι." 80
Ὣς οἱ μὲν τοιαῦτα πρὸς ἀλλήλους ἀγόρευον,
χάρμῃ γηθόσυνοι, τήν σφιν θεὸς ἔμβαλε θυμῷ·
τόφρα δὲ τοὺς ὄπιθεν γαιήοχος ὦρσεν Ἀχαιούς,
οἳ παρὰ νηυσὶ θοῇσιν ἀνέψυχον φίλον ἦτορ.
τῶν ῥ᾽ ἅμα τ᾽ ἀργαλέῳ καμάτῳ φίλα γυῖα λέλυντο, 85
καί σφιν ἄχος κατὰ θυμὸν ἐγίγνετο δερκομένοισι
Τρῶας, τοὶ μέγα τεῖχος ὑπερκατέβησαν ὁμίλῳ.
τοὺς οἵ γ᾽ εἰσορόωντες ὑπ᾽ ὀφρύσι δάκρυα λεῖβον·
οὐ γὰρ ἔφαν φεύξεσθαι ὑπὲκ κακοῦ· ἀλλ᾽ ἐνοσίχθων
ῥεῖα μετεισάμενος κρατερὰς ὄτρυνε φάλαγγας. 90
Τεῦκρον ἔπι πρῶτον καὶ Λήϊτον ἦλθε κελεύων
Πηνέλεών θ᾽ ἥρωα Θόαντά τε Δηΐπυρόν τε
Μηριόνην τε καὶ Ἀντίλοχον, μήστωρας ἀϋτῆς·
τοὺς ὅ γ᾽ ἐποτρύνων ἔπεα πτερόεντα προσηύδα·
" αἰδώς, Ἀργεῖοι, κοῦροι νέοι· ὔμμιν ἔγωγε 95
μαρναμένοισι πέποιθα σαωσέμεναι νέας ἁμάς·
εἰ δ᾽ ὑμεῖς πολέμοιο μεθήσετε λευγαλέοιο,
νῦν δὴ εἴδεται ἦμαρ ὑπὸ Τρώεσσι δαμῆναι.
ὦ πόποι, ἦ μέγα θαῦμα τόδ᾽ ὀφθαλμοῖσιν ὁρῶμαι,
δεινόν, ὃ οὔ ποτ᾽ ἔγωγε τελευτήσεσθαι ἔφασκον, 100
Τρῶας ἐφ᾽ ἡμετέρας ἰέναι νέας, οἳ τὸ πάρος περ
φυζακινῆς ἐλάφοισιν ἐοίκεσαν, αἵ τε καθ᾽ ὕλην
θώων παρδαλίων τε λύκων τ᾽ ἤϊα πέλονται
αὔτως ἠλάσκουσαι ἀνάλκιδες, οὐδ᾽ ἔπι χάρμη·
ὣς Τρῶες τὸ πρίν γε μένος καὶ χεῖρας Ἀχαιῶν 105
μίμνειν οὐκ ἐθέλεσκον ἐναντίον, οὐδ᾽ ἠβαιόν·

78 νέρθε πόδεσσιν A : νέρθε δὲ πόδεσσιν L¹ᵇ ante ras.   84 ανεψυχθεν
p⁵⁹   85 υπο p⁸⁹   λελυνται p⁵⁹ Eu.   92 Πηνέλεόν Aristoph. P⁴ :
-λεώ V¹⁰   94 [. . . . .]ν in init. p²² an nomen ?   103 παρδαλίων
Ar. vulg.: πορδαλίων d • f p⁵⁹ A Gf O⁵ V³²   104 χάρμῃ A B C Ge L³
M⁹ T V¹⁶ : χάρμην ι M¹⁰ U¹¹ : -ης q

νῦν δὲ ἑκὰς πόλιος κοίλης ἐπὶ νηυσὶ μάχονται
ἡγεμόνος κακότητι μεθημοσύνῃσί τε λαῶν,
οἳ κείνῳ ἐρίσαντες ἀμυνέμεν οὐκ ἐθέλουσι
νηῶν ὠκυπόρων, ἀλλὰ κτείνονται ἀν' αὐτάς.   110
ἀλλ' εἰ δὴ καὶ πάμπαν ἐτήτυμον αἴτιός ἐστιν
ἥρως Ἀτρεΐδης, εὐρὺ κρείων Ἀγαμέμνων,
οὕνεκ' ἀπητίμησε ποδώκεα Πηλεΐωνα,
ἡμέας γ' οὔ πως ἔστι μεθιέμεναι πολέμοιο.
ἀλλ' ἀκεώμεθα θᾶσσον· ἀκεσταί τοι φρένες ἐσθλῶν.   115
ὑμεῖς δ' οὐκέτι καλὰ μεθίετε θούριδος ἀλκῆς
πάντες ἄριστοι ἐόντες ἀνὰ στρατόν. οὐδ' ἂν ἔγωγε
ἀνδρὶ μαχεσσαίμην ὅς τις πολέμοιο μεθείη
λυγρὸς ἐών· ὑμῖν δὲ νεμεσσῶμαι περὶ κῆρι.
ὦ πέπονες, τάχα δή τι κακὸν ποιήσετε μεῖζον   120
τῇδε μεθημοσύνῃ· ἀλλ' ἐν φρεσὶ θέσθε ἕκαστος
αἰδῶ καὶ νέμεσιν· δὴ γὰρ μέγα νεῖκος ὄρωρεν.
Ἕκτωρ δὴ παρὰ νηυσὶ βοὴν ἀγαθὸς πολεμίζει
καρτερός, ἔρρηξεν δὲ πύλας καὶ μακρὸν ὀχῆα."
Ὣς ῥα κελευτιόων γαιήοχος ὦρσεν Ἀχαιούς.   125
ἀμφὶ δ' ἄρ' Αἴαντας δοιοὺς ἵσταντο φάλαγγες
καρτεραί, ἃς οὔτ' ἄν κεν Ἄρης ὀνόσαιτο μετελθὼν
οὔτε κ' Ἀθηναίη λαοσσόος· οἱ γὰρ ἄριστοι
κρινθέντες Τρῶάς τε καὶ Ἕκτορα δῖον ἔμιμνον,
φράξαντες δόρυ δουρί, σάκος σάκεϊ προθελύμνῳ·   130
ἀσπὶς ἄρ' ἀσπίδ' ἔρειδε, κόρυς κόρυν, ἀνέρα δ' ἀνήρ·
ψαῦον δ' ἱππόκομοι κόρυθες λαμπροῖσι φάλοισι
νευόντων, ὡς πυκνοὶ ἐφέστασαν ἀλλήλοισιν·
ἔγχεα δὲ πτύσσοντο θρασειάων ἀπὸ χειρῶν
σειόμεν'· οἱ δ' ἰθὺς φρόνεον, μέμασαν δὲ μάχεσθαι.   135
Τρῶες δὲ προύτυψαν ἀολλέες, ἦρχε δ' ἄρ' Ἕκτωρ
ἀντικρὺ μεμαώς, ὀλοοίτροχος ὣς ἀπὸ πέτρης,

107 δὲ ἑκὰς Zen. Aristoph.: δ' ἕκαθεν Ar. codd.   απα]ν[ευ]θε
μα[χονται P⁸⁵   114 μεθησέμεναι a c d V¹¹ V¹³   115 τοι] τε v. l.
ant. (ἔν τισι τῶν ὑπομνημάτων), i p M¹⁰   125 κελευτιόων v. l. sch. T
    129 τρωεσσιν και εκτορ[ι P⁸⁹   134 ἐπτήσσοντο h L²   135 σειό-
μενοι ἰθὺς v. l. sch. T

ὅν τε κατὰ στεφάνης ποταμὸς χειμάρροος ὤσῃ,
ῥήξας ἀσπέτῳ ὄμβρῳ ἀναιδέος ἔχματα πέτρης·
ὕψι δ' ἀναθρῴσκων πέτεται, κτυπέει δέ θ' ὑπ' αὐτοῦ   140
ὕλη· ὁ δ' ἀσφαλέως θέει ἔμπεδον, ἧος ἵκηται
ἰσόπεδον, τότε δ' οὔ τι κυλίνδεται ἐσσύμενός περ·
ὣς Ἕκτωρ ἧος μὲν ἀπείλει μέχρι θαλάσσης
ῥέα διελεύσεσθαι κλισίας καὶ νῆας Ἀχαιῶν
κτείνων· ἀλλ' ὅτε δὴ πυκινῆς ἐνέκυρσε φάλαγξι   145
στῆ ῥα μάλ' ἐγχριμφθείς· οἱ δ' ἀντίοι υἷες Ἀχαιῶν
νύσσοντες ξίφεσίν τε καὶ ἔγχεσιν ἀμφιγύοισιν
ὦσαν ἀπὸ σφείων· ὁ δὲ χασσάμενος πελεμίχθη.
ἤϋσεν δὲ διαπρύσιον Τρώεσσι γεγωνώς·
" Τρῶες καὶ Λύκιοι καὶ Δάρδανοι ἀγχιμαχηταί,   150
παρμένετ'· οὔ τοι δηρὸν ἐμὲ σχήσουσιν Ἀχαιοί,
καὶ μάλα πυργηδὸν σφέας αὐτοὺς ἀρτύναντες,
ἀλλ', ὀΐω, χάσσονται ὑπ' ἔγχεος, εἰ ἐτεόν με
ὦρσε θεῶν ὤριστος, ἐρίγδουπος πόσις Ἥρης."
Ὣς εἰπὼν ὤτρυνε μένος καὶ θυμὸν ἑκάστου.   155
Δηΐφοβος δ' ἐν τοῖσι μέγα φρονέων ἐβεβήκει
Πριαμίδης, πρόσθεν δ' ἔχεν ἀσπίδα πάντοσ' ἐΐσην,
κοῦφα ποσὶ προβιβὰς καὶ ὑπασπίδια προποδίζων.
Μηριόνης δ' αὐτοῖο τιτύσκετο δουρὶ φαεινῷ,
καὶ βάλεν, οὐδ' ἀφάμαρτε, κατ' ἀσπίδα πάντοσ' ἐΐσην   160
ταυρείην· τῆς δ' οὔ τι διήλασεν, ἀλλὰ πολὺ πρὶν
ἐν καυλῷ ἐάγη δολιχὸν δόρυ· Δηΐφοβος δὲ
ἀσπίδα ταυρείην σχέθ' ἀπὸ ἕο, δεῖσε δὲ θυμῷ
ἔγχος Μηριόναο δαΐφρονος· αὐτὰρ ὅ γ' ἥρως
ἂψ ἑτάρων εἰς ἔθνος ἐχάζετο, χώσατο δ' αἰνῶς   165
ἀμφότερον, νίκης τε καὶ ἔγχεος ὃ ξυνέαξε.

139 ἀσχέτω c Ge   141 ἕως b h A B U¹ V¹ V³² : εἵως f C L¹⁴ : ὄφρ'
ἂν vulg.   144 ῥέα διελεύσεσθαι Ar. : ῥεῖα δ' ἐλεύσεσθαι v. l. ant.,
vulg.: ῥεῖα διελεύσεσθαι T   148 ὁ δὲ χάσσατο πολλὸν ὀπίσσω Zen.
153 οἴω v. l. ant. T   159 αὐτοῖο] ἐν τοῖσι Apoll. lex. in v. τιτύ-
σκετο   166 ξυνέηξε Zen. : -εηκε p¹⁰

βῆ δ' ἰέναι παρά τε κλισίας καὶ νῆας Ἀχαιῶν
οἰσόμενος δόρυ μακρόν, ὅ οἱ κλισίηφι λέλειπτο.
Οἱ δ' ἄλλοι μάρναντο, βοὴ δ' ἄσβεστος ὀρώρει.
Τεῦκρος δὲ πρῶτος Τελαμώνιος ἄνδρα κατέκτα,   170
Ἴμβριον αἰχμητήν, πολυΐππου Μέντορος υἱόν·
ναῖε δὲ Πήδαιον, πρὶν ἐλθεῖν υἷας Ἀχαιῶν,
κούρην δὲ Πριάμοιο νόθην ἔχε, Μηδεσικάστην·
αὐτὰρ ἐπεὶ Δαναῶν νέες ἤλυθον ἀμφιέλισσαι,
ἂψ ἐς Ἴλιον ἦλθε, μετέπρεπε δὲ Τρώεσσι,   175
ναῖε δὲ πὰρ Πριάμῳ· ὁ δέ μιν τίεν ἶσα τέκεσσι.
τόν ῥ' υἱὸς Τελαμῶνος ὑπ' οὔατος ἔγχεϊ μακρῷ
νύξ', ἐκ δ' ἔσπασεν ἔγχος· ὁ δ' αὖτ' ἔπεσεν μελίη ὥς,
ἥ τ' ὄρεος κορυφῇ ἔκαθεν περιφαινομένοιο
χαλκῷ ταμνομένη τέρενα χθονὶ φύλλα πελάσσῃ·   180
ὣς πέσεν, ἀμφὶ δέ οἱ βράχε τεύχεα ποικίλα χαλκῷ.
Τεῦκρος δ' ὁρμήθη μεμαὼς ἀπὸ τεύχεα δῦσαι·
Ἕκτωρ δ' ὁρμηθέντος ἀκόντισε δουρὶ φαεινῷ.
ἀλλ' ὁ μὲν ἄντα ἰδὼν ἠλεύατο χάλκεον ἔγχος
τυτθόν· ὁ δ' Ἀμφίμαχον, Κτεάτου υἷ' Ἀκτορίωνος,   185
νισόμενον πόλεμόνδε κατὰ στῆθος βάλε δουρί·
δούπησεν δὲ πεσών, ἀράβησε δὲ τεύχε' ἐπ' αὐτῷ.
Ἕκτωρ δ' ὁρμήθη κόρυθα κροτάφοις ἀραρυῖαν
κρατὸς ἀφαρπάξαι μεγαλήτορος Ἀμφιμάχοιο·
Αἴας δ' ὁρμηθέντος ὀρέξατο δουρὶ φαεινῷ   190
Ἕκτορος· ἀλλ' οὔ πῃ χροὸς εἴσατο, πᾶς δ' ἄρα χαλκῷ
σμερδαλέῳ κεκάλυφθ'· ὁ δ' ἄρ' ἀσπίδος ὀμφαλὸν οὖτα,
ὦσε δέ μιν σθένεϊ μεγάλῳ· ὁ δὲ χάσσατ' ὀπίσσω
νεκρῶν ἀμφοτέρων, τοὺς δ' ἐξείρυσσαν Ἀχαιοί.
Ἀμφίμαχον μὲν ἄρα Στιχίος δῖός τε Μενεσθεύς,   195

168 δ] ἅ v. l. ant.   172 ναῖε δὲ] δς νάε Zen. (cf. Ζ 34): δς ναῖε
f C V²²: ναῖε B   175 ἐς D M⁷ Eu.: εἰς cet.   178 αὖτ'] αἶψ' v. l.
in A   179 ευτ P⁵⁰   κορυφῇ Ar. e f h p r A B C V³³: κορυφῆς
v. l. ant., vulg.   186 παρα μαζον P⁵⁰   187 ἀράδησε v. l. ȿ T
190 ὀρέξατο P¹⁰ b f p A B C D V¹⁶ V²²: ἀκόντισε v. l. ant., vulg.
191 χρὼς Zen.: χρόος Ar. Tyrannio   195 Σχεδίος v. l. ȿ T

ἀρχοὶ Ἀθηναίων, κόμισαν μετὰ λαὸν Ἀχαιῶν·
Ἴμβριον αὖτ' Αἴαντε, μεμαότε θούριδος ἀλκῆς,
ὥς τε δύ' αἶγα λέοντε κυνῶν ὕπο καρχαροδόντων
ἁρπάξαντε φέρητον ἀνὰ ῥωπήϊα πυκνά,
ὑψοῦ ὑπὲρ γαίης μετὰ γαμφηλῇσιν ἔχοντε,   200
ὣς ῥα τὸν ὑψοῦ ἔχοντε δύω Αἴαντε κορυστὰ
τεύχεα συλήτην· κεφαλὴν δ' ἁπαλῆς ἀπὸ δειρῆς
κόψεν Ὀϊλιάδης, κεχολωμένος Ἀμφιμάχοιο,
ἧκε δέ μιν σφαιρηδὸν ἑλιξάμενος δι' ὁμίλου·
Ἕκτορι δὲ προπάροιθε ποδῶν πέσεν ἐν κονίῃσι.   205
Καὶ τότε δὴ περὶ κῆρι Ποσειδάων ἐχολώθη
υἱωνοῖο πεσόντος ἐν αἰνῇ δηϊοτῆτι,
βῆ δ' ἰέναι παρά τε κλισίας καὶ νῆας Ἀχαιῶν
ὀτρυνέων Δαναούς, Τρώεσσι δὲ κῆδε' ἔτευχεν.
Ἰδομενεὺς δ' ἄρα οἱ δουρικλυτὸς ἀντεβόλησεν,   210
ἐρχόμενος παρ' ἑταίρου, ὅ οἱ νέον ἐκ πολέμοιο
ἦλθε κατ' ἰγνύην βεβλημένος ὀξέϊ χαλκῷ.
τὸν μὲν ἑταῖροι ἔνεικαν, ὁ δ' ἰητροῖς ἐπιτείλας
ἤϊεν ἐς κλισίην· ἔτι γὰρ πολέμοιο μενοίνα
ἀντιάαν· τὸν δὲ προσέφη κρείων ἐνοσίχθων,   215
εἰσάμενος φθογγὴν Ἀνδραίμονος υἷϊ Θόαντι,
ὃς πάσῃ Πλευρῶνι καὶ αἰπεινῇ Καλυδῶνι
Αἰτωλοῖσιν ἄνασσε, θεὸς δ' ὣς τίετο δήμῳ·
" Ἰδομενεῦ, Κρητῶν βουληφόρε, ποῦ τοι ἀπειλαὶ
οἴχονται, τὰς Τρωσὶν ἀπείλεον υἷες Ἀχαιῶν;"   220
Τὸν δ' αὖτ' Ἰδομενεύς, Κρητῶν ἀγός, ἀντίον ηὔδα·
" ὦ Θόαν, οὔ τις ἀνὴρ νῦν γ' αἴτιος, ὅσσον ἔγωγε
γιγνώσκω· πάντες γὰρ ἐπιστάμεθα πτολεμίζειν.

196 λαὸν] ἔθνος v. l. in A   198 αἶγε Zen. P¹⁷ ss.   200 ἔχοντες
ꝑ'ᶜᵉʰᵏʳ V¹   203 κόψεν ἄρ' Ἰλιάδης Zen.   207 ἐνὶ κρατερῇ
ὑσμίνῃ ꝑ⁹ V¹   214 ἦν ἴεν v. l. ap. sch. T   ἐς κλισίην ꝑ⁹ a c d h l
A B C V¹ V³²: ἐκ κλισίης vulg.   216 φωνὴν f q C U¹³   218 a τῷ
μιν ἐεισάμενος ἔπεα πτερόεντα προσηύδα add. h V²⁷ : τῷ μιν ἐεισάμενος
προσέφη κρείων Ἐνοσίχθων ί L¹⁹ M⁸ T   222 νῦν γ' Ar. b h Mᶜ V¹
V³²: νῦν δ' Aristoph.: νῦν vulg.

οὔτε τινὰ δέος ἴσχει ἀκήριον οὔτε τις ὄκνῳ
εἴκων ἀνδύεται πόλεμον κακόν· ἀλλά που οὕτω 225
μέλλει δὴ φίλον εἶναι ὑπερμενέι Κρονίωνι,
νωνύμνους ἀπολέσθαι ἀπ' Ἄργεος ἐνθάδ' Ἀχαιούς.
ἀλλά, Θόαν, καὶ γὰρ τὸ πάρος μενεδήιος ἦσθα,
ὀτρύνεις δὲ καὶ ἄλλον, ὅθι μεθιέντα ἴδηαι·
τῷ νῦν μήτ' ἀπόληγε κέλευέ τε φωτὶ ἑκάστῳ." 230
Τὸν δ' ἠμείβετ' ἔπειτα Ποσειδάων ἐνοσίχθων·
" Ἰδομενεῦ, μὴ κεῖνος ἀνὴρ ἔτι νοστήσειεν
ἐκ Τροίης, ἀλλ' αὖθι κυνῶν μέλπηθρα γένοιτο,
ὅς τις ἐπ' ἤματι τῷδε ἑκὼν μεθίῃσι μάχεσθαι.
ἀλλ' ἄγε τεύχεα δεῦρο λαβὼν ἴθι· ταῦτα δ' ἅμα χρὴ 235
σπεύδειν, αἴ κ' ὄφελός τι γενώμεθα καὶ δύ' ἐόντε.
συμφερτὴ δ' ἀρετὴ πέλει ἀνδρῶν καὶ μάλα λυγρῶν
νῶϊ δὲ καί κ' ἀγαθοῖσιν ἐπισταίμεσθα μάχεσθαι."
Ὣς εἰπὼν ὁ μὲν αὖτις ἔβη θεὸς ἂμ πόνον ἀνδρῶν·
Ἰδομενεὺς δ' ὅτε δὴ κλισίην εὔτυκτον ἵκανε 240
δύσετο τεύχεα καλὰ περὶ χροΐ, γέντο δὲ δοῦρε,
βῆ δ' ἴμεν ἀστεροπῇ ἐναλίγκιος, ἥν τε Κρονίων
χειρὶ λαβὼν ἐτίναξεν ἀπ' αἰγλήεντος Ὀλύμπου,
δεικνὺς σῆμα βροτοῖσιν· ἀρίζηλοι δέ οἱ αὐγαί·
ὣς τοῦ χαλκὸς ἔλαμπε περὶ στήθεσσι θέοντος. 245
Μηριόνης δ' ἄρα οἱ θεράπων ἐὺς ἀντεβόλησεν
ἐγγὺς ἔτι κλισίης· μετὰ γὰρ δόρυ χάλκεον ἤει
οἰσόμενος· τὸν δὲ προσέφη σθένος Ἰδομενῆος·
" Μηριόνη, Μόλου υἱέ, πόδας ταχύ, φίλταθ' ἑταίρων,
τίπτ' ἦλθες πόλεμόν τε λιπὼν καὶ δηϊοτῆτα; 250

224 οὔτε prius] οὐδέ v. l. ant. ꜰ P³ U¹¹ V⁵ V¹⁴   225 ἀνδύεται Ar.
vulg.: ἐνδ- h: ἀδδύεται v. l. ap. T   227 νωνύμνους p⁰ p¹⁰ p⁶⁹ A B T
V²⁰ Eust. : νωνύμους vulg.   υἷας Ἀχαιῶν p A P¹   229 ὅθι] ὅτε
a b c d h A B C: ὅθεν p⁴⁷   ὅτις μεθίῃσι πόνοιο Zen.   230 τε] δὲ
ι p⁶ p¹⁰ al.   232 ἐκνοστήσειεν q L³ L⁴ M⁷ M⁸   234 μεθίῃσι πόνοιο
Ar.   237 συμφερτὴ δὲ βίη Zen. Aristoph   238 ἐπειγώμεσθα c
V¹³   245 περὶ] ἐνὶ Zen. Aristoph. p¹⁰   στήθεσφι q   246 θερά-
πων ἐὺς] δουρικλυτὸς Zen. Aristoph. : θεραπωνεύς v. l. ant.   ἐὺς P⁴ ss.:
ὣς V¹²

9

ἠέ τι βέβληαι, βέλεος δέ σε τείρει ἀκωκή,
ἠέ τευ ἀγγελίης μετ' ἔμ' ἤλυθες; οὐδέ τοι αὐτὸς
ἧσθαι ἐνὶ κλισίῃσι λιλαίομαι, ἀλλὰ μάχεσθαι."
Τὸν δ' αὖ Μηριόνης πεπνυμένος ἀντίον ηὔδα·
" Ἰδομενεῦ, Κρητῶν βουληφόρε χαλκοχιτώνων,   255
ἔρχομαι, εἴ τί τοι ἔγχος ἐνὶ κλισίῃσι λέλειπται,
οἰσόμενος· τό νυ γὰρ κατεάξαμεν, ὃ πρὶν ἔχεσκον,
ἀσπίδα Δηϊφόβοιο βαλὼν ὑπερηνορέοντος."
Τὸν δ' αὖτ' Ἰδομενεύς, Κρητῶν ἀγός, ἀντίον ηὔδα·
" δούρατα δ', αἴ κ' ἐθέλῃσθα, καὶ ἓν καὶ εἴκοσι δήεις   260
ἑσταότ' ἐν κλισίῃ πρὸς ἐνώπια παμφανόωντα,
Τρώϊα, τὰ κταμένων ἀποαίνυμαι· οὐ γὰρ ὀΐω
ἀνδρῶν δυσμενέων ἑκὰς ἱστάμενος πολεμίζειν.
τῶ μοι δούρατά τ' ἔστι καὶ ἀσπίδες ὀμφαλόεσσαι,
καὶ κόρυθες καὶ θώρηκες λαμπρὸν γανόωντες."   265
Τὸν δ' αὖ Μηριόνης πεπνυμένος ἀντίον ηὔδα·
" καί τοι ἐμοὶ παρά τε κλισίῃ καὶ νηῒ μελαίνῃ
πόλλ' ἔναρα Τρώων· ἀλλ' οὐ σχεδόν ἐστιν ἑλέσθαι.
οὐδὲ γὰρ οὐδ' ἐμέ φημι λελασμένον ἔμμεναι ἀλκῆς,
ἀλλὰ μετὰ πρώτοισι μάχην ἀνὰ κυδιάνειραν   270
ἵσταμαι, ὁππότε νεῖκος ὀρώρηται πολέμοιο.
ἄλλον πού τινα μᾶλλον Ἀχαιῶν χαλκοχιτώνων
λήθω μαρνάμενος, σὲ δὲ ἴδμεναι αὐτὸν ὀΐω."
Τὸν δ' αὖτ' Ἰδομενεύς, Κρητῶν ἀγός, ἀντίον ηὔδα·
" οἶδ' ἀρετὴν οἷός ἐσσι· τί σε χρὴ ταῦτα λέγεσθαι;   275
εἰ γὰρ νῦν παρὰ νηυσὶ λεγοίμεθα πάντε· ἄριστοι
ἐς λόχον, ἔνθα μάλιστ' ἀρετὴ διαείδεται ἀνδρῶν,
ἔνθ' ὅ τε δειλὸς ἀνὴρ ὅς τ' ἄλκιμος ἐξεφαάνθη·
τοῦ μὲν γάρ τε κακοῦ τρέπεται χρὼς ἄλλυδις ἄλλῃ,
οὐδέ οἱ ἀτρέμας ἧσθαι ἐρητύετ' ἐν φρεσὶ θυμός,   280
ἀλλὰ μετοκλάζει καὶ ἐπ' ἀμφοτέρους πόδας ἵζει,

254 δουρικλυτὸς b h   255 om. Ar. (uv.) p⁹ p¹⁰ p⁴⁷ p⁵⁰ a A B C D
T V¹⁸ V³²   257 κατεήξαμεν Zen. : κατέαξα μὲν qu. g A B Lp T b V¹³
266a = 255 add. O⁷ D m. rec.

ἐν δέ τέ οἱ κραδίη μεγάλα στέρνοισι πατάσσει
κῆρας διομένῳ, πάταγος δέ τε γίγνετ' ὀδόντων·
τοῦ δ' ἀγαθοῦ οὔτ' ἀρ τρέπεται χρὼς οὔτε τι λίην
ταρβεῖ, ἐπειδὰν πρῶτον ἐσίζηται λόχον ἀνδρῶν,   285
ἀρᾶται δὲ τάχιστα μιγήμεναι ἐν δαὶ λυγρῇ·
οὐδέ κεν ἔνθα τεόν γε μένος καὶ χεῖρας ὄνοιτο.
εἴ περ γάρ κε βλεῖο πονεύμενος ἠὲ τυπείης,
οὐκ ἂν ἐν αὐχέν' ὄπισθε πέσοι βέλος οὐδ' ἐνὶ νώτῳ.
ἀλλά κεν ἢ στέρνων ἢ νηδύος ἀντιάσειε   290
πρόσσω ἱεμένοιο μετὰ προμάχων ὀαριστύν.
ἀλλ' ἄγε, μηκέτι ταῦτα λεγώμεθα νηπύτιοι ὣς
ἑσταότες, μή πού τις ὑπερφιάλως νεμεσήσῃ·
ἀλλὰ σύ γε κλισίηνδε κιὼν ἕλευ ὄβριμον ἔγχος."
   Ὣς φάτο, Μηριόνης δὲ θοῷ ἀτάλαντος Ἄρηϊ   295
καρπαλίμως κλισίηθεν ἀνείλετο χάλκεον ἔγχος,
βῆ δὲ μετ' Ἰδομενῆα μέγα πτολέμοιο μεμηλώς.
οἷος δὲ βροτολοιγὸς Ἄρης πόλεμόνδε μέτεισι,
τῷ δὲ Φόβος φίλος υἱὸς ἅμα κρατερὸς καὶ ἀταρβὴς
ἕσπετο, ὅς τ' ἐφόβησε ταλάφρονά περ πολεμιστήν·   300
τὼ μὲν ἄρ' ἐκ Θρῄκης Ἐφύρους μέτα θωρήσσεσθον,
ἠὲ μετὰ Φλεγύας μεγαλήτορας· οὐδ' ἄρα τώ γε
ἔκλυον ἀμφοτέρων, ἑτέροισι δὲ κῦδος ἔδωκαν·
τοῖοι Μηριόνης τε καὶ Ἰδομενεύς, ἀγοὶ ἀνδρῶν,
ἤϊσαν ἐς πόλεμον κεκορυθμένοι αἴθοπι χαλκῷ.   305
τὸν καὶ Μηριόνης πρότερος πρὸς μῦθον ἔειπε·
" Δευκαλίδη, πῇ τ' ἀρ μέμονας καταδῦναι ὅμιλον;
ἢ ἐπὶ δεξιόφιν παντὸς στρατοῦ, ἦ ἀνὰ μέσσους,
ἢ ἐπ' ἀριστερόφιν; ἐπεὶ οὔ ποθι ἔλπομαι οὕτω
δεύεσθαι πολέμοιο κάρη κομόωντας Ἀχαιούς."   310
   Τὸν δ' αὖτ' Ἰδομενεύς, Κρητῶν ἀγός, ἀντίον ηὔδα·

289 οὔ κεν v. l. ant. (αἱ κοιναί), h i   290 στέρνοιο g O² V¹⁶
293 πού] πώς n N⁴   298 μέτεισι Ar. codd.   301 Ἐφύρου p¹⁰ :
τὼ μὲν ἄρ' εἰς Ἐφύρους πόλεμον μέτα cit. Paus. ix. 36. 2   θωρήσσοντο
Strab. 442   309 ποθι] ποτε v. l. ant. : πω L¹⁵ : πωθι p¹⁰ U¹⁰

13. ΙΛΙΑΔΟΣ Ν

" νηυσὶ μὲν ἐν μέσσῃσιν ἀμύνειν εἰσὶ καὶ ἄλλοι,
Αἴαντές τε δύω Τεῦκρός θ', ὃς ἄριστος Ἀχαιῶν
τοξοσύνῃ, ἀγαθὸς δὲ καὶ ἐν σταδίῃ ὑσμίνῃ·
οἵ μιν ἄδην ἐλόωσι καὶ ἐσσύμενον πολέμοιο,   315
Ἕκτορα Πριαμίδην, καὶ εἰ μάλα καρτερός ἐστιν.
αἰπύ οἱ ἐσσεῖται μάλα περ μεμαῶτι μάχεσθαι
κείνων νικήσαντι μένος καὶ χεῖρας ἀάπτους
νῆας ἐνιπρῆσαι, ὅτε μὴ αὐτός γε Κρονίων
ἐμβάλοι αἰθόμενον δαλὸν νήεσσι θοῇσιν.   320
ἀνδρὶ δέ κ' οὐκ εἴξειε μέγας Τελαμώνιος Αἴας,
ὃς θνητός τ' εἴη καὶ ἔδοι Δημήτερος ἀκτήν,
χαλκῷ τε ῥηκτὸς μεγάλοισί τε χερμαδίοισιν.
οὐδ' ἂν Ἀχιλλῆϊ ῥηξήνορι χωρήσειεν
ἔν γ' αὐτοσταδίῃ· ποσὶ δ' οὔ πως ἔστιν ἐρίζειν.   325
νῶϊν δ' ὧδ' ἐπ' ἀριστέρ' ἔχε στρατοῦ, ὄφρα τάχιστα
εἴδομεν ἠέ τῳ εὖχος ὀρέξομεν, ἠέ τις ἡμῖν."
Ὣς φάτο, Μηριόνης δὲ θοῷ ἀτάλαντος Ἄρηϊ
ἦρχ' ἴμεν, ὄφρ' ἀφίκοντο κατὰ στρατόν, ᾗ μιν ἀνώγει.
Οἱ δ' ὡς Ἰδομενῆα ἴδον φλογὶ εἴκελον ἀλκήν,   330
αὐτὸν καὶ θεράποντα, σὺν ἔντεσι δαιδαλέοισι,
κεκλόμενοι καθ' ὅμιλον ἐπ' αὐτῷ πάντες ἔβησαν·
τῶν δ' ὁμὸν ἵστατο νεῖκος ἐπὶ πρύμνῃσι νέεσσιν.
ὡς δ' ὅθ' ὑπὸ λιγέων ἀνέμων σπέρχωσιν ἄελλαι
ἤματι τῷ ὅτε τε πλείστη κόνις ἀμφὶ κελεύθους,   335
οἵ τ' ἄμυδις κονίης μεγάλην ἱστᾶσιν ὀμίχλην,
ὡς ἄρα τῶν ὁμόσ' ἦλθε μάχη, μέμασαν δ' ἐνὶ θυμῷ
ἀλλήλους καθ' ὅμιλον ἐναιρέμεν ὀξέϊ χαλκῷ.
ἔφριξεν δὲ μάχη φθισίμβροτος ἐγχείῃσι
μακρῇς, ἃς εἶχον ταμεσίχροας· ὄσσε δ' ἄμερδεν   340

315 ἐλόωσι] ἐάσουσι ʙ Α (κάτ' ἔνια τῶν ὑπομνημάτων): ἀάσωσι qu.
ʙ T   πολεμίζειν Zen.   316 om. p¹⁰ p³⁶ Α Β C D M⁴ T V¹⁶ V³⁰ V³²
318 κείνων Ar. vulg.: κείνω p¹⁰ p⁵⁰ o L⁵ U² V² V⁶ V¹³ V¹⁴ V¹⁵ V¹⁹
ἀάπτους Ar. vulg.: ἀέπτους Aristoph.   329 ἀφίκοιτο h U¹ V²⁵
331 δαιδαλέοισι] μαρμαίροντας i v. l. in Α: λευγαλέοισι Lp   333 ὁμόσ'
v. l. ant.   337 ἦρχε b f r M⁷ O² U³ V¹ V¹⁴ V¹⁶

αὐγὴ χαλκείη κορύθων ἄπο λαμπομενάων
θωρήκων τε νεοσμήκτων σακέων τε φαεινῶν
ἐρχομένων ἀμυδις· μάλα κεν θρασυκάρδιος εἴη
ὃς τότε γηθήσειεν ἰδὼν πόνον οὐδ' ἀκάχοιτο.
Τὼ δ' ἀμφὶς φρονέοντε δύω Κρόνου υἷε κραταιὼ͵   345
ἀνδράσιν ἡρώεσσιν ἐτεύχετον ἄλγεα λυγρά.
Ζεὺς μέν ῥα Τρώεσσι καὶ Ἕκτορι βούλετο νίκην,
κυδαίνων Ἀχιλῆα πόδας ταχύν· οὐδέ τι πάμπαν
ἤθελε λαὸν ὀλέσθαι Ἀχαιϊκὸν Ἰλιόθι πρό,
ἀλλὰ Θέτιν κύδαινε καὶ υἱέα καρτερόθυμον.   350
Ἀργείους δὲ Ποσειδάων ὀρόθυνε μετελθών,
λάθρη ὑπεξαναδὺς πολιῆς ἁλός· ἤχθετο γάρ ῥα
Τρωσὶν δαμναμένους, Διὶ δὲ κρατερῶς ἐνεμέσσα.
ἦ μὰν ἀμφοτέροισιν ὁμὸν γένος ἠδ' ἴα πάτρη,
ἀλλὰ Ζεὺς πρότερος γεγόνει καὶ πλείονα ἤδη.   355
τῶ ῥα καὶ ἀμφαδίην μὲν ἀλεξέμεναι ἀλέεινε,
λάθρη δ' αἰὲν ἔγειρε κατὰ στρατόν, ἀνδρὶ ἐοικώς.
τοὶ δ' ἔριδος κρατερῆς καὶ ὁμοιΐου πτολέμοιο
πεῖραρ ἐπαλλάξαντες ἐπ' ἀμφοτέροισι τάνυσσαν,
ἄρρηκτόν τ' ἄλυτόν τε, τὸ πολλῶν γούνατ' ἔλυσεν.   360
Ἔνθα μεσαιπόλιός περ ἐὼν Δαναοῖσι κελεύσας
Ἰδομενεὺς Τρώεσσι μετάλμενος ἐν φόβον ὦρσε.
πέφνε γὰρ Ὀθρυονῆα Καβησόθεν ἔνδον ἐόντα,
ὅς ῥα νέον πολέμοιο μετὰ κλέος εἰληλούθει,
ἦεε δὲ Πριάμοιο θυγατρῶν εἶδος ἀρίστην,   365

343 πολυκαρδιος p⁶⁹   344 γηθησ]ειε λ[αων p⁸⁶   346 ἐτεύχετον
v. l. in A, cit. sch. Κ 364 : ἐτεύχατον b : τετεύχετον h A D al. : τετεύ-
χατον vulg.: τετεύχατο q M¹³ Mo V¹⁵ : -εται p⁵⁹   347 ῥα Aristoph.
1 p A B C V¹ V²⁰: ἄρα v. l. ant. vulg.   348 οὐδέ τι a b o d h i A al. :
οὐδ' ὅ γε Aristoph. cet.   349 ὀλέσσαι p¹⁰ c d h i k r B C al.
350 ath. Ar.   351 ὄτρυνε Zen. Aristoph.   356 ἀμφαδίη (·η)
g i k n p⁶⁹ A B C Ge T al,   358 τοὶ Aristoph. vulg. : τῶ Ar. b d h
al. : οἱ v. l. ant., p¹⁰ p⁴⁷ c k D al.   πτολέμοιο o A B C T al. : πολέ-
μοιο vulg.   359 πεῖραν L³ M⁶ M¹² U¹¹ V¹ V⁴ V²⁷ : πείρατ' b g L¹⁹ M⁸
ἀμφοτέροισι et ἀλλήλοισι Ar. (διχῶς) : illud codd.   362 μετάλ-
μενος g h i l n p p⁶⁹ A B C V¹ V²² : ἐπάλμενος vulg.   363 Ἑκάβης
νόθον υἱὸν ἐόντα Argol. ἐνδονέοντα qu. g T   364 μετὰ] κατὰ
Aristoph.

Κασσάνδρην, ἀνάεδνον, ὑπέσχετο δὲ μέγα ἔργον,
ἐκ Τροίης ἀέκοντας ἀπωσέμεν υἷας Ἀχαιῶν.
τῷ δ᾽ ὁ γέρων Πρίαμος ὑπό τ᾽ ἔσχετο καὶ κατένευσε
δωσέμεναι· ὁ δὲ μάρναθ᾽ ὑποσχεσίῃσι πιθήσας.
Ἰδομενεὺς δ᾽ αὐτοῖο τιτύσκετο δουρὶ φαεινῷ,   370
καὶ βάλεν ὕψι βιβάντα τυχών· οὐδ᾽ ἤρκεσε θώρηξ
χάλκεος, ὃν φορέεσκε, μέσῃ δ᾽ ἐν γαστέρι πῆξε.
δούπησεν δὲ πεσών· ὁ δ᾽ ἐπεύξατο φώνησέν τε·
" Ὀθρυονεῦ, περὶ δή σε βροτῶν αἰνίζομ᾽ ἁπάντων,
εἰ ἐτεὸν δὴ πάντα τελευτήσεις ὅσ᾽ ὑπέστης   375
Δαρδανίδῃ Πριάμῳ· ὁ δ᾽ ὑπέσχετο θυγατέρα ἥν.
καί κέ τοι ἡμεῖς ταῦτά γ᾽ ὑποσχόμενοι τελέσαιμεν,
δοῖμεν δ᾽ Ἀτρεΐδαο θυγατρῶν εἶδος ἀρίστην,
Ἄργεος ἐξαγαγόντες, ὀπυιέμεν, εἴ κε σὺν ἄμμιν
Ἰλίου ἐκπέρσῃς εὖ ναιόμενον πτολίεθρον.   380
ἀλλ᾽ ἕπε᾽, ὄφρ᾽ ἐπὶ νηυσὶ συνώμεθα ποντοπόροισιν
ἀμφὶ γάμῳ, ἐπεὶ οὔ τοι ἐεδνωταὶ κακοί εἰμεν."
Ὣς εἰπὼν ποδὸς ἕλκε κατὰ κρατερὴν ὑσμίνην
ἥρως Ἰδομενεύς· τῷ δ᾽ Ἄσιος ἦλθ᾽ ἐπαμύντωρ
πεζὸς πρόσθ᾽ ἵππων· τὼ δὲ πνείοντε κατ᾽ ὤμων   385
αἰὲν ἔχ᾽ ἡνίοχος θεράπων· ὁ δὲ ἵετο θυμῷ
Ἰδομενῆα βαλεῖν· ὁ δέ μιν φθάμενος βάλε δουρὶ
λαιμὸν ὑπ᾽ ἀνθερεῶνα, διαπρὸ δὲ χαλκὸν ἔλασσεν.
ἤριπε δ᾽ ὡς ὅτε τις δρῦς ἤριπεν ἢ ἀχερωΐς,
ἠὲ πίτυς βλωθρή, τήν τ᾽ οὔρεσι τέκτονες ἄνδρες   390
ἐξέταμον πελέκεσσι νεήκεσι νήϊον εἶναι·
ὡς ὁ πρόσθ᾽ ἵππων καὶ δίφρου κεῖτο τανυσθείς,

367 ἀνωσέμεν Ar.   367 a
    φοιτῶν ἔνθα καὶ ἔνθα θοὰς ἐπὶ νῆας ἀχαιῶν
add. quidam ap. T   369 πεποιθώς ì   371 βιβῶντα b   373 ὁ
δὲ κερτομέων ἔπος ηὖδα v. l. ant.   374 αἰνίζομαι qu. ꟿ A T ita o p⁷⁶ mg.:
αἰνίσσομαι Zen.: δεινίσσομαι Comanus   381 ἔπε᾽ Ar. (ad K 146):
πευ codd.   383 κατὰ] διὰ v. l. ant., A B Bm² C M⁴ V²⁶ V³² 384 ἦλθ᾽
ἐπαμύντωρ Ar. ꟿ N² N⁴ T V¹⁰ V¹⁸ : ἦλθεν ἀμύντωρ vulg.   389 ἀχε-
λωΐς qu. ꟿ T Eust. P² mg.   390 οὐρεσιτέκτονες Nicias

βεβρυχώς, κόνιος δεδραγμένος αίματοέσσης.
ἐκ δέ οἱ ἡνίοχος πλήγη φρένας, ἃς πάρος εἶχεν,
οὐδ' ὅ γ' ἐτόλμησεν, δηίων ὑπὸ χεῖρας ἀλύξας,   395
ἂψ ἵππους στρέψαι, τὸν δ' Ἀντίλοχος μενεχάρμης
δουρὶ μέσον περόνησε τυχών· οὐδ' ἤρκεσε θώρηξ
χάλκεος, ὃν φορέεσκε, μέσῃ δ' ἐν γαστέρι πῆξεν.
αὐτὰρ ὁ ἀσθμαίνων εὐεργέος ἔκπεσε δίφρου,
ἵππους δ' Ἀντίλοχος, μεγαθύμου Νέστορος υἱός,   400
ἐξέλασε Τρώων μετ' ἐϋκνήμιδας Ἀχαιούς.
    Δηίφοβος δὲ μάλα σχεδὸν ἤλυθεν Ἰδομενῆος,
Ἀσίου ἀχνύμενος, καὶ ἀκόντισε δουρὶ φαεινῷ.
ἀλλ' ὁ μὲν ἄντα ἰδὼν ἠλεύατο χάλκεον ἔγχος
Ἰδομενεύς· κρύφθη γὰρ ὑπ' ἀσπίδι πάντοσ' ἐΐσῃ,   405
τὴν ἄρ' ὅ γε ῥινοῖσι βοῶν καὶ νώροπι χαλκῷ
δινωτὴν φορέεσκε, δύω κανόνεσσ' ἀραρυῖαν·
τῇ ὕπο πᾶς ἐάλη, τὸ δ' ὑπέρπτατο χάλκεον ἔγχος,
καρφαλέον δέ οἱ ἀσπὶς ἐπιθρέξαντος ἄϋσεν
ἔγχεος· οὐδ' ἁλιόν ῥα βαρείης χειρὸς ἀφῆκεν,   410
ἀλλ' ἔβαλ' Ἱππασίδην Ὑψήνορα, ποιμένα λαῶν,
ἧπαρ ὑπὸ πραπίδων, εἶθαρ δ' ὑπὸ γούνατ' ἔλυσε.
Δηίφοβος δ' ἔκπαγλον ἐπεύξατο, μακρὸν ἀΰσας·
" οὐ μὰν αὖτ' ἄτιτος κεῖτ' Ἄσιος, ἀλλά ἕ φημι
εἰς Ἀϊδός περ ἰόντα πυλάρταο κρατεροῖο   415
γηθήσειν κατὰ θυμόν, ἐπεί ῥά οἱ ὤπασα πομπόν."
    Ὣς ἔφατ', Ἀργείοισι δ' ἄχος γένετ' εὐξαμένοιο,
Ἀντιλόχῳ δὲ μάλιστα δαΐφρονι θυμὸν ὄρινεν·
ἀλλ' οὐδ' ἀχνύμενός περ ἑοῦ ἀμέλησεν ἑταίρου,
ἀλλὰ θέων περίβη καί οἱ σάκος ἀμφεκάλυψε.   420
τὸν μὲν ἔπειθ' ὑποδύντε δύω ἐρίηρες ἑταῖροι,
Μηκιστεύς, Ἐχίοιο πάϊς, καὶ δῖος Ἀλάστωρ,

399 ὁ Ar. h : δ γ' vulg.   405 ἀσπίδα . . . ἐΐσην d p⁵⁹ L¹⁴ N⁴ U¹³
    406 γε c d k B C D al. : γ' ἐν vulg.   408 τῇ δ' a i V⁶ V¹¹ V¹⁰ :
τηι ρ p¹⁰ p⁵⁹   410 ενθα δ επειτ αφιει μενον οβριμον εγχος p⁵⁹ (cf.
444)   415 ἰόντα a c d g T   κρατεροῖο] κρυεροῖο g L⁴ L¹⁴ M⁷ P¹³
422 om. A

νῆας ἔπι γλαφυρὰς φερέτην βαρέα στενάχοντα.
Ἰδομενεὺς δ' οὐ λῆγε μένος μέγα, ἵετο δ' αἰεὶ
ἠέ τινα Τρώων ἐρεβεννῇ νυκτὶ καλύψαι,   425
ἢ αὐτὸς δουπῆσαι ἀμύνων λοιγὸν Ἀχαιοῖς.
ἔνθ' Αἰσυήταο διοτρεφέος φίλον υἱόν,
ἥρω' Ἀλκάθοον, γαμβρὸς δ' ἦν Ἀγχίσαο,
πρεσβυτάτην δ' ὤπυιε θυγατρῶν, Ἱπποδάμειαν,
τὴν περὶ κῆρι φίλησε πατὴρ καὶ πότνια μήτηρ   430
ἐν μεγάρῳ· πᾶσαν γὰρ ὁμηλικίην ἐκέκαστο
κάλλεϊ καὶ ἔργοισιν ἰδὲ φρεσί· τοὔνεκα καί μιν
γῆμεν ἀνὴρ ὥριστος ἐνὶ Τροίῃ εὐρείῃ·
τὸν τόθ' ὑπ' Ἰδομενῆϊ Ποσειδάων ἐδάμασσε
θέλξας ὄσσε φαεινά, πέδησε δὲ φαίδιμα γυῖα·   435
οὔτε γὰρ ἐξοπίσω φυγέειν δύνατ' οὔτ' ἀλέασθαι,
ἀλλ' ὥς τε στήλην ἢ δένδρεον ὑψιπέτηλον
ἀτρέμας ἑσταότα στῆθος μέσον οὔτασε δουρὶ
ἥρως Ἰδομενεύς, ῥῆξεν δέ οἱ ἀμφὶ χιτῶνα
χάλκεον, ὅς οἱ πρόσθεν ἀπὸ χροὸς ἤρκει ὄλεθρον·   440
δὴ τότε γ' αὖον ἄϋσεν ἐρεικόμενος περὶ δουρί.
δούπησεν δὲ πεσών, δόρυ δ' ἐν κραδίῃ ἐπεπήγει,
ἥ ῥά οἱ ἀσπαίρουσα καὶ οὐρίαχον πελέμιζεν
ἔγχεος· ἔνθα δ' ἔπειτ' ἀφίει μένος ὄβριμος Ἄρης·
Ἰδομενεὺς δ' ἔκπαγλον ἐπεύξατο, μακρὸν ἀΰσας·   445
'' Δηΐφοβ', ἦ ἄρα δή τι ἐΐσκομεν ἄξιον εἶναι
τρεῖς ἑνὸς ἀντὶ πεφάσθαι; ἐπεὶ σύ περ εὔχεαι οὕτω·
δαιμόνι', ἀλλὰ καὶ αὐτὸς ἐναντίον ἵστασ' ἐμεῖο,

423 στενάχοντε Ar. e f p r 𝔭⁵⁹ A B Gf V³² : στενάχοντες 1 V¹
424 ἰδομενεὺς quidam ap. sch. T, A L⁶ Mo   426 Ἀχαιῶν q   428 ἥρων
v. l. ant.   433 a b c
    πρὶν Ἀντηνορίδας τραφέμεν καὶ Πανθόου υἷας,
    Πριαμίδας θ, οἳ Τρωσὶ μετέπρεπον ἱπποδάμοισιν,
    ἕως ἔθ' ἥβην εἶχεν ὄφελλε δὲ κούριον ἄνθος
add. qu. 5 T Eu.   443 πελέμιζεν Aristoph. Ar. d A M¹² V¹¹ V¹² :
πελέμιξεν v. l. ant., vulg.   444 ἔνθα δέ οἱ d k al.   446 δή τί σ'
ἐΐσκομεν v. l. ant., g i T al.   447 αὔτως Zen. a b d g h k p al.

ὄφρα ἴδῃ οἷος Ζηνὸς γόνος ἐνθάδ᾽ ἱκάνω,
ὃς πρῶτον Μίνωα τέκε Κρήτῃ ἐπίουρον·⁣ 450
Μίνως δ᾽ αὖ τέκεθ᾽ υἱὸν ἀμύμονα Δευκαλίωνα,
Δευκαλίων δ᾽ ἐμὲ τίκτε πολέσσ᾽ ἄνδρεσσιν ἄνακτα
Κρήτῃ ἐν εὐρείῃ· νῦν δ᾽ ἐνθάδε νῆες ἔνεικαν
σοί τε κακὸν καὶ πατρὶ καὶ ἄλλοισι Τρώεσσιν."
⁣ ⁣Ὡς φάτο, Δηΐφοβος δὲ διάνδιχα μερμήριξεν, 455
ἤ τινά που Τρώων ἑταρίσσαιτο μεγαθύμων
ἂψ ἀναχωρήσας, ἢ πειρήσαιτο καὶ οἷος.
ὧδε δέ οἱ φρονέοντι δοάσσατο κέρδιον εἶναι,
βῆναι ἐπ᾽ Αἰνείαν· τὸν δ᾽ ὕστατον εὗρεν ὁμίλου
ἑσταότ᾽· αἰεὶ γὰρ Πριάμῳ ἐπεμήνιε δίῳ, 460
οὕνεκ᾽ ἄρ᾽ ἐσθλὸν ἐόντα μετ᾽ ἀνδράσιν οὔ τι τίεσκεν.
ἀγχοῦ δ᾽ ἱστάμενος ἔπεα πτερόεντα προσηύδα·
" Αἰνεία, Τρώων βουληφόρε, νῦν σε μάλα χρὴ
γαμβρῷ ἀμυνέμεναι, εἴ πέρ τί σε κῆδος ἱκάνει.
ἀλλ᾽ ἕπευ, Ἀλκαθόῳ ἐπαμύνομεν, ὅς σε πάρος γε 465
γαμβρὸς ἐὼν ἔθρεψε δόμοις ἔνι τυτθὸν ἐόντα·
τὸν δέ τοι Ἰδομενεὺς δουρικλυτὸς ἐξενάριξεν."
⁣ ⁣Ὡς φάτο, τῷ δ᾽ ἄρα θυμὸν ἐνὶ στήθεσσιν ὄρινε,
βῆ δὲ μετ᾽ Ἰδομενῆα μέγα πτολέμοιο μεμηλώς.
ἀλλ᾽ οὐκ Ἰδομενῆα φόβος λάβε τηλύγετον ὥς, 470
ἀλλ᾽ ἔμεν᾽, ὡς ὅτε τις σῦς οὔρεσιν ἀλκὶ πεποιθώς,
ὅς τε μένει κολοσυρτὸν ἐπερχόμενον πολὺν ἀνδρῶν
χώρῳ ἐν οἰοπόλῳ, φρίσσει δέ τε νῶτον ὕπερθεν·
ὀφθαλμὼ δ᾽ ἄρα οἱ πυρὶ λάμπετον· αὐτὰρ ὀδόντας
θήγει, ἀλέξασθαι μεμαὼς κύνας ἠδὲ καὶ ἄνδρας· 475
ὣς μένεν Ἰδομενεὺς δουρικλυτός, οὐδ᾽ ὑπεχώρει,
Αἰνείαν ἐπιόντα βοηθόον· αὖε δ᾽ ἑταίρους,
Ἀσκάλαφόν τ᾽ ἐσορῶν Ἀφαρῆά τε Δηΐπυρόν τε

449 ἴδη Ar. h k p U¹ U¹¹ : ἴδης Zen. vulg.⁣ ⁣456 εἰ v. l. ant. g i B
C L¹⁸ T V¹⁰⁣ ⁣463 a (= E 602) L⁴ M⁸, 464 a P¹ U¹⁰ mg.⁣ ⁣465 ἐπαμύ-
νομεν Ar. (σχεδὸν ἅπασαι), vulg.: ἐπαμυνέμεν v. l. ant. h U¹ V¹⁣ ⁣γε]
περ O⁵ U²⁣ ⁣477 βοηθόον ε f h l A B C Mc : βοῆ θόον vulg.

Μηριόνην τε καὶ Ἀντίλοχον, μήστωρας ἀϋτῆς·
τοὺς ὅ γ' ἐποτρύνων ἔπεα πτερόεντα προσηύδα·   480
" δεῦτε, φίλοι, καί μ' οἴῳ ἀμύνετε· δείδια δ' αἰνῶς
Αἰνείαν ἐπιόντα πόδας ταχύν, ὅς μοι ἔπεισιν,
ὃς μάλα καρτερός ἐστι μάχῃ ἔνι φῶτας ἐναίρειν·
καὶ δ' ἔχει ἥβης ἄνθος, ὅ τε κράτος ἐστὶ μέγιστον.
εἰ γὰρ ὁμηλικίη γε γενοίμεθα τῷδ' ἐπὶ θυμῷ,   485
αἶψά κεν ἠὲ φέροιτο μέγα κράτος, ἠὲ φεροίμην."
῝Ως ἔφαθ', οἱ δ' ἄρα πάντες ἕνα φρεσὶ θυμὸν ἔχοντες
πλησίοι ἔστησαν, σάκε' ὤμοισι κλίναντες.
Αἰνείας δ' ἑτέρωθεν ἐκέκλετο οἷς ἑτάροισι,
Δηΐφοβόν τε Πάρω τ' ἐσορῶν καὶ Ἀγήνορα δῖον,   490
οἵ οἱ ἅμ' ἡγεμόνες Τρώων ἔσαν· αὐτὰρ ἔπειτα
λαοὶ ἕπονθ', ὡς εἴ τε μετὰ κτίλον ἕσπετο μῆλα
πιόμεν' ἐκ βοτάνης· γάνυται δ' ἄρα τε φρένα ποιμήν·
ὡς Αἰνείᾳ θυμὸς ἐνὶ στήθεσσι γεγήθει,
ὡς ἴδε λαῶν ἔθνος ἐπισπόμενον ἑοῖ αὐτῷ.   495
Οἱ δ' ἀμφ' Ἀλκαθόῳ αὐτοσχεδὸν ὡρμήθησαν
μακροῖσι ξυστοῖσι· περὶ στήθεσσι δὲ χαλκὸς
σμερδαλέον κονάβιζε τιτυσκομένων καθ' ὅμιλον
ἀλλήλων· δύο δ' ἄνδρες ἀρήϊοι ἔξοχον ἄλλων,
Αἰνείας τε καὶ Ἰδομενεύς, ἀτάλαντοι Ἄρηϊ,   500
ἵεντ' ἀλλήλων ταμέειν χρόα νηλέϊ χαλκῷ.
Αἰνείας δὲ πρῶτος ἀκόντισεν Ἰδομενῆος·
ἀλλ' ὁ μὲν ἄντα ἰδὼν ἠλεύατο χάλκεον ἔγχος,
αἰχμὴ δ' Αἰνείαο κραδαινομένη κατὰ γαίης
ᾤχετ', ἐπεί ῥ' ἅλιον στιβαρῆς ἀπὸ χειρὸς ὄρουσεν.   505
Ἰδομενεὺς δ' ἄρα Οἰνόμαον βάλε γαστέρα μέσσην,
ῥῆξε δὲ θώρηκος γύαλον, διὰ δ' ἔντερα χαλκὸς

480 om. qu. S T (ἐν πολλοῖς): ita p¹⁰   484 ἐστί] ἀνδρὶ p¹⁰
485 ὁμηλικίη v. l. ant., vulg.: ὁμηλικίη Ar. (uv.) p¹⁰ A B L⁴ L¹⁶ T V¹⁶ Vi⁵:
ὁμηλικίην Zen. ⁀ο   ἐπὶ Ar. a b d p A Gf: ἐνὶ vulg.   486 κράτος]
κλέος h l U¹ al.   ἤ κε φεροίμην p⁹ p¹⁰ h O⁸ U¹   498 κονάβησε
p⁵⁹ Ca¹ O⁸   499 ἔξοχον Ar. (ἅπασαι), vulg.: ἔξοχοι v. l. ant. b f h
p⁵⁹ C V¹   502 πρῶτος] πρῶσθεν Aristoph.   506 γαστερι p⁵⁹

ἤφυσ'· ὁ δ' ἐν κονίῃσι πεσὼν ἕλε γαῖαν ἀγοστῷ.
Ἰδομενεὺς δ' ἐκ μὲν νέκυος δολιχόσκιον ἔγχος
ἐσπάσατ', οὐδ' ἄρ' ἔτ' ἄλλα δυνήσατο τεύχεα καλὰ   510
ὤμοιιν ἀφελέσθαι· ἐπείγετο γὰρ βελέεσσιν.
οὐ γὰρ ἔτ' ἔμπεδα γυῖα ποδῶν ἦν ὁρμηθέντι,
οὔτ' ἄρ' ἐπαΐξαι μεθ' ἑὸν βέλος οὔτ' ἀλέασθαι.
τῶ ῥα καὶ ἐν σταδίῃ μὲν ἀμύνετο νηλεὲς ἦμαρ,
τρέσσαι δ' οὐκέτι ῥίμφα πόδες φέρον ἐκ πολέμοιο.   515
τοῦ δὲ βάδην ἀπιόντος ἀκόντισε δουρὶ φαεινῷ
Δηίφοβος· δὴ γάρ οἱ ἔχεν κότον ἐμμενὲς αἰεί.
ἀλλ' ὅ γε καὶ τόθ' ἅμαρτεν, ὁ δ' Ἀσκάλαφον βάλε δουρί,
υἱὸν Ἐνυαλίοιο· δι' ὤμου δ' ὄβριμον ἔγχος
ἔσχεν· ὁ δ' ἐν κονίῃσι πεσὼν ἕλε γαῖαν ἀγοστῷ.   520
οὐδ' ἄρα πώ τι πέπυστο βριήπυος ὄβριμος Ἄρης
υἷος ἑοῖο πεσόντος ἐνὶ κρατερῇ ὑσμίνῃ,
ἀλλ' ὅ γ' ἄρ' ἄκρῳ Ὀλύμπῳ ὑπὸ χρυσέοισι νέφεσσιν·
ἧστο, Διὸς βουλῇσιν ἐελμένος, ἔνθα περ ἄλλοι
ἀθάνατοι θεοὶ ἦσαν ἐεργόμενοι πολέμοιο.   525
    Οἱ δ' ἀμφ' Ἀσκαλάφῳ αὐτοσχεδὸν ὁρμήθησαν·
Δηίφοβος μὲν ἀπ' Ἀσκαλάφου πήληκα φαεινὴν
ἥρπασε, Μηριόνης δὲ θοῷ ἀτάλαντος Ἄρηϊ
δουρὶ βραχίονα τύψεν ἐπάλμενος, ἐκ δ' ἄρα χειρὸς
αὐλῶπις τρυφάλεια χαμαὶ βόμβησε πεσοῦσα.   530
Μηριόνης δ' ἐξαῦτις ἐπάλμενος, αἰγυπιὸς ὥς,
ἐξέρυσε πρυμνοῖο βραχίονος ὄβριμον ἔγχος,
ἂψ δ' ἑτάρων εἰς ἔθνος ἐχάζετο.   τὸν δὲ Πολίτης
αὐτοκασίγνητος, περὶ μέσσῳ χεῖρε τιτήνας,
ἐξῆγεν πολέμοιο δυσηχέος, ὄφρ' ἵκεθ' ἵππους   535
ὠκέας, οἵ οἱ ὄπισθε μάχης ἠδὲ πτολέμοιο
ἕστασαν ἡνίοχόν τε καὶ ἅρματα ποικίλ' ἔχοντες·
οἳ τόν γε προτὶ ἄστυ φέρον βαρέα στενάχοντα
τειρόμενον· κατὰ δ' αἷμα νεουτάτου ἔρρεε χειρός.

510 ἄρα τἆλλα v. l. ant.   512 ὁρμηθῆναι q

Οἱ δ' ἄλλοι μάρναντο, βοὴ δ' ἄσβεστος ὀρώρει.   540
ἔνθ' Αἰνέας Ἀφαρῆα Καλητορίδην ἐπορούσας
λαιμὸν τύψ' ἐπὶ οἷ τετραμμένον ὀξέϊ δουρί·
ἐκλίνθη δ' ἑτέρωσε κάρη, ἐπὶ δ' ἀσπὶς ἐάφθη
καὶ κόρυς, ἀμφὶ δέ οἱ θάνατος χύτο θυμοραϊστής.
Ἀντίλοχος δὲ Θόωνα μεταστρεφθέντα δοκεύσας   545
οὔτασ' ἐπαΐξας, ἀπὸ δὲ φλέβα πᾶσαν ἔκερσεν,
ἥ τ' ἀνὰ νῶτα θέουσα διαμπερὲς αὐχέν' ἱκάνει·
τὴν ἀπὸ πᾶσαν ἔκερσεν· ὁ δ' ὕπτιος ἐν κονίῃσι
κάππεσεν, ἄμφω χεῖρε φίλοις ἑτάροισι πετάσσας.
Ἀντίλοχος δ' ἐπόρουσε, καὶ αἴνυτο τεύχε' ἀπ' ὤμων   550
παπταίνων· Τρῶες δὲ περισταδὸν ἄλλοθεν ἄλλος
οὔταζον σάκος εὐρὺ παναίολον, οὐδὲ δύναντο
εἴσω ἐπιγράψαι τέρενα χρόα νηλέϊ χαλκῷ
Ἀντιλόχου· πέρι γάρ ῥα Ποσειδάων ἐνοσίχθων
Νέστορος υἱὸν ἔρυτο καὶ ἐν πολλοῖσι βέλεσσιν.   555
οὐ μὲν γάρ ποτ' ἄνευ δηίων ἦν, ἀλλὰ κατ' αὐτοὺς
στρωφᾶτ'· οὐδέ οἱ ἔγχος ἔχ' ἀτρέμας, ἀλλὰ μάλ' αἰεὶ
σειόμενον ἐλέλικτο· τιτύσκετο δὲ φρεσὶν ᾗσιν
ἤ τευ ἀκοντίσσαι, ἠὲ σχεδὸν ὁρμηθῆναι.
Ἀλλ' οὐ λῆθ' Ἀδάμαντα τιτυσκόμενος καθ' ὅμιλον,   560
Ἀσιάδην, ὅ οἱ οὖτα μέσον σάκος ὀξέϊ χαλκῷ
ἐγγύθεν ὁρμηθείς· ἀμενήνωσεν δέ οἱ αἰχμὴν
κυανοχαῖτα Ποσειδάων, βιότοιο μεγήρας.
καὶ τὸ μὲν αὐτοῦ μεῖν' ὥς τε σκῶλος πυρίκαυστος,
ἐν σάκει Ἀντιλόχοιο, τὸ δ' ἥμισυ κεῖτ' ἐπὶ γαίης·   565
ἂψ δ' ἑτάρων εἰς ἔθνος ἐχάζετο κῆρ' ἀλεείνων·
Μηριόνης δ' ἀπιόντα μετασπόμενος βάλε δουρὶ

541 ἔνθ' Αἰνέας Ar. f1 A B C V¹ V²⁰ : ἔνθ' Αἰνείας vulg.: Αἰνείας δ' v. l.
ant. c e r al. P⁵⁰ (om. δ')   543 ἔκλινεν P¹⁰   546 ἀπὸ] διὰ Zen.
551 παρασταδὸν Zen. Aristoph. c N⁴   560 τιτυσκόμενον h, g ss.
O² U¹³   561 χαλκῷ] δουρί a d k p al. P⁵⁹ A ss. V¹⁵   565 γαίῃ P¹⁰
f h i r B C V¹ V³²   566 a
πάντοσε παππαί'·ων ᾑ τις χρόα καλὸν ἐπαύρῃ
add. Bm⁸ M⁷ V²⁵ V²⁹ (= 649)

αἰδοίων τε μεσηγὺ καὶ ὀμφαλοῦ, ἔνθα μάλιστα
γίγνετ' Ἄρης ἀλεγεινὸς ὀϊζυροῖσι βροτοῖσιν.
ἔνθα οἱ ἔγχος ἔπηξεν· ὁ δ' ἐσπόμενος περὶ δουρὶ   570
ἤσπαιρ' ὡς ὅτε βοῦς, τόν τ' οὔρεσι βουκόλοι ἄνδρες
ἰλλάσιν οὐκ ἐθέλοντα βίῃ δήσαντες ἄγουσιν·
ὡς ὁ τυπεὶς ἤσπαιρε μίνυνθά περ, οὔ τι μάλα δήν,
ὄφρα οἱ ἐκ χροὸς ἔγχος ἀνεσπάσατ' ἐγγύθεν ἐλθὼν
ἥρως Μηριόνης· τὸν δὲ σκότος ὄσσε κάλυψε.   575
Δηΐπυρον δ' Ἑλενος ξίφεϊ σχεδὸν ἤλασε κόρσην
Θρηϊκίῳ μεγάλῳ, ἀπὸ δὲ τρυφάλειαν ἄραξεν.
ἡ μὲν ἀποπλαγχθεῖσα χαμαὶ πέσε, καί τις Ἀχαιῶν
μαρναμένων μετὰ ποσσὶ κυλινδομένην ἐκόμισσε·
τὸν δὲ κατ' ὀφθαλμῶν ἐρεβεννὴ νὺξ ἐκάλυψεν.   580
Ἀτρεΐδην δ' ἄχος εἷλε, βοὴν ἀγαθὸν Μενέλαον·
βῆ δ' ἐπαπειλήσας Ἑλένῳ ἥρωϊ ἄνακτι,
ὀξὺ δόρυ κραδάων· ὁ δὲ τόξου πῆχυν ἄνελκε.
τὼ δ' ἄρ' ὁμαρτήδην ὁ μὲν ἔγχεϊ ὀξυόεντι
ἵετ' ἀκοντίσσαι, ὁ δ' ἀπὸ νευρῆφιν ὀϊστῷ.   585
Πριαμίδης μὲν ἔπειτα κατὰ στῆθος βάλεν ἰῷ
θώρηκος γύαλον, ἀπὸ δ' ἔπτατο πικρὸς ὀϊστός.
ὡς δ' ὅτ' ἀπὸ πλατέος πτυόφιν μεγάλην κατ' ἀλωὴν
θρῴσκωσιν κύαμοι μελανόχροες ἢ ἐρέβινθοι,
πνοιῇ ὕπο λιγυρῇ καὶ λικμητῆρος ἐρωῇ,   590
ὡς ἀπὸ θώρηκος Μενελάου κυδαλίμοιο
πολλὸν ἀποπλαγχθεὶς ἑκὰς ἔπτατο πικρὸς ὀϊστός.
Ἀτρεΐδης δ' ἄρα χεῖρα, βοὴν ἀγαθὸς Μενέλαος,
τὴν βάλεν ᾗ ῥ' ἔχε τόξον ἐΰξοον· ἐν δ' ἄρα τόξῳ
ἀντικρὺ διὰ χειρὸς ἐλήλατο χάλκεον ἔγχος.   595
ἂψ δ' ἑτάρων εἰς ἔθνος ἐχάζετο κῆρ' ἀλεείνων,
χεῖρα παρακρεμάσας· τὸ δ' ἐφέλκετο μείλινον ἔγχος.

570 δὲ σπόμενος cit. sch. Κ 246: δὲ σχόμενος v.l. ant. Ge corr. L³
L¹⁰ V¹¹ v.l. in A   584 ὁμαρτήδην Ar.: ὁμαρτήτην vulg.: ἀμαρτήτην
v.l. ap. sch. T, p¹⁰ B P¹ V⁹⁰ V²²   587 δια p⁵⁰ h   594 ᾗ Ar. A B
Bm² D Ge P⁶ P¹⁵ P²¹: ἦ v.l. ant., vulg.   ἐκ δ' ἄρα τόξου p¹⁰
τόξῳ] χαλκῷ 1   597 μείλινον] χάλκεον f r V¹¹ V¹⁴

καὶ τὸ μὲν ἐκ χειρὸς ἔρυσεν μεγάθυμος Ἀγήνωρ,
αὐτὴν δὲ ξυνέδησεν ἐϋστρεφεῖ οἰὸς ἀώτῳ,
σφενδόνῃ, ἣν ἄρα οἱ θεράπων ἔχε ποιμένι λαῶν.   600
Πείσανδρος δ' ἰθὺς Μενελάου κυδαλίμοιο
ἤϊε· τὸν δ' ἄγε μοῖρα κακὴ θανάτοιο τέλοσδε,
σοί, Μενέλαε, δαμῆναι ἐν αἰνῇ δηϊοτῆτι.
οἱ δ' ὅτε δὴ σχεδὸν ἦσαν ἐπ' ἀλλήλοισιν ἰόντες,
Ἀτρεΐδης μὲν ἅμαρτε, παραὶ δέ οἱ ἐτράπετ' ἔγχος,   605
Πείσανδρος δὲ σάκος Μενελάου κυδαλίμοιο
οὔτασεν, οὐδὲ διαπρὸ δυνήσατο χαλκὸν ἐλάσσαι·
ἔσχεθε γὰρ σάκος εὐρύ, κατεκλάσθη δ' ἐνὶ καυλῷ
ἔγχος· ὁ δὲ φρεσὶν ᾗσι χάρη καὶ ἐέλπετο νίκην.
Ἀτρεΐδης δὲ ἐρυσσάμενος ξίφος ἀργυρόηλον   610
ἆλτ' ἐπὶ Πεισάνδρῳ· ὁ δ' ὑπ' ἀσπίδος εἵλετο καλὴν
ἀξίνην εὔχαλκον, ἐλαΐνῳ ἀμφὶ πελέκκῳ,
μακρῷ ἐϋξέστῳ· ἅμα δ' ἀλλήλων ἐφίκοντο.
ἤτοι ὁ μὲν κόρυθος φάλον ἤλασεν ἱπποδασείης
ἄκρον ὑπὸ λόφον αὐτόν, ὁ δὲ προσιόντα μέτωπον   615
ῥινὸς ὕπερ πυμάτης· λάκε δ' ὀστέα, τὼ δέ οἱ ὄσσε
πὰρ ποσὶν αἱματόεντα χαμαὶ πέσον ἐν κονίῃσιν,
ἰδνώθη δὲ πεσών· ὁ δὲ λὰξ ἐν στήθεσι βαίνων
τεύχεά τ' ἐξενάριξε καὶ εὐχόμενος ἔπος ηὔδα·
" λείψετέ θην οὕτω γε νέας Δαναῶν ταχυπώλων,   620
Τρῶες ὑπερφίαλοι, δεινῆς ἀκόρητοι ἀϋτῆς,
ἄλλης μὲν λώβης τε καὶ αἴσχεος οὐκ ἐπιδευεῖς,
ἣν ἐμὲ λωβήσασθε, κακαὶ κύνες, οὐδέ τι θυμῷ
Ζηνὸς ἐριβρεμέτεω χαλεπὴν ἐδείσατε μῆνιν
ξεινίου, ὅς τέ ποτ' ὕμμι διαφθέρσει πόλιν αἰπήν·   625

599 ἐϋστρεφεῖ Ar. : ἐϋστρόφῳ codd.   608 ἔσχεθε a c f p p⁵⁹ A B
C D Mc V¹⁶ V³² : ἔσχετο vulg.   609 ἐέλπετο b g l p A B Ge V¹ V³² :
ἔλπετο vulg. : μέγα δ' ἤλπετο Zen.   610 χείρεσσι μάχαιραν Zen.
612 πελέκκει g ss. L¹⁰ M¹²   613 ἐφίκοντο Ar. vulg. : ἐφικέσθην
Aristoph. (uv.) : ἀφίκοντο i p⁶⁰ L¹⁶ Mc M¹⁰ N¹ U¹⁰ V¹² v. l. ap. Eust.
617 αἱματόεντε v. l. ant. ● B corr. V¹⁰ V³²   πέσον Ar. vulg. : πέσεν
p⁵⁹ Mo   623 κακαὶ b f h r A B C D : κακοὶ cet.   625 διαφθείρει
(vel διαφθείροι) d k al.   αἰπήν] αὐτήν f B C

οἳ μευ κουριδίην ἄλοχον καὶ κτήματα πολλὰ
μὰψ οἴχεσθ' ἀνάγοντες, ἐπεὶ φιλέεσθε παρ' αὐτῇ·
νῦν αὖτ' ἐν νηυσὶν μενεαίνετε ποντοπόροισι
πῦρ ὀλοὸν βαλέειν, κτεῖναι δ' ἥρωας 'Αχαιούς.
ἀλλά ποθι σχήσεσθε καὶ ἐσσύμενοί περ "Αρηος.   630
Ζεῦ πάτερ, ἦ τέ σέ φασι περὶ φρένας ἔμμεναι ἄλλων,
ἀνδρῶν ἠδὲ θεῶν· σέο δ' ἐκ τάδε πάντα πέλονται·
οἶον δὴ ἄνδρεσσι χαρίζεαι ὑβριστῇσι,
Τρωσίν, τῶν μένος αἰὲν ἀτάσθαλον, οὐδὲ δύνανται
φυλόπιδος κορέσασθαι ὁμοιΐου πτολέμοιο.   635
πάντων μὲν κόρος ἐστί, καὶ ὕπνου καὶ φιλότητος
μολπῆς τε γλυκερῆς καὶ ἀμύμονος ὀρχηθμοῖο,
τῶν πέρ τις καὶ μᾶλλον ἐέλδεται ἐξ ἔρον εἶναι
ἢ πολέμου· Τρῶες δὲ μάχης ἀκόρητοι ἔασιν."
ʽΩς εἰπὼν τὰ μὲν ἔντε' ἀπὸ χροὸς αἱματόεντα   640
συλήσας ἑτάροισι δίδου Μενέλαος ἀμύμων,
αὐτὸς δ' αὖτ' ἐξαῦτις ἰὼν προμάχοισιν ἐμίχθη.
Ἔνθα οἱ υἱὸς ἐπᾶλτο Πυλαιμένεος βασιλῆος,
'Αρπαλίων, ὅ ῥα πατρὶ φίλῳ ἕπετο πτολεμίξων
ἐς Τροίην, οὐδ' αὖτις ἀφίκετο πατρίδα γαῖαν·   645
ὅς ῥα τότ' 'Ατρεΐδαο μέσον σάκος οὔτασε δουρὶ
ἐγγύθεν, οὐδὲ διαπρὸ δυνήσατο χαλκὸν ἐλάσσαι,
ἂψ δ' ἑτάρων εἰς ἔθνος ἐχάζετο κῆρ' ἀλεείνων,
πάντοσε παπταίνων, μή τις χρόα χαλκῷ ἐπαύρῃ.
Μηριόνης δ' ἀπιόντος ἵει χαλκήρε' ὀϊστόν,   650
καί ῥ' ἔβαλε γλουτὸν κάτα δεξιόν· αὐτὰρ ὀϊστὸς
ἀντικρὺ κατὰ κύστιν ὑπ' ὀστέον ἐξεπέρησεν.
ἑζόμενος δὲ κατ' αὖθι φίλων ἐν χερσὶν ἑταίρων
θυμὸν ἀποπνείων, ὥς τε σκώληξ ἐπὶ γαίῃ
κεῖτο ταθείς· ἐκ δ' αἷμα μέλαν ῥέε, δεῦε δὲ γαῖαν.   655

626 κτήμαθ' ἅμ' αὐτῇ v l. in A   627 οἴχεσθον ἄγοντες Zen.
παρ' et περ Ar. (διχῶς) : παρ' codd. : περ A ss. et in lemmate
αὐτῆς ● ● ● ○   633 ὑβριστῆρσι N⁴ V¹ V¹²   635 πτολέμοιο
d ● g ○ A B C T V¹ V³²   637 ath. qu. ℬ B Lp T   643 Κυλαιμένεος
Zen. sec. Eu. : πυ· in ras. L⁸   652 κατὰ] διὰ A : ποτὶ L⁶

τὸν μὲν Παφλαγόνες μεγαλήτορες ἀμφεπένοντο,
ἐς δίφρον δ' ἀνέσαντες ἄγον προτὶ Ἴλιον ἱρὴν
ἀχνύμενοι· μετὰ δέ σφι πατὴρ κίε δάκρυα λείβων,
ποινὴ δ' οὔ τις παιδὸς ἐγίγνετο τεθνηῶτος.

Τοῦ δὲ Πάρις μάλα θυμὸν ἀποκταμένοιο χολώθη·   660
ξεῖνος γάρ οἱ ἔην πολέσιν μετὰ Παφλαγόνεσσι·
τοῦ ὅ γε χωόμενος προίει χαλκήρε' ὀιστόν.
ἦν δέ τις Εὐχήνωρ, Πολυΐδου μάντιος υἱός,
ἀφνειός τ' ἀγαθός τε, Κορινθόθι οἰκία ναίων,
ὅς ῥ' εὖ εἰδὼς κῆρ' ὀλοὴν ἐπὶ νηὸς ἔβαινε·   665
πολλάκι γάρ οἱ ἔειπε γέρων ἀγαθὸς Πολύϊδος
νούσῳ ὑπ' ἀργαλέῃ φθίσθαι οἷς ἐν μεγάροισιν,
ἢ μετ' Ἀχαιῶν νηυσὶν ὑπὸ Τρώεσσι δαμῆναι·
τῷ ῥ' ἅμα τ' ἀργαλέην θωὴν ἀλέεινεν Ἀχαιῶν
νοῦσόν τε στυγερήν, ἵνα μὴ πάθοι ἄλγεα θυμῷ.   670
τὸν βάλ' ὑπὸ γναθμοῖο καὶ οὔατος· ὦκα δὲ θυμὸς
ᾤχετ' ἀπὸ μελέων, στυγερὸς δ' ἄρα μιν σκότος εἷλεν.

Ὣς οἱ μὲν μάρναντο δέμας πυρὸς αἰθομένοιο·
Ἕκτωρ δ' οὐκ ἐπέπυστο Διὶ φίλος, οὐδέ τι ᾔδη
ὅττι ῥά οἱ νηῶν ἐπ' ἀριστερὰ δηϊόωντο   675
λαοὶ ὑπ' Ἀργείων.   τάχα δ' ἂν καὶ κῦδος Ἀχαιῶν
ἔπλετο· τοῖος γὰρ γαιήοχος ἐννοσίγαιος
ὄτρυν' Ἀργείους, πρὸς δὲ σθένει αὐτὸς ἄμυνεν·
ἀλλ' ἔχεν ᾗ τὰ πρῶτα πύλας καὶ τεῖχος ἐσάλτο,
ῥηξάμενος Δαναῶν πυκινὰς στίχας ἀσπιστάων,   680
ἔνθ' ἔσαν Αἴαντός τε νέες καὶ Πρωτεσιλάου
θῖν' ἔφ' ἁλὸς πολιῆς εἰρυμέναι· αὐτὰρ ὕπερθε
τεῖχος ἐδέδμητο χθαμαλώτατον, ἔνθα μάλιστα
ζαχρηεῖς γίγνοντο μάχῃ αὐτοί τε καὶ ἵπποι.

Ἔνθα δὲ Βοιωτοὶ καὶ Ἰάονες ἑλκεχίτωνες,   685

657 ath. qu. 𝔖 B Lp T Eu.   ἀναθέντες Apoll. Rhod.   658-659 ath.
Ar. Aristoph.   658 μετὰ δ' οὔ σφι v. l. ant. (ἔνιοι δὲ πιθανῶς μετα-
γράφουσι μετὰ δ' οὔ σφι sch. A)   668 νηυσὶν] χερσὶν 𝔭¹⁰   681 τε]
γε 𝔞 U¹: τε om. ι Οⁿ

Λοκροὶ καὶ Φθῖοι καὶ φαιδιμόεντες Ἐπειοί,
σπουδῇ ἐπαΐσσοντα νεῶν ἔχον, οὐδὲ δύναντο
ὦσαι ἀπὸ σφείων φλογὶ εἴκελον Ἕκτορα δῖον,
οἱ μὲν Ἀθηναίων προλελεγμένοι· ἐν δ' ἄρα τοῖσιν
ἦρχ' υἱὸς Πετεῶο Μενεσθεύς, οἱ δ' ἅμ' ἕποντο   690
Φείδας τε Στιχίος τε Βίας τ' ἐΰς· αὐτὰρ Ἐπειῶν
Φυλεΐδης τε Μέγης Ἀμφίων τε Δρακίος τε,
πρὸ Φθίων δὲ Μέδων τε μενεπτόλεμός τε Ποδάρκης.
ἤτοι ὁ μὲν νόθος υἱὸς Ὀϊλῆος θείοιο
ἔσκε Μέδων, Αἴαντος ἀδελφεός· αὐτὰρ ἔναιεν   695
ἐν Φυλάκῃ, γαίης ἄπο πατρίδος, ἄνδρα κατακτάς,
γνωτὸν μητρυιῆς Ἐριώπιδος, ἣν ἔχ' Ὀϊλεύς·
αὐτὰρ ὁ Ἰφίκλοιο πάϊς τοῦ Φυλακίδαο.
οἱ μὲν πρὸ Φθίων μεγαθύμων θωρηχθέντες
ναῦφιν ἀμυνόμενοι μετὰ Βοιωτῶν ἐμάχοντο·   700
Αἴας δ' οὐκέτι πάμπαν, Ὀϊλῆος ταχὺς υἱός,
ἵστατ' ἀπ' Αἴαντος Τελαμωνίου οὐδ' ἠβαιόν,
ἀλλ' ὥς τ' ἐν νειῷ βόε οἴνοπε πηκτὸν ἄροτρον
ἶσον θυμὸν ἔχοντε τιταίνετον· ἀμφὶ δ' ἄρα σφι
πρυμνοῖσιν κεράεσσι πολὺς ἀνακηκίει ἱδρώς·   705
τὼ μέν τε ζυγὸν οἶον ἐΰξοον ἀμφὶς ἐέργει
ἱεμένω κατὰ ὦλκα· τέμει δέ τε τέλσον ἀρούρης·
ὣς τὼ παρβεβαῶτε μάλ' ἕστασαν ἀλλήλοιιν.
ἀλλ' ἤτοι Τελαμωνιάδῃ πολλοί τε καὶ ἐσθλοὶ
λαοὶ ἕπονθ' ἕταροι, οἵ οἱ σάκος ἐξεδέχοντο,   710
ὁππότε μιν κάματός τε καὶ ἱδρὼς γούναθ' ἵκοιτο.
οὐδ' ἄρ' Ὀϊλιάδῃ μεγαλήτορι Λοκροὶ ἕποντο·
οὐ γάρ σφι σταδίῃ ὑσμίνῃ μίμνε φίλον κῆρ·

692 Μέγης Ar. vulg.: Μέγης τ' Zen. b p p⁵⁰ M⁸ U¹³ V¹⁶   702 ἵσταт']
χάζετ' Zen.   705 πολὺς δ' f i al.   ἀνακηκίει Ar. b c g l A Ge
V¹ V¹⁶ : ἀνεκήκιεν vulg.   707 τέμει f A B C L¹⁸ M⁴ T U¹¹ V¹⁶ V²⁰ V²⁵ :
τέμνει vulg.   708 ἀλλήλοισιν P⁹ P⁸⁹ d h i k m al.   710 λαοί]
ἄλλοι b h i V¹   712 ἀλλ' οὐκ Ἰλιάδῃ Zen.   713 σφι Ar. h O⁵
U¹ al. : σφιν Aristoph. vulg.   σταδίης ὑσμίνης ἔργα μέμηλε cit.
Strab. 449 γρ. g T (-λει)

οὐ γὰρ ἔχον κόρυθας χαλκήρεας ἱπποδασείας,
οὐδ' ἔχον ἀσπίδας εὐκύκλους καὶ μείλινα δοῦρα,   715
ἀλλ' ἄρα τόξοισιν καὶ ἐϋστρεφεῖ οἶος ἀώτῳ
Ἴλιον εἰς ἅμ' ἕποντο πεποιθότες, οἷσιν ἔπειτα
ταρφέα βάλλοντες Τρώων ῥήγνυντο φάλαγγας·
δή ῥα τόθ' οἱ μὲν πρόσθε σὺν ἔντεσι δαιδαλέοισι
μάρναντο Τρωσίν τε καὶ Ἕκτορι χαλκοκορυστῇ,   720
οἱ δ' ὄπιθεν βάλλοντες ἐλάνθανον· οὐδέ τι χάρμης
Τρῶες μιμνήσκοντο· συνεκλόνεον γὰρ ὀϊστοί.
Ἔνθα κε λευγαλέως νηῶν ἄπο καὶ κλισιάων
Τρῶες ἐχώρησαν προτὶ Ἴλιον ἠνεμόεσσαν,
εἰ μὴ Πουλυδάμας θρασὺν Ἕκτορα εἶπε παραστάς·   725
"Ἕκτορ, ἀμήχανός ἐσσι παραρρητοῖσι πιθέσθαι.
οὕνεκά τοι περὶ δῶκε θεὸς πολεμήϊα ἔργα,
τοὔνεκα καὶ βουλῇ ἐθέλεις περιίδμεναι ἄλλων·
ἀλλ' οὔ πως ἅμα πάντα δυνήσεαι αὐτὸς ἑλέσθαι.
ἄλλῳ μὲν γὰρ δῶκε θεὸς πολεμήϊα ἔργα,   730
ἄλλῳ δ' ὀρχηστύν, ἑτέρῳ κίθαριν καὶ ἀοιδήν,
ἄλλῳ δ' ἐν στήθεσσι τιθεῖ νόον εὐρύοπα Ζεὺς
ἐσθλόν, τοῦ δέ τε πολλοὶ ἐπαυρίσκοντ' ἄνθρωποι,
καί τε πολέας ἐσάωσε, μάλιστα δὲ καὐτὸς ἀνέγνω.
αὐτὰρ ἐγὼν ἐρέω ὥς μοι δοκεῖ εἶναι ἄριστα·   735
πάντῃ γάρ σε περὶ στέφανος πολέμοιο δέδηε·
Τρῶες δὲ μεγάθυμοι, ἐπεὶ κατὰ τεῖχος ἔβησαν,
οἱ μὲν ἀφεστᾶσιν σὺν τεύχεσιν, οἱ δὲ μάχονται
παυρότεροι πλεόνεσσι, κεδασθέντες κατὰ νῆας.
ἀλλ' ἀναχασσάμενος κάλει ἐνθάδε πάντας ἀρίστους·   740
ἔνθεν δ' ἂν μάλα πᾶσαν ἐπιφρασσαίμεθα βουλήν,
ἤ κεν ἐνὶ νήεσσι πολυκλήϊσι πέσωμεν,

716 ἐϋστρεφεῖ Ar. : ἐϋστρόφῳ codd. Strab. *l. c.*   717 οἶσι μάλιστα
h U¹   728 περιέμμεναι q v. l. ap. Eust.   ἄλλων] ἁπάντων d f
V¹³ V²²   731 om. Ar. ● i p⁵⁹ A B C D O⁵ T V¹⁶ V³² Eust. : hab Zen.
Mallotes, vulg.   ὀρχηστύν τε καὶ ἱμερόεσσαν ἀοιδήν Lucian. de salt. 23
732 νόον τίθει Aristoph. T (τίθεῖ)   733 πολλὸν Aristoph.
734 πολέας lemm. T : πολεῖς (-εις) codd.   735 ἄριστον q M⁸ V¹¹ Eust.

26

αἴ κ' ἐθέλησι θεὸς δόμεναι κράτος, ἦ κεν ἔπειτα
πὰρ νηῶν ἔλθωμεν ἀπήμονες.   ἦ γὰρ ἔγωγε
δείδω μὴ τὸ χθιζὸν ἀποστήσωνται Ἀχαιοὶ   745
χρεῖος, ἐπεὶ παρὰ νηυσὶν ἀνὴρ ᾶτος πολέμοιο
μίμνει, ὃν οὐκέτι πάγχυ μάχης σχήσεσθαι ὀίω."
  Ὣς φάτο Πουλυδάμας, ἅδε δ' Ἕκτορι μῦθος ἀπήμων,
αὐτίκα δ' ἐξ ὀχέων σὺν τεύχεσιν ᾶλτο χαμᾶζε
καί μιν φωνήσας ἔπεα πτερόεντα προσηύδα·   750
" Πουλυδάμα, σὺ μὲν αὐτοῦ ἐρύκακε πάντας ἀρίστους,
αὐτὰρ ἐγὼ κεῖσ' εἶμι καὶ ἀντιόω πολέμοιο·
αἶψα δ' ἐλεύσομαι αὖτις, ἐπὴν εὖ τοῖς ἐπιτείλω."
  Ἦ ῥα, καὶ ὁρμήθη ὄρεϊ νιφόεντι ἐοικώς,
κεκλήγων, διὰ δὲ Τρώων πέτετ' ἠδ' ἐπικούρων.   755
οἱ δ' ἐς Πανθοΐδην ἀγαπήνορα Πουλυδάμαντα
πάντες ἐπεσσεύοντ', ἐπεὶ Ἕκτορος ἔκλυον αὐδήν.
αὐτὰρ ὁ Δηΐφοβόν τε βίην θ' Ἑλένοιο ἄνακτος
Ἀσιάδην τ' Ἀδάμαντα καὶ Ἄσιον, Ὑρτάκου υἱόν,
φοίτα ἀνὰ προμάχους διζήμενος, εἴ που ἐφεύροι.   760
τοὺς δ' εὗρ' οὐκέτι πάμπαν ἀπήμονας οὐδ' ἀνολέθρους·
ἀλλ' οἱ μὲν δὴ νηυσὶν ἔπι πρύμνῃσιν Ἀχαιῶν
χερσὶν ὑπ' Ἀργείων κέατο ψυχὰς ὀλέσαντες,
οἱ δ' ἐν τείχει ἔσαν βεβλημένοι οὐτάμενοί τε.
τὸν δὲ τάχ' εὗρε μάχης ἐπ' ἀριστερὰ δακρυοέσσης   765
δῖον Ἀλέξανδρον, Ἑλένης πόσιν ἠϋκόμοιο,
θαρσύνονθ' ἑτάρους καὶ ἐποτρύνοντα μάχεσθαι,
ἀγχοῦ δ' ἱστάμενος προσέφη αἰσχροῖς ἐπέεσσι·
" Δύσπαρι, εἶδος ἄριστε, γυναιμανές, ἠπεροπευτά,
ποῦ τοι Δηΐφοβός τε βίη θ' Ἑλένοιο ἄνακτος   770
Ἀσιάδης τ' Ἀδάμας ἠδ' Ἄσιος, Ὑρτάκου υἱός;
ποῦ δέ τοι Ὀθρυονεύς; νῦν ὤλετο πᾶσα κατ' ἄκρης
Ἴλιος αἰπεινή· νῦν τοι σῶς αἰπὺς ὄλεθρος."

745 ἀποστήσωνται Ɒ⁸⁹ A L¹⁰ L¹⁷ M¹⁰ T V¹⁶ : ἀποτίσωνται (-ονται) vulg.
    749 om. a d i k Ɒ⁸⁹ A V¹ V¹ᵏ   751 πάντας ἀρίστους] μώνυχας
ἵππους c   755 κεκληγὼς codd. cf. Π 430   772 κατὰ κρῆς v. l. ant.

13. ΙΛΙΑΔΟΣ Ν

Τὸν δ' αὖτε προσέειπεν Ἀλέξανδρος θεοειδής·
"Ἕκτορ, ἐπεί τοι θυμὸς ἀναίτιον αἰτιάασθαι,   775
ἄλλοτε δή ποτε μᾶλλον ἐρωῆσαι πολέμοιο
μέλλω, ἐπεὶ οὐδ' ἐμὲ πάμπαν ἀνάλκιδα γείνατο μήτηρ·
ἐξ οὗ γὰρ παρὰ νηυσὶ μάχην ἤγειρας ἑταίρων,
ἐκ τοῦ δ' ἐνθάδ' ἐόντες ὁμιλέομεν Δαναοῖσι
νωλεμέως· ἕταροι δὲ κατέκταθεν, οὓς σὺ μεταλλᾷς.   780
οἴω Δηΐφοβός τε βίη θ' Ἑλένοιο ἄνακτος
οἴχεσθον, μακρῇσι τετυμμένω ἐγχείῃσιν
ἀμφοτέρω κατὰ χεῖρα· φόνον δ' ἤμυνε Κρονίων.
νῦν δ' ἄρχ', ὅππῃ σε κραδίη θυμός τε κελεύει·
ἡμεῖς δ' ἐμμεμαῶτες ἅμ' ἑψόμεθ', οὐδέ τί φημι   785
ἀλκῆς δευήσεσθαι, ὅση δύναμίς γε πάρεστι.
πὰρ δύναμιν δ' οὐκ ἔστι καὶ ἐσσύμενον πολεμίζειν."
   Ὣς εἰπὼν παρέπεισεν ἀδελφειοῦ φρένας ἥρως·
βὰν δ' ἴμεν ἔνθα μάλιστα μάχη καὶ φύλοπις ἦεν,
ἀμφί τε Κεβριόνην καὶ ἀμύμονα Πουλυδάμαντα,   790
Φάλκην Ὀρθαῖόν τε καὶ ἀντίθεον Πολυφήτην
Πάλμυν τ' Ἀσκάνιόν τε Μόρυν θ', υἷ' Ἱπποτίωνος,
οἵ ῥ' ἐξ Ἀσκανίης ἐριβώλακος ἦλθον ἀμοιβοὶ
ἠοῖ τῇ προτέρῃ· τότε δὲ Ζεὺς ὦρσε μάχεσθαι.
οἱ δ' ἴσαν ἀργαλέων ἀνέμων ἀτάλαντοι ἀέλλῃ,   795
ἥ ῥά θ' ὑπὸ βροντῆς πατρὸς Διὸς εἶσι πέδονδε,
θεσπεσίῳ δ' ὁμάδῳ ἁλὶ μίσγεται, ἐν δέ τε πολλὰ
κύματα παφλάζοντα πολυφλοίσβοιο θαλάσσης,
κυρτὰ φαληριόωντα, πρὸ μέν τ' ἄλλ', αὐτὰρ ἐπ' ἄλλα·
ὣς Τρῶες πρὸ μὲν ἄλλοι ἀρηρότες, αὐτὰρ ἐπ' ἄλλοι,   800
χαλκῷ μαρμαίροντες ἅμ' ἡγεμόνεσσιν ἕποντο.
   Ἕκτωρ δ' ἡγεῖτο, βροτολοιγῷ ἶσος Ἄρηϊ,
Πριαμίδης· πρόσθεν δ' ἔχεν ἀσπίδα πάντοσ' ἐΐσην,

778 αχαιων p⁵⁹ γρ. W³   783 χεῖρε b h i al.   785 δ' ἐμμεμαῶτες
Ar. vulg. : δὲ μεμαῶτες v. l. ant. o d i k B C D V¹   792 a Μυσῶν
ἀγχεμάχων ἡγήτορα add. Strab. 595   797 θεσπεσίῳ δ' Ar. codd. :
θεσπεσίως V²⁷   803 πρόσθεν] πρὸ ἔθεν Hdn. (uv.) o f A B C V⁵ V³²

28

ῥινοῖσιν πυκινήν, πολλὸς δ᾽ ἐπελήλατο χαλκός·
ἀμφὶ δέ οἱ κροτάφοισι φαεινὴ σείετο πήληξ.　　　　805
πάντῃ δ᾽ ἀμφὶ φάλαγγας ἐπειρᾶτο προποδίζων,
εἴ πώς οἱ εἴξειαν ὑπασπίδια προβιβῶντι·
ἀλλ᾽ οὐ σύγχει θυμὸν ἐνὶ στήθεσσιν Ἀχαιῶν.
Αἴας δὲ πρῶτος προκαλέσσατο, μακρὰ βιβάσθων·
" δαιμόνιε, σχεδὸν ἐλθέ· τίη δειδίσσεαι αὔτως　　　810
Ἀργείους; οὔ τοί τι μάχης ἀδαήμονές εἰμεν,
ἀλλὰ Διὸς μάστιγι κακῇ ἐδάμημεν Ἀχαιοί.
ἦ θήν πού τοι θυμὸς ἐέλπεται ἐξαλαπάξειν
νῆας· ἄφαρ δέ τε χεῖρες ἀμύνειν εἰσὶ καὶ ἡμῖν.
ἦ κε πολὺ φθαίη εὖ ναιομένη πόλις ὑμὴ　　　　815
χερσὶν ὑφ᾽ ἡμετέρῃσιν ἁλοῦσά τε περθομένη τε.
σοὶ δ᾽ αὐτῷ φημὶ σχεδὸν ἔμμεναι, ὁππότε φεύγων
ἀρήσῃ Διὶ πατρὶ καὶ ἄλλοις ἀθανάτοισι
θάσσονας ἰρήκων ἔμεναι καλλίτριχας ἵππους,
οἵ σε πόλινδ᾽ οἴσουσι κονίοντες πεδίοιο."　　　　820
Ὣς ἄρα οἱ εἰπόντι ἐπέπτατο δεξιὸς ὄρνις,
αἰετὸς ὑψιπέτης· ἐπὶ δ᾽ ἴαχε λαὸς Ἀχαιῶν
θάρσυνος οἰωνῷ· ὁ δ᾽ ἀμείβετο φαίδιμος Ἕκτωρ·
" Αἶαν ἁμαρτοεπές, βουγάϊε, ποῖον ἔειπες·
εἰ γὰρ ἐγὼν οὕτω γε Διὸς πάϊς αἰγιόχοιο　　　　825
εἴην ἤματα πάντα, τέκοι δέ με πότνια Ἥρη,
τιοίμην δ᾽ ὡς τίετ᾽ Ἀθηναίη καὶ Ἀπόλλων,
ὡς νῦν ἡμέρη ἥδε κακὸν φέρει Ἀργείοισι
πᾶσι μάλ᾽, ἐν δὲ σὺ τοῖσι πεφήσεαι, αἴ κε ταλάσσῃς
μεῖναι ἐμὸν δόρυ μακρόν, ὅ τοι χρόα λειριόεντα　　　830
δάψει· ἀτὰρ Τρώων κορέεις κύνας ἠδ᾽ οἰωνοὺς
δημῷ καὶ σάρκεσσι, πεσὼν ἐπὶ νηυσὶν Ἀχαιῶν."

808 a
　　　　λίην γάρ σφιν πᾶσιν ἐκέκριτο θάρσεϊ πολλῷ
add. Zen.　　810 αὔτως Ar. b h U¹ V¹ : οὔτως v. l. ant., vulg.
813 ἐέλδεται e f r V¹⁴ V²² 　ἐξαλαπάξαι i L¹⁸　　　824 βουγῆϊε Zen. :
βουκάκιε v. l. ap. Eust. : βουκάϊε v. l. ant.　　　οἶον f h q Eust.
831 κορέσεις c d g k　　　832 ἐπὶ] παρὰ p⁵⁹ M¹⁰ V¹, v. l. in A

29　　　　　　　　　　　　　　　　　　B

13. ΙΛΙΑΔΟΣ Ν

Ὣς ἄρα φωνήσας ἡγήσατο· τοὶ δ' ἅμ' ἕποντο
ἠχῇ θεσπεσίῃ, ἐπὶ δ' ἴαχε λαὸς ὄπισθεν.
Ἀργεῖοι δ' ἑτέρωθεν ἐπίαχον, οὐδὲ λάθοντο   835
ἀλκῆς, ἀλλ' ἔμενον Τρώων ἐπιόντας ἀρίστους.
ἠχὴ δ' ἀμφοτέρων ἵκετ' αἰθέρα καὶ Διὸς αὐγάς.

833 v. 821 p⁵⁹   837 αὐλάς quidam ς T, cf. ep. gr. 288. 4 Kaibel

ΙΛΙΑΔΟΣ Ξ

Νέστορα δ' οὐκ ἔλαθεν ἰαχὴ πίνοντά περ ἔμπης,
ἀλλ' Ἀσκληπιάδην ἔπεα πτερόεντα προσηύδα·
" φράζεο, δῖε Μαχᾶον, ὅπως ἔσται τάδε ἔργα·
μείζων δὴ παρὰ νηυσὶ βοὴ θαλερῶν αἰζηῶν.
ἀλλὰ σὺ μὲν νῦν πῖνε καθήμενος αἴθοπα οἶνον,   5
εἰς ὅ κε θερμὰ λοετρὰ ἐϋπλόκαμος Ἑκαμήδη
θερμήνῃ καὶ λούσῃ ἄπο βρότον αἱματόεντα·
αὐτὰρ ἐγὼν ἐλθὼν τάχα εἴσομαι ἐς περιωπήν."
Ὣς εἰπὼν σάκος εἷλε τετυγμένον υἱὸς ἑοῖο,
κείμενον ἐν κλισίῃ, Θρασυμήδεος ἱπποδάμοιο,   10
χαλκῷ παμφαῖνον· ὁ δ' ἔχ' ἀσπίδα πατρὸς ἑοῖο.
εἵλετο δ' ἄλκιμον ἔγχος, ἀκαχμένον ὀξέϊ χαλκῷ,
στῆ δ' ἐκτὸς κλισίης, τάχα δ' εἴσιδεν ἔργον ἀεικές,
τοὺς μὲν ὀρινομένους, τοὺς δὲ κλονέοντας ὄπισθε,
Τρῶας ὑπερθύμους· ἐρέριπτο δὲ τεῖχος Ἀχαιῶν.   15
ὡς δ' ὅτε πορφύρῃ πέλαγος μέγα κύματι κωφῷ,
ὀσσόμενον λιγέων ἀνέμων λαιψηρὰ κέλευθα
αὔτως, οὐδ' ἄρα τε προκυλίνδεται οὐδετέρωσε,
πρίν τινα κεκριμένον καταβήμεναι ἐκ Διὸς οὖρον,
ὡς ὁ γέρων ὤρμαινε δαϊζόμενος κατὰ θυμὸν   20
διχθάδι', ἢ μεθ' ὅμιλον ἴοι Δαναῶν ταχυπώλων,

4 βοὴ] μάχη 𝗀   5 μίμνε καθήμενος ἐν κλισίῃσι v. l. 𝗀 T   9 ἑοῖο]
ἑῆος V¹⁶ Eust.   12 om. ⲣ⁵⁹ P¹²   16 πορφύρει Zen., f L¹⁹ U¹ V⁶ V³²
κωφῷ Ar., codd. : πηγῷ v. l. ant.   18 τε Ar. vulg. : τῆ M¹⁰ M¹²
corr. (gl. ἐκεῖσε): τι ⲣ⁵⁹   21 διχθαδίῃ ἤ v. l. ant.   μεθ'] καθ' ⲟ

31

ἠὲ μετ' Ἀτρείδην Ἀγαμέμνονα, ποιμένα λαῶν.
ὣδε δέ οἱ φρονέοντι δοάσσατο κέρδιον εἶναι,
βῆναι ἐπ' Ἀτρείδην. οἱ δ' ἀλλήλους ἐνάριζον
μαρνάμενοι· λάκε δέ σφι περὶ χροῒ χαλκὸς ἀτειρὴς   25
νυσσομένων ξίφεσίν τε καὶ ἔγχεσιν ἀμφιγύοισι.
Νέστορι δὲ ξύμβληντο διοτρεφέες βασιλῆες
πὰρ νηῶν ἀνιόντες, ὅσοι βεβλήατο χαλκῷ,
Τυδείδης Ὀδυσεύς τε καὶ Ἀτρείδης Ἀγαμέμνων.
πολλὸν γάρ ῥ' ἀπάνευθε μάχης εἰρύατο νῆες   30
θῖν' ἔφ' ἁλὸς πολιῆς· τὰς γὰρ πρώτας πεδίονδε
εἴρυσαν, αὐτὰρ τεῖχος ἐπὶ πρύμνησιν ἔδειμαν.
οὐδὲ γὰρ οὐδ' εὐρύς περ ἐὼν ἐδυνήσατο πάσας
αἰγιαλὸς νῆας χαδέειν, στείνοντο δὲ λαοί·
τῶ ῥα προκρόσσας ἔρυσαν, καὶ πλῆσαν ἁπάσης   35
ἠϊόνος στόμα μακρόν, ὅσον συνεέργαθον ἄκραι.
τῶ ῥ' οἵ γ' ὀψείοντες ἀϋτῆς καὶ πολέμοιο
ἔγχει ἐρειδόμενοι κίον ἀθρόοι· ἄχνυτο δέ σφι
θυμὸς ἐνὶ στήθεσσιν. ὁ δὲ ξύμβλητο γεραιός,
Νέστωρ, πῆξε δὲ θυμὸν ἐνὶ στήθεσσιν Ἀχαιῶν.   40
τὸν καὶ φωνήσας προσέφη κρείων Ἀγαμέμνων·
" ὦ Νέστορ Νηληϊάδη, μέγα κῦδος Ἀχαιῶν,
τίπτε λιπὼν πόλεμον φθισήνορα δεῦρ' ἀφικάνεις;
δείδω μὴ δή μοι τελέσῃ ἔπος ὄβριμος Ἕκτωρ,
ὥς ποτ' ἐπηπείλησεν ἐνὶ Τρώεσσ' ἀγορεύων,   45
μὴ πρὶν πὰρ νηῶν προτὶ Ἴλιον ἀπονέεσθαι,
πρὶν πυρὶ νῆας ἐνιπρῆσαι, κτεῖναι δὲ καὶ αὐτούς.
κεῖνος τὼς ἀγόρευε· τὰ δὴ νῦν πάντα τελεῖται.
ὦ πόποι, ἦ ῥα καὶ ἄλλοι ἐϋκνήμιδες Ἀχαιοὶ
ἐν θυμῷ βάλλονται ἐμοὶ χόλον, ὥς περ Ἀχιλλεύς,   50

30 ῥ' om. e f g h l p q p⁵⁹   36 μακρόν] πολλόν Zen. Aristoph. Ar.
(διχῶς)   37 ὄψ' ἀϊοντες Zen. : οὐ ψαύοντες Ptol. Epith.   40 ath.
Ar.   πῆξε Dion. Sid., i p⁵⁹ M⁸ N⁴ U¹ V³²: πλῆξε v. l. ant., a c
Ἀχαιῶν] ἑταίρων Zen.   43 ἀφικάνεις] ἱκάνεις b A M⁸   44 δείδια
Aristoph. h U¹   45 ὥς] ὃς Aristoph. f M¹² V¹⁰ V¹⁶ V²⁶ V³²   48 τὼς
Ar. Ptol. Ascal. e g h l l A · γ' ὣς L³ v. l. in A : θ' ὣς vulg.

οὐδ' ἐθέλουσι μάχεσθαι ἐπὶ πρύμνῃσι νέεσσι."

Τὸν δ' ἠμείβετ' ἔπειτα Γερήνιος ἱππότα Νέστωρ·
" ἦ δὴ ταῦτά γ' ἑτοῖμα τετεύχαται, οὐδέ κεν ἄλλως
Ζεὺς ὑψιβρεμέτης αὐτὸς παρατεκτήναιτο.
τεῖχος μὲν γὰρ δὴ κατερήριπεν, ᾧ ἐπέπιθμεν   55
ἄρρηκτον νηῶν τε καὶ αὐτῶν εἶλαρ ἔσεσθαι·
οἱ δ' ἐπὶ νηυσὶ θοῇσι μάχην ἀλίαστον ἔχουσι
νωλεμές· οὐδ' ἂν ἔτι γνοίης μάλα περ σκοπιάζων
ὁπποτέρωθεν Ἀχαιοὶ ὀρινόμενοι κλονέονται,
ὡς ἐπιμὶξ κτείνονται, ἀϋτὴ δ' οὐρανὸν ἵκει.   60
ἡμεῖς δὲ φραζώμεθ' ὅπως ἔσται τάδε ἔργα,
εἴ τι νόος ῥέξει· πόλεμον δ' οὐκ ἄμμε κελεύω
δύμεναι· οὐ γάρ πως βεβλημένον ἔστι μάχεσθαι."

Τὸν δ' αὖτε προσέειπεν ἄναξ ἀνδρῶν Ἀγαμέμνων·
" Νέστορ, ἐπεὶ δὴ νηυσὶν ἔπι πρύμνῃσι μάχονται,   65
τεῖχος δ' οὐκ ἔχραισμε τετυγμένον, οὐδέ τι τάφρος,
ᾗ ἔπι πολλὰ πάθον Δαναοί, ἔλποντο δὲ θυμῷ
ἄρρηκτον νηῶν τε καὶ αὐτῶν εἶλαρ ἔσεσθαι·
οὕτω που Διὶ μέλλει ὑπερμενέϊ φίλον εἶναι,
νωνύμνους ἀπολέσθαι ἀπ' Ἄργεος ἐνθάδ' Ἀχαιούς.   70
ᾔδεα μὲν γὰρ ὅτε πρόφρων Δαναοῖσιν ἄμυνεν,
οἶδα δὲ νῦν ὅτε τοὺς μὲν ὁμῶς μακάρεσσι θεοῖσι
κυδάνει, ἡμέτερον δὲ μένος καὶ χεῖρας ἔδησεν.
ἀλλ' ἄγεθ', ὡς ἂν ἐγὼν εἴπω, πειθώμεθα πάντες.
νῆες ὅσαι πρῶται εἰρύαται ἄγχι θαλάσσης,   75
ἕλκωμεν, πάσας δὲ ἐρύσσομεν εἰς ἅλα δῖαν,
ὕψι δ' ἐπ' εὐνάων ὁρμίσσομεν, εἰς ὅ κεν ἔλθῃ
νὺξ ἀβρότη, ἢν καὶ τῇ ἀπόσχωνται πολέμοιο
Τρῶες· ἔπειτα δέ κεν ἐρυσαίμεθα νῆας ἁπάσας.
οὐ γάρ τις νέμεσις φυγέειν κακόν, οὐδ' ἀνὰ νύκτα.   80

56 ἄρρατον quidam ʒ Τ   58 γνοίη Aristoph.   62 ῥέξει] γ'
ἔρξει v. l. ant., h U¹ al.: δ' ἔρξει v. l. ant.   66 χθαμαλώτατον d k
67 ᾗ codd.: ᾗ et οἷς Ar. (διχῶς)   70 om. a h k pᵇ⁹ A B C D Oᵇ V¹
72 ὅτε Ar. h V¹⁰: ὅτι vulg.   ἴσως Pᵇ Pᵇ γρ. U¹⁰   75 νῆες σ
A B (uv.) C Mc V³²: νῆας vulg.

βέλτερον ὃς φεύγων προφύγῃ κακὸν ἠὲ ἁλώῃ."

Τὸν δ' ἄρ' ὑπόδρα ἰδὼν προσέφη πολύμητις Ὀδυσσεύς·
" Ἀτρεΐδη, ποῖόν σε ἔπος φύγεν ἕρκος ὀδόντων·
οὐλόμεν', αἴθ' ὤφελλες ἀεικελίου στρατοῦ ἄλλου
σημαίνειν, μηδ' ἄμμιν ἀνασσέμεν, οἷσιν ἄρα Ζεὺς   85
ἐκ νεότητος ἔδωκε καὶ ἐς γῆρας τολυπεύειν
ἀργαλέους πολέμους, ὄφρα φθιόμεσθα ἕκαστος.
οὕτω δὴ μέμονας Τρώων πόλιν εὐρυάγυιαν
καλλείψειν, ἧς εἵνεκ' ὀϊζύομεν κακὰ πολλά;
σίγα, μή τίς τ' ἄλλος Ἀχαιῶν τοῦτον ἀκούσῃ   90
μῦθον, ὃν οὔ κεν ἀνήρ γε διὰ στόμα πάμπαν ἄγοιτο,
ὅς τις ἐπίσταιτο ᾗσι φρεσὶν ἄρτια βάζειν
σκηπτοῦχός τ' εἴη, καί οἱ πειθοίατο λαοὶ
τοσσοῖδ' ὅσσοισιν σὺ μετ' Ἀργείοισιν ἀνάσσεις·
νῦν δέ σευ ὠνοσάμην πάγχυ φρένας, οἷον ἔειπες·   95
ὃς κέλεαι πολέμοιο συνεσταότος καὶ ἀϋτῆς
νῆας ἐϋσσέλμους ἅλαδ' ἑλκέμεν, ὄφρ' ἔτι μᾶλλον
Τρωσὶ μὲν εὐκτὰ γένηται ἐπικρατέουσί περ ἔμπης,
ἡμῖν δ' αἰπὺς ὄλεθρος ἐπιρρέπῃ. οὐ γὰρ Ἀχαιοὶ
σχήσουσιν πόλεμον νηῶν ἅλαδ' ἑλκομενάων,   100
ἀλλ' ἀποπαπτανέουσιν, ἐρωήσουσι δὲ χάρμης.
ἔνθα κε σὴ βουλὴ δηλήσεται, ὄρχαμε λαῶν."

Τὸν δ' ἠμείβετ' ἔπειτα ἄναξ ἀνδρῶν Ἀγαμέμνων·
" ὦ Ὀδυσεῦ, μάλα πώς με καθίκεο θυμὸν ἐνιπῇ
ἀργαλέῃ· ἀτὰρ οὐ μὲν ἐγὼν ἀέκοντας ἄνωγα   105
νῆας ἐϋσσέλμους ἅλαδ' ἑλκέμεν υἷας Ἀχαιῶν.
νῦν δ' εἴη ὃς τῆσδέ γ' ἀμείνονα μῆτιν ἐνίσποι,
ἢ νέος ἠὲ παλαιός· ἐμοὶ δέ κεν ἀσμένῳ εἴη."

Τοῖσι δὲ καὶ μετέειπε βοὴν ἀγαθὸς Διομήδης·

89 καλλείψειν] ἐκπέρσειν Zen.   90 τ' om. e g h al. : γ' d k al.:
τις Ἀχαιῶν ἄλλος a M⁸ V¹⁰   95 ath. Aristoph. Ar.   σευ] σε Zen.,
cit. Eust.   98 ἐελδομένοισι cit. Plat. Legg. 706 e   100 πολέμου
Plat. l. c.   102 ὄρχαμε ἀνδρῶν f V⁵ V¹⁴ : οἳ ἀγορεύεις Plat. l. c.
104 πώς] περ e   107 ὅς τις δέ γ' (vel ὅς τις τῆσδέ γ') f B C M⁴ V²⁰
108 ἄσμενος M¹² P¹ U³ V¹⁰ V¹¹ V¹² V¹³

" ἐγγὺς ἀνήρ, οὐ δηθὰ ματεύσομεν, αἴ κ' ἐθέλητε   110
πείθεσθαι, καὶ μή τι κότῳ ἀγάσησθε ἕκαστος
οὕνεκα δὴ γενεῆφι νεώτατός εἰμι μεθ' ὑμῖν·
πατρὸς δ' ἐξ ἀγαθοῦ καὶ ἐγὼ γένος εὔχομαι εἶναι,
Τυδέος, ὃν Θήβῃσι χυτὴ κατὰ γαῖα καλύπτει.
Πορθεῖ γὰρ τρεῖς παῖδες ἀμύμονες ἐξεγένοντο,   115
οἴκεον δ' ἐν Πλευρῶνι καὶ αἰπεινῇ Καλυδῶνι,
Ἄγριος ἠδὲ Μέλας, τρίτατος δ' ἦν ἱππότα Οἰνεύς,
πατρὸς ἐμοῖο πατήρ· ἀρετῇ δ' ἦν ἔξοχος αὐτῶν.
ἀλλ' ὁ μὲν αὐτόθι μεῖνε, πατὴρ δ' ἐμὸς Ἄργεϊ νάσθη
πλαγχθείς· ὣς γάρ που Ζεὺς ἤθελε καὶ θεοὶ ἄλλοι.   120
Ἀδρήστοιο δ' ἔγημε θυγατρῶν, ναῖε δὲ δῶμα
ἀφνειὸν βιότοιο, ἅλις δέ οἱ ἦσαν ἄρουραι
πυροφόροι, πολλοὶ δὲ φυτῶν ἔσαν ὄρχατοι ἀμφίς,
πολλὰ δέ οἱ πρόβατ' ἔσκε· κέκαστο δὲ πάντας Ἀχαιοὺς
ἐγχείῃ· τὰ δὲ μέλλετ' ἀκουέμεν, εἰ ἐτεόν περ.   125
τῶ οὐκ ἄν με γένος γε κακὸν καὶ ἀνάλκιδα φάντες
μῦθον ἀτιμήσαιτε πεφασμένον, ὅν κ' ἐῢ εἴπω.
δεῦτ' ἴομεν πόλεμόνδε καὶ οὐτάμενοί περ ἀνάγκῃ.
ἔνθα δ' ἔπειτ' αὐτοὶ μὲν ἐχώμεθα δηϊοτῆτος
ἐκ βελέων, μή πού τις ἐφ' ἕλκεϊ ἕλκος ἄρηται·   130
ἄλλους δ' ὀτρύνοντες ἐνήσομεν, οἳ τὸ πάρος περ
θυμῷ ἦρα φέροντες ἀφεστᾶσ' οὐδὲ μάχονται."

Ὣς ἔφαθ', οἱ δ' ἄρα τοῦ μάλα μὲν κλύον ἠδ' ἐπίθοντο·
βὰν δ' ἴμεν, ἦρχε δ' ἄρα σφιν ἄναξ ἀνδρῶν Ἀγαμέμνων.

Οὐδ' ἀλαοσκοπιὴν εἶχε κλυτὸς ἐννοσίγαιος,   135
ἀλλὰ μετ' αὐτοὺς ἦλθε παλαιῷ φωτὶ ἐοικώς,

---

111 πείθεσθαι] ἐξείπω Apoll. lex. in v. Ἀγάασθαι   κότῳ] χόλῳ v. l.
ap. Eust.   112 νεώτατος Ar. (ἅπασαι), vulg.: νεώτερος f h r al.
114 ath. Zen., om. Aristoph.   καλύπτει 1 A B C L¹² V³² : κάλυψε
vulg.   118 ἐμεῖο Zen. b g m al.   αὐτῶν] ἄλλων i q M⁹   119 αὐτοῦ
v. l. ant.   μίμνε v. l. ant., T V¹⁶   122 ἀφνειὸς 1   125 εἰ
Ar. U¹ U² V¹ : ὡς vulg.   περ] γε 1   133 δ' ἄρα] δέ γε C V³²
135 ἀλαοσκοπιὴν vulg.: ἀλαὸν σκοπιὴν Zen. : ἀλαοσσκοπιὴν A m. p.
κρείων ἐνοσίχθων b o N⁴ V¹² V¹⁸   136 a ἀντιθέῳ Φοίνικι ὀπάονι
Πηλείωνος add Zen.

14. ΙΛΙΑΔΟΣ Ξ

δεξιτερὴν δ' ἕλε χεῖρ' Ἀγαμέμνονος Ἀτρεΐδαο,
καί μιν φωνήσας ἔπεα πτερόεντα προσηύδα·
"Ἀτρεΐδη, νῦν δή που Ἀχιλλῆος ὀλοὸν κῆρ
γηθεῖ ἐνὶ στήθεσσι, φόνον καὶ φύζαν Ἀχαιῶν   140
δερκομένῳ, ἐπεὶ οὔ οἱ ἔνι φρένες, οὐδ' ἠβαιαί.
ἀλλ' ὁ μὲν ὡς ἀπόλοιτο, θεὸς δέ ἑ σιφλώσειε·
σοὶ δ' οὔ πω μάλα πάγχυ θεοὶ μάκαρες κοτέουσιν,
ἀλλ' ἔτι που Τρώων ἡγήτορες ἠδὲ μέδοντες
εὐρὺ κονίσουσιν πεδίον, σὺ δ' ἐπόψεαι αὐτὸς   145
φεύγοντας προτὶ ἄστυ νεῶν ἄπο καὶ κλισιάων."
Ὣς εἰπὼν μέγ' ἄϋσεν, ἐπεσσύμενος πεδίοιο.
ὅσσον τ' ἐννεάχιλοι ἐπίαχον ἢ δεκάχιλοι
ἀνέρες ἐν πολέμῳ, ἔριδα ξυνάγοντες Ἄρηος,
τόσσην ἐκ στήθεσφιν ὄπα κρείων ἐνοσίχθων   150
ἧκεν· Ἀχαιοῖσιν δὲ μέγα σθένος ἔμβαλ' ἑκάστῳ
καρδίῃ, ἄλληκτον πολεμίζειν ἠδὲ μάχεσθαι.
Ἥρη δ' εἰσεῖδε χρυσόθρονος ὀφθαλμοῖσι
στᾶσ' ἐξ Οὐλύμποιο ἀπὸ ῥίου· αὐτίκα δ' ἔγνω
τὸν μὲν ποιπνύοντα μάχην ἀνὰ κυδιάνειραν   155
αὐτοκασίγνητον καὶ δαέρα, χαῖρε δὲ θυμῷ·
Ζῆνα δ' ἐπ' ἀκροτάτης κορυφῆς πολυπίδακος Ἴδης
ἥμενον εἰσεῖδε, στυγερὸς δέ οἱ ἔπλετο θυμῷ.
μερμήριξε δ' ἔπειτα βοῶπις πότνια Ἥρη
ὅππως ἐξαπάφοιτο Διὸς νόον αἰγιόχοιο·   160
ἥδε δέ οἱ κατὰ θυμὸν ἀρίστη φαίνετο βουλή,
ἐλθεῖν εἰς Ἴδην εὖ ἐντύνασαν ἓ αὐτήν,
εἴ πως ἱμείραιτο παραδραθέειν φιλότητι
ᾗ χροιῇ, τῷ δ' ὕπνον ἀπήμονά τε λιαρόν τε
χεύῃ ἐπὶ βλεφάροισιν ἰδὲ φρεσὶ πευκαλίμῃσι.   165
βῆ δ' ἴμεν ἐς θάλαμον, τόν οἱ φίλος υἱὸς ἐν εὐξεν

141 δερκομένου **a c g l p** al.   145 αὐτὸς ᴖ A B C D V¹ V³²: αὐτοὺς
vulg.   148 ὅσσον δ' Aristoph. **b f o r** N⁴   157 πολυπίδακος Ar.
vulg.: πολυπιδάκου v. l. ant., **b c f h i** V⁶: πολυδειράδος M¹²
162 ἑωυτήν Zen.   103 εἴ πως] ὅππως L² L²⁰ M⁸ P¹² V²⁶, v. l. in A

Ἥφαιστος, πυκινὰς δὲ θύρας σταθμοῖσιν ἐπῆρσε
κληῖδι κρυπτῇ, τὴν δ' οὐ θεὸς ἄλλος ἀνῷγεν·
ἔνθ' ἥ γ' εἰσελθοῦσα θύρας ἐπέθηκε φαεινάς.
ἀμβροσίῃ μὲν πρῶτον ἀπὸ χροὸς ἱμερόεντος   170
λύματα πάντα κάθηρεν, ἀλείψατο δὲ λίπ' ἐλαίῳ
ἀμβροσίῳ ἑδανῷ, τό ῥά οἱ τεθυωμένον ἦεν·
τοῦ καὶ κινυμένοιο Διὸς κατὰ χαλκοβατὲς δῶ
ἔμπης ἐς γαῖάν τε καὶ οὐρανὸν ἵκετ' ἀϋτμή.
τῷ ῥ' ἥ γε χρόα καλὸν ἀλειψαμένη ἰδὲ χαίτας   175
πεξαμένη χερσὶ πλοκάμους ἔπλεξε φαεινοὺς
καλοὺς ἀμβροσίους ἐκ κράατος ἀθανάτοιο.
ἀμφὶ δ' ἄρ' ἀμβρόσιον ἑανὸν ἔσαθ', ὅν οἱ Ἀθήνη
ἔξυσ' ἀσκήσασα, τίθει δ' ἐνὶ δαίδαλα πολλά·
χρυσείῃς δ' ἐνετῇσι κατὰ στῆθος περονᾶτο.   180
ζώσατο δὲ ζώνῃ ἑκατὸν θυσάνοις ἀραρυίῃ,
ἐν δ' ἄρα ἕρματα ἧκεν ἐϋτρήτοισι λοβοῖσι
τρίγληνα μορόεντα· χάρις δ' ἀπελάμπετο πολλή.
κρηδέμνῳ δ' ἐφύπερθε καλύψατο δῖα θεάων
καλῷ νηγατέῳ· λευκὸν δ' ἦν ἠέλιος ὥς·   185
ποσσὶ δ' ὑπὸ λιπαροῖσιν ἐδήσατο καλὰ πέδιλα.
αὐτὰρ ἐπεὶ δὴ πάντα περὶ χροῒ θήκατο κόσμον,
βῆ ῥ' ἴμεν ἐκ θαλάμοιο, καλεσσαμένη δ' Ἀφροδίτην
τῶν ἄλλων ἀπάνευθε θεῶν πρὸς μῦθον ἔειπε·
" ἦ ῥά νύ μοί τι πίθοιο, φίλον τέκος, ὅττι κεν εἴπω,   190
ἠέ κεν ἀρνήσαιο, κοτεσσαμένη τό γε θυμῷ,

168 τὴν] τὸν p¹⁰ m r Ge N¹ N² N⁴ V¹ V¹⁶ al. : τὰς ℨ B Lp T, qui has
tres lectiones agnoscunt   169 θύρας] πύλας U¹⁰ U¹¹, v. l. ℨ T
ἐπέθηκε] ἐπιθεῖσα Zen.   170 ἱμερόεντος] ἀθανάτοιο Plut. quaest.
conv. vi. 9. 7. 2   171 λίπ' ἐλαίῳ] χρόα λευκόν Athen. 688 d
172 ἑανῷ Athen. l. c., p¹⁰ sch. B Ξ 346   173 κατὰ Ar. h U¹ U¹³ :
ποτὶ vulg.   176 πλεξαμένη Ang. L¹⁸ L¹⁹ M¹⁰ U¹³ V¹ V²⁹
177 ἀμβροσίους] καὶ μεγάλους Zen. Aristoph.   181 ζώνῃ . . . ἀραρυίη
Ar. h p⁴⁹ A B ss. U¹ V¹ : ζώνην . . . ἀραρυῖαν vulg.   182 ἐν δέ οἱ p⁸
183 τρίγληνα μορόεντα Ar. Ptol. Asc. codd. : τρίγλην' ἀμορόεντα
v. l. ant.   185 λευκὸν] λαμπρὸν b M⁷ U¹⁰ V¹⁶, v. l. in A : αλον, ss.
ευκον p¹⁰   188 ῥ'] δ' p¹⁰ i M¹²   189 πρὸς] μετὰ b q L⁵ M⁷ U¹⁰
V⁶ V¹¹ V¹⁵ V¹⁶ V²⁷

οὔνεκ' ἐγὼ Δαναοῖσι, σὺ δὲ Τρώεσσιν ἀρήγεις;"
Τὴν δ' ἠμείβετ' ἔπειτα Διὸς θυγάτηρ Ἀφροδίτη·
"'Ήρη, πρέσβα θεά, θύγατερ μεγάλοιο Κρόνοιο,
αὔδα ὅ τι φρονέεις· τελέσαι δέ με θυμὸς ἄνωγεν,   195
εἰ δύναμαι τελέσαι γε καὶ εἰ τετελεσμένον ἐστίν."
Τὴν δὲ δολοφρονέουσα προσηύδα πότνια Ἥρη·
" δὸς νῦν μοι φιλότητα καὶ ἵμερον, ᾧ τε σὺ πάντας
δαμνᾷ ἀθανάτους ἠδὲ θνητοὺς ἀνθρώπους.
εἶμι γὰρ ὀψομένη πολυφόρβου πείρατα γαίης,   200
Ὠκεανόν τε, θεῶν γένεσιν, καὶ μητέρα Τηθύν,
οἵ με σφοῖσι δόμοισιν ἐῢ τρέφον ἠδ' ἀτίταλλον,
δεξάμενοι Ῥείας, ὅτε τε Κρόνον εὐρύοπα Ζεὺς
γαίης νέρθε καθεῖσε καὶ ἀτρυγέτοιο θαλάσσης·
τοὺς εἶμ' ὀψομένη, καί σφ' ἄκριτα νείκεα λύσω·   205
ἤδη γὰρ δηρὸν χρόνον ἀλλήλων ἀπέχονται
εὐνῆς καὶ φιλότητος, ἐπεὶ χόλος ἔμπεσε θυμῷ.
εἰ κείνω γ' ἐπέεσσι παραιπεπιθοῦσα φίλον κῆρ
εἰς εὐνὴν ἀνέσαιμι ὁμωθῆναι φιλότητι,
αἰεί κέ σφι φίλη τε καὶ αἰδοίη καλεοίμην."   210
Τὴν δ' αὖτε προσέειπε φιλομμειδὴς Ἀφροδίτη·
" οὐκ ἔστ' οὐδὲ ἔοικε τεὸν ἔπος ἀρνήσασθαι·
Ζηνὸς γὰρ τοῦ ἀρίστου ἐν ἀγκοίνῃσιν ἰαύεις."
Ἦ, καὶ ἀπὸ στήθεσφιν ἐλύσατο κεστὸν ἱμάντα
ποικίλον, ἔνθα τέ οἱ θελκτήρια πάντα τέτυκτο·   215
ἔνθ' ἔνι μὲν φιλότης, ἐν δ' ἵμερος, ἐν δ' ὀαριστὺς
πάρφασις, ἥ τ' ἔκλεψε νόον πύκα περ φρονεόντων.
τόν ῥά οἱ ἔμβαλε χερσὶν ἔπος τ' ἔφατ' ἔκ τ' ὀνόμαζε·
" τῆ νῦν, τοῦτον ἱμάντα τεῷ ἐγκάτθεο κόλπῳ,
ποικίλον, ᾧ ἔνι πάντα τετεύχαται· οὐδέ σέ φημι   220

198 μοι νῦν **fg** BCDV²⁰V³², v. l. in A: δή μοι **h** U¹   202 με
eflp ABCV³²: μ' ἐν vulg.: utrum Ar. legerit dub.   203 'Ρείας
Aristoph. Ar. U²: 'Ρείης vulg.   208 κείνω Ar. (uv.) vulg.: κείνων
Zen. Aristoph. **aofh** Mc   213 ath. Aristoph. Ar.   216 ἔνθ'] ἠδ'
v. l. ant. (ἔν τισι τῶν ὑπομνημάτων) Mc m. sec. P²¹ U²   217 φρονέον-
τος Arist. Eth. Nic. 1149b 17, V¹V¹⁹Vi¹: φρονέοντα Bm⁴M⁴N²V¹⁰V¹⁸

ἀπρηκτόν γε νέεσθαι, ὅ τι φρεσὶ σῇσι μενοινᾷς."
Ὣς φάτο, μείδησεν δὲ βοῶπις πότνια Ἥρη,
μειδήσασα δ' ἔπειτα ἑῷ ἐγκάτθετο κόλπῳ.
Ἡ μὲν ἔβη πρὸς δῶμα Διὸς θυγάτηρ Ἀφροδίτη,
Ἥρη δ' ἀΐξασα λίπεν ῥίον Οὐλύμποιο,   225
Πιερίην δ' ἐπιβᾶσα καὶ Ἠμαθίην ἐρατεωὴν
σεύατ' ἐφ' ἱπποπόλων Θρῃκῶν ὄρεα νιφόεντα,
ἀκροτάτας κορυφάς· οὐδὲ χθόνα μάρπτε ποδοῖιν·
ἐξ Ἀθόω δ' ἐπὶ πόντον ἐβήσετο κυμαίνοντα,
Λῆμνον δ' εἰσαφίκανε, πόλιν θείοιο Θόαντος.   230
ἔνθ' Ὕπνῳ ξύμβλητο, κασιγνήτῳ Θανάτοιο,
ἔν τ' ἄρα οἱ φῦ χειρὶ ἔπος τ' ἔφατ' ἔκ τ' ὀνόμαζεν·
"Ὕπνε, ἄναξ πάντων τε θεῶν πάντων τ' ἀνθρώπων,
ἠμὲν δή ποτ' ἐμὸν ἔπος ἔκλυες, ἠδ' ἔτι καὶ νῦν
πείθευ· ἐγὼ δέ κέ τοι ἰδέω χάριν ἤματα πάντα.   235
κοίμησόν μοι Ζηνὸς ὑπ' ὀφρύσιν ὄσσε φαεινώ,
αὐτίκ' ἐπεί κεν ἐγὼ παραλέξομαι ἐν φιλότητι.
δῶρα δέ τοι δώσω καλὸν θρόνον, ἄφθιτον αἰεί,
χρύσεον· Ἥφαιστος δέ κ' ἐμὸς πάϊς ἀμφιγυήεις
τεύξει' ἀσκήσας, ὑπὸ δὲ θρῆνυν ποσὶν ἥσει,   240
τῷ κεν ἐπισχοίης λιπαροὺς πόδας εἰλαπινάζων."
Τὴν δ' ἀπαμειβόμενος προσεφώνεε νήδυμος Ὕπνος·
"Ἥρη, πρέσβα θεά, θύγατερ μεγάλοιο Κρόνοιο,
ἄλλον μέν κεν ἔγωγε θεῶν αἰειγενετάων

221 γενέεσθαι Dem. Ixion : γεγενέσθαι b   222 μείδησεν] γήθησει·
1 M⁴ M⁷ U¹⁰, v. l. in T   223 ἑῷ] μέσῳ Zen. (?) a A B M⁴ N² N⁴ Pa U³
V¹² V¹⁸, v. l. ap. Eust.   227 σεύατ'] ἔσσυτ' v. l. in A   ἱππονόμων
s T : ἱπποκόμων s Lp   σκιόεντα f h r U¹ al.   229 ἐπὶ] ἐς Zen.
Aristoph. (?)   ἐβήσετο] ἐδύσατο cit. Eust.   230 Θόαντος] ἄνακτος
h D U¹   231 a
                    ἐρχομένῳ κατὰ φῦλα βροτῶν ἐπ' ἀπείρονα γαῖαν
add. s T p⁵⁹   234 ἐμεῦ O²   235 πείθεο p¹⁰ f Ge O⁵ V¹ : πείθε'
e m D al.   χάριν εἰδέω Ar. U¹ U² Vi²¹ : χ. ἰδέω h   236 ὑπ'] ἐπ'
Zen. Mo U¹¹ V¹⁵   241 ἐπίσχοιες Hdn Alex. Cotiaensis s p⁵⁹ A B C
V¹ V¹⁶ V³⁰ V³²: -οίας p⁹   241 a b
                    αὐτὰρ ἐπὴν δὴ νῶϊ κατευνηθέντε ἴδηαι
                    ἀγγείλαι τάδε πάντα Ποσειδάωνι ἄνακτι
ap. s T

39

ῥεῖα κατευνήσαιμι, καὶ ἂν ποταμοῖο ῥέεθρα 245
Ὠκεανοῦ, ὅς περ γένεσις πάντεσσι τέτυκται·
Ζηνὸς δ' οὐκ ἂν ἔγωγε Κρονίονος ἆσσον ἱκοίμην,
οὐδὲ κατευνήσαιμ', ὅτε μὴ αὐτός γε κελεύοι.
ἤδη γάρ με καὶ ἄλλο τεὴ ἐπίνυσσεν ἐφετμή,
ἤματι τῷ ὅτε κεῖνος ὑπέρθυμος Διὸς υἱὸς 250
ἔπλεεν Ἰλιόθεν, Τρώων πόλιν ἐξαλαπάξας.
ἤτοι ἐγὼ μὲν ἔλεξα Διὸς νόον αἰγιόχοιο
νήδυμος ἀμφιχυθείς· σὺ δέ οἱ κακὰ μήσαο θυμῷ,
ὄρσασ' ἀργαλέων ἀνέμων ἐπὶ πόντον ἀήτας,
καί μιν ἔπειτα Κόωνδ' εὖ ναιομένην ἀπένεικας, 255
νόσφι φίλων πάντων. ὁ δ' ἐπεγρόμενος χαλέπαινε,
ῥιπτάζων κατὰ δῶμα θεούς, ἐμὲ δ' ἔξοχα πάντων
ζήτει· καί κέ μ' ἄϊστον ἀπ' αἰθέρος ἔμβαλε πόντῳ,
εἰ μὴ Νὺξ δμήτειρα θεῶν ἐσάωσε καὶ ἀνδρῶν·
τὴν ἱκόμην φεύγων, ὁ δὲ παύσατο χωόμενός περ. 260
ἅζετο γὰρ μὴ Νυκτὶ θοῇ ἀποθύμια ἔρδοι.
νῦν αὖ τοῦτό μ' ἄνωγας ἀμήχανον ἄλλο τελέσσαι."

Τὸν δ' αὖτε προσέειπε βοῶπις πότνια Ἥρη·
"Ὕπνε, τίη δὲ σὺ ταῦτα μετὰ φρεσὶ σῇσι μενοινᾷς;
ἦ φὴς ὡς Τρώεσσιν ἀρηξέμεν εὐρύοπα Ζῆν 265
ὡς Ἡρακλῆος περιχώσατο παῖδος ἑοῖο;
ἀλλ' ἴθ', ἐγὼ δέ κέ τοι Χαρίτων μίαν ὁπλοτεράων
δώσω ὀπυιέμεναι καὶ σὴν κεκλῆσθαι ἄκοιτιν."

246 ὠκεανὸς Crates : -ὸς θ' Plut. vit. Hom. ii. 93   246 a
ἀνδράσιν ἠδὲ θεοῖς, πλείστην δ' ἐπὶ γαῖαν ἵησιν
Crates (teste Plutarcho de fac. in orb. lun. 24)   249 ἄλλο τεὴ ...
ἐφετμή Ar. Alexio Hdn., 1 q A B C al.: ἄλλο τεῆ ... ἐφετμῇ Zen. Ptol.
Epith., o U¹ al.: ἄλλοτε ᾖ ... ἐφετμῇ Parmen. 1 p V¹² V¹⁶ N⁴ al. :
ἄλλοτε σὴ ... ἐφετμῇ g al.   252 ἔθελξα P¹¹ Vi³ Vi², Bm² mg.
253 κακὰ μήσαο] κακομ[p¹⁰   255 Κόωνδ' Callistr. f C V³² v. l. ap.
Eust. : δ' om. v. l. ant. p⁵⁹ Ge M¹⁰ Mo U¹⁰   256 ἀνεγρόμενος Bm⁴ N²
V¹⁸ v. l. ap. Eust.   259 δμήτειρα Ar. vulg. : μήτειρα Zen. Aristoph.
p²⁶ corr. v. l. ap. Eust.   261 θοῇ] φίλη s B L p T   263 ὡς φάτο·
μείδησεν δὲ θεὰ λευκώλενος Ἥρη, χειρί τέ μιν κατέρεξεν v. l. ap. sch. T
265 ἀρηξέμεν p³ f h 1 A B C D al. : ἀρηγέμεν vulg.   Ζῆν' Ar. p³ f 1
A B C D
     269 Πασιθέην, ἧς αἰὲν ἱμείρεαι ἤματα πάντα
add. b ● g 1 Eust. al.

ˉΩς φάτο, χήρατο δ᾽ Ὕπνος, ἀμειβόμενος δὲ προσηύδα·
" ἄγρει νῦν μοι ὄμοσσον ἀάατον Στυγὸς ὕδωρ,   271
χειρὶ δὲ τῇ ἑτέρῃ μὲν ἕλε χθόνα πουλυβότειραν,
τῇ δ᾽ ἑτέρῃ ἅλα μαρμαρέην, ἵνα νῶϊν ἅπαντες
μάρτυροι ὦσ᾽ οἱ ἔνερθε θεοὶ Κρόνον ἀμφὶς ἐόντες,
ἦ μὲν ἐμοὶ δώσειν Χαρίτων μίαν ὁπλοτεράων,   275
Πασιθέην, ἧς τ᾽ αὐτὸς ἐέλδομαι ἤματα πάντα."
ˉΩς ἔφατ᾽, οὐδ᾽ ἀπίθησε θεὰ λευκώλενος Ἥρη,
ὄμνυε δ᾽ ὡς ἐκέλευε, θεοὺς δ᾽ ὀνόμηνεν ἅπαντας
τοὺς ὑποταρταρίους, οἳ Τιτῆνες καλέονται.
αὐτὰρ ἐπεί ῥ᾽ ὄμοσέν τε τελεύτησέν τε τὸν ὅρκον,   280
τὼ βήτην Λήμνου τε καὶ Ἴμβρου ἄστυ λιπόντε,
ἠέρα ἑσσαμένω, ῥίμφα πρήσσοντε κέλευθον.
Ἴδην δ᾽ ἱκέσθην πολυπίδακα, μητέρα θηρῶν,
Λεκτόν, ὅθι πρῶτον λιπέτην ἅλα· τὼ δ᾽ ἐπὶ χέρσου
βήτην, ἀκροτάτη δὲ ποδῶν ὕπο σείετο ὕλη.   285
ἔνθ᾽ Ὕπνος μὲν ἔμεινε πάρος Διὸς ὄσσε ἰδέσθαι,
εἰς ἐλάτην ἀναβὰς περιμήκετον, ἣ τότ᾽ ἐν Ἴδῃ
μακροτάτη πεφυυῖα δι᾽ ἠέρος αἰθέρ᾽ ἵκανεν·
ἔνθ᾽ ἧστ᾽ ὄζοισιν πεπυκασμένος εἰλατίνοισιν,
ὄρνιθι λιγυρῇ ἐναλίγκιος, ἥν τ᾽ ἐν ὄρεσσι   290
χαλκίδα κικλήσκουσι θεοί, ἄνδρες δὲ κύμινδιν.
Ἥρη δὲ κραιπνῶς προσεβήσετο Γάργαρον ἄκρον
Ἴδης ὑψηλῆς· ἴδε δὲ νεφεληγερέτα Ζεύς.
ὡς δ᾽ ἴδεν, ὥς μιν ἔρως πυκινὰς φρένας ἀμφεκάλυψεν,
οἷον ὅτε πρῶτόν περ ἐμισγέσθην φιλότητι,   295
εἰς εὐνὴν φοιτῶντε, φίλους λήθοντε τοκῆας.

274 μάρτυρες Zen. N⁴ V⁶   ὦσ᾽ οἷ] ὦσιν f U¹¹ V¹ Eust. : ὅσσοι L¹⁰ N²
N⁴ V¹² V¹⁸ v. l. ap. Eust.   276 τῆς τ᾽ h U¹ : ἧς (τ᾽ om.) Zen.
Aristoph. p²⁶ U⁹   277 Βοῶπις πότνια p⁹   278 θεὸν δ᾽ ὀνόμηνεν
ἕκαστον v. l. s T   ὄμνυε δ᾽ ἐκ πέτρης καταλειβόμενον Στυγὸς ὕδωρ
s T Eu.   281 Λήμνόν τε e p¹⁰ L³ M¹² N¹   285 ὕπο σείετο Zen.
Aristoph. Ar. : ὕποσ. O⁸ O⁹ P¹³ : ὑπεσείετο codd.   ὕλη] Ἴδη l
286 ὄσσε ἰδέσθαι] ἆσσον ἱκέσθαι g M⁷ U¹⁰   294 ἔρος V¹⁶ P³ ss. Eust.
295 οἷος v. l. in A, P¹¹ U¹ U²   πρῶτόν περ Ar. h l p A C : πρώτιστον v. l. ant., vulg.

στῆ δ᾽ αὐτῆς προπάροιθεν ἔπος τ᾽ ἔφατ᾽ ἔκ τ᾽ ὀνόμαζεν·
"῝Ηρη, πῆ μεμαυῖα κατ᾽ Οὐλύμπου τόδ᾽ ἱκάνεις;
ἵπποι δ᾽ οὐ παρέασι καὶ ἅρματα, τῶν κ᾽ ἐπιβαίης."

Τὸν δὲ δολοφρονέουσα προσηύδα πότνια ῝Ηρη·   300
" ἔρχομαι ὀψομένη πολυφόρβου πείρατα γαίης,
᾽Ωκεανόν τε, θεῶν γένεσιν, καὶ μητέρα Τηθύν,
οἵ με σφοῖσι δόμοισιν ἐῢ τρέφον ἠδ᾽ ἀτίταλλον·
τοὺς εἶμ᾽ ὀψομένη, καί σφ᾽ ἄκριτα νείκεα λύσω·
ἤδη γὰρ δηρὸν χρόνον ἀλλήλων ἀπέχονται   305
εὐνῆς καὶ φιλότητος, ἐπεὶ χόλος ἔμπεσε θυμῷ.
ἵπποι δ᾽ ἐν πρυμνωρείῃ πολυπίδακος ῎Ιδης
ἑστᾶσ᾽, οἵ μ᾽ οἴσουσιν ἐπὶ τραφερήν τε καὶ ὑγρήν.
νῦν δὲ σεῦ εἵνεκα δεῦρο κατ᾽ Οὐλύμπου τόδ᾽ ἱκάνω,
μή πώς μοι μετέπειτα χολώσεαι, αἴ κε σιωπῇ   310
οἴχωμαι πρὸς δῶμα βαθυρρόου ᾽Ωκεανοῖο."

Τὴν δ᾽ ἀπαμειβόμενος προσέφη νεφεληγερέτα Ζεύς·
"῝Ηρη, κεῖσε μὲν ἔστι καὶ ὕστερον ὁρμηθῆναι,
νῶϊ δ᾽ ἄγ᾽ ἐν φιλότητι τραπείομεν εὐνηθέντε.
οὐ γάρ πώ ποτέ μ᾽ ὧδε θεᾶς ἔρος οὐδὲ γυναικὸς   315
θυμὸν ἐνὶ στήθεσσι περιπροχυθεὶς ἐδάμασσεν,
οὐδ᾽ ὁπότ᾽ ἠρασάμην ᾽Ιξιονίης ἀλόχοιο,
ἣ τέκε Πειρίθοον, θεόφιν μήστωρ᾽ ἀτάλαντον·
οὐδ᾽ ὅτε περ Δανάης καλλισφύρου ᾽Ακρισιώνης,
ἣ τέκε Περσῆα, πάντων ἀριδείκετον ἀνδρῶν·   320
οὐδ᾽ ὅτε Φοίνικος κούρης τηλεκλειτοῖο,
ἣ τέκε μοι Μίνων τε καὶ ἀντίθεον ῾Ραδάμανθυν·
οὐδ᾽ ὅτε περ Σεμέλης οὐδ᾽ ᾽Αλκμήνης ἐνὶ Θήβῃ,

299 κ᾽ om. Zen. Aristoph. P²¹   303 με a c A B C D : μ᾽ ἐν vulg.
(cf. 202)   304–306 ath. Zen. Ar.   306 a εἰ κείνω γ᾽ ἐπέεσσι
παραιπεπιθοῦσα φίλον κῆρ εἰς εὐνὴν ἀνέσαιμι ὁμοιωθῆναι φιλότητι add. p⁹
        307 πολυπίδακος p⁹ a b d g h k A marg. V¹ : πολυπιδάκου vulg. (cf.
157)   310 μετόπισθε Zen. Aristoph. d f k o r   κοτέσσεαι d k q
316 περικλεχθεὶς Dem. Ixion   317–327 ath. Aristoph. Ar.
320 ἀριδείκετον] πολὺ φίλτατον v. l. ᵴ T   322 Μίνων Ar. h L¹⁰ Mc
U¹ U² : Μίνω Zen. vulg. : Μίνωα v l. ant., p⁹ g Ang.

ἥ ῥ' Ἡρακλῆα κρατερόφρονα γείνατο παῖδα·
ἡ δὲ Διώνυσον Σεμέλη τέκε, χάρμα βροτοῖσιν·   325
οὐδ' ὅτε Δήμητρος καλλιπλοκάμοιο ἀνάσσης,
οὐδ' ὁπότε Λητοῦς ἐρικυδέος, οὐδὲ σεῦ αὐτῆς,
ὡς σέο νῦν ἔραμαι καί με γλυκὺς ἵμερος αἱρεῖ."
    Τὸν δὲ δολοφρονέουσα προσηύδα πότνια Ἥρη·
" αἰνότατε Κρονίδη, ποῖον τὸν μῦθον ἔειπες.   330
εἰ νῦν ἐν φιλότητι λιλαίεαι εὐνηθῆναι
Ἴδης ἐν κορυφῇσι, τὰ δὲ προπέφανται ἅπαντα·
πῶς κ' ἔοι, εἴ τις νῶϊ θεῶν αἰειγενετάων
εὕδοντ' ἀθρήσειε, θεοῖσι δὲ πᾶσι μετελθὼν
πεφράδοι; οὐκ ἂν ἔγωγε τεὸν πρὸς δῶμα νεοίμην   335
ἐξ εὐνῆς ἀνστᾶσα, νεμεσσητὸν δέ κεν εἴη.
ἀλλ' εἰ δή ῥ' ἐθέλεις καί τοι φίλον ἔπλετο θυμῷ,
ἔστιν τοι θάλαμος, τόν τοι φίλος υἱὸς ἔτευξεν
Ἥφαιστος, πυκινὰς δὲ θύρας σταθμοῖσιν ἐπῆρσεν·
ἔνθ' ἴομεν κείοντες, ἐπεί νύ τοι εὔαδεν εὐνή."   340
    Τὴν δ' ἀπαμειβόμενος προσέφη νεφεληγερέτα Ζεύς·
" Ἥρη, μήτε θεῶν τό γε δείδιθι μήτε τιν' ἀνδρῶν
ὄψεσθαι· τοῖόν τοι ἐγὼ νέφος ἀμφικαλύψω
χρύσεον· οὐδ' ἂν νῶϊ διαδράκοι Ἠέλιός περ,
οὗ τε καὶ ὀξύτατον πέλεται φάος εἰσοράασθαι."   345
    Ἦ ῥα, καὶ ἀγκὰς ἔμαρπτε Κρόνου παῖς ἣν παράκοιτιν·
τοῖσι δ' ὑπὸ χθὼν δῖα φύεν νεοθηλέα ποίην,
λωτόν θ' ἑρσήεντα ἰδὲ κρόκον ἠδ' ὑάκινθον
πυκνὸν καὶ μαλακόν, ὃς ἀπὸ χθονὸς ὑψόσ' ἔεργε.
τῷ ἔνι λεξάσθην, ἐπὶ δὲ νεφέλην ἕσσαντο   350
καλὴν χρυσείην· στιλπναὶ δ' ἀπέπιπτον ἔερσαι.
    Ὣς ὁ μὲν ἀτρέμας εὗδε πατὴρ ἀνὰ Γαργάρῳ ἄκρῳ,

335 ἔγωγε] ἔπειτα a q V¹¹ V¹³   τεὸν] θεῶν L¹⁸ L¹⁹   340 εὐνήν
Zen. Aristoph.: εὐνῇ Bm⁴ P²   342 θεὸν p⁹ b h p A B U¹¹ V¹¹   ἀνδρῶν
ὄψεσθαι] ἄλλον ἀθάνατον p⁹   349 ἔεργε] ἄειρε, ἔερπε vv. ll. ant. :
ἔερπεν O⁷ : ἴκανε Chia : ἄερθε V¹ : ἵν' ἀπὸ χθονὸς ἀγκαζέσθην Zen.
351 ἐπέπιπτον Zen. ϛ A Mo V²⁶ : ἀνέπιπτον Zen. ϛ T   351 a δή ῥα
τότ' ὀφθαλμοῖσι Διὸς χύτο νήδυμος ὕπνος quidam ϛ T

43

ὕπνῳ καὶ φιλότητι δαμείς, ἔχε δ' ἀγκὰς ἄκοιτιν·
βῆ δὲ θέειν ἐπὶ νῆας 'Αχαιῶν νήδυμος "Υπνος
ἀγγελίην ἐρέων γαιηόχῳ ἐννοσιγαίῳ·   355
ἀγχοῦ δ' ἱστάμενος ἔπεα πτερόεντα προσηύδα·
" πρόφρων νῦν Δαναοῖσι, Ποσείδαον, ἐπάμυνε,
καί σφιν κῦδος ὄπαζε μίνυνθά περ, ὄφρ' ἔτι εὕδει
Ζεύς, ἐπεὶ αὐτῷ ἐγὼ μαλακὸν περὶ κῶμα κάλυψα·
"Ηρη δ' ἐν φιλότητι παρήπαφεν εὐνηθῆναι."   360
  "Ως εἰπὼν ὁ μὲν ᾤχετ' ἐπὶ κλυτὰ φῦλ' ἀνθρώπων,
τὸν δ' ἔτι μᾶλλον ἀνῆκεν ἀμυνέμεναι Δαναοῖσιν.
αὐτίκα δ' ἐν πρώτοισι μέγα προθορὼν ἐκέλευσεν·
" 'Αργεῖοι, καὶ δὴ αὖτε μεθίεμεν "Εκτορι νίκην
Πριαμίδῃ, ἵνα νῆας ἕλῃ καὶ κῦδος ἄρηται;   365
ἀλλ' ὁ μὲν οὕτω φησὶ καὶ εὔχεται, οὕνεκ' 'Αχιλλεὺς
νηυσὶν ἔπι γλαφυρῇσι μένει κεχολωμένος ἦτορ·
κείνου δ' οὔ τι λίην ποθὴ ἔσσεται, εἴ κεν οἱ ἄλλοι
ἡμεῖς ὀτρυνώμεθ' ἀμυνέμεν ἀλλήλοισιν.
ἀλλ' ἄγεθ', ὡς ἂν ἐγὼν εἴπω, πειθώμεθα πάντες·   370
ἀσπίδες ὅσσαι ἄρισται ἐνὶ στρατῷ ἠδὲ μέγισται
ἑσσάμενοι, κεφαλὰς δὲ παναίθῃσιν κορύθεσσι
κρύψαντες, χερσίν τε τὰ μακρότατ' ἔγχε' ἑλόντες,
ἴομεν· αὐτὰρ ἐγὼν ἡγήσομαι, οὐδ' ἔτι φημὶ
"Εκτορα Πριαμίδην μενέειν μάλα περ μεμαῶτα.   375
ὃς δέ κ' ἀνὴρ μενέχαρμος, ἔχει δ' ὀλίγον σάκος ὤμῳ,
χείρονι φωτὶ δότω, ὁ δ' ἐν ἀσπίδι μείζονι δύτω."
  "Ως ἔφαθ', οἱ δ' ἄρα τοῦ μάλα μὲν κλύον ἠδὲ πίθοντο·
τοὺς δ' αὐτοὶ βασιλῆες ἐκόσμεον οὐτάμενοί περ,
Τυδείδης 'Οδυσεύς τε καὶ 'Ατρεΐδης 'Αγαμέμνων·   380
οἰχόμενοι δ' ἐπὶ πάντας ἀρήϊα τεύχε' ἄμειβον·
ἐσθλὰ μὲν ἐσθλὸς ἔδυνε, χέρεια δὲ χείρονι δόσκον.

356 προσεφη κλυτον εννοσιγαιον p⁵⁹   357 Ποσειδάων p⁹ e f 1
C V³²   ἐπάμυνε p⁹ e g 1 A B Mc V¹ : ἐπάμυνον vulg.   364 μεθίετε
o 1 L¹⁹ N¹ V¹ᶜ   366 ἔλπεται Zen.   371 ἀσπίδες p⁹ p⁵⁹ d g p A B C
Mc O⁵ : ἀσπίδας vulg.   376-377 om. Zen., ath. Aristoph. Ar.
382 χέρηϊ δὲ χείρονα h V³²   δόσκον Ar. a c e g p T V¹ V¹¹ v. l. ap.
Eust. (οἱ ἀκριβέστεροι) al. : δόσκεν vulg. : δῶκεν h v. l. ant.

αὐτὰρ ἐπεί ῥ᾽ ἕσσαντο περὶ χροὶ νώροπα χαλκόν,
βάν ῥ᾽ ἴμεν· ἦρχε δ᾽ ἄρα σφι Ποσειδάων ἐνοσίχθων,
δεινὸν ἄορ τανύηκες ἔχων ἐν χειρὶ παχείη,   385
εἴκελον ἀστεροπῇ· τῷ δ᾽ οὐ θέμις ἐστὶ μιγῆναι
ἐν δαῒ λευγαλέῃ, ἀλλὰ δέος ἰσχάνει ἄνδρας.
Τρῶας δ᾽ αὖθ᾽ ἑτέρωθεν ἐκόσμει φαίδιμος Ἕκτωρ.
δή ῥα τότ᾽ αἰνοτάτην ἔριδα πτολέμοιο τάνυσσαν
κυανοχαῖτα Ποσειδάων καὶ φαίδιμος Ἕκτωρ,   390
ἤτοι ὁ μὲν Τρώεσσιν, ὁ δ᾽ Ἀργείοισιν ἀρήγων.
ἐκλύσθη δὲ θάλασσα ποτὶ κλισίας τε νέας τε
Ἀργείων· οἱ δὲ ξύνισαν μεγάλῳ ἀλαλητῷ.
οὔτε θαλάσσης κῦμα τόσον βοάᾳ ποτὶ χέρσον,
ποντόθεν ὀρνύμενον πνοιῇ Βορέω ἀλεγεινῇ·   395
οὔτε πυρὸς τόσσος γε ποτὶ βρόμος αἰθομένοιο
οὔρεος ἐν βήσσῃς, ὅτε τ᾽ ὤρετο καιέμεν ὕλην·
οὔτ᾽ ἄνεμος τόσσον γε περὶ δρυσὶν ὑψικόμοισι
ἠπύει, ὅς τε μάλιστα μέγα βρέμεται χαλεπαίνων,
ὅσση ἄρα Τρώων καὶ Ἀχαιῶν ἔπλετο φωνὴ   400
δεινὸν ἀϋσάντων, ὅτ᾽ ἐπ᾽ ἀλλήλοισιν ὄρουσαν.
Αἴαντος δὲ πρῶτος ἀκόντισε φαίδιμος Ἕκτωρ
ἔγχει, ἐπεὶ τέτραπτο πρὸς ἰθύ οἱ, οὐδ᾽ ἀφάμαρτε,
τῇ ῥα δύω τελαμῶνε περὶ στήθεσσι τετάσθην,
ἤτοι ὁ μὲν σάκεος, ὁ δὲ φασγάνου ἀργυροήλου·   405
τώ οἱ ῥυσάσθην τέρενα χρόα. χώσατο δ᾽ Ἕκτωρ,
ὅττι ῥά οἱ βέλος ὠκὺ ἐτώσιον ἔκφυγε χειρός,
ἂψ δ᾽ ἑτάρων εἰς ἔθνος ἐχάζετο κῆρ᾽ ἀλεείνων.
τὸν μὲν ἔπειτ᾽ ἀπιόντα μέγας Τελαμώνιος Αἴας

388 ἐκόσμεε ⲑ   389 τάνυσσεν M⁹ V³²   391 κελεύων Ang.
V¹   394-395 post 399 coll. Zen.   395 Βορέα f V¹⁴ V²² : ἀνέμου
f C V⁴ : ἀνέμων M⁴ M¹³ V²⁰ : ἀνέμῳ B L¹⁸   396 πέλει E. M. 214. 36 :
ποθι h i   397 ὤρυρε v. l. ant., U²   398 τόσσος Zen. L⁸ L¹⁸ N² al.
περὶ a b f h i A D al. : ποτὶ vulg.   ἐξοφόροισιν Agathocles (teste
Eust.)   400 ὅσση Zen. Aristoph. Ar. a c f k A B C : τόσση vulg.
403 ἰθύ οἱ] ἰθύμ p⁹ : ιθυν p⁵⁹

χερμαδίῳ, τά ῥα πολλά, θοάων ἔχματα νηῶν,   410
πὰρ ποσὶ μαρναμένων ἐκυλίνδετο, τῶν ἓν ἀείρας
στῆθος βεβλήκει ὑπὲρ ἄντυγος ἀγχόθι δειρῆς,
στρόμβον δ᾽ ὣς ἔσσευε βαλών, περὶ δ᾽ ἔδραμε πάντῃ.
ὡς δ᾽ ὅθ᾽ ὑπὸ πληγῆς πατρὸς Διὸς ἐξερίπῃ δρῦς
πρόρριζος, δεινὴ δὲ θεείου γίγνεται ὀδμὴ   415
ἐξ αὐτῆς, τὸν δ᾽ οὔ περ ἔχει θράσος ὅς κεν ἴδηται
ἐγγὺς ἐών, χαλεπὸς δὲ Διὸς μεγάλοιο κεραυνός,
ὣς ἔπεσ᾽ Ἕκτορος ὦκα χαμαὶ μένος ἐν κονίῃσι·
χειρὸς δ᾽ ἔκβαλεν ἔγχος, ἐπ᾽ αὐτῷ δ᾽ ἀσπὶς ἐάφθη
καὶ κόρυς, ἀμφὶ δέ οἱ βράχε τεύχεα ποικίλα χαλκῷ.   420
οἱ δὲ μέγα ἰάχοντες ἐπέδραμον υἷες Ἀχαιῶν,
ἐλπόμενοι ἐρύεσθαι, ἀκόντιζον δὲ θαμειὰς
αἰχμάς· ἀλλ᾽ οὔ τις ἐδυνήσατο ποιμένα λαῶν
οὐτάσαι οὐδὲ βαλεῖν· πρὶν γὰρ περίβησαν ἄριστοι,
Πουλυδάμας τε καὶ Αἰνείας καὶ δῖος Ἀγήνωρ   425
Σαρπηδών τ᾽, ἀρχὸς Λυκίων, καὶ Γλαῦκος ἀμύμων.
τῶν δ᾽ ἄλλων οὔ τίς εὖ ἀκήδεσεν, ἀλλὰ πάροιθεν
ἀσπίδας εὐκύκλους σχέθον αὐτοῦ. τὸν δ᾽ ἄρ᾽ ἑταῖροι
χερσὶν ἀείραντες φέρον ἐκ πόνου, ὄφρ᾽ ἵκεθ᾽ ἵππους
ὠκέας, οἵ οἱ ὄπισθε μάχης ἠδὲ πτολέμοιο   430
ἕστασαν ἡνίοχόν τε καὶ ἅρματα ποικίλ᾽ ἔχοντες·
οἱ τόν γε προτὶ ἄστυ φέρον βαρέα στενάχοντα.

Ἀλλ᾽ ὅτε δὴ πόρον ἷξον ἐϋρρεῖος ποταμοῖο,
Ξάνθου δινήεντος, ὃν ἀθάνατος τέκετο Ζεύς,
ἔνθα μιν ἐξ ἵππων πέλασαν χθονί, κὰδ δέ οἱ ὕδωρ   435
χεῦαν· ὁ δ᾽ ἐμπνύνθη καὶ ἀνέδρακεν ὀφθαλμοῖσιν,
ἑζόμενος δ᾽ ἐπὶ γοῦνα κελαινεφὲς αἷμ᾽ ἀπέμεσσεν·

412 βεβλήκειν Zen. Aristoph. V¹⁶   414 πληγῆς 11 p A V¹: ῥιπῆς
vulg.   416 οὔ τιν᾽ . . . ὃς τις Aristoph.   418 ὡς πέσεν p¹ Bm⁴
N⁴ Eu.   ὦκα Massil. Chia, vulg.: ὠκὺ Ar. h p¹ corr. U¹   420 om.
p¹ p¹⁰ A L⁶ L⁸ N⁴ V¹ V¹³ V¹⁶   424 ἄριστοι] ἅπαντες v. l. in A :
ἕκαστοι P¹²   427 δ᾽] τ᾽ Zen.   ἀκήδεσεν et ἀκηδέσατο Ar. (διχῶς):
ἀκήδεσεν codd.   434 ἀθάνατον Zen. Ge   437 ἀπέμασσεν Zen.
p¹⁰ p⁶⁹ b g p A B C D L¹⁸ V¹ V³²: ἀπομόργνυ V¹² V¹⁶: ἀπέσεισεν quidam
s T

14. ΙΛΙΑΔΟΣ Ξ

αὖτις δ' ἐξοπίσω πλῆτο χθονί, τὼ δέ οἱ ὄσσε
νὺξ ἐκάλυψε μέλαινα· βέλος δ' ἔτι θυμὸν ἐδάμνα.
Ἀργεῖοι δ' ὡς οὖν ἴδον Ἕκτορα νόσφι κιόντα,   440
μᾶλλον ἐπὶ Τρώεσσι θόρον, μνήσαντο δὲ χάρμης.
ἔνθα πολὺ πρώτιστος Ὀϊλῆος ταχὺς Αἴας
Σάτνιον οὔτασε δουρὶ μετάλμενος ὀξυόεντι
Ἠνοπίδην, ὃν ἄρα νύμφη τέκε νηῒς ἀμύμων
Ἤνοπι βουκολέοντι παρ' ὄχθας Σατνιόεντος.   445
τὸν μὲν Ὀϊλιάδης δουρικλυτὸς ἐγγύθεν ἐλθὼν
οὖτα κατὰ λαπάρην· ὁ δ' ἀνετράπετ', ἀμφὶ δ' ἄρ' αὐτῷ
Τρῶες καὶ Δαναοὶ σύναγον κρατερὴν ὑσμίνην.
τῷ δ' ἐπὶ Πουλυδάμας ἐγχέσπαλος ἦλθεν ἀμύντωρ
Πανθοΐδης, βάλε δὲ Προθοήνορα δεξιὸν ὦμον,   450
υἱὸν Ἀρηϊλύκοιο, δι' ὤμου δ' ὄβριμον ἔγχος
ἔσχεν, ὁ δ' ἐν κονίῃσι πεσὼν ἕλε γαῖαν ἀγοστῷ.
Πουλυδάμας δ' ἔκπαγλον ἐπεύξατο μακρὸν ἀΰσας·
" οὐ μὰν αὖτ' ὀΐω μεγαθύμου Παν θοΐδαο
χειρὸς ἄπο στιβαρῆς ἅλιον πηδῆσ αι ἄκοντα,   455
ἀλλά τις Ἀργείων κόμισε χροΐ, καί μιν ὀΐω
αὐτῷ σκηπτόμενον κατίμεν δόμον Ἄϊδος εἴσω."
Ὣς ἔφατ', Ἀργείοισι δ' ἄχος γένετ' εὐξαμένοιο·
Αἴαντι δὲ μάλιστα δαΐφρονι θυμὸν ὄρινε,
τῷ Τελαμωνιάδῃ· τοῦ γὰρ πέσεν ἄγχι μάλιστα.   460
καρπαλίμως δ' ἀπιόντος ἀκόντισε δουρὶ φαεινῷ.
Πουλυδάμας δ' αὐτὸς μὲν ἀλεύατο κῆρα μέλαιναν
λικριφὶς ἀΐξας, κόμισεν δ' Ἀντήνορος υἱὸς
Ἀρχέλοχος· τῷ γάρ ῥα θεοὶ βούλευσαν ὄλεθρον.
τόν ῥ' ἔβαλεν κεφαλῆς τε καὶ αὐχένος ἐν συνεοχμῷ,   465

438 τὼ δέ Ar. f h 1 A B C : καδ δέ v. l. ant., vulg.   440 νόσφιν
ἐόντα f l p r A B C al.   444 Οἰνοπίδην Strabo 605, 619 q M¹² Mo
445 Οἴνοπι Strabo l. c. q   ὄχθης Zen. U⁴ al. : ὄχθαις Strabo 605 :
ὄχθῃ h U¹   Σαγγαρίοιο v. l. ant., Mo   447 οὖτα κατὰ λαπάρην b
Galen. in Hipp. π. ἀγμῶν ii. 70: οὔτασε καλλαπάρην vulg.   449 ἦλθεν]
ἦεν v. l. ant.   453 ἔκπαγλος v. l. s T   μακρὰ βιβάσθων p¹⁰ f 1 1 r A

νείατον ἀστράγαλον, ἀπὸ δ' ἄμφω κέρσε τένοντε·
τοῦ δὲ πολὺ πρότερον κεφαλὴ στόμα τε ῥῖνές τε
οὔδει πλῆντ' ἤ περ κνῆμαι καὶ γοῦνα πεσόντος.
Αἴας δ' αὖτ' ἐγέγωνεν ἀμύμονι Πουλυδάμαντι·
" φράζεο, Πουλυδάμα, καί μοι νημερτὲς ἐνίσπες,   470
ἦ ῥ' οὐχ οὗτος ἀνὴρ Προθοήνορος ἀντὶ πεφάσθαι
ἄξιος; οὐ μέν μοι κακὸς εἴδεται οὐδὲ κακῶν ἔξ,
ἀλλὰ κασίγνητος Ἀντήνορος ἱπποδάμοιο,
ἢ πάϊς· αὐτῷ γὰρ γενεὴν ἄγχιστα ἐῴκει."
Ἢ ῥ' εὖ γιγνώσκων, Τρῶας δ' ἄχος ἔλλαβε θυμόν.   475
ἔνθ' Ἀκάμας Πρόμαχον Βοιώτιον οὔτασε δουρί,
ἀμφὶ κασιγνήτῳ βεβαώς· ὁ δ' ὕφελκε ποδοῖιν.
τῷ δ' Ἀκάμας ἔκπαγλον ἐπεύξατο μακρὸν ἀΰσας·
" Ἀργεῖοι ἰόμωροι, ἀπειλάων ἀκόρητοι,
οὔ θην οἴοισίν γε πόνος τ' ἔσεται καὶ ὀϊζὺς   480
ἡμῖν, ἀλλά ποθ' ὧδε κατακτενέεσθε καὶ ὕμμες.
φράζεσθ' ὡς ὑμῖν Πρόμαχος δεδμημένος εὕδει
ἔγχει ἐμῷ, ἵνα μή τι κασιγνήτοιό γε ποινὴ
δηρὸν ἄτιτος ἔῃ· τῶ καί τίς τ' εὔχεται ἀνὴρ
γνωτὸν ἐνὶ μεγάροισιν ἀρῆς ἀλκτῆρα λιπέσθαι."   485
Ὣς ἔφατ', Ἀργείοισι δ' ἄχος γένετ' εὐξαμένοιο·
Πηνέλεῳ δὲ μάλιστα δαΐφρονι θυμὸν ὄρινεν·
ὡρμήθη δ' Ἀκάμαντος· ὁ δ' οὐχ ὑπέμεινεν ἐρωὴν
Πηνελέωο ἄνακτος· ὁ δ' οὔτασεν Ἰλιονῆα,
υἱὸν Φόρβαντος πολυμήλου, τόν ῥα μάλιστα   490
Ἑρμείας Τρώων ἐφίλει καὶ κτῆσιν ὄπασσε·
τῷ δ' ἄρ' ὑπὸ μήτηρ μοῦνον τέκεν Ἰλιονῆα.
τὸν τόθ' ὑπ' ὀφρύος οὖτα κατ' ὀφθαλμοῖο θέμεθλα,
ἐκ δ' ὦσε γλήνην· δόρυ δ' ὀφθαλμοῖο διαπρὸ

469 ἀμύμονα Πουλυδάμαντα Zen.   470 Πουλυδάμαν Zen.
474 γενεὴν] ῥα φυὴν Aristoph.: κεφαλὴν p10   ἔοικεν Aristoph. Bm4
N2 V12 V18, v. l. in A   483 ἵνα μὴ μή τοί v. l. in A   484 τίς τ']
τέ τις ●i al. : κέ τις vulg.   485 ἀρῆς Zen. : ἄρεω Ar. : ἄρεως vulg. :
ἄρεος o d g 1 V1 V32   λιπέσθαι] γενέσθαι f V5 V14 V22   489 ita A
H1   πηνελέω g M4 M9 V32 : -οιο cet.

καὶ διὰ ἰνίου ἦλθεν, ὁ δ' ἕζετο χεῖρε πετάσσας   495
ἄμφω· Πηνέλεως δὲ ἐρυσσάμενος ξίφος ὀξὺ
αὐχένα μέσσον ἔλασσεν, ἀπήραξεν δὲ χαμᾶζε
αὐτῇ σὺν πήληκι κάρη· ἔτι δ' ὄβριμον ἔγχος
ἦεν ἐν ὀφθαλμῷ· ὁ δὲ φῆ κώδειαν ἀνασχὼν
πέφραδέ τε Τρώεσσι καὶ εὐχόμενος ἔπος ηὔδα·   500
" εἰπέμεναί μοι, Τρῶες, ἀγαυοῦ Ἰλιονῆος
πατρὶ φίλῳ καὶ μητρὶ γοήμεναι ἐν μεγάροισιν·
οὐδὲ γὰρ ἡ Προμάχοιο δάμαρ Ἀλεγηνορίδαο
ἀνδρὶ φίλῳ ἐλθόντι γανύσσεται, ὁππότε κεν δὴ
ἐκ Τροίης σὺν νηυσὶ νεώμεθα κοῦροι Ἀχαιῶν."   505
Ὣς φάτο, τοὺς δ' ἄρα πάντας ὑπὸ τρόμος ἔλλαβε γυῖα,
πάπτηνεν δὲ ἕκαστος ὅπῃ φύγοι αἰπὺν ὄλεθρον.

Ἔσπετε νῦν μοι, Μοῦσαι Ὀλύμπια δώματ' ἔχουσαι,
ὅς τις δὴ πρῶτος βροτόεντ' ἀνδράγρι' Ἀχαιῶν
ἤρατ', ἐπεί ῥ' ἔκλινε μάχην κλυτὸς ἐννοσίγαιος.   510
Αἴας ῥα πρῶτος Τελαμώνιος Ὕρτιον οὖτα
Γυρτιάδην, Μυσῶν ἡγήτορα καρτεροθύμων·
Φάλκην δ' Ἀντίλοχος καὶ Μέρμερον ἐξενάριξε·
Μηριόνης δὲ Μόρυν τε καὶ Ἱπποτίωνα κατέκτα,
Τεῦκρος δὲ Προθόωνά τ' ἐνήρατο καὶ Περιφήτην·   515
Ἀτρείδης δ' ἄρ' ἔπειθ' Ὑπερήνορα, ποιμένα λαῶν,
οὖτα κατὰ λαπάρην, διὰ δ' ἔντερα χαλκὸς ἄφυσσε
δῃώσας· ψυχὴ δὲ κατ' οὐταμένην ὠτειλὴν
ἔσσυτ' ἐπειγομένη, τὸν δὲ σκότος ὄσσε κάλυψε.
πλείστους δ' Αἴας εἷλεν, Ὀϊλῆος ταχὺς υἱός·   520
οὐ γάρ οἵ τις ὁμοῖος ἐπισπέσθαι ποσὶν ἦεν
ἀνδρῶν τρεσσάντων, ὅτε τε Ζεὺς ἐν φόβον ὄρσῃ.

499 δὲ φῆ Zen. L⁷ V¹⁶ : δ' ἔφη vel δὲ φῆ Ar. codd.   500 ath. Ar.
505 σὺν] ἐν Zen. Aristoph. Bm⁴   506 εἵλετο f V⁵ V¹⁴ V²² : χλωρὸν
δέος εἷλεν b e h o v. l. in A   509 ath. qu. ʒ A B Lp T   510 ἐπείπερ
ἔκλ. k q   511 ῥα] μὲν f C   512 καρτερόθυμον d r al. : βαρβαρο-
φώνων v. l. ʒ T   517 οὖτα κατὰ λαπάρην b c g ℘⁵⁹ A marg. B D al. :
οὔτασε καλλαπάρην vulg.   522 ὅτε δὴ θεὸς v. l. ʒ T   ὄρσεν b d e i
℘⁵⁰ A ss. B. corr. al. : ὦσεν B L¹⁷ L¹⁸ V²²

ΙΛΙΑΔΟΣ Ο

Αὐτὰρ ἐπεὶ διά τε σκόλοπας καὶ τάφρον ἔβησαν
φεύγοντες, πολλοὶ δὲ δάμεν Δαναῶν ὑπὸ χερσίν,
οἱ μὲν δὴ παρ' ὄχεσφιν ἐρητύοντο μένοντες,
χλωροὶ ὑπαὶ δείους, πεφοβημένοι· ἔγρετο δὲ Ζεὺς
Ἴδης ἐν κορυφῆσι παρὰ χρυσοθρόνου Ἥρης,   5
στῆ δ' ἄρ' ἀναΐξας, ἴδε δὲ Τρῶας καὶ Ἀχαιούς,
τοὺς μὲν ὀρινομένους, τοὺς δὲ κλονέοντας ὄπισθεν
Ἀργείους, μετὰ δέ σφι Ποσειδάωνα ἄνακτα·
Ἕκτορα δ' ἐν πεδίῳ ἴδε κείμενον, ἀμφὶ δ' ἑταῖροι
ἥαθ', ὁ δ' ἀργαλέῳ ἔχετ' ἄσθματι κῆρ ἀπινύσσων,   10
αἷμ' ἐμέων, ἐπεὶ οὔ μιν ἀφαυρότατος βάλ' Ἀχαιῶν.
τὸν δὲ ἰδὼν ἐλέησε πατὴρ ἀνδρῶν τε θεῶν τε,
δεινὰ δ' ὑπόδρα ἰδὼν Ἥρην πρὸς μῦθον ἔειπεν·
" ἦ μάλα δὴ κακότεχνος, ἀμήχανε, σὸς δόλος, Ἥρη,
Ἕκτορα δῖον ἔπαυσε μάχης, ἐφόβησε δὲ λαούς.   15
οὐ μὰν οἶδ' εἰ αὖτε κακορραφίης ἀλεγεινῆς
πρώτη ἐπαύρηαι καί σε πληγῇσιν ἱμάσσω.
ἦ οὐ μέμνῃ ὅτε τ' ἐκρέμω ὑψόθεν, ἐκ δὲ ποδοῖιν
ἄκμονας ἧκα δύω, περὶ χερσὶ δὲ δεσμὸν ἴηλα
χρύσεον ἄρρηκτον; σὺ δ' ἐν αἰθέρι καὶ νεφέλῃσιν   20

4 ὑπαὶ Ar. Tyrannio, vulg.: ὑπὸ U⁴ V⁶
    5 a ἕζετο δ' ὀρθωθεὶς μαλσκὸν δ' ἔνδυνε χιτῶνα (= B 42)
qu. S T   10 ἀπινύσκων Aristoph.: πινύσσων qu. S T N¹ O⁸ Pal¹
corr.: ἀπο- e p   15 δ' Ἀχαιούς v. l. S T   16 ἦ μὰν, γρ. e
    17 ἐπαύρηαι Ar. (διὰ τοῦ ῆ), codd.: -ειαι P²: -ῆαι Tyrannio
18-31 om. Zen.   18 μέμνῃ Ar. (πᾶσαι): μέμνησ' Orig. in Cels. vi.
42 Rhet. Gr. viii. 803. 13

50

ἐκρέμω· ἠλάστεον δὲ θεοὶ κατὰ μακρὸν Ὄλυμπον,
λῦσαι δ᾽ οὐκ ἐδύναντο παρασταδόν· ὃν δὲ λάβοιμι
ῥίπτασκον τεταγὼν ἀπὸ βηλοῦ, ὄφρ᾽ ἂν ἵκηται
γῆν ὀλιγηπελέων· ἐμὲ δ᾽ οὐδ᾽ ὣς θυμὸν ἀνίει
ἀζηχὴς ὀδύνη Ἡρακλῆος θείοιο,   25
τὸν σὺ ξὺν Βορέῃ ἀνέμῳ πεπιθοῦσα θυέλλας
πέμψας ἐπ᾽ ἀτρύγετον πόντον, κακὰ μητιόωσα,
καί μιν ἔπειτα Κόωνδ᾽ εὖ ναιομένην ἀπένεικας.
τὸν μὲν ἐγὼν ἔνθεν ῥυσάμην καὶ ἀνήγαγον αὖτις
Ἄργος ἐς ἱππόβοτον, καὶ πολλά περ ἀθλήσαντα.   30
τῶν σ᾽ αὖτις μνήσω, ἵν᾽ ἀπολλήξῃς ἀπατάων,
ὄφρα ἴδῃ ἤν τοι χραίσμῃ φιλότης τε καὶ εὐνή,
ἣν ἐμίγης ἐλθοῦσα θεῶν ἄπο καί μ᾽ ἀπάτησας."
    Ὣς φάτο, ῥίγησεν δὲ βοῶπις πότνια Ἥρη,
καί μιν φωνήσασ᾽ ἔπεα πτερόεντα προσηύδα·   35
" ἴστω νῦν τόδε Γαῖα καὶ Οὐρανὸς εὐρὺς ὕπερθε
καὶ τὸ κατειβόμενον Στυγὸς ὕδωρ, ὅς τε μέγιστος
ὅρκος δεινότατός τε πέλει μακάρεσσι θεοῖσι,
σή θ᾽ ἱερὴ κεφαλὴ καὶ νωΐτερον λέχος αὐτῶν
κουρίδιον, τὸ μὲν οὐκ ἂν ἐγώ ποτε μὰψ ὀμόσαιμι·   40
μὴ δι᾽ ἐμὴν ἰότητα Ποσειδάων ἐνοσίχθων
πημαίνει Τρῶάς τε καὶ Ἕκτορα, τοῖσι δ᾽ ἀρήγει,
ἀλλά που αὐτὸν θυμὸς ἐποτρύνει καὶ ἀνώγει,
τειρομένους δ᾽ ἐπὶ νηυσὶν ἰδὼν ἐλέησεν Ἀχαιούς.
αὐτάρ τοι καὶ κείνῳ ἐγὼ παραμυθησαίμην   45
τῇ ἴμεν ᾗ κεν δὴ σύ, κελαινεφές, ἡγεμονεύῃς."
    Ὣς φάτο, μείδησεν δὲ πατὴρ ἀνδρῶν τε θεῶν τε,
καί μιν ἀμειβόμενος ἔπεα πτερόεντα προσηύδα·

21 a b
πρὶν τότε δή σ᾽ ἀπέλυσα ποδῶν [leg. πεδῶν], μύδρους δ᾽ ἐνὶ Τροίῃ
κάββαλον, ὄφρα πέλοιτο καὶ ἐσσομένοισι πυθέσθαι
qu. g T Eu.   22 -ωμι Bm⁴   24 θυμὸν Ar. b d e f m p A B C D :
θυμὸς v. l. ant., vulg.   29 ἀπήγαγον v. l. in T   31 ἀπολήξῃς Ar.
vulg. : -λλ- g p⁵⁹ V¹⁶ V¹⁹   32 ἴδῃ Ar. : ἴδῃς codd.   33 om. Zen.
Aristoph.   35 αμειβομενη p⁵⁹   44 κτεινομένους Aristoph. Massil
Argol.

" εἰ μὲν δὴ σύ γ᾽ ἔπειτα, βοῶπις πότνια Ἥρη,
ἶσον ἐμοὶ φρονέουσα μετ᾽ ἀθανάτοισι καθίζοις,   50
τῶ κε Ποσειδάων γε, καὶ εἰ μάλα βούλεται ἄλλη,
αἶψα μεταστρέψειε νόον μετὰ σὸν καὶ ἐμὸν κῆρ.
ἀλλ᾽ εἰ δή ῥ᾽ ἐτεόν γε καὶ ἀτρεκέως ἀγορεύεις,
ἔρχεο νῦν μετὰ φῦλα θεῶν, καὶ δεῦρο κάλεσσον
Ἶρίν τ᾽ ἐλθέμεναι καὶ Ἀπόλλωνα κλυτότοξον,   55
ὄφρ᾽ ἡ μὲν μετὰ λαὸν Ἀχαιῶν χαλκοχιτώνων
ἔλθῃ, καὶ εἴπῃσι Ποσειδάωνι ἄνακτι
παυσάμενον πολέμοιο τὰ ἃ πρὸς δώμαθ᾽ ἱκέσθαι,
Ἕκτορα δ᾽ ὀτρύνῃσι μάχην ἐς Φοῖβος Ἀπόλλων,
αὖτις δ᾽ ἐμπνεύσῃσι μένος, λελάθῃ δ᾽ ὀδυνάων   60
αἳ νῦν μιν τείρουσι κατὰ φρένας, αὐτὰρ Ἀχαιοὺς
αὖτις ἀποστρέψῃσιν ἀνάλκιδα φύζαν ἐνόρσας,
φεύγοντες δ᾽ ἐν νηυσὶ πολυκλήϊσι πέσωσι
Πηλεΐδεω Ἀχιλῆος· ὁ δ᾽ ἀνστήσει ὃν ἑταῖρον
Πάτροκλον· τὸν δὲ κτενεῖ ἔγχεϊ φαίδιμος Ἕκτωρ   65
Ἰλίου προπάροιθε, πολέας ὀλέσαντ᾽ αἰζηοὺς
τοὺς ἄλλους, μετὰ δ᾽ υἱὸν ἐμὸν Σαρπηδόνα δῖον.
τοῦ δὲ χολωσάμενος κτενεῖ Ἕκτορα δῖος Ἀχιλλεύς.
ἐκ τοῦ δ᾽ ἄν τοι ἔπειτα παλίωξιν παρὰ νηῶν
αἰὲν ἐγὼ τεύχοιμι διαμπερές, εἰς ὅ κ᾽ Ἀχαιοὶ   70
Ἴλιον αἰπὺ ἕλοιεν Ἀθηναίης διὰ βουλάς.
τὸ πρὶν δ᾽ οὔτ᾽ ἄρ᾽ ἐγὼ παύω χόλον οὔτε τιν᾽ ἄλλον
ἀθανάτων Δαναοῖσιν ἀμυνέμεν ἐνθάδ᾽ ἐάσω,
πρίν γε τὸ Πηλεΐδαο τελευτηθῆναι ἐέλδωρ,
ὣς οἱ ὑπέστην πρῶτον, ἐμῷ δ᾽ ἐπένευσα κάρητι,   75
ἤματι τῷ ὅτ᾽ ἐμεῖο θεὰ Θέτις ἥψατο γούνων,

49 βοῶπι Ar. h A B M¹⁰ V¹   50 καθίζοις] θεοῖσι v. l. ant. (ἐν ταῖς
εἰκαιοτέραις) L⁸   53 γε Aristoph. Ar. codd.: τε Bm⁶ P²¹   54 κέ-
λευσον v. l. in A, r   55 κλυτὸν αὐδὴν v. l. ant.   56–77 ath.
Aristoph. Ar.   58 παυσαμένῳ ĩ Eust.   62 θυμον p⁵⁹   64–77 om.
Zen.   64 ἀνστήσειεν ἑταῖρον v. l. ant., ĩ   66 πολέας h : πολεῖς
cet.   69 δ᾽ ἄν] δ᾽ αὖ ä al. : δ᾽ ἄρ c : δή g al.   71 αἰπὺν q V¹⁰ :
τὸ γὰρ Ἴλιον αἰπὺ νοθεύει Ἀρ. Steph. Byz.   n v. Ἴλιον : ἐκπέρσωσιν Ar.
72 παύω Ar. a e ĩ r A B C V¹ V³²: παύσω vulg.

λισσομένη τιμῆσαι Ἀχιλλῆα πτολίπορθον."
"Ὣς ἔφατ᾽, οὐδ᾽ ἀπίθησε θεὰ λευκώλενος Ἥρη,
βῆ δ᾽ ἐξ Ἰδαίων ὀρέων ἐς μακρὸν Ὄλυμπον.
ὡς δ᾽ ὅτ᾽ ἂν ἀίξῃ νόος ἀνέρος, ὅς τ᾽ ἐπὶ πολλὴν   80
γαῖαν ἐληλουθὼς φρεσὶ πευκαλίμῃσι νοήσῃ,
" ἔνθ᾽ εἴην, ἢ ἔνθα," μενοινήῃσί τε πολλά,
ὣς κραιπνῶς μεμαυῖα διέπτατο πότνια Ἥρη·
ἵκετο δ᾽ αἰπὺν Ὄλυμπον, ὁμηγερέεσσι δ᾽ ἐπῆλθεν
ἀθανάτοισι θεοῖσι Διὸς δόμῳ· οἱ δὲ ἰδόντες   85
πάντες ἀνήιξαν καὶ δεικανόωντο δέπασσιν.
ἡ δ᾽ ἄλλους μὲν ἔασε, Θέμιστι δὲ καλλιπαρῄῳ
δέκτο δέπας· πρώτη γὰρ ἐναντίη ἦλθε θέουσα,
καί μιν φωνήσασ᾽ ἔπεα πτερόεντα προσηύδα·
"'Ἥρη, τίπτε βέβηκας; ἀτυζομένη δὲ ἔοικας·   90
ἦ μάλα δή σε φόβησε Κρόνου πάϊς, ὅς τοι ἀκοίτης."
Τὴν δ᾽ ἠμείβετ᾽ ἔπειτα θεὰ λευκώλενος Ἥρη·
" μή με, θεὰ Θέμι, ταῦτα διείρεο· οἶσθα καὶ αὐτή,
οἷος κείνου θυμὸς ὑπερφίαλος καὶ ἀπηνής.
ἀλλὰ σύ γ᾽ ἄρχε θεοῖσι δόμοις ἔνι δαιτὸς ἐίσης·   95
ταῦτα δὲ καὶ μετὰ πᾶσιν ἀκούσεαι ἀθανάτοισιν,
οἷα Ζεὺς κακὰ ἔργα πιφαύσκεται· οὐδέ τί φημι
πᾶσιν ὁμῶς θυμὸν κεχαρησέμεν, οὔτε βροτοῖσιν
οὔτε θεοῖς, εἴ πέρ τις ἔτι νῦν δαίνυται εὔφρων."
Ἡ μὲν ἄρ᾽ ὣς εἰποῦσα καθέζετο πότνια Ἥρη,   100
ὄχθησαν δ᾽ ἀνὰ δῶμα Διὸς θεοί· ἡ δὲ γέλασσε
χείλεσιν, οὐδὲ μέτωπον ἐπ᾽ ὀφρύσι κυανέῃσιν
ἰάνθη· πᾶσιν δὲ νεμεσσηθεῖσα μετηύδα·

78 βοῶπις πότνια f   78 a
          Ζῆν᾽ ὑποταρβήσασα νόος δέ οἱ ἄλλα μενοίνα
add. qu. g T   79 δ᾽ ἐξ Zen. f l al.: δὲ κατ᾽ vulg. (cf. 169): δ αραπ
p⁵⁹   82 εἴην Ar. vulg.: εἴη o d h i k o   μενοινήῃσί Ar. N¹ Pᵇ Pⁿ:
μενοινήσειε vulg.   86 δεπάεσσιν o d g o al.: ἐπέεσσι Zen.: κάλεόν
τέ μιν εἰς ἓ ἕκαστος v. l. ant. (ἐν ἐνίοις)   87 θέμιδι Bmⁱ Vⁱ⁸
88 θέουσα] φέρουσα l   92 βοῶπις πότνια f h r v. l. in A   97 τι]
ἐ d ι: τε r N¹

53

" νήπιοι, οἳ Ζηνὶ μενεαίνομεν ἀφρονέοντες·
ἦ ἔτι μιν μέμαμεν καταπαυσέμεν ἆσσον ἰόντες 105
ἢ ἔπει ἠὲ βίῃ· ὁ δ' ἀφήμενος οὐκ ἀλεγίζει
οὐδ' ὄθεται· φησὶν γὰρ ἐν ἀθανάτοισι θεοῖσι
κάρτεΐ τε σθένεΐ τε διακριδὸν εἶναι ἄριστος.
τῷ ἔχεθ' ὅττι κεν ὔμμι κακὸν πέμπῃσιν ἑκάστῳ.
ἤδη γὰρ νῦν ἔλπομ' Ἄρηΐ γε πῆμα τετύχθαι· 110
υἱὸς γάρ οἱ ὄλωλε μάχῃ ἔνι, φίλτατος ἀνδρῶν,
Ἀσκάλαφος, τόν φησιν ὃν ἔμμεναι ὄβριμος Ἄρης."
Ὣς ἔφατ', αὐτὰρ Ἄρης θαλερὼ πεπλήγετο μηρὼ
χερσὶ καταπρηνέσσ', ὀλοφυρόμενος δ' ἔπος ηὔδα·
" μὴ νῦν μοι νεμεσήσετ', Ὀλύμπια δώματ' ἔχοντες, 115
τείσασθαι φόνον υἷος ἰόντ' ἐπὶ νῆας Ἀχαιῶν,
εἴ πέρ μοι καὶ μοῖρα Διὸς πληγέντι κεραυνῷ
κεῖσθαι ὁμοῦ νεκύεσσι μεθ' αἵματι καὶ κονίῃσιν."
Ὣς φάτο, καί ῥ' ἵππους κέλετο Δεῖμόν τε Φόβον τε
ζευγνύμεν, αὐτὸς δ' ἔντε' ἐδύσετο παμφανόωντα. 120
ἔνθα κ' ἔτι μείζων τε καὶ ἀργαλεώτερος ἄλλος
πὰρ Διὸς ἀθανάτοισι χόλος καὶ μῆνις ἐτύχθη,
εἰ μὴ Ἀθήνη πᾶσι περιδείσασα θεοῖσιν
ὦρτο διὲκ προθύρου, λίπε δὲ θρόνον ἔνθα θάασσε,
τοῦ δ' ἀπὸ μὲν κεφαλῆς κόρυθ' εἵλετο καὶ σάκος ὤμων, 125
ἔγχος δ' ἔστησε στιβαρῆς ἀπὸ χειρὸς ἑλοῦσα
χάλκεον· ἡ δ' ἐπέεσσι καθάπτετο θοῦρον Ἄρηα·
" μαινόμενε, φρένας ἠλέ, διέφθορας· ἦ νύ τοι αὔτως
οὔατ' ἀκουέμεν ἐστί, νόος δ' ἀπόλωλε καὶ αἰδώς.
οὐκ ἀίεις ἅ τέ φησι θεὰ λευκώλενος Ἥρη, 130
ἢ δὴ νῦν πὰρ Ζηνὸς Ὀλυμπίου εἰλήλουθεν;
ἢ ἐθέλεις αὐτὸς μὲν ἀναπλήσας κακὰ πολλὰ

104 ἀφρονέοντα (leg. -τι) v. l. ant. (κατ' ἔνια τῶν ὑπομνηματων):
ἐρ:δαίνομεν ἀφρονέοντι v. l. ϛ T: ἀφραδέοντες b f q A ss. C V³²
114 καταπρανέεσσ' e M¹³   δ' ἔπος ηὔδα Ar. (καὶ πᾶσαι) e g l al. : δὲ
προσηύδα v. l. ant., vulg.   121 κέ τις e g o q al.   124 διὲκ] διὰ V⁴
V²⁷ : μὲν ἐκ v. l. ap. Eust.   125 κρατος p⁶⁹   126 ἀπὸ ἰ A B Ge :
ἐκ vulg.   132 ερ[γα p⁵⁹

ἂψ ἴμεν Οὔλυμπόνδε καὶ ἀχνύμενός περ ἀνάγκῃ,
αὐτὰρ τοῖς ἄλλοισι κακὸν μέγα πᾶσι φυτεῦσαι;
αὐτίκα γὰρ Τρῶας μὲν ὑπερθύμους καὶ Ἀχαιοὺς   135
λείψει, ὁ δ' ἡμέας εἰσι κυδοιμήσων ἐς Ὄλυμπον,
μάρψει δ' ἐξείης ὅς τ' αἴτιος ὅς τε καὶ οὐκί.
τῶ σ' αὖ νῦν κέλομαι μεθέμεν χόλον υἷος ἑῆος·
ἤδη γάρ τις τοῦ γε βίην καὶ χεῖρας ἀμείνων
ἢ πέφατ', ἢ καὶ ἔπειτα πεφήσεται· ἀργαλέον δὲ   140
πάντων ἀνθρώπων ῥῦσθαι γενεήν τε τόκον τε."
   Ὣς εἰποῦσ' ἵδρυσε θρόνῳ ἔνι θοῦρον Ἄρηα.
Ἥρη δ' Ἀπόλλωνα καλέσσατο δώματος ἐκτὸς
Ἶρίν θ', ἥ τε θεοῖσι μετάγγελος ἀθανάτοισι,
καί σφεας φωνήσασ' ἔπεα πτερόεντα προσηύδα·   145
" Ζεὺς σφὼ εἰς Ἴδην κέλετ' ἐλθέμεν ὅττι τάχιστα·
αὐτὰρ ἐπὴν ἔλθητε, Διός τ' εἰς ὦπα ἴδησθε,
ἔρδειν ὅττι κε κεῖνος ἐποτρύνῃ καὶ ἀνώγῃ."
   Ἡ μὲν ἄρ' ὣς εἰποῦσα πάλιν κίε πότνια Ἥρη,
ἕζετο δ' εἰνὶ θρόνῳ· τὼ δ' ἀΐξαντε πετέσθην.   150
Ἴδην δ' ἵκανον πολυπίδακα, μητέρα θηρῶν,
εὗρον δ' εὐρύοπα Κρονίδην ἀνὰ Γαργάρῳ ἄκρῳ
ἥμενον· ἀμφὶ δέ μιν θυόεν νέφος ἐστεφάνωτο.
τὼ δὲ πάροιθ' ἐλθόντε Διὸς νεφεληγερέταο
στήτην· οὐδέ σφωϊν ἰδὼν ἐχολώσατο θυμῷ,   155
ὅττι οἱ ὦκ' ἐπέεσσι φίλης ἀλόχοιο πιθέσθην.
Ἶριν δὲ προτέρην ἔπεα πτερόεντα προσηύδα·
" βάσκ' ἴθι, Ἶρι ταχεῖα, Ποσειδάωνι ἄνακτι
πάντα τάδ' ἀγγεῖλαι, μηδὲ ψευδάγγελος εἶναι.
παυσάμενόν μιν ἄνωχθι μάχης ἠδὲ πτολέμοιο   160
ἔρχεσθαι μετὰ φῦλα θεῶν ἢ εἰς ἅλα δῖαν.
εἰ δέ μοι οὐκ ἐπέεσσ' ἐπιπείσεται, ἀλλ' ἀλογήσει,

134 αὐτὰρ ὁ g   κακὸν μέγα πᾶσι Aristoph. vulg.: θεοῖς μέγα πῆμα
Zen.: πῆμα f r v. l. in A   138 ἑοῖο Zen. i V⁴ V²⁷   139 τοῦ γε Ar.
a h p r A B T: τοῦδε Zen. Aristoph. vulg.   140 πεφάσσεται f
147-148 ath. Aristoph. Ar.   155 τι μιν προσεφωνεον ουδ ερεοντο p⁵⁹
   161 ἔρχεσθ' ἢ f h r v. l. in A (cf. 177)   162 μοι] μου Ammonius s T

φραζέσθω δὴ ἔπειτα κατὰ φρένα καὶ κατὰ θυμόν,
μή μ' οὐδὲ κρατερός περ ἐὼν ἐπιόντα ταλάσσῃ
μεῖναι, ἐπεί ἑο φημὶ βίῃ πολὺ φέρτερος εἶναι　　　　　165
καὶ γενεῇ πρότερος· τοῦ δ' οὐκ ὄθεται φίλον ἦτορ
ἶσον ἐμοὶ φάσθαι, τόν τε στυγέουσι καὶ ἄλλοι."
　　ἯΩς ἔφατ', οὐδ' ἀπίθησε ποδήνεμος ὠκέα Ἶρις,
βῆ δὲ κατ' Ἰδαίων ὀρέων ἐς Ἴλιον ἱρήν.
ὡς δ' ὅτ' ἂν ἐκ νεφέων πτῆται νιφὰς ἠὲ χάλαζα　　　170
ψυχρὴ ὑπὸ ῥιπῆς αἰθρηγενέος Βορέαο,
ὣς κραιπνῶς μεμαυῖα διέπτατο ὠκέα Ἶρις,
ἀγχοῦ δ' ἱσταμένη προσέφη κλυτὸν ἐννοσίγαιον·
" ἀγγελίην τινά τοι, γαιήοχε κυανοχαῖτα,
ἦλθον δεῦρο φέρουσα παραὶ Διὸς αἰγιόχοιο.　　　　175
παυσάμενόν σε κέλευσε μάχης ἠδὲ πτολέμοιο
ἔρχεσθαι μετὰ φῦλα θεῶν ἢ εἰς ἅλα δῖαν.
εἰ δέ οἱ οὐκ ἐπέεσσ' ἐπιπείσεαι, ἀλλ' ἀλογήσεις,
ἠπείλει καὶ κεῖνος ἐναντίβιον πολεμίξων
ἐνθάδ' ἐλεύσεσθαι· σὲ δ' ὑπεξαλέασθαι ἄνωγε　　　　180
χεῖρας, ἐπεὶ σέο φησὶ βίῃ πολὺ φέρτερος εἶναι
καὶ γενεῇ πρότερος· σὸν δ' οὐκ ὄθεται φίλον ἦτορ
ἶσόν οἱ φάσθαι, τόν τε στυγέουσι καὶ ἄλλοι."
　　Τὴν δὲ μέγ' ὀχθήσας προσέφη κλυτὸς ἐννοσίγαιος·
" ὢ πόποι, ἦ ῥ' ἀγαθός περ ἐὼν ὑπέροπλον ἔειπεν,　　185
εἰ μ' ὁμότιμον ἐόντα βίῃ ἀέκοντα καθέξει.
τρεῖς γάρ τ' ἐκ Κρόνου εἰμὲν ἀδελφεοί, οὓς τέκετο Ῥέα,
Ζεὺς καὶ ἐγώ, τρίτατος δ' Ἀΐδης, ἐνέροισιν ἀνάσσων.
τριχθὰ δὲ πάντα δέδασται, ἕκαστος δ' ἔμμορε τιμῆς·
ἤτοι ἐγὼν ἔλαχον πολιὴν ἅλα ναιέμεν αἰεὶ　　　　　190
παλλομένων, Ἀΐδης δ' ἔλαχε ζόφον ἠερόεντα,

Ζεὺς δ' ἔλαχ' οὐρανὸν εὐρὺν ἐν αἰθέρι καὶ νεφέλῃσι·
γαῖα δ' ἔτι ξυνὴ πάντων καὶ μακρὸς Ὄλυμπος.
τῶ ῥα καὶ οὔ τι Διὸς βέομαι φρεσίν, ἀλλὰ ἕκηλος
καὶ κρατερός περ ἐὼν μενέτω τριτάτῃ ἐνὶ μοίρῃ.   195
χερσὶ δὲ μή τί με πάγχυ κακὸν ὣς δειδισσέσθω·
θυγατέρεσσιν γάρ τε καὶ υἱάσι βέλτερον εἴη
ἐκπάγλοις ἐπέεσσιν ἐνισσέμεν, οὓς τέκεν αὐτός,
οἵ ἕθεν ὀτρύνοντος ἀκούσονται καὶ ἀνάγκῃ."
   Τὸν δ' ἠμείβετ' ἔπειτα ποδήνεμος ὠκέα Ἶρις·   200
" οὕτω γὰρ δή τοι, γαιήοχε κυανοχαῖτα,
τόνδε φέρω Διὶ μῦθον ἀπηνέα τε κρατερόν τε,
ἦ τι μεταστρέψεις; στρεπταὶ μέν τε φρένες ἐσθλῶν.
οἶσθ' ὡς πρεσβυτέροισιν Ἐρινύες αἰὲν ἕπονται."
   Τὴν δ' αὖτε προσέειπε Ποσειδάων ἐνοσίχθων·   205
"Ἶρι θεά, μάλα τοῦτο ἔπος κατὰ μοῖραν ἔειπες·
ἐσθλὸν καὶ τὸ τέτυκται, ὅτ' ἄγγελος αἴσιμα εἰδῇ.
ἀλλὰ τόδ' αἰνὸν ἄχος κραδίην καὶ θυμὸν ἱκάνει,
ὁππότ' ἂν ἰσόμορον καὶ ὁμῇ πεπρωμένον αἴσῃ
νεικείειν ἐθέλῃσι χολωτοῖσιν ἐπέεσσιν.   210
ἀλλ' ἤτοι νῦν μέν κε νεμεσσηθεὶς ὑποείξω·
ἄλλο δέ τοι ἐρέω, καὶ ἀπειλήσω τό γε θυμῷ·
αἴ κεν ἄνευ ἐμέθεν καὶ Ἀθηναίης ἀγελείης,
Ἥρης Ἑρμείω τε καὶ Ἡφαίστοιο ἄνακτος,
Ἰλίου αἰπεινῆς πεφιδήσεται, οὐδ' ἐθελήσει   215
ἐκπέρσαι, δοῦναι δὲ μέγα κράτος Ἀργείοισιν,
ἴστω τοῦθ', ὅτι νῶϊν ἀνήκεστος χόλος ἔσται."
   Ὣς εἰπὼν λίπε λαὸν Ἀχαιϊκὸν ἐννοσίγαιος,
δῦνε δὲ πόντον ἰών, πόθεσαν δ' ἥρωες Ἀχαιοί.

192 εὐρὺν] αἰπὺν Zen.   196 δειδίσσεσθαι h   197 υἱέσι v. l.
ant., Mc O⁷ V¹⁰ corr.   βέλτερον Ar. a c d f al. : κέρδιον v. l. ant (οἱ
εἰκαιότεροι), vulg. : φίλτερον Bm⁴ N⁴ V¹² V¹⁸ : κάλλιον Aristoph.
206 ath. Zen. (ἐσημειώσατο)   κατὰ μοῖραν] νημερτὲς Bm⁴ N⁴ U¹¹ V¹²
V¹⁸   207 εἴη Zen.   211 κε v. l. ant., vulg. : γε Ar. L⁶ V²⁰ (uv.)
   212-217 ath. Ar.   214 Ἥρης θ' P² b e g   Ἡφαίστου τε καὶ
Ἑρμείαο v. l. ant.

καὶ τότ' Ἀπόλλωνα προσέφη νεφεληγερέτα Ζεύς· 220
" ἔρχεο νῦν, φίλε Φοῖβε, μεθ' Ἕκτορα χαλκοκορυστήν·
ἤδη μὲν γάρ τοι γαιήοχος ἐννοσίγαιος
οἴχεται εἰς ἅλα δῖαν, ἀλευάμενος χόλον αἰπὺν
ἡμέτερον· μάλα γάρ κε μάχης ἐπύθοντο καὶ ἄλλοι,
οἵ περ ἐνέρτεροί εἰσι θεοί, Κρόνον ἀμφὶς ἐόντες. 225
ἀλλὰ τόδ' ἠμὲν ἐμοὶ πολὺ κέρδιον ἠδέ οἱ αὐτῷ
ἔπλετο, ὅττι πάροιθε νεμεσσηθεὶς ὑπόειξε
χεῖρας ἐμάς, ἐπεὶ οὔ κεν ἀνιδρωτί γε τελέσθη.
ἀλλὰ σύ γ' ἐν χείρεσσι λάβ' αἰγίδα θυσσανόεσσαν,
τῇ μάλ' ἐπισσείων φοβέειν ἥρωας Ἀχαιούς· 230
σοὶ δ' αὐτῷ μελέτω, ἑκατηβόλε, φαίδιμος Ἕκτωρ·
τόφρα γὰρ οὖν οἱ ἔγειρε μένος μέγα, ὄφρ' ἂν Ἀχαιοὶ
φεύγοντες νῆάς τε καὶ Ἑλλήσποντον ἵκωνται.
κεῖθεν δ' αὐτὸς ἐγὼ φράσομαι ἔργον τε ἔπος τε,
ὥς κε καὶ αὖτις Ἀχαιοὶ ἀναπνεύσωσι πόνοιο." 235
Ὣς ἔφατ', οὐδ' ἄρα πατρὸς ἀνηκούστησεν Ἀπόλλων,
βῆ δὲ κατ' Ἰδαίων ὀρέων, ἴρηκι ἐοικὼς
ὠκέι φασσοφόνῳ, ὅς τ' ὤκιστος πετεηνῶν.
εὗρ' υἱὸν Πριάμοιο δαΐφρονος, Ἕκτορα δῖον,
ἥμενον, οὐδ' ἔτι κεῖτο, νέον δ' ἐσαγείρετο θυμόν, 240
ἀμφὶ ἓ γιγνώσκων ἑτάρους· ἀτὰρ ἆσθμα καὶ ἱδρὼς
παύετ', ἐπεί μιν ἔγειρε Διὸς νόος αἰγιόχοιο.
ἀγχοῦ δ' ἱστάμενος προσέφη ἑκάεργος Ἀπόλλων·
"Ἕκτορ, υἱὲ Πριάμοιο, τίη δὲ σὺ νόσφιν ἀπ' ἄλλων
ἧσ' ὀλιγηπελέων; ἦ πού τί σε κῆδος ἱκάνει;" 245
Τὸν δ' ὀλιγοδρανέων προσέφη κορυθαίολος Ἕκτωρ·
" τίς δὲ σύ ἐσσι φέριστε θεῶν, ὅς μ' εἴρεαι ἄντην;
οὐκ ἀίεις ὅ με νηυσὶν ἔπι πρύμνῃσιν Ἀχαιῶν

224 κε] τε ● f g A C D N⁴ T V³² 225 νέρτεροι f i l r A B C al. :
νέρτατοι vel ἐνέρτατοι Zen. 230 τὴν b f i n p C Mc N⁴ V¹ V¹⁵ Eust.
231-235 ath. Aristoph. Ar. 232 ὄφρ' ἂν] τόφρ' ἂν Ar. p⁵⁹ D
O⁸ U¹¹ V¹ V¹⁶ 240 ἐσαγείρετο Ar. f h l p r A N¹ al. : ἐσαγείρατο
vulg. 245 κεῖσ' ἀλλοφρονέων Arist. Met. 1009 b 30, cf. Φ 122

οὓς ἑτάρ_υς ὀλέκοντα βοὴν ἀγαθὸς βάλεν Αἴας
χερμαδίῳ πρὸς στῆθος, ἔπαυσε δὲ θούριδος ἀλκῆς;   250
καὶ δὴ ἔγωγ' ἐφάμην νέκυας καὶ δῶμ' Ἀΐδαο
ἤματι τῷδ' ἵξεσθαι, ἐπεὶ φίλον ἄιον ἦτορ."
   Τὸν δ' αὖτε προσέειπεν ἄναξ ἑκάεργος Ἀπόλλων·
" θάρσει νῦν· τοῖόν τοι ἀοσσητῆρα Κρονίων
ἐξ Ἴδης προέηκε παρεστάμεναι καὶ ἀμύνειν,   255
Φοῖβον Ἀπόλλωνα χρυσάορον, ὅς σε πάρος περ
ῥύομ', ὁμῶς αὐτόν τε καὶ αἰπεινὸν πτολίεθρον.
ἀλλ' ἄγε νῦν ἱππεῦσιν ἐπότρυνον πολέεσσι
νηυσὶν ἔπι γλαφυρῇσιν ἐλαυνέμεν ὠκέας ἵππους·
αὐτὰρ ἐγὼ προπάροιθε κιὼν ἵπποισι κέλευθον   260
πᾶσαν λειανέω, τρέψω δ' ἥρωας Ἀχαιούς."
   Ὣς εἰπὼν ἔμπνευσε μένος μέγα ποιμένι λαῶν.
ὡς δ' ὅτε τις στατὸς ἵππος, ἀκοστήσας ἐπὶ φάτνῃ,
δεσμὸν ἀπορρήξας θείῃ πεδίοιο κροαίνων,
εἰωθὼς λούεσθαι ἐϋρρεῖος ποταμοῖο,   265
κυδιόων· ὑψοῦ δὲ κάρη ἔχει, ἀμφὶ δὲ χαῖται
ὤμοις ἀΐσσονται· ὁ δ' ἀγλαΐηφι πεποιθώς,
ῥίμφα ἑ γοῦνα φέρει μετά τ' ἤθεα καὶ νομὸν ἵππων·
ὣς Ἕκτωρ λαιψηρὰ πόδας καὶ γούνατ' ἐνώμα
ὀτρύνων ἱππῆας, ἐπεὶ θεοῦ ἔκλυεν αὐδήν.   270
οἱ δ' ὥς τ' ἢ ἔλαφον κεραὸν ἢ ἄγριον αἶγα
ἐσσεύαντο κύνες τε καὶ ἀνέρες ἀγροιῶται·
τὸν μέν τ' ἠλίβατος πέτρη καὶ δάσκιος ὕλη
εἰρύσατ', οὐδ' ἄρα τέ σφι κιχήμεναι αἴσιμον ἦεν·
τῶν δέ θ' ὑπὸ ἰαχῆς ἐφάνη λὶς ἠϋγένειος   275
εἰς ὁδόν, αἶψα δὲ πάντας ἀπέτραπε καὶ μεμαῶτας·

249 ὀλέκοντα] στέλλοντα V¹ γρ. Lp P⁶   252 ἵξεσθαι Ar. M⁸ V¹⁰ :
ὑψεσθαι vulg.   253 ἑκάεργος] Διὸς υἱὸς b c f C V³²   256 περ b e g
A T V¹⁶ : γε vulg. : κε c   260 κιὼν] ἰὼν c B C L⁹ V⁶ V²⁶
265-268 ath. hic Ar. (= Z 508-511)   265 om. Zen.   269 γούνατα]
γυῖα v. l. s T   270 ὀτρυνέων v. l. s T   272 ἐσσεύαντο Ar. (καὶ
ἅπασαι), L¹⁰ N¹ O⁵ P⁶ V¹⁰ : ἐσσεύοντο vulg.   274 τε] τι v. l. ant.
O⁵ P⁶ S W³

ὡς Δαναοὶ ἦος μὲν ὁμιλαδὸν αἰὲν ἕποντο,
νύσσοντες ξίφεσίν τε καὶ ἔγχεσιν ἀμφιγύοισιν·
αὐτὰρ ἐπεὶ ἴδον Ἕκτορ' ἐποιχόμενον στίχας ἀνδρῶν,
τάρβησαν, πᾶσιν δὲ παραὶ ποσὶ κάππεσε θυμός.   280
Τοῖσι δ' ἔπειτ' ἀγόρευε Θόας, Ἀνδραίμονος υἱός,
Αἰτωλῶν ὄχ' ἄριστος, ἐπιστάμενος μὲν ἄκοντι,
ἐσθλὸς δ' ἐν σταδίῃ· ἀγορῇ δέ ἑ παῦροι Ἀχαιῶν
νίκων, ὁππότε κοῦροι ἐρίσσειαν περὶ μύθων·
ὅ σφιν ἐϋφρονέων ἀγορήσατο καὶ μετέειπεν·   285
" ὦ πόποι, ἦ μέγα θαῦμα τόδ' ὀφθαλμοῖσιν ὁρῶμαι,
οἷον δὴ αὖτ' ἐξαῦτις ἀνέστη κῆρας ἀλύξας
Ἕκτωρ· ἦ θήν μιν μάλα ἔλπετο θυμὸς ἑκάστου
χερσὶν ὑπ' Αἴαντος θανέειν Τελαμωνιάδαο.
ἀλλά τις αὖτε θεῶν ἐρρύσατο καὶ ἐσάωσεν   290
Ἕκτορ', ὃ δὴ πολλῶν Δαναῶν ὑπὸ γούνατ' ἔλυσεν,
ὡς καὶ νῦν ἔσσεσθαι ὀΐομαι· οὐ γὰρ ἄτερ γε
Ζηνὸς ἐριγδούπου πρόμος ἵσταται ὧδε μενοινῶν.
ἀλλ' ἄγεθ', ὡς ἂν ἐγὼν εἴπω, πειθώμεθα πάντες.
πληθὺν μὲν ποτὶ νῆας ἀνώξομεν ἀπονέεσθαι·   295
αὐτοὶ δ', ὅσσοι ἄριστοι ἐνὶ στρατῷ εὐχόμεθ' εἶναι,
στήομεν, εἴ κεν πρῶτον ἐρύξομεν ἀντιάσαντες,
δούρατ' ἀνασχόμενοι· τὸν δ' οἴω καὶ μεμαῶτα
θυμῷ δείσεσθαι Δαναῶν καταδῦναι ὅμιλον."
Ὣς ἔφαθ', οἱ δ' ἄρα τοῦ μάλα μὲν κλύον ἠδ' ἐπίθοντο·
οἱ μὲν ἄρ' ἀμφ' Αἴαντα καὶ Ἰδομενῆα ἄνακτα,   301
Τεῦκρον Μηριόνην τε Μέγην τ', ἀτάλαντον Ἄρηϊ,
ὑσμίνην ἤρτυνον, ἀριστῆας καλέσαντες,
Ἕκτορι καὶ Τρώεσσιν ἐναντίον· αὐτὰρ ὀπίσσω
ἡ πληθὺς ἐπὶ νῆας Ἀχαιῶν ἀπονέοντο.   305
Τρῶες δὲ προὔτυψαν ἀολλέες, ἦρχε δ' ἄρ' Ἕκτωρ
μακρὰ βιβάς· πρόσθεν δὲ κί' αὐτοῦ Φοῖβος Ἀπόλλων

277 ἦος] τείως Zen. : εἵως codd.   279 ἐπεσσύμενον i   297 εἴ]
ὣς p A γρ V²⁵   301 Αἴαντε Zen. Aristoph. b e f g h A ss. T V³² Eust.
307 βιβάς Ar. (uv.), vulg.: βιβῶν a d h k r p⁹³ Ge N⁴ βοῶν Zen.

εἱμένος ὤμοιιν νεφέλην, ἔχε δ' αἰγίδα θοῦριν,
δεινὴν ἀμφιδάσειαν ἀριπρεπέ', ἣν ἄρα χαλκεὺς
Ἥφαιστος Διὶ δῶκε φορήμεναι ἐς φόβον ἀνδρῶν·   310
τὴν ἄρ' ὅ γ' ἐν χείρεσσιν ἔχων ἡγήσατο λαῶν.
Ἀργεῖοι δ' ὑπέμειναν ἀολλέες, ὦρτο δ' ἀϋτὴ
ὀξεῖ'· ἀμφοτέρωθεν, ἀπὸ νευρῆφι δ' ὀϊστοὶ
θρῷσκον· πολλὰ δὲ δοῦρα θρασειάων ἀπὸ χειρῶν
ἄλλα μὲν ἐν χροῒ πήγνυτ' ἀρηϊθόων αἰζηῶν,   315
πολλὰ δὲ καὶ μεσσηγύ, πάρος χρόα λευκὸν ἐπαυρεῖν
ἐν γαίῃ ἵσταντο λιλαιόμενα χροὸς ἆσαι.
ὄφρα μὲν αἰγίδα χερσὶν ἔχ' ἀτρέμα Φοῖβος Ἀπόλλων,
τόφρα μάλ' ἀμφοτέρων βέλε' ἥπτετο, πῖπτε δὲ λαός.
αὐτὰρ ἐπεὶ κατ' ἐνῶπα ἰδὼν Δαναῶν ταχυπώλων   320
σεῖσ', ἐπὶ δ' αὐτὸς ἄϋσε μάλα μέγα, τοῖσι δὲ θυμὸν
ἐν στήθεσσιν ἔθελξε, λάθοντο δὲ θούριδος ἀλκῆς.
οἱ δ' ὥς τ' ἠὲ βοῶν ἀγέλην ἢ πῶϋ μέγ' οἰῶν
θῆρε δύω κλονέωσι μελαίνης νυκτὸς ἀμολγῷ,
ἐλθόντ' ἐξαπίνης σημάντορος οὐ παρεόντος,   325
ὣς ἐφόβηθεν Ἀχαιοὶ ἀνάλκιδες· ἐν γὰρ Ἀπόλλων
ἧκε φόβον, Τρωσὶν δὲ καὶ Ἕκτορι κῦδος ὄπαζεν.
Ἔνθα δ' ἀνὴρ ἕλεν ἄνδρα κεδασθείσης ὑσμίνης.
Ἕκτωρ μὲν Στιχίον τε καὶ Ἀρκεσίλαον ἔπεφνε,
τὸν μὲν Βοιωτῶν ἡγήτορα χαλκοχιτώνων,   330
τὸν δὲ Μενεσθῆος μεγαθύμου πιστὸν ἑταῖρον·
Αἰνείας δὲ Μέδοντα καὶ Ἴασον ἐξενάριξεν.
ἤτοι ὁ μὲν νόθος υἱὸς Ὀϊλῆος θείοιο
ἔσκε Μέδων, Αἴαντος ἀδελφεός· αὐτὰρ ἔναιεν
ἐν Φυλάκῃ γαίης ἄπο πατρίδος, ἄνδρα κατακτάς,   335
γνωτὸν μητρυιῆς Ἐριώπιδος, ἣν ἔχ' Ὀϊλεύς·
Ἴασος αὖτ' ἀρχὸς μὲν Ἀθηναίων ἐτέτυκτο,

308 ἀσπίδα a d L¹⁸ Mc V³² v. l. Eust.   316 λευκὸν] καλὸν f q r :
χαλκὸν d L⁵ V¹³   322 φόβον δ' ἐμνήσαθ' ἕκαστος cit. Galen. de plac.
Hipp. et Plat. iii. 115   327 ἧκε] θῆκε 1   330 καρτεροθύμων
M⁸ N⁴ V¹⁶ V¹² V¹⁸ v. l. in A: -ον p⁵⁹ Le¹   336 ὁ Ἰλεύς Zen. D P²¹ U²

υἱὸς δὲ Σφήλοιο καλέσκετο Βουκολίδαο.
Μηκιστῆ δ' ἕλε Πουλυδάμας, Ἐχίον δὲ Πολίτης
πρώτη ἐν ὑσμίνη, Κλονίον δ' ἕλε δῖος Ἀγήνωρ.   340
Δηΐοχον δὲ Πάρις βάλε νείατον ὦμον ὄπισθε
φεύγοντ' ἐν προμάχοισι, διαπρὸ δὲ χαλκὸν ἔλασσεν.
   Ὄφρ' οἱ τοὺς ἐνάριζον ἀπ' ἔντεα, τόφρα δ' Ἀχαιοὶ
τάφρῳ καὶ σκολόπεσσιν ἐνιπλήξαντες ὀρυκτῇ
ἔνθα καὶ ἔνθα φέβοντο, δύοντο δὲ τεῖχος ἀνάγκη.   345
Ἕκτωρ δὲ Τρώεσσιν ἐκέκλετο μακρὸν ἀΰσας·
" νηυσὶν ἐπισσεύεσθαι, ἐᾶν δ' ἔναρα βροτόεντα·
ὃν δ' ἂν ἐγὼν ἀπάνευθε νεῶν ἑτέρωθι νοήσω,
αὐτοῦ οἱ θάνατον μητίσομαι, οὐδέ νυ τόν γε
γνωτοί τε γνωταί τε πυρὸς λελάχωσι θανόντα,   350
ἀλλὰ κύνες ἐρύουσι πρὸ ἄστεος ἡμετέροιο."
   Ὣς εἰπὼν μάστιγι κατωμαδὸν ἤλασεν ἵππους,
κεκλόμενος Τρώεσσι κατὰ στίχας· οἱ δὲ σὺν αὐτῷ
πάντες ὁμοκλήσαντες ἔχον ἐρυσάρματας ἵππους
ἠχῇ θεσπεσίῃ· προπάροιθε δὲ Φοῖβος Ἀπόλλων   355
ῥεῖ' ὄχθας καπέτοιο βαθείης ποσσὶν ἐρείπων
ἐς μέσσον κατέβαλλε, γεφύρωσεν δὲ κέλευθον
μακρὴν ἠδ' εὐρεῖαν, ὅσον τ' ἐπὶ δουρὸς ἐρωὴ
γίγνεται, ὁππότ' ἀνὴρ σθένεος πειρώμενος ᾗσι.
τῇ ῥ' οἵ γε προχέοντο φαλαγγηδόν, πρὸ δ' Ἀπόλλων·   360
αἰγίδ' ἔχων ἐρίτιμον· ἔρειπε δὲ τεῖχος Ἀχαιῶν
ῥεῖα μάλ', ὡς ὅτε τις ψάμαθον παῖς ἄγχι θαλάσσης,
ὅς τ' ἐπεὶ οὖν ποιήσῃ ἀθύρματα νηπιέῃσιν,
ἂψ αὖτις συνέχευε ποσὶν καὶ χερσὶν ἀθύρων.
ὣς ῥα σύ, ἤϊε Φοῖβε, πολὺν κάματον καὶ ὀϊζὺν   365
σύγχεας Ἀργείων, αὐτοῖσι δὲ φύζαν ἐνῶρσας.
   Ὣς οἱ μὲν παρὰ νηυσὶν ἐρητύοντο μένοντες,
ἀλλήλοισί τε κεκλόμενοι καὶ πᾶσι θεοῖσι

342 ἐν πυμάτοισι v. l. ant.   347 ἐπισσεύεσθον Zen.   348 ἑτέ-
ρωθι] ἐθέλοντα cit. Plut. vit. Hom. ii. 197, Rhet. Gr. i. 276. 18, Ge N⁴
V¹² V¹⁶ V¹⁸   353 κατὰ b h : ἐπὶ vulg.   354 ἐχοντ p⁵⁹   356 χερσὶν
Zen.

χεῖρας ἀνίσχοντες μεγάλ' εὐχετόωντο ἕκαστος·
Νέστωρ αὖτε μάλιστα Γερήνιος, οὖρος Ἀχαιῶν,   370
εὔχετο, χεῖρ' ὀρέγων εἰς οὐρανὸν ἀστερόεντα·
" Ζεῦ πάτερ, εἴ ποτέ τίς τοι ἐν Ἄργεϊ περ πολυπύρῳ
ἢ βοὸς ἢ οἰὸς κατὰ πίονα μηρία καίων
εὔχετο νοστῆσαι, σὺ δ' ὑπέσχεο καὶ κατένευσας,
τῶν μνῆσαι καὶ ἄμυνον, Ὀλύμπιε, νηλεὲς ἦμαρ,   375
μηδ' οὕτω Τρώεσσιν ἔα δάμνασθαι Ἀχαιούς."
Ὣς ἔφατ' εὐχόμενος, μέγα δ' ἔκτυπε μητίετα Ζεύς,
ἀράων ἀΐων Νηληϊάδαο γέροντος.
Τρῶες δ' ὡς ἐπύθοντο Διὸς κτύπον αἰγιόχοιο,
μᾶλλον ἐπ' Ἀργείοισι θόρον, μνήσαντο δὲ χάρμης.   380
οἱ δ' ὥς τε μέγα κῦμα θαλάσσης εὐρυπόροιο
νηὸς ὑπὲρ τοίχων καταβήσεται, ὁππότ' ἐπείγῃ
ἲς ἀνέμου· ἡ γάρ τε μάλιστά γε κύματ' ὀφέλλει·
ὣς Τρῶες μεγάλῃ ἰαχῇ κατὰ τεῖχος ἔβαινον,
ἵππους δ' εἰσελάσαντες ἐπὶ πρύμνῃσι μάχοντο   385
ἔγχεσιν ἀμφιγύοις αὐτοσχεδόν, οἱ μὲν ἀφ' ἵππων,
οἱ δ' ἀπὸ νηῶν ὕψι μελαινάων ἐπιβάντες
μακροῖσι ξυστοῖσι, τά ῥά σφ' ἐπὶ νηυσὶν ἔκειτο
ναύμαχα κολλήεντα, κατὰ στόμα εἱμένα χαλκῷ.
Πάτροκλος δ' ἧος μὲν Ἀχαιοί τε Τρῶές τε   390
τείχεος ἀμφεμάχοντο θοάων ἔκτοθι νηῶν,
τόφρ' ὅ γ' ἐνὶ κλισίῃ ἀγαπήνορος Εὐρυπύλοιο
ἧστό τε καὶ τὸν ἔτερπε λόγοις, ἐπὶ δ' ἕλκεϊ λυγρῷ
φάρμακ' ἀκέσματ' ἔπασσε μελαινάων ὀδυνάων.
αὐτὰρ ἐπεὶ δὴ τεῖχος ἐπεσσυμένους ἐνόησε   395
Τρῶας, ἀτὰρ Δαναῶν γένετο ἰαχή τε φόβος τε,
ᾤμωξέν τ' ἄρ' ἔπειτα καὶ ὣ πεπλήγετο μηρὼ
χερσὶ καταπρηνέσσ', ὀλοφυρόμενος δ' ἔπος ηὔδα·

377 ἔκλυε Zen. V¹   379 κτύπον] νόον ● g V⁵ V¹⁴   389 χαλκόν
p¹ r N¹   393 λόγοις] λούων v. l. s T (λόων Nauck)   394 ἀκέσματ'
ét ἀκήματ' Ar. (διχῶς): ἀκέσμ- Lp : ἀκήματ' cet. (ἀκήσμ- D)
398 καταπρανέεσσ' ● f   δ' ἔπος ηὔδα Ar. ● h l p A al.: δὲ προσηύδα
vulg.

" Εὐρύπυλ', οὐκέτι τοι δύναμαι χατέοντί περ' ἔμπης
ἐνθάδε παρμενέμεν· δὴ γὰρ μέγα νεῖκος ὄρωρεν·   400
ἀλλὰ σὲ μὲν θεράπων ποτιτερπέτω, αὐτὰρ ἔγωγε
σπεύσομαι εἰς Ἀχιλῆα, ἵν' ὀτρύνω πολεμίζειν.
τίς δ' οἶδ' εἴ κέν οἱ σὺν δαίμονι θυμὸν ὀρίνω
παρειπών· ἀγαθὴ δὲ παραίφασίς ἐστιν ἑταίρου."
    Τὸν μὲν ἄρ' ὣς εἰπόντα πόδες φέρον· αὐτὰρ Ἀχαιοὶ
Τρῶας ἐπερχομένους μένον ἔμπεδον, οὐδὲ δύναντο   406
παυροτέρους περ ἐόντας ἀπώσασθαι παρὰ νηῶν·
οὐδέ ποτε Τρῶες Δαναῶν ἐδύναντο φάλαγγας
ῥηξάμενοι κλισίῃσι μιγήμεναι ἠδὲ νέεσσιν.
ἀλλ' ὥς τε στάθμη δόρυ νήϊον ἐξιθύνει   410
τέκτονος ἐν παλάμῃσι δαήμονος, ὅς ῥά τε πάσης
εὖ εἰδῇ σοφίης ὑποθημοσύνῃσιν Ἀθήνης,
ὣς μὲν τῶν ἐπὶ ἶσα μάχη τέτατο πτόλεμός τε·
ἄλλοι δ' ἀμφ' ἄλλῃσι μάχην ἐμάχοντο νέεσσιν,
Ἕκτωρ δ' ἄντ' Αἴαντος ἐείσατο κυδαλίμοιο.   415
τὼ δὲ μιῆς περὶ νηὸς ἔχον πόνον, οὐδὲ δύναντο
οὔθ' ὁ τὸν ἐξελάσαι καὶ ἐνιπρῆσαι πυρὶ νῆα
οὔθ' ὁ τὸν ἂψ ὤσασθαι, ἐπεί ῥ' ἐπέλασσέ γε δαίμων.
ἔνθ' υἷα Κλυτίοιο Καλήτορα φαίδιμος Αἴας,
πῦρ ἐς νῆα φέροντα, κατὰ στῆθος βάλε δουρί·   420
δούπησεν δὲ πεσών, δαλὸς δέ οἱ ἔκπεσε χειρός.
Ἕκτωρ δ' ὡς ἐνόησεν ἀνεψιὸν ὀφθαλμοῖσιν
ἐν κονίῃσι πεσόντα νεὸς προπάροιθε μελαίνης,
Τρωσί τε καὶ Λυκίοισιν ἐκέκλετο μακρὸν ἀΰσας·
" Τρῶες καὶ Λύκιοι καὶ Δάρδανοι ἀγχιμαχηταί,   425
μὴ δή πω χάζεσθε μάχης ἐν στείνεϊ τῷδε,
ἀλλ' υἷα Κλυτίοιο σαώσατε, μή μιν Ἀχαιοὶ
τεύχεα συλήσωσι νεῶν ἐν ἀγῶνι πεσόντα."
    Ὣς εἰπὼν Αἴαντος ἀκόντισε δουρὶ φαεινῷ.

407 ἀμύνεσθαι f r   409 ἠδὲ M¹² V¹⁸ al., v. l. in A et ap. Eust.:
ἠὲ M⁸ Mc O² : οὐδὲ vulg.   417 νῆα Ar. b P¹³ V¹ V¹⁶ V³² : νῆας v. l.
ant., vulg.

τοῦ μὲν ἅμαρθ', ὁ δ' ἔπειτα Λυκόφρονα, Μάστορος υἱόν,
Αἴαντος θεράποντα Κυθήριον, ὅς ῥα παρ' αὐτῷ   431
ναῖ', ἐπεὶ ἄνδρα κατέκτα Κυθήροισι ζαθέοισι,
τόν ῥ' ἔβαλεν κεφαλὴν ὑπὲρ οὔατος ὀξέϊ χαλκῷ,
ἑσταότ' ἄγχ' Αἴαντος· ὁ δ' ὕπτιος ἐν κονίῃσι
νηὸς ἄπο πρύμνης χαμάδις πέσε, λύντο δὲ γυῖα.   435
Αἴας δὲ ῥίγησε, κασίγνητον δὲ προσηύδα·
" Τεῦκρε πέπον, δὴ νῶϊν ἀπέκτατο πιστὸς ἑταῖρος
Μαστορίδης, ὃν νῶϊ Κυθηρόθεν ἔνδον ἐόντα
ἶσα φίλοισι τοκεῦσιν ἐτίομεν ἐν μεγάροισι·
τὸν δ' Ἕκτωρ μεγάθυμος ἀπέκτανε. ποῦ νύ τοι ἰοὶ   440
ὠκύμοροι καὶ τόξον, ὅ τοι πόρε Φοῖβος Ἀπόλλων;"
' Ὣς φάθ', ὁ δὲ ξυνέηκε, θέων δέ οἱ ἄγχι παρέστη,
τόξον ἔχων ἐν χειρὶ παλίντονον ἠδὲ φαρέτρην
ἰοδόκον· μάλα δ' ὦκα βέλεα Τρώεσσιν ἐφίει.
καί ῥ' ἔβαλε Κλεῖτον, Πεισήνορος ἀγλαὸν υἱόν,   445
Πουλυδάμαντος ἑταῖρον, ἀγαυοῦ Πανθοΐδαο,
ἡνία χερσὶν ἔχοντα· ὁ μὲν πεπόνητο καθ' ἵππους·
τῇ γὰρ ἔχ' ᾗ ῥα πολὺ πλεῖσται κλονέοντο φάλαγγες,
Ἕκτορι καὶ Τρώεσσι χαριζόμενος· τάχα δ' αὐτῷ
ἦλθε κακόν, τό οἱ οὔ τις ἐρύκακεν ἱεμένων περ.   450
αὐχένι γάρ οἱ ὄπισθε πολύστονος ἔμπεσεν ἰός·
ἤριπε δ' ἐξ ὀχέων, ὑπερώησαν δέ οἱ ἵπποι
κείν' ὄχεα κροτέοντες. ἄναξ δ' ἐνόησε τάχιστα
Πουλυδάμας, καὶ πρῶτος ἐναντίος ἤλυθεν ἵππων.
τοὺς μὲν ὅ γ' Ἀστυνόῳ Προτιάονος υἱέϊ δῶκε,   455
πολλὰ δ' ἐπότρυνε σχεδὸν ἴσχειν εἰσορόωντα
ἵππους· αὐτὸς δ' αὖτις ἰὼν προμάχοισιν ἐμίχθη.
Τεῦκρος δ' ἄλλον ὀϊστὸν ἐφ' Ἕκτορι χαλκοκορυστῇ
αἴνυτο, καί κεν ἔπαυσε μάχης ἐπὶ νηυσὶν Ἀχαιῶν,

439 τέκεσσιν Zen. O⁸   444 βέλη e V⁴ V²⁷   449-451 ath. Ar.
450 ἱεμένων et ἱεμένῳ Ar. (διχῶς): ἱεμένων b d i p A D T : ἱεμένῳ vulg.
451 ὄπισθε] πρόσθε Aristoph.   457 αὐτὸς δ' αὖτ' ἐξαῦτις i
459 μάχην Aristoph. d f o N⁴ V¹ V¹³

εἴ μιν ἀριστεύοντα βαλὼν ἐξείλετο θυμόν.　　　460
ἀλλ' οὐ λῆθε Διὸς πυκινὸν νόον, ὅς ῥ' ἐφύλασσεν
Ἕκτορ', ἀτὰρ Τεῦκρον Τελαμώνιον εὖχος ἀπηύρα,
ὅς οἱ ἐϋστρεφέα νευρὴν ἐν ἀμύμονι τόξῳ
ῥῆξ' ἐπὶ τῷ ἐρύοντι· παρεπλάγχθη δέ οἱ ἄλλῃ
ἰὸς χαλκοβαρής, τόξον δέ οἱ ἔκπεσε χειρός.　　　465
Τεῦκρος δ' ἐρρίγησε, κασίγνητον δὲ προσηύδα·
" ὢ πόποι, ἦ δὴ πάγχυ μάχης ἐπὶ μήδεα κείρει
δαίμων ἡμετέρης, ὅ τέ μοι βιὸν ἔκβαλε χειρός,
νευρὴν δ' ἐξέρρηξε νεόστροφον, ἣν ἐνέδησα
πρώϊον, ὄφρ' ἀνέχοιτο θαμὰ θρῴσκοντας ὀϊστούς."　　　470
Τὸν δ' ἠμείβετ' ἔπειτα μέγας Τελαμώνιος Αἴας·
" ὢ πέπον, ἀλλὰ βιὸν μὲν ἔα καὶ ταρφέας ἰοὺς
κεῖσθαι, ἐπεὶ συνέχευε θεὸς Δαναοῖσι μεγήρας·
αὐτὰρ χερσὶν ἑλὼν δολιχὸν δόρυ καὶ σάκος ὤμῳ
μάρναό τε Τρώεσσι καὶ ἄλλους ὄρνυθι λαούς.　　　475
μὴ μὰν ἀσπουδί γε δαμασσάμενοί περ ἕλοιεν
νῆας ἐϋσσέλμους, ἀλλὰ μνησώμεθα χάρμης."
Ὣς φάθ', ὁ δ' αὖ τόξον μὲν ἐνὶ κλισίῃσιν ἔθηκεν,
αὐτὰρ ὅ γ' ἀμφ' ὤμοισι σάκος θέτο τετραθέλυμνον,
κρατὶ δ' ἐπ' ἰφθίμῳ κυνέην εὔτυκτον ἔθηκεν　　　480
ἵππουριν, δεινὸν δὲ λόφος καθύπερθεν ἔνευεν·
εἵλετο δ' ἄλκιμον ἔγχος, ἀκαχμένον ὀξέϊ χαλκῷ,
βῆ δ' ἰέναι, μάλα δ' ὦκα θέων Αἴαντι παρέστη.
Ἕκτωρ δ' ὡς εἶδεν Τεύκρου βλαφθέντα βέλεμνα,
Τρωσί τε καὶ Λυκίοισιν ἐκέκλετο μακρὸν ἀΰσας·　　　485
" Τρῶες καὶ Λύκιοι καὶ Δάρδανοι ἀγχιμαχηταί,
ἀνέρες ἔστε, φίλοι, μνήσασθε δὲ θούριδος ἀλκῆς
νῆας ἀνὰ γλαφυράς· δὴ γὰρ ἴδον ὀφθαλμοῖσιν
ἀνδρὸς ἀριστῆος Διόθεν βλαφθέντα βέλεμνα.
ῥεῖα δ' ἀρίγνωτος Διὸς ἀνδράσι γίγνεται ἀλκή,　　　490

467 ὢ πέπον Mᵇ V¹ Viᵇ, v. l. in A　　469 ἐΰστροφον v. l. ant., ♭ N¹ V⁴
V²⁷ V³²　　470 πρώϊον et πρῴην Ar. (διχῶς) : πρῴην Zen. V³² : πρώϊον
vulg.　　481 om. vulg. : hab. f r B C D L² U¹ᵇ V²⁰

ἠμὲν ὁτέοισιν κῦδος ὑπέρτερον ἐγγυαλίξῃ,
ἠδ' ὅτινας μινύθῃ τε καὶ οὐκ ἐθέλῃσιν ἀμύνειν,
ὡς νῦν Ἀργείων μινύθει μένος, ἄμμι δ' ἀρήγει.
ἀλλὰ μάχεσθ' ἐπὶ νηυσὶν ἀολλέες· ὃς δέ κεν ὑμέων
βλήμενος ἠὲ τυπεὶς θάνατον καὶ πότμον ἐπίσπῃ,   495
τεθνάτω· οὔ οἱ ἀεικὲς ἀμυνομένῳ περὶ πάτρης
τεθνάμεν· ἀλλ' ἄλοχός τε σόη καὶ παῖδες ὀπίσσω,
καὶ οἶκος καὶ κλῆρος ἀκήρατος, εἴ κεν Ἀχαιοὶ
οἴχωνται σὺν νηυσὶ φίλην ἐς πατρίδα γαῖαν."
    Ὣς εἰπὼν ὤτρυνε μένος καὶ θυμὸν ἑκάστου.   500
Αἴας δ' αὖθ' ἑτέρωθεν ἐκέκλετο οἷς ἑτάροισιν·
" αἰδώς, Ἀργεῖοι· νῦν ἄρκιον ἢ ἀπολέσθαι
ἠὲ σαωθῆναι καὶ ἀπώσασθαι κακὰ νηῶν.
ἢ ἔλπεσθ', ἢν νῆας ἕλῃ κορυθαίολος Ἕκτωρ,
ἐμβαδὸν ἵξεσθαι ἣν πατρίδα γαῖαν ἕκαστος;   505
ἦ οὐκ ὀτρύνοντος ἀκούετε λαὸν ἅπαντα
Ἕκτορος, ὃς δὴ νῆας ἐνιπρῆσαι μενεαίνει;
οὐ μὰν ἔς γε χορὸν κέλετ' ἐλθέμεν, ἀλλὰ μάχεσθαι.
ἡμῖν δ' οὔ τις τοῦδε νόος καὶ μῆτις ἀμείνων,
ἢ αὐτοσχεδίῃ μεῖξαι χεῖράς τε μένος τε.   510
βέλτερον, ἢ ἀπολέσθαι ἕνα χρόνον ἠὲ βιῶναι,
ἢ δηθὰ στρεύγεσθαι ἐν αἰνῇ δηϊοτῆτι
ὧδ' αὔτως παρὰ νηυσὶν ὑπ' ἀνδράσι χειροτέροισιν."
    Ὣς εἰπὼν ὤτρυνε μένος καὶ θυμὸν ἑκάστου.
ἔνθ' Ἕκτωρ μὲν ἕλε Σχεδίον, Περιμήδεος υἱόν,   515
ἀρχὸν Φωκήων, Αἴας δ' ἕλε Λαοδάμαντα
ἡγεμόνα πρυλέων, Ἀντήνορος ἀγλαὸν υἱόν·
Πουλυδάμας δ' Ὦτον Κυλλήνιον ἐξενάριξε,
Φυλείδεω ἕταρον, μεγαθύμων ἀρχὸν Ἐπειῶν.

492 μινύθῃσι καὶ Apoll. de coni. 502. 20, p⁹ p⁵⁹ i V¹⁶   494 ἀολλέες]
διαμπερές Lycurg. Leocr. 103   497 καὶ νήπια τέκνα | καὶ κλῆρος καὶ
οἶκος ἀκήρατος εἴ κεν Ἀχαιοὶ | ἴκωνται Lycurg. l. c.   506 ἀΐετε Bm⁶
    510 αὐτοσχεδίην v. l. ant., i 1 V¹¹ V¹⁶   513 αὔτως Ar. vulg. :
αὖτις U² U⁴   ὑπ'] ἐν L⁶ V¹⁰ v. l. ap. Eust.   παυροτέροισι Mᵇ U¹⁰
U¹¹ v. l. ap. Eust.   516 Φωκήων] Ἀθηναίων v. l. ant.   519 φυλιέως
Strabo 456

τῷ δὲ Μέγης ἐπόρουσεν ἰδών· ὁ δ' ὕπαιθα λιάσθη   520
Πουλυδάμας· καὶ τοῦ μὲν ἀπήμβροτεν· οὐ γὰρ Ἀπόλλων
εἴα Πάνθου υἱὸν ἐνὶ προμάχοισι δαμῆναι·
αὐτὰρ ὅ γε Κροίσμου στῆθος μέσον οὖτασε δουρί.
δούπησεν δὲ πεσών· ὁ δ' ἀπ' ὤμων τεύχε' ἐσύλα.
τόφρα δὲ τῷ ἐπόρουσε Δόλοψ, αἰχμῆς ἐὺ εἰδώς,   525
Λαμπετίδης, ὃν Λάμπος ἐγείνατο φέρτατον υἱόν,
Λαομεδοντιάδης, εὖ εἰδότα θούριδος ἀλκῆς,
ὃς τότε Φυλείδαο μέσον σάκος οὖτασε δουρὶ
ἐγγύθεν ὁρμηθείς· πυκινὸς δέ οἱ ἤρκεσε θώρηξ,
τόν ῥ' ἐφόρει γυάλοισιν ἀρηρότα· τόν ποτε Φυλεὺς   530
ἤγαγεν ἐξ Ἐφύρης, ποταμοῦ ἄπο Σελλήεντος.
ξεῖνος γάρ οἱ ἔδωκεν ἄναξ ἀνδρῶν Εὐφήτης
ἐς πόλεμον φορέειν, δηΐων ἀνδρῶν ἀλεωρήν·
ὅς οἱ καὶ τότε παιδὸς ἀπὸ χροὸς ἤρκεσ' ὄλεθρον.
τοῦ δὲ Μέγης κόρυθος χαλκήρεος ἱπποδασείης   535
κύμβαχον ἀκρότατον νύξ' ἔγχεϊ ὀξυόεντι,
ῥῆξε δ' ἀφ' ἵππειον λόφον αὐτοῦ· πᾶς δὲ χαμᾶζε
κάππεσεν ἐν κονίῃσι, νέον φοίνικι φαεινός.
ἦος ὁ τῷ πολέμιζε μένων, ἔτι δ' ἔλπετο νίκην,
τόφρα δέ οἱ Μενέλαος ἀρήϊος ἦλθεν ἀμύντωρ,   540
στῆ δ' εὐρὰξ σὺν δουρὶ λαθών, βάλε δ' ὦμον ὄπισθεν·
αἰχμὴ δὲ στέρνοιο διέσσυτο μαιμώωσα,
πρόσσω ἱεμένη· ὁ δ' ἄρα πρηνὴς ἐλιάσθη.
τὼ μὲν ἐεισάσθην χαλκήρεα τεύχε' ἀπ' ὤμων
συλήσειν· Ἕκτωρ δὲ κασιγνήτοισι κέλευσε   545
πᾶσι μάλα, πρῶτον δ' Ἱκεταονίδην ἐνένιπεν,
ἴφθιμον Μελάνιππον. ὁ δ' ὄφρα μὲν εἰλίποδας βοῦς
βόσκ' ἐν Περκώτῃ, δηΐων ἀπονόσφιν ἐόντων·
αὐτὰρ ἐπεὶ Δαναῶν νέες ἤλυθον ἀμφιέλισσαι,

522 πανθόου q   μιγῆναι h l V³   526 φέρτατον υἱόν p b c f h i p
A B C V¹ V³² : φέρτατον ἀνδρῶν g l Ge N¹ N⁴ : φέρτατος ἀνδρῶν vulg.
531 ἤγάγετ' v. l. ant.   534 ἤρκει d f h i n o r p⁵⁹   540 ἦλθ'
ἐπαμύντωρ v. l. in A, P⁷ Q⁴   543 ἱεμένῳ i p⁵⁹   545 κέλευε p⁹ L¹⁸
M⁸ V⁶ V¹¹ : μετηύδα V¹

ἂψ εἰς Ἴλιον ἦλθε, μετέπρεπε δὲ Τρώεσσι,　　　　550
ναῖε δὲ πὰρ Πριάμῳ, ὁ δέ μιν τίεν ἶσα τέκεσσι·
τόν ῥ' Ἕκτωρ ἐνένιπεν ἔπος τ' ἔφατ' ἔκ τ' ὀνόμαζεν·
" οὕτω δή, Μελάνιππε, μεθήσομεν; οὐδέ νυ σοί περ
ἐντρέπεται φίλον ἦτορ ἀνεψιοῦ κταμένοιο;
οὐχ ὁράᾳς οἷον Δόλοπος περὶ τεύχε' ἕπουσιν;　　　　555
ἀλλ' ἕπευ· οὐ γὰρ ἔτ' ἔστιν ἀποσταδὸν Ἀργείοισι
μάρνασθαι, πρίν γ' ἠὲ κατακτάμεν ἠὲ κατ' ἄκρης
Ἴλιον αἰπεινὴν ἑλέειν κτάσθαι τε πολίτας."
　Ὣς εἰπὼν ὁ μὲν ἦρχ', ὁ δ' ἅμ' ἕσπετο ἰσόθεος φώς·
Ἀργείους δ' ὄτρυνε μέγας Τελαμώνιος Αἴας·　　　　560
" ὦ φίλοι, ἀνέρες ἔστε, καὶ αἰδῶ θέσθ' ἐνὶ θυμῷ,
ἀλλήλους τ' αἰδεῖσθε κατὰ κρατερὰς ὑσμίνας.
αἰδομένων δ' ἀνδρῶν πλέονες σόοι ἠὲ πέφανται·
φευγόντων δ' οὔτ' ἂρ κλέος ὄρνυται οὔτε τις ἀλκή."
　Ὣς ἔφαθ', οἱ δὲ καὶ αὐτοὶ ἀλέξασθαι μενέαινον,　　　　565
ἐν θυμῷ δ' ἐβάλοντο ἔπος, φράξαντο δὲ νῆας
ἕρκεϊ χαλκείῳ· ἐπὶ δὲ Ζεὺς Τρῶας ἔγειρεν.
Ἀντίλοχον δ' ὄτρυνε βοὴν ἀγαθὸς Μενέλαος·
" Ἀντίλοχ', οὔ τις σεῖο νεώτερος ἄλλος Ἀχαιῶν,
οὔτε ποσὶν θάσσων οὔτ' ἄλκιμος ὡς σὺ μάχεσθαι·　　　　570
εἴ τινά που Τρώων ἐξάλμενος ἄνδρα βάλοισθα."
　Ὣς εἰπὼν ὁ μὲν αὖτις ἀπέσσυτο, τὸν δ' ὀρόθυνεν·
ἐκ δ' ἔθορε προμάχων, καὶ ἀκόντισε δουρὶ φαεινῷ
ἀμφὶ ἓ παπτήνας· ὑπὸ δὲ Τρῶες κεκάδοντο
ἀνδρὸς ἀκοντίσσαντος· ὁ δ' οὐχ ἅλιον βέλος ἧκεν,　　　　575
ἀλλ' Ἱκετάονος υἱόν, ὑπέρθυμον Μελάνιππον,
νισόμενον πόλεμόνδε βάλε στῆθος παρὰ μαζόν.
δούπησεν δὲ πεσών, τὸν δὲ σκότος ὄσσε κάλυψεν.

562 om. b g 𝔭⁴⁸ 𝔭⁵⁰　　563 δ' om. Ar. d N⁴ U² U⁶ V¹　　564 δ' οὔτ'
ἂρ] ου γαρ 𝔭⁴⁸　　567 ἕρκεϊ] ἔγχεϊ f 𝔭 A B C V¹ V¹² V²⁰　　570 οὐδὲ
... οὐδ' h r V¹ V³² : οὔτε ... οὐδ' f V²⁰　　ὡς σὺ μάχεσθαι] εἰσοράασθαι
L⁴ M⁷ P¹³ U¹⁰　　572 ἀπέστιχε h r　　578 om. o 𝔭⁵⁰ L¹⁹ V¹ V¹⁰ V³²
　τὸν δὲ σκότος ὄσσε κάλυψεν f l 𝔭 r A B C N⁴ : ἀράβησε δὲ τεύχε' ἐπ'
αὐτῷ vulg.

Ἀντίλοχος δ' ἐπόρουσε κύων ὥς, ὅς τ' ἐπὶ νεβρῷ
βλημένῳ ἀΐξῃ, τόν τ' ἐξ εὐνῆφι θορόντα   580
θηρητὴρ ἐτύχησε βαλών, ὑπέλυσε δὲ γυῖα·
ὣς ἐπὶ σοί, Μελάνιππε, θόρ' Ἀντίλοχος μενεχάρμης
τεύχεα συλήσων· ἀλλ' οὐ λάθεν Ἕκτορα δῖον,
ὅς ῥά οἱ ἀντίος ἦλθε θέων ἀνὰ δηϊοτῆτα.
Ἀντίλοχος δ' οὐ μεῖνε θοός περ ἐὼν πολεμιστής,   585
ἀλλ' ὅ γ' ἄρ' ἔτρεσε θηρὶ κακὸν ῥέξαντι ἐοικώς,
ὅς τε κύνα κτείνας ἢ βουκόλον ἀμφὶ βόεσσι
φεύγει πρίν περ ὅμιλον ἀολλισθήμεναι ἀνδρῶν·
ὣς τρέσε Νεστορίδης, ἐπὶ δὲ Τρῶές τε καὶ Ἕκτωρ
ἠχῇ θεσπεσίῃ βέλεα στονόεντα χέοντο·   590
στῆ δὲ μεταστρεφθείς, ἐπεὶ ἵκετο ἔθνος ἑταίρων.
Τρῶες δὲ λείουσιν ἐοικότες ὠμοφάγοισι
νηυσὶν ἐπεσσεύοντο, Διὸς δὲ τέλειον ἐφετμάς,
ὅ σφισιν αἰὲν ἔγειρε μένος μέγα, θέλγε δὲ θυμὸν
Ἀργείων καὶ κῦδος ἀπαίνυτο, τοὺς δ' ὀρόθυνεν.   595
Ἕκτορι γάρ οἱ θυμὸς ἐβούλετο κῦδος ὀρέξαι
Πριαμίδῃ, ἵνα νηυσὶ κορωνίσι θεσπιδαὲς πῦρ
ἐμβάλοι ἀκάματον, Θέτιδος δ' ἐξαίσιον ἀρὴν
πᾶσαν ἐπικρήνειε· τὸ γὰρ μένε μητίετα Ζεύς,
νηὸς καιομένης σέλας ὀφθαλμοῖσιν ἰδέσθαι.   600
ἐκ γὰρ δὴ τοῦ μέλλε παλίωξιν παρὰ νηῶν
θησέμεναι Τρώων, Δαναοῖσι δὲ κῦδος ὀρέξειν.
τὰ φρονέων νήεσσιν ἔπι γλαφυρῇσιν ἔγειρεν
Ἕκτορα Πριαμίδην, μάλα περ μεμαῶτα καὶ αὐτόν.
μαίνετο δ' ὡς ὅτ' Ἄρης ἐγχέσπαλος ἢ ὀλοὸν πῦρ   605
οὔρεσι μαίνηται, βαθέης ἐν τάρφεσιν ὕλης·
ἀφλοισμὸς δὲ περὶ στόμα γίγνετο, τὼ δέ οἱ ὄσσε
λαμπέσθην βλοσυρῇσιν ὑπ' ὀφρύσιν, ἀμφὶ δὲ πήληξ
σμερδαλέον κροτάφοισι τινάσσετο μαρναμένοιο

586 ἀλλὰ παρέτρεσε c e k m q V³² 587 κύνας g l A Lp N¹
βόεσσι] οἱ αὐτῷ Zen. 592 δ' αὖ c l L¹⁹ V³² 598 ἐμβάλῃ codd. em.
Hermann Θέτιος h V¹⁶ 601 μέλλε Ar. M⁹ corr.: ἔμ. cet.
602 ὀρέξαι s d p r p⁴⁶ p⁶⁰ A B al. 609 μαινομένοιο qu. g A T Φ 5
L¹⁹ M⁴ V³²

Ἕκτορος· αὐτὸς γάρ οἱ ἀπ' αἰθέρος ἦεν ἀμύντωρ   610
Ζεύς, ὅς μιν πλεόνεσσι μετ' ἀνδράσι μοῦνον ἐόντα
τίμα καὶ κύδαινε. μινυνθάδιος γὰρ ἔμελλεν
ἔσσεσθ'· ἤδη γάρ οἱ ἐπόρνυε μόρσιμον ἦμαρ
Παλλὰς Ἀθηναίη ὑπὸ Πηλεΐδαο βίηφιν.
καί ῥ' ἔθελεν ῥῆξαι στίχας ἀνδρῶν πειρητίζων,   615
ᾗ δὴ πλεῖστον ὅμιλον ὅρα καὶ τεύχε' ἄριστα·
ἀλλ' οὐδ' ὣς δύνατο ῥῆξαι μάλα περ μενεαίνων·
ἴσχον γὰρ πυργηδὸν ἀρηρότες, ἠΰτε πέτρη
ἠλίβατος μεγάλη, πολιῆς ἁλὸς ἐγγὺς ἐοῦσα,
ἥ τε μένει λιγέων ἀνέμων λαιψηρὰ κέλευθα   620
κύματά τε τροφόεντα, τά τε προσερεύγεται αὐτήν·
ὣς Δαναοὶ Τρῶας μένον ἔμπεδον οὐδὲ φέβοντο.
αὐτὰρ ὁ λαμπόμενος πυρὶ πάντοθεν ἔνθορ' ὁμίλῳ,
ἐν δ' ἔπεσ' ὡς ὅτε κῦμα θοῇ ἐν νηὶ πέσῃσι
λάβρον ὑπαὶ νεφέων ἀνεμοτρεφές· ἡ δέ τε πᾶσα   625
ἄχνῃ ὑπεκρύφθη, ἀνέμοιο δὲ δεινὸς ἀήτης
ἱστίῳ ἐμβρέμεται, τρομέουσι δέ τε φρένα ναῦται
δειδιότες· τυτθὸν γὰρ ὑπὲκ θανάτοιο φέρονται·
ὣς ἐδαΐζετο θυμὸς ἐνὶ στήθεσσιν Ἀχαιῶν.
αὐτὰρ ὅ γ' ὥς τε λέων ὀλοόφρων βουσὶν ἐπελθών,   630
αἵ ῥά τ' ἐν εἰαμενῇ ἕλεος μεγάλοιο νέμονται
μυρίαι, ἐν δέ τε τῇσι νομεὺς οὔ πω σάφα εἰδὼς
θηρὶ μαχέσσασθαι ἕλικος βοὸς ἀμφὶ φονῆσιν·
ἤτοι ὁ μὲν πρώτῃσι καὶ ὑστατίῃσι βόεσσιν
αἰὲν ὁμοστιχάει, ὁ δέ τ' ἐν μέσσῃσιν ὀρούσας   635
βοῦν ἔδει, αἱ δέ τε πᾶσαι ὑπέτρεσαν· ὣς τότ' Ἀχαιοὶ
θεσπεσίως ἐφόβηθεν ὑφ' Ἕκτορι καὶ Διὶ πατρὶ
πάντες, ὁ δ' οἶον ἔπεφνε Μυκηναῖον Περιφήτην,

610-614 om. Zen., ath. Ar.   614 βίηφιν] δαμῆναι f l q r P⁴⁸ L¹⁹
V¹ al.   621 αὐτῇ d L⁸ V¹ V⁵ V¹⁰ V¹³ : ἀκτήν e i L⁷ V³² : ακτη P⁴⁸ al. :
ἀκτῇ b h T   622 ἐξ ἁλὸς ὡς Δαναοί v. l. ant.   625 ὑπὸ Ang. : ὑπ'
ἐκ P⁵ P⁶   626 ἄχνη A B M⁶ M¹⁰ O⁷ : ἄχνη Zen. vulg.   ἀήτης
v. l. ant., vulg. : ἀήτη Ar. A L⁴

Κοπρῆος φίλον υἱόν, ὃς Εὐρυσθῆος ἄνακτος
ἀγγελίης οἴχνεσκε βίῃ Ἡρακληείῃ.   640
τοῦ γένετ' ἐκ πατρὸς πολὺ χείρονος υἱὸς ἀμείνων
παντοίας ἀρετάς, ἠμὲν πόδας ἠδὲ μάχεσθαι,
καὶ νόον ἐν πρώτοισι Μυκηναίων ἐτέτυκτο·
ὅς ῥα τόθ' Ἕκτορι κῦδος ὑπέρτερον ἐγγυάλιξε.
στρεφθεὶς γὰρ μετόπισθεν ἐν ἀσπίδος ἄντυγι πάλτο,   645
τὴν αὐτὸς φορέεσκε ποδηνεκέ', ἕρκος ἀκόντων·
τῇ ὅ γ' ἐνὶ βλαφθεὶς πέσεν ὕπτιος, ἀμφὶ δὲ πήληξ
σμερδαλέον κονάβησε περὶ κροτάφοισι πεσόντος.
Ἕκτωρ δ' ὀξὺ νόησε, θέων δέ οἱ ἄγχι παρέστη,
στήθεϊ δ' ἐν δόρυ πῆξε, φίλων δέ μιν ἐγγὺς ἑταίρων   650
κτεῖν'· οἱ δ' οὐκ ἐδύναντο καὶ ἀχνύμενοί περ ἑταίρου
χραισμεῖν· αὐτοὶ γὰρ μάλα δείδισαν Ἕκτορα δῖον.
Εἰσωποὶ δ' ἐγένοντο νεῶν, περὶ δ' ἔσχεθον ἄκραι
νῆες, ὅσαι πρῶται εἰρύατο· τοὶ δ' ἐπέχυντο.
Ἀργεῖοι δὲ νεῶν μὲν ἐχώρησαν καὶ ἀνάγκῃ   655
τῶν πρωτέων, αὐτοῦ δὲ παρὰ κλισίῃσιν ἔμειναν
ἀθρόοι, οὐδὲ κέδασθεν ἀνὰ στρατόν· ἴσχε γὰρ αἰδὼς
καὶ δέος· ἀζηχὲς γὰρ ὁμόκλεον ἀλλήλοισι.
Νέστωρ αὖτε μάλιστα Γερήνιος, οὖρος Ἀχαιῶν,
λίσσεθ' ὑπὲρ τοκέων γουνούμενος ἄνδρα ἕκαστον·   660
" ὦ φίλοι, ἀνέρες ἔστε, καὶ αἰδῶ θέσθ' ἐνὶ θυμῷ
ἄλλων ἀνθρώπων, ἐπὶ δὲ μνήσασθε ἕκαστος
παίδων ἠδ' ἀλόχων καὶ κτήσιος ἠδὲ τοκήων,
ἠμὲν ὅτεῳ ζώουσι καὶ ᾧ κατατεθνήκασι·
τῶν ὕπερ ἐνθάδ' ἐγὼ γουνάζομαι οὐ παρεόντων   665
ἑστάμεναι κρατερῶς, μηδὲ τρωπᾶσθε φόβονδε."

639 ἄνακτος] ἀέθλων i p⁴⁸ p⁵⁰ A interl. et marg. Ge N⁴ V¹² V¹⁸ v. l.
ap. Eust.   640 ἀγγελίην Zen. V¹   642 παντοίην ἀρετήν cit. Plut.
de ser. num. vind. 7. b h v. l. ap. Eust.   645 στρεφθεὶς et στραφθεὶς
Ar. (διχῶς) : στρεφθεὶς codd.   ἐν] ὑπ' U¹³   πάλτο] ἆλτο v. l. ant.
(ἔνια τῶν ἀντιγράφων) L¹⁹ O⁸   646 ποδηνεκέ' Vi⁶ : ποδηνεκὲς cet.
656 πρωτέων f h A B C : προτέρων vulg.   αὐτοὶ a b p r A V³²
660 τεκέων e Ge L¹⁷ O⁷   666 τροπᾶσθε b f g h i V¹ V¹⁴ V¹⁶ al.

*Ὣς εἰπὼν ὄτρυνε μένος καὶ θυμὸν ἑκάστου.
τοῖσι δ' ἀπ' ὀφθαλμῶν νέφος ἀχλύος ὦσεν Ἀθήνη
θεσπέσιον· μάλα δέ σφι φόως γένετ' ἀμφοτέρωθεν,
ἠμὲν πρὸς νηῶν καὶ ὁμοίου πολέμοιο.   670
Ἕκτορα δὲ φράσσαντο βοὴν ἀγαθὸν καὶ ἑταίρους,
ἠμὲν ὅσοι μετόπισθεν ἀφέστασαν οὐδὲ μάχοντο,
ἠδ' ὅσσοι παρὰ νηυσὶ μάχην ἐμάχοντο θοῇσιν.

Οὐδ' ἄρ' ἔτ' Αἴαντι μεγαλήτορι ἥνδανε θυμῷ
ἑστάμεν ἔνθα περ ἄλλοι ἀφέστασαν υἷες Ἀχαιῶν·   675
ἀλλ' ὅ γε νηῶν ἴκρι' ἐπῴχετο μακρὰ βιβάσθων,
νώμα δὲ ξυστὸν μέγα ναύμαχον ἐν παλάμῃσι,
κολλητὸν βλήτροισι, δυωκαιεικοσίπηχυ.

ὡς δ' ὅτ' ἀνὴρ ἵπποισι κελητίζειν ἐὺ εἰδώς,
ὅς τ' ἐπεὶ ἐκ πολέων πίσυρας συναείρεται ἵππους,   680
σεύας ἐκ πεδίοιο μέγα προτὶ ἄστυ δίηται
λαοφόρον καθ' ὁδόν· πολέες τέ ἑ θηήσαντο
ἀνέρες ἠδὲ γυναῖκες· ὁ δ' ἔμπεδον ἀσφαλὲς αἰεὶ
θρῴσκων ἄλλοτ' ἐπ' ἄλλον ἀμείβεται, οἱ δὲ πέτονται·
ὡς Αἴας ἐπὶ πολλὰ θοάων ἴκρια νηῶν   685
φοίτα μακρὰ βιβάς, φωνὴ δέ οἱ αἰθέρ' ἵκανεν,
αἰεὶ δὲ σμερδνὸν βοόων Δαναοῖσι κέλευε
νηυσί τε καὶ κλισίῃσιν ἀμυνέμεν.   οὐδὲ μὲν Ἕκτωρ
μίμνεν ἐνὶ Τρώων ὁμάδῳ πύκα θωρηκτάων·
ἀλλ' ὥς τ' ὀρνίθων πετεηνῶν αἰετὸς αἴθων   690
ἔθνος ἐφορμᾶται ποταμὸν πάρα βοσκομενάων,
χηνῶν ἢ γεράνων ἢ κύκνων δουλιχοδείρων,
ὣς Ἕκτωρ ἴθυσε νεὸς κυανοπρῴροιο
ἀντίος ἀΐξας· τὸν δὲ Ζεὺς ὦσεν ὄπισθε
χειρὶ μάλα μεγάλῃ, ὤτρυνε δὲ λαὸν ἅμ' αὐτῷ.   695

668–673 ath. Ar.   673 ὁπόσοι ● g N¹   680 συναείρεται qu. ϑ B
Lp T, Eust. : συναγείρεται codd.   681 δίηται ● g p A D N¹ T : διώκῃ
vulg.   686 βιβῶν a d f h k r v. l. in A p⁵⁹ L¹⁹ V³²   689 a ἀλλὰ
πολὺ προθέεσκε τὸ ὃν μένος οὐδενὶ εἴκων add. quidam ant. (X 459)
691 ποταμῷ l Mc V¹   694 ἀΐσσων c p A B C   ὦσεν Ar. P⁴ P¹³
P¹⁵ P²¹ U⁴ : ὦρσεν vulg.

Αὖτις δὲ δριμεῖα μάχη παρὰ νηυσὶν ἐτύχθη·
φαίης κ' ἀκμῆτας καὶ ἀτειρέας ἀλλήλοισιν
ἄντεσθ' ἐν πολέμῳ, ὡς ἐσσυμένως ἐμάχοντο.
τοῖσι δὲ μαρναμένοισιν ὅδ' ἦν νόος· ἤτοι Ἀχαιοὶ
οὐκ ἔφασαν φεύξεσθαι ὑπὲκ κακοῦ, ἀλλ' ὀλέεσθαι,   700
Τρωσὶν δ' ἔλπετο θυμὸς ἐνὶ στήθεσσιν ἑκάστου
νῆας ἐνιπρήσειν κτενέειν θ' ἥρωας Ἀχαιούς.
οἱ μὲν τὰ φρονέοντες ἐφέστασαν ἀλλήλοισιν·
Ἕκτωρ δὲ πρύμνης νεὸς ἥψατο ποντοπόροιο,
καλῆς ὠκυάλου, ἢ Πρωτεσίλαον ἔνεικεν   705
ἐς Τροίην, οὐδ' αὖτις ἀπήγαγε πατρίδα γαῖαν.
τοῦ περ δὴ περὶ νηὸς Ἀχαιοί τε Τρῶές τε
δῄουν ἀλλήλους αὐτοσχεδόν· οὐδ' ἄρα τοί γε
τόξων ἀϊκὰς ἀμφὶς μένον οὐδ' ἔτ' ἀκόντων,
ἀλλ' οἵ γ' ἐγγύθεν ἱστάμενοι, ἕνα θυμὸν ἔχοντες,   710
ὀξέσι δὴ πελέκεσσι καὶ ἀξίνῃσι μάχοντο
καὶ ξίφεσιν μεγάλοισι καὶ ἔγχεσιν ἀμφιγύοισι.
πολλὰ δὲ φάσγανα καλὰ μελάνδετα κωπήεντα
ἄλλα μὲν ἐκ χειρῶν χαμάδις πέσον, ἄλλα δ' ἀπ' ὤμων
ἀνδρῶν μαρναμένων· ῥέε δ' αἵματι γαῖα μέλαινα.   715
Ἕκτωρ δὲ πρύμνηθεν ἐπεὶ λάβεν οὐχὶ μεθίει,
ἄφλαστον μετὰ χερσὶν ἔχων, Τρωσὶν δὲ κέλευει·
" οἴσετε πῦρ, ἅμα δ' αὐτοὶ ἀολλέες ὄρνυτ' ἀϋτήν·
νῦν ἡμῖν πάντων Ζεὺς ἄξιον ἦμαρ ἔδωκε,
νῆας ἑλεῖν, αἳ δεῦρο θεῶν ἀέκητι μολοῦσαι   720
ἡμῖν πήματα πολλὰ θέσαν, κακότητι γερόντων,
οἵ μ' ἐθέλοντα μάχεσθαι ἐπὶ πρύμνῃσι νέεσσιν
αὐτόν τ' ἰσχανάασκον ἐρητύοντό τε λαόν·
ἀλλ' εἰ δή ῥα τότε βλάπτε φρένας εὐρύοπα Ζεὺς
ἡμετέρας, νῦν αὐτὸς ἐποτρύνει καὶ ἀνώγει."   725
Ὣς ἔφαθ', οἱ δ' ἄρα μᾶλλον ἐπ' Ἀργείοισιν ὄρουσαν.

706 ἀφίκετο qu. **g** T   712 ath. Ar.   714 πέσον Ar. **g h p** A N¹
V¹⁶ : πέσεν vulg.   716 οὐκ ἐμεθίει Zen.   726 μᾶλλον] πάντες **h i**

74

Αἴας δ' οὐκέτ' ἔμιμνε· βιάζετο γὰρ βελέεσσιν·
ἀλλ' ἀνεχάζετο τυτθόν, διόμενος θανέεσθαι,
θρῆνυν ἐφ' ἑπταπόδην, λίπε δ' ἴκρια νηὸς ἐΐσης.
ἔνθ' ἄρ' ὅ γ' ἑστήκει δεδοκημένος, ἔγχεϊ δ' αἰεὶ   730
Τρῶας ἄμυνε νεῶν, ὅς τις φέροι ἀκάματον πῦρ·
αἰεὶ δὲ σμερδνὸν βοόων Δαναοῖσι κέλευε·
" ὦ φίλοι ἥρωες Δαναοί, θεράποντες Ἄρηος,
ἀνέρες ἔστε, φίλοι, μνήσασθε δὲ θούριδος ἀλκῆς.
ἠέ τινάς φαμεν εἶναι ἀοσσητῆρας ὀπίσσω,   735
ἠέ τι τεῖχος ἄρειον, ὅ κ' ἀνδράσι λοιγὸν ἀμύναι;
οὐ μέν τι σχεδόν ἐστι πόλις πύργοις ἀραρυῖα,
ᾗ κ' ἀπαμυναίμεσθ' ἑτεραλκέα δῆμον ἔχοντες·
ἀλλ' ἐν γὰρ Τρώων πεδίῳ πύκα θωρηκτάων
πόντῳ κεκλιμένοι ἑκὰς ἥμεθα πατρίδος αἴης·   740
τῷ ἐν χερσὶ φόως, οὐ μειλιχίῃ πολέμοιο."
Ἦ, καὶ μαιμώων ἔφεπ' ἔγχεϊ ὀξυόεντι.
ὅς τις δὲ Τρώων κοίλης ἐπὶ νηυσὶ φέροιτο
σὺν πυρὶ κηλείῳ, χάριν Ἕκτορος ὀτρύναντος,
τὸν δ' Αἴας οὔτασκε δεδεγμένος ἔγχεϊ μακρῷ·   745
δώδεκα δὲ προπάροιθε νεῶν αὐτοσχεδὸν οὖτα.

---

729 ὑφ' P¹, Apoll. lex. in Θρῆνυς   737 τι Ar. i A marg. D T V¹ :
τοι h : τις vulg.   739 πεδίῳ] ὁμάδῳ V³², v. l in A   741 μειλιχίη
Ar. A B C D O⁷ U⁹ : μειλιχίη Dion. Thrax, vulg.   743 νηυσὶν ἄγοιτο
h : νῆας ἄγοιτο b l Mᵇ   745 ὀξέϊ χαλκῷ c d h l q C al. : ὀξέϊ δουρί k
Eust. al.

ΙΛΙΑΔΟΣ Π

Ὣς οἱ μὲν περὶ νηὸς ἐϋσσέλμοιο μάχοντο·
Πάτροκλος δ' Ἀχιλῆϊ παρίστατο, ποιμένι λαῶν,
δάκρυα θερμὰ χέων ὥς τε κρήνη μελάνυδρος,
ἥ τε κατ' αἰγίλιπος πέτρης δνοφερὸν χέει ὕδωρ.
τὸν δὲ ἰδὼν ᾤκτιρε ποδάρκης δῖος Ἀχιλλεύς,   5
καί μιν φωνήσας ἔπεα πτερόεντα προσηύδα·
" τίπτε δεδάκρυσαι, Πατρόκλεες, ἠΰτε κούρη
νηπίη, ἥ θ' ἅμα μητρὶ θέουσ' ἀνελέσθαι ἀνώγει,
εἱανοῦ ἁπτομένη, καί τ' ἐσσυμένην κατερύκει,
δακρυόεσσα δέ μιν ποτιδέρκεται, ὄφρ' ἀνέληται·   10
τῇ ἴκελος, Πάτροκλε, τέρεν κατὰ δάκρυον εἴβεις.
ἠέ τι Μυρμιδόνεσσι πιφαύσκεαι, ἢ ἐμοὶ αὐτῷ,
ἠέ τιν' ἀγγελίην Φθίης ἐξ ἔκλυες οἶος;
ζώειν μὰν ἔτι φασὶ Μενοίτιον, Ἄκτορος υἱόν,
ζώει δ' Αἰακίδης Πηλεὺς μετὰ Μυρμιδόνεσσι,   15
τῶν κε μάλ' ἀμφοτέρων ἀκαχοίμεθα τεθνηώτων.
ἦε σύ γ' Ἀργείων ὀλοφύρεαι, ὡς ὀλέκονται
νηυσὶν ἔπι γλαφυρῇσιν ὑπερβασίης ἕνεκα σφῆς;
ἐξαύδα, μὴ κεῦθε νόῳ, ἵνα εἴδομεν ἄμφω."
Τὸν δὲ βαρὺ στενάχων προσέφης, Πατρόκλεες ἱππεῦ·   20
" ὦ Ἀχιλεῦ, Πηλῆος υἱέ, μέγα φέρτατ' Ἀχαιῶν,

5 ᾤκτιρε] θάμβησε Ar.   10 προσδέρκεται Zen.   21 Πηλῆος
v. l. ant. (οἱ ὑπομνηματισάμενοι Ἰσκῶς) 1 L¹⁸ Mo V⁴ : Πηλέως Ptol. Asc.,
cit. Plut. de aud. poet. 13, f1 p A B C D V¹ V¹² : Πηλέος vulg.   φέρ-
τατ'] κῦδος Plut. l. c.

μὴ νεμέσα· τοῖον γὰρ ἄχος βεβίηκεν Ἀχαιούς.
οἱ μὲν γὰρ δὴ πάντες, ὅσοι πάρος ἦσαν ἄριστοι,
ἐν νηυσὶν κέαται βεβλημένοι οὐτάμενοί τε.
βέβληται μὲν ὁ Τυδείδης κρατερὸς Διομήδης,   25
οὔτασται δ' Ὀδυσεὺς δουρικλυτὸς ἠδ' Ἀγαμέμνων,
βέβληται δὲ καὶ Εὐρύπυλος κατὰ μηρὸν ὀϊστῷ.
τοὺς μέν τ' ἰητροὶ πολυφάρμακοι ἀμφιπένονται,
ἕλκε' ἀκειόμενοι· σὺ δ' ἀμήχανος ἔπλευ, Ἀχιλλεῦ.
μὴ ἐμέ γ' οὖν οὗτός γε λάβοι χόλος, ὃν σὺ φυλάσσεις,   30
αἰναρέτη· τί σευ ἄλλος ὀνήσεται ὀψίγονός περ,
αἴ κε μὴ Ἀργείοισιν ἀεικέα λοιγὸν ἀμύνῃς;
νηλεές, οὐκ ἄρα σοί γε πατὴρ ἦν ἱππότα Πηλεύς,
οὐδὲ Θέτις μήτηρ· γλαυκὴ δέ σε τίκτε θάλασσα
πέτραι τ' ἠλίβατοι, ὅτι τοι νόος ἐστὶν ἀπηνής.   35
εἰ δέ τινα φρεσὶ σῇσι θεοπροπίην ἀλεείνεις
καί τινά τοι πὰρ Ζηνὸς ἐπέφραδε πότνια μήτηρ,
ἀλλ' ἐμέ περ πρόες ὦχ', ἅμα δ' ἄλλον λαὸν ὄπασσον
Μυρμιδόνων, ἤν πού τι φόως Δαναοῖσι γένωμαι.
δὸς δέ μοι ὤμοιιν τὰ σὰ τεύχεα θωρηχθῆναι,   40
αἴ κ' ἐμὲ σοὶ ἴσκοντες ἀπόσχωνται πολέμοιο
Τρῶες, ἀναπνεύσωσι δ' ἀρήιοι υἷες Ἀχαιῶν
τειρόμενοι· ὀλίγη δέ τ' ἀνάπνευσις πολέμοιο.
ῥεῖα δέ κ' ἀκμῆτες κεκμηότας ἄνδρας ἀϋτῇ
ὤσαιμεν προτὶ ἄστυ νεῶν ἄπο καὶ κλισιάων."   45
    Ὣς φάτο λισσόμενος μέγα νήπιος· ἦ γὰρ ἔμελλεν
οἷ αὐτῷ θάνατόν τε κακὸν καὶ κῆρα λιτέσθαι.
τὸν δὲ μέγ' ὀχθήσας προσέφη πόδας ὠκὺς Ἀχιλλεύς·
" ὤ μοι, διογενὲς Πατρόκλεες, οἷον ἔειπες·
οὔτε θεοπροπίης ἐμπάζομαι, ἥν τινα οἶδα,   50
οὔτε τί μοι πὰρ Ζηνὸς ἐπέφραδε πότνια μήτηρ·

25 δ om. Aristoph.   29 ἀκειόμενοι o f i r p¹¹ p¹² p⁵⁹ A B C al.
    31 αἰν' ἀρετῆς v.l. ant.   ὀνόσσεται Apoll. lex. in Αἰναρέτης
35 ὅτε Ar. Mo   41 εἴσκοντες Ar. M¹⁰ M¹² P¹   47 λιπέσθαι d h p⁵⁰
C V¹ V¹⁶ V³²   50 ἦν] εἴ Ar.

ἀλλὰ τόδ' αἰνὸν ἄχος κραδίην καὶ θυμὸν ἱκάνει,
ὁππότε δὴ τὸν ὁμοῖον ἀνὴρ ἐθέλησιν ἀμέρσαι
καὶ γέρας ἂψ ἀφελέσθαι, ὅ τε κράτεϊ προβεβήκῃ·
αἰνὸν ἄχος τό μοί ἐστιν, ἐπεὶ πάθον ἄλγεα θυμῷ.   55
κούρην ἥν ἄρα μοι γέρας ἔξελον υἷες Ἀχαιῶν,
δουρὶ δ' ἐμῷ κτεάτισσα, πόλιν εὐτείχεα πέρσας,
τὴν ἂψ ἐκ χειρῶν ἕλετο κρείων Ἀγαμέμνων
Ἀτρεΐδης ὡς εἴ τιν' ἀτίμητον μετανάστην.
ἀλλὰ τὰ μὲν προτετύχθαι ἐάσομεν· οὐδ' ἄρα πως ἦν   60
ἀσπερχὲς κεχολῶσθαι ἐνὶ φρεσίν· ἤτοι ἔφην γε
οὐ πρὶν μηνιθμὸν καταπαυσέμεν, ἀλλ' ὁπότ' ἂν δὴ
νῆας ἐμὰς ἀφίκηται ἀϋτή τε πτόλεμός τε.
τύνη δ' ὤμοιιν μὲν ἐμὰ κλυτὰ τεύχεα δῦθι,
ἄρχε δὲ Μυρμιδόνεσσι φιλοπτολέμοισι μάχεσθαι,   65
εἰ δὴ κυάνεον Τρώων νέφος ἀμφιβέβηκε
νηυσὶν ἐπικρατέως, οἱ δὲ ῥηγμῖνι θαλάσσης
κεκλίαται, χώρης ὀλίγην ἔτι μοῖραν ἔχοντες,
Ἀργεῖοι· Τρώων δὲ πόλις ἐπὶ πᾶσα βέβηκε
θάρσυνος· οὐ γὰρ ἐμῆς κόρυθος λεύσσουσι μέτωπον   70
ἐγγύθι λαμπομένης· τάχα κεν φεύγοντες ἐναύλους
πλήσειαν νεκύων, εἴ μοι κρείων Ἀγαμέμνων
ἤπια εἰδείη· νῦν δὲ στρατὸν ἀμφιμάχονται.
οὐ γὰρ Τυδεΐδεω Διομήδεος ἐν παλάμῃσι
μαίνεται ἐγχείη Δαναῶν ἀπὸ λοιγὸν ἀμῦναι·   75
οὐδέ πω Ἀτρεΐδεω ὀπὸς ἔκλυον αὐδήσαντος
ἐχθρῆς ἐκ κεφαλῆς· ἀλλ' Ἕκτορος ἀνδροφόνοιο
Τρωσὶ κελεύοντος περιάγνυται, οἱ δ' ἀλαλητῷ
πᾶν πεδίον κατέχουσι, μάχῃ νικῶντες Ἀχαιούς.
ἀλλὰ καὶ ὧς, Πάτροκλε, νεῶν ἀπὸ λοιγὸν ἀμύνων   80
ἔμπεσ' ἐπικρατέως, μὴ δὴ πυρὸς αἰθομένοιο

53 δὴ] τις Ar.   59 μετανάστην Ar.: μετανάστιν Mass. Rhian.
(μετανάστειν in cod. T, corr. Bekk.)   66 εἰ] ἢ v. l. ant., Oˢ uv.
71 ἐναύλους Ar. (διὰ τοῦ ν) codd.   76 ἔπος v. l. ant. (ἔν τισι τῶν
ὑπομνημάτων)

νῆας ἐνιπρήσωσι, φίλον δ' ἀπὸ νόστον ἕλωνται.
πείθεο δ' ὥς τοι ἐγὼ μύθου τέλος ἐν φρεσὶ θείω,
ὡς ἄν μοι τιμὴν μεγάλην καὶ κῦδος ἄρηαι
πρὸς πάντων Δαναῶν, ἀτὰρ οἱ περικαλλέα κούρην   85
ἂψ ἀπονάσσωσιν, ποτὶ δ' ἀγλαὰ δῶρα πόρωσιν.
ἐκ νηῶν ἐλάσας ἰέναι πάλιν· εἰ δέ κεν αὖ τοι
δώῃ κῦδος ἀρέσθαι ἐρίγδουπος πόσις Ἥρης,
μὴ σύ γ' ἄνευθεν ἐμεῖο λιλαίεσθαι πολεμίζειν
Τρωσὶ φιλοπτολέμοισιν· ἀτιμότερον δέ με θήσεις·   90
μηδ' ἐπαγαλλόμενος πολέμῳ καὶ δηϊοτῆτι,
Τρῶας ἐναιρόμενος, προτὶ Ἴλιον ἡγεμονεύειν,
μή τις ἀπ' Οὐλύμποιο θεῶν αἰειγενετάων
ἐμβήῃ· μάλα τούς γε φιλεῖ ἑκάεργος Ἀπόλλων·
ἀλλὰ πάλιν τρωπᾶσθαι, ἐπὴν φάος ἐν νήεσσι   95
θήῃς, τοὺς δ' ἔτ' ἐᾶν πεδίον κάτα δηριάασθαι.
αἲ γάρ, Ζεῦ τε πάτερ καὶ Ἀθηναίη καὶ Ἄπολλον,
μήτε τις οὖν Τρώων θάνατον φύγοι, ὅσσοι ἔασι,
μήτε τις Ἀργείων, νῶϊν δ' ἐκδῦμεν ὄλεθρον,
ὄφρ' οἶοι Τροίης ἱερὰ κρήδεμνα λύωμεν."   100
Ὣς οἱ μὲν τοιαῦτα πρὸς ἀλλήλους ἀγόρευον,
Αἴας δ' οὐκέτ' ἔμιμνε· βιάζετο γὰρ βελέεσσι·
δάμνα μιν Ζηνός τε νόος καὶ Τρῶες ἀγαυοὶ
βάλλοντες· δεινὴν δὲ περὶ κροτάφοισι φαεινὴ
πήληξ βαλλομένη καναχὴν ἔχε, βάλλετο δ' αἰεὶ   105
κὰπ φάλαρ' εὐποίηθ'· ὁ δ' ἀριστερὸν ὦμον ἔκαμνεν,
ἔμπεδον αἰὲν ἔχων σάκος αἰόλον· οὐδ' ἐδύναντο
ἀμφ' αὐτῷ πελεμίξαι ἐρείδοντες βελέεσσιν.

89-90 om. Zen., tum in 91 μὴ σύ γ' ἀγαλλόμενος   92 προτὶ
Zen. vulg. : προτὶ e g p q al.   ἡγεμόνευε e ss. : αἰπὺ δίεσθαι Zen.
93-96 pro his quattuor μή σ' ἀπογυμνώθεντα λάβῃ κορυθαίολος Ἕκτωρ
Zen.   95 τρωπᾶσθαι e g i o A marg. al. : τροπάασθαι Apollodor.
vulg. : παλιντροπάασθαι Nicias   96 τούσδε δ' (vel τοὺς δὲ δ')
b e g h i A marg. al. : fort. τοὺς δ' ἐάν   97-100 ath. Zen. (ὑπώ-
πτευκεν) Ar.   104 δεινὴν Ar. (uv.), vulg. : δεινὴ o g i m A al.
105 βάλλετο] τύπτετο v. l. ant.   106 κὰπ φάλαρ' v. l. ant., vulg. :
καὶ φάλαρ' Ar.

αἰεὶ δ' ἀργαλέῳ ἔχετ' ἄσθματι, κὰδ δέ οἱ ἱδρὼς
πάντοθεν ἐκ μελέων πολὺς ἔρρεεν, οὐδέ πῃ εἶχεν   110
ἀμπνεῦσαι· πάντῃ δὲ κακὸν κακῷ ἐστήρικτο.
Ἔσπετε νῦν μοι, Μοῦσαι Ὀλύμπια δώματ' ἔχουσαι,
ὅππως δὴ πρῶτον πῦρ ἔμπεσε νηυσὶν Ἀχαιῶν.
Ἕκτωρ Αἴαντος δόρυ μείλινον ἄγχι παραστὰς
πλῆξ' ἄορι μεγάλῳ, αἰχμῆς παρὰ καυλὸν ὄπισθεν,   115
ἀντικρὺ δ' ἀπάραξε· τὸ μὲν Τελαμώνιος Αἴας
πῆλ' αὔτως ἐν χειρὶ κόλον δόρυ, τῆλε δ' ἀπ' αὐτοῦ
αἰχμὴ χαλκείη χαμάδις βόμβησε πεσοῦσα.
γνῶ δ' Αἴας κατὰ θυμὸν ἀμύμονα, ῥίγησέν τε,
ἔργα θεῶν, ὅ ῥα πάγχυ μάχης ἐπὶ μήδεα κεῖρε   120
Ζεὺς ὑψιβρεμέτης, Τρώεσσι δὲ βούλετο νίκην·
χάζετο δ' ἐκ βελέων. τοὶ δ' ἔμβαλον ἀκάματον πῦρ
νηὶ θοῇ· τῆς δ' αἶψα κατ' ἀσβέστη κέχυτο φλόξ.
ὣς τὴν μὲν πρύμνην πῦρ ἄμφεπεν· αὐτὰρ Ἀχιλλεὺς
μηρὼ πληξάμενος Πατροκλῆα προσέειπεν·   125
" ὄρσεο, διογενὲς Πατρόκλεες, ἱπποκέλευθε·
λεύσσω δὴ παρὰ νηυσὶ πυρὸς δηίοιο ἰωήν·
μὴ δὴ νῆας ἕλωσι καὶ οὐκέτι φυκτὰ πέλωνται·
δύσεο τεύχεα θᾶσσον, ἐγὼ δέ κε λαὸν ἀγείρω."
Ὣς φάτο, Πάτροκλος δὲ κορύσσετο νώροπι χαλκῷ.   130
κνημῖδας μὲν πρῶτα περὶ κνήμῃσιν ἔθηκε
καλάς, ἀργυρέοισιν ἐπισφυρίοις ἀραρυίας·
δεύτερον αὖ θώρηκα περὶ στήθεσσιν ἔδυνε
ποικίλον ἀστερόεντα ποδώκεος Αἰακίδαο.
ἀμφὶ δ' ἄρ' ὤμοισιν βάλετο ξίφος ἀργυρόηλον   135
χάλκεον, αὐτὰρ ἔπειτα σάκος μέγα τε στιβαρόν τε·
κρατὶ δ' ἐπ' ἰφθίμῳ κυνέην εὔτυκτον ἔθηκεν

110 ῥέεν ἄσπετος cit. Macrob. vi. 3. 2   120 κεῖρε Ar. (Ἰακῶς)
f A B C N⁴ U¹⁰ V⁴ V¹⁰ V²⁰ V³² : κείρει v. l. ant., vulg.   121 βούλετ'
ἀρήγειν p⁵⁹ D M¹² W³ W⁴   124 τῆς μὲν πρύμνης ● g D T al.
127 ἰωήν l p A B C N⁴ O⁵ V³² : ἐρωήν Massil. vulg.   129 a
Μυρμιδόνων ἦν πού τι φόως Δαναοῖσι γένηται
add. h L⁵ V¹⁸   134 κακῶν βελέων ἀλεωρήν v. l. ant.

ἵππουριν· δεινὸν δὲ λόφος καθύπερθεν ἔνευεν.
εἵλετο δ' ἄλκιμα δοῦρε, τά οἱ παλάμηφιν ἀρήρει.
ἔγχος δ' οὐχ ἕλετ' οἶον ἀμύμονος Αἰακίδαο,   140
βριθὺ μέγα στιβαρόν· τὸ μὲν οὐ δύνατ' ἄλλος Ἀχαιῶν
πάλλειν, ἀλλά μιν οἶος ἐπίστατο πῆλαι Ἀχιλλεύς,
Πηλιάδα μελίην, τὴν πατρὶ φίλῳ πόρε Χείρων
Πηλίου ἐκ κορυφῆς, φόνον ἔμμεναι ἡρώεσσιν.
ἵππους δ' Αὐτομέδοντα θοῶς ζευγνῦμεν ἄνωγε,   145
τὸν μετ' Ἀχιλλῆα ῥηξήνορα τῖε μάλιστα,
πιστότατος δέ οἱ ἔσκε μάχῃ ἔνι μεῖναι ὁμοκλήν.
τῷ δὲ καὶ Αὐτομέδων ὕπαγε ζυγὸν ὠκέας ἵππους,
Ξάνθον καὶ Βαλίον, τὼ ἅμα πνοιῇσι πετέσθην,
τοὺς ἔτεκε Ζεφύρῳ ἀνέμῳ Ἅρπυια Ποδάργη,   150
βοσκομένη λειμῶνι παρὰ ῥόον Ὠκεανοῖο.
ἐν δὲ παρηορίῃσιν ἀμύμονα Πήδασον ἵει,
τόν ῥά ποτ' Ἠετίωνος ἑλὼν πόλιν ἤγαγ' Ἀχιλλεύς,
ὃς καὶ θνητὸς ἐὼν ἕπεθ' ἵπποις ἀθανάτοισι.
    Μυρμιδόνας δ' ἄρ' ἐποιχόμενος θώρηξεν Ἀχιλλεὺς   155
πάντας ἀνὰ κλισίας σὺν τεύχεσιν· οἱ δὲ λύκοι ὣς
ὠμοφάγοι, τοῖσίν τε περὶ φρεσὶν ἄσπετος ἀλκή,
οἵ τ' ἔλαφον κεραὸν μέγαν οὔρεσι δῃώσαντες
δάπτουσιν· πᾶσιν δὲ παρήιον αἵματι φοινόν·
καί τ' ἀγεληδὸν ἴασιν ἀπὸ κρήνης μελανύδρου   160
λάψοντες γλώσσῃσιν ἀραιῇσιν μέλαν ὕδωρ
ἄκρον, ἐρευγόμενοι φόνον αἵματος· ἐν δέ τε θυμὸς
στήθεσιν ἀτρόμος ἐστι, περιστένεται δέ τε γαστήρ·
τοῖοι Μυρμιδόνων ἡγήτορες ἠδὲ μέδοντες
ἀμφ' ἀγαθὸν θεράποντα ποδώκεος Αἰακίδαο   165
ῥώοντ'· ἐν δ' ἄρα τοῖσιν ἀρήιος ἵστατ' Ἀχιλλεύς,

140 ath. Zen.   141–144 om. Zen.   143 πόρε et τάμε Ar.
(διχῶς): πόρε b c f h l p r A B C V¹ : τάμε cet.   144 ἐν κορυφῆς Ar.
U² U⁴   150 Πόδαργος Zen.: Ποδάρκη d g N⁴ V³² 151 Ὠκεανοῖο]
Ἠριδανοῖο Bm⁴ V¹² V¹⁸ P² ss. v. l. Eu., cf. Batr. 20   156 πάντῃ Zen.
    157 φρένας Σ   161 λάψαντες Zen. b M⁷ M⁸ Mc N⁴ U¹⁰ V²⁶

81

16. ΙΛΙΑΔΟΣ Π

ὀτρύνων ἵππους τε καὶ ἀνέρας ἀσπιδιώτας.
Πεντήκοντ' ἦσαν νῆες θοαί, ᾗσιν Ἀχιλλεὺς
ἐς Τροίην ἡγεῖτο Διὶ φίλος· ἐν δὲ ἑκάστῃ
πεντήκοντ' ἔσαν ἄνδρες ἐπὶ κληῖσιν ἑταῖροι·   170
πέντε δ' ἄρ' ἡγεμόνας ποιήσατο τοῖς ἐπεποίθει
σημαίνειν· αὐτὸς δὲ μέγα κρατέων ἤνασσε.
τῆς μὲν ἰῆς στιχὸς ἦρχε Μενέσθιος αἰολοθώρηξ,
υἱὸς Σπερχειοῖο, διιπετέος ποταμοῖο·
ὃν τέκε Πηλῆος θυγάτηρ, καλὴ Πολυδώρη,   175
Σπερχειῷ ἀκάμαντι, γυνὴ θεῷ εὐνηθεῖσα,
αὐτὰρ ἐπίκλησιν Βώρῳ, Περιήρεος υἷι,
ὅς ῥ' ἀναφανδὸν ὄπυιε, πορὼν ἀπερείσια ἕδνα.
τῆς δ' ἑτέρης Εὔδωρος ἀρήιος ἡγεμόνευε,
παρθένιος, τὸν τίκτε χορῷ καλὴ Πολυμήλη,   180
Φύλαντος θυγάτηρ· τῆς δὲ κρατὺς Ἀργειφόντης
ἠράσατ', ὀφθαλμοῖσιν ἰδὼν μετὰ μελπομένῃσιν
ἐν χορῷ Ἀρτέμιδος χρυσηλακάτου κελαδεινῆς.
αὐτίκα δ' εἰς ὑπερῷ' ἀναβὰς παρελέξατο λάθρῃ
Ἑρμείας ἀκάκητα, πόρεν δέ οἱ ἀγλαὸν υἱὸν   185
Εὔδωρον, πέρι μὲν θείειν ταχὺν ἠδὲ μαχητήν.
αὐτὰρ ἐπεὶ δὴ τόν γε μογοστόκος Εἰλείθυια
ἐξάγαγε πρὸ φόωσδε καὶ ἠελίου ἴδεν αὐγάς,
τὴν μὲν Ἐχεκλῆος κρατερὸν μένος Ἀκτορίδαο
ἠγάγετο πρὸς δώματ', ἐπεὶ πόρε μυρία ἕδνα,   190
τὸν δ' ὁ γέρων Φύλας εὖ ἔτρεφεν ἠδ' ἀτίταλλεν,
ἀμφαγαπαζόμενος ὡς εἴ θ' ἑὸν υἱὸν ἐόντα.
τῆς δὲ τρίτης Πείσανδρος ἀρήιος ἡγεμόνευε
Μαιμαλίδης, ὃς πᾶσι μετέπρεπε Μυρμιδόνεσσιν
ἔγχεϊ μάρνασθαι μετὰ Πηλείωνος ἑταῖρον.   195
τῆς δὲ τετάρτης ἦρχε γέρων ἱππηλάτα Φοῖνιξ,

169 δὲ ε ᴙ 1 al.: δ' ἄρ' vulg.   175 ὃν Aristoph. Ar. c f h p A B C
V¹² : τὸν vulg.   177 υἷι Hdn. vulg. : υἱεῖ alii, M⁸ M¹² P¹   183 ath.
Ar.   188 πρὸ φόωσδε Zen. vulg. : φόωσδε Aristoph Ar. A B Le¹ P⁷ :
φόωσδε (om. πρὸ) c k p O² V¹⁵ V²⁰ : φάοσδε f   196 γερήνιος ἱππότα
qu. ᴙ B Lp T

πέμπτης δ' 'Αλκιμέδων, Λαέρκεος υἱὸς ἀμύμων.
αὐτὰρ ἐπεὶ δὴ πάντας ἅμ' ἡγεμόνεσσιν 'Αχιλλεὺς
στῆσεν ἐὺ κρίνας, κρατερὸν δ' ἐπὶ μῦθον ἔτελλε·
" Μυρμιδόνες, μή τίς μοι ἀπειλάων λελαθέσθω,   200
ἃς ἐπὶ νηυσὶ θοῇσιν ἀπειλεῖτε Τρώεσσι
πάνθ' ὑπὸ μηνιθμόν, καί μ' ᾐτιάασθε ἕκαστος·
' σχέτλιε Πηλέος υἱέ, χόλῳ ἄρα σ' ἔτρεφε μήτηρ,
νηλεές, ὃς παρὰ νηυσὶν ἔχεις ἀέκοντας ἑταίρους·
οἴκαδέ περ σὺν νηυσὶ νεώμεθα ποντοπόροισιν   205
αὖτις, ἐπεί ῥά τοι ὧδε κακὸς χόλος ἔμπεσε θυμῷ.'
ταῦτά μ' ἀγειρόμενοι θάμ' ἐβάζετε· νῦν δὲ πέφανται
φυλόπιδος μέγα ἔργον, ἔης τὸ πρίν γ' ἐράασθε.
ἔνθα τις ἄλκιμον ἦτορ ἔχων Τρώεσσι μαχέσθω."
Ὣς εἰπὼν ὄτρυνε μένος καὶ θυμὸν ἑκάστου.   210
μᾶλλον δὲ στίχες ἄρθεν, ἐπεὶ βασιλῆος ἄκουσαν.
ὡς δ' ὅτε τοῖχον ἀνὴρ ἀράρῃ πυκινοῖσι λίθοισι
δώματος ὑψηλοῖο, βίας ἀνέμων ἀλεείνων,
ὣς ἄραρον κόρυθές τε καὶ ἀσπίδες ὀμφαλόεσσαι.
ἀσπὶς ἄρ' ἀσπίδ' ἔρειδε, κόρυς κόρυν, ἀνέρα δ' ἀνήρ·   215
ψαῦον δ' ἱππόκομοι κόρυθες λαμπροῖσι φάλοισι
νευόντων, ὡς πυκνοὶ ἐφέστασαν ἀλλήλοισι.
πάντων δὲ προπάροιθε δύ' ἀνέρε θωρήσσοντο,
Πάτροκλός τε καὶ Αὐτομέδων, ἕνα θυμὸν ἔχοντες,
πρόσθεν Μυρμιδόνων πολεμιζέμεν. αὐτὰρ 'Αχιλλεὺς   220
βῆ ῥ' ἴμεν ἐς κλισίην, χηλοῦ δ' ἀπὸ πῶμ' ἀνέῳγε
καλῆς δαιδαλέης, τήν οἱ Θέτις ἀργυρόπεζα
θῆκ' ἐπὶ νηὸς ἄγεσθαι, ἐὺ πλήσασα χιτώνων
χλαινάων τ' ἀνεμοσκεπέων οὔλων τε ταπήτων.
ἔνθα δέ οἱ δέπας ἔσκε τετυγμένον, οὐδέ τις ἄλλος   225
οὔτ' ἀνδρῶν πίνεσκεν ἀπ' αὐτοῦ αἴθοπα οἶνον,

202 μητιάασθε Zen.   207 ταῦθ' ἅμ' Hermias p⁹ p⁵⁹ a c Ge V¹
215 κόρυθ' v. l. ant.   218 θωρήσσεσθον p A L¹⁹ V¹ V³²   223 ἄγεσθαι]
ἰόντι Zen. Aristoph.   ἐνιπλήσασα ⊕ : ἐμπλ. q V³²

οὔτε τεῳ σπένδεσκε θεῶν, ὅτε μὴ Διὶ πατρί.
τό ῥα τότ' ἐκ χηλοῖο λαβὼν ἐκάθηρε θεείῳ
πρῶτον, ἔπειτα δ' ἔνιψ' ὕδατος καλῇσι ῥοῇσι,
νίψατο δ' αὐτὸς χεῖρας, ἀφύσσατο δ' αἴθοπα οἶνον.   230
εὔχετ' ἔπειτα στὰς μέσῳ ἕρκεϊ, λεῖβε δὲ οἶνον
οὐρανὸν εἰσανιδών· Δία δ' οὐ λάθε τερπικέραυνον·
" Ζεῦ ἄνα, Δωδωναῖε, Πελασγικέ, τηλόθι ναίων,
Δωδώνης μεδέων δυσχειμέρου· ἀμφὶ δὲ Σελλοὶ
σοὶ ναίουσ' ὑποφῆται ἀνιπτόποδες χαμαιεῦναι.   235
ἠμὲν δή ποτ' ἐμὸν ἔπος ἔκλυες εὐξαμένοιο,
τίμησας μὲν ἐμέ, μέγα δ' ἴψαο λαὸν Ἀχαιῶν,
ἠδ' ἔτι καὶ νῦν μοι τόδ' ἐπικρήηνον ἐέλδωρ·
αὐτὸς μὲν γὰρ ἐγὼ μενέω νηῶν ἐν ἀγῶνι,
ἀλλ' ἕταρον πέμπω πολέσιν μετὰ Μυρμιδόνεσσι   240
μάρνασθαι· τῷ κῦδος ἅμα πρόες, εὐρύοπα Ζεῦ,
θάρσυνον δέ οἱ ἦτορ ἐνὶ φρεσίν, ὄφρα καὶ Ἕκτωρ
εἴσεται ἦ ῥα καὶ οἶος ἐπίστηται πολεμίζειν
ἡμέτερος θεράπων, ἦ οἱ τότε χεῖρες ἄαπτοι
μαίνονθ', ὁππότ' ἐγώ περ ἴω μετὰ μῶλον Ἄρηος.   245
αὐτὰρ ἐπεί κ' ἀπὸ ναῦφι μάχην ἐνοπήν τε δίηται,
ἀσκηθής μοι ἔπειτα θοὰς ἐπὶ νῆας ἵκοιτο
τεύχεσί τε ξὺν πᾶσι καὶ ἀγχεμάχοις ἑτάροισιν."
Ὣς ἔφατ' εὐχόμενος, τοῦ δ' ἔκλυε μητίετα Ζεύς.
τῷ δ' ἕτερον μὲν δῶκε πατήρ, ἕτερον δ' ἀνένευσε·   250
νηῶν μέν οἱ ἀπώσασθαι πόλεμόν τε μάχην τε
δῶκε, σόον δ' ἀνένευσε μάχης ἐξ ἀπονέεσθαι.
ἤτοι ὁ μὲν σπείσας τε καὶ εὐξάμενος Διὶ πατρὶ

227 ὅτε v. l. ant , vulg. · ὅτι Ar. **h i m p q** A V¹   228 τό ῥα Ar.
vulg. : τόρρα v. l. ant., **ϭ ϭ i** : τόν ῥα **p⁹ p⁸⁹ f g** B C V¹⁶   231 στὰς]
ἀνστὰς **p⁹** : στὰς ἐν L¹⁰ V³²   233 Δωδωναῖε] **Φηγωναῖε** Zen. : Βωδωναῖε
v. l. ant. : ἀναδωδωναῖε (ὑφ' ἕν) al. **ϭ** B Le Lp T   Πελαργικέ et
Πελασγικέ qu. **ϭ** B Lp T   234 δυσχειμέρου] πολυπίδακος Zen.
Σελλοὶ] Ἑλλοὶ v. l. ap. Strab. 328 et scholl.   237 ath. Aristoph.
Ar. : om. Zen.   243 ἐπιστέαται Zen.   247 ἱκέσθω **p⁹ p⁵⁹ f h r**
252 σάον et σόον Ar. (διχῶς) : σόον codd.

ἂψ κλισίην εἰσῆλθε, δέπας δ' ἀπέθηκ' ἐνὶ χηλῷ,
στῆ δὲ πάροιθ' ἐλθὼν κλισίης, ἔτι δ' ἤθελε θυμῷ   255
εἰσιδέειν Τρώων καὶ 'Αχαιῶν φύλοπιν αἰνήν.
Οἱ δ' ἅμα Πατρόκλῳ μεγαλήτορι θωρηχθέντες
ἔστιχον, ὄφρ' ἐν Τρωσὶ μέγα φρονέοντες ὄρουσαν.
αὐτίκα δὲ σφήκεσσιν ἐοικότες ἐξεχέοντο
εἰνοδίοις, οὓς παῖδες ἐριδμαίνωσιν ἔθοντες,   260
αἰεὶ κερτομέοντες, ὁδῷ ἔπι οἰκί' ἔχοντας,
νηπίαχοι· ξυνὸν δὲ κακὸν πολέεσσι τιθεῖσι.
τοὺς δ' εἴ περ παρά τίς τε κιὼν ἄνθρωπος ὁδίτης
κινήσῃ ἀέκων, οἱ δ' ἄλκιμον ἦτορ ἔχοντες
πρόσσω πᾶς πέτεται καὶ ἀμύνει οἷσι τέκεσσι.   265
τῶν τότε Μυρμιδόνες κραδίην καὶ θυμὸν ἔχοντες
ἐκ νηῶν ἐχέοντο· βοὴ δ' ἄσβεστος ὀρώρει.
Πάτροκλος δ' ἑτάροισιν ἐκέκλετο μακρὸν ἀΰσας·
" Μυρμιδόνες, ἕταροι Πηληϊάδεω 'Αχιλῆος,
ἀνέρες ἔστε, φίλοι, μνήσασθε δὲ θούριδος ἀλκῆς,   270
ὡς ἂν Πηλεΐδην τιμήσομεν, ὃς μέγ' ἄριστος
'Αργείων παρὰ νηυσὶ καὶ ἀγχέμαχοι θεράποντες,
γνῷ δὲ καὶ 'Ατρεΐδης εὐρὺ κρείων 'Αγαμέμνων
ἣν ἄτην, ὅ τ' ἄριστον 'Αχαιῶν οὐδὲν ἔτεισεν."
Ὣς εἰπὼν ὄτρυνε μένος καὶ θυμὸν ἑκάστου,   275
ἐν δὲ πέσον Τρώεσσιν ἀολλέες· ἀμφὶ δὲ νῆες
σμερδαλέον κονάβησαν ἀϋσάντων ὑπ' 'Αχαιῶν.
Τρῶες δ' ὡς εἴδοντο Μενοιτίου ἄλκιμον υἱόν,
αὐτὸν καὶ θεράποντα, σὺν ἔντεσι μαρμαίροντας,
πᾶσιν ὀρίνθη θυμός, ἐκίνηθεν δὲ φάλαγγες,   280
ἐλπόμενοι παρὰ ναῦφι ποδώκεα Πηλεΐωνα
μηνιθμὸν μὲν ἀπορρῖψαι, φιλότητα δ' ἑλέσθαι·
πάπτηνεν δὲ ἕκαστος ὅπῃ φύγοι αἰπὺν ὄλεθρον.

254 κλισίηνδ' ο d L¹⁸ V³²   ἀπέθηκ' Ar. vulg.: ἐπέθηκ' L¹⁹ V¹:
ἀνέθηκ' ο d L¹⁸   261 ath. Aristoph. Ar.   ἔχοντας Ar. (καὶ
ἅπασαι), vulg.: ἔχοντες p⁹ p³⁰ a b f l o r B C N⁴ V¹³   272 damnat
Seleucus   281 ἐλπόμεναι Zen.

Πάτροκλος δὲ πρῶτος ἀκόντισε δουρὶ φαεινῷ
ἀντικρὺ κατὰ μέσσον, ὅθι πλεῖστοι κλονέοντο,　285
νηὶ πάρα πρύμνῃ μεγαθύμου Πρωτεσιλάου,
καὶ βάλε Πυραίχμην, ὃς Παίονας ἱπποκορυστὰς
ἤγαγεν ἐξ Ἀμυδῶνος ἀπ' Ἀξιοῦ εὐρὺ ῥέοντος·
τὸν βάλε δεξιὸν ὦμον· ὁ δ' ὕπτιος ἐν κονίῃσι
κάππεσεν οἰμώξας, ἕταροι δέ μιν ἀμφὶ φόβηθεν　290
Παίονες· ἐν γὰρ Πάτροκλος φόβον ἧκεν ἅπασιν
ἡγεμόνα κτείνας, ὃς ἀριστεύεσκε μάχεσθαι.
ἐκ νηῶν δ' ἔλασεν, κατὰ δ' ἔσβεσεν αἰθόμενον πῦρ.
ἡμιδαὴς δ' ἄρα νηῦς λίπετ' αὐτόθι· τοὶ δὲ φόβηθεν
Τρῶες θεσπεσίῳ ὁμάδῳ· Δαναοὶ δ' ἐπέχυντο　295
νῆας ἀνὰ γλαφυράς· ὅμαδος δ' ἀλίαστος ἐτύχθη.
ὡς δ' ὅτ' ἀφ' ὑψηλῆς κορυφῆς ὄρεος μεγάλοιο
κινήσῃ πυκινὴν νεφέλην στεροπηγερέτα Ζεύς,
ἔκ τ' ἔφανεν πᾶσαι σκοπιαὶ καὶ πρώονες ἄκροι
καὶ νάπαι, οὐρανόθεν δ' ἄρ' ὑπερράγη ἄσπετος αἰθήρ,　300
ὣς Δαναοὶ νηῶν μὲν ἀπωσάμενοι δήϊον πῦρ
τυτθὸν ἀνέπνευσαν, πολέμου δ' οὐ γίγνετ' ἐρωή·
οὐ γάρ πώ τι Τρῶες ἀρηϊφίλων ὑπ' Ἀχαιῶν
προτροπάδην φοβέοντο μελαινάων ἀπὸ νηῶν,
ἀλλ' ἔτ' ἄρ' ἀνθίσταντο, νεῶν δ' ὑπόεικον ἀνάγκῃ.　305
Ἔνθα δ' ἀνὴρ ἕλεν ἄνδρα κεδασθείσης ὑσμίνης
ἡγεμόνων. πρῶτος δὲ Μενοιτίου ἄλκιμος υἱὸς
αὐτίκ' ἄρα στρεφθέντος Ἀρηϊλύκου βάλε μηρὸν
ἔγχεϊ ὀξυόεντι, διαπρὸ δὲ χαλκὸν ἔλασσε·
ῥῆξεν δ' ὀστέον ἔγχος, ὁ δὲ πρηνὴς ἐπὶ γαίῃ　310
κάππεσ'· ἀτὰρ Μενέλαος ἀρήϊος οὖτα Θόαντα
στέρνον γυμνωθέντα παρ' ἀσπίδα, λῦσε δὲ γυῖα.
Φυλείδης δ' Ἄμφικλον ἐφορμηθέντα δοκεύσας
ἔφθη ὀρεξάμενος πρυμνὸν σκέλος, ἔνθα πάχιστος

293 ἀκάματον πῦρ v. l. in A　300 ἀπερράγη h　301 νηὸς h
304 ἐφέβοντο i U¹⁰　310 γαίῃ b g h i r D V¹ : γαίης vulg.　313 ὑφορ-
μηθέντα Aristoph. N¹ (uv.)

μυῶν ἀνθρώπου πέλεται· περὶ δ' ἔγχεος αἰχμῇ 315
νεῦρα διεσχίσθη· τὸν δὲ σκότος ὄσσε κάλυψε.
Νεστορίδαι δ' ὁ μὲν οὔτασ' Ἀτύμνιον ὀξέι δουρὶ
Ἀντίλοχος, λαπάρης δὲ διήλασε χάλκεον ἔγχος·
ἤριπε δὲ προπάροιθε. Μάρις δ' αὐτοσχεδὰ δουρὶ
Ἀντιλόχῳ ἐπόρουσε κασιγνήτοιο χολωθείς, 320
στὰς πρόσθεν νέκυος· τοῦ δ' ἀντίθεος Θρασυμήδης
ἔφθη ὀρεξάμενος πρὶν οὐτάσαι, οὐδ' ἀφάμαρτεν,
ὦμον ἄφαρ· πρυμνὸν δὲ βραχίονα δουρὸς ἀκωκὴ
δρύψ' ἀπὸ μυώνων, ἀπὸ δ' ὀστέον ἄχρις ἄραξε·
δούπησεν δὲ πεσών, κατὰ δὲ σκότος ὄσσε κάλυψεν. 325
ὣς τὼ μὲν δοιοῖσι κασιγνήτοισι δαμέντε
βήτην εἰς Ἔρεβος, Σαρπηδόνος ἐσθλοὶ ἑταῖροι,
υἷες ἀκοντισταὶ Ἀμισωδάρου, ὅς ῥα Χίμαιραν
θρέψεν ἀμαιμακέτην, πολέσιν κακὸν ἀνθρώποισιν.
Αἴας δὲ Κλεόβουλον Ὀιλιάδης ἐπορούσας 330
ζωὸν ἕλε, βλαφθέντα κατὰ κλόνον· ἀλλά οἱ αὖθι
λῦσε μένος, πλήξας ξίφει αὐχένα κωπήεντι.
πᾶν δ' ὑπεθερμάνθη ξίφος αἵματι· τὸν δὲ κατ' ὄσσε
ἔλλαβε πορφύρεος θάνατος καὶ μοῖρα κραταιή.
Πηνέλεως δὲ Λύκων τε συνέδραμον· ἔγχεσι μὲν γὰρ 335
ἤμβροτον ἀλλήλων, μέλεον δ' ἠκόντισαν ἄμφω·
τὼ δ' αὖτις ξιφέεσσι συνέδραμον. ἔνθα Λύκων μὲν
ἱπποκόμου κόρυθος φάλον ἤλασεν, ἀμφὶ δὲ καυλὸν
φάσγανον ἐρραίσθη· ὁ δ' ὑπ' οὔατος αὐχένα θεῖνε
Πηνέλεως, πᾶν δ' εἴσω ἔδυ ξίφος, ἔσχεθε δ' υἷον 340
δέρμα, παρηέρθη δὲ κάρη, ὑπέλυντο δὲ γυῖα.
Μηριόνης δ' Ἀκάμαντα κιχεὶς ποσὶ καρπαλίμοισι
νύξ' ἵππων ἐπιβησόμενον κατὰ δεξιὸν ὦμον·
ἤριπε δ' ἐξ ὀχέων, κατὰ δ' ὀφθαλμῶν κέχυτ' ἀχλύς.
Ἰδομενεὺς δ' Ἐρύμαντα κατὰ στόμα νηλέι χαλκῷ 345

315 αἰχμῇ] ὁρμῇ o d k L¹⁸ V³² 317 οὐτάς v. l. ant. 338 καυλὸν
c d e m p: καλὸν vulg. 345 Ὀρύμαντα v. l. ant.

νύξε· τὸ δ' ἀντικρὺ δόρυ χάλκεον ἐξεπέρησε
νέρθεν ὑπ' ἐγκεφάλοιο, κέασσε δ' ἄρ' ὀστέα λευκά·
ἐκ δὲ τίναχθεν ὀδόντες, ἐνέπλησθεν δέ οἱ ἄμφω
αἵματος ὀφθαλμοί· τὸ δ' ἀνὰ στόμα καὶ κατὰ ῥῖνας
πρῆσε χανών· θανάτου δὲ μέλαν νέφος ἀμφεκάλυψεν. 350
Οὗτοι ἄρ' ἡγεμόνες Δαναῶν ἕλον ἄνδρα ἕκαστος.
ὡς δὲ λύκοι ἄρνεσσιν ἐπέχραον ἢ ἐρίφοισι
σίνται, ὑπὲκ μήλων αἱρεύμενοι, αἵ τ' ἐν ὄρεσσι
ποιμένος ἀφραδίῃσι διέτμαγεν· οἱ δὲ ἰδόντες
αἶψα διαρπάζουσιν ἀνάλκιδα θυμὸν ἐχούσας· 355
ὡς Δαναοὶ Τρώεσσιν ἐπέχραον· οἱ δὲ φόβοιο
δυσκελάδου μνήσαντο, λάθοντο δὲ θούριδος ἀλκῆς.
Αἴας δ' ὁ μέγας αἰὲν ἐφ' Ἕκτορι χαλκοκορυστῇ
ἵετ' ἀκοντίσσαι· ὁ δὲ ἰδρείῃ πολέμοιο,
ἀσπίδι ταυρείῃ κεκαλυμμένος εὐρέας ὤμους, 360
σκέπτετ' ὀϊστῶν τε ῥοῖζον καὶ δοῦπον ἀκόντων.
ἦ μὲν δὴ γίγνωσκε μάχης ἑτεραλκέα νίκην·
ἀλλὰ καὶ ὣς ἀνέμιμνε, σάω δ' ἐρίηρας ἑταίρους.
Ὡς δ' ὅτ' ἀπ' Οὐλύμπου νέφος ἔρχεται οὐρανὸν εἴσω
αἰθέρος ἐκ δίης, ὅτε τε Ζεὺς λαίλαπα τείνῃ, 365
ὡς τῶν ἐκ νηῶν γένετο ἰαχή τε φόβος τε,
οὐδὲ κατὰ μοῖραν πέραον πάλιν. Ἕκτορα δ' ἵπποι
ἔκφερον ὠκύποδες σὺν τεύχεσι, λεῖπε δὲ λαὸν
Τρωϊκόν, οὓς ἀέκοντας ὀρυκτὴ τάφρος ἔρυκε.
πολλοὶ δ' ἐν τάφρῳ ἐρυσάρματες ὠκέες ἵπποι 370
ἄξαντ' ἐν πρώτῳ ῥυμῷ λίπον ἅρματ' ἀνάκτων,
Πάτροκλος δ' ἕπετο σφεδανὸν Δαναοῖσι κελεύων,
Τρωσὶ κακὰ φρονέων· οἱ δὲ ἰαχῇ τε φόβῳ τε
πάσας πλῆσαν ὁδούς, ἐπεὶ ἂρ τμάγεν· ὕψι δ' ἀέλλη

347 κέασσε c p⁶⁹ V³² 351 ἕλεν C L¹² M¹⁰ N¹ V¹⁸ ἄνδρα ἕκαστον
p⁹ f k al. : ἄνδρας ἀρίστους v. l. in A 353 ἀγρεύμενοι, γρ U⁴ αἵ τ'
Ar. (θηλυκῶς), codd. 354 διέτμαγον v. l. ant. p⁹ a f al. 358 ἐφ']
ὑφ' d k al. 365 εὐδίης Bm⁶ P¹ P¹¹, γρ. M¹² λοίλαπα Ar. vulg. :
λαίλαπι v. l. ant. (ἐν τοῖς ὑπομνήμασι), e L¹⁹ 369 ἔεργε p⁹
V¹⁰ uv.

σκίδναθ' ὑπὸ νεφέων, τανύοντο δὲ μώνυχες ἵπποι   375
ἄψορρον προτὶ ἄστυ νεῶν ἄπο καὶ κλισιάων.
Πάτροκλος δ' ᾗ πλεῖστον ὀρινόμενον ἴδε λαόν,
τῇ ῥ' ἔχ' ὁμοκλήσας· ὑπὸ δ' ἄξοσι φῶτες ἔπιπτον
πρηνέες ἐξ ὀχέων, δίφροι δ' ἀνακυμβαλίαζον.
ἀντικρὺ δ' ἄρα τάφρον ὑπέρθορον ὠκέες ἵπποι   380
ἄμβροτοι, οὓς Πηλῆϊ θεοὶ δόσαν ἀγλαὰ δῶρα,
πρόσσω ἱέμενοι, ἐπὶ δ' Ἕκτορι κέκλετο θυμός·
ἵετο γὰρ βαλέειν· τὸν δ' ἔκφερον ὠκέες ἵπποι.
ὡς δ' ὑπὸ λαίλαπι πᾶσα κελαινὴ βέβριθε χθὼν
ἤματ' ὀπωρινῷ, ὅτε λαβρότατον χέει ὕδωρ   385
Ζεύς, ὅτε δή ῥ' ἄνδρεσσι κοτεσσάμενος χαλεπήνῃ,
οἳ βίῃ εἰν ἀγορῇ σκολιὰς κρίνωσι θέμιστας,
ἐκ δὲ δίκην ἐλάσωσι, θεῶν ὄπιν οὐκ ἀλέγοντες·
τῶν δέ τε πάντες μὲν ποταμοὶ πλήθουσι ῥέοντες,
πολλὰς δὲ κλιτῦς τότ' ἀποτμήγουσι χαράδραι,   390
ἐς δ' ἄλα πορφυρέην μεγάλα στενάχουσι ῥέουσαι
ἐξ ὀρέων ἐπικάρ, μινύθει δέ τε ἔργ' ἀνθρώπων·
ὣς ἵπποι Τρῳαὶ μεγάλα στενάχοντο θέουσαι.
Πάτροκλος δ' ἐπεὶ οὖν πρώτας ἐπέκερσε φάλαγγας,
ἂψ ἐπὶ νῆας ἔεργε παλιμπετές, οὐδὲ πόληος   395
εἴα ἱεμένους ἐπιβαινέμεν, ἀλλὰ μεσηγὺ
νηῶν καὶ ποταμοῦ καὶ τείχεος ὑψηλοῖο
κτεῖνε μεταΐσσων, πολέων δ' ἀπετίννυτο ποινήν.
ἔνθ' ἤτοι Πρόνοον πρῶτον βάλε δουρὶ φαεινῷ,
στέρνον γυμνωθέντα παρ' ἀσπίδα, λῦσε δὲ γυῖα·   400
δούπησεν δὲ πεσών· ὁ δὲ Θέστορα, Ἤνοπος υἱόν,
δεύτερον ὁρμηθείς—ὁ μὲν εὐξέστῳ ἐνὶ δίφρῳ
ἧστο ἀλείς· ἐκ γὰρ πλήγη φρένας, ἐκ δ' ἄρα χειρῶν

376 ἄστυ ἐλιχθέντων ὑπ' Ἀχαιῶν v. l. in A   379 ἐξ ὀχέων]
ἐξοπίσω i   380 ἄρα p⁹ fimpr ABCDV¹⁶ : ἀνὰ cet.   ὑπέκθορον
c g V³²   381 om. vulg. : hab. c h l p Mc N⁴   384 βέβρυχε d q
L¹⁹   385 ὀπωρινῷ] χειμερίῳ b h   393 Τρῳαὶ] Τρώων l D V¹⁶
394 ἀπέκερσε c g N¹ V³² : ἐπέκυρσε f m B C D N⁴ : πρώταις ἐνέκερσε
φάλαγξι p⁹   399 ποιμένα λαῶν v. l. ant.

ἡνία ἥχθησαν—ὁ δ' ἔγχεϊ νύξε παραστὰς
γναθμὸν δεξιτερόν, διὰ δ' αὐτοῦ πεῖρεν ὀδόντων,　　　405
ἕλκε δὲ δουρὸς ἑλὼν ὑπὲρ ἄντυγος, ὡς ὅτε τις φὼς
πέτρῃ ἔπι προβλῆτι καθήμενος ἱερὸν ἰχθὺν
ἐκ πόντοιο θύραζε λίνῳ καὶ ἤνοπι χαλκῷ·
ὣς ἕλκ' ἐκ δίφροιο κεχηνότα δουρὶ φαεινῷ,
κὰδ δ' ἄρ' ἐπὶ στόμ' ἔωσε· πεσόντα δέ μιν λίπε θυμός.　410
αὐτὰρ ἔπειτ' Ἐρύλαον ἐπεσσύμενον βάλε πέτρῳ
μέσσην κὰκ κεφαλήν· ἡ δ' ἄνδιχα πᾶσα κεάσθη
ἐν κόρυθι βριαρῇ· ὁ δ' ἄρα πρηνὴς ἐπὶ γαίῃ
κάππεσεν, ἀμφὶ δέ μιν θάνατος χύτο θυμοραϊστής.
αὐτὰρ ἔπειτ' Ἐρύμαντα καὶ Ἀμφοτερὸν καὶ Ἐπάλτην,　415
Τληπόλεμόν τε Δαμαστορίδην Ἐχίον τε Πύριν τε,
Ἰφέα τ' Εὔιππόν τε καὶ Ἀργεάδην Πολύμηλον,
πάντας ἐπασσυτέρους πέλασε χθονὶ πουλυβοτείρῃ.
Σαρπηδὼν δ' ὡς οὖν ἴδ' ἀμιτροχίτωνας ἑταίρους
χέρσ' ὕπο Πατρόκλοιο Μενοιτιάδαο δαμέντας,　　　420
κέκλετ' ἄρ' ἀντιθέοισι καθαπτόμενος Λυκίοισιν·
" αἰδώς, ὦ Λύκιοι· πόσε φεύγετε; νῦν θοοὶ ἔστε.
ἀντήσω γὰρ ἐγὼ τοῦδ' ἀνέρος, ὄφρα δαείω
ὅς τις ὅδε κρατέει καὶ δὴ κακὰ πολλὰ ἔοργε
Τρῶας, ἐπεὶ πολλῶν τε καὶ ἐσθλῶν γούνατ' ἔλυσεν."　425
Ἦ ῥα, καὶ ἐξ ὀχέων σὺν τεύχεσιν ἆλτο χαμᾶζε.
Πάτροκλος δ' ἑτέρωθεν, ἐπεὶ ἴδεν, ἔκθορε δίφρου.
οἱ δ' ὥς τ' αἰγυπιοὶ γαμψώνυχες ἀγκυλοχεῖλαι
πέτρῃ ἐφ' ὑψηλῇ μεγάλα κλάζοντε μάχωνται,
ὣς οἱ κεκλήγοντες ἐπ' ἀλλήλοισιν ὄρουσαν.　　　430
τοὺς δὲ ἰδὼν ἐλέησε Κρόνου πάϊς ἀγκυλομήτεω,
Ἥρην δὲ προσέειπε κασιγνήτην ἄλοχόν τε·
" ὤ μοι ἐγών, ὅ τέ μοι Σαρπηδόνα, φίλτατον ἀνδρῶν,

411 ἐπεσσύμενος A ss. D M⁸, v. l. in T　　420 δαμέντας] θανόντας ꜧ
430 κεκλήγοντες Ar. a d f g i k o A B C Vˡ Vˡ⁶ : κεκληγῶτες Ar.
ed. alt. (καὶ αἱ πλείους) Mo Pⁿ : κεκληγότες vulg.　　432–458 om.
⟨περιγράφει) Zen.

16. ΙΛΙΑΔΟΣ Π

μοῖρ' ὑπὸ Πατρόκλοιο Μενοιτιάδαο δαμῆναι.
διχθὰ δέ μοι κραδίη μέμονε φρεσὶν ὁρμαίνοντι,   435
ἤ μιν ζωὸν ἐόντα μάχης ἄπο δακρυοέσσης
θείω ἀναρπάξας Λυκίης ἐν πίονι δήμῳ,
ἦ ἤδη ὑπὸ χερσὶ Μενοιτιάδαο δαμάσσω."
    Τὸν δ' ἠμείβετ' ἔπειτα βοῶπις πότνια "Ηρη·
" αἰνότατε Κρονίδη, ποῖον τὸν μῦθον ἔειπες.   440
ἄνδρα θνητὸν ἐόντα, πάλαι πεπρωμένον αἴσῃ,
ἂψ ἐθέλεις θανάτοιο δυσηχέος ἐξαναλῦσαι;
ἔρδ'· ἀτὰρ οὔ τοι πάντες ἐπαινέομεν θεοὶ ἄλλοι.
ἄλλο δέ τοι ἐρέω, σὺ δ' ἐνὶ φρεσὶ βάλλεο σῇσιν·
αἴ κε ζῶν πέμψῃς Σαρπηδόνα ὅνδε δόμονδε,   445
φράζεο μή τις ἔπειτα θεῶν ἐθέλῃσι καὶ ἄλλος
πέμπειν ὃν φίλον υἱὸν ἀπὸ κρατερῆς ὑσμίνης·
πολλοὶ γὰρ περὶ ἄστυ μέγα Πριάμοιο μάχονται
υἱέες ἀθανάτων, τοῖσιν κότον αἰνὸν ἐνήσεις.
ἀλλ' εἴ τοι φίλος ἐστί, τεὸν δ' ὀλοφύρεται ἦτορ,   450
ἤτοι μέν μιν ἔασον ἐνὶ κρατερῇ ὑσμίνῃ
χέρσ' ὕπο Πατρόκλοιο Μενοιτιάδαο δαμῆναι·
αὐτὰρ ἐπὴν δὴ τόν γε λίπῃ ψυχή τε καὶ αἰών,
πέμπειν μιν Θάνατόν τε φέρειν καὶ νήδυμον "Υπνον,
εἰς ὅ κε δὴ Λυκίης εὐρείης δῆμον ἵκωνται,   455
ἔνθα ἑ ταρχύσουσι κασίγνητοί τε ἔται τε
τύμβῳ τε στήλῃ τε· τὸ γὰρ γέρας ἐστὶ θανόντων."
    "Ως ἔφατ', οὐδ' ἀπίθησε πατὴρ ἀνδρῶν τε θεῶν τε·
αἱματοέσσας δὲ ψιάδας κατέχευεν ἔραζε
παῖδα φίλον τιμῶν, τόν οἱ Πάτροκλος ἔμελλε   460
φθίσειν ἐν Τροίῃ ἐριβώλακι, τηλόθι πάτρης.
    Οἱ δ' ὅτε δὴ σχεδὸν ἦσαν ἐπ' ἀλλήλοισιν ἰόντες,
ἔνθ' ἤτοι Πάτροκλος ἀγακλειτὸν Θρασύμηλον,

445 ζῶν Ar. f p A C L²⁰ U² U⁴ V¹ V¹⁴ V¹⁸ : ζῳὸν v. l. ant., vulg.
450 φίλος Ar. b f h i A marg. B C V¹⁶ V³² : φίλον v. l. ant.,
vulg.   454 νήδυμον Ar. codd.   455 ἵκηται V¹⁰ in ras. : ἵκοιτο
v. l. in A   463 Θρασύμηλον d A B C al. : Θρασύμηδον r U¹¹ V³² :
Θρασυμήδην b e g l al. : Θρασύδημον vulg.

ὅς ῥ' ἠὺς θεράπων Σαρπηδόνος ἦεν ἄνακτος,
τὸν βάλε νείαιραν κατὰ γαστέρα, λῦσε δὲ γυῖα.　465
Σαρπηδὼν δ' αὐτοῦ μὲν ἀπήμβροτε δουρὶ φαεινῷ
δεύτερον ὁρμηθείς, ὁ δὲ Πήδασον οὔτασεν ἵππον
ἔγχεϊ δεξιὸν ὦμον· ὁ δ' ἔβραχε θυμὸν ἀίσθων,
κὰδ δὲ πέσ' ἐν κονίῃσι μακών, ἀπὸ δ' ἔπτατο θυμός.
τὼ δὲ διαστήτην, κρίκε δὲ ζυγόν, ἡνία δέ σφι　470
σύγχυτ', ἐπεὶ δὴ κεῖτο παρήορος ἐν κονίῃσι.
τοῖο μὲν Αὐτομέδων δουρικλυτὸς εὕρετο τέκμωρ·
σπασσάμενος τανύηκες ἄορ παχέος παρὰ μηροῦ,
ἀΐξας ἀπέκοψε παρήορον οὐδὲ μάτησε·
τὼ δ' ἰθυνθήτην, ἐν δὲ ῥυτῆρσι τάνυσθεν·　475
τὼ δ' αὖτις συνίτην ἔριδος πέρι θυμοβόροιο.
Ἔνθ' αὖ Σαρπηδὼν μὲν ἀπήμβροτε δουρὶ φαεινῷ,
Πατρόκλου δ' ὑπὲρ ὦμον ἀριστερὸν ἤλυθ' ἀκωκὴ
ἔγχεος, οὐδ' ἔβαλ' αὐτόν· ὁ δ' ὕστερος ὄρνυτο χαλκῷ
Πάτροκλος· τοῦ δ' οὐχ ἅλιον βέλος ἔκφυγε χειρός,　480
ἀλλ' ἔβαλ' ἔνθ' ἄρα τε φρένες ἔρχαται ἀμφ' ἁδινὸν κῆρ.
ἤριπε δ' ὡς ὅτε τις δρῦς ἤριπεν ἢ ἀχερωΐς,
ἠὲ πίτυς βλωθρή, τήν τ' οὔρεσι τέκτονες ἄνδρες
ἐξέταμον πελέκεσσι νεήκεσι νήϊον εἶναι·
ὡς ὁ πρόσθ' ἵππων καὶ δίφρου κεῖτο τανυσθείς,　485
βεβρυχώς, κόνιος δεδραγμένος αἱματοέσσης.
ἠΰτε ταῦρον ἔπεφνε λέων ἀγέληφι μετελθών,
αἴθωνα μεγάθυμον, ἐν εἰλιπόδεσσι βόεσσι,
ὤλετό τε στενάχων ὑπὸ γαμφηλῇσι λέοντος,
ὡς ὑπὸ Πατρόκλῳ Λυκίων ἀγὸς ἀσπιστάων　490

467 δεύτερον Ar. b f i A ss. B C D: δεύτερος v. l. ant., vulg
οὔτασεν] ἤλασεν Philemo : tum
　　　　　ὁ δὲ Πήδασον ἀγλαὸν ἵππον
　　τόν ῥά ποτ' Ἠετίωνος ἑλὼν πόλιν ἤγαγ' Ἀχιλλεύς,
　　ὃς καὶ θνητὸς ἐὼν ἕπεθ' ἵπποις ἀθανάτοισι,
　　τὸν βάλε δεξιὸν ὦμον κτλ.
Aristarcho tribuit ς T　　　　470 κρίγε, τρίγε, τρίχε ς B Lp T
475 ῥυτῆρι v. l. in T　　486 βεβρυκώς v. l. ant.　　487 ως δ οτε p⁶⁰
488 ἐν Ar. (αἱ πλείους), vulg. : ἐπ' a b o d i k r A ss.

κτεινόμενος μενέαινε, φίλον δ' ὀνόμηνεν ἑταῖρον·
" Γλαῦκε πέπον, πολεμιστὰ μετ' ἀνδράσι, νῦν σε μάλα χρὴ
αἰχμητήν τ' ἔμεναι καὶ θαρσαλέον πολεμιστήν·
νῦν τοι ἐελδέσθω πόλεμος κακός, εἰ θοός ἐσσι.
πρῶτα μὲν ὄτρυνον Λυκίων ἡγήτορας ἄνδρας,   495
πάντῃ ἐποιχόμενος, Σαρπηδόνος ἀμφιμάχεσθαι·
αὐτὰρ ἔπειτα καὶ αὐτὸς ἐμεῦ πέρι μάρναο χαλκῷ.
σοὶ γὰρ ἐγὼ καὶ ἔπειτα κατηφείη καὶ ὄνειδος
ἔσσομαι ἤματα πάντα διαμπερές, εἴ κέ μ' Ἀχαιοὶ
τεύχεα συλήσωσι νεῶν ἐν ἀγῶνι πεσόντα.   500
ἀλλ' ἔχεο κρατερῶς, ὄτρυνε δὲ λαὸν ἅπαντα."
Ὣς ἄρα μιν εἰπόντα τέλος θανάτοιο κάλυψεν
ὀφθαλμοὺς ῥῖνάς θ'· ὁ δὲ λὰξ ἐν στήθεσι βαίνων
ἐκ χροὸς ἕλκε δόρυ, προτὶ δὲ φρένες αὐτῷ ἕποντο·
τοῖο δ' ἅμα ψυχήν τε καὶ ἔγχεος ἐξέρυσ' αἰχμήν.   505
Μυρμιδόνες δ' αὐτοῦ σχέθον ἵππους φυσιόωντας,
ἱεμένους φοβέεσθαι, ἐπεὶ λίπον ἅρματ' ἀνάκτων.
Γλαύκῳ δ' αἰνὸν ἄχος γένετο φθογγῆς ἀίοντι·
ὠρίνθη δέ οἱ ἦτορ, ὅ τ' οὐ δύνατο προσαμῦναι.
χειρὶ δ' ἑλὼν ἐπίεζε βραχίονα· τεῖρε γὰρ αὐτὸν   510
ἕλκος, ὃ δή μιν Τεῦκρος ἐπεσσύμενον βάλεν ἰῷ
τείχεος ὑψηλοῖο, ἀρὴν ἑτάροισιν ἀμύνων.
εὐχόμενος δ' ἄρα εἶπεν ἑκηβόλῳ Ἀπόλλωνι·
" κλῦθι, ἄναξ, ὅς που Λυκίης ἐν πίονι δήμῳ
εἰς ἢ ἐνὶ Τροίῃ· δύνασαι δὲ σὺ πάντοσ' ἀκούειν   515
ἀνέρι κηδομένῳ, ὡς νῦν ἐμὲ κῆδος ἱκάνει.
ἕλκος μὲν γὰρ ἔχω τόδε καρτερόν, ἀμφὶ δέ μοι χεὶρ
ὀξείῃς ὀδύνῃσιν ἐλήλαται, οὐδέ μοι αἷμα
τερσῆναι δύναται, βαρύθει δέ μοι ὦμος ὑπ' αὐτοῦ·

492 πάρος, γρ. B T   494 κακός] θρασύς v. l. ant.   499 κέ μ']
κεν ἆ M⁸ U¹³ v. l. A   504 ἔποντο] ἔχοντο Ar.   507 λίπον Zen.
c f g h al. : λίπεν Ar. vulg.   510 χειρὶ λαβὼν θ' ἰ   αὐτὸν] αἰνῶς
a d e i al.   511 ἐπεσσύμενος f B C M⁸ Mc V²⁰ V³²   515 πάντ'
ἐσακούειν Zen. : πάντοθ' ἀκούειν qu. B T   519 ὑπ' αὐτοῦ] ὕπερθε i

ἔγχος δ᾽ οὐ δύναμαι σχεῖν ἔμπεδον, οὐδὲ μάχεσθαι   520
ἐλθὼν δυσμενέεσσιν.   ἀνὴρ δ᾽ ὥριστος ὄλωλε,
Σαρπηδών, Διὸς υἱός· ὁ δ᾽ οὐδ᾽ οὗ παιδὸς ἀμύνει.
ἀλλὰ σύ πέρ μοι, ἄναξ, τόδε καρτερὸν ἕλκος ἄκεσσαι,
κοίμησον δ᾽ ὀδύνας, δὸς δὲ κράτος, ὄφρ᾽ ἑτάροισι
κεκλόμενος Λυκίοισιν ἐποτρύνω πολεμίζειν,   525
αὐτός τ᾽ ἀμφὶ νέκυι κατατεθνηῶτι μάχωμαι."
   Ὣς ἔφατ᾽ εὐχόμενος, τοῦ δ᾽ ἔκλυε Φοῖβος Ἀπόλλων.
αὐτίκα παῦσ᾽ ὀδύνας, ἀπὸ δ᾽ ἕλκεος ἀργαλέοιο
αἷμα μέλαν τέρσηνε, μένος δέ οἱ ἔμβαλε θυμῷ.
Γλαῦκος δ᾽ ἔγνω ᾗσιν ἐνὶ φρεσὶ γήθησέν τε,   530
ὅττι οἱ ὦκ᾽ ἤκουσε μέγας θεὸς εὐξαμένοιο.
πρῶτα μὲν ὄτρυνεν Λυκίων ἡγήτορας ἄνδρας,
πάντῃ ἐποιχόμενος, Σαρπηδόνος ἀμφιμάχεσθαι·
αὐτὰρ ἔπειτα μετὰ Τρῶας κίε μακρὰ βιβάσθων,
Πουλυδάμαντ᾽ ἔπι Πανθοΐδην καὶ Ἀγήνορα δῖον,   535
βῆ δὲ μετ᾽ Αἰνείαν τε καὶ Ἕκτορα χαλκοκορυστήν,
ἀγχοῦ δ᾽ ἱστάμενος ἔπεα πτερόεντα προσηύδα·
"Ἕκτορ, νῦν δὴ πάγχυ λελασμένος εἰς ἐπικούρων,
οἳ σέθεν εἵνεκα τῆλε φίλων καὶ πατρίδος αἴης
θυμὸν ἀποφθινύθουσι· σὺ δ᾽ οὐκ ἐθέλεις ἐπαμύνειν.   540
κεῖται Σαρπηδών, Λυκίων ἀγὸς ἀσπιστάων,
ὃς Λυκίην εἴρυτο δίκῃσί τε καὶ σθένεϊ ᾧ·
τὸν δ᾽ ὑπὸ Πατρόκλῳ δάμασ᾽ ἔγχεϊ χάλκεος Ἄρης.
ἀλλά, φίλοι, πάρστητε, νεμεσσήθητε δὲ θυμῷ,
μὴ ἀπὸ τεύχε᾽ ἕλωνται, ἀεικίσσωσι δὲ νεκρὸν   545
Μυρμιδόνες, Δαναῶν κεχολωμένοι ὅσσοι ὄλοντο,
τοὺς ἐπὶ νηυσὶ θοῇσιν ἐπέφνομεν ἐγχείῃσιν."
   Ὣς ἔφατο, Τρῶας δὲ κατὰ κρῆθεν λάβε πένθος
ἄσχετον, οὐκ ἐπιεικτόν, ἐπεί σφισιν ἕρμα πόληος
ἔσκε καὶ ἀλλοδαπός περ ἐών· πολέες γὰρ ἅμ᾽ αὐτῷ   550

522 οὗ παιδὸς Ar. c Bm² P¹² : ᾧ παιδὶ vulg.   523 ἕλκος] ἄλγος
f1C   526 νέκυν h   530 φώνησέν τε L⁶ V¹⁰ (uv.)   531 μέγας]
ἄναξ M¹⁰ N¹ V¹ V¹⁴   540 -ῦναι g1 L¹⁹ V¹⁶

16. ΙΛΙΑΔΟΣ Π

λαοὶ ἕποντ', ἐν δ' αὐτὸς ἀριστεύεσκε μάχεσθαι·
βὰν δ' ἰθὺς Δαναῶν λελιημένοι· ἦρχε δ' ἄρα σφω
Ἕκτωρ χωόμενος Σαρπηδόνος. αὐτὰρ Ἀχαιοὺς
ὦρσε Μενοιτιάδεω Πατροκλῆος λάσιον κῆρ·
Αἴαντε πρώτω προσέφη, μεμαῶτε καὶ αὐτώ·   555
" Αἴαντε, νῦν σφῶϊν ἀμύνεσθαι φίλον ἔστω,
οἷοί περ πάρος ἦτε μετ' ἀνδράσιν, ἢ καὶ ἀρείους.
κεῖται ἀνὴρ ὃς πρῶτος ἐσήλατο τεῖχος Ἀχαιῶν,
Σαρπηδών· ἀλλ' εἴ μιν ἀεικισσαίμεθ' ἑλόντες,
τεύχεά τ' ὤμοιιν ἀφελοίμεθα, καί τιν' ἑταίρων   560
αὐτοῦ ἀμυνομένων δαμασαίμεθα νηλέϊ χαλκῷ."
Ὣς ἔφαθ', οἱ δὲ καὶ αὐτοὶ ἀλέξασθαι μενέαινον.
οἱ δ' ἐπεὶ ἀμφοτέρωθεν ἐκαρτύναντο φάλαγγας,
Τρῶες καὶ Λύκιοι καὶ Μυρμιδόνες καὶ Ἀχαιοί,
σύμβαλον ἀμφὶ νέκυι κατατεθνηῶτι μάχεσθαι   565
δεινὸν ἀΰσαντες· μέγα δ' ἔβραχε τεύχεα φωτῶν.
Ζεὺς δ' ἐπὶ νύκτ' ὀλοὴν τάνυσε κρατερῇ ὑσμίνῃ,
ὄφρα φίλῳ περὶ παιδὶ μάχης ὀλοὸς πόνος εἴη.
Ὦσαν δὲ πρότεροι Τρῶες ἑλίκωπας Ἀχαιούς·
βλῆτο γὰρ οὔ τι κάκιστος ἀνὴρ μετὰ Μυρμιδόνεσσιν,   570
υἱὸς Ἀγακλῆος μεγαθύμου, δῖος Ἐπειγεύς,
ὅς ῥ' ἐν Βουδείῳ εὖ ναιομένῳ ἤνασσε
τὸ πρίν· ἀτὰρ τότε γ' ἐσθλὸν ἀνεψιὸν ἐξεναρίξας
ἐς Πηλῆ' ἱκέτευσε καὶ ἐς Θέτιν ἀργυρόπεζαν·
οἱ δ' ἅμ' Ἀχιλλῆϊ ῥηξήνορι πέμπον ἕπεσθαι   575
Ἴλιον εἰς εὔπωλον, ἵνα Τρώεσσι μάχοιτο.
τόν ῥα τόθ' ἁπτόμενον νέκυος βάλε φαίδιμος Ἕκτωρ
χερμαδίῳ κεφαλήν· ἡ δ' ἄνδιχα πᾶσα κεάσθη
ἐν κόρυθι βριαρῇ· ὁ δ' ἄρα πρηνὴς ἐπὶ νεκρῷ
κάππεσεν, ἀμφὶ δέ μιν θάνατος χύτο θυμοραϊστής.   580
Πατρόκλῳ δ' ἄρ' ἄχος γένετο φθιμένου ἑτάροιο,
ἴθυσεν δὲ διὰ προμάχων ἴρηκι ἐοικὼς

556 φίλον] μένος v. l. in A   557 ἀνδρῶν h   559 εἴ] εὖ Rhianus

95

ὠκέϊ, ὅς τ' ἐφόβησε κολοιούς τε ψῆράς τε·
ὣς ἰθὺς Λυκίων, Πατρόκλεες ἱπποκέλευθε,
ἔσσυο καὶ Τρώων, κεχόλωσο δὲ κῆρ ἑτάροιο.   585
καί ῥ' ἔβαλε Σθενέλαον, Ἰθαιμένεος φίλον υἱόν,
αὐχένα χερμαδίῳ, ῥῆξεν δ' ἀπὸ τοῖο τένοντας.
χώρησαν δ' ὑπό τε πρόμαχοι καὶ φαίδιμος Ἕκτωρ.
ὅσση δ' αἰγανέης ῥιπὴ ταναοῖο τέτυκται,
ἥν ῥά τ' ἀνὴρ ἀφέῃ πειρώμενος ἢ ἐν ἀέθλῳ   590
ἠὲ καὶ ἐν πολέμῳ, δηΐων ὕπο θυμοραϊστέων,
τόσσον ἐχώρησαν Τρῶες, ὤσαντο δ' Ἀχαιοί.
Γλαῦκος δὲ πρῶτος, Λυκίων ἀγὸς ἀσπιστάων,
ἐτράπετ', ἔκτεινεν δὲ Βαθυκλῆα μεγάθυμον,
Χάλκωνος φίλον υἱόν, ὃς Ἑλλάδι οἰκία ναίων   595
ὄλβῳ τε πλούτῳ τε μετέπρεπε Μυρμιδόνεσσι.
τὸν μὲν ἄρα Γλαῦκος στῆθος μέσον οὔτασε δουρὶ
στρεφθεὶς ἐξαπίνης, ὅτε μιν κατέμαρπτε διώκων·
δούπησεν δὲ πεσών· πυκινὸν δ' ἄχος ἔλλαβ' Ἀχαιούς,
ὡς ἔπεσ' ἐσθλὸς ἀνήρ· μέγα δὲ Τρῶες κεχάροντο,   600
στὰν δ' ἀμφ' αὐτὸν ἰόντες ἀολλέες· οὐδ' ἄρ' Ἀχαιοὶ
ἀλκῆς ἐξελάθοντο, μένος δ' ἰθὺς φέρον αὐτῶν.
ἔνθ' αὖ Μηριόνης Τρώων ἕλεν ἄνδρα κορυστήν,
Λαόγονον, θρασὺν υἱὸν Ὀνήτορος, ὃς Διὸς ἱρεὺς
Ἰδαίου ἐτέτυκτο, θεὸς δ' ὣς τίετο δήμῳ.   605
τὸν βάλ' ὑπὸ γναθμοῖο καὶ οὔατος· ὦκα δὲ θυμὸς
ᾤχετ' ἀπὸ μελέων, στυγερὸς δ' ἄρα μιν σκότος εἷλεν.
Αἰνείας δ' ἐπὶ Μηριόνῃ δόρυ χάλκεον ἧκεν·
ἔλπετο γὰρ τεύξεσθαι ὑπασπίδια προβιβῶντος.
ἀλλ' ὁ μὲν ἄντα ἰδὼν ἠλεύατο χάλκεον ἔγχος·   610
πρόσσω γὰρ κατέκυψε, τὸ δ' ἐξόπιθεν δόρυ μακρὸν

587 τένοντε A ss. **r** L² L⁴ U¹⁰ U¹¹ V¹⁶   599 πυκινὸν] δεινὸν **c** V³²
604 θρασὺν] φίλον v. l. **g** T, U¹³   607 ἀπὸ] ἀπαὶ **p** L¹⁹ V¹ V⁴
V¹⁴ V¹⁶ : ἀπ' ἐκ M¹²   607 a
Μηριόνης δ' ἀνέπαλτο φίλον δέ οἱ ἦτορ ἰάνθη
add. quidam **g** T

οὖδει ἐνισκίμφθη, ἐπὶ δ᾽ οὐρίαχος πελεμίχθη
ἔγχεος· ἔνθα δ᾽ ἔπειτ᾽ ἀφίει μένος ὄβριμος Ἄρης.
αἰχμὴ δ᾽ Αἰνείαο κραδαινομένη κατὰ γαίης
ᾤχετ᾽, ἐπεί ῥ᾽ ἅλιον στιβαρῆς ἀπὸ χειρὸς ὄρουσεν.   615
Αἰνείας δ᾽ ἄρα θυμὸν ἐχώσατο φώνησέν τε·
" Μηριόνη, τάχα κέν σε καὶ ὀρχηστήν περ ἐόντα
ἔγχος ἐμὸν κατέπαυσε διαμπερές, εἴ σ᾽ ἔβαλόν περ."
    Τὸν δ᾽ αὖ Μηριόνης δουρικλυτὸς ἀντίον ηὔδα·
" Αἰνεία, χαλεπόν σε καὶ ἴφθιμόν περ ἐόντα   620
πάντων ἀνθρώπων σβέσσαι μένος, ὅς κέ σευ ἄντα
ἔλθῃ ἀμυνόμενος· θνητὸς δέ νυ καὶ σὺ τέτυξαι.
εἰ καὶ ἐγώ σε βάλοιμι τυχὼν μέσον ὀξέϊ χαλκῷ,
αἶψά κε καὶ κρατερός περ ἐὼν καὶ χερσὶ πεποιθὼς
εὖχος ἐμοὶ δοίης, ψυχὴν δ᾽ Ἄϊδι κλυτοπώλῳ."   625
    Ὣς φάτο, τὸν δ᾽ ἐνένιπε Μενοιτίου ἄλκιμος υἱός·
" Μηριόνη, τί σὺ ταῦτα καὶ ἐσθλὸς ἐὼν ἀγορεύεις;
ὦ πέπον, οὔ τοι Τρῶες ὀνειδείοις ἐπέεσσι
νεκροῦ χωρήσουσι· πάρος τινὰ γαῖα καθέξει.
ἐν γὰρ χερσὶ τέλος πολέμου, ἐπέων δ᾽ ἐνὶ βουλῇ·   630
τῶ οὔ τι χρὴ μῦθον ὀφέλλειν, ἀλλὰ μάχεσθαι."
    Ὣς εἰπὼν ὁ μὲν ἦρχ᾽, ὁ δ᾽ ἅμ᾽ ἕσπετο ἰσόθεος φώς.
τῶν δ᾽ ὥς τε δρυτόμων ἀνδρῶν ὀρυμαγδὸς ὄρωρεν
οὔρεος ἐν βήσσῃς, ἕκαθεν δέ τε γίγνετ᾽ ἀκουή,
ὣς τῶν ὄρνυτο δοῦπος ἀπὸ χθονὸς εὐρυοδείης   635
χαλκοῦ τε ῥινοῦ τε βοῶν τ᾽ εὐποιητάων,
νυσσομένων ξίφεσίν τε καὶ ἔγχεσιν ἀμφιγύοισιν.
οὐδ᾽ ἂν ἔτι φράδμων περ ἀνὴρ Σαρπηδόνα δῖον
ἔγνω, ἐπεὶ βελέεσσι καὶ αἵματι καὶ κονίῃσιν

613 om. Ar. ed. alt.   614-615 om. vulg. : hab. p Ang. L¹⁹ M⁷
M¹² V²⁹   618 περ] γε h M⁸   624 κε] τε r N¹   633 ὀρώρει
Ar. vulg. : ὀρώρεν v. l. ant., b g l o r v. l. in T   634 ἀκουή] αὐτή
Aristoph.   636 ῥινῶν v. l. ap. g A   τ᾽ omittendum censuit
Ar. : om. b O² U² U⁴ U¹³   638 Σαρπηδόνι δίῳ Ar. Ge

ἐκ κεφαλῆς εἴλυτο διαμπερὲς ἐς πόδας ἄκρους.　　540
οἱ δ' αἰεὶ περὶ νεκρὸν ὁμίλεον, ὡς ὅτε μυῖαι
σταθμῷ ἔνι βρομέωσι περιγλαγέας κατὰ πέλλας
ὥρῃ ἐν εἰαρινῇ, ὅτε τε γλάγος ἄγγεα δεύει·
ὡς ἄρα τοὶ περὶ νεκρὸν ὁμίλεον, οὐδέ ποτε Ζεὺς
τρέψεν ἀπὸ κρατερῆς ὑσμίνης ὅσσε φαεινώ,　　545
ἀλλὰ κατ' αὐτοὺς αἰὲν ὅρα καὶ φράζετο θυμῷ,
πολλὰ μάλ' ἀμφὶ φόνῳ Πατρόκλου μερμηρίζων,
ἢ ἤδη καὶ κεῖνον ἐνὶ κρατερῇ ὑσμίνῃ
αὐτοῦ ἐπ' ἀντιθέῳ Σαρπηδόνι φαίδιμος Ἕκτωρ
χαλκῷ δῃώσῃ, ἀπό τ' ὤμων τεύχε' ἕληται,　　550
ἦ ἔτι καὶ πλεόνεσσιν ὀφέλλειεν πόνον αἰπύν.
ὧδε δέ οἱ φρονέοντι δοάσσατο κέρδιον εἶναι,
ὄφρ' ἠὺς θεράπων Πηληϊάδεω Ἀχιλῆος
ἐξαῦτις Τρῶάς τε καὶ Ἕκτορα χαλκοκορυστὴν
ὤσαιτο προτὶ ἄστυ, πολέων δ' ἀπὸ θυμὸν ἕλοιτο.　　555
Ἕκτορι δὲ πρωτίστῳ ἀνάλκιδα θυμὸν ἐνῆκεν·
ἐς δίφρον δ' ἀναβὰς φύγαδ' ἔτραπε, κέκλετο δ' ἄλλους
Τρῶας φευγέμεναι· γνῶ γὰρ Διὸς ἱρὰ τάλαντα.
ἔνθ' οὐδ' ἴφθιμοι Λύκιοι μένον, ἀλλὰ φόβηθεν
πάντες, ἐπεὶ βασιλῆα ἴδον βεβλαμμένον ἦτορ,　　560
κείμενον ἐν νεκύων ἀγύρει· πολέες γὰρ ἐπ' αὐτῷ
κάππεσον, εὖτ' ἔριδα κρατερὴν ἐτάνυσσε Κρονίων.
οἱ δ' ἄρ' ἀπ' ὤμοιιν Σαρπηδόνος ἔντε' ἕλοντο
χάλκεα μαρμαίροντα, τὰ μὲν κοίλας ἐπὶ νῆας
δῶκε φέρειν ἑτάροισι Μενοιτίου ἄλκιμος υἱός.　　565
καὶ τότ' Ἀπόλλωνα προσέφη νεφεληγερέτα Ζεύς·
" εἰ δ' ἄγε νῦν, φίλε Φοῖβε, κελαινεφὲς αἷμα κάθηρον
ἐλθὼν ἐκ βελέων Σαρπηδόνα, καί μιν ἔπειτα

642 ἐΰγλαγέας Athen 495 c : πολυγλαγέας Apoll. lex. in Γλάγος
656 θυμὸν h l n o p r A B C U¹³ : φύζαν cet.　　ἐνῶρσεν g q N¹ T V¹ Eust.
al.　　660 βεβλαμμένον f p r A B C V³² : βεβλημένον vulg. : βελολη-
μένον i : δεδαιγμένον b h v. l. in A al.　　661 ἐπ'] ἄμ' a c d k V³²
666-683 ath. Zen.　　666 καὶ τότ' ἄρ' ἐξ Ἴδης προσέφη Ζεὺς ὃν φίλον
υἱόν Zen　　668 μ λέων a e　　Σαρπηδόνι Ar. a h M¹⁰ V¹⁴ V¹⁶

16. ΙΛΙΑΔΟΣ Π

πολλὸν ἀποπρὸ φέρων λοῦσον ποταμοῖο ῥοῇσι
χρῖσόν τ' ἀμβροσίῃ, περὶ δ' ἄμβροτα εἵματα ἕσσον·   670
πέμπε δέ μιν πομποῖσιν ἅμα κραιπνοῖσι φέρεσθαι,
Ὕπνῳ καὶ Θανάτῳ διδυμάοσιν, οἵ ῥά μιν ὦκα
θήσουσ' ἐν Λυκίης εὐρείης πίονι δήμῳ,
ἔνθα ἑ ταρχύσουσι κασίγνητοί τε ἔται τε
τύμβῳ τε στήλῃ τε· τὸ γὰρ γέρας ἐστὶ θανόντων."   675
"Ὣς ἔφατ', οὐδ' ἄρα πατρὸς ἀνηκούστησεν Ἀπόλλων.
βῆ δὲ κατ' Ἰδαίων ὀρέων ἐς φύλοπιν αἰνήν,
αὐτίκα δ' ἐκ βελέων Σαρπηδόνα δῖον ἀείρας
πολλὸν ἀποπρὸ φέρων λοῦσεν ποταμοῖο ῥοῇσι
χρῖσέν τ' ἀμβροσίῃ, περὶ δ' ἄμβροτα εἵματα ἕσσε·   680
πέμπε δέ μω πομποῖσιν ἅμα κραιπνοῖσι φέρεσθαι,
Ὕπνῳ καὶ Θανάτῳ διδυμάοσιν, οἵ ῥά μω ὦκα
κάτθεσαν ἐν Λυκίης εὐρείης πίονι δήμῳ.

Πάτροκλος δ' ἵπποισι καὶ Αὐτομέδοντι κελεύσας
Τρῶας καὶ Λυκίους μετεκίαθε, καὶ μέγ' ἀάσθη   685
νήπιος· εἰ δὲ ἔπος Πηληϊάδαο φύλαξεν,
ἦ τ' ἂν ὑπέκφυγε κῆρα κακὴν μέλανος θανάτοιο.
ἀλλ' αἰεί τε Διὸς κρείσσων νόος ἠέ περ ἀνδρῶν·
ὅς τε καὶ ἄλκιμον ἄνδρα φοβεῖ καὶ ἀφείλετο νίκην
ῥηϊδίως, ὅτε δ' αὐτὸς ἐποτρύνῃσι μάχεσθαι·   690
ὅς οἱ καὶ τότε θυμὸν ἐνὶ στήθεσσιν ἀνῆκεν.

Ἔνθα τίνα πρῶτον, τίνα δ' ὕστατον ἐξενάριξας,
Πατρόκλεις, ὅτε δή σε θεοὶ θάνατόνδε κάλεσσαν;
Ἄδρηστον μὲν πρῶτα καὶ Αὐτόνοον καὶ Ἔχεκλον
καὶ Πέριμον Μεγάδην καὶ Ἐπίστορα καὶ Μελάνιππον,   695
αὐτὰρ ἔπειτ' Ἔλασον καὶ Μούλιον ἠδὲ Πυλάρτην·
τοὺς ἕλεν· οἱ δ' ἄλλοι φύγαδε μνώοντο ἕκαστος.

673 θήσουσ' ἐν f i l n p A B C al.: θήσουσιν vulg.: θήσουσ' εὐρείης
Λυκίης ἐν πίονι δήμῳ c V³² (ἐν πίονι A ante corr.)   688 κρείσσω v. l.
ant.   ἀνδρῶν b e g h v. l. in A: ἀνδρός vulg.   689–690 om. p⁹
A D O⁵ U¹¹ V¹ V¹² V¹⁴ V¹⁶, codd. ap. Eust. (= P 177–178)   690 om. ↑
     ὅτε] τότε Aristoph.   694 ἀντίνοον c   ὀπίτην l Ge T U¹¹
V¹⁶·   697 ἕλες Zen.

Ἔνθα κεν ὑψίπυλον Τροίην ἕλον υἷες Ἀχαιῶν
Πατρόκλου ὑπὸ χερσί· περιπρὸ γὰρ ἔγχεϊ θῦεν·
εἰ μὴ Ἀπόλλων Φοῖβος ἐϋδμήτου ἐπὶ πύργου   700
ἔστη, τῷ ὀλοὰ φρονέων, Τρώεσσι δ' ἀρήγων.
τρὶς μὲν ἐπ' ἀγκῶνος βῆ τείχεος ὑψηλοῖο
Πάτροκλος, τρὶς δ' αὐτὸν ἀπεστυφέλιξεν Ἀπόλλων,
χείρεσσ' ἀθανάτῃσι φαεινὴν ἀσπίδα νύσσων.
ἀλλ' ὅτε δὴ τὸ τέταρτον ἐπέσσυτο δαίμονι ἶσος,   705
δεινὰ δ' ὁμοκλήσας ἔπεα πτερόεντα προσηύδα·
" χάζεο, διογενὲς Πατρόκλεες· οὔ νύ τοι αἶσα
σῷ ὑπὸ δουρὶ πόλιν πέρθαι Τρώων ἀγερώχων,
οὐδ' ὑπ' Ἀχιλλῆος, ὅς περ σέο πολλὸν ἀμείνων."
Ὣς φάτο, Πάτροκλος δ' ἀνεχάζετο πολλὸν ὀπίσσω,   710
μῆνιν ἀλευάμενος ἑκατηβόλου Ἀπόλλωνος.
Ἕκτωρ δ' ἐν Σκαιῇσι πύλῃς ἔχε μώνυχας ἵππους·
δίζε γὰρ ἠὲ μάχοιτο κατὰ κλόνον αὖτις ἐλάσσας,
ἦ λαοὺς ἐς τεῖχος ὁμοκλήσειεν ἀλῆναι.
ταῦτ' ἄρα οἱ φρονέοντι παρίστατο Φοῖβος Ἀπόλλων,   715
ἀνέρι εἰσάμενος αἰζηῷ τε κρατερῷ τε,
Ἀσίῳ, ὃς μήτρως ἦν Ἕκτορος ἱπποδάμοιο,
αὐτοκασίγνητος Ἑκάβης, υἱὸς δὲ Δύμαντος,
ὃς Φρυγίῃ ναίεσκε ῥοῇς ἔπι Σαγγαρίοιο·
τῷ μιν ἐεισάμενος προσέφη Διὸς υἱὸς Ἀπόλλων·   720
" Ἕκτορ, τίπτε μάχης ἀποπαύεαι; οὐδέ τί σε χρή.
αἴθ' ὅσον ἥσσων εἰμί, τόσον σέο φέρτερος εἴην·
τῷ κε τάχα στυγερῶς πολέμου ἀπερωήσειας.
ἀλλ' ἄγε, Πατρόκλῳ ἔφεπε κρατερώνυχας ἵππους,
αἴ κέν πώς μιν ἕλῃς, δώῃ δέ τοι εὖχος Ἀπόλλων."   725

706 δεινὰ δ'] δεινὸν h   ἔπεα πτερόεντα προσηύδα f g i l A B C V¹
V¹⁶ : προσέφη ἑκάεργος ἀπόλλων v. l. ant., vulg.   707 τοι] πω Ar.
b r : utrumque h   710 πολλὸν] τυτθὸν Zen. i k   711 ἀλευό-
μενος a b e f i k A ss. al.   716 εἰσάμενος Ar. vulg. : εἰδόμενος r
719 Φρυγίην pᵒ c e l r V¹⁶, cit. Strab. 590   ῥοῇ L⁵ L⁶ L⁸ V¹³
720 προσεφώνεε Φοῖβος θ (προσεφώνεε V¹ V¹⁴)   724 ἔφεπε] ἔπεχε h
725 μιν ἕλῃς] ἀνέλοις V⁴ V²⁷ : μιν ἕλοις f q C

Ὣς εἰπὼν ὁ μὲν αὖτις ἔβη θεὸς ἂμ πόνον ἀνδρῶν,
Κεβριόνῃ δ' ἐκέλευσε δαΐφρονι φαίδιμος Ἕκτωρ
ἵππους ἐς πόλεμον πεπληγέμεν.   αὐτὰρ Ἀπόλλων
δύσεθ' ὅμιλον ἰών, ἐν δὲ κλόνον Ἀργείοισιν
ἧκε κακόν, Τρωσὶν δὲ καὶ Ἕκτορι κῦδος ὄπαζεν.   730
Ἕκτωρ δ' ἄλλους μὲν Δαναοὺς ἔα οὐδ' ἐνάριζεν·
αὐτὰρ ὁ Πατρόκλῳ ἔφεπε κρατερώνυχας ἵππους.
Πάτροκλος δ' ἑτέρωθεν ἀφ' ἵππων ἆλτο χαμᾶζε
σκαιῇ ἔγχος ἔχων· ἑτέρηφι δὲ λάζετο πέτρον
μάρμαρον ὀκριόεντα, τόν οἱ περὶ χεὶρ ἐκάλυψεν,   735
ἧκε δ' ἐρεισάμενος, οὐδὲ δὴν χάζετο φωτός,
οὐδ' ἁλίωσε βέλος, βάλε δ' Ἕκτορος ἡνιοχῆα,
Κεβριόνην, νόθον υἱὸν ἀγακλῆος Πριάμοιο,
ἵππων ἡνί' ἔχοντα, μετώπιον ὀξέϊ λᾶϊ.
ἀμφοτέρας δ' ὀφρῦς σύνελεν λίθος, οὐδέ οἱ ἔσχεν   740
ὀστέον, ὀφθαλμοὶ δὲ χαμαὶ πέσον ἐν κονίῃσιν
αὐτοῦ πρόσθε ποδῶν· ὁ δ' ἄρ' ἀρνευτῆρι ἐοικὼς
κάππεσ' ἀπ' εὐεργέος δίφρου, λίπε δ' ὀστέα θυμός.
τὸν δ' ἐπικερτομέων προσέφης, Πατρόκλεες ἱππεῦ·
" ὢ πόποι, ἦ μάλ' ἐλαφρὸς ἀνήρ, ὡς ῥεῖα κυβιστᾷ.   745
εἰ δή που καὶ πόντῳ ἐν ἰχθυόεντι γένοιτο,
πολλοὺς ἂν κορέσειεν ἀνὴρ ὅδε τήθεα διφῶν,
νηὸς ἀποθρῴσκων, εἰ καὶ δυσπέμφελος εἴη,
ὡς νῦν ἐν πεδίῳ ἐξ ἵππων ῥεῖα κυβιστᾷ.
ἦ ῥα καὶ ἐν Τρώεσσι κυβιστητῆρες ἔασιν."   750
Ὣς εἰπὼν ἐπὶ Κεβριόνῃ ἥρωϊ βεβήκει
οἶμα λέοντος ἔχων, ὅς τε σταθμοὺς κεραΐζων
ἔβλητο πρὸς στῆθος, ἑή τέ μιν ὤλεσεν ἀλκή·
ὣς ἐπὶ Κεβριόνῃ, Πατρόκλεες, ἆλσο μεμαώς.
Ἕκτωρ δ' αὖθ' ἑτέρωθεν ἀφ' ἵππων ἆλτο χαμᾶζε.   755
τὼ περὶ Κεβριόναο λέονθ' ὣς δηρινθήτην,

726 ἂμ] ἂν c g p V¹ V³²: εἰς e   732 ἔπεχε e h V¹ V¹⁴ v. l. in A
736 χάζετο ĩ M¹⁰ m. rec. P¹³ ss. Eust.: ἄζετο vulg.   745 ὡς
h i A B C D al.: ὃς vulg.   748 δυσπέμφελοι εἶεν Zen.   755 δ' αὖ
c h T V¹ V¹¹

16. ΙΛΙΑΔΟΣ Π

ὥ τ' ὄρεος κορυφῆσι περὶ κταμένης ἐλάφοιο,
ἄμφω πεινάοντε, μέγα φρονέοντε μάχεσθον·
ὣς περὶ Κεβριόναο δύω μήστωρες ἀϋτῆς,
Πάτροκλός τε Μενοιτιάδης καὶ φαίδιμος Ἕκτωρ,   760
ἵεντ' ἀλλήλων ταμέειν χρόα νηλέϊ χαλκῷ.
Ἕκτωρ μὲν κεφαλῆφιν ἐπεὶ λάβεν, οὐχὶ μεθίει·
Πάτροκλος δ' ἑτέρωθεν ἔχεν ποδός· οἱ δὲ δὴ ἄλλοι
Τρῶες καὶ Δαναοὶ σύναγον κρατερὴν ὑσμίνην.
Ὡς δ' Εὖρός τε Νότος τ' ἐριδαίνετον ἀλλήλοιιν   765
οὔρεος ἐν βήσσῃς βαθέην πελεμιζέμεν ὕλην,
φηγόν τε μελίην τε τανύφλοιόν τε κράνειαν,
αἵ τε πρὸς ἀλλήλας ἔβαλον τανυήκεας ὄζους
ἠχῇ θεσπεσίῃ, πάταγος δέ τε ἀγνυμενάων,
ὣς Τρῶες καὶ Ἀχαιοὶ ἐπ' ἀλλήλοισι θορόντες   770
δῄουν, οὐδ' ἕτεροι μνώοντ' ὀλοοῖο φόβοιο.
πολλὰ δὲ Κεβριόνην ἀμφ' ὀξέα δοῦρα πεπήγει
ἰοί τε πτερόεντες ἀπὸ νευρῆφι θορόντες,
πολλὰ δὲ χερμάδια μεγάλ' ἀσπίδας ἐστυφέλιξαν
μαρναμένων ἀμφ' αὐτόν· ὁ δ' ἐν στροφάλιγγι κονίης   775
κεῖτο μέγας μεγαλωστί, λελασμένος ἱπποσυνάων.
Ὄφρα μὲν Ἥλιος μέσον οὐρανὸν ἀμφιβεβήκει,
τόφρα μάλ' ἀμφοτέρων βέλε' ἥπτετο, πῖπτε δὲ λαός·
ἦμος δ' Ἥλιος μετενίσετο βουλυτόνδε,
καὶ τότε δή ῥ' ὑπὲρ αἶσαν Ἀχαιοὶ φέρτεροι ἦσαν.   780
ἐκ μὲν Κεβριόνην βελέων ἥρωα ἔρυσσαν
Τρώων ἐξ ἐνοπῆς, καὶ ἀπ' ὤμων τεύχε' ἕλοντο,
Πάτροκλος δὲ Τρωσὶ κακὰ φρονέων ἐνόρουσε.
τρὶς μὲν ἔπειτ' ἐπόρουσε θοῷ ἀτάλαντος Ἄρηϊ,
σμερδαλέα ἰάχων, τρὶς δ' ἐννέα φῶτας ἔπεφνεν.   785
ἀλλ' ὅτε δὴ τὸ τέταρτον ἐπέσσυτο δαίμονι ἶσος,

762 οὐχὶ] οὔ τι c h N¹ V³²   768 τανηηκέας p¹ c g V³²   774 ἐστυ-
φέλιξαν Ar. vulg. : ἐστυφέλιξεν b c e g l D al.   775 δ' ἐν Ar. b h :
δὲ vulg.   783 ἐπόρουσε h U¹³ : ἐβεβήκει r   784 ἐνόρουσε e h
T V¹

ἔνθ' ἄρα τοι, Πάτροκλε, φάνη βιότοιο τελευτή·
ἤντετο γάρ τοι Φοῖβος ἐνὶ κρατερῇ ὑσμίνῃ
δεινός· ὁ μὲν τὸν ἰόντα κατὰ κλόνον οὐκ ἐνόησεν·
ἠέρι γὰρ πολλῇ κεκαλυμμένος ἀντεβόλησε·   790
στῆ δ' ὄπιθεν, πλῆξεν δὲ μετάφρενον εὐρέε τ' ὤμω
χειρὶ καταπρηνεῖ, στρεφεδίνηθεν δέ οἱ ὄσσε.
τοῦ δ' ἀπὸ μὲν κρατὸς κυνέην βάλε Φοῖβος Ἀπόλλων·
ἡ δὲ κυλινδομένη καναχὴν ἔχε ποσσὶν ὑφ' ἵππων
αὐλῶπις τρυφάλεια, μιάνθησαν δὲ ἔθειραι   795
αἵματι καὶ κονίῃσι· πάρος γε μὲν οὐ θέμις ἦεν
ἱππόκομον πήληκα μιαίνεσθαι κονίῃσιν,
ἀλλ' ἀνδρὸς θείοιο κάρη χαρίεν τε μέτωπον
ῥύετ' Ἀχιλλῆος· τότε δὲ Ζεὺς Ἕκτορι δῶκεν
ᾗ κεφαλῇ φορέειν, σχεδόθεν δέ οἱ ἦεν ὄλεθρος.   800
πᾶν δέ οἱ ἐν χείρεσσιν ἄγη δολιχόσκιον ἔγχος,
βριθὺ μέγα στιβαρὸν κεκορυθμένον· αὐτὰρ ἀπ' ὤμων
ἀσπὶς σὺν τελαμῶνι χαμαὶ πέσε τερμιόεσσα.
λῦσε δέ οἱ θώρηκα ἄναξ Διὸς υἱὸς Ἀπόλλων.
τὸν δ' ἄτη φρένας εἷλε, λύθεν δ' ὑπὸ φαίδιμα γυῖα,   805
στῆ δὲ ταφών· ὄπιθεν δὲ μετάφρενον ὀξέϊ δουρὶ
ὤμων μεσσηγὺς σχεδόθεν βάλε Δάρδανος ἀνήρ,
Πανθοΐδης Εὔφορβος, ὃς ἡλικίην ἐκέκαστο
ἔγχεΐ θ' ἱπποσύνῃ τε πόδεσσί τε καρπαλίμοισι·
καὶ γὰρ δὴ τότε φῶτας ἐείκοσι βῆσεν ἀφ' ἵππων,   810
πρῶτ' ἐλθὼν σὺν ὄχεσφι, διδασκόμενος πολέμοιο·
ὅς τοι πρῶτος ἐφῆκε βέλος, Πατρόκλεες ἱππεῦ,
οὐδὲ δάμασσ'· ὁ μὲν αὖτις ἀνέδραμε, μίκτο δ' ὁμίλῳ,
ἐκ χροὸς ἁρπάξας δόρυ μείλινον, οὐδ' ὑπέμεινε
Πάτροκλον γυμνόν περ ἐόντ' ἐν δηϊοτῆτι.   815
Πάτροκλος δὲ θεοῦ πληγῇ καὶ δουρὶ δαμασθεὶς
ἂψ ἑτάρων εἰς ἔθνος ἐχάζετο κῆρ' ἀλεείνων.

794 ὑφ'] ἐφ' L¹⁹ N¹ U² U⁴   801 πᾶν] τῷ v. l. ant.   ἐάγη h
807 μεσσηγὺ pᵇ b g l al.   σχεδὸν οὔτασε Zen.   808 ἡλικίη V⁴ V¹⁰ V²⁷
810 τότε Ar. c h i V¹ V³²: ποτε vulg.   817 ἂψ δ' pˢ i L²

103

Ἕκτωρ δ᾽ ὡς εἶδεν Πατροκλῆα μεγάθυμον
ἂψ ἀναχαζόμενον, βεβλημένον ὀξέϊ χαλκῷ,
ἀγχίμολόν ῥά οἱ ἦλθε κατὰ στίχας, οὖτα δὲ δουρὶ   820
νείατον ἐς κενεῶνα, διαπρὸ δὲ χαλκὸν ἔλασσε·
δούπησεν δὲ πεσών, μέγα δ᾽ ἤκαχε λαὸν Ἀχαιῶν·
ὡς δ᾽ ὅτε σῦν ἀκάμαντα λέων ἐβιήσατο χάρμῃ,
ὥ τ᾽ ὄρεος κορυφῇσι μέγα φρονέοντε μάχεσθον
πίδακος ἀμφ᾽ ὀλίγης· ἐθέλουσι δὲ πιέμεν ἄμφω·   825
πολλὰ δέ τ᾽ ἀσθμαίνοντα λέων ἐδάμασσε βίηφιν·
ὡς πολέας πεφνόντα Μενοιτίου ἄλκιμον υἱὸν
Ἕκτωρ Πριαμίδης σχεδὸν ἔγχεϊ θυμὸν ἀπηύρα,
καί οἱ ἐπευχόμενος ἔπεα πτερόεντα προσηύδα·
" Πάτροκλ᾽, ἦ που ἔφησθα πόλιν κεραϊξέμεν ἁμήν,   830
Τρωϊάδας δὲ γυναῖκας ἐλεύθερον ἦμαρ ἀπούρας
ἄξειν ἐν νήεσσι φίλην ἐς πατρίδα γαῖαν,
νήπιε· τάων δὲ πρόσθ᾽ Ἕκτορος ὠκέες ἵπποι
ποσσὶν ὀρωρέχαται πολεμίζειν· ἔγχεϊ δ᾽ αὐτὸς
Τρωσὶ φιλοπτολέμοισι μεταπρέπω, ὅ σφιν ἀμύνω   835
ἦμαρ ἀναγκαῖον· σὲ δέ τ᾽ ἐνθάδε γῦπες ἔδονται.
ἆ δείλ᾽, οὐδέ τοι ἐσθλὸς ἐὼν χραίσμησεν Ἀχιλλεύς,
ὅς πού τοι μάλα πολλὰ μένων ἐπετέλλετ᾽ ἰόντι·
' μή μοι πρὶν ἰέναι, Πατρόκλεες ἱπποκέλευθε,
νῆας ἔπι γλαφυράς, πρὶν Ἕκτορος ἀνδροφόνοιο   840
αἱματόεντα χιτῶνα περὶ στήθεσσι δαΐξαι.'
ὥς πού σε προσέφη, σοὶ δὲ φρένας ἄφρονι πεῖθε."
    Τὸν δ᾽ ὀλιγοδρανέων προσέφης, Πατρόκλεες ἱππεῦ·
" ἤδη νῦν, Ἕκτορ, μεγάλ᾽ εὔχεο· σοὶ γὰρ ἔδωκε
νίκην Ζεὺς Κρονίδης καὶ Ἀπόλλων, οἵ με δάμασσαν   845
ῥηϊδίως· αὐτοὶ γὰρ ἀπ᾽ ὤμων τεύχε᾽ ἕλοντο.
τοιοῦτοι δ᾽ εἴ πέρ μοι ἐείκοσιν ἀντεβόλησαν,
πάντες κ᾽ αὐτόθ᾽ ὄλοντο ἐμῷ ὑπὸ δουρὶ δαμέντες.

820 δέ οἱ ℘⁰ i   829 πτερόεντ᾽ ἀγόρευε b h i o r V¹ V¹⁶   840 ἔπι]
ἀνὰ b e m o V¹ V¹⁶   ἱπποδάμοιο ℘⁹ O⁸   842 σε Ar. vulg. : σοι ℘⁹
c g D V³²   ἐὶ] δ᾽ οὐ l   848 αὐτίκ᾽ c g V³²

ἀλλά με μοῖρ' ὀλοὴ καὶ Λητοῦς ἔκτανεν υἱός,
ἀνδρῶν δ' Εὔφορβος· σὺ δέ με τρίτος ἐξεναρίζεις. 850
ἄλλο δέ τοι ἐρέω, σὺ δ' ἐνὶ φρεσὶ βάλλεο σῇσιν·
οὔ θην οὐδ' αὐτὸς δηρὸν βέῃ, ἀλλά τοι ἤδη
ἄγχι παρέστηκεν θάνατος καὶ μοῖρα κραταιή,
χερσὶ δαμέντ' Ἀχιλῆος ἀμύμονος Αἰακίδαο."
Ὣς ἄρα μιν εἰπόντα τέλος θανάτοιο κάλυψε· 855
ψυχὴ δ' ἐκ ῥεθέων πταμένη Ἄϊδόσδε βεβήκει,
ὃν πότμον γοόωσα, λιποῦσ' ἀνδροτῆτα καὶ ἥβην.
τὸν καὶ τεθνηῶτα προσηύδα φαίδιμος Ἕκτωρ·
" Πατρόκλεις, τί νύ μοι μαντεύεαι αἰπὺν ὄλεθρον;
τίς δ' οἶδ' εἴ κ' Ἀχιλεύς, Θέτιδος πάϊς ἠϋκόμοιο, 860
φθήῃ ἐμῷ ὑπὸ δουρὶ τυπεὶς ἀπὸ θυμὸν ὀλέσσαι; "
Ὣς ἄρα φωνήσας δόρυ χάλκεον ἐξ ὠτειλῆς
εἴρυσε λὰξ προσβάς, τὸν δ' ὕπτιον ὦσ' ἀπὸ δουρός.
αὐτίκα δὲ ξὺν δουρὶ μετ' Αὐτομέδοντα βεβήκει,
ἀντίθεον θεράποντα ποδώκεος Αἰακίδαο· 865
ἵετο γὰρ βαλέειν· τὸν δ' ἔκφερον ὠκέες ἵπποι
ἄμβροτοι, οὓς Πηλῆϊ θεοὶ δόσαν ἀγλαὰ δῶρα.

856 βεβήκει] κατῆλθεν cit. Athen. 507e   857 ἀδροτῆτα g U² U⁴
V¹⁰ V¹⁵ V³², cit. Plut. de aud. poet. 17d   863 προβεβώς V⁴ V²⁷
867a ἤματι τῷ ὅτε γῆμε Θέτιν λιπαροκρήδεμνον
add. quidam S T

ΙΛΙΑΔΟΣ Ρ

Οὐδ' ἔλαθ' Ἀτρέος υἱόν, ἀρηΐφιλον Μενέλαον,
Πάτροκλος Τρώεσσι δαμεὶς ἐν δηϊοτῆτι.
βῆ δὲ διὰ προμάχων κεκορυθμένος αἴθοπι χαλκῷ,
ἀμφὶ δ' ἄρ' αὐτῷ βαῖν' ὥς τις περὶ πόρτακι μήτηρ
πρωτοτόκος κινυρή, οὐ πρὶν εἰδυῖα τόκοιο·   5
ὣς περὶ Πατρόκλῳ βαῖνε ξανθὸς Μενέλαος.
πρόσθε δέ οἱ δόρυ τ' ἔσχε καὶ ἀσπίδα πάντοσ' εἴσην,
τὸν κτάμεναι μεμαὼς ὅς τις τοῦ γ' ἀντίος ἔλθοι.
οὐδ' ἄρα Πάνθου υἱὸς ἐϋμμελίης ἀμέλησε
Πατρόκλοιο πεσόντος ἀμύμονος· ἄγχι δ' ἄρ' αὐτοῦ   10
ἔστη, καὶ προσέειπεν ἀρηΐφιλον Μενέλαον·
" Ἀτρείδη Μενέλαε διοτρεφές, ὄρχαμε λαῶν,
χάζεο, λεῖπε δὲ νεκρόν, ἔα δ' ἔναρα βροτόεντα·
οὐ γάρ τις πρότερος Τρώων κλειτῶν τ' ἐπικούρων
Πάτροκλον βάλε δουρὶ κατὰ κρατερὴν ὑσμίνην·   15
τῶ με ἔα κλέος ἐσθλὸν ἐνὶ Τρώεσσιν ἀρέσθαι,
μή σε βάλω, ἀπὸ δὲ μελιηδέα θυμὸν ἕλωμαι."
  Τὸν δὲ μέγ' ὀχθήσας προσέφη ξανθὸς Μενέλαος·
" Ζεῦ πάτερ, οὐ μὲν καλὸν ὑπέρβιον εὐχετάασθαι.
οὔτ' οὖν παρδάλιος τόσσον μένος οὔτε λέοντος   20
οὔτε συὸς κάπρου ὀλοόφρονος, οὗ τε μέγιστος

7 οἱ] οὖ Zen.   δόρατ' c i   20 παρδάλιος Ar. vulg. : πορδάλιος
p¹ b g l o r A B N⁴ V¹⁶ V³²   21 μέγιστος] μάλιστα h cit. Plut. vit.
Hom. ii. 133

θυμὸς ἐνὶ στήθεσσι περὶ σθένεϊ βλεμεαίνει,
ὅσσον Πάνθου υἷες ἐϋμμελίαι φρονέουσιν.
οὐδὲ μὲν οὐδὲ βίη Ὑπερήνορος ἱπποδάμοιο
ἧς ἥβης ἀπόνηθ', ὅτε μ' ὤνατο καί μ' ὑπέμεινε   25
καί μ' ἔφατ' ἐν Δαναοῖσιν ἐλέγχιστον πολεμιστὴν
ἔμμεναι· οὐδέ ἕ φημι πόδεσσί γε οἷσι κιόντα
εὐφρῆναι ἄλοχόν τε φίλην κεδνούς τε τοκῆας.
ὣς θην καὶ σὸν ἐγὼ λύσω μένος, εἴ κέ μευ ἄντα
στήῃς· ἀλλά σ' ἔγωγ' ἀναχωρήσαντα κελεύω   30
ἐς πληθὺν ἰέναι, μηδ' ἀντίος ἵστασ' ἐμεῖο,
πρίν τι κακὸν παθέειν· ῥεχθὲν δέ τε νήπιος ἔγνω."
Ὣς φάτο, τὸν δ' οὐ πεῖθεν· ἀμειβόμενος δὲ προσηύδα·
"νῦν μὲν δή, Μενέλαε διοτρεφές, ἦ μάλα τείσεις
γνωτὸν ἐμόν, τὸν ἔπεφνες, ἐπευχόμενος δ' ἀγορεύεις,   35
χήρωσας δὲ γυναῖκα μυχῷ θαλάμοιο νέοιο,
ἀρητὸν δὲ τοκεῦσι γόον καὶ πένθος ἔθηκας.
ἦ κέ σφιν δειλοῖσι γόου κατάπαυμα γενοίμην,
εἴ κεν ἐγὼ κεφαλήν τε τεὴν καὶ τεύχε' ἐνείκας
Πάνθῳ ἐν χείρεσσι βάλω καὶ Φρόντιδι δίῃ.   40
ἀλλ' οὐ μὰν ἔτι δηρὸν ἀπείρητος πόνος ἔσται
οὐδ' ἔτ' ἀδήριτος ἤ τ' ἀλκῆς ἤ τε φόβοιο."
Ὣς εἰπὼν οὔτησε κατ' ἀσπίδα πάντοσ' ἐΐσην·
οὐδ' ἔρρηξεν χαλκός, ἀνεγνάμφθη δέ οἱ αἰχμὴ
ἀσπίδ' ἐνὶ κρατερῇ· ὁ δὲ δεύτερος ὄρνυτο χαλκῷ   45
Ἀτρείδης Μενέλαος, ἐπευξάμενος Διὶ πατρί·
ἂψ δ' ἀναχαζομένοιο κατὰ στομάχοιο θέμεθλα
νύξ', ἐπὶ δ' αὐτὸς ἔρεισε βαρείῃ χειρὶ πιθήσας·
ἀντικρὺ δ' ἁπαλοῖο δι' αὐχένος ἤλυθ' ἀκωκή,

22 περὶ] μέγα g V³²: παρὰ c   23 φορέουσιν ꝓ¹ f h o p r N⁴ T V¹⁶
v. l. ap. Eust.   27 ἕ] τέ Ar. L⁵ L⁶ P² P⁶ P¹⁵ V¹⁵   34 ἦ τάχα
v. l. ant. (ἔν τισι τῶν ὑπομνημάτων) b h   41 ἔτι] ἐπὶ v. l. ant. (ἔνια
τῶν ὑπομνημάτων)   42 ἤτ' ... ἤτε p A O⁵ U¹¹, cit. Nic.: ἠδ' ...
ἠδὲ Ar. vulg.: οὔτ' ... οὔτε a b f i al.: εἴτ' ... εἴτε M⁸ V¹⁰ V³²
44 χαλκός Ar. A c h i p V³²: χαλκόν v. l. ant., vulg.   45 ἀσπίδ'
ἐνὶ c h L¹⁶: ἀσπίδι ἐνὶ vulg.: ἀσπίδι ἐν f g i A B C al.

δούπησεν δὲ πεσών, ἀράβησε δὲ τεύχε' ἐπ' αὐτῷ.　　50
αἵματί οἱ δεύοντο κόμαι Χαρίτεσσιν ὁμοῖαι
πλοχμοί θ', οἳ χρυσῷ τε καὶ ἀργύρῳ ἐσφήκωντο.
οἷον δὲ τρέφει ἔρνος ἀνὴρ ἐριθηλὲς ἐλαίης
χώρῳ ἐν οἰοπόλῳ, ὅθ' ἅλις ἀναβέβροχεν ὕδωρ,
καλὸν τηλεθάον· τὸ δέ τε πνοιαὶ δονέουσι　　55
παντοίων ἀνέμων, καί τε βρύει ἄνθεϊ λευκῷ·
ἐλθὼν δ' ἐξαπίνης ἄνεμος σὺν λαίλαπι πολλῇ
βόθρου τ' ἐξέστρεψε καὶ ἐξετάνυσσ' ἐπὶ γαίῃ·
τοῖον Πάνθου υἱὸν ἐϋμμελίην Εὔφορβον
Ἀτρεΐδης Μενέλαος ἐπεὶ κτάνε, τεύχε' ἐσύλα.　　60
Ὡς δ' ὅτε τίς τε λέων ὀρεσίτροφος, ἀλκὶ πεποιθώς,
βοσκομένης ἀγέλης βοῦν ἁρπάσῃ ἥ τις ἀρίστη·
τῆς δ' ἐξ αὐχέν' ἔαξε λαβὼν κρατεροῖσιν ὀδοῦσι
πρῶτον, ἔπειτα δέ θ' αἷμα καὶ ἔγκατα πάντα λαφύσσει
δῃῶν· ἀμφὶ δὲ τόν γε κύνες τ' ἄνδρες τε νομῆες　　65
πολλὰ μάλ' ἰύζουσιν ἀπόπροθεν οὐδ' ἐθέλουσιν
ἀντίον ἐλθέμεναι· μάλα γὰρ χλωρὸν δέος αἱρεῖ·
ὣς τῶν οὔ τινι θυμὸς ἐνὶ στήθεσσιν ἐτόλμα
ἀντίον ἐλθέμεναι Μενελάου κυδαλίμοιο.
ἔνθα κε ῥεῖα φέροι κλυτὰ τεύχεα Πανθοΐδαο　　70
Ἀτρεΐδης, εἰ μή οἱ ἀγάσσατο Φοῖβος Ἀπόλλων,
ὅς ῥά οἱ Ἕκτορ' ἐπῶρσε θοῷ ἀτάλαντον Ἄρηϊ,
ἀνέρι εἰσάμενος, Κικόνων ἡγήτορι Μέντῃ·
καί μιν φωνήσας ἔπεα πτερόεντα προσηύδα·
"Ἕκτορ, νῦν σὺ μὲν ὧδε θέεις ἀκίχητα διώκων　　75
ἵππους Αἰακίδαο δαΐφρονος· οἱ δ' ἀλεγεινοὶ
ἀνδράσι γε θνητοῖσι δαμήμεναι ἠδ' ὀχέεσθαι,
ἄλλῳ γ' ἢ Ἀχιλῆϊ, τὸν ἀθανάτη τέκε μήτηρ.
τόφρα δέ τοι Μενέλαος, ἀρήϊος Ἀτρέος υἱός,

51 ὁμοῖαι] μέλαιναι Zen.　54 ἀναβέβροχεν Zen. W³: ἀναβέβρυχεν
vulg.　58 γαίης Ge N⁴ T U¹³ V¹⁸ Eust., Porphyr. vit. Pythag. 26
67 χλωρὸν δέος] δριμὺς χόλος ᴛ P⁵ v. l. ap. Eust.　73 Μέντῃ]
Πείρῳ v. l. ꜱ T　75 θέεις] νοεῖς Apoll. lex. in Ἀκίχητα

Πατρόκλῳ περιβὰς Τρώων τὸν ἄριστον ἔπεφνε, 80
Πανθοΐδην Εὔφορβον, ἔπαυσε δὲ θούριδος ἀλκῆς."
*Ὣς εἰπὼν ὁ μὲν αὖτις ἔβη θεὸς ἂμ πόνον ἀνδρῶν,
Ἕκτορα δ' αἰνὸν ἄχος πύκασε φρένας ἀμφὶ μελαίνας·
πάπτηνεν δ' ἄρ' ἔπειτα κατὰ στίχας, αὐτίκα δ' ἔγνω
τὸν μὲν ἀπαινύμενον κλυτὰ τεύχεα, τὸν δ' ἐπὶ γαίῃ 85
κείμενον· ἔρρει δ' αἷμα κατ' οὐταμένην ὠτειλήν.
βῆ δὲ διὰ προμάχων κεκορυθμένος αἴθοπι χαλκῷ,
ὀξέα κεκληγώς, φλογὶ εἴκελος Ἡφαίστοιο
ἀσβέστῳ· οὐδ' υἱὸν λάθεν Ἀτρέος ὀξὺ βοήσας·
ὀχθήσας δ' ἄρα εἶπε πρὸς ὃν μεγαλήτορα θυμόν· 90
" ὤ μοι ἐγών, εἰ μέν κε λίπω κάτα τεύχεα καλὰ
Πάτροκλόν θ', ὃς κεῖται ἐμῆς ἕνεκ' ἐνθάδε τιμῆς,
μή τίς μοι Δαναῶν νεμεσήσεται, ὅς κεν ἴδηται.
εἰ δέ κεν Ἕκτορι μοῦνος ἐὼν καὶ Τρωσὶ μάχωμαι
αἰδεσθείς, μή πώς με περιστήωσ' ἕνα πολλοί· 95
Τρῶας δ' ἐνθάδε πάντας ἄγει κορυθαίολος Ἕκτωρ.
ἀλλὰ τίη μοι ταῦτα φίλος διελέξατο θυμός;
ὁππότ' ἀνὴρ ἐθέλῃ πρὸς δαίμονα φωτὶ μάχεσθαι
ὅν κε θεὸς τιμᾷ, τάχα οἱ μέγα πῆμα κυλίσθη.
τῷ μ' οὔ τις Δαναῶν νεμεσήσεται, ὅς κεν ἴδηται 100
Ἕκτορι χωρήσαντ', ἐπεὶ ἐκ θεόφιν πολεμίζει.
εἰ δέ που Αἴαντός γε βοὴν ἀγαθοῖο πυθοίμην,
ἄμφω κ' αὖτις ἰόντες ἐπιμνησαίμεθα χάρμης
καὶ πρὸς δαίμονά περ, εἴ πως ἐρυσαίμεθα νεκρὸν
Πηλείδῃ Ἀχιλῆϊ· κακῶν δέ κε φέρτατον εἴη." 105
*Ἧος ὁ ταῦθ' ὅρμαινε κατὰ φρένα καὶ κατὰ θυμόν,
τόφρα δ' ἐπὶ Τρώων στίχες ἤλυθον· ἦρχε δ' ἄρ' Ἕκτωρ.
αὐτὰρ ὅ γ' ἐξοπίσω ἀνεχάζετο, λεῖπε δὲ νεκρόν,
ἐντροπαλιζόμενος ὥς τε λὶς ἠϋγένειος,
ὅν ῥα κύνες τε καὶ ἄνδρες ἀπὸ σταθμοῖο δίωνται 110

82 ἂμ b d f i 1 al. : ἂν vulg.   86 οὐταμένης ὠτειλῆς c   89 υἷα
P⁶ λάθ' Lp   99 πῆμα] κῦμα f C   103 ἰόντε Zen.   110 δίενται
v. l. ap. Hdn.

ἔγχεσι καὶ φωνῇ· τοῦ δ' ἐν φρεσὶν ἄλκιμον ἦτορ
παχνοῦται, ἀέκων δέ τ' ἔβη ἀπὸ μεσσαύλοιο·
ὣς ἀπὸ Πατρόκλοιο κίε ξανθὸς Μενέλαος.
στῆ δὲ μεταστρεφθείς, ἐπεὶ ἵκετο ἔθνος ἑταίρων,
παπταίνων Αἴαντα μέγαν, Τελαμώνιον υἱόν.   115
τὸν δὲ μάλ' αἶψ' ἐνόησε μάχης ἐπ' ἀριστερὰ πάσης
θαρσύνονθ' ἑτάρους καὶ ἐποτρύνοντα μάχεσθαι·
θεσπέσιον γὰρ σφιν φόβον ἔμβαλε Φοῖβος Ἀπόλλων·
βῆ δὲ θέειν, εἶθαρ δὲ παριστάμενος ἔπος ηὔδα.
" Αἶαν, δεῦρο, πέπον, περὶ Πατρόκλοιο θανόντος   120
σπεύσομεν, αἴ κε νέκυν περ Ἀχιλλῆι προφέρωμεν
γυμνόν· ἀτὰρ τά γε τεύχε' ἔχει κορυθαίολος Ἕκτωρ."
Ὣς ἔφατ', Αἴαντι δὲ δαΐφρονι θυμὸν ὄρινε·
βῆ δὲ διὰ προμάχων, ἅμα δὲ ξανθὸς Μενέλαος.
Ἕκτωρ μὲν Πάτροκλον ἐπεὶ κλυτὰ τεύχε' ἀπηύρα,   125
ἕλχ', ἵν' ἀπ' ὤμοιιν κεφαλὴν τάμοι ὀξέι χαλκῷ,
τὸν δὲ νέκυν Τρῳῇσιν ἐρυσσάμενος κυσὶ δοίη.
Αἴας δ' ἐγγύθεν ἦλθε φέρων σάκος ἠύτε πύργον·
Ἕκτωρ δ' ἂψ ἐς ὅμιλον ἰὼν ἀνεχάζεθ' ἑταίρων.
ἐς δίφρον δ' ἀνόρουσε· δίδου δ' ὅ γε τεύχεα καλὰ   130
Τρωσὶ φέρειν προτὶ ἄστυ, μέγα κλέος ἔμμεναι αὐτῷ.
Αἴας δ' ἀμφὶ Μενοιτιάδῃ σάκος εὐρὺ καλύψας
ἑστήκει ὥς τίς τε λέων περὶ οἷσι τέκεσσιν,
ᾧ ῥά τε νήπι' ἄγοντι συναντήσωνται ἐν ὕλῃ
ἄνδρες ἐπακτῆρες· ὁ δέ τε σθένεϊ βλεμεαίνει,   135
πᾶν δέ τ' ἐπισκύνιον κάτω ἕλκεται ὄσσε καλύπτων·
ὣς Αἴας περὶ Πατρόκλῳ ἥρωι βεβήκει.
Ἀτρεΐδης δ' ἑτέρωθεν, ἀρηΐφιλος Μενέλαος,
ἑστήκει, μέγα πένθος ἐνὶ στήθεσσιν ἀέξων.
Γλαῦκος δ' Ἱππολόχοιο πάϊς, Λυκίων ἀγὸς ἀνδρῶν,   140
Ἕκτορ' ὑπόδρα ἰδὼν χαλεπῷ ἠνίπαπε μύθῳ·

134-136 om. Chia, Zen.   136 καλύπτων Ar. (ἅπασαι), vulg. :
καλύπτον e f h i B C V³²

"'Έκτορ, εἶδος ἄριστε, μάχης ἄρα πολλὸν ἐδεύεο.
ἦ σ' αὔτως κλέος ἐσθλὸν ἔχει φύξηλιν ἐόντα.
φράζεο νῦν ὅππως κε πόλιν καὶ ἄστυ σαώσῃς
οἶος σὺν λαοῖς τοὶ Ἰλίῳ ἐγγεγάασιν·   145
οὐ γάρ τις Λυκίων γε μαχησόμενος Δαναοῖσιν
εἶσι περὶ πτόλιος, ἐπεὶ οὐκ ἄρα τις χάρις ἦεν
μάρνασθαι δηΐοισιν ἐπ' ἀνδράσι νωλεμὲς αἰεί.
πῶς κε σὺ χείρονα φῶτα σαώσειας μεθ' ὅμιλον,
σχέτλι', ἐπεὶ Σαρπηδόν' ἅμα ξεῖνον καὶ ἑταῖρον   150
κάλλιπες Ἀργείοισιν ἕλωρ καὶ κύρμα γενέσθαι,
ὅς τοι πόλλ' ὄφελος γένετο, πτόλεί τε καὶ αὐτῷ,
ζωὸς ἐών· νῦν δ' οὔ οἱ ἀλαλκέμεναι κύνας ἔτλης.
τῶ νῦν εἴ τις ἐμοὶ Λυκίων ἐπιπείσεται ἀνδρῶν
οἴκαδ' ἴμεν, Τροίῃ δὲ πεφήσεται αἰπὺς ὄλεθρος.   155
εἰ γὰρ νῦν Τρώεσσι μένος πολυθαρσὲς ἐνείη,
ἄτρομον, οἷόν τ' ἄνδρας ἐσέρχεται οἳ περὶ πάτρης
ἀνδράσι δυσμενέεσσι πόνον καὶ δῆριν ἔθεντο,
αἶψά κε Πάτροκλον ἐρυσαίμεθα Ἴλιον εἴσω.
εἰ δ' οὗτος προτὶ ἄστυ μέγα Πριάμοιο ἄνακτος   160
ἔλθοι τεθνηὼς καί μιν ἐρυσαίμεθα χάρμης,
αἶψά κεν Ἀργεῖοι Σαρπηδόνος ἔντεα καλὰ
λύσειαν, καί κ' αὐτὸν ἀγοίμεθα Ἴλιον εἴσω·
τοίου γὰρ θεράπων πέφατ' ἀνέρος, ὃς μέγ' ἄριστος
Ἀργείων παρὰ νηυσὶ καὶ ἀγχέμαχοι θεράποντες.   165
ἀλλὰ σύ γ' Αἴαντος μεγαλήτορος οὐκ ἐτάλασσας
στήμεναι ἄντα κατ' ὄσσε ἰδὼν δηΐων ἐν ἀϋτῇ,
οὐδ' ἰθὺς μαχέσασθαι, ἐπεὶ σέο φέρτερός ἐστι."
     Τὸν δ' ἄρ' ὑπόδρα ἰδὼν προσέφη κορυθαίολος Ἕκτωρ·
"Γλαῦκε, τίη δὲ σὺ τοῖος ἐὼν ὑπέροπλον ἔειπες;   170

144 σαώσεις Ar. ● A L¹⁰ O² V³² al.   145 λαοῖσι vulg. : γαμβροῖσι i
148 ἐπ' Ar. : μετ' vulg.   149 ὁμίλου Zen.   151 οἰωνοῖσι 1 M⁸
N¹ U¹⁰ V³²   152 τοι] τις ● V⁵   153 κύον Zen.   155 ἴμεν Ar.
codd. : ἴτω Dion. Sidonius   158 ἔθεντο] ἔχουσιν b g 1 m r ℙ⁴⁸ al.
161 χάρμῃ ● g h N¹ V¹ V¹⁴

17. ΙΛΙΑΔΟΣ Ρ

ὦ πόποι, ἦ τ᾽ ἐφάμην σὲ περὶ φρένας ἔμμεναι ἄλλων,
τῶν ὅσσοι Λυκίην ἐριβώλακα ναιετάουσι·
νῦν δέ σευ ὠνοσάμην πάγχυ φρένας, οἷον ἔειπες,
ὅς τέ με φῂς Αἴαντα πελώριον οὐχ ὑπομεῖναι.
οὔ τοι ἐγὼν ἔρριγα μάχην οὐδὲ κτύπον ἵππων·   175
ἀλλ᾽ αἰεί τε Διὸς κρείσσων νόος αἰγιόχοιο,
ὅς τε καὶ ἄλκιμον ἄνδρα φοβεῖ καὶ ἀφείλετο νίκην
ῥηϊδίως, ὁτὲ δ᾽ αὐτὸς ἐποτρύνει μαχέσασθαι.
ἀλλ᾽ ἄγε δεῦρο, πέπον, παρ᾽ ἔμ᾽ ἵστασο καὶ ἴδε ἔργον,
ἠὲ πανημέριος κακὸς ἔσσομαι, ὡς ἀγορεύεις,   180
ἦ τινα καὶ Δαναῶν ἀλκῆς μάλα περ μεμαῶτα
σχήσω ἀμυνέμεναι περὶ Πατρόκλοιο θανόντος."
  Ὣς εἰπὼν Τρώεσσιν ἐκέκλετο μακρὸν ἀΰσας·
" Τρῶες καὶ Λύκιοι καὶ Δάρδανοι ἀγχιμαχηταί,
ἀνέρες ἔστε, φίλοι, μνήσασθε δὲ θούριδος ἀλκῆς,   185
ὄφρ᾽ ἂν ἐγὼν Ἀχιλῆος ἀμύμονος ἔντεα δύω
καλά, τὰ Πατρόκλοιο βίην ἐνάριξα κατακτάς."
  Ὣς ἄρα φωνήσας ἀπέβη κορυθαίολος Ἕκτωρ
δηΐου ἐκ πολέμοιο· θέων δ᾽ ἐκίχανεν ἑταίρους
ὦκα μάλ᾽, οὔ πω τῆλε, ποσὶ κραιπνοῖσι μετασπών,   190
οἳ προτὶ ἄστυ φέρον κλυτὰ τεύχεα Πηλεΐωνος.
στὰς δ᾽ ἀπάνευθε μάχης πολυδακρύου ἔντε᾽ ἄμειβεν·
ἤτοι ὁ μὲν τὰ ἃ δῶκε φέρειν προτὶ Ἴλιον ἱρὴν
Τρωσὶ φιλοπτολέμοισιν, ὁ δ᾽ ἄμβροτα τεύχεα δῦνε
Πηλεΐδεω Ἀχιλῆος, ἅ οἱ θεοὶ Οὐρανίωνες   195
πατρὶ φίλῳ ἔπορον· ὁ δ᾽ ἄρα ᾧ παιδὶ ὄπασσε
γήρας· ἀλλ᾽ οὐχ υἱὸς ἐν ἔντεσι πατρὸς ἐγήρα.
  Τὸν δ᾽ ὡς οὖν ἀπάνευθεν ἴδεν νεφεληγερέτα Ζεὺς

171 πόποι **e f** A B C V¹ V³² : πέπον Zen vulg.   173 σευ] σε Zen.
Ge N⁴ T V³² : v. om. p⁴⁸   174 μ᾽ ἔφης Ptol. Asc. **i**   176 αἰγιόχοιο
e g h i A V¹ : ἠέ περ ἀνδρός vulg.   178 τότε Aristoph.   μαχέ-
εσθαι **a e h k r** V¹ V¹⁶ : ἐποτρύνῃσι μάχεσθαι **c** v. l. ap. Eust.   186 ὄφρ᾽
ἂν ἐγὼ δύω κατὰ τεύχεα Πηλεΐωνος Et. Gud. 154. 1   191 Πηλεΐωνος
h N¹ V¹⁶ v. l. in A : Πηλεΐδαο vulg.   192 πολυδακρύου **d o r** A L¹⁹ V¹²
V¹³ V¹⁴ V¹⁶ V³² : πολυδακρύτου vulg.

τεύχεσι Πηλεΐδαο κορυσσόμενον θείοιο,
κινήσας ῥα κάρη προτὶ ὃν μυθήσατο θυμόν·   200
" ἂ δειλ', οὐδέ τί τοι θάνατος καταθύμιός ἐστιν,
ὅς δή τοι σχεδὸν εἶσι· σὺ δ' ἄμβροτα τεύχεα δύνεις
ἀνδρὸς ἀριστῆος, τόν τε τρομέουσι καὶ ἄλλοι·
τοῦ δὴ ἑταῖρον ἔπεφνες ἐνηέα τε κρατερόν τε,
τεύχεα δ' οὐ κατὰ κόσμον ἀπὸ κρατός τε καὶ ὤμων   205
εἵλευ· ἀτάρ τοι νῦν γε μέγα κράτος ἐγγυαλίξω,
τῶν ποινὴν ὅ τοι οὔ τι μάχης ἐκ νοστήσαντι
δέξεται Ἀνδρομάχη κλυτὰ τεύχεα Πηλείωνος."
Ἦ, καὶ κυανέῃσιν ἐπ' ὀφρύσι νεῦσε Κρονίων.
Ἕκτορι δ' ἥρμοσε τεύχε' ἐπὶ χροΐ, δῦ δέ μιν Ἄρης   210
δεινὸς ἐννάλιος, πλῆσθεν δ' ἄρα οἱ μέλε' ἐντὸς
ἀλκῆς καὶ σθένεος· μετὰ δὲ κλειτοὺς ἐπικούρους
βῆ ῥα μέγα ἰάχων· ἰνδάλλετο δέ σφισι πᾶσι
τεύχεσι λαμπόμενος μεγαθύμου Πηλείωνος.
ὄτρυνεν δὲ ἕκαστον ἐποιχόμενος ἐπέεσσι,   215
Μέσθλην τε Γλαῦκόν τε Μέδοντά τε Θερσίλοχόν τε,
Ἀστεροπαῖόν τε Δεισήνορά θ' Ἱππόθοόν τε,
Φόρκυν τε Χρομίον τε καὶ Ἔννομον οἰωνιστήν·
τοὺς ὅ γ' ἐποτρύνων ἔπεα πτερόεντα προσηύδα·
" κέκλυτε, μυρία φῦλα περικτιόνων ἐπικούρων·   220
οὐ γὰρ ἐγὼ πληθὺν διζήμενος οὐδὲ χατίζων
ἐνθάδ' ἀφ' ὑμετέρων πολίων ἤγειρα ἕκαστον,
ἀλλ' ἵνα μοι Τρώων ἀλόχους καὶ νήπια τέκνα
προφρονέως ῥύοισθε φιλοπτολέμων ὑπ' Ἀχαιῶν.
τὰ φρονέων δώροισι κατατρύχω καὶ ἐδωδῇ   225
λαούς, ὑμέτερον δὲ ἑκάστου θυμὸν ἀέξω.
τῷ τις νῦν ἰθὺς τετραμμένος ἢ ἀπολέσθω

199 τεύχεσι λαμπόμενον μεγαθύμου Πηλείωνος i (= 214)   201 ἂ]
ἂ M⁴ M⁸ U² U⁴   οὐκέτι e g V¹   202 ὡς h   εἶσι Ar. h A ss. M⁸,
U¹⁰ marg. : ἔστι vulg.   214 μεγαθύμῳ Πηλείωνι Ar. p A L¹⁹ M⁸ M¹⁰
N¹ : Πηληϊάδεω Ἀχιλῆος Zen.   215 ὄτρυνεν Zen. U² U⁴ : ὤτρ. cet.
216 ὀρσίλοχόν c d g k p q   219 om. p⁴⁸ b h D T al.

ἠε σαωθήτω· ἡ γὰρ πολέμου δαριστύς.
ὃς δέ κε Πάτροκλον καὶ τεθνηῶτά περ ἔμπης
Τρῶας ἐς ἱπποδάμους ἐρύσῃ, εἴξῃ δέ οἱ Αἴας,   230
ἥμισυ τῷ ἐνάρων ἀποδάσσομαι, ἥμισυ δ' αὐτὸς
ἔξω ἐγώ· τὸ δέ οἱ κλέος ἔσσεται ὅσσον ἐμοί περ."
   Ὡς ἔφαθ', οἱ δ' ἰθὺς Δαναῶν βρίσαντες ἔβησαν,
δούρατ' ἀνασχόμενοι· μάλα δέ σφισιν ἔλπετο θυμὸς
νεκρὸν ὑπ' Αἴαντος ἐρύειν Τελαμωνιάδαο,   235
νήπιοι· ἦ τε πολέσσιν ἐπ' αὐτῷ θυμὸν ἀπηύρα.
καὶ τότ' ἄρ' Αἴας εἶπε βοὴν ἀγαθὸν Μενέλαον·
" ὦ πέπον, ὦ Μενέλαε διοτρεφές, οὐκέτι νῶϊ
ἔλπομαι αὐτώ περ νοστησέμεν ἐκ πολέμοιο.
οὔ τι τόσον νέκυος περιδείδια Πατρόκλοιο,   240
ὅς κε τάχα Τρώων κορέει κύνας ἠδ' οἰωνούς,
ὅσσον ἐμῇ κεφαλῇ περιδείδια, μή τι πάθῃσι,
καὶ σῇ, ἐπεὶ πολέμοιο νέφος περὶ πάντα καλύπτει,
Ἕκτωρ, ἡμῖν δ' αὖτ' ἀναφαίνεται αἰπὺς ὄλεθρος.
ἀλλ' ἄγ' ἀριστῆας Δαναῶν κάλει, ἤν τις ἀκούσῃ."   245
   Ὡς ἔφατ', οὐδ' ἀπίθησε βοὴν ἀγαθὸς Μενέλαος,
ἤϋσεν δὲ διαπρύσιον Δαναοῖσι γεγωνώς·
" ὦ φίλοι 'Αργείων ἡγήτορες ἠδὲ μέδοντες,
οἵ τε παρ' 'Ατρείδῃς, 'Αγαμέμνονι καὶ Μενελάῳ,
δήμια πίνουσιν καὶ σημαίνουσιν ἕκαστος   250
λαοῖς· ἐκ δὲ Διὸς τιμὴ καὶ κῦδος ὀπηδεῖ.
ἀργαλέον δέ μοί ἐστι διασκοπιᾶσθαι ἕκαστον
ἡγεμόνων· τόσση γὰρ ἔρις πολέμοιο δέδηεν·
ἀλλά τις αὐτὸς ἴτω, νεμεσιζέσθω δ' ἐνὶ θυμῷ
Πάτροκλον Τρῳῇσι κυσὶν μέλπηθρα γενέσθαι."   255
   Ὡς ἔφατ', ὀξὺ δ' ἄκουσεν 'Οϊλῆος ταχὺς Αἴας·

231 τῷ Ar. b Ge M⁷ T, A ss. : τῶν vulg.   234 ἔλπετο Aristoph. vulg. : ἥλπετο v. l. ant. ἰ ο ρ q r M⁸ M¹⁰ N¹ : ἤθελε v. l. g T 249 'Ατρείδῃ g l D   καὶ Μενελάῳ] ποιμένι λαῶν g l   250 ἕκαστοι a d e k : ἕκαστα v. l. ant. l N¹ V¹ V¹⁴   256 ὡς φάτο, τοῦ δ' ἥκουσεν i

πρῶτος δ' ἀντίος ἦλθε θέων ἀνὰ δηϊοτῆτα,
τὸν δὲ μετ' Ἰδομενεὺς καὶ ὀπάων Ἰδομενῆος,
Μηριόνης, ἀτάλαντος Ἐνυαλίῳ ἀνδρειφόντῃ.
τῶν δ' ἄλλων τίς κεν ᾖσι φρεσὶν οὐνόματ' εἴποι,   260
ὅσσοι δὴ μετόπισθε μάχην ἤγειραν Ἀχαιῶν;
   Τρῶες δὲ προὔτυψαν ἀολλέες· ἦρχε δ' ἄρ' Ἕκτωρ.
ὡς δ' ὅτ' ἐπὶ προχοῇσι διιπετέος ποταμοῖο
βέβρυχεν μέγα κῦμα ποτὶ ῥόον, ἀμφὶ δέ τ' ἄκραι
ἠϊόνες βοόωσιν ἐρευγομένης ἁλὸς ἔξω,   265
τόσσῃ ἄρα Τρῶες ἰαχῇ ἴσαν.   αὐτὰρ Ἀχαιοὶ
ἕστασαν ἀμφὶ Μενοιτιάδῃ ἕνα θυμὸν ἔχοντες,
φραχθέντες σάκεσιν χαλκήρεσιν· ἀμφὶ δ' ἄρα σφι
λαμπρῇσιν κορύθεσσι Κρονίων ἠέρα πολλὴν
χεῦ', ἐπεὶ οὐδὲ Μενοιτιάδην ἤχθαιρε πάρος γε,   270
ὄφρα ζωὸς ἐὼν θεράπων ἦν Αἰακίδαο·
μίσησεν δ' ἄρα μιν δηΐων κυσὶ κύρμα γενέσθαι
Τρωῇσιν· τῶ καί οἱ ἀμυνέμεν ὦρσεν ἑταίρους.
   Ὦσαν δὲ πρότεροι Τρῶες ἑλίκωπας Ἀχαιούς·
νεκρὸν δὲ προλιπόντες ὑπέτρεσαν, οὐδέ τιν' αὐτῶν   275
Τρῶες ὑπέρθυμοι ἕλον ἔγχεσιν ἱέμενοί περ,
ἀλλὰ νέκυν ἐρύοντο· μίνυνθα δὲ καὶ τοῦ Ἀχαιοὶ
μέλλον ἀπέσσεσθαι· μάλα γάρ σφεας ὦκ' ἐλέλιξεν
Αἴας, ὃς περὶ μὲν εἶδος, περὶ δ' ἔργα τέτυκτο
τῶν ἄλλων Δαναῶν μετ' ἀμύμονα Πηλεΐωνα.   280
ἴθυσεν δὲ διὰ προμάχων συῒ εἴκελος ἀλκὴν
καπρίῳ, ὅς τ' ἐν ὄρεσσι κύνας θαλερούς τ' αἰζηοὺς
ῥηϊδίως ἐκέδασσεν, ἑλιξάμενος διὰ βήσσας·
ὣς υἱὸς Τελαμῶνος ἀγαυοῦ, φαίδιμος Αἴας,
ῥεῖα μετεισάμενος Τρώων ἐκέδασσε φάλαγγας,   285
οἳ περὶ Πατρόκλῳ βέβασαν, φρόνεον δὲ μάλιστα

260-261 ath. Zen.   260 τίς χ' ᾖσιν ἐνὶ φρεσὶν r Ge v. l. A
264 βεβρύχῃ Aristoph.: βεβρύχει h   265 ἠϊόνος q U⁴ V¹⁴ V¹⁸, U³
corr. Eust.   266 Τρώων ἰαχὴ γένετ' b V¹⁶   268 ἀρθέντες
Zen.   270 ἔχθαιρε Ar.: ἔχθηρε h: ἤχθηρε b c g k p

115

ἄστυ πότι σφέτερον ἐρύειν καὶ κῦδος ἀρέσθαι.
Ἤτοι τὸν Λήθοιο Πελασγοῦ φαίδιμος υἱός,
Ἱππόθοος, ποδὸς ἕλκε κατὰ κρατερὴν ὑσμίνην,
δησάμενος τελαμῶνι παρὰ σφυρὸν ἀμφὶ τένοντας,   290
Ἕκτορι καὶ Τρώεσσι χαριζόμενος· τάχα δ' αὐτῷ
ἦλθε κακόν, τό οἱ οὔ τις ἐρύκακεν ἱεμένων περ.
τὸν δ' υἱὸς Τελαμῶνος ἐπαΐξας δι' ὁμίλου
πλῆξ' αὐτοσχεδίην κυνέης διὰ χαλκοπαρῄου·
ἤρικε δ' ἱπποδάσεια κόρυς περὶ δουρὸς ἀκωκῇ,   295
πληγεῖσ' ἔγχεΐ τε μεγάλῳ καὶ χειρὶ παχείῃ,
ἐγκέφαλος δὲ παρ' αὐλὸν ἀνέδραμεν ἐξ ὠτειλῆς
αἱματόεις· τοῦ δ' αὖθι λύθη μένος, ἐκ δ' ἄρα χειρῶν
Πατρόκλοιο πόδα μεγαλήτορος ἧκε χαμᾶζε
κεῖσθαι· ὁ δ' ἄγχ' αὐτοῖο πέσε πρηνὴς ἐπὶ νεκρῷ,   300
τῆλ' ἀπὸ Λαρίσης ἐριβώλακος, οὐδὲ τοκεῦσι
θρέπτρα φίλοις ἀπέδωκε, μινυνθάδιος δέ οἱ αἰὼν
ἔπλεθ' ὑπ' Αἴαντος μεγαθύμου δουρὶ δαμέντι.
Ἕκτωρ δ' αὖτ' Αἴαντος ἀκόντισε δουρὶ φαεινῷ·
ἀλλ' ὁ μὲν ἄντα ἰδὼν ἠλεύατο χάλκεον ἔγχος   305
τυτθόν· ὁ δὲ Σχεδίον, μεγαθύμου Ἰφίτου υἱόν,
Φωκήων ὄχ' ἄριστον, ὃς ἐν κλειτῷ Πανοπῆι
οἰκία ναιετάασκε πολέσσ' ἄνδρεσσιν ἀνάσσων,
τὸν βάλ' ὑπὸ κληῖδα μέσην· διὰ δ' ἀμπερὲς ἄκρη
αἰχμὴ χαλκείη παρὰ νείατον ὦμον ἀνέσχε·   310
δούπησεν δὲ πεσών, ἀράβησε δὲ τεύχε' ἐπ' αὐτῷ.
Αἴας δ' αὖ Φόρκυνα, δαΐφρονα Φαίνοπος υἱόν,
Ἱπποθόῳ περιβάντα μέσην κατὰ γαστέρα τύψε·
ῥῆξε δὲ θώρηκος γύαλον, διὰ δ' ἔντερα χαλκὸς
ἤφυσ'· ὁ δ' ἐν κονίῃσι πεσὼν ἕλε γαῖαν ἀγοστῷ.   315
χώρησαν δ' ὑπό τε πρόμαχοι καὶ φαίδιμος Ἕκτωρ·
Ἀργεῖοι δὲ μέγα ἴαχον, ἐρύσαντο δὲ νεκρούς,

290 τένοντε gil al.   292 ἱεμένων Ar. vulg.: ἱέμενος 1 Μ⁸:
ἱεμένῳ e h o p O⁵ V¹   302 θρέπτρα Ar. vulg.: θρέπτα c d h k p V¹⁶ V³²

Φόρκυν θ' Ἱππόθοόν τε, λύοντο δὲ τεύχε' ἀπ' ὤμων.
Ἔνθα κεν αὖτε Τρῶες ἀρηϊφίλων ὑπ' Ἀχαιῶν
Ἴλιον εἰσανέβησαν ἀναλκείῃσι δαμέντες,   320
Ἀργεῖοι δέ κε κῦδος ἕλον καὶ ὑπὲρ Διὸς αἶσαν
κάρτεϊ καὶ σθένεϊ σφετέρῳ· ἀλλ' αὐτὸς Ἀπόλλων
Αἰνείαν ὄτρυνε, δέμας Περίφαντι ἐοικώς,
κήρυκι Ἠπυτίδῃ, ὅς οἱ παρὰ πατρὶ γέροντι
κηρύσσων γήρασκε, φίλα φρεσὶ μήδεα εἰδώς·   325
τῷ μιν ἐεισάμενος προσέφη Διὸς υἱὸς Ἀπόλλων·
" Αἰνεία, πῶς ἂν καὶ ὑπὲρ θεὸν εἰρύσσαισθε
Ἴλιον αἰπεινήν; ὡς δὴ ἴδον ἀνέρας ἄλλους
κάρτεϊ τε σθένεϊ τε πεποιθότας ἠνορέῃ τε
πλήθεΐ τε σφετέρῳ, καὶ ὑπερδέα δῆμον ἔχοντας·   330
ἡμῖν δὲ Ζεὺς μὲν πολὺ βούλεται ἢ Δαναοῖσι
νίκην· ἀλλ' αὐτοὶ τρεῖτ' ἄσπετον οὐδὲ μάχεσθε."
Ὣς ἔφατ', Αἰνείας δ' ἑκατηβόλον Ἀπόλλωνα
ἔγνω ἐσάντα ἰδών, μέγα δ' Ἕκτορα εἶπε βοήσας·
"Ἕκτορ τ' ἠδ' ἄλλοι Τρώων ἀγοὶ ἠδ' ἐπικούρων,   335
αἰδὼς μὲν νῦν ἥδε γ' ἀρηϊφίλων ὑπ' Ἀχαιῶν
Ἴλιον εἰσαναβῆναι ἀναλκείῃσι δαμέντας.
ἀλλ' ἔτι γάρ τίς φησι θεῶν ἐμοὶ ἄγχι παραστὰς
Ζῆν' ὕπατον μήστωρα μάχης ἐπιτάρροθον εἶναι·
τῷ ῥ' ἰθὺς Δαναῶν ἴομεν, μηδ' οἵ γε ἔκηλοι   340
Πάτροκλον νηυσὶν πελασαίατο τεθνηῶτα."
Ὣς φάτο, καί ῥα πολὺ προμάχων ἐξάλμενος ἔστη·
οἱ δ' ἐλελίχθησαν καὶ ἐναντίοι ἔσταν Ἀχαιῶν.
ἔνθ' αὖτ' Αἰνείας Λειώκριτον οὔτασε δουρί,
υἱὸν Ἀρίσβαντος, Λυκομήδεος ἐσθλὸν ἑταῖρον.   345
τὸν δὲ πεσόντ' ἐλέησεν ἀρηΐφιλος Λυκομήδης,
στῆ δὲ μάλ' ἐγγὺς ἰών, καὶ ἀκόντισε δουρὶ φαεινῷ,
καὶ βάλεν Ἱππασίδην Ἀπισάονα, ποιμένα λαῶν,

326 om. p⁴⁸   334 Ἕκτορι r V¹⁰   βοήσας] παραστάς B C Ge M⁸ V²⁰ V²⁵   335 ἐπίκουροι f   336 γ' om. h   342 προμάχων] πρὸ φίλων h   346 Μενέλαος h M⁸ V¹³   348 Ἀμυθάονα v. l. ant. d k p N⁴ corr.

ἧπαρ ὑπὸ πραπίδων, εἶθαρ δ' ὑπὸ γούνατ' ἔλυσεν,
ὅς ῥ' ἐκ Παιονίης ἐριβώλακος εἰληλούθει,   350
καὶ δὲ μετ' Ἀστεροπαῖον ἀριστεύεσκε μάχεσθαι.
Τὸν δὲ πεσόντ' ἐλέησεν ἀρήιος Ἀστεροπαῖος,
ἴθυσεν δὲ καὶ ὁ πρόφρων Δαναοῖσι μάχεσθαι·
ἀλλ' οὔ πως ἔτι εἶχε· σάκεσσι γὰρ ἔρχατο πάντη
ἑσταότες περὶ Πατρόκλῳ, πρὸ δὲ δούρατ' ἔχοντο.   355
Αἴας γὰρ μάλα πάντας ἐπῴχετο πολλὰ κελεύων·
οὔτε τιν' ἐξοπίσω νεκροῦ χάζεσθαι ἀνώγει
οὔτε τινα προμάχεσθαι Ἀχαιῶν ἔξοχον ἄλλων,
ἀλλὰ μάλ' ἀμφ' αὐτῷ βεβάμεν, σχεδόθεν δὲ μάχεσθαι.
ὣς Αἴας ἐπέτελλε πελώριος, αἵματι δὲ χθὼν   360
δεύετο πορφυρέῳ, τοὶ δ' ἀγχιστῖνοι ἔπιπτον
νεκροὶ ὁμοῦ Τρώων καὶ ὑπερμενέων ἐπικούρων
καὶ Δαναῶν· οὐδ' οἱ γὰρ ἀναιμωτί γε μάχοντο,
παυρότεροι δὲ πολὺ φθίνυθον· μέμνηντο γὰρ αἰεὶ
ἀλλήλοις ἀν' ὅμιλον ἀλεξέμεναι φόνον αἰπύν.   365
Ὣς οἱ μὲν μάρναντο δέμας πυρός, οὐδέ κε φαίης
οὔτε ποτ' ἠέλιον σῶν ἔμμεναι οὔτε σελήνην·
ἠέρι γὰρ κατέχοντο μάχης ἐπί θ' ὅσσον ἄριστοι
ἕστασαν ἀμφὶ Μενοιτιάδῃ κατατεθνηῶτι.
οἱ δ' ἄλλοι Τρῶες καὶ ἐϋκνήμιδες Ἀχαιοὶ   370
εὔκηλοι πολέμιζον ὑπ' αἰθέρι, πέπτατο δ' αὐγὴ
ἠελίου ὀξεῖα, νέφος δ' οὐ φαίνετο πάσης
γαίης οὐδ' ὀρέων· μεταπαυόμενοι δὲ μάχοντο,
ἀλλήλων ἀλεείνοντες βέλεα στονόεντα,
πολλὸν ἀφεσταότες. τοὶ δ' ἐν μέσῳ ἄλγε' ἔπασχον   375
ἠέρι καὶ πολέμῳ, τείροντο δὲ νηλέϊ χαλκῷ
ὅσσοι ἄριστοι ἔσαν· δύο δ' οὔ πω φῶτε πεπύσθην,
ἀνέρε κυδαλίμω, Θρασυμήδης Ἀντίλοχός τε,

364–365 ath. Zen.   365 ἀν' ● g h i V¹ : καθ' vulg.   φόνον Ar.
(uv.) g h l al. : πόνον v. l. ant., vulg.   367 σῶν h V¹⁴ : σόον
vulg.   368 μάχη h i V¹⁶ V³² : μάχην V¹⁴ : μάχῃ ἐνι Aristoph.
θ' ὅσσον l L⁸ L¹⁰ O⁵ U¹¹ : θ' ὅσσοι vulg. : τόσσων Zen.   377 πυθέσθην g

17. ΙΛΙΑΔΟΣ Ρ

Πατρόκλοιο θανόντος ἀμύμονος, ἀλλ' ἔτ' ἔφαντο
ζωὸν ἐνὶ πρώτῳ ὁμάδῳ Τρώεσσι μάχεσθαι.　　　　380
τὼ δ' ἐπιοσσομένω θάνατον καὶ φύζαν ἑταίρων
νόσφιν ἐμαρνάσθην, ἐπεὶ ὣς ἐπετέλλετο Νέστωρ,
ὀτρύνων πόλεμόνδε μελαινάων ἀπὸ νηῶν.
Τοῖς δὲ πανημερίοις ἔριδος μέγα νεῖκος ὀρώρει
ἀργαλέης· καμάτῳ δὲ καὶ ἱδρῷ νωλεμὲς αἰεὶ　　　　385
γούνατά τε κνῆμαί τε πόδες θ' ὑπένερθεν ἑκάστου
χεῖρές τ' ὀφθαλμοί τε παλάσσετο μαρναμένοιιν
ἀμφ' ἀγαθὸν θεράποντα ποδώκεος Αἰακίδαο.
ὡς δ' ὅτ' ἀνὴρ ταύροιο βοὸς μεγάλοιο βοείην
λαοῖσιν δώῃ τανύειν, μεθύουσαν ἀλοιφῇ·　　　　390
δεξάμενοι δ' ἄρα τοί γε διαστάντες τανύουσι
κυκλόσ', ἄφαρ δέ τε ἰκμὰς ἔβη, δύνει δέ τ' ἀλοιφὴ
πολλῶν ἑλκόντων, τάνυται δέ τε πᾶσα διαπρό·
ὡς οἵ γ' ἔνθα καὶ ἔνθα νέκυν ὀλίγῃ ἐνὶ χώρῃ
εἵλκεον ἀμφότεροι· μάλα δέ σφισιν ἔλπετο θυμός,　　　　395
Τρωσὶν μὲν ἐρύειν προτὶ Ἴλιον, αὐτὰρ Ἀχαιοῖς
νῆας ἔπι γλαφυράς· περὶ δ' αὐτοῦ μῶλος ὀρώρει
ἄγριος· οὐδέ κ' Ἄρης λαοσσόος οὐδέ κ' Ἀθήνη
τόν γε ἰδοῦσ' ὀνόσαιτ', οὐδ' εἰ μάλα μιν χόλος ἵκοι·
τοῖον Ζεὺς ἐπὶ Πατρόκλῳ ἀνδρῶν τε καὶ ἵππων　　　　400
ἤματι τῷ ἐτάνυσσε κακὸν πόνον· οὐδ' ἄρα πώ τι
ᾔδεε Πάτροκλον τεθνηότα δῖος Ἀχιλλεύς·
πολλὸν γὰρ ῥ' ἀπάνευθε νεῶν μάρναντο θοάων,
τείχει ὕπο Τρώων· τό μιν οὔ ποτε ἔλπετο θυμῷ
τεθνάμεν, ἀλλὰ ζωὸν ἐνιχριμφθέντα πύλησιν　　　　405
ἂψ ἀπονοστήσειν, ἐπεὶ οὐδὲ τὸ ἔλπετο πάμπαν,
ἐκπέρσειν πτολίεθρον ἄνευ ἕθεν, οὐδὲ σὺν αὐτῷ·
πολλάκι γὰρ τό γε μητρὸς ἐπεύθετο νόσφιν ἀκούων,

379 τεσόντος i B C L¹² M⁸　　392 κυκλόσ' Ptol. Asc., vulg. : κύκλος
Ar. : κύκλῳ Zen. V⁶　　396 μέν ῥ' g i p r B C N⁴ V³²: μέν τ' L¹⁸ Mo
V⁴ V¹⁰　　397 ἔπι] ἄνα b o i p r　　403 γάρ ῥ' a o f i l B C al. :
γὰρ cet.　　404-425 om. Zen.

ἤ οἱ ἀπαγγέλλεσκε Διὸς μεγάλοιο νόημα.
δὴ τότε γ᾽ οὔ οἱ ἔειπε κακὸν τόσον ὅσσον ἐτύχθη   410
μήτηρ, ὅττι ῥά οἱ πολὺ φίλτατος ὤλεθ᾽ ἑταῖρος.

Οἱ δ᾽ αἰεὶ περὶ νεκρὸν ἀκαχμένα δούρατ᾽ ἔχοντες
νωλεμὲς ἐγχρίμπτοντο καὶ ἀλλήλους ἐνάριζον·
ὧδε δέ τις εἴπεσκεν Ἀχαιῶν χαλκοχιτώνων·
" ὦ φίλοι, οὐ μὰν ἧμιν ἐϋκλεὲς ἀπονέεσθαι   415
νῆας ἔπι γλαφυράς, ἀλλ᾽ αὐτοῦ γαῖα μέλαινα
πᾶσι χάνοι· τό κεν ἧμιν ἄφαρ πολὺ κέρδιον εἴη,
εἰ τοῦτον Τρώεσσι μεθήσομεν ἱπποδάμοισιν
ἄστυ πότι σφέτερον ἐρύσαι καὶ κῦδος ἀρέσθαι."
Ὣς δέ τις αὖ Τρώων μεγαθύμων αὐδήσασκεν·   420
" ὦ φίλοι, εἰ καὶ μοῖρα παρ᾽ ἀνέρι τῷδε δαμῆναι
πάντας ὁμῶς, μή πώ τις ἐρωείτω πολέμοιο."
Ὣς ἄρα τις εἴπεσκε, μένος δ᾽ ὄρσασκεν ἑκάστου.
ὣς οἱ μὲν μάρναντο, σιδήρειος δ᾽ ὀρυμαγδὸς
χάλκεον οὐρανὸν ἷκε δι᾽ αἰθέρος ἀτρυγέτοιο·   425
ἵπποι δ᾽ Αἰακίδαο μάχης ἀπάνευθεν ἐόντες
κλαῖον, ἐπεὶ δὴ πρῶτα πυθέσθην ἡνιόχοιο
ἐν κονίῃσι πεσόντος ὑφ᾽ Ἕκτορος ἀνδροφόνοιο.
ἦ μὰν Αὐτομέδων, Διώρεος ἄλκιμος υἱός,
πολλὰ μὲν ἂρ μάστιγι θοῇ ἐπεμαίετο θείνων,   430
πολλὰ δὲ μειλιχίοισι προσηύδα, πολλὰ δ᾽ ἀρειῇ·
τὼ δ᾽ οὔτ᾽ ἂψ ἐπὶ νῆας ἐπὶ πλατὺν Ἑλλήσποντον
ἠθελέτην ἰέναι οὔτ᾽ ἐς πόλεμον μετ᾽ Ἀχαιούς,
ἀλλ᾽ ὥς τε στήλη μένει ἔμπεδον, ἥ τ᾽ ἐπὶ τύμβῳ
ἀνέρος ἑστήκῃ τεθνηότος ἠὲ γυναικός,   435
ὣς μένον ἀσφαλέως περικαλλέα δίφρον ἔχοντες,
οὔδει ἐνισκίμψαντε καρήατα· δάκρυα δέ σφι
θερμὰ κατὰ βλεφάρων χαμάδις ῥέε μυρομένοισιν

420 ath. Ar. ὧδε δέ τις c d e f k V¹⁶ 422 πώ] πώς h l Mc
423 ἕκαστος C L¹²: ἑταίρου. γρ. Ge m. r., Eu. 429 post Αὐτομέδων
add. γε b g al.: τε l M¹⁰ N¹ 431 μετηύδα V¹⁶: κελεύων Apoll. lex.
in Ἀρειῇ

ἡνιόχοιο πόθῳ· θαλερὴ δ᾽ ἐμιαίνετο χαίτη
ζεύγλης ἐξεριποῦσα παρὰ ζυγὸν ἀμφοτέρωθεν.   440
Μυρομένω δ᾽ ἄρα τώ γε ἰδὼν ἐλέησε Κρονίων,
κινήσας δὲ κάρη προτὶ ὃν μυθήσατο θυμόν·
" ἆ δειλώ, τί σφῶϊ δόμεν Πηλῆϊ ἄνακτι
θνητῷ, ὑμεῖς δ᾽ ἐστὸν ἀγήρω τ᾽ ἀθανάτω τε;
ἦ ἵνα δυστήνοισι μετ᾽ ἀνδράσιν ἄλγε᾽ ἔχητον;   445
οὐ μὲν γάρ τί πού ἐστιν ὀϊζυρώτερον ἀνδρὸς
πάντων ὅσσα τε γαῖαν ἔπι πνείει τε καὶ ἕρπει.
ἀλλ᾽ οὐ μὰν ὑμῖν γε καὶ ἅρμασι δαιδαλέοισιν
Ἕκτωρ Πριαμίδης ἐποχήσεται· οὐ γὰρ ἐάσω.
ἦ οὐχ ἅλις ὡς καὶ τεύχε᾽ ἔχει καὶ ἐπεύχεται αὔτως;   450
σφῶϊν δ᾽ ἐν γούνεσσι βαλῶ μένος ἠδ᾽ ἐνὶ θυμῷ,
ὄφρα καὶ Αὐτομέδοντα σαώσετον ἐκ πολέμοιο
νῆας ἔπι γλαφυράς· ἔτι γάρ σφισι κῦδος ὀρέξω,
κτείνειν, εἰς ὅ κε νῆας ἐϋσσέλμους ἀφίκωνται
δύῃ τ᾽ ἠέλιος καὶ ἐπὶ κνέφας ἱερὸν ἔλθῃ."   455
Ὣς εἰπὼν ἵπποισιν ἐνέπνευσεν μένος ἠΰ.
τὼ δ᾽ ἀπὸ χαιτάων κονίην οὐδάσδε βαλόντε
ῥίμφα φέρον θοὸν ἅρμα μετὰ Τρῶας καὶ Ἀχαιούς.
τοῖσι δ᾽ ἐπ᾽ Αὐτομέδων μάχετ᾽ ἀχνύμενός περ ἑταίρου,
ἵπποις ἀΐσσων ὥς τ᾽ αἰγυπιὸς μετὰ χῆνας·   460
ῥέα μὲν γὰρ φεύγεσκεν ὑπὲκ Τρώων ὀρυμαγδοῦ,
ῥεῖα δ᾽ ἐπαΐξασκε πολὺν καθ᾽ ὅμιλον ὀπάζων.
ἀλλ᾽ οὐχ ᾕρει φῶτας, ὅτε σεύαιτο διώκειν·
οὐ γάρ πως ἦν οἶον ἐόνθ᾽ ἱερῷ ἐνὶ δίφρῳ
ἔγχει ἐφορμᾶσθαι καὶ ἐπίσχειν ὠκέας ἵππους.   465
ὀψὲ δὲ δή μιν ἑταῖρος ἀνὴρ ἴδεν ὀφθαλμοῖσιν

439 ποθῇ e V¹ V¹⁴   440 ἀμφοτέρωσε d h i p V¹ V¹⁶ : ἀμφοτέροισιν
a e f x B C Ge v. l. ap. Eust. al.   449 οὐδέ τις ἄλλος v. l. S T, e l
M¹⁰   450 ἀγάλλεται Apoll. lex. in "Ως   453 ἔπι] ἄνα x   455 om.
f r B C al.   456 μένος πολυθαρσὲς ἐνῆκεν, tum αὐτὸς δ᾽ Οὐλυμπόνδε
μετ᾽ ἀθανάτοισι βεβήκει Zen.   461 ῥέα Ar. (ῥᾶσαι) a d i o q N⁴ V¹¹ :
ῥεῖα vulg.   463 ὅτ᾽ ἐσσεύοντο B C L¹² M¹³ V²⁰

Ἀλκιμέδων, υἱὸς Λαέρκεος Αἱμονίδαο·
στῆ δ᾽ ὄπιθεν δίφροιο, καὶ Αὐτομέδοντα προσηύδα·
" Αὐτόμεδον, τίς τοί νυ θεῶν νηκερδέα βουλὴν
ἐν στήθεσσιν ἔθηκε, καὶ ἐξέλετο φρένας ἐσθλάς;   470
οἷον πρὸς Τρῶας μάχεαι πρώτῳ ἐν ὁμίλῳ
μοῦνος· ἀτάρ τοι ἑταῖρος ἀπέκτατο, τεύχεα δ᾽ Ἕκτωρ
αὐτὸς ἔχων ὤμοισιν ἀγάλλεται Αἰακίδαο."
   Τὸν δ᾽ αὖτ᾽ Αὐτομέδων προσέφη, Διώρεος υἱός·
" Ἀλκίμεδον, τίς γάρ τοι Ἀχαιῶν ἄλλος ὁμοῖος   475
ἵππων ἀθανάτων ἐχέμεν δμῆσίν τε μένος τε,
εἰ μὴ Πάτροκλος, θεόφιν μήστωρ ἀτάλαντος,
ζωὸς ἐών; νῦν αὖ θάνατος καὶ μοῖρα κιχάνει.
ἀλλὰ σὺ μὲν μάστιγα καὶ ἡνία σιγαλόεντα
δέξαι, ἐγὼ δ᾽ ἵππων ἀποβήσομαι, ὄφρα μάχωμαι."   480
   Ὣς ἔφατ᾽, Ἀλκιμέδων δὲ βοηθόον ἅρμ᾽ ἐπορούσας
καρπαλίμως μάστιγα καὶ ἡνία λάζετο χερσίν,
Αὐτομέδων δ᾽ ἀπόρουσε· νόησε δὲ φαίδιμος Ἕκτωρ,
αὐτίκα δ᾽ Αἰνείαν προσεφώνεεν ἐγγὺς ἐόντα·
" Αἰνεία, Τρώων βουληφόρε χαλκοχιτώνων,   485
ἵππω τώδ᾽ ἐνόησα ποδώκεος Αἰακίδαο
ἐς πόλεμον προφανέντε σὺν ἡνιόχοισι κακοῖσι·
τώ κεν ἐελποίμην αἱρησέμεν, εἰ σύ γε θυμῷ
σῷ ἐθέλεις, ἐπεὶ οὐκ ἂν ἐφορμηθέντε γε νῶϊ
τλαῖεν ἐναντίβιον στάντες μαχέσασθαι Ἄρηϊ."   490
   Ὣς ἔφατ᾽, οὐδ᾽ ἀπίθησεν ἐῢς πάϊς Ἀγχίσαο.
τὼ δ᾽ ἰθὺς βήτην βοέῃς εἰλυμένω ὤμους
αὔῃσι στερεῇσι· πολὺς δ᾽ ἐπελήλατο χαλκός.
τοῖσι δ᾽ ἅμα Χρομίος τε καὶ Ἄρητος θεοειδὴς
ἤϊσαν ἀμφότεροι· μάλα δέ σφισιν ἔλπετο θυμὸς   495
αὐτώ τε κτενέειν ἐλάαν τ᾽ ἐριαύχενας ἵππους·

467 Ἀρμονίδαο B C L² L¹² N⁴ T V¹² V¹⁶ V²⁰ V³²   478 κιχάνει]
κάλυψεν d f i k p B C V³²   480 ἐπιβήσομαι g   481 βοηθόον Ar.
vulg.: βοῆ θοὸν v. l. ant. (οἱ ἀπὸ τῆς σχολῆς s T), g r N⁴ U¹⁸
496 ἐλάαν] ἐλέειν i

17. ΙΛΙΑΔΟΣ Ρ

νήπιοι, οὐδ' ἄρ' ἔμελλον ἀναιμωτί γε νέεσθαι
αὖτις ἀπ' Αὐτομέδοντος.   ὁ δ' εὐξάμενος Διὶ πατρὶ
ἀλκῆς καὶ σθένεος πλῆτο φρένας ἀμφὶ μελαίνας·
αὐτίκα δ' Ἀλκιμέδοντα προσηύδα, πιστὸν ἑταῖρον·   500
" Ἀλκίμεδον, μὴ δή μοι ἀπόπροθεν ἰσχέμεν ἵππους,
ἀλλὰ μάλ' ἐμπνείοντε μεταφρένῳ· οὐ γὰρ ἔγωγε
Ἕκτορα Πριαμίδην μένεος σχήσεσθαι ὀΐω,
πρίν γ' ἐπ' Ἀχιλλῆος καλλίτριχε βήμεναι ἵππω
νῶϊ κατακτείναντα, φοβῆσαί τε στίχας ἀνδρῶν   505
Ἀργείων, ἤ κ' αὐτὸς ἐνὶ πρώτοισιν ἁλοίη."

Ὣς εἰπὼν Αἴαντε καλέσσατο καὶ Μενέλαον·
" Αἴαντ', Ἀργείων ἡγήτορε, καὶ Μενέλαε,
ἤτοι μὲν τὸν νεκρὸν ἐπιτράπεθ' οἵ περ ἄριστοι,
ἀμφ' αὐτῷ βεβάμεν καὶ ἀμύνεσθαι στίχας ἀνδρῶν,   510
νῶϊν δὲ ζωοῖσιν ἀμύνετε νηλεὲς ἦμαρ·
τῇδε γὰρ ἔβρισαν πόλεμον κάτα δακρυόεντα
Ἕκτωρ Αἰνείας θ', οἳ Τρώων εἰσὶν ἄριστοι.
ἀλλ' ἤτοι μὲν ταῦτα θεῶν ἐν γούνασι κεῖται·
ἥσω γὰρ καὶ ἐγώ, τὰ δέ κεν Διὶ πάντα μελήσει."   515
Ἦ ῥα, καὶ ἀμπεπαλὼν προΐει δολιχόσκιον ἔγχος,
καὶ βάλεν Ἀρήτοιο κατ' ἀσπίδα πάντοσ' ἐΐσην·
ἡ δ' οὐκ ἔγχος ἔρυτο, διαπρὸ δὲ εἴσατο χαλκός,
νειαίρῃ δ' ἐν γαστρὶ διὰ ζωστῆρος ἔλασσεν.
ὡς δ' ὅτ' ἂν ὀξὺν ἔχων πέλεκυν αἰζήιος ἀνήρ,   520
κόψας ἐξόπιθεν κεράων βοὸς ἀγραύλοιο,
ἵνα τάμῃ διὰ πᾶσαν, ὁ δὲ προθορὼν ἐρίπῃσιν,
ὣς ἄρ' ὅ γε προθορὼν πέσεν ὕπτιος· ἐν δέ οἱ ἔγχος
νηδυίοισι μάλ' ὀξὺ κραδαινόμενον λύε γυῖα.
Ἕκτωρ δ' Αὐτομέδοντος ἀκόντισε δουρὶ φαεινῷ·   525
ἀλλ' ὁ μὲν ἄντα ἰδὼν ἠλεύατο χάλκεον ἔγχος·

502 μετάφρενον di v. l. ap. Eust.   505 τε] δὲ Ar. (uv.) b d f q
506 ἁλοίη] δαμείη L³ L⁴ L¹⁹ M⁷ U¹⁰   509 οἵ περ e g i l p r
V¹ V¹⁶: ὅσσοι vulg.   518 χαλκός] καὶ τῆς B C L¹⁰ L¹² L¹⁷ V¹⁵ V¹⁶ V²⁰

123

πρόσσω γὰρ κατέκυψε, τὸ δ' ἐξόπιθεν δόρυ μακρὸν
οὔδει ἐνισκίμφθη, ἐπὶ δ' οὐρίαχος πελεμίχθη
ἔγχεος· ἔνθα δ' ἔπειτ' ἀφίει μένος ὄβριμος Ἄρης.
καί νύ κε δὴ ξιφέεσσ' αὐτοσχεδὸν ὁρμηθήτην   530
εἰ μή σφω' Αἴαντε διέκριναν μεμαῶτε,
οἵ ῥ' ἦλθον καθ' ὅμιλον ἑταίρου κικλήσκοντος·
τοὺς ὑποταρβήσαντες ἐχώρησαν πάλιν αὖτις
Ἕκτωρ Αἰνείας τ' ἠδὲ Χρομίος θεοειδής,
Ἄρητον δὲ κατ' αὖθι λίπον δεδαϊγμένον ἦτορ,   535
κείμενον· Αὐτομέδων δὲ θοῷ ἀτάλαντος Ἄρηϊ
τεύχεά τ' ἐξενάριξε καὶ εὐχόμενος ἔπος ηὔδα·
" ἦ δὴ μὰν ὀλίγον γε Μενοιτιάδαο θανόντος
κῆρ ἄχεος μεθέηκα χερείονά περ καταπεφνών."
Ὣς εἰπὼν ἐς δίφρον ἑλὼν ἔναρα βροτόεντα   540
θῆκ', ἂν δ' αὐτὸς ἔβαινε πόδας καὶ χεῖρας ὕπερθεν
αἱματόεις ὥς τίς τε λέων κατὰ ταῦρον ἐδηδώς.
Ἂψ δ' ἐπὶ Πατρόκλῳ τέτατο κρατερὴ ὑσμίνη
ἀργαλέη πολύδακρυς, ἔγειρε δὲ νεῖκος Ἀθήνη
οὐρανόθεν καταβᾶσα· προῆκε γὰρ εὐρύοπα Ζεὺς   545
ὀρινύμεναι Δαναούς· δὴ γὰρ νόος ἐτράπετ' αὐτοῦ.
ἠΰτε πορφυρέην ἶριν θνητοῖσι τανύσσῃ
Ζεὺς ἐξ οὐρανόθεν, τέρας ἔμμεναι ἢ πολέμοιο,
ἢ καὶ χειμῶνος δυσθαλπέος, ὅς ῥά τε ἔργων
ἀνθρώπους ἀνέπαυσεν ἐπὶ χθονί, μῆλα δὲ κήδει,   550
ὡς ἡ πορφυρέη νεφέλη πυκάσασα ἓ αὐτὴν
δύσετ' Ἀχαιῶν ἔθνος, ἔγειρε δὲ φῶτα ἕκαστον.
πρῶτον δ' Ἀτρέος υἱὸν ἐποτρύνουσα προσηύδα,
ἴφθιμον Μενέλαον—ὁ γάρ ῥά οἱ ἐγγύθεν ἦεν—
εἰσαμένη Φοίνικι δέμας καὶ ἀτειρέα φωνήν·   555
" σοὶ μὲν δή, Μενέλαε, κατηφείη καὶ ὄνειδος
ἔσσεται, εἴ κ' Ἀχιλῆος ἀγαυοῦ πιστὸν ἑταῖρον

530 ὁρμηθήτην] οὐτάζοντο e V¹ V¹⁴   538 δαμέντος d e l   541 ἂν
b g h : ἀνὰ vulg.   545 ath. Zen. : om. quidam ap. ʒ T
551 ἑωυτήν Zen.   553 ἐποτρύνασα b h al.

τείχει ὕπο Τρώων ταχέες κύνες ἑλκήσουσιν.
ἀλλ' ἔχεο κρατερῶς, ὄτρυνε δὲ λαὸν ἅπαντα."

Τὴν δ' αὖτε προσέειπε βοὴν ἀγαθὸς Μενέλαος·   560
" Φοῖνιξ, ἄττα γεραιὲ παλαιγενές, εἰ γὰρ Ἀθήνη
δοίη κάρτος ἐμοί, βελέων δ' ἀπερύκοι ἐρωήν·
τῷ κεν ἔγωγ' ἐθέλοιμι παρεστάμεναι καὶ ἀμύνειν
Πατρόκλῳ· μάλα γάρ με θανὼν ἐσεμάσσατο θυμόν.
ἀλλ' Ἕκτωρ πυρὸς αἰνὸν ἔχει μένος, οὐδ' ἀπολήγει   565
χαλκῷ δηῖόων· τῷ γὰρ Ζεὺς κῦδος ὀπάζει."

Ὣς φάτο, γήθησεν δὲ θεὰ γλαυκῶπις Ἀθήνη,
ὅττι ῥά οἱ πάμπρωτα θεῶν ἠρήσατο πάντων.
ἐν δὲ βίην ὤμοισι καὶ ἐν γούνεσσιν ἔθηκε,
καί οἱ μυίης θάρσος ἐνὶ στήθεσσιν ἐνῆκεν,   570
ἥ τε καὶ ἐργομένη μάλα περ χροὸς ἀνδρομέοιο
ἰσχανάᾳ δακέειν, λαρόν τέ οἱ αἷμ' ἀνθρώπου·
τοίου μιν θάρσευς πλῆσε φρένας ἀμφὶ μελαίνας,
βῆ δ' ἐπὶ Πατρόκλῳ, καὶ ἀκόντισε δουρὶ φαεινῷ.
ἔσκε δ' ἐνὶ Τρώεσσι Ποδῆς, υἱὸς Ἠετίωνος,   575
ἀφνειός τ' ἀγαθός τε· μάλιστα δέ μιν τίεν Ἕκτωρ
δήμου, ἐπεί οἱ ἑταῖρος ἔην φίλος εἰλαπιναστής·
τόν ῥα κατὰ ζωστῆρα βάλε ξανθὸς Μενέλαος
ἀΐξαντα φόβονδε, διαπρὸ δὲ χαλκὸν ἔλασσε·
δούπησεν δὲ πεσών· ἀτὰρ Ἀτρεΐδης Μενέλαος   580
νεκρὸν ὑπὲκ Τρώων ἔρυσεν μετὰ ἔθνος ἑταίρων.

Ἕκτορα δ' ἐγγύθεν ἱστάμενος ὄτρυνεν Ἀπόλλων,
Φαίνοπι Ἀσιάδῃ ἐναλίγκιος, ὅς οἱ ἁπάντων
ξείνων φίλτατος ἔσκεν, Ἀβυδόθι οἰκία ναίων·
τῷ μιν ἐεισάμενος προσέφη ἑκάεργος Ἀπόλλων·   585
"'Ἕκτορ, τίς κέ σ' ἔτ' ἄλλος Ἀχαιῶν ταρβήσειεν;

561 διοτρεφές ● Ν¹ V¹ V¹⁶   570 ἔθηκεν d h m q v. l. ap. Eust., al.,
Plut. vit. Hom. ii. 85. Galen. de plac. Hipp. et Plat. iii. 115
571 ἥ τε ἐεργομένη L² M¹⁰ U² U⁴ Pa   582 Ἕκτορα δὲ φρένα δῖος Ἄρης
ὄτρυνε μετελθών Zen.   ὄτρυνε Zen. Ang. Pal¹ V⁸ : ὄτρ. cet.
585 om. i r A B C Ge T V³²   ἑκάεργος] Διὸς υἱὸς ● i

οἷον δὴ Μενέλαον ὑπέτρεσας, ὃς τὸ πάρος γε
μαλθακὸς αἰχμητής· νῦν δ' οἴχεται οἷος ἀείρας
νεκρὸν ὑπὲκ Τρώων, σὸν δ' ἔκτανε πιστὸν ἑταῖρον,
ἐσθλὸν ἐνὶ προμάχοισι, Ποδῆν, υἱὸν Ἠετίωνος."   590
Ὣς φάτο, τὸν δ' ἄχεος νεφέλη ἐκάλυψε μέλαινα,
βῆ δὲ διὰ προμάχων κεκορυθμένος αἴθοπι χαλκῷ.
καὶ τότ' ἄρα Κρονίδης ἕλετ' αἰγίδα θυσσανόεσσαν
μαρμαρέην, Ἴδην δὲ κατὰ νεφέεσσι κάλυψεν,
ἀστράψας δὲ μάλα μεγάλ' ἔκτυπε, τὴν δ' ἐτίναξε,   595
νίκην δὲ Τρώεσσι δίδου, ἐφόβησε δ' Ἀχαιούς.
Πρῶτος Πηνέλεως Βοιώτιος ἦρχε φόβοιο.
βλῆτο γὰρ ὦμον δουρὶ πρόσω τετραμμένος αἰεὶ
ἄκρον ἐπιλίγδην· γράψεν δέ οἱ ὀστέον ἄχρις
αἰχμὴ Πουλυδάμαντος· ὁ γάρ ῥ' ἔβαλε σχεδὸν ἐλθών.   600
Λήϊτον αὖθ' Ἕκτωρ σχεδὸν οὔτασε χεῖρ' ἐπὶ καρπῷ,
υἱὸν Ἀλεκτρυόνος μεγαθύμου, παῦσε δὲ χάρμης·
τρέσσε δὲ παπτήνας, ἐπεὶ οὐκέτι ἔλπετο θυμῷ
ἔγχος ἔχων ἐν χειρὶ μαχήσεσθαι Τρώεσσιν.
Ἕκτορα δ' Ἰδομενεὺς μετὰ Λήϊτον ὁρμηθέντα   605
βεβλήκει θώρηκα κατὰ στῆθος παρὰ μαζόν·
ἐν καυλῷ δ' ἐάγη δολιχὸν δόρυ, τοὶ δὲ βόησαν
Τρῶες· ὁ δ' Ἰδομενῆος ἀκόντισε Δευκαλίδαο
δίφρῳ ἐφεσταότος· τοῦ μέν ῥ' ἀπὸ τυτθὸν ἅμαρτεν·
αὐτὰρ ὁ Μηριόναο ὀπάονά θ' ἡνίοχόν τε,   610
Κοίρανον, ὅς ῥ' ἐκ Λύκτου ἐϋκτιμένης ἔπετ' αὐτῷ—
πεζὸς γὰρ τὰ πρῶτα λιπὼν νέας ἀμφιελίσσας
ἤλυθε, καί κε Τρωσὶ μέγα κράτος ἐγγυάλιξεν,
εἰ μὴ Κοίρανος ὦκα ποδώκεας ἤλασεν ἵππους·
καὶ τῷ μὲν φάος ἦλθεν, ἄμυνε δὲ νηλεὲς ἦμαρ,   615
αὐτὸς δ' ὤλεσε θυμὸν ὑφ' Ἕκτορος ἀνδροφόνοιο—
τὸν βάλ' ὑπὸ γναθμοῖο καὶ οὔατος, ἐκ δ' ἄρ' ὀδόντας

587 γε Α Ο² : περ cet.   595 τὴν] γῆν Zen. : τὸν V⁴ Vᵀ : τοὺς Μο
607 τοὶ δ' ἐβόησαν Ar. f i A B C V¹⁶ : τοὶ δ' ἐφόβηθεν vulg.

ὥσε δόρυ πρυμνόν, διὰ δὲ γλῶσσαν τάμε μέσσην.
ἤριπε δ' ἐξ ὀχέων, κατὰ δ' ἡνία χεῦεν ἔραζε.
καὶ τά γε Μηριόνης ἔλαβεν χείρεσσι φίλῃσι   620
κύψας ἐκ πεδίοιο, καὶ Ἰδομενῆα προσηύδα·
" μάστιε νῦν, ἠός κε θοὰς ἐπὶ νῆας ἵκηαι·
γιγνώσκεις δὲ καὶ αὐτὸς ὅ τ' οὐκέτι κάρτος Ἀχαιῶν."
ᵉΩς ἔφατ', Ἰδομενεὺς δ' ἵμασεν καλλίτριχας ἵππους
νῆας ἔπι γλαφυράς· δὴ γὰρ δέος ἔμπεσε θυμῷ.   625
Οὐδ' ἔλαθ' Αἴαντα μεγαλήτορα καὶ Μενέλαον
Ζεύς, ὅτε δὴ Τρώεσσι δίδου ἑτεραλκέα νίκην.
τοῖσι δὲ μύθων ἦρχε μέγας Τελαμώνιος Αἴας·
" ὢ πόποι, ἤδη μέν κε καὶ ὃς μάλα νήπιός ἐστι
γνοίη ὅτι Τρώεσσι πατὴρ Ζεὺς αὐτὸς ἀρήγει.   630
τῶν μὲν γὰρ πάντων βέλε' ἅπτεται, ὅς τις ἀφήῃ,
ἢ κακὸς ἢ ἀγαθός· Ζεὺς δ' ἔμπης πάντ' ἰθύνει·
ἡμῖν δ' αὔτως πᾶσιν ἐτώσια πίπτει ἔραζε.
ἀλλ' ἄγετ' αὐτοί περ φραζώμεθα μῆτιν ἀρίστην,
ἠμὲν ὅπως τὸν νεκρὸν ἐρύσσομεν, ἠδὲ καὶ αὐτοὶ   635
χάρμα φίλοις ἑτάροισι γενώμεθα νοστήσαντες,
οἵ που δεῦρ' ὁρόωντες ἀκηχέδατ', οὐδ' ἔτι φασὶν
Ἕκτορος ἀνδροφόνοιο μένος καὶ χεῖρας ἀάπτους
σχήσεσθ', ἀλλ' ἐν νηυσὶ μελαίνῃσιν πεσέεσθαι.
εἴη δ' ὅς τις ἑταῖρος ἀπαγγείλειε τάχιστα   640
Πηλείδῃ, ἐπεὶ οὔ μιν ὀίομαι οὐδὲ πεπύσθαι
λυγρῆς ἀγγελίης, ὅτι οἱ φίλος ὤλεθ' ἑταῖρος.
ἀλλ' οὔ πῃ δύναμαι ἰδέειν τοιοῦτον Ἀχαιῶν·
ἠέρι γὰρ κατέχονται ὁμῶς αὐτοί τε καὶ ἵπποι.
Ζεῦ πάτερ, ἀλλὰ σὺ ῥῦσαι ὑπ' ἠέρος υἷας Ἀχαιῶν,   645
ποίησον δ' αἴθρην, δὸς δ' ὀφθαλμοῖσιν ἰδέσθαι·

629 μάλα] μέγα q V¹⁶   630 αὐτὸς ἀμύνει v. l. in A : κῦδος ὀπάζει
e h V¹   631 ἀφήῃ (ἀφείη, ἀφίει sim.) vulg. : ἐφήῃ (ἐφείη, ἐφίη sim.)
c e B L¹⁹ V¹ V¹⁴ V¹⁵ V³² : ἀφείη et ἐφείη Ar. (διχῶς)   637 δεῦρ'] νῦν
v. l. ant., fi k T V¹⁶   ἀκηχέατ' Vi² ed. pr.   641 πυθέσθαι i l T
V¹⁶ V³²   643 πῃ] πω c d e m V¹ : που v. l. s T   644 κεκάλυπται
v. l. in A   646 ὁρᾶσθαι v. l in A

ἐν δὲ φάει καὶ ὄλεσσον, ἐπεί νύ τοι εὔαδεν οὕτως."
*Ὡς φάτο, τὸν δὲ πατὴρ ὀλοφύρατο δάκρυ χέοντα·
αὐτίκα δ' ἠέρα μὲν σκέδασεν καὶ ἀπῶσεν ὀμίχλην,
ἠέλιος δ' ἐπέλαμψε, μάχη δ' ἐπὶ πᾶσα φαάνθη·   650
καὶ τότ' ἄρ' Αἴας εἶπε βοὴν ἀγαθὸν Μενέλαον·
" σκέπτεο νῦν, Μενέλαε διοτρεφές, αἴ κεν ἴδηαι
ζωὸν ἔτ' Ἀντίλοχον, μεγαθύμου Νέστορος υἱόν,
ὄτρυνον δ' Ἀχιλῆϊ δαΐφρονι θᾶσσον ἰόντα
εἰπεῖν ὅττι ῥά οἱ πολὺ φίλτατος ὤλεθ' ἑταῖρος."   655
*Ὡς ἔφατ', οὐδ' ἀπίθησε βοὴν ἀγαθὸς Μενέλαος,
βῆ δ' ἰέναι ὥς τίς τε λέων ἀπὸ μεσσαύλοιο,
ὅς τ' ἐπεὶ ἄρ κε κάμῃσι κύνας τ' ἄνδρας τ' ἐρεθίζων,
οἵ τέ μιν οὐκ εἰῶσι βοῶν ἐκ πῖαρ ἑλέσθαι
πάννυχοι ἐγρήσσοντες· ὁ δὲ κρειῶν ἐρατίζων   660
ἰθύει, ἀλλ' οὔ τι πρήσσει· θαμέες γὰρ ἄκοντες
ἀντίον ἀΐσσουσι θρασειάων ἀπὸ χειρῶν,
καιόμεναί τε δεταί, τάς τε τρεῖ ἐσσύμενός περ·
ἠῶθεν δ' ἀπονόσφιν ἔβη τετιηότι θυμῷ·
ὣς ἀπὸ Πατρόκλοιο βοὴν ἀγαθὸς Μενέλαος   665
ἤιε πόλλ' ἀέκων· περὶ γὰρ δίε μή μιν Ἀχαιοὶ
ἀργαλέου πρὸ φόβοιο ἕλωρ δηΐοισι λίποιεν.
πολλὰ δὲ Μηριόνῃ τε καὶ Αἰάντεσσ' ἐπέτελλεν·
" Αἴαντ', Ἀργείων ἡγήτορε, Μηριόνη τε,
νῦν τις ἐνηείης Πατροκλῆος δειλοῖο   670
μνησάσθω· πᾶσιν γὰρ ἐπίστατο μείλιχος εἶναι
ζωὸς ἐών· νῦν αὖ θάνατος καὶ μοῖρα κιχάνει."
*Ὡς ἄρα φωνήσας ἀπέβη ξανθὸς Μενέλαος,
πάντοσε παπταίνων ὥς τ' αἰετός, ὅν ῥά τέ φασιν
ὀξύτατον δέρκεσθαι ὑπουρανίων πετεηνῶν,   675
ὅν τε καὶ ὑψόθ' ἐόντα πόδας ταχὺς οὐκ ἔλαθε πτὼξ

648 ὣς ἔφατ' εὐχόμενος τοῦ δ' ἔκλυε μητίετα Ζεύς v. l. in Ang.
650 πᾶσα] πᾶσι cit. Plut. de primo frig. 9. 3, Pᵇ   658 ἄρ κεκάμῃσι
h M¹⁰ O²   664 τετιημένος ἦτορ v. l. in A   668 Αἰάντεσσι κέλευε
● M⁸ V¹ V¹⁴   672 κιχάνει] κάλυψεν 1 (cf. 478)

θάμνῳ ὕπ' ἀμφικόμῳ κατακείμενος, ἀλλά τ' ἐπ' αὐτῷ
ἔσσυτο, καί τέ μιν ὦκα λαβὼν ἐξείλετο θυμόν.
ὡς τότε σοί, Μενέλαε διοτρεφές, ὄσσε φαεινὼ
πάντοσε δινείσθην πολέων κατὰ ἔθνος ἑταίρων,   680
εἴ που Νέστορος υἱὸν ἔτι ζώοντα ἴδοιτο.
τὸν δὲ μάλ' αἶψα νόησε μάχης ἐπ' ἀριστερὰ πάσης
θαρσύνονθ' ἑτάρους καὶ ἐποτρύνοντα μάχεσθαι,
ἀγχοῦ δ' ἱστάμενος προσέφη ξανθὸς Μενέλαος·
" 'Αντίλοχ', εἰ δ' ἄγε δεῦρο, διοτρεφές, ὄφρα πύθηαι   685
λυγρῆς ἀγγελίης, ἢ μὴ ὤφελλε γενέσθαι.
ἤδη μὲν σὲ καὶ αὐτὸν ὀίομαι εἰσορόωντα
γιγνώσκειν ὅτι πῆμα θεὸς Δαναοῖσι κυλίνδει,
νίκη δὲ Τρώων· πέφαται δ' ὤριστος 'Αχαιῶν,
Πάτροκλος, μεγάλη δὲ ποθὴ Δαναοῖσι τέτυκται.   690
ἀλλὰ σύ γ' αἶψ' 'Αχιλῆϊ θέων ἐπὶ νῆας 'Αχαιῶν
εἰπεῖν, αἴ κε τάχιστα νέκυν ἐπὶ νῆα σαώσῃ
γυμνόν· ἀτὰρ τά γε τεύχε' ἔχει κορυθαίολος Ἕκτωρ."
Ὣς ἔφατ', 'Αντίλοχος δὲ κατέστυγε μῦθον ἀκούσας·
δὴν δέ μιν ἀμφασίη ἐπέων λάβε, τὼ δέ οἱ ὄσσε   695
δακρυόφι πλῆσθεν, θαλερὴ δέ οἱ ἔσχετο φωνή.
ἀλλ' οὐδ' ὣς Μενελάου ἐφημοσύνης ἀμέλησε,
βῆ δὲ θέειν, τὰ δὲ τεύχε' ἀμύμονι δῶκεν ἑταίρῳ,
Λαοδόκῳ, ὅς οἱ σχεδὸν ἔστρεφε μώνυχας ἵππους.
Τὸν μὲν δάκρυ χέοντα πόδες φέρον ἐκ πολέμοιο,   700
Πηλεΐδῃ 'Αχιλῆϊ κακὸν ἔπος ἀγγελέοντα.
οὐδ' ἄρα σοί, Μενέλαε διοτρεφές, ἤθελε θυμὸς
τειρομένοις ἑτάροισιν ἀμυνέμεν, ἔνθεν ἀπῆλθεν
'Αντίλοχος, μεγάλη δὲ ποθὴ Πυλίοισιν ἐτύχθη·
ἀλλ' ὅ γε τοῖσιν μὲν Θρασυμήδεα δῖον ἀνῆκεν,   705

681 ἴδοιτο Ar. cf A B C T V¹ V¹⁶ V³²: ἴδοιντο v. l. ant. L¹⁰ Pal¹:
ἴδοιο v. l. ant. (οἱ ἀπὸ τῆς σχολῆς) vulg.: ἴδοιε h   683 a
        θεσπέσιον γάρ σφιν φόβον ἔμβαλε Φοῖβος Ἀπόλλων (= Ρ 118)
add. i M⁸   684 ἔπεα πτερόεντα προσηύδα H¹ P³ P⁶ V⁵   689 δ'
ὤριστος] δὲ ἄριστος h v. l. ap. Eust.   695 ἀφασίη f p r B C T V¹ V¹²

αὐτὸς δ' αὖτ' ἐπὶ Πατρόκλῳ ἥρωϊ βεβήκει,
στῆ δὲ παρ' Αἰάντεσσι θέων, εἶθαρ δὲ προσηύδα·
" κεῖνον μὲν δὴ νηυσὶν ἐπιπροέηκα θοῇσιν,
ἐλθεῖν εἰς Ἀχιλῆα πόδας ταχύν· οὐδέ μιν οἴω
νῦν ἰέναι μάλα περ κεχολωμένον Ἕκτορι δίῳ·   710
οὐ γάρ πως ἂν γυμνὸς ἐὼν Τρώεσσι μάχοιτο.
ἡμεῖς δ' αὐτοί περ φραζώμεθα μῆτιν ἀρίστην,
ἠμὲν ὅπως τὸν νεκρὸν ἐρύσσομεν, ἠδὲ καὶ αὐτοὶ
Τρώων ἐξ ἐνοπῆς θάνατον καὶ κῆρα φύγωμεν."
Τὸν δ' ἠμείβετ' ἔπειτα μέγας Τελαμώνιος Αἴας·   715
" πάντα κατ' αἶσαν ἔειπες, ἀγακλεὲς ὦ Μενέλαε·
ἀλλὰ σὺ μὲν καὶ Μηριόνης ὑποδύντε μάλ' ὦκα
νεκρὸν ἀείραντες φέρετ' ἐκ πόνου· αὐτὰρ ὄπισθε
νῶϊ μαχησόμεθα Τρωσίν τε καὶ Ἕκτορι δίῳ,
ἶσον θυμὸν ἔχοντες ὁμώνυμοι, οἳ τὸ πάρος περ   720
μίμνομεν ὀξὺν Ἄρηα παρ' ἀλλήλοισι μένοντες."
Ὣς ἔφαθ', οἱ δ' ἄρα νεκρὸν ἀπὸ χθονὸς ἀγκάζοντο
ὕψι μάλα μεγάλως· ἐπὶ δ' ἴαχε λαὸς ὄπισθε
Τρωϊκός, ὡς εἴδοντο νέκυν αἴροντας Ἀχαιούς.
ἴθυσαν δὲ κύνεσσιν ἐοικότες, οἵ τ' ἐπὶ κάπρῳ   725
βλημένῳ ἀΐξωσι πρὸ κούρων θηρητήρων·
ἕως μὲν γάρ τε θέουσι διαρραῖσαι μεμαῶτες,
ἀλλ' ὅτε δή ῥ' ἐν τοῖσιν ἑλίξεται ἀλκὶ πεποιθώς,
ἄψ τ' ἀνεχώρησαν διά τ' ἔτρεσαν ἄλλυδις ἄλλος.
ὣς Τρῶες ἧος μὲν ὁμιλαδὸν αἰὲν ἕποντο,   730
νύσσοντες ξίφεσίν τε καὶ ἔγχεσιν ἀμφιγύοισιν·
ἀλλ' ὅτε δή ῥ' Αἴαντε μεταστρεφθέντε κατ' αὐτοὺς
σταίησαν, τῶν δὲ τράπετο χρώς, οὐδέ τις ἔτλη
πρόσσω ἀΐξας περὶ νεκροῦ δηριάασθαι.

707 στῆ δ' ἄρ' ἐπ' ● V¹⁴   θέων] κιὼν ● V¹ V¹⁶   710 Ἕκτορι δίῳ]
Ἀτρείωνι A marg.   721 μένοντε Aristoph. N⁴ V³²   724 ἄραντας
Choeroboscus E. M. 38. 17, ● Ge O⁵ U¹¹ V¹ V¹⁶ : αἴραντας A Bm⁸ W²
728 ἀΐξεται g   729 ἄψ σ΄] τ' om. c g p B C N⁴ : δ' ι V¹²
734 δηριάασθαι b h V¹ al. : δηρίσασθαι cet.

Ὣς οἵ γ' ἐμμεμαῶτε νέκυν φέρον ἐκ πολέμοιο   735
νῆας ἔπι γλαφυράς· ἐπὶ δὲ πτόλεμος τέτατό σφιν
ἄγριος ἠΰτε πῦρ, τό τ' ἐπεσσύμενον πόλιν ἀνδρῶν
ὄρμενον ἐξαίφνης φλεγέθει, μινύθουσι δὲ οἶκοι
ἐν σέλαϊ μεγάλῳ· τὸ δ' ἐπιβρέμει ἲς ἀνέμοιο.
ὣς μὲν τοῖς ἵππων τε καὶ ἀνδρῶν αἰχμητάων   740
ἀζηχὴς ὀρυμαγδὸς ἐπήϊεν ἐρχομένοισιν·
οἱ δ' ὥς θ' ἡμίονοι κρατερὸν μένος ἀμφιβαλόντες
ἕλκωσ' ἐξ ὄρεος κατὰ παιπαλόεσσαν ἀταρπὸν
ἢ δοκὸν ἠὲ δόρυ μέγα νήϊον· ἐν δέ τε θυμὸς
τείρεθ' ὁμοῦ καμάτῳ τε καὶ ἱδρῷ σπευδόντεσσιν·   745
ὣς οἵ γ' ἐμμεμαῶτε νέκυν φέρον. αὐτὰρ ὄπισθεν
Αἴαντ' ἰσχανέτην, ὥς τε πρὼν ἰσχάνει ὕδωρ
ὑλήεις, πεδίοιο διαπρύσιον τετυχηκώς,
ὅς τε καὶ ἰφθίμων ποταμῶν ἀλεγεινὰ ῥέεθρα
ἴσχει, ἄφαρ δέ τε πᾶσι ῥόον πεδίονδε τίθησι   750
πλάζων· οὐδέ τί μιν σθένεϊ ῥηγνῦσι ῥέοντες·
ὣς αἰεὶ Αἴαντε μάχην ἀνέεργον ὀπίσσω
Τρώων· οἱ δ' ἅμ' ἕποντο, δύω δ' ἐν τοῖσι μάλιστα,
Αἰνείας τ' Ἀγχισιάδης καὶ φαίδιμος Ἕκτωρ.
τῶν δ' ὥς τε ψαρῶν νέφος ἔρχεται ἠὲ κολοιῶν,   755
οὖλον κεκλήγοντες, ὅτε προΐδωσιν ἰόντα
κίρκον, ὅ τε σμικρῇσι φόνον φέρει ὀρνίθεσσιν,
ὣς ἄρ' ὑπ' Αἰνείᾳ τε καὶ Ἕκτορι κοῦροι Ἀχαιῶν
οὖλον κεκλήγοντες ἴσαν, λήθοντο δὲ χάρμης.
πολλὰ δὲ τεύχεα καλὰ πέσον περί τ' ἀμφί τε τάφρον   760
φευγόντων Δαναῶν· πολέμου δ' οὐ γίγνετ' ἐρωή.

740 ἀσπιστάων L² N⁴ T V¹¹ V¹²: υωρηκταων c V¹ V¹⁴   746 οἱ μὲν
ἄρ' ἐμμεμαῶτε v. l. ant.   747 ὥς περ b h   748 τετυχηώς
Heraclides : τετυχηκός h M⁷ M⁸ O⁸ P¹³   751 τί g l : τε vulg.
μιν] μὴν Aristoph.   756 -οτες Bm⁴ Lp O⁸ W⁴   759 -οτες Bm⁶
Bm⁸ Lp O⁸ W⁴   760 τάφρῳ b l r

ΙΛΙΑΔΟΣ Σ

Ὣς οἱ μὲν μάρναντο δέμας πυρὸς αἰθομένοιο,
'Αντίλοχος δ' 'Αχιλῆϊ πόδας ταχὺς ἄγγελος ἦλθε.
τὸν δ' εὗρε προπάροιθε νεῶν ὀρθοκραιράων
τὰ φρονέοντ' ἀνὰ θυμὸν ἃ δὴ τετελεσμένα ἦεν·
ὀχθήσας δ' ἄρα εἶπε πρὸς ὃν μεγαλήτορα θυμόν·   5
" ὤ μοι ἐγώ, τί τ' ἄρ' αὖτε κάρη κομόωντες 'Αχαιοὶ
νηυσὶν ἔπι κλονέονται ἀτυζόμενοι πεδίοιο;
μὴ δή μοι τελέσωσι θεοὶ κακὰ κήδεα θυμῷ,
ὥς ποτέ μοι μήτηρ διεπέφραδε, καί μοι ἔειπε
Μυρμιδόνων τὸν ἄριστον ἔτι ζώοντος ἐμεῖο   10
χερσὶν ὕπο Τρώων λείψειν φάος ἠελίοιο.
ἦ μάλα δὴ τέθνηκε Μενοιτίου ἄλκιμος υἱός,
σχέτλιος· ἦ τ' ἐκέλευον ἀπωσάμενον δήϊον πῦρ
ἂψ ἐπὶ νῆας ἵμεν, μηδ' Ἕκτορι ἶφι μάχεσθαι."
Ἦος ὁ ταῦθ' ὥρμαινε κατὰ φρένα καὶ κατὰ θυμόν,   15
τόφρα οἱ ἐγγύθεν ἦλθεν ἀγαυοῦ Νέστορος υἱός,
δάκρυα θερμὰ χέων, φάτο δ' ἀγγελίην ἀλεγεινήν·
" ὤ μοι, Πηλέος υἱὲ δαΐφρονος, ἦ μάλα λυγρῆς
πεύσεαι ἀγγελίης, ἣ μὴ ὤφελλε γενέσθαι.
κεῖται Πάτροκλος, νέκυος δὲ δὴ ἀμφιμάχονται   20
γυμνοῦ· ἀτὰρ τά γε τεύχε' ἔχει κορυθαίολος Ἕκτωρ."
Ὣς φάτο, τὸν δ' ἄχεος νεφέλη ἐκάλυψε μέλαινα·

4 το pro τὰ p¹¹ ss.   8 κήδεα] μήδεα h i A ante corr.   θυμοῦ h
10–11 om. Aristoph. Rhi.   14 ἂψ ἐπὶ νῆας ἵμεν Aristoph. Ar.
● i T : . . . ηας ιναι p⁶ : ἰέναι M⁸ V¹ V¹¹ V¹³ V¹⁴ : νῆας ἔπ' ἂψ ἰέναι v. l.
ant. (ἐν ἐνίαις), vulg.

ἀμφοτέρῃσι δὲ χερσὶν ἑλὼν κόνιν αἰθαλόεσσαν
χεύατο κὰκ κεφαλῆς, χαρίεν δ' ᾔσχυνε πρόσωπον·
νεκταρέῳ δὲ χιτῶνι μέλαιν' ἀμφίζανε τέφρῃ. 25
αὐτὸς δ' ἐν κονίῃσι μέγας μεγαλωστὶ τανυσθεὶς
κεῖτο, φίλῃσι δὲ χερσὶ κόμην ᾔσχυνε δαΐζων.
δμῳαὶ δ' ἃς Ἀχιλεὺς ληΐσσατο Πάτροκλός τε
θυμὸν ἀκηχέμεναι μεγάλ' ἴαχον, ἐκ δὲ θύραζε
ἔδραμον ἀμφ' Ἀχιλῆα δαΐφρονα, χερσὶ δὲ πᾶσαι 30
στήθεα πεπλήγοντο, λύθεν δ' ὑπὸ γυῖα ἑκάστης.
Ἀντίλοχος δ' ἑτέρωθεν ὀδύρετο δάκρυα λείβων,
χεῖρας ἔχων Ἀχιλῆος· ὁ δ' ἔστενε κυδάλιμον κῆρ·
δείδιε γὰρ μὴ λαιμὸν ἀπαμήσειε σιδήρῳ.
σμερδαλέον δ' ᾤμωξεν· ἄκουσε δὲ πότνια μήτηρ 35
ἡμένη ἐν βένθεσσιν ἁλὸς παρὰ πατρὶ γέροντι,
κώκυσέν τ' ἄρ' ἔπειτα· θεαὶ δέ μιν ἀμφαγέροντο,
πᾶσαι ὅσαι κατὰ βένθος ἁλὸς Νηρηΐδες ἦσαν.
ἔνθ' ἄρ' ἔην Γλαύκη τε Θάλειά τε Κυμοδόκη τε,
Νησαίη Σπειώ τε Θόη θ' Ἁλίη τε βοῶπις, 40
Κυμοθόη τε καὶ Ἀκταίη καὶ Λιμνώρεια
καὶ Μελίτη καὶ Ἴαιρα καὶ Ἀμφιθόη καὶ Ἀγαύη,
Δωτώ τε Πρωτώ τε Φέρουσά τε Δυναμένη τε,
Δεξαμένη τε καὶ Ἀμφινόμη καὶ Καλλιάνειρα,
Δωρὶς καὶ Πανόπη καὶ ἀγακλειτὴ Γαλάτεια, 45
Νημερτής τε καὶ Ἀψευδὴς καὶ Καλλιάνασσα·
ἔνθα δ' ἔην Κλυμένη Ἰάνειρά τε καὶ Ἰάνασσα,
Μαῖρα καὶ Ὠρείθυια ἐϋπλόκαμός τ' Ἀμάθεια,
ἄλλαι θ' αἳ κατὰ βένθος ἁλὸς Νηρηΐδες ἦσαν.
τῶν δὲ καὶ ἀργύφεον πλῆτο σπέος· αἱ δ' ἅμα πᾶσαι 50
στήθεα πεπλήγοντο, Θέτις δ' ἐξῆρχε γόοιο·
" κλῦτε, κασίγνηται Νηρηΐδες, ὄφρ' ἐῢ πᾶσαι

31 ἑκάστη P¹¹ ss. M⁸ P²: φαίδιμα γυῖα Ge   34 ἀπαμήσειε Ar. T
V¹⁴: ἀπομήξειε Zen. vulg.   39–49 om. Argol. (teste Callistr.) ath.
Zen. Ar.   39 ἔνθ' ἄρα ἦν P¹¹ h Ge L⁹⁰ M⁸   Γλαύκειά h   Ἄλεια Ar.
        44 δεξαμενή P¹¹ qu. s B T   47 ἔνθ' ἄρα ἦν P¹¹   52 κασίγνητοι
h i L⁶ V¹ V¹⁶

εἶδετ' ἀκούουσαι ὅσσ' ἐμῷ ἔνι κήδεα θυμῷ.
ὤ μοι ἐγὼ δειλή, ὤ μοι δυσαριστοτόκεια,
ἥ τ' ἐπεὶ ἄρ τέκον υἱὸν ἀμύμονά τε κρατερόν τε,   55
ἔξοχον ἡρώων· ὁ δ' ἀνέδραμεν ἔρνεϊ ἶσος·
τὸν μὲν ἐγὼ θρέψασα, φυτὸν ὣς γουνῷ ἀλωῆς,
νηυσὶν ἐπιπροέηκα κορωνίσιν Ἴλιον εἴσω
Τρωσὶ μαχησόμενον· τὸν δ' οὐχ ὑποδέξομαι αὖτις
οἴκαδε νοστήσαντα δόμον Πηλήϊον εἴσω.   60
ὄφρα δέ μοι ζώει καὶ ὁρᾷ φάος ἠελίοιο
ἄχνυται, οὐδέ τί οἱ δύναμαι χραισμῆσαι ἰοῦσα.
ἀλλ' εἶμ', ὄφρα ἴδωμι φίλον τέκος, ἠδ' ἐπακούσω
ὅττι μιν ἵκετο πένθος ἀπὸ πτολέμοιο μένοντα."
  Ὣς ἄρα φωνήσασα λίπε σπέος· αἱ δὲ σὺν αὐτῇ   65
δακρυόεσσαι ἴσαν, περὶ δέ σφισι κῦμα θαλάσσης
ῥήγνυτο· ταὶ δ' ὅτε δὴ Τροίην ἐρίβωλον ἵκοντο,
ἀκτὴν εἰσανέβαινον ἐπισχερώ, ἔνθα θαμειαὶ
Μυρμιδόνων εἴρυντο νέες ταχὺν ἀμφ' Ἀχιλῆα.
τῷ δὲ βαρὺ στενάχοντι παρίστατο πότνια μήτηρ,   70
ὀξὺ δὲ κωκύσασα κάρη λάβε παιδὸς ἑοῖο,
καί ῥ' ὀλοφυρομένη ἔπεα πτερόεντα προσηύδα·
" τέκνον, τί κλαίεις; τί δέ σε φρένας ἵκετο πένθος;
ἐξαύδα, μὴ κεῦθε· τὰ μὲν δή τοι τετέλεσται
ἐκ Διός, ὡς ἄρα δὴ πρίν γ' εὔχεο χεῖρας ἀνασχών,   75
πάντας ἐπὶ πρύμνῃσιν ἀλήμεναι υἷας Ἀχαιῶν
σεῦ ἐπιδευομένους, παθέειν τ' ἀεκήλια ἔργα."
  Τὴν δὲ βαρὺ στενάχων προσέφη πόδας ὠκὺς Ἀχιλλεύς·
" μῆτερ ἐμή, τὰ μὲν ἄρ μοι Ὀλύμπιος ἐξετέλεσσεν·
ἀλλὰ τί μοι τῶν ἦδος, ἐπεὶ φίλος ὤλεθ' ἑταῖρος,   80
Πάτροκλος, τὸν ἐγὼ περὶ πάντων τῖον ἑταίρων,
ἶσον ἐμῇ κεφαλῇ· τὸν ἀπώλεσα, τεύχεα δ' Ἕκτωρ
δῃώσας ἀπέδυσε πελώρια, θαῦμα ἰδέσθαι,

53 ἔνι] ἔπι Aristoph.   63 ἴδωμι ο r M⁸ M¹⁰ N⁴ (uv.) U¹¹ V¹⁰ :
ἴδωμαι b i V¹⁶ : ἴδοιμι vulg.   68 εἰσ ανέβησαν e p A   71 ἑοῖο]
ἑῆος g k r V³²   83 ἀπέλυσε v. l. ap. g T

καλά· τὰ μὲν Πηλῆϊ θεοὶ δόσαν ἀγλαὰ δῶρα
ἤματι τῷ ὅτε σε βροτοῦ ἀνέρος ἔμβαλον εὐνῇ.   85
αἴθ' ὄφελες σὺ μὲν αὖθι μετ' ἀθανάτῃς ἁλίῃσι
ναίειν, Πηλεὺς δὲ θνητὴν ἀγαγέσθαι ἄκοιτιν.
νῦν δ' ἵνα καὶ σοὶ πένθος ἐνὶ φρεσὶ μυρίον εἴη
παιδὸς ἀποφθιμένοιο, τὸν οὐχ ὑποδέξεαι αὖτις
οἴκαδε νοστήσαντ', ἐπεὶ οὐδ' ἐμὲ θυμὸς ἄνωγε   90
ζώειν οὐδ' ἄνδρεσσι μετέμμεναι, αἴ κε μὴ Ἕκτωρ
πρῶτος ἐμῷ ὑπὸ δουρὶ τυπεὶς ἀπὸ θυμὸν ὀλέσσῃ,
Πατρόκλοιο δ' ἕλωρα Μενοιτιάδεω ἀποτείσῃ."
    Τὸν δ' αὖτε προσέειπε Θέτις κατὰ δάκρυ χέουσα·
"ὠκύμορος δή μοι, τέκος, ἔσσεαι, οἷ' ἀγορεύεις·   95
αὐτίκα γάρ τοι ἔπειτα μεθ' Ἕκτορα πότμος ἑτοῖμος."
    Τὴν δὲ μέγ' ὀχθήσας προσέφη πόδας ὠκὺς Ἀχιλλεύς·
"αὐτίκα τεθναίην, ἐπεὶ οὐκ ἄρ' ἔμελλον ἑταίρῳ
κτεινομένῳ ἐπαμῦναι· ὁ μὲν μάλα τηλόθι πάτρης
ἔφθιτ', ἐμεῖο δὲ δῆσεν ἀρῆς ἀλκτῆρα γενέσθαι.   100
νῦν δ' ἐπεὶ οὐ νέομαί γε φίλην ἐς πατρίδα γαῖαν,
οὐδέ τι Πατρόκλῳ γενόμην φάος οὐδ' ἑτάροισι
τοῖς ἄλλοις, οἳ δὴ πολέες δάμεν Ἕκτορι δίῳ,
ἀλλ' ἧμαι παρὰ νηυσὶν ἐτώσιον ἄχθος ἀρούρης,
τοῖος ἐὼν οἷος οὔ τις Ἀχαιῶν χαλκοχιτώνων   105
ἐν πολέμῳ· ἀγορῇ δέ τ' ἀμείνονές εἰσι καὶ ἄλλοι.
ὡς ἔρις ἔκ τε θεῶν ἔκ τ' ἀνθρώπων ἀπόλοιτο,
καὶ χόλος, ὅς τ' ἐφέηκε πολύφρονά περ χαλεπῆναι,
ὅς τε πολὺ γλυκίων μέλιτος καταλειβομένοιο
ἀνδρῶν ἐν στήθεσσιν ἀέξεται ἠΰτε καπνός·   110
ὡς ἐμὲ νῦν ἐχόλωσεν ἄναξ ἀνδρῶν Ἀγαμέμνων.
ἀλλὰ τὰ μὲν προτετύχθαι ἐάσομεν ἀχνύμενοί περ,

86 αἴθ' c p A B C N¹ V¹⁰ : ὡς vulg.   94 τὸν δ' ἠμείβετ' ἔπειτα
v. l. in A   97 τὴν δ' αὖτε προσέειπε ποδάρκης δῖος cit. Aeschin. c.
Tim 150   99 ὅ μοι πολὺ φίλτατος (φίλτατον unus cod.) ἔσκεν cit.
Aeschin. l. c., qui videtur v. 100 non legisse   100 ἀρῆς v. l. ant.
(ἐν τοῖς εἰκαιοτέροις), vulg. : ἄρεω Ar. A ss. γρ. P³ : ἄρεος qu. 8 U⁴ :
ἄρεως qu. 8 B   104 νηυσὶ κορωνίσιν Plat. Apol. 28 d   107 εκ τ'
. . . ητων ανθρωπων p¹¹

θυμὸν ἐνὶ στήθεσσι φίλον δαμάσαντες ἀνάγκῃ·
νῦν δ' εἶμ', ὄφρα φίλης κεφαλῆς ὀλετῆρα κιχείω,
Ἕκτορα· κῆρα δ' ἐγὼ τότε δέξομαι, ὁππότε κεν δὴ   115
Ζεὺς ἐθέλῃ τελέσαι ἠδ' ἀθάνατοι θεοὶ ἄλλοι.
οὐδὲ γὰρ οὐδὲ βίη Ἡρακλῆος φύγε κῆρα,
ὅς περ φίλτατος ἔσκε Διὶ Κρονίωνι ἄνακτι·
ἀλλά ἑ μοῖρα δάμασσε καὶ ἀργαλέος χόλος Ἥρης.
ὣς καὶ ἐγών, εἰ δή μοι ὁμοίη μοῖρα τέτυκται,   120
κείσομ' ἐπεί κε θάνω· νῦν δὲ κλέος ἐσθλὸν ἀροίμην,
καί τινα Τρωϊάδων καὶ Δαρδανίδων βαθυκόλπων
ἀμφοτέρῃσιν χερσὶ παρειάων ἁπαλάων
δάκρυ' ὀμορξαμένην ἁδινὸν στοναχῆσαι ἐφείην,
γνοῖεν δ' ὡς δὴ δηρὸν ἐγὼ πολέμοιο πέπαυμαι·   125
μηδέ μ' ἔρυκε μάχης φιλέουσά περ· οὐδέ με πείσεις."
Τὸν δ' ἠμείβετ' ἔπειτα θεὰ Θέτις ἀργυρόπεζα·
"ναὶ δὴ ταῦτά γε, τέκνον, ἐτήτυμον οὐ κακόν ἐστι,
τειρομένοις ἑτάροισιν ἀμυνέμεν αἰπὺν ὄλεθρον.
ἀλλά τοι ἔντεα καλὰ μετὰ Τρώεσσιν ἔχονται,   130
χάλκεα μαρμαίροντα· τὰ μὲν κορυθαίολος Ἕκτωρ
αὐτὸς ἔχων ὤμοισιν ἀγάλλεται· οὐδέ ἕ φημι
δηρὸν ἐπαγλαϊεῖσθαι, ἐπεὶ φόνος ἐγγύθεν αὐτῷ.
ἀλλὰ σὺ μὲν μή πω καταδύσεο μῶλον Ἄρηος,
πρίν γ' ἐμὲ δεῦρ' ἐλθοῦσαν ἐν ὀφθαλμοῖσιν ἴδηαι·   135
ἠῶθεν γὰρ νεῦμαι ἅμ' ἠελίῳ ἀνιόντι
τεύχεα καλὰ φέρουσα παρ' Ἡφαίστοιο ἄνακτος."
Ὣς ἄρα φωνήσασα πάλιν τράπεθ' υἷος ἑοῖο,
καὶ στρεφθεῖσ' ἁλίῃσι κασιγνήτῃσι μετηύδα·
"ὑμεῖς μὲν νῦν δῦτε θαλάσσης εὐρέα κόλπον,   140
ὀψόμεναί τε γέρονθ' ἅλιον καὶ δώματα πατρός,
καί οἱ πάντ' ἀγορεύσατ'· ἐγὼ δ' ἐς μακρὸν Ὄλυμπον
εἶμι παρ' Ἥφαιστον κλυτοτέχνην, αἴ κ' ἐθέλῃσιν

124 ἀδινὰ qu. S A, A ss. r M¹⁰ T U¹¹   125 πεπαύμην g l V¹⁶
   127 Θέτις κατὰ δάκρυ χέουσα p¹¹ L¹⁶   136 ἠῶθι h N⁴ corr.
138 ἑῆος p⁹ l p r V¹⁶ V³² v. l. in A   142 ἀγορεῦσαι Zen.

18. ΙΛΙΑΔΟΣ Σ

υἱεῖ ἐμῷ δόμεναι κλυτὰ τεύχεα παμφανόωντα."

Ὣς ἔφαθ', αἱ δ' ὑπὸ κῦμα θαλάσσης αὐτίκ' ἔδυσαν· 145
ἡ δ' αὖτ' Οὔλυμπόνδε θεὰ Θέτις ἀργυρόπεζα
ἤϊεν, ὄφρα φίλῳ παιδὶ κλυτὰ τεύχε' ἐνείκαι.
Τὴν μὲν ἄρ' Οὔλυμπόνδε πόδες φέρον· αὐτὰρ Ἀχαιοὶ
θεσπεσίῳ ἀλαλητῷ ὑφ' Ἕκτορος ἀνδροφόνοιο
φεύγοντες νῆάς τε καὶ Ἑλλήσποντον ἵκοντο. 150
οὐδέ κε Πάτροκλόν περ ἐϋκνήμιδες Ἀχαιοὶ
ἐκ βελέων ἐρύσαντο νέκυν, θεράποντ' Ἀχιλῆος·
αὖτις γὰρ δὴ τόν γε κίχον λαός τε καὶ ἵπποι
Ἕκτωρ τε Πριάμοιο πάϊς, φλογὶ εἴκελος ἀλκήν.
τρὶς μέν μιν μετόπισθε ποδῶν λάβε φαίδιμος Ἕκτωρ 155
ἑλκέμεναι μεμαώς, μέγα δὲ Τρώεσσιν ὁμόκλα·
τρὶς δὲ δύ' Αἴαντες, θοῦριν ἐπιειμένοι ἀλκήν,
νεκροῦ ἀπεστυφέλιξαν· ὁ δ' ἔμπεδον ἀλκὶ πεποιθὼς
ἄλλοτ' ἐπαΐξασκε κατὰ μόθον, ἄλλοτε δ' αὖτε
στάσκε μέγα ἰάχων· ὀπίσω δ' οὐ χάζετο πάμπαν. 160
ὡς δ' ἀπὸ σώματος οὔ τι λέοντ' αἴθωνα δύνανται
ποιμένες ἄγραυλοι μέγα πεινάοντα δίεσθαι,
ὥς ῥα τὸν οὐκ ἐδύναντο δύω Αἴαντε κορυστὰ
Ἕκτορα Πριαμίδην ἀπὸ νεκροῦ δειδίξασθαι.
καί νύ κεν εἴρυσσέν τε καὶ ἄσπετον ἤρατο κῦδος, 165
εἰ μὴ Πηλεΐωνι ποδήνεμος ὠκέα Ἶρις
ἄγγελος ἦλθε θέουσ' ἀπ' Ὀλύμπου θωρήσσεσθαι,
κρύβδα Διὸς ἄλλων τε θεῶν· πρὸ γὰρ ἧκέ μιν Ἥρη.
ἀγχοῦ δ' ἱσταμένη ἔπεα πτερόεντα προσηύδα·
" ὄρσεο, Πηλεΐδη, πάντων ἐκπαγλότατ' ἀνδρῶν· 170
Πατρόκλῳ ἐπάμυνον, οὗ εἵνεκα φύλοπις αἰνὴ

149 ὑφ' Ἕκτορι καὶ Διὶ πατρί V¹, γρ. e   151 οὐδ' ἄρα v. l. in A
153 λαοί A ss.   154 φλογί] συτ Zen.   pro 155-156 tres
versus
    ὃς μιν τρὶς μετόπισθε ποδῶν λάβε καὶ μέγ' αὖτει
    ἑλκέμεναι μεμαώς, κεφαλὴν δέ ἑ θυμὸς ἀνώγει
    πῆξαι ἀνὰ σκολόπεσσι ταμόνθ' ἁπαλῆς ἀπὸ δειρῆς
Zen., cf. 176, 177   156 ἐπὶ δὲ ἱ   160 ἰάχων] ἀχέων Zen.
171 Πατρόκλου Ar. b L⁵ L¹⁸ U² U⁴ V¹³

137

ἔστηκε πρὸ νεῶν· οἱ δ' ἀλλήλους ὀλέκουσιν
οἱ μὲν ἀμυνόμενοι νέκυος πέρι τεθνηῶτος,
οἱ δὲ ἐρύσσασθαι ποτὶ Ἴλιον ἠνεμόεσσαν
Τρῶες ἐπιθύουσι· μάλιστα δὲ φαίδιμος Ἕκτωρ   175
ἑλκέμεναι μέμονεν· κεφαλὴν δέ ἑ θυμὸς ἄνωγε
πῆξαι ἀνὰ σκολόπεσσι ταμόνθ' ἀπαλῆς ἀπὸ δειρῆς.
ἀλλ' ἄνα, μηδ' ἔτι κεῖσο· σέβας δέ σε θυμὸν ἱκέσθω
Πάτροκλον Τρῳῆσι κυσὶν μέλπηθρα γενέσθαι·
σοὶ λώβη, αἴ κέν τι νέκυς ᾐσχυμμένος ἔλθῃ."   180
Τὴν δ' ἠμείβετ' ἔπειτα ποδάρκης δῖος Ἀχιλλεύς·
"Ἶρι θεά, τίς γάρ σε θεῶν ἐμοὶ ἄγγελον ἧκε;"
Τὸν δ' αὖτε προσέειπε ποδήνεμος ὠκέα Ἶρις·
"Ἥρη με προέηκε, Διὸς κυδρὴ παράκοιτις·
οὐδ' οἶδε Κρονίδης ὑψίζυγος οὐδέ τις ἄλλος   185
ἀθανάτων, οἳ Ὄλυμπον ἀγάννιφον ἀμφινέμονται."
Τὴν δ' ἀπαμειβόμενος προσέφη πόδας ὠκὺς Ἀχιλλεύς·
"πῶς τ' ἄρ' ἴω μετὰ μῶλον; ἔχουσι δὲ τεύχεα κεῖνοι·
μήτηρ δ' οὔ με φίλη πρίν γ' εἴα θωρήσσεσθαι,
πρίν γ' αὐτὴν ἐλθοῦσαν ἐν ὀφθαλμοῖσιν ἴδωμαι·   190
στεῦτο γὰρ Ἡφαίστοιο πάρ' οἰσέμεν ἔντεα καλά.
ἄλλου δ' οὔ τευ οἶδα τεῦ ἂν κλυτὰ τεύχεα δύω,
εἰ μὴ Αἴαντός γε σάκος Τελαμωνιάδαο.
ἀλλὰ καὶ αὐτὸς ὅ, ἔλπομ', ἐνὶ πρώτοισιν ὁμιλεῖ,
ἔγχεϊ δηϊόων περὶ Πατρόκλοιο θανόντος."   195
Τὸν δ' αὖτε προσέειπε ποδήνεμος ὠκέα Ἶρις·
"εὖ νυ καὶ ἡμεῖς ἴδμεν ὅ τοι κλυτὰ τεύχε' ἔχονται·
ἀλλ' αὕτως ἐπὶ τάφρον ἰὼν Τρώεσσι φάνηθι,
αἴ κέ σ' ὑποδείσαντες ἀπόσχωνται πολέμοιο
Τρῶες, ἀναπνεύσωσι δ' ἀρήϊοι υἷες Ἀχαιῶν   200

174 ἠνεμόεσσαν] αἰπὺ θέλοντες Zen   176–177 om. hic Zen.
(cf. 156)   180 σοὶ] σὴ L⁹ M⁷ V²⁴   182 γάρ] τ' ἄρ Ar. ed. alt.
Ϸ g   188 τ' ἄρ'] γὰρ ἲ L¹² V¹² V¹⁶   192 οὔθην c g   194 δ γ'
codd. em. Bentl.   Τρώεσσιν ο p A B C L³ N¹ T V¹² V¹⁴ V¹⁵ V³² v. l.
ap. Eust.   197 κλυτὰ] καλὰ v. l. ant. (κατ' ἔνια)   198 αὐτὸς Zen.
Aristoph. h

τειρόμενοι· ὀλίγη δέ τ' ἀνάπνευσις πολέμοιο."
Ἡ μὲν ἄρ' ὣς εἰποῦσ' ἀπέβη πόδας ὠκέα Ἶρις,
αὐτὰρ Ἀχιλλεὺς ὦρτο Διὶ φίλος· ἀμφὶ δ' Ἀθήνη
ὤμοις ἰφθίμοισι βάλ' αἰγίδα θυσσανόεσσαν,
ἀμφὶ δέ οἱ κεφαλῇ νέφος ἔστεφε δῖα θεάων   205
χρύσεον, ἐκ δ' αὐτοῦ δαῖε φλόγα παμφανόωσαν.
ὡς δ' ὅτε καπνὸς ἰὼν ἐξ ἄστεος αἰθέρ' ἵκηται,
τηλόθεν ἐκ νήσου, τὴν δήϊοι ἀμφιμάχωνται,
οἵ τε πανημέριοι στυγερῷ κρίνονται Ἄρηϊ
ἄστεος ἐκ σφετέρου· ἅμα δ' ἠελίῳ καταδύντι   210
πυρσοί τε φλεγέθουσιν ἐπήτριμοι, ὑψόσε δ' αὐγὴ
γίγνεται ἀΐσσουσα περικτιόνεσσιν ἰδέσθαι,
αἴ κέν πως σὺν νηυσὶν ἄρεω ἀλκτῆρες ἵκωνται·
ὣς ἀπ' Ἀχιλλῆος κεφαλῆς σέλας αἰθέρ' ἵκανε·
στῆ δ' ἐπὶ τάφρον ἰὼν ἀπὸ τείχεος, οὐδ' ἐς Ἀχαιους   215
μίσγετο· μητρὸς γὰρ πυκινὴν ὠπίζετ' ἐφετμήν.
ἔνθα στὰς ἤϋσ', ἀπάτερθε δὲ Παλλὰς Ἀθήνη
φθέγξατ'· ἀτὰρ Τρώεσσιν ἐν ἄσπετον ὦρσε κυδοιμόν.
ὡς δ' ὅτ' ἀριζήλη φωνή, ὅτε τ' ἴαχε σάλπιγξ
ἄστυ περιπλομένων δηΐων ὕπο θυμοραϊστέων,   220
ὣς τότ' ἀριζήλη φωνὴ γένετ' Αἰακίδαο.
οἱ δ' ὡς οὖν ἄϊον ὄπα χάλκεον Αἰακίδαο,
πᾶσιν ὀρίνθη θυμός· ἀτὰρ καλλίτριχες ἵπποι
ἂψ ὄχεα τρόπεον· ὄσσοντο γὰρ ἄλγεα θυμῷ.
ἡνίοχοι δ' ἔκπληγεν, ἐπεὶ ἴδον ἀκάματον πῦρ   225
δεινὸν ὑπὲρ κεφαλῆς μεγαθύμου Πηλεΐωνος
δαιόμενον· τὸ δὲ δαῖε θεὰ γλαυκῶπις Ἀθήνη.
τρὶς μὲν ὑπὲρ τάφρου μεγάλ' ἴαχε δῖος Ἀχιλλεύς,
τρὶς δὲ κυκήθησαν Τρῶες κλειτοί τ' ἐπίκουροι.

203 ἀμφὶ δ'] αὐτὰρ p⁹ i V¹⁶   207 ὡς δ' ὅτε πῦρ ἐπὶ πόντον
ἀριπρεπὲς Ar. ed. alt. (μεταθέσθαι καὶ γράψαι) teste Dion. Thr.
210 σφετέροιο N⁴ V¹¹ V³² : ἄστυ ποτὶ σφέτερον Zen.   213 ἄρεω Ar. :
ἄρεος f g l : ἄρεως cet. cf. 100   222 χαλκέην Zen.   Αἰακίδαο]
αὐδήσαντος V¹ γρ. P³ : τοῖο ἄνακτος N⁴ m. rec.   228 ὑπὲκ d f k al.

18. ΙΛΙΑΔΟΣ Σ

ἔνθα δὲ καὶ τότ' ὄλοντο δυώδεκα φῶτες ἄριστοι   230
ἀμφὶ σφοῖς ὀχέεσσι καὶ ἔγχεσιν. αὐτὰρ Ἀχαιοὶ
ἀσπασίως Πάτροκλον ὑπὲκ βελέων ἐρύσαντες
κάτθεσαν ἐν λεχέεσσι· φίλοι δ' ἀμφέσταν ἑταῖροι
μυρόμενοι· μετὰ δέ σφι ποδώκης εἶπετ' Ἀχιλλεὺς
δάκρυα θερμὰ χέων, ἐπεὶ εἴσιδε πιστὸν ἑταῖρον   235
κείμενον ἐν φέρτρῳ δεδαϊγμένον ὀξέϊ χαλκῷ,
τόν ῥ' ἤτοι μὲν ἔπεμπε σὺν ἵπποισιν καὶ ὄχεσφιν
ἐς πόλεμον, οὐδ' αὖτις ἐδέξατο νοστήσαντα.
Ἠέλιον δ' ἀκάμαντα βοῶπις πότνια Ἥρη
πέμψεν ἐπ' Ὠκεανοῖο ῥοὰς ἀέκοντα νέεσθαι·   240
ἠέλιος μὲν ἔδυ, παύσαντο δὲ δῖοι Ἀχαιοὶ
φυλόπιδος κρατερῆς καὶ ὁμοιΐου πολέμοιο.
Τρῶες δ' αὖθ' ἑτέρωθεν ἀπὸ κρατερῆς ὑσμίνης
χωρήσαντες ἔλυσαν ὑφ' ἅρμασιν ὠκέας ἵππους,
ἐς δ' ἀγορὴν ἀγέροντο, πάρος δόρποιο μέδεσθαι.   245
ὀρθῶν δ' ἑσταότων ἀγορὴ γένετ', οὐδέ τις ἔτλη
ἕζεσθαι· πάντας γὰρ ἔχε τρόμος, οὕνεκ' Ἀχιλλεὺς
ἐξεφάνη, δηρὸν δὲ μάχης ἐπέπαυτ' ἀλεγεινῆς.
τοῖσι δὲ Πουλυδάμας πεπνυμένος ἦρχ' ἀγορεύειν
Πανθοΐδης· ὁ γὰρ οἶος ὅρα πρόσσω καὶ ὀπίσσω·   250
Ἕκτορι δ' ἦεν ἑταῖρος, ἰῇ δ' ἐν νυκτὶ γένοντο,
ἀλλ' ὁ μὲν ἂρ μύθοισιν, ὁ δ' ἔγχεϊ πολλὸν ἐνίκα·
ὅ σφιν ἐϋφρονέων ἀγορήσατο καὶ μετέειπεν·
" ἀμφὶ μάλα φράζεσθε, φίλοι· κέλομαι γὰρ ἔγωγε
ἄστυδε νῦν ἰέναι, μὴ μίμνειν ἠῶ δῖαν   255
ἐν πεδίῳ παρὰ νηυσίν· ἑκὰς δ' ἀπὸ τείχεός εἰμεν.
ὄφρα μὲν οὗτος ἀνὴρ Ἀγαμέμνονι μήνιε δίῳ,
τόφρα δὲ ῥήϊτεροι πολεμίζειν ἦσαν Ἀχαιοί·

230–231 ἔνθα δὲ κοῦροι ὄλοντο δυώδεκα πάντες ἄριστοι | οἶσιν ἐνὶ
βελέεσσι Zen. 231 ὀχέεσσι] ξιφέεσσι v. l. in A ἔντεσσιν f i al. :
ἅρμασιν M¹ 239 ἠέλιον μὲν ἔπειτα ● V¹⁶ v. l. in A al. 243 ἐπὶ
θρωσμῷ πεδίοιο v. l. in A 247 ἔχε] ἕλε i A ss. φόβος Zen.
258 πολεμίζεσθ' g

χαίρεσκον γὰρ ἔγωγε θοῆς ἐπὶ νηυσὶν ἰαύων
ἐλπόμενος νῆας αἱρησέμεν ἀμφιελίσσας.　　　　260
νῦν δ' αἰνῶς δείδοικα ποδώκεα Πηλείωνα·
οἷος κείνου θυμὸς ὑπέρβιος, οὐκ ἐθελήσει
μίμνειν ἐν πεδίῳ, ὅθι περ Τρῶες καὶ Ἀχαιοὶ
ἐν μέσῳ ἀμφότεροι μένος Ἄρηος δατέονται,
ἀλλὰ περὶ πτόλιός τε μαχήσεται ἠδὲ γυναικῶν.　265
ἀλλ' ἴομεν προτὶ ἄστυ, πίθεσθέ μοι· ὧδε γὰρ ἔσται·
νῦν μὲν νὺξ ἀπέπαυσε ποδώκεα Πηλείωνα
ἀμβροσίη· εἰ δ' ἄμμε κιχήσεται ἐνθάδ' ἐόντας
αὔριον ὁρμηθεὶς σὺν τεύχεσιν, εὖ νύ τις αὐτὸν
γνώσεται· ἀσπασίως γὰρ ἀφίξεται Ἴλιον ἱρὴν　　270
ὅς κε φύγῃ, πολλοὺς δὲ κύνες καὶ γῦπες ἔδονται
Τρώων· αἲ γὰρ δή μοι ἀπ' οὔατος ὧδε γένοιτο.
εἰ δ' ἂν ἐμοῖς ἐπέεσσι πιθώμεθα κηδόμενοί περ,
νύκτα μὲν εἰν ἀγορῇ σθένος ἕξομεν, ἄστυ δὲ πύργοι
ὑψηλαί τε πύλαι σανίδες τ' ἐπὶ τῆς ἀραρυῖαι　　275
μακραὶ ἐΰξεστοι ἐζευγμέναι εἰρύσσονται·
πρῶϊ δ' ὑπηοῖοι σὺν τεύχεσι θωρηχθέντες
στησόμεθ' ἂμ πύργους· τῷ δ' ἄλγιον, αἴ κ' ἐθέλῃσιν
ἐλθὼν ἐκ νηῶν περὶ τείχεος ἄμμι μάχεσθαι.
ἂψ πάλιν εἶσ' ἐπὶ νῆας, ἐπεί κ' ἐριαύχενας ἵππους　280
παντοίου δρόμου ἄσῃ ὑπὸ πτόλιν ἠλασκάζων·
εἴσω δ' οὔ μιν θυμὸς ἐφορμηθῆναι ἐάσει,
οὐδέ ποτ' ἐκπέρσει· πρίν μιν κύνες ἀργοὶ ἔδονται."
　　Τὸν δ' ἄρ' ὑπόδρα ἰδὼν προσέφη κορυθαίολος Ἕκτωρ·
" Πουλυδάμα, σὺ μὲν οὐκέτ' ἐμοὶ φίλα ταῦτ' ἀγορεύεις,　285
ὃς κέλεαι κατὰ ἄστυ ἀλήμεναι αὖτις ἰόντας.
ἦ οὔ πω κεκόρησθε ἐελμένοι ἔνδοθι πύργων;
πρὶν μὲν γὰρ Πριάμοιο πόλιν μέροπες ἄνθρωποι
πάντες μυθέσκοντο πολύχρυσον πολύχαλκον·

νῦν δὲ δὴ ἐξαπόλωλε δόμων κειμήλια καλά,   290
πολλὰ δὲ δὴ Φρυγίην καὶ Μηονίην ἐρατεινὴν
κτήματα περνάμεν' ἵκει, ἐπεὶ μέγας ὠδύσατο Ζεύς.
νῦν δ' ὅτε πέρ μοι ἔδωκε Κρόνου πάϊς ἀγκυλομήτεω
κῦδος ἀρέσθ' ἐπὶ νηυσί, θαλάσσῃ τ' ἔλσαι Ἀχαιούς,
νήπιε, μηκέτι ταῦτα νοήματα φαῖν' ἐνὶ δήμῳ·   295
οὐ γάρ τις Τρώων ἐπιπείσεται· οὐ γὰρ ἐάσω.
ἀλλ' ἄγεθ' ὡς ἂν ἐγὼ εἴπω, πειθώμεθα πάντες.
νῦν μὲν δόρπον ἕλεσθε κατὰ στρατὸν ἐν τελέεσσι,
καὶ φυλακῆς μνήσασθε, καὶ ἐγρήγορθε ἕκαστος·
Τρώων δ' ὃς κτεάτεσσιν ὑπερφιάλως ἀνιάζει,   300
συλλέξας λαοῖσι δότω καταδημοβορῆσαι·
τῶν τινὰ βέλτερόν ἐστιν ἐπαυρέμεν ἤ περ Ἀχαιούς.
πρῶϊ δ' ὑπηοῖοι σὺν τεύχεσι θωρηχθέντες
νηυσὶν ἔπι γλαφυρῇσιν ἐγείρομεν ὀξὺν Ἄρηα.
εἰ δ' ἐτεὸν παρὰ ναῦφιν ἀνέστη δῖος Ἀχιλλεύς,   305
ἄλγιον, αἴ κ' ἐθέλῃσι, τῷ ἔσσεται· οὔ μιν ἔγωγε
φεύξομαι ἐκ πολέμοιο δυσηχέος, ἀλλὰ μάλ' ἄντην
στήσομαι, ἤ κε φέρῃσι μέγα κράτος, ἦ κε φεροίμην.
ξυνὸς Ἐνυάλιος, καί τε κτανέοντα κατέκτα."
Ὣς Ἕκτωρ ἀγόρευ', ἐπὶ δὲ Τρῶες κελάδησαν,   310
νήπιοι· ἐκ γάρ σφεων φρένας εἵλετο Παλλὰς Ἀθήνη.
Ἕκτορι μὲν γὰρ ἐπῄνησαν κακὰ μητιόωντι,
Πουλυδάμαντι δ' ἄρ' οὔ τις, ὃς ἐσθλὴν φράζετο βουλήν.
δόρπον ἔπειθ' εἵλοντο κατὰ στρατόν· αὐτὰρ Ἀχαιοὶ
παννύχιοι Πάτροκλον ἀνεστενάχοντο γοῶντες.   315
τοῖσι δὲ Πηλείδης ἁδινοῦ ἐξῆρχε γόοιο,
χεῖρας ἐπ' ἀνδροφόνους θέμενος στήθεσσιν ἑταίρου,
πυκνὰ μάλα στενάχων ὥς τε λὶς ἠϋγένειος,
ᾧ ῥά θ' ὑπὸ σκύμνους ἐλαφηβόλος ἁρπάσῃ ἀνὴρ

293 ὅτε δή h I.⁵   299 ἕκαστοι h V¹⁰   303 ἐπηοῖοι d k al.
306 τῷ] τὸ b h V³²   308 φεροίμην] φέροιτο p⁹   311 φρένας
ἐξέλετο Ζεύς p⁹   313 τις] τι Epaphroditus V⁴ V²⁷ Vi²   315 βοῶν-
τες g   317 ἀνδροφόνους Ar. (ἅπασαι), codd. : ἀνδροφόνου v. l. ant.

ὕλης ἐκ πυκινῆς· ὁ δέ τ' ἄχνυται ὕστερος ἐλθών,　　320
πολλὰ δέ τ' ἄγκε' ἐπῆλθε μετ' ἀνέρος ἴχνι' ἐρευνῶν,
εἴ ποθεν ἐξεύροι· μάλα γὰρ δριμὺς χόλος αἱρεῖ·
ὣς ὁ βαρὺ στενάχων μετεφώνεε Μυρμιδόνεσσιν·
" ὢ πόποι, ἦ ῥ' ἅλιον ἔπος ἔκβαλον ἤματι κείνῳ
θαρσύνων ἥρωα Μενοίτιον ἐν μεγάροισι·　　325
φῆν δέ οἱ εἰς Ὀπόεντα περικλυτὸν υἱὸν ἀπάξειν
Ἴλιον ἐκπέρσαντα, λαχόντα τε ληΐδος αἶσαν.
ἀλλ' οὐ Ζεὺς ἄνδρεσσι νοήματα πάντα τελευτᾷ·
ἄμφω γὰρ πέπρωται ὁμοίην γαῖαν ἐρεῦσαι
αὐτοῦ ἐνὶ Τροίῃ, ἐπεὶ οὐδ' ἐμὲ νοστήσαντα　　330
δέξεται ἐν μεγάροισι γέρων ἱππηλάτα Πηλεὺς
οὐδὲ Θέτις μήτηρ, ἀλλ' αὐτοῦ γαῖα καθέξει.
νῦν δ' ἐπεὶ οὖν, Πάτροκλε, σεῦ ὕστερος εἶμ' ὑπὸ γαῖαν,
οὔ σε πρὶν κτεριῶ, πρίν γ' Ἕκτορος ἐνθάδ' ἐνεῖκαι
τεύχεα καὶ κεφαλήν, μεγαθύμου σοῖο φονῆος·　　335
δώδεκα δὲ προπάροιθε πυρῆς ἀποδειροτομήσω
Τρώων ἀγλαὰ τέκνα, σέθεν κταμένοιο χολωθείς.
τόφρα δέ μοι παρὰ νηυσὶ κορωνίσι κείσεαι αὔτως,
ἀμφὶ δὲ σὲ Τρῳαὶ καὶ Δαρδανίδες βαθύκολποι
κλαύσονται νύκτας τε καὶ ἤματα δάκρυ χέουσαι,　　340
τὰς αὐτοὶ καμόμεσθα βίηφί τε δουρί τε μακρῷ,
πιείρας πέρθοντε πόλεις μερόπων ἀνθρώπων."
Ὣς εἰπὼν ἑτάροισιν ἐκέκλετο δῖος Ἀχιλλεὺς
ἀμφὶ πυρὶ στῆσαι τρίποδα μέγαν, ὄφρα τάχιστα
Πάτροκλον λούσειαν ἄπο βρότον αἱματόεντα.　　345
οἱ δὲ λοετροχόον τρίποδ' ἵστασαν ἐν πυρὶ κηλέῳ,
ἐν δ' ἄρ' ὕδωρ ἔχεαν, ὑπὸ δὲ ξύλα δαῖον ἑλόντες.
γάστρην μὲν τρίποδος πῦρ ἄμφεπε, θέρμετο δ' ὕδωρ·

329 ἐρεύθειν cit. Aeschin. c. Tim. 144 (codd. plerique): ἐρεύ-
σειν l　　333 ἀλλ' ἐπεὶ οὖν φίλ' ἑταῖρε Aeschin. l. c.　　334 ἐνείκω
h l, g ss., L¹⁹: utrumque Aeschinis codices　　338 αὔτως Ar.
(πᾶσαι), codd.: οὕτως v. l. ant.　　347 ἔχεαν] χεῦαν h : ἔχευαν p¹¹
ss. b c p

18. ΙΛΙΑΔΟΣ Σ

αὐτὰρ ἐπεὶ δὴ ζέσσεν ὕδωρ ἐνὶ ἤνοπι χαλκῷ,
καὶ τότε δὴ λοῦσάν τε καὶ ἤλειψαν λίπ' ἐλαίῳ,   350
ἐν δ' ὠτειλὰς πλῆσαν ἀλείφατος ἐννεώροιο·
ἐν λεχέεσσι δὲ θέντες ἑανῷ λιτὶ κάλυψαν
ἐς πόδας ἐκ κεφαλῆς, καθύπερθε δὲ φάρεϊ λευκῷ.
παννύχιοι μὲν ἔπειτα πόδας ταχὺν ἀμφ' Ἀχιλῆα
Μυρμιδόνες Πάτροκλον ἀνεστενάχοντο γοῶντες·   355
Ζεὺς δ' Ἥρην προσέειπε κασιγνήτην ἄλοχόν τε·
" ἔπρηξας καὶ ἔπειτα, βοῶπις πότνια Ἥρη,
ἀνστήσασ' Ἀχιλῆα πόδας ταχύν· ἦ ῥά νυ σεῖο
ἐξ αὐτῆς ἐγένοντο κάρη κομόωντες Ἀχαιοί."
Τὸν δ' ἠμείβετ' ἔπειτα βοῶπις πότνια Ἥρη·   360
" αἰνότατε Κρονίδη, ποῖον τὸν μῦθον ἔειπες.
καὶ μὲν δή πού τις μέλλει βροτὸς ἀνδρὶ τελέσσαι,
ὅς περ θνητός τ' ἐστὶ καὶ οὐ τόσα μήδεα οἶδε·
πῶς δὴ ἔγωγ', ἥ φημι θεάων ἔμμεν ἀρίστη,
ἀμφότερον, γενεῇ τε καὶ οὕνεκα σὴ παράκοιτις   365
κέκλημαι, σὺ δὲ πᾶσι μετ' ἀθανάτοισιν ἀνάσσεις,
οὐκ ὄφελον Τρώεσσι κοτεσσαμένη κακὰ ῥάψαι;"
Ὣς οἱ μὲν τοιαῦτα πρὸς ἀλλήλους ἀγόρευον·
Ἡφαίστου δ' ἵκανε δόμον Θέτις ἀργυρόπεζα
ἄφθιτον ἀστερόεντα, μεταπρεπέ' ἀθανάτοισι,   370
χάλκεον, ὅν ῥ' αὐτὸς ποιήσατο κυλλοποδίων.
τὸν δ' εὗρ' ἱδρώοντα ἑλισσόμενον περὶ φύσας
σπεύδοντα· τρίποδας γὰρ ἐείκοσι πάντας ἔτευχεν
ἑστάμεναι περὶ τοῖχον ἐϋσταθέος μεγάροιο,
χρύσεα δέ σφ' ὑπὸ κύκλα ἑκάστῳ πυθμένι θῆκεν,   375
ὄφρα οἱ αὐτόματοι θεῖον δυσαίατ' ἀγῶνα
ἠδ' αὖτις πρὸς δῶμα νεοίατο, θαῦμα ἰδέσθαι.

356-367 damnat Zenodorus   356 προσέειπε] ἐκάλεσσε cit. Plut.
quaest. conv. ix. 1, 2, 3   357 βοῶπι p¹¹ i p r A C N⁴ V¹ V¹²
364 ἔγωγ'] ἐγὼν Zen.   367 ῥέξαι i Ge V¹⁴   373 γὰρ] μὲν p¹¹
376 δύσονται p¹¹ e g i k l v. l. in A al. : δύσωνται b d h p Ge : θεῖον
κατὰ δῶμα νέονται v. l. ant. (αἱ εἰκαιότεραι), omisso uv. 377

οἱ δ' ἤτοι τόσσον μὲν ἔχον τέλος, οὔατα δ' οὔ πω
δαιδάλεα προσέκειτο· τά ῥ' ἤρτυε, κόπτε δὲ δεσμούς.
ὄφρ' ὅ γε ταῦτα πονεῖτο ἰδυίῃσι πραπίδεσσι,   380
τόφρα οἱ ἐγγύθεν ἦλθε θεὰ Θέτις ἀργυρόπεζα.
τὴν δὲ ἴδε προμολοῦσα Χάρις λιπαροκρήδεμνος
καλή, τὴν ὤπυιε περικλυτὸς ἀμφιγυήεις·
ἔν τ' ἄρα οἱ φῦ χειρὶ ἔπος τ' ἔφατ' ἔκ τ' ὀνόμαζε·
"τίπτε, Θέτι τανύπεπλε, ἱκάνεις ἡμέτερον δῶ   385
αἰδοίη τε φίλη τε; πάρος γε μὲν οὔ τι θαμίζεις.
ἀλλ' ἕπεο προτέρω, ἵνα τοι πὰρ ξείνια θείω."
Ὣς ἄρα φωνήσασα πρόσω ἄγε δῖα θεάων.
τὴν μὲν ἔπειτα καθεῖσεν ἐπὶ θρόνου ἀργυροήλου
καλοῦ δαιδαλέου· ὑπὸ δὲ θρῆνυς ποσὶν ἦεν·   390
κέκλετο δ' Ἥφαιστον κλυτοτέχνην εἶπέ τε μῦθον·
"Ἥφαιστε, πρόμολ' ὧδε· Θέτις νύ τι σεῖο χατίζει."
τὴν δ' ἠμείβετ' ἔπειτα περικλυτὸς ἀμφιγυήεις·
"ἦ ῥά νύ μοι δεινή τε καὶ αἰδοίη θεὸς ἔνδον,
ἥ μ' ἐσάωσ', ὅτε μ' ἄλγος ἀφίκετο τῆλε πεσόντα   395
μητρὸς ἐμῆς ἰότητι κυνώπιδος, ἥ μ' ἐθέλησε
κρύψαι χωλὸν ἐόντα· τότ' ἂν πάθον ἄλγεα θυμῷ,
εἰ μή μ' Εὐρυνόμη τε Θέτις θ' ὑπεδέξατο κόλπῳ,
Εὐρυνόμη, θυγάτηρ ἀψορρόου Ὠκεανοῖο.
τῇσι παρ' εἰνάετες χάλκευον δαίδαλα πολλά,   400
πόρπας τε γναμπτάς θ' ἕλικας κάλυκάς τε καὶ ὅρμους
ἐν σπῆϊ γλαφυρῷ· περὶ δὲ ῥόος Ὠκεανοῖο
ἀφρῷ μορμύρων ῥέεν ἄσπετος· οὐδέ τις ἄλλος
ᾔδεεν οὔτε θεῶν οὔτε θνητῶν ἀνθρώπων,
ἀλλὰ Θέτις τε καὶ Εὐρυνόμη ἴσαν, αἵ μ' ἐσάωσαν.   405
ἦ νῦν ἡμέτερον δόμον ἵκει· τῷ με μάλα χρεὼ

381 om. p¹¹ A Ge L¹⁰ L¹¹ N¹ U² U⁴ U¹¹ V¹⁰ V¹⁶   385 Θέτις Zen. q
L⁸ Mo V¹²   τανύπεπλος Zen.   ἡμέτερόνδε Zen.   388 πρόσω
ἄγε] ἡγήσατο g r   396 βοώπιδος v. l. in T   400 πολλά] πάντα
Zen. Aristoph. d L⁵ V¹ V¹³ : καλά V¹²   404 ᾔδειν v. l. ant.
406 ἵκετο Mc V¹⁶ : ἥκει g l al.   χρεὼν c C V³² : χρὴ l N⁴ V¹ V¹⁶

πάντα Θέτι καλλιπλοκάμῳ ζωάγρια τίνειν.
ἀλλὰ σὺ μὲν νῦν οἱ παράθες ξεινήϊα καλά,
ὄφρ' ἂν ἐγὼ φύσας ἀποθείομαι ὅπλα τε πάντα."
Ἦ, καὶ ἀπ' ἀκμοθέτοιο πέλωρ αἴητον ἀνέστη   410
χωλεύων· ὑπὸ δὲ κνῆμαι ῥώοντο ἀραιαί.
φύσας μέν ῥ' ἀπάνευθε τίθει πυρός, ὅπλα τε πάντα
λάρνακ' ἐς ἀργυρέην συλλέξατο, τοῖς ἐπονεῖτο·
σπόγγῳ δ' ἀμφὶ πρόσωπα καὶ ἄμφω χεῖρ' ἀπομόργνυ
αὐχένα τε στιβαρὸν καὶ στήθεα λαχνήεντα,   415
δῦ δὲ χιτῶν', ἕλε δὲ σκῆπτρον παχύ, βῆ δὲ θύραζε
χωλεύων· ὑπὸ δ' ἀμφίπολοι ῥώοντο ἄνακτι
χρύσειαι, ζωῇσι νεήνισιν εἰοικυῖαι.
τῆς ἐν μὲν νόος ἐστὶ μετὰ φρεσίν, ἐν δὲ καὶ αὐδὴ
καὶ σθένος, ἀθανάτων δὲ θεῶν ἄπο ἔργα ἴσασιν.   420
αἱ μὲν ὕπαιθα ἄνακτος ἐποίπνυον· αὐτὰρ ὁ ἔρρων
πλησίον, ἔνθα Θέτις περ, ἐπὶ θρόνου ἷζε φαεινοῦ,
ἔν τ' ἄρα οἱ φῦ χειρὶ ἔπος τ' ἔφατ' ἔκ τ' ὀνόμαζε·
" τίπτε, Θέτι τανύπεπλε, ἱκάνεις ἡμέτερον δῶ
αἰδοίη τε φίλη τε; πάρος γε μὲν οὔ τι θαμίζεις.   425
αὔδα ὅ τι φρονέεις· τελέσαι δέ με θυμὸς ἄνωγεν,
εἰ δύναμαι τελέσαι γε καὶ εἰ τετελεσμένον ἐστίν."
Τὸν δ' ἠμείβετ' ἔπειτα Θέτις κατὰ δάκρυ χέουσα·
" Ἥφαιστ', ἦ ἄρα δή τις, ὅσαι θεαί εἰσ' ἐν Ὀλύμπῳ,
τοσσάδ' ἐνὶ φρεσὶν ᾗσιν ἀνέσχετο κήδεα λυγρά,   430
ὅσσ' ἐμοὶ ἐκ πασέων Κρονίδης Ζεὺς ἄλγε' ἔδωκεν;
ἐκ μέν μ' ἀλλάων ἁλιάων ἀνδρὶ δάμασσεν,
Αἰακίδῃ Πηλῆϊ, καὶ ἔτλην ἀνέρος εὐνὴν
πολλὰ μάλ' οὐκ ἐθέλουσα. ὁ μὲν δὴ γήραϊ λυγρῷ
κεῖται ἐνὶ μεγάροις ἀρημένος, ἄλλα δέ μοι νῦν·   435
υἱὸν ἐπεί μοι δῶκε γενέσθαι τε τραφέμεν τε,
ἔξοχον ἡρώων· ὁ δ' ἀνέδραμεν ἔρνεϊ ἶσος·

418 εἰοικυῖαι **d g** A in ras. B C U² U⁴ V¹ V¹²: ἐοικυῖαι vulg.
424 Θέτις Zen. L⁹ M¹² V²² al.   τανύπεπλος Zen.   ἡμέτερόνδε Zen.
(cf. 385)   427 om. **p**⁹ **p**¹¹ **i r** Ge V¹⁰

18. ΙΛΙΑΔΟΣ Σ

τὸν μὲν ἐγὼ θρέψασα φυτὸν ὣς γουνῷ ἀλωῆς,
νηυσὶν ἐπιπροέηκα κορωνίσιν Ἴλιον εἴσω
Τρωσὶ μαχησόμενον· τὸν δ᾽ οὐχ ὑποδέξομαι αὖτις   440
οἴκαδε νοστήσαντα δόμον Πηλήϊον εἴσω.
ὄφρα δέ μοι ζώει καὶ ὁρᾷ φάος ἠελίοιο,
ἄχνυται, οὐδέ τί οἱ δύναμαι χραισμῆσαι ἰοῦσα.
κούρην ἣν ἄρα οἱ γέρας ἔξελον υἷες Ἀχαιῶν,
τὴν ἂψ ἐκ χειρῶν ἕλετο κρείων Ἀγαμέμνων.   445
ἤτοι ὁ τῆς ἀχέων φρένας ἔφθιεν· αὐτὰρ Ἀχαιοὺς
Τρῶες ἐπὶ πρύμνῃσιν ἐείλεον, οὐδὲ θύραζε
εἴων ἐξιέναι· τὸν δὲ λίσσοντο γέροντες
Ἀργείων, καὶ πολλὰ περικλυτὰ δῶρ᾽ ὀνόμαζον.
ἔνθ᾽ αὐτὸς μὲν ἔπειτ᾽ ἠναίνετο λοιγὸν ἀμῦναι,   450
αὐτὰρ ὁ Πάτροκλον περὶ μὲν τὰ ἃ τεύχεα ἕσσε,
πέμπε δέ μιν πόλεμόνδε, πολὺν δ᾽ ἅμα λαὸν ὄπασσε.
πᾶν δ᾽ ἦμαρ μάρναντο περὶ Σκαιῇσι πύλῃσι·
καί νύ κεν αὐτῆμαρ πόλιν ἔπραθον, εἰ μὴ Ἀπόλλων
πολλὰ κακὰ ῥέξαντα Μενοιτίου ἄλκιμον υἱὸν   455
ἔκταν᾽ ἐνὶ προμάχοισι καὶ Ἕκτορι κῦδος ἔδωκε.
τοὔνεκα νῦν τὰ σὰ γούναθ᾽ ἱκάνομαι, αἴ κ᾽ ἐθέλῃσθα
υἱεῖ ἐμῷ ὠκυμόρῳ δόμεν ἀσπίδα καὶ τρυφάλειαν
καὶ καλὰς κνημῖδας ἐπισφυρίοις ἀραρυίας,
καὶ θώρηχ᾽· ὃ γὰρ ἦν οἱ ἀπώλεσε πιστὸς ἑταῖρος   460
Τρωσὶ δαμείς· ὁ δὲ κεῖται ἐπὶ χθονὶ θυμὸν ἀχεύων."
  Τὴν δ᾽ ἠμείβετ᾽ ἔπειτα περικλυτὸς ἀμφιγυήεις·
" θάρσει· μή τοι ταῦτα μετὰ φρεσὶ σῇσι μελόντων.
αἲ γάρ μιν θανάτοιο δυσηχέος ὧδε δυναίμην
νόσφιν ἀποκρύψαι, ὅτε μιν μόρος αἰνὸς ἱκάνοι,   465
ὣς οἱ τεύχεα καλὰ παρέσσεται, οἷά τις αὖτε

441 om. quidam ant., P¹¹ Ge   444–456 ath. Ar.   452 ἅμα]
δ γε d f l q   458 υἷ᾽ g   ἐμῷ g i M¹⁰ Mc Mo : ἐμὠκυμόρῳ Ar. vulg.:
υιειεμωκυμορωι P¹¹   460 ἃ γὰρ v. l. ϛ T, M¹⁰   464 μιν] μοι q L¹⁹
U⁸ : δὴ M⁸ V¹⁰·   466 παρέξομαι Zen. Aristoph.

ἀνθρώπων πολέων θαυμάσσεται, ὅς κεν ἴδηται."

Ὡς εἰπὼν τὴν μὲν λίπεν αὐτοῦ, βῆ δ' ἐπὶ φύσας·
τὰς δ' ἐς πῦρ ἔτρεψε κέλευσέ τε ἐργάζεσθαι.
φῦσαι δ' ἐν χοάνοισιν ἐείκοσι πᾶσαι ἐφύσων,   470
παντοίην εὔπρηστον ἀϋτμὴν ἐξανιεῖσαι,
ἄλλοτε μὲν σπεύδοντι παρέμμεναι, ἄλλοτε δ' αὖτε,
ὅππως Ἥφαιστός τ' ἐθέλοι καὶ ἔργον ἄνοιτο.
χαλκὸν δ' ἐν πυρὶ βάλλεν ἀτειρέα κασσίτερόν τε
καὶ χρυσὸν τιμῆντα καὶ ἄργυρον· αὐτὰρ ἔπειτα   475
θῆκεν ἐν ἀκμοθέτῳ μέγαν ἄκμονα, γέντο δὲ χειρὶ
ῥαιστῆρα κρατερήν, ἑτέρηφι δὲ γέντο πυράγρην.

Ποίει δὲ πρώτιστα σάκος μέγα τε στιβαρόν τε
πάντοσε δαιδάλλων, περὶ δ' ἄντυγα βάλλε φαεινὴν
τρίπλακα μαρμαρέην, ἐκ δ' ἀργύρεον τελαμῶνα.   480
πέντε δ' ἄρ' αὐτοῦ ἔσαν σάκεος πτύχες· αὐτὰρ ἐν αὐτῷ
ποίει δαίδαλα πολλὰ ἰδυίῃσι πραπίδεσσιν.

Ἐν μὲν γαῖαν ἔτευξ', ἐν δ' οὐρανόν, ἐν δὲ θάλασσαν,
ἠέλιόν τ' ἀκάμαντα σελήνην τε πλήθουσαν,
ἐν δὲ τὰ τείρεα πάντα, τά τ' οὐρανὸς ἐστεφάνωται,   485
Πληϊάδας θ' Ὑάδας τε τό τε σθένος Ὠρίωνος
Ἄρκτον θ', ἣν καὶ Ἄμαξαν ἐπίκλησιν καλέουσιν,
ἥ τ' αὐτοῦ στρέφεται καί τ' Ὠρίωνα δοκεύει,
οἴη δ' ἄμμορός ἐστι λοετρῶν Ὠκεανοῖο.

Ἐν δὲ δύω ποίησε πόλεις μερόπων ἀνθρώπων   490
καλάς. ἐν τῇ μέν ῥα γάμοι τ' ἔσαν εἰλαπίναι τε,
νύμφας δ' ἐκ θαλάμων δαΐδων ὕπο λαμπομενάων
ἠγίνεον ἀνὰ ἄστυ, πολὺς δ' ὑμέναιος ὀρώρει·
κοῦροι δ' ὀρχηστῆρες ἐδίνεον, ἐν δ' ἄρα τοῖσιν
αὐλοὶ φόρμιγγές τε βοὴν ἔχον· αἱ δὲ γυναῖκες   495

469 ἔστρεψεν b h : ἐπέτρεψε V¹¹   471 εὔπρηκτον v. l. ant. U⁹
477 κρατερόν Zen. b i Α ss. C D N⁴ T V³² v. l. ap. Eust.   480 ἐν
d h i q   483–608 ath. Zen.   485 ἐν δέ τε h l V¹   οὐρανὸν
ἐστεφάνωκε Ar. : οὐρανὸν ἐστήρικται Zen.   489 οἶος Crates teste
Strab. 3   492 ἐς θαλάμους Zen.

ἱστάμεναι θαύμαζον ἐπὶ προθύροισιν ἑκάστη.
λαοὶ δ' εἰν ἀγορῇ ἔσαν ἀθρόοι· ἔνθα δὲ νεῖκος
ὠρώρει, δύο δ' ἄνδρες ἐνείκεον εἵνεκα ποινῆς
ἀνδρὸς ἀποφθιμένου· ὁ μὲν εὔχετο πάντ' ἀποδοῦναι
δήμῳ πιφαύσκων, ὁ δ' ἀναίνετο μηδὲν ἑλέσθαι·   500
ἄμφω δ' ἱέσθην ἐπὶ ἴστορι πεῖραρ ἑλέσθαι.
λαοὶ δ' ἀμφοτέροισιν ἐπήπυον, ἀμφὶς ἀρωγοί·
κήρυκες δ' ἄρα λαὸν ἐρήτυον· οἱ δὲ γέροντες
ἥατ' ἐπὶ ξεστοῖσι λίθοις ἱερῷ ἐνὶ κύκλῳ,
σκῆπτρα δὲ κηρύκων ἐν χέρσ' ἔχον ἠεροφώνων·   505
τοῖσιν ἔπειτ' ἤϊσσον, ἀμοιβηδὶς δὲ δίκαζον.
κεῖτο δ' ἄρ' ἐν μέσσοισι δύω χρυσοῖο τάλαντα,
τῷ δόμεν ὃς μετὰ τοῖσι δίκην ἰθύντατα εἴποι.
    Τὴν δ' ἑτέρην πόλιν ἀμφὶ δύω στρατοὶ ἥατο λαῶν
τεύχεσι λαμπόμενοι· δίχα δέ σφισιν ἥνδανε βουλή,   510
ἠὲ διαπραθέειν ἢ ἄνδιχα πάντα δάσασθαι,
κτῆσιν ὅσην πτολίεθρον ἐπήρατον ἐντὸς ἔεργεν·
οἱ δ' οὔ πω πείθοντο, λόχῳ δ' ὑπεθωρήσσοντο.
τεῖχος μέν ῥ' ἄλοχοί τε φίλαι καὶ νήπια τέκνα
ῥύατ' ἐφεσταότες, μετὰ δ' ἀνέρες οὓς ἔχε γῆρας·   515
οἱ δ' ἴσαν· ἦρχε δ' ἄρα σφιν Ἄρης καὶ Παλλὰς Ἀθήνη,
ἄμφω χρυσείω, χρύσεια δὲ εἵματα ἔσθην,
καλὼ καὶ μεγάλω σὺν τεύχεσιν, ὥς τε θεώ περ
ἀμφὶς ἀριζήλω· λαοὶ δ' ὑπολίζονες ἦσαν.
οἱ δ' ὅτε δή ῥ' ἵκανον ὅθι σφίσιν εἶκε λοχῆσαι,   520
ἐν ποταμῷ, ὅθι τ' ἀρδμὸς ἔην πάντεσσι βοτοῖσιν,
ἔνθ' ἄρα τοί γ' ἵζοντ' εἰλυμένοι αἴθοπι χαλκῷ.
τοῖσι δ' ἔπειτ' ἀπάνευθε δύω σκοποὶ ἥατο λαῶν,
δέγμενοι ὁππότε μῆλα ἰδοίατο καὶ ἕλικας βοῦς.

499 ἀποκταμένου Zen. (καὶ ἐν ταῖς πλείσταις)   501 πεῖραν c g
Ge Vˡ³   ἀρέσθαι Zen.   502 ἀμφοτέρωθεν Zen. Aristoph. Mass.
ἐπίπνυον Mass. (ἐποίπνυον corr. Spitzner)   506 ἀμοιβηδὸν Ar.
1 M⁸ Mc Vˡ V⁵   512 ἔεργεν d f h q A T: ἐέργει vulg.   521 βροτοῖσι
v. l. ap. sch. T, M⁶ M⁸ M⁹ O⁵ U⁵ U⁹ U¹⁰ U¹²

οἱ δὲ τάχα προγένοντο, δύω δ' ἅμ' ἕποντο νομῆες   525
τερπόμενοι σύριγξι· δόλον δ' οὔ τι προνόησαν.
οἱ μὲν τὰ προϊδόντες ἐπέδραμον, ὦκα δ' ἔπειτα
τάμνοντ' ἀμφὶ βοῶν ἀγέλας καὶ πώεα καλὰ
ἀργεννέων οἰῶν, κτεῖνον δ' ἐπὶ μηλοβοτῆρας.
οἱ δ' ὡς οὖν ἐπύθοντο πολὺν κέλαδον παρὰ βουσὶν   530
εἰράων προπάροιθε καθήμενοι, αὐτίκ' ἐφ' ἵππων
βάντες ἀερσιπόδων μετεκίαθον, αἶψα δ' ἵκοντο.
στησάμενοι δ' ἐμάχοντο μάχην ποταμοῖο παρ' ὄχθας,
βάλλον δ' ἀλλήλους χαλκήρεσιν ἐγχείῃσιν.
ἐν δ' Ἔρις ἐν δὲ Κυδοιμὸς ὁμίλεον, ἐν δ' ὀλοὴ Κήρ,   535
ἄλλον ζωὸν ἔχουσα νεούτατον, ἄλλον ἄουτον,
ἄλλον τεθνηῶτα κατὰ μόθον ἕλκε ποδοῖιν·
εἷμα δ' ἔχ' ἀμφ' ὤμοισι δαφοινεὸν αἵματι φωτῶν.
ὡμίλευν δ' ὥς τε ζωοὶ βροτοὶ ἠδ' ἐμάχοντο,
νεκρούς τ' ἀλλήλων ἔρυον κατατεθνηῶτας.   540
Ἐν δ' ἐτίθει νειὸν μαλακήν, πίειραν ἄρουραν,
εὐρεῖαν τρίπολον· πολλοὶ δ' ἀροτῆρες ἐν αὐτῇ
ζεύγεα δινεύοντες ἐλάστρεον ἔνθα καὶ ἔνθα.
οἱ δ' ὁπότε στρέψαντες ἱκοίατο τέλσον ἀρούρης,
τοῖσι δ' ἔπειτ' ἐν χερσὶ δέπας μελιηδέος οἴνου   545
δόσκεν ἀνὴρ ἐπιών· τοὶ δὲ στρέψασκον ἀν' ὄγμους,
ἱέμενοι νειοῖο βαθείης τέλσον ἱκέσθαι.
ἡ δὲ μελαίνετ' ὄπισθεν, ἀρηρομένη δὲ ἐῴκει,
χρυσείη περ ἐοῦσα· τὸ δὴ περὶ θαῦμα τέτυκτο.
Ἐν δ' ἐτίθει τέμενος βασιλήϊον· ἔνθα δ' ἔριθοι   550
ἤμων ὀξείας δρεπάνας ἐν χερσὶν ἔχοντες.
δράγματα δ' ἄλλα μετ' ὄγμον ἐπήτριμα πῖπτον ἔραζε,
ἄλλα δ' ἀμαλλοδετῆρες ἐν ἐλλεδανοῖσι δέοντο.

526 τερπομένω Aristoph. W⁴   528 πώεα μήλων Apoll. lex. in
Τάμνεν: πῶν μέγ' οἰῶν Zen.   531 εἰράων c d f l A V¹³: Ἰράων vulg.
538 εἷμά τ' ἔχε Mass.   548 ἀρηρεμένῃ A U¹¹ v. l. ap. Eust.
550 βασιλήϊον p¹¹ p²⁰ p⁶⁶ A B C Ge N¹ V⁵ V¹⁰, v. l. in h : βαθυλήϊον cet.
551 a
   καρπὸν Ἐλευσινίης Δήμητερος ἀγλαοδώρου
add. qu. g T Eu.   553 ἐλεδανοῖσι h M⁸ M¹³ U¹⁰

τρεῖς δ' ἄρ' ἀμαλλοδετῆρες ἐφέστασαν· αὐτὰρ ὄπισθε
παῖδες δραγμεύοντες, ἐν ἀγκαλίδεσσι φέροντες,　　　555
ἀσπερχὲς πάρεχον· βασιλεὺς δ' ἐν τοῖσι σιωπῇ
σκῆπτρον ἔχων ἑστήκει ἐπ' ὄγμου γηθόσυνος κῆρ.
κήρυκες δ' ἀπάνευθεν ὑπὸ δρυῒ δαῖτα πένοντο,
βοῦν δ' ἱερεύσαντες μέγαν ἄμφεπον· αἱ δὲ γυναῖκες
δεῖπνον ἐρίθοισιν λεύκ' ἄλφιτα πολλὰ πάλυνον.　　　560
Ἐν δὲ τίθει σταφυλῇσι μέγα βρίθουσαν ἀλωὴν
καλὴν χρυσείην· μέλανες δ' ἀνὰ βότρυες ἦσαν,
ἑστήκει δὲ κάμαξι διαμπερὲς ἀργυρέῃσιν.
ἀμφὶ δὲ κυανέην κάπετον, περὶ δ' ἕρκος ἔλασσε
κασσιτέρου· μία δ' οἴη ἀταρπιτὸς ἦεν ἐπ' αὐτήν,　　　565
τῇ νίσοντο φορῆες, ὅτε τρυγόῳεν ἀλωήν.
παρθενικαὶ δὲ καὶ ἠίθεοι ἀταλὰ φρονέοντες
πλεκτοῖς ἐν ταλάροισι φέρον μελιηδέα καρπόν.
τοῖσιν δ' ἐν μέσσοισι πάϊς φόρμιγγι λιγείῃ
ἱμερόεν κιθάριζε, λίνον δ' ὑπὸ καλὸν ἄειδε　　　570
λεπταλέῃ φωνῇ· τοὶ δὲ ῥήσσοντες ἁμαρτῇ
μολπῇ τ' ἰυγμῷ τε ποσὶ σκαίροντες ἕποντο.
Ἐν δ' ἀγέλην ποίησε βοῶν ὀρθοκραιράων·
αἱ δὲ βόες χρυσοῖο τετεύχατο κασσιτέρου τε,
μυκηθμῷ δ' ἀπὸ κόπρου ἐπεσσεύοντο νομόνδε　　　575
πὰρ ποταμὸν κελάδοντα, παρὰ ῥοδανὸν δονακῆα.
χρύσειοι δὲ νομῆες ἅμ' ἐστιχόωντο βόεσσι
τέσσαρες, ἐννέα δέ σφι κύνες πόδας ἀργοὶ ἕποντο.
σμερδαλέω δὲ λέοντε δύ' ἐν πρώτῃσι βόεσσι
ταῦρον ἐρύγμηλον ἐχέτην· ὁ δὲ μακρὰ μεμυκὼς　　　580
ἕλκετο· τὸν δὲ κύνες μετεκίαθον ἠδ' αἰζηοί.

563 ἀργυρέοισιν Zen. g l q C V¹⁶　　　565 ἐς αὐτήν Zen. p⁶
568 πλεκτοῖσιν ταλάροισι Ar. (uv.) f l al.　　　570 λίνος Zen.
571 πρήσσοντες f l　　　ἁμαρτῇ A L⁶ V¹² V¹⁶ : ὁμαρτῇ vulg.　　　576 παραὶ
g l al. : διὸ Zen.　　　ῥαδαλὸν Zen. v. l. A Eust., U¹¹ : ῥαδαλὸν vel
ῥαδινὸν Aristoph. : ῥεδανὸν γρ. Mo　　　δονακῆεν v. l. ant. (teste Dion.
Sid.)　　　579 κυανέω Zen.　　　δύ' ἐν] δύο Ar. ed. alt.: δύω h M⁸
581 τὸν] τοὺς Zen. : τὼ f V⁶ V¹⁶

τὼ μὲν ἀναρρήξαντε βοὸς μεγάλοιο βοείην
ἔγκατα καὶ μέλαν αἷμα λαφύσσετον· οἱ δὲ νομῆες
αὔτως ἐνδίεσαν ταχέας κύνας ὀτρύνοντες.
οἱ δ' ἤτοι δακέειν μὲν ἀπετρωπῶντο λεόντων,   585
ἱστάμενοι δὲ μάλ' ἐγγὺς ὑλάκτεον ἔκ τ' ἀλέοντο.
Ἐν δὲ νομὸν ποίησε περικλυτὸς ἀμφιγυήεις
ἐν καλῇ βήσσῃ μέγαν οἰῶν ἀργεννάων,
σταθμούς τε κλισίας τε κατηρεφέας ἰδὲ σηκούς.
Ἐν δὲ χορὸν ποίκιλλε περικλυτὸς ἀμφιγυήεις,   590
τῷ ἴκελον οἷόν ποτ' ἐνὶ Κνωσῷ εὐρείῃ
Δαίδαλος ἤσκησεν καλλιπλοκάμῳ Ἀριάδνῃ.
ἔνθα μὲν ἠΐθεοι καὶ παρθένοι ἀλφεσίβοιαι
ὠρχεῦντ', ἀλλήλων ἐπὶ καρπῷ χεῖρας ἔχοντες.
τῶν δ' αἱ μὲν λεπτὰς ὀθόνας ἔχον, οἱ δὲ χιτῶνας   595
εἴατ' ἐϋννήτους, ἦκα στίλβοντας ἐλαίῳ·
καί ῥ' αἱ μὲν καλὰς στεφάνας ἔχον, οἱ δὲ μαχαίρας
εἶχον χρυσείας ἐξ ἀργυρέων τελαμώνων.
οἱ δ' ὁτὲ μὲν θρέξασκον ἐπισταμένοισι πόδεσσι
ῥεῖα μάλ', ὡς ὅτε τις τροχὸν ἄρμενον ἐν παλάμῃσιν   600
ἑζόμενος κεραμεὺς πειρήσεται, αἴ κε θέῃσιν·
ἄλλοτε δ' αὖ θρέξασκον ἐπὶ στίχας ἀλλήλοισι.
πολλὸς δ' ἱμερόεντα χορὸν περιίσταθ' ὅμιλος
τερπόμενοι· δοιὼ δὲ κυβιστητῆρε κατ' αὐτοὺς   604, 605
μολπῆς ἐξάρχοντες ἐδίνευον κατὰ μέσσους.
Ἐν δὲ τίθει ποταμοῖο μέγα σθένος Ὠκεανοῖο
ἄντυγα πὰρ πυμάτην σάκεος πύκα ποιητοῖο.

584 οὕτως Zen.   591-602 damn. Tzetzes alleg. 762   592 ἀριή-
δηι Zen. ϑ A : ἀρήδη ϑ T   595 λεπτὰς] καλὰς v. l. in A   596 εἴατ']
εἶχον Bm⁴ N⁴ V¹¹ V¹⁸   597-598 om. Aristoph. : ath. Ar.   600 ῥηα
p⁸¹   601 θήῃσιν a g m A B C N⁴ V¹ V³²: θέλῃσιν vulg.   604 τερπό-
μενοι Ar. vulg. : τερπόμενος q L⁵ Athen. 181 b, d   post τερπόμενοι
verba μετὰ δέ σφιν ἐμέλπετο θεῖος ἀοιδὸς φορμίζων quae exstant δ 17, 18
hinc exemit Ar. sec. Diodorum Aristophaneum Ath. 181 C   606 ἐξάρ-
χοντος commendat Athen. 180 d   606 a ενδεσ[ ]ριγγε[ ]ν κιθαρις
τ[ε] και[p⁸¹

18. ΙΛΙΑΔΟΣ Σ

Αὐτὰρ ἐπεὶ δὴ τεῦξε σάκος μέγα τε στιβαρόν τε,
τεῦξ᾽ ἄρα οἱ θώρηκα φαεινότερον πυρὸς αὐγῆς,   610
τεῦξε δέ οἱ κόρυθα βριαρὴν κροτάφοις ἀραρυῖαν,
καλὴν δαιδαλέην, ἐπὶ δὲ χρύσεον λόφον ἧκε,
τεῦξε δέ οἱ κνημῖδας ἑανοῦ κασσιτέροιο.
Αὐτὰρ ἐπεὶ πάνθ᾽ ὅπλα κάμε κλυτὸς ἀμφιγυήεις,
μητρὸς Ἀχιλλῆος θῆκε προπάροιθεν ἀείρας.   615
ἡ δ᾽ ἴρηξ ὣς ἆλτο κατ᾽ Οὐλύμπου νιφόεντος,
τεύχεα μαρμαίροντα παρ᾽ Ἡφαίστοιο φέρουσα.

608 a εν δε λιμην ετετυ[κτο] εανου κασσιτερ[οιο]
     b κλυζ[ομ]ενωι ικ[ελο]s διω δανα φυσιοω[ντες]
     c αργυ[ρεοι] δελφινε[s ε]φοινεον ελλοπας [ιχθυς]
     d τουδ [υπ]ο χαλκε[ιοι τρεον ι]χθυες α[υ]τα[ρ επ ακταις]
p⁶¹, cf. Hes. Scut. 207-213   611 κόρυθα] κυνέην b O⁵   617 τεύ-
χεα καλὰ φέρουσα παρ᾽ Ἡφαίστοιο ἄνακτος **p**¹¹ i L² N⁴ T V¹¹ V¹⁸ γρ. A =
137

ΙΛΙΑΔΟΣ Τ

Ἠὼς μὲν κροκόπεπλος ἀπ' Ὠκεανοῖο ῥοάων
ὄρνυθ', ἵν' ἀθανάτοισι φόως φέροι ἠδὲ βροτοῖσιν·
ἡ δ' ἐς νῆας ἵκανε θεοῦ πάρα δῶρα φέρουσα.
εὗρε δὲ Πατρόκλῳ περικείμενον ὃν φίλον υἱόν,
κλαίοντα λιγέως· πολέες δ' ἀμφ' αὐτὸν ἑταῖροι   5
μύρονθ'· ἡ δ' ἐν τοῖσι παρίστατο δῖα θεάων,
ἔν τ' ἄρα οἱ φῦ χειρὶ ἔπος τ' ἔφατ' ἔκ τ' ὀνόμαζε·
" τέκνον ἐμόν, τοῦτον μὲν ἐάσομεν ἀχνύμενοί περ
κεῖσθαι, ἐπεὶ δὴ πρῶτα θεῶν ἰότητι δαμάσθη·
τύνη δ' Ἡφαίστοιο πάρα κλυτὰ τεύχεα δέξο,   10
καλὰ μάλ', οἷ' οὔ πώ τις ἀνὴρ ὤμοισι φόρησεν."
    Ὡς ἄρα φωνήσασα θεὰ κατὰ τεύχε' ἔθηκε
πρόσθεν Ἀχιλλῆος· τὰ δ' ἀνέβραχε δαίδαλα πάντα.
Μυρμιδόνας δ' ἄρα πάντας ἕλε τρόμος, οὐδέ τις ἔτλη
ἄντην εἰσιδέειν, ἀλλ' ἔτρεσαν. αὐτὰρ Ἀχιλλεὺς   15
ὡς εἶδ', ὥς μιν μᾶλλον ἔδυ χόλος, ἐν δέ οἱ ὄσσε
δεινὸν ὑπὸ βλεφάρων ὡς εἰ σέλας ἐξεφάανθεν·
τέρπετο δ' ἐν χείρεσσιν ἔχων θεοῦ ἀγλαὰ δῶρα.
αὐτὰρ ἐπεὶ φρεσὶν ᾗσι τετάρπετο δαίδαλα λεύσσων,
αὐτίκα μητέρα ἣν ἔπεα πτερόεντα προσηύδα·   20
" μῆτερ ἐμή, τὰ μὲν ὅπλα θεὸς πόρεν οἷ' ἐπιεικὲς

9 ἰότητι] ὑπὸ χειρὶ v. l. ᴣ Τ   12 κατὰ] κλυτὰ c d f k l al.
13 ἀνέδραμε h   φαίδιμα f k q   14 τρόμος] φόβος Zen.   17 βλε-
φάροις d l p q A ss. L¹²   ἐξεφάανθεν Ar. vulg.: ἐξεφαάνθη v. l. ant,
g i l N⁴ V¹   18 ἐν χείρεσσιν ἔχων] ὀφθαλμοῖσιν ὁρῶ· v. l. ant.
19 ἐτάρπετο b f k q V³²: ἐτέρπετο V¹² V¹⁶

ἔργ' ἔμεν ἀθανάτων, μηδὲ βροτὸν ἄνδρα τελέσσαι.
νῦν δ' ἤτοι μὲν ἐγὼ θωρήξομαι· ἀλλὰ μάλ' αἰνῶς
δείδω μή μοι τόφρα Μενοιτίου ἄλκιμον υἱὸν
μυῖαι καδδῦσαι κατὰ χαλκοτύπους ὠτειλὰς   25
εὐλὰς ἐγγείωνται, ἀεικίσσωσι δὲ νεκρόν—
ἐκ δ' αἰὼν πέφαται—κατὰ δὲ χρόα πάντα σαπήῃ."
    Τὸν δ' ἠμείβετ' ἔπειτα θεὰ Θέτις ἀργυρόπεζα·
"τέκνον, μή τοι ταῦτα μετὰ φρεσὶ σῇσι μελόντων.
τῷ μὲν ἐγὼ πειρήσω ἀλαλκεῖν ἄγρια φῦλα,   30
μυίας, αἵ ῥά τε φῶτας ἀρηϊφάτους κατέδουσιν·
ἤν περ γὰρ κεῖταί γε τελεσφόρον εἰς ἐνιαυτόν,
αἰεὶ τῷ γ' ἔσται χρὼς ἔμπεδος, ἢ καὶ ἀρείων.
ἀλλὰ σύ γ' εἰς ἀγορὴν καλέσας ἥρωας Ἀχαιούς,
μῆνιν ἀποειπὼν Ἀγαμέμνονι, ποιμένι λαῶν,   35
αἶψα μάλ' ἐς πόλεμον θωρήσσεο, δύσεο δ' ἀλκήν."
    Ὣς ἄρα φωνήσασα μένος πολυθαρσὲς ἐνῆκε,
Πατρόκλῳ δ' αὖτ' ἀμβροσίην καὶ νέκταρ ἐρυθρὸν
στάξε κατὰ ῥινῶν, ἵνα οἱ χρὼς ἔμπεδος εἴη.
    Αὐτὰρ ὁ βῆ παρὰ θῖνα θαλάσσης δῖος Ἀχιλλεὺς   40
σμερδαλέα ἰάχων, ὦρσεν δ' ἥρωας Ἀχαιούς.
καί ῥ' οἵ περ τὸ πάρος γε νεῶν ἐν ἀγῶνι μένεσκον,
οἵ τε κυβερνῆται καὶ ἔχον οἰήϊα νηῶν
καὶ ταμίαι παρὰ νηυσὶν ἔσαν, σίτοιο δοτῆρες,
καὶ μὴν οἱ τότε γ' εἰς ἀγορὴν ἴσαν, οὕνεκ' Ἀχιλλεὺς 45
ἐξεφάνη, δηρὸν δὲ μάχης ἐπέπαυτ' ἀλεγεινῆς.
τὼ δὲ δύω σκάζοντε βάτην Ἄρεος θεράποντε,
Τυδεΐδης τε μενεπτόλεμος καὶ δῖος Ὀδυσσεύς,
ἔγχει ἐρειδομένω· ἔτι γὰρ ἔχον ἕλκεα λυγρά·

24 ἀγλαὸν υἱὸν v. l. 8 T   26 ἐγγίνωνται Zen. d E¹ P³ P¹¹ V²³ :
ἐγγίνονται f h   29 τοι a g h r A T V¹⁰ V^x² : μοι vulg   30 πει-
ρήσομαι b V³² ἀλαλκέμεν Aristoph. f k T   32 κῆται A U¹¹
39 a
        ἢ μὲν ἄρ' ὣς ἔρξασ' ἀπέβη Θέτις ἀργυρόπεζα
add. i l q D L² L¹² M⁴   40 θαλάσσης] ποδάρκης v. l. in A, U⁹ V¹
41 ἥρωας] ἐρίηρας Aristoph. Rhianus   49 ἕλκεα] ἄλγεα c U⁵

κὰδ δὲ μετὰ πρώτῃ ἀγορῇ ἵζοντο κιόντες.　　　　　　　50
αὐτὰρ ὁ δεύτατος ἦλθεν ἄναξ ἀνδρῶν Ἀγαμέμνων,
ἕλκος ἔχων· καὶ γὰρ τὸν ἐνὶ κρατερῇ ὑσμίνῃ
οὖτα Κόων Ἀντηνορίδης χαλκήρεϊ δουρί.
αὐτὰρ ἐπεὶ δὴ πάντες ἀολλίσθησαν Ἀχαιοί,
τοῖσι δ' ἀνιστάμενος μετέφη πόδας ὠκὺς Ἀχιλλεύς·　　55
" Ἀτρεΐδη, ἦ ἄρ τι τόδ' ἀμφοτέροισιν ἄρειον
ἔπλετο, σοὶ καὶ ἐμοί, ὅ τε νῶϊ περ ἀχνυμένω κῆρ
θυμοβόρῳ ἔριδι μενεήναμεν εἵνεκα κούρης;
τὴν ὄφελ' ἐν νήεσσι κατακτάμεν Ἄρτεμις ἰῷ,
ἤματι τῷ ὅτ' ἐγὼν ἑλόμην Λυρνησσὸν ὀλέσσας·　　60
τῶ κ' οὐ τόσσοι Ἀχαιοὶ ὀδὰξ ἕλον ἄσπετον οὖδας
δυσμενέων ὑπὸ χερσίν, ἐμεῦ ἀπομηνίσαντος.
Ἕκτορι μὲν καὶ Τρωσὶ τὸ κέρδιον· αὐτὰρ Ἀχαιοὺς
δηρὸν ἐμῆς καὶ σῆς ἔριδος μνήσεσθαι ὀΐω.
ἀλλὰ τὰ μὲν προτετύχθαι ἐάσομεν ἀχνύμενοί περ,　　65
θυμὸν ἐνὶ στήθεσσι φίλον δαμάσαντες ἀνάγκῃ·
νῦν δ' ἤτοι μὲν ἐγὼ παύω χόλον, οὐδέ τί με χρὴ
ἀσκελέως αἰεὶ μενεαινέμεν· ἀλλ' ἄγε θᾶσσον
ὄτρυνον πόλεμόνδε κάρη κομόωντας Ἀχαιούς,
ὄφρ' ἔτι καὶ Τρώων πειρήσομαι ἀντίον ἐλθών,　　70
αἴ κ' ἐθέλωσ' ἐπὶ νηυσὶν ἰαύειν· ἀλλά τιν' οἴω
ἀσπασίως αὐτῶν γόνυ κάμψειν, ὅς κε φύγῃσι
δηΐου ἐκ πολέμοιο ὑπ' ἔγχεος ἡμετέροιο."
Ὡς ἔφαθ', οἱ δ' ἐχάρησαν ἐϋκνήμιδες Ἀχαιοὶ
μῆνιν ἀπειπόντος μεγαθύμου Πηλεΐωνος.　　75
τοῖσι δὲ καὶ μετέειπεν ἄναξ ἀνδρῶν Ἀγαμέμνων
αὐτόθεν ἐξ ἕδρης, οὐδ' ἐν μέσσοισιν ἀναστάς·

56 ἄρειον] ἄμεινον Mass. M¹¹ ss., P²¹: ὄνειαρ Chia　　62 ἐπιμηνί-
σαντος Chamaeleo　　67 ἤτοι] ἤδη Apoll. lex. in Χόλος　　παύω μὲν
ἐγὼ B C N¹ V¹⁴: παύσω ο　　με] σε Apoll. lex. in Μενεαίνειν　　72 ὅς]
αἵ d f h v. l. ap. Eust. al.　　73 δηΐου] φεύγων A B C L⁵ N¹ (uv.) P¹²
75 ἀπειπόντος Ar. (αἱ πλείους), vulg.: ἀποειπόντος v. l. ant., i Ge
O⁵ U⁵ V¹⁶ al. (? ἀγαυοῦ) cf. 35　　76 τοῖσι δ' ἀνιστάμενος μετέφη κρείων
Ἀγαμέμνων Zen. Mass. Chia　　77 om. Zen.: hab. Aristoph. Ar.
codd.: μῆνιν ἀναστενάχων καὶ ὑφ' ἕλκεος ἄλγεα πάσχων Mass. Chia

" ὦ φίλοι ἥρωες Δαναοί, θεράποντες Ἄρηος,
ἑσταότος μὲν καλὸν ἀκούειν, οὐδὲ ἔοικεν
ὑββάλλειν· χαλεπὸν γὰρ ἐπισταμένῳ περ ἐόντι.   80
ἀνδρῶν δ' ἐν πολλῷ ὁμάδῳ πῶς κέν τις ἀκούσαι
ἢ εἴποι; βλάβεται δὲ λιγύς περ ἐὼν ἀγορητής.
Πηλείδη μὲν ἐγὼν ἐνδείξομαι· αὐτὰρ οἱ ἄλλοι
σύνθεσθ' Ἀργεῖοι, μῦθόν τ' εὖ γνῶτε ἕκαστος.
πολλάκι δή μοι τοῦτον Ἀχαιοὶ μῦθον ἔειπον,   85
καί τέ με νεικείεσκον· ἐγὼ δ' οὐκ αἴτιός εἰμι,
ἀλλὰ Ζεὺς καὶ Μοῖρα καὶ ἠεροφοῖτις Ἐρινύς,
οἵ τέ μοι εἰν ἀγορῇ φρεσὶν ἔμβαλον ἄγριον ἄτην,
ἤματι τῷ ὅτ' Ἀχιλλῆος γέρας αὐτὸς ἀπηύρων.
ἀλλὰ τί κεν ῥέξαιμι; θεὸς διὰ πάντα τελευτᾷ.   90
πρέσβα Διὸς θυγάτηρ Ἄτη, ἣ πάντας ἀᾶται,
οὐλομένη· τῇ μέν θ' ἁπαλοὶ πόδες· οὐ γὰρ ἐπ' οὔδει
πίλναται, ἀλλ' ἄρα ἥ γε κατ' ἀνδρῶν κράατα βαίνει
βλάπτουσ' ἀνθρώπους· κατὰ δ' οὖν ἕτερόν γε πέδησε.
καὶ γὰρ δή νύ ποτε Ζεὺς ἄσατο, τόν περ ἄριστον   95
ἀνδρῶν ἠδὲ θεῶν φασ' ἔμμεναι· ἀλλ' ἄρα καὶ τὸν
Ἥρη θῆλυς ἐοῦσα δολοφροσύνης ἀπάτησεν,
ἤματι τῷ ὅτ' ἔμελλε βίην Ἡρακληείην
Ἀλκμήνη τέξεσθαι ἐϋστεφάνῳ ἐνὶ Θήβῃ.
ἤτοι ὅ γ' εὐχόμενος μετέφη πάντεσσι θεοῖσι·   100
' κέκλυτέ μευ, πάντες τε θεοὶ πᾶσαί τε θέαιναι,
ὄφρ' εἴπω τά με θυμὸς ἐνὶ στήθεσσιν ἀνώγει.
σήμερον ἄνδρα φόωσδε μογοστόκος Εἰλείθυια

79 ἑσταότως P¹ ss. v. l. ap. ᵍ B T, Eust.   ἀκούειν Ar. ᵍ x A Ge
V¹ V¹⁶ : ἀκονέμεν v. l. ant., vulg.   80 ἐπισταμένῳ περ ἐόντι Ar.
Archias Dion. Sid. Mo : ἐπιστάμενόν περ ἐόντα vulg.   85 μῦθον
Ἀχαιοὶ τοῦτον i M⁴ V¹⁴   86 νεικείουσιν Aristoph. Chia   87 ἡ
ἐροφοῖτις, ἱροπῶτις, εἰαροπῶτις vv. ll. ant.   90 θεοὺς διὰ πάντα τέτυκται
seu τελευτᾷ v. l. ant. : θεόσδια Hellanicus: δ' ἵα Lesbocles   92 τῇ
Aristoph. Ἀr. a e i al. : τῆς v. l. ant., vulg.   οὔδεος Plat. Symp.
195 d   94 ath. Ar.   95 Ζεὺς Ar. (ἐν ἀπάσαις) : Ζῆν' v. l. ant.
(ἔν τισι τῶν εἰκαιοτέρων), codd.   96 φαμὲν Chia   ἀλλά νυ Aristoph.
97 δολοφροσύνῃ b c f V³²   102 κελεύει e g l n x A marg.

19. ΙΛΙΑΔΟΣ Τ

ἐκφανεῖ, ὃς πάντεσσι περικτιόνεσσιν ἀνάξει,
τῶν ἀνδρῶν γενεῆς οἵ θ' αἵματος ἐξ ἐμεῦ εἰσι.'   105
τὸν δὲ δολοφρονέουσα προσηύδα πότνια Ἥρη·
' ψευστήσεις, οὐδ' αὖτε τέλος μύθῳ ἐπιθήσεις.
εἰ δ' ἄγε νῦν μοι ὄμοσσον, Ὀλύμπιε, καρτερὸν ὅρκον,
ἦ μὲν τὸν πάντεσσι περικτιόνεσσιν ἀνάξειν,
ὅς κεν ἐπ' ἤματι τῷδε πέσῃ μετὰ ποσσὶ γυναικὸς   110
τῶν ἀνδρῶν οἳ σῆς ἐξ αἵματός εἰσι γενέθλης.'
ὣς ἔφατο· Ζεὺς δ' οὔ τι δολοφροσύνην ἐνόησεν,
ἀλλ' ὄμοσεν μέγαν ὅρκον, ἔπειτα δὲ πολλὸν ἀάσθη.
Ἥρη δ' ἀΐξασα λίπεν ῥίον Οὐλύμποιο,
καρπαλίμως δ' ἵκετ' Ἄργος Ἀχαιικόν, ἔνθ' ἄρα ᾔδη   115
ἰφθίμην ἄλοχον Σθενέλου Περσηϊάδαο.
ἡ δ' ἐκύει φίλον υἱόν, ὁ δ' ἕβδομος ἑστήκει μείς·
ἐκ δ' ἄγαγε πρὸ φόωσδε καὶ ἠλιτόμηνον ἐόντα,
Ἀλκμήνης δ' ἀπέπαυσε τόκον, σχέθε δ' Εἰλειθυίας.
αὐτὴ δ' ἀγγελέουσα Δία Κρονίωνα προσηύδα·   120
' Ζεῦ πάτερ ἀργικέραυνε, ἔπος τί τοι ἐν φρεσὶ θήσω·
ἤδη ἀνὴρ γέγον' ἐσθλός, ὃς Ἀργείοισιν ἀνάξει,
Εὐρυσθεύς, Σθενέλοιο πάϊς Περσηϊάδαο,
σὸν γένος· οὔ οἱ ἀεικὲς ἀνασσέμεν Ἀργείοισιν.'
ὣς φάτο, τὸν δ' ἄχος ὀξὺ κατὰ φρένα τύψε βαθεῖαν·   125
αὐτίκα δ' εἷλ' Ἄτην κεφαλῆς λιπαροπλοκάμοιο
χωόμενος φρεσὶν ᾗσι, καὶ ὤμοσε καρτερὸν ὅρκον
μή ποτ' ἐς Οὔλυμπόν τε καὶ οὐρανὸν ἀστερόεντα
αὖτις ἐλεύσεσθαι Ἄτην, ἣ πάντας ἀᾶται.
ὣς εἰπὼν ἔρριψεν ἀπ' οὐρανοῦ ἀστερόεντος   130
χειρὶ περιστρέψας· τάχα δ' ἵκετο ἔργ' ἀνθρώπων.
τὴν αἰεὶ στενάχεσχ', ὅθ' ἑὸν φίλον υἱὸν ὁρῷτο
ἔργον ἀεικὲς ἔχοντα ὑπ' Εὐρυσθῆος ἀέθλων.
ὣς καὶ ἐγών, ὅτε δὴ αὖτε μέγας κορυθαίολος Ἕκτωρ

105 θ' om. Aristoph.   117 μής Chia O², cod. Mosc. h. Merc. 11
118 πρὸ om. h i, cf. Π 188   124 ἀνθρώποισιν v. l. ant. (κατ'
ἐνίας τῶν ἐκδόσεων), Ge V¹ V¹⁰   133 ὑπ'] πρὸς g

Ἀργείους ὀλέκεσκεν ἐπὶ πρύμνῃσι νέεσσιν,   135
οὐ δυνάμην λελαθέσθ' Ἄτης, ᾗ πρῶτον ἀάσθην.
ἀλλ' ἐπεὶ ἀασάμην καί μευ φρένας ἐξέλετο Ζεύς,
ἂψ ἐθέλω ἀρέσαι, δόμεναί τ' ἀπερείσι' ἄποινα·
ἀλλ' ὄρσευ πόλεμόνδε, καὶ ἄλλους ὄρνυθι λαούς.
δῶρα δ' ἐγὼν ὅδε πάντα παρασχέμεν, ὅσσα τοι ἐλθὼν   140
χθιζὸς ἐνὶ κλισίῃσιν ὑπέσχετο δῖος Ὀδυσσεύς.
εἰ δ' ἐθέλεις, ἐπίμεινον ἐπειγόμενός περ Ἄρηος,
δῶρα δέ τοι θεράποντες ἐμῆς παρὰ νηὸς ἑλόντες
οἴσουσ', ὄφρα ἴδηαι ὅ τοι μενοεικέα δώσω."
Τὸν δ' ἀπαμειβόμενος προσέφη πόδας ὠκὺς Ἀχιλλεύς·
"Ἀτρεΐδη κύδιστε, ἄναξ ἀνδρῶν Ἀγάμεμνον,   146
δῶρα μὲν αἴ κ' ἐθέλῃσθα παρασχέμεν, ὡς ἐπιεικές,
ἤ τ' ἐχέμεν παρὰ σοί· νῦν δὲ μνησώμεθα χάρμης
αἶψα μάλ'· οὐ γὰρ χρὴ κλοτοπεύειν ἐνθάδ' ἐόντας
οὐδὲ διατρίβειν· ἔτι γὰρ μέγα ἔργον ἄρεκτον·   150
ὥς κέ τις αὖτ' Ἀχιλῆα μετὰ πρώτοισιν ἴδηται
ἔγχεϊ χαλκείῳ Τρώων ὀλέκοντα φάλαγγας.
ὧδέ τις ὑμείων μεμνημένος ἀνδρὶ μαχέσθω."
Τὸν δ' ἀπαμειβόμενος προσέφη πολύμητις Ὀδυσσεύς·
"μὴ δὴ οὕτως ἀγαθός περ ἐών, θεοείκελ' Ἀχιλλεῦ,   155
νήστιας ὄτρυνε προτὶ Ἴλιον υἷας Ἀχαιῶν
Τρωσὶ μαχησομένους, ἐπεὶ οὐκ ὀλίγον χρόνον ἔσται
φύλοπις, εὖτ' ἂν πρῶτον ὁμιλήσωσι φάλαγγες
ἀνδρῶν, ἐν δὲ θεὸς πνεύσῃ μένος ἀμφοτέροισιν.
ἀλλὰ πάσασθαι ἄνωχθι θοῇς ἐπὶ νηυσὶν Ἀχαιοὺς   160
σίτου καὶ οἴνοιο· τὸ γὰρ μένος ἐστὶ καὶ ἀλκή.

135 ὤλεσκεν f B C T al. : ὀλέεσκεν b d m Eust.   136 ᾗ] ἣν
r L² L¹⁶ Mc U² U⁹ U¹¹ U¹³ V¹² V¹⁴ V²³ : ἧς d : τὴν m L⁸ L²⁰ N⁴ V¹¹
137 με ε i k q D : μοι b Ge V³²   137 a
ἢ οἴνῳ μεθύων ἤ μ' ἔβλαψαν θεοὶ αὐτοί
add. Dioscurides Ath. 11 A   140 ὅδε] τάδε p⁹ i M⁴   παρασχέμεν
p⁹ h al. : παρασχεῖν vulg.   143 παρὰ] ἀπὸ m p⁹ L² L⁶ L⁸ L¹⁵ L²⁰ M⁷
M¹⁰ N⁴ V¹¹   145 τὸν δ' ἡμείβετ' ἔπειτα ποδάρκης δῖος p⁹   153 ὥς
δέ τις d i k m o r T V¹ V¹⁶

οὐ γὰρ ἀνὴρ πρόπαν ἦμαρ ἐς ἠέλιον καταδύντα
ἄκμηνος σίτοιο δυνήσεται ἄντα μάχεσθαι·
εἴ περ γὰρ θυμῷ γε μενοινάᾳ πολεμίζειν,
ἀλλά τε λάθρη γυῖα βαρύνεται, ἠδὲ κιχάνει   165
δίψα τε καὶ λιμός, βλάβεται δέ τε γούνατ' ἰόντι.
ὃς δέ κ' ἀνὴρ οἴνοιο κορεσσάμενος καὶ ἐδωδῆς
ἀνδράσι δυσμενέεσσι πανημέριος πολεμίζῃ,
θαρσαλέον νύ οἱ ἦτορ ἐνὶ φρεσίν, οὐδέ τι γυῖα
πρὶν κάμνει, πρὶν πάντας ἐρωῆσαι πολέμοιο.   170
ἀλλ' ἄγε λαὸν μὲν σκέδασον καὶ δεῖπνον ἄνωχθι
ὅπλεσθαι· τὰ δὲ δῶρα ἄναξ ἀνδρῶν Ἀγαμέμνων
οἰσέτω ἐς μέσσην ἀγορήν, ἵνα πάντες Ἀχαιοὶ
ὀφθαλμοῖσιν ἴδωσι, σὺ δὲ φρεσὶ σῇσιν ἰανθῇς.
ὀμνυέτω δέ τοι ὅρκον ἐν Ἀργείοισιν ἀναστάς,   175
μή ποτε τῆς εὐνῆς ἐπιβήμεναι ἠδὲ μιγῆναι·
ἣ θέμις ἐστίν, ἄναξ, ἥ τ' ἀνδρῶν ἥ τε γυναικῶν·
καὶ δὲ σοὶ αὐτῷ θυμὸς ἐνὶ φρεσὶν ἵλαος ἔστω.
αὐτὰρ ἔπειτά σε δαιτὶ ἐνὶ κλισίῃς ἀρεσάσθω
πιείρῃ, ἵνα μή τι δίκης ἐπιδευὲς ἔχῃσθα.   180
Ἀτρείδη, σὺ δ' ἔπειτα δικαιότερος καὶ ἐπ' ἄλλῳ
ἔσσεαι. οὐ μὲν γάρ τι νεμεσσητὸν βασιλῆα
ἄνδρ' ἀπαρέσσασθαι, ὅτε τις πρότερος χαλεπήνῃ."
   Τὸν δ' αὖτε προσέειπεν ἄναξ ἀνδρῶν Ἀγαμέμνων·
" χαίρω σεῦ, Λαερτιάδη, τὸν μῦθον ἀκούσας·   185
ἐν μοίρῃ γὰρ πάντα διίκεο καὶ κατέλεξας.
ταῦτα δ' ἐγὼν ἐθέλω ὀμόσαι, κέλεται δέ με θυμός,
οὐδ' ἐπιορκήσω πρὸς δαίμονος. αὐτὰρ Ἀχιλλεὺς
μιμνέτω αὐτόθι τῆος ἐπειγόμενός περ Ἄρηος·
μίμνετε δ' ἄλλοι πάντες ἀολλέες, ὄφρα κε δῶρα   190

163 δόρποιο Suid. in ἄκμηνος, Zon. 100. 4   174 φρεσὶν ἧσιν b h l q
V³² 177 om. p⁶ vulg.: hab. b c e f B N¹ N⁴ V¹ V¹⁶ ἥ τ'... ἠδὲ
b B T al. : ἠδ'... ἠδὲ c e f C   189 αὐτόθι τῆος] αὖθι τέως Ar. m
L⁵ N⁴ U² : αὖθι τέως περ v. l. ant. (ἐν ταῖς εἰκαιοτέραις) vulg. : αὖθι τέως
γε h l al. : αὖθι τέως δὲ r M⁴ M⁵ Pa : αὐτόθι τεῖος Hermann

ἐκ κλισίης ἔλθῃσι καὶ ὅρκια πιστὰ τάμωμεν.
σοὶ δ' αὐτῷ τόδ' ἐγὼν ἐπιτέλλομαι ἠδὲ κελεύω·
κρινάμενος κούρητας ἀριστῆας Παναχαιῶν
δῶρα ἐμῆς παρὰ νηὸς ἐνεικέμεν, ὅσσ' Ἀχιλῆϊ
χθιζὸν ὑπέστημεν δώσειν, ἀγέμεν τε γυναῖκας.   195
Ταλθύβιος δέ μοι ὦκα κατὰ στρατὸν εὐρὺν Ἀχαιῶν
κάπρον ἑτοιμασάτω, ταμέειν Διί τ' Ἠελίῳ τε."
    Τὸν δ' ἀπαμειβόμενος προσέφη πόδας ὠκὺς Ἀχιλλεύς·
" Ἀτρεΐδη κύδιστε, ἄναξ ἀνδρῶν Ἀγάμεμνον,
ἄλλοτέ περ καὶ μᾶλλον ὀφέλλετε ταῦτα πένεσθαι,   200
ὁππότε τις μεταπαυσωλὴ πολέμοιο γένηται
καὶ μένος οὐ τόσον ᾖσιν ἐνὶ στήθεσσιν ἐμοῖσι.
νῦν δ' οἱ μὲν κέαται δεδαϊγμένοι, οὓς ἐδάμασσεν
Ἕκτωρ Πριαμίδης, ὅτε οἱ Ζεὺς κῦδος ἔδωκεν,
ὑμεῖς δ' ἐς βρωτὺν ὀτρύνετον· ἦ τ' ἂν ἔγωγε   205
νῦν μὲν ἀνώγοιμι πτολεμίζειν υἷας Ἀχαιῶν
νήστιας ἀκμήνους, ἅμα δ' ἠελίῳ καταδύντι
τεύξεσθαι μέγα δόρπον, ἐπὴν τεισαίμεθα λώβην.
πρὶν δ' οὔ πως ἂν ἔμοιγε φίλον κατὰ λαιμὸν ἰείη
οὐ πόσις οὐδὲ βρῶσις, ἑταίρου τεθνηῶτος,   210
ὅς μοι ἐνὶ κλισίῃ δεδαϊγμένος ὀξέϊ χαλκῷ
κεῖται ἀνὰ πρόθυρον τετραμμένος, ἀμφὶ δ' ἑταῖροι
μύρονται· τό μοι οὔ τι μετὰ φρεσὶ ταῦτα μέμηλεν,
ἀλλὰ φόνος τε καὶ αἷμα καὶ ἀργαλέος στόνος ἀνδρῶν."
    Τὸν δ' ἀπαμειβόμενος προσέφη πολύμητις Ὀδυσσεύς·
" ὦ Ἀχιλεῦ, Πηλῆος υἱέ, μέγα φέρτατ' Ἀχαιῶν,   216
κρείσσων εἰς ἐμέθεν καὶ φέρτερος οὐκ ὀλίγον περ
ἔγχει, ἐγὼ δέ κε σεῖο νοήματί γε προβαλοίμην
πολλόν, ἐπεὶ πρότερος γενόμην καὶ πλείονα οἶδα.

191 ἔλθωσι p γρ. N⁴   194 δῶρα δ' p⁹ corr. κ ο r T V³²   ἐμῆς]
θοῆς cit. Strab. 467   195 χθιζοὶ Strab l c.   205 δὲ βρωτὺν v. l.
ant.   208 μέγα] μετὰ v. l. ant., B C M⁴ T V²⁰ W² W³   214 φόνος]
πόνος h l   216 Πηλῆος P⁷ corr. V⁴ V²⁷ : -έως cet.   φέρτατ']
φίλτατ' i M⁴ : κῦδος Plut. de aud. poet. 35 b

τῷ τοι ἐπιτλήτω κραδίη μύθοισιν ἐμοῖσιν.   220
αἶψά τε φυλόπιδος πέλεται κόρος ἀνθρώποισιν,
ἧς τε πλείστην μὲν καλάμην χθονὶ χαλκὸς ἔχευεν,
ἄμητος δ' ὀλίγιστος, ἐπὴν κλίνῃσι τάλαντα
Ζεύς, ὅς τ' ἀνθρώπων ταμίης πολέμοιο τέτυκται.
γαστέρι δ' οὔ πως ἔστι νέκυν πενθῆσαι 'Αχαιούς·   225
λίην γὰρ πολλοὶ καὶ ἐπήτριμοι ἤματα πάντα
πίπτουσιν· πότε κέν τις ἀναπνεύσειε πόνοιο;
ἀλλὰ χρὴ τὸν μὲν καταθάπτειν ὅς κε θάνῃσι,
νηλέα θυμὸν ἔχοντας, ἐπ' ἤματι δακρύσαντας·
ὅσσοι δ' ἂν πολέμοιο περὶ στυγεροῖο λίπωνται,   230
μεμνῆσθαι πόσιος καὶ ἐδητύος, ὄφρ' ἔτι μᾶλλον
ἀνδράσι δυσμενέεσσι μαχώμεθα νωλεμὲς αἰεί,
ἑσσάμενοι χροῒ χαλκὸν ἀτειρέα.   μηδέ τις ἄλλην
λαῶν ὀτρυντὺν ποτιδέγμενος ἰσχαναάσθω·
ἥδε γὰρ ὀτρυντὺς κακὸν ἔσσεται ὅς κε λίπηται   235
νηυσὶν ἐπ' 'Αργείων· ἀλλ' ἀθρόοι ὁρμηθέντες
Τρωσὶν ἐφ' ἱπποδάμοισιν ἐγείρομεν ὀξὺν "Αρηα."
    'Η, καὶ Νέστορος υἷας ὀπάσσατο κυδαλίμοιο,
Φυλεΐδην τε Μέγητα Θόαντά τε Μηριόνην τε
καὶ Κρειοντιάδην Λυκομήδεα καὶ Μελάνιππον·   240
βὰν δ' ἴμεν ἐς κλισίην 'Αγαμέμνονος 'Ατρεΐδαο.
αὐτίκ' ἔπειθ' ἅμα μῦθος ἔην, τετέλεστο δὲ ἔργον·
ἑπτὰ μὲν ἐκ κλισίης τρίποδας φέρον, οὕς οἱ ὑπέστη,
αἴθωνας δὲ λέβητας ἐείκοσι, δώδεκα δ' ἵππους·
ἐκ δ' ἄγον αἶψα γυναῖκας ἀμύμονα ἔργα ἰδυίας   245
ἕπτ', ἀτὰρ ὀγδοάτην Βρισηΐδα καλλιπάρηον.
χρυσοῦ δὲ στήσας 'Οδυσεὺς δέκα πάντα τάλαντα
ἦρχ', ἅμα δ' ἄλλοι δῶρα φέρον κούρητες 'Αχαιῶν.
καὶ τὰ μὲν ἐν μέσσῃ ἀγορῇ θέσαν, ἂν δ' 'Αγαμέμνων

229 δάκρυ χέοντας cit. Dion. Hal. Rhet. ix. 16   236 ἐκ' b e g i m
r V¹ V³² : ταρ' vulg.   κοσμηθέντες cit. Dion. Hal. l. c.   239 Μέγην
τε H¹ M⁸ M⁹ P⁵ V⁵ V¹⁰ V¹⁶   245 ἀμύμονα a f g m p r A B C V¹ V³²
al. : ἀμύμονας cet.   246 ἔξ, ἀτὰρ ἑβδομάτην Zen.

ἵστατο· Ταλθύβιος δὲ θεῷ ἐναλίγκιος αὐδὴν   250
κάπρον ἔχων ἐν χερσὶ παρίστατο ποιμένι λαῶν.
Ἀτρεΐδης δὲ ἐρυσσάμενος χείρεσσι μάχαιραν,
ἥ οἱ πὰρ ξίφεος μέγα κουλεὸν αἰὲν ἄωρτο,
κάπρου ἀπὸ τρίχας ἀρξάμενος, Διὶ χεῖρας ἀνασχὼν
εὔχετο· τοὶ δ' ἄρα πάντες ἐπ' αὐτόφιν ἥατο σιγῇ   255
Ἀργεῖοι κατὰ μοῖραν, ἀκούοντες βασιλῆος.
εὐξάμενος δ' ἄρα εἶπεν ἰδὼν εἰς οὐρανὸν εὐρύν·
" ἴστω νῦν Ζεὺς πρῶτα, θεῶν ὕπατος καὶ ἄριστος,
Γῆ τε καὶ Ἠέλιος καὶ Ἐρινύες, αἵ θ' ὑπὸ γαῖαν
ἀνθρώπους τίνυνται, ὅτις κ' ἐπίορκον ὀμόσσῃ,   260
μὴ μὲν ἐγὼ κούρῃ Βρισηΐδι χεῖρ' ἐπένεικα,
οὔτ' εὐνῆς πρόφασιν κεχρημένος οὔτε τευ ἄλλου.
ἀλλ' ἔμεν' ἀπροτίμαστος ἐνὶ κλισίῃσιν ἐμῇσιν.
εἰ δέ τι τῶνδ' ἐπίορκον, ἐμοὶ θεοὶ ἄλγεα δοῖεν
πολλὰ μάλ', ὅσσα διδοῦσιν ὅτίς σφ' ἀλίτηται ὀμόσσας."
Ἦ, καὶ ἀπὸ στόμαχον κάπρου τάμε νηλέϊ χαλκῷ.   266
τὸν μὲν Ταλθύβιος πολιῆς ἁλὸς ἐς μέγα λαῖτμα
ῥῖψ' ἐπιδινήσας, βόσιν ἰχθύσιν· αὐτὰρ Ἀχιλλεὺς
ἀνστὰς Ἀργείοισι φιλοπτολέμοισι μετηύδα·
" Ζεῦ πάτερ, ἦ μεγάλας ἄτας ἄνδρεσσι διδοῖσθα·   270
οὐκ ἂν δή ποτε θυμὸν ἐνὶ στήθεσσιν ἐμοῖσιν
Ἀτρεΐδης ὤρινε διαμπερές, οὐδέ κε κούρην
ἦγεν ἐμεῦ ἀέκοντος ἀμήχανος· ἀλλά ποθι Ζεὺς
ἤθελ' Ἀχαιοῖσιν θάνατον πολέεσσι γενέσθαι.
νῦν δ' ἔρχεσθ' ἐπὶ δεῖπνον, ἵνα ξυνάγωμεν Ἄρηα."   275
Ὣς ἄρ' ἐφώνησεν, λῦσεν δ' ἀγορὴν αἰψηρήν.
οἱ μὲν ἄρ' ἐσκίδναντο ἐὴν ἐπὶ νῆα ἕκαστος,
δῶρα δὲ Μυρμιδόνες μεγαλήτορες ἀμφεπένοντο,

250 αὐδὴν] ἄντην Μ¹⁰ ss. Τ   255 ἄρα] ἅμα Ρ⁹ i q Μ⁴ Μ⁷ Μ¹⁰ Μ¹³
U⁵   259 οἴ θ' v. l. ant.   260 τίνυνθ'. ὅς τις U¹⁰ V⁴ V²⁷
261 ἐπένεικα c d i p r Ν⁴ V¹ V⁶ V³²: ἐπενεῖκαι Ρ⁹ vulg   262 εἴτ'—
εἴτε v. l ap. Eust.   266 σφάραγον cit. Paus. v 24. 11   272 ἄτρυνε
C Ge V² V⁴ V¹² V²⁷   276 λῦσαν Apoll. lex. in Αἶψα U²   αἰψηρήν
Ar. vulg. : λαιψηρήν ● i k ο V³²: λαιψηρῶς ο

βὰν δ᾽ ἐπὶ νῆα φέροντες ᾽Αχιλλῆος θείοιο.
καὶ τὰ μὲν ἐν κλισίῃσι θέσαν, κάθισαν δὲ γυναῖκας,   280
ἵππους δ᾽ εἰς ἀγέλην ἔλασαν θεράποντες ἀγαυοί.
Βρισηὶς δ᾽ ἄρ᾽ ἔπειτ᾽, ἰκέλη χρυσέῃ ᾽Αφροδίτῃ,
ὡς ἴδε Πάτροκλον δεδαϊγμένον ὀξέϊ χαλκῷ,
ἀμφ᾽ αὐτῷ χυμένη λίγ᾽ ἐκώκυε, χερσὶ δ᾽ ἄμυσσε
στήθεά τ᾽ ἠδ᾽ ἁπαλὴν δειρὴν ἰδὲ καλὰ πρόσωπα.   285
εἶπε δ᾽ ἄρα κλαίουσα γυνὴ ἐϊκυῖα θεῇσι·
" Πάτροκλέ μοι δειλῇ πλεῖστον κεχαρισμένε θυμῷ,
ζωὸν μέν σε ἔλειπον ἐγὼ κλισίηθεν ἰοῦσα,
νῦν δέ σε τεθνηῶτα κιχάνομαι, ὄρχαμε λαῶν,
ἂψ ἀνιοῦσ᾽· ὥς μοι δέχεται κακὸν ἐκ κακοῦ αἰεί.   290
ἄνδρα μὲν ᾧ ἔδοσάν με πατὴρ καὶ πότνια μήτηρ
εἶδον πρὸ πτόλιος δεδαϊγμένον ὀξέϊ χαλκῷ,
τρεῖς τε κασιγνήτους, τούς μοι μία γείνατο μήτηρ,
κηδείους, οἳ πάντες ὀλέθριον ἦμαρ ἐπέσπον.
οὐδὲ μὲν οὐδέ μ᾽ ἔασκες, ὅτ᾽ ἄνδρ᾽ ἐμὸν ὠκὺς ᾽Αχιλλεὺς   295
ἔκτεινεν, πέρσεν δὲ πόλιν θείοιο Μύνητος,
κλαίειν, ἀλλά μ᾽ ἔφασκες ᾽Αχιλλῆος θείοιο
κουριδίην ἄλοχον θήσειν, ἄξειν τ᾽ ἐνὶ νηυσὶν
ἐς Φθίην, δαίσειν δὲ γάμον μετὰ Μυρμιδόνεσσι.
τῶ σ᾽ ἄμοτον κλαίω τεθνηότα, μείλιχον αἰεί."   300
*Ὡς ἔφατο κλαίουσ᾽, ἐπὶ δὲ στενάχοντο γυναῖκες,
Πάτροκλον πρόφασιν, σφῶν δ᾽ αὐτῶν κήδε᾽ ἑκάστη.
αὐτὸν δ᾽ ἀμφὶ γέροντες ᾽Αχαιῶν ἠγερέθοντο
λισσόμενοι δειπνῆσαι· ὁ δ᾽ ἠρνεῖτο στεναχίζων·
" λίσσομαι, εἴ τις ἔμοιγε φίλων ἐπιπείθεθ᾽ ἑταίρων,   305
μή με πρὶν σίτοιο κελεύετε μηδὲ ποτῆτος
ἄσασθαι φίλον ἦτορ, ἐπεί μ᾽ ἄχος αἰνὸν ἱκάνει·
δύντα δ᾽ ἐς ἠέλιον μενέω καὶ τλήσομαι ἔμπης."
*Ὡς εἰπὼν ἄλλους μὲν ἀπεσκέδασεν βασιλῆας,

287 πλεῖστον] πάντων i M⁴   294 ἐπέσπων e h l m p   298 ἐνὶ]
ἐπὶ f a!.   305 ἔμοιγε] ἐμεῖο i

19. ΙΛΙΑΔΟΣ Τ

δοιὼ δ' Ἀτρεΐδα μενέτην καὶ δῖος Ὀδυσσεύς,　　　　310
Νέστωρ Ἰδομενεύς τε γέρων θ' ἱππηλάτα Φοῖνιξ,
τέρποντες πυκινῶς ἀκαχήμενον· οὐδέ τι θυμῷ
τέρπετο, πρὶν πολέμου στόμα δύμεναι αἱματόεντος.
μνησάμενος δ' ἀδινῶς ἀνενείκατο φώνησέν τε·
" ἦ ῥά νύ μοί ποτε καὶ σύ, δυσάμμορε, φίλταθ' ἑταίρων,
αὐτὸς ἐνὶ κλισίῃ λαρὸν παρὰ δεῖπνον ἔθηκας　　　　316
αἶψα καὶ ὀτραλέως, ὁπότε σπερχοίατ' Ἀχαιοὶ
Τρωσὶν ἐφ' ἱπποδάμοισι φέρειν πολύδακρυν Ἄρηα.
νῦν δὲ σὺ μὲν κεῖσαι δεδαϊγμένος, αὐτὰρ ἐμὸν κῆρ
ἄκμηνον πόσιος καὶ ἐδητύος, ἔνδον ἐόντων,　　　　320
σῇ ποθῇ· οὐ μὲν γάρ τι κακώτερον ἄλλο πάθοιμι,
οὐδ' εἴ κεν τοῦ πατρὸς ἀποφθιμένοιο πυθοίμην,
ὅς που νῦν Φθίηφι τέρεν κατὰ δάκρυον εἴβει
χήτεϊ τοιοῦδ' υἷος· ὁ δ' ἀλλοδαπῷ ἐνὶ δήμῳ
εἵνεκα ῥιγεδανῆς Ἑλένης Τρωσὶν πολεμίζω·　　　　325
ἠὲ τὸν ὃς Σκύρῳ μοι ἔνι τρέφεται φίλος υἱός,
εἴ που ἔτι ζώει γε Νεοπτόλεμος θεοειδής.
πρὶν μὲν γάρ μοι θυμὸς ἐνὶ στήθεσσιν ἐώλπει
οἶον ἐμὲ φθίσεσθαι ἀπ' Ἄργεος ἱπποβότοιο
αὐτοῦ ἐνὶ Τροίῃ, σὲ δέ τε Φθίηνδε νέεσθαι,　　　　330
ὡς ἄν μοι τὸν παῖδα θοῇ ἐνὶ νηῒ μελαίνῃ
Σκυρόθεν ἐξαγάγοις καί οἱ δείξειας ἕκαστα,
κτῆσιν ἐμὴν δμῶάς τε καὶ ὑψερεφὲς μέγα δῶμα.
ἤδη γὰρ Πηλῆά γ' ὀΐομαι ἢ κατὰ πάμπαν
τεθνάμεν, ἤ που τυτθὸν ἔτι ζώοντ' ἀκάχησθαι　　　　335
γήραΐ τε στυγερῷ καὶ ἐμὴν ποτιδέγμενον αἰεὶ
λυγρὴν ἀγγελίην, ὅτ' ἀποφθιμένοιο πύθηται."
Ὣς ἔφατο κλαίων, ἐπὶ δὲ στενάχοντο γέροντες,
μνησάμενοι τὰ ἕκαστος ἐνὶ μεγάροισιν ἔλειπον·

316 θαλίῃσι p　　319 ἐμὸν] ἐμοὶ p N¹ T V¹² V²⁰　　　327 ath.
Aristoph. Ar.　　Πυρῆς ἐμὸς ὃν κατέλειπον v. l. ant.　　331 ἐνὶ p A C
corr. Mo : ἐν B N¹ V² V¹⁴ V¹⁵ V²⁰ : σὺν vulg.　　339 ἔλειπον e m V¹⁰
V¹⁸ : ἔλειπεν vulg.

μυρομένους δ' ἄρα τούς γε ἰδὼν ἐλέησε Κρονίων,　　340
αἶψα δ' Ἀθηναίην ἔπεα πτερόεντα προσηύδα·
" τέκνον ἐμόν, δὴ πάμπαν ἀποίχεαι ἀνδρὸς ἑῆος.
ἦ νύ τοι οὐκέτι πάγχυ μετὰ φρεσὶ μέμβλετ' Ἀχιλλεύς;
κεῖνος ὅ γε προπάροιθε νεῶν ὀρθοκραιράων
ἧσται ὀδυρόμενος ἕταρον φίλον· οἱ δὲ δὴ ἄλλοι　　345
οἴχονται μετὰ δεῖπνον, ὁ δ' ἄκμηνος καὶ ἄπαστος.
ἀλλ' ἴθι οἱ νέκταρ τε καὶ ἀμβροσίην ἐρατεινὴν
στάξον ἐνὶ στήθεσσ', ἵνα μή μιν λιμὸς ἵκηται."
　Ὥς εἰπὼν ὄτρυνε πάρος μεμαυῖαν Ἀθήνην·
ἡ δ' ἅρπῃ ἐϊκυῖα τανυπτέρυγι λιγυφώνῳ　　350
οὐρανοῦ ἐκ κατεπᾶλτο δι' αἰθέρος. αὐτὰρ Ἀχαιοὶ
αὐτίκα θωρήσσοντο κατὰ στρατόν· ἡ δ' Ἀχιλῆϊ
νέκταρ ἐνὶ στήθεσσι καὶ ἀμβροσίην ἐρατεινὴν
στάξ', ἵνα μή μιν λιμὸς ἀτερπὴς γούναθ' ἵκοιτο·
αὐτὴ δὲ πρὸς πατρὸς ἐρισθενέος πυκινὸν δῶ　　355
ᾤχετο, τοὶ δ' ἀπάνευθε νεῶν ἐχέοντο θοάων.
ὡς δ' ὅτε ταρφειαὶ νιφάδες Διὸς ἐκποτέονται,
ψυχραί, ὑπὸ ῥιπῆς αἰθρηγενέος Βορέαο,
ὣς τότε ταρφειαὶ κόρυθες λαμπρὸν γανόωσαι
νηῶν ἐκφορέοντο καὶ ἀσπίδες ὀμφαλόεσσαι　　360
θώρηκές τε κραταιγύαλοι καὶ μείλινα δοῦρα.
αἴγλη δ' οὐρανὸν ἷκε, γέλασσε δὲ πᾶσα περὶ χθὼν
χαλκοῦ ὑπὸ στεροπῆς· ὑπὸ δὲ κτύπος ὄρνυτο ποσσὶν
ἀνδρῶν· ἐν δὲ μέσοισι κορύσσετο δῖος Ἀχιλλεύς.
τοῦ καὶ ὀδόντων μὲν καναχὴ πέλε, τὼ δέ οἱ ὄσσε　　365
λαμπέσθην ὡς εἴ τε πυρὸς σέλας, ἐν δέ οἱ ἦτορ
δῦν' ἄχος ἄτλητον· ὁ δ' ἄρα Τρωσὶν μενεαίνων
δύσετο δῶρα θεοῦ, τά οἱ Ἥφαιστος κάμε τεύχων.
κνημῖδας μὲν πρῶτα περὶ κνήμῃσιν ἔθηκε

342 ἑοῖο Zen. U⁹　　355 δὲ] δ' αὖ v. l. in A　　360 ἐκ νηῶν
ἐφέροντο h　　hunc versum post 361 collocat h　　361 a
ἐκ νηῶν ἐχέοντο βοὴ δ' ἄσβεστος ὀρώρει
add. b q V³²　　365–368 Aristarchum olim damnasse. postea vero
obelos abstulisse refert Dion. Sid.　　368 θεοῖο h U¹⁶ V¹　　οἱ om.
D U⁹

καλάς, ἀργυρέοισιν ἐπισφυρίοις ἀραρυίας·   370
δεύτερον αὖ θώρηκα περὶ στήθεσσιν ἔδυνεν.
ἀμφὶ δ' ἄρ' ὤμοισιν βάλετο ξίφος ἀργυρόηλον
χάλκεον· αὐτὰρ ἔπειτα σάκος μέγα τε στιβαρόν τε
εἵλετο, τοῦ δ' ἀπάνευθε σέλας γένετ' ἠύτε μήνης.
ὡς δ' ὅτ' ἂν ἐκ πόντοιο σέλας ναύτῃσι φανήῃ   375
καιομένοιο πυρός, τό τε καίεται ὑψόθ' ὄρεσφι
σταθμῷ ἐν οἰοπόλῳ· τοὺς δ' οὐκ ἐθέλοντας ἄελλαι
πόντον ἐπ' ἰχθυόεντα φίλων ἀπάνευθε φέρουσιν·
ὡς ἀπ' Ἀχιλλῆος σάκεος σέλας αἰθέρ' ἵκανε
καλοῦ δαιδαλέου· περὶ δὲ τρυφάλειαν ἀείρας   380
κρατὶ θέτο βριαρήν· ἡ δ' ἀστὴρ ὣς ἀπέλαμπεν
ἵππουρις τρυφάλεια, περισσείοντο δ' ἔθειραι
χρύσεαι, ἃς Ἥφαιστος ἵει λόφον ἀμφὶ θαμειάς.
πειρήθη δ' ἕο αὐτοῦ ἐν ἔντεσι δῖος Ἀχιλλεύς,
εἰ οἷ ἐφαρμόσσειε καὶ ἐντρέχοι ἀγλαὰ γυῖα·   385
τῷ δ' εὖτε πτερὰ γίγνετ', ἄειρε δὲ ποιμένα λαῶν.
ἐκ δ' ἄρα σύριγγος πατρώιον ἐσπάσατ' ἔγχος,
βριθὺ μέγα στιβαρόν· τὸ μὲν οὐ δύνατ' ἄλλος Ἀχαιῶν
πάλλειν, ἀλλά μιν οἶος ἐπίστατο πῆλαι Ἀχιλλεύς,
Πηλιάδα μελίην, τὴν πατρὶ φίλῳ πόρε Χείρων   390
Πηλίου ἐκ κορυφῆς, φόνον ἔμμεναι ἡρώεσσιν·
ἵππους δ' Αὐτομέδων τε καὶ Ἄλκιμος ἀμφιέποντες
ζεύγνυον· ἀμφὶ δὲ καλὰ λέπαδν' ἔσαν, ἐν δὲ χαλινοὺς
γαμφηλῇς ἔβαλον, κατὰ δ' ἡνία τεῖναν ὀπίσσω
κολλητὸν ποτὶ δίφρον. ὁ δὲ μάστιγα φαεινὴν   395

376 τό τε Ar. Ge Τ : τὸ δὲ vel τόδε vulg.   379 σάκεος] κεφαλῆς p⁹
384 δ' ἕο] δ' ἑοῦ Zen. : δέ οἱ Ptol. Asc. d f g q V¹ V¹⁶   385 γυῖα]
δῶρα b d g h i l p   386 εὖτε] ὥστε Aristoph. V¹⁰ : αὖτε v. l. ant. (αἱ
ἀπὸ τῶν πόλεων) 1 T V¹ V¹⁶ : Ar. primum εὖτε, postea αὖτε legisse
dicitur   387 ἔγχος ἔρυσσεν Apoll. lex. in Σύριγγος   388–391 ath.
Ar. (οὐδὲ ἐν ταῖς ἄλλαις ἦσαν): cf. Π 141–144   390 πόρε et τάμε
Ar. (δ:χῶς): πόρε p⁹ h A marg U¹⁰ : τάμε vulg. : κάμε V¹   391 ἐν
κορυφῆς Ar. A ss.   393 ζεύγνυσαν b d al.   395 ποτὶ] προτὶ p⁹
U⁹ : ἐπὶ 1 L² : περὶ M⁸ U¹¹

χειρὶ λαβὼν ἀραρυῖαν ἐφ᾽ ἵπποιιν ἀνόρουσεν,
Αὐτομέδων· ὄπιθεν δὲ κορυσσάμενος βῆ Ἀχιλλεύς,
τεύχεσι παμφαίνων ὥς τ᾽ ἠλέκτωρ Ὑπερίων,
σμερδαλέου δ᾽ ἵπποισιν ἐκέκλετο πατρὸς ἑοῖο·
" Ξάνθε τε καὶ Βαλίε, τηλεκλυτὰ τέκνα Ποδάργης,   400
ἄλλως δὴ φράζεσθε σαωσέμεν ἡνιοχῆα
ἂψ Δαναῶν ἐς ὅμιλον, ἐπεί χ᾽ ἕωμεν πολέμοιο,
μηδ᾽ ὡς Πάτροκλον λίπετ᾽ αὐτόθι τεθνηῶτα."
    Τὸν δ᾽ ἄρ᾽ ὑπὸ ζυγόφι προσέφη πόδας αἰόλος ἵππος
Ξάνθος, ἄφαρ δ᾽ ἤμυσε καρήατι· πᾶσα δὲ χαίτη   405
ζεύγλης ἐξεριποῦσα παρὰ ζυγὸν οὖδας ἵκανεν·
αὐδήεντα δ᾽ ἔθηκε θεὰ λευκώλενος Ἥρη·
" καὶ λίην σ᾽ ἔτι νῦν γε σαώσομεν, ὄβριμ᾽ Ἀχιλλεῦ·
ἀλλά τοι ἐγγύθεν ἦμαρ ὀλέθριον· οὐδέ τοι ἡμεῖς
αἴτιοι, ἀλλὰ θεός τε μέγας καὶ Μοῖρα κραταιή.   410
οὐδὲ γὰρ ἡμετέρῃ βραδυτῆτί τε νωχελίῃ τε
Τρῶες ἀπ᾽ ὤμοιιν Πατρόκλου τεύχε᾽ ἕλοντο·
ἀλλὰ θεῶν ὥριστος, ὃν ἠΰκομος τέκε Λητώ,
ἔκταν᾽ ἐνὶ προμάχοισι καὶ Ἕκτορι κῦδος ἔδωκε.
νῶϊ δὲ καί κεν ἅμα πνοιῇ Ζεφύροιο θέοιμεν,   415
ἥν περ ἐλαφροτάτην φάσ᾽ ἔμμεναι· ἀλλὰ σοὶ αὐτῷ
μόρσιμόν ἐστι θεῷ τε καὶ ἀνέρι ἶφι δαμῆναι."
    Ὣς ἄρα φωνήσαντος Ἐρινύες ἔσχεθον αὐδήν.
τὸν δὲ μέγ᾽ ὀχθήσας προσέφη πόδας ὠκὺς Ἀχιλλεύς·
" Ξάνθε, τί μοι θάνατον μαντεύεαι; οὐδέ τί σε χρή.   420
εὖ νυ τὸ οἶδα καὶ αὐτὸς ὅ μοι μόρος ἐνθάδ᾽ ὀλέσθαι,
νόσφι φίλου πατρὸς καὶ μητέρος· ἀλλὰ καὶ ἔμπης
οὐ λήξω πρὶν Τρῶας ἅδην ἐλάσαι πολέμοιο."
    Ἦ ῥα, καὶ ἐν πρώτοις ἰάχων ἔχε μώνυχας ἵππους.

398 παμφαίνων] λαμπόμενος g r D T   401 ἡνιοχῆα e A B C Ge N¹
T: ἡνιοχῆας vulg.   402 Δαναῶν] λαῶν v. l. in A   ἕομεν e h l m V¹
    407 ath. Ar.   416 417 ath. Ar.   423 ἐλάσω v. l. ap. Eust.,
V¹⁰ corr.

ΙΛΙΑΔΟΣ Υ

Ὣς οἱ μὲν παρὰ νηυσὶ κορωνίσι θωρήσσοντο
ἀμφὶ σέ, Πηλέος υἱέ, μάχης ἀκόρητον Ἀχαιοί,
Τρῶες δ' αὖθ' ἑτέρωθεν ἐπὶ θρωσμῷ πεδίοιο·
Ζεὺς δὲ Θέμιστα κέλευσε θεοὺς ἀγορήνδε καλέσσαι
κρατὸς ἀπ' Οὐλύμποιο πολυπτύχου· ἡ δ' ἄρα πάντῃ   5
φοιτήσασα κέλευσε Διὸς πρὸς δῶμα νέεσθαι.
οὔτε τις οὖν ποταμῶν ἀπέην, νόσφ' Ὠκεανοῖο,
οὔτ' ἄρα νυμφάων, αἵ τ' ἄλσεα καλὰ νέμονται
καὶ πηγὰς ποταμῶν καὶ πίσεα ποιήεντα.
ἐλθόντες δ' ἐς δῶμα Διὸς νεφεληγερέταο   10
ξεστῆς αἰθούσῃσιν ἐνίζανον, ἃς Διὶ πατρὶ
Ἥφαιστος ποίησεν ἰδυίῃσι πραπίδεσσιν.

Ὣς οἱ μὲν Διὸς ἔνδον ἀγηγέρατ'· οὐδ' ἐνοσίχθων
νηκούστησε θεᾶς, ἀλλ' ἐξ ἁλὸς ἦλθε μετ' αὐτούς,
ἷζε δ' ἄρ' ἐν μέσσοισι, Διὸς δ' ἐξείρετο βουλήν·   15
"τίπτ' αὖτ', ἀργικέραυνε, θεοὺς ἀγορήνδε κάλεσσας;
ἦ τι περὶ Τρώων καὶ Ἀχαιῶν μερμηρίζεις;
τῶν γὰρ νῦν ἄγχιστα μάχη πόλεμός τε δέδηε."

Τὸν δ' ἀπαμειβόμενος προσέφη νεφεληγερέτα Ζεύς·
"ἔγνως, ἐννοσίγαιε, ἐμὴν ἐν στήθεσι βουλήν,   20
ὧν ἕνεκα ξυνάγειρα· μέλουσί μοι ὀλλύμενοί περ.
ἀλλ' ἤτοι μὲν ἐγὼ μενέω πτυχὶ Οὐλύμποιο
ἥμενος, ἔνθ' ὁρόων φρένα τέρψομαι· οἱ δὲ δὴ ἄλλοι

2 ἀκόρητοι v. l. ap. Nican., b c d i N⁴ V³², g ss.   4 Θέμιστι b g T
11 ἐνίζανον Ar. p A B C N¹ U² V¹⁴ V²⁰ : ἐφίζανον Zen. vulg.

ἔρχεσθ' ὄφρ' ἂν ἵκησθε μετὰ Τρῶας καὶ Ἀχαιούς,
ἀμφοτέροισι δ' ἀρήγεθ', ὅπῃ νόος ἐστὶν ἑκάστου.   25
εἰ γὰρ Ἀχιλλεὺς οἶος ἐπὶ Τρώεσσι μαχεῖται,
οὐδὲ μίνυνθ' ἕξουσι ποδώκεα Πηλείωνα.
καὶ δέ τί μιν καὶ πρόσθεν ὑποτρομέεσκον ὁρῶντες·
νῦν δ' ὅτε δὴ καὶ θυμὸν ἑταίρου χώεται αἰνῶς,
δείδω μὴ καὶ τεῖχος ὑπέρμορον ἐξαλαπάξῃ."   30
Ὣς ἔφατο Κρονίδης, πόλεμον δ' ἀλίαστον ἔγειρε.
βὰν δ' ἴμεναι πόλεμόνδε θεοί, δίχα θυμὸν ἔχοντες·
Ἥρη μὲν μετ' ἀγῶνα νεῶν καὶ Παλλὰς Ἀθήνη
ἠδὲ Ποσειδάων γαιήοχος ἠδ' ἐριούνης
Ἑρμείας, ὃς ἐπὶ φρεσὶ πευκαλίμῃσι κέκασται·   35
Ἥφαιστος δ' ἅμα τοῖσι κίε σθένεϊ βλεμεαίνων,
χωλεύων, ὑπὸ δὲ κνῆμαι ῥώοντο ἀραιαί.
ἐς δὲ Τρῶας Ἄρης κορυθαίολος, αὐτὰρ ἅμ' αὐτῷ
Φοῖβος ἀκερσεκόμης ἠδ' Ἄρτεμις ἰοχέαιρα
Λητώ τε Ξάνθος τε φιλομμειδής τ' Ἀφροδίτη.   40
Ἧος μέν ῥ' ἀπάνευθε θεοὶ θνητῶν ἔσαν ἀνδρῶν,
τῆος Ἀχαιοὶ μὲν μέγα κύδανον, οὕνεκ' Ἀχιλλεὺς
ἐξεφάνη, δηρὸν δὲ μάχης ἐπέπαυτ' ἀλεγεινῆς·
Τρῶας δὲ τρόμος αἰνὸς ὑπήλυθε γυῖα ἕκαστον,
δειδιότας, ὅθ' ὁρῶντο ποδώκεα Πηλείωνα   45
τεύχεσι λαμπόμενον, βροτολοιγῷ ἶσον Ἄρηΐ.
αὐτὰρ ἐπεὶ μεθ' ὅμιλον Ὀλύμπιοι ἤλυθον ἀνδρῶν,
ὦρτο δ' Ἔρις κρατερὴ λαοσσόος, αὖε δ' Ἀθήνη,
στᾶσ' ὁτὲ μὲν παρὰ τάφρον ὀρυκτὴν τείχεος ἐκτός,
ἄλλοτ' ἐπ' ἀκτάων ἐριδούπων μακρὸν ἀΰτει.   50
αὖε δ' Ἄρης ἑτέρωθεν, ἐρεμνῇ λαίλαπι ἶσος,

28 δέ τί Ar. g m U² V¹ V¹⁶: δέ τε vulg.   30 a b c
οὐ μέντοι μοῖρ' ἐστὶν ἔτι ζωοῦ Ἀχιλῆος
Ἰλίου ἐκπέρσαι εὖ ναιόμενον πτολίεθρον·
πέρσει (ἔπερσε cod.) δουράτεος ἵππος καὶ μῆτις Ἐπειοῦ
add. ℊ T   31 ὕρινε M⁹ M¹⁰ U⁵ V¹⁶   35 ἐπὶ ⊙ A L¹⁹ N¹ N⁴ U² U¹³:
ἐνὶ vulg.   κέκασται Ar. b h i N¹ V⁸²: κέκαστο vulg.   40 Διὸς
θυγάτηρ τ' v. l. ℊ T   42 τόφρα δ' V⁴ V²⁷ v. l. A: τέως μὲν L⁷: τέως
ἂρ Mo: τείως 𝔭⁹ M⁸: τέως cet.   51 αὖε] ὦρτο Strab. 597

20. ΙΛΙΑΔΟΣ Υ

ὀξὺ κατ' ἀκροτάτης πόλιος Τρώεσσι κελεύων,
ἄλλοτε πὰρ Σιμόεντι θέων ἐπὶ Καλλικολώνῃ.
Ὣς τοὺς ἀμφοτέρους μάκαρες θεοὶ ὀτρύνοντες
σύμβαλον, ἐν δ' αὐτοῖς ἔριδα ῥήγνυντο βαρεῖαν·   55
δεινὸν δὲ βρόντησε πατὴρ ἀνδρῶν τε θεῶν τε
ὑψόθεν· αὐτὰρ νέρθε Ποσειδάων ἐτίναξε
γαῖαν ἀπειρεσίην ὀρέων τ' αἰπεινὰ κάρηνα.
πάντες δ' ἐσσείοντο πόδες πολυπίδακος Ἴδης
καὶ κορυφαί, Τρώων τε πόλις καὶ νῆες Ἀχαιῶν.   60
ἔδεισεν δ' ὑπένερθεν ἄναξ ἐνέρων Ἀϊδωνεύς,
δείσας δ' ἐκ θρόνου ἆλτο καὶ ἴαχε, μή οἱ ὕπερθε
γαῖαν ἀναρρήξειε Ποσειδάων ἐνοσίχθων,
οἰκία δὲ θνητοῖσι καὶ ἀθανάτοισι φανείη
σμερδαλέ' εὐρώεντα, τά τε στυγέουσι θεοί περ·   65
τόσσος ἄρα κτύπος ὦρτο θεῶν ἔριδι ξυνιόντων.
ἤτοι μὲν γὰρ ἔναντα Ποσειδάωνος ἄνακτος
ἵστατ' Ἀπόλλων Φοῖβος, ἔχων ἰὰ πτερόεντα,
ἄντα δ' Ἐνυαλίοιο θεὰ γλαυκῶπις Ἀθήνη·
Ἥρῃ δ' ἀντέστη χρυσηλάκατος κελαδεινὴ   70
Ἄρτεμις ἰοχέαιρα, κασιγνήτη ἑκάτοιο·
Λητοῖ δ' ἀντέστη σῶκος ἐριούνιος Ἑρμῆς,
ἄντα δ' ἄρ' Ἡφαίστοιο μέγας ποταμὸς βαθυδίνης,
ὃν Ξάνθον καλέουσι θεοί, ἄνδρες δὲ Σκάμανδρον.
Ὣς οἱ μὲν θεοὶ ἄντα θεῶν ἴσαν· αὐτὰρ Ἀχιλλεὺς   75
Ἕκτορος ἄντα μάλιστα λιλαίετο δῦναι ὅμιλον
Πριαμίδεω· τοῦ γάρ ῥα μάλιστά ἑ θυμὸς ἀνώγει
αἵματος ἆσαι Ἄρηα ταλαύρινον πολεμιστήν.
Αἰνείαν δ' ἰθὺς λαοσσόος ὦρσεν Ἀπόλλων
ἀντία Πηλείωνος, ἐνῆκε δέ οἱ μένος ἠΰ·   80
υἱέϊ δὲ Πριάμοιο Λυκάονι εἴσατο φωνήν·

53 θεῶν Ar. b h l p A D V¹⁶ : θεὼν B M⁸ M¹² V²⁰ W³   57 νέρθε Ar.
p⁹ U¹⁰ v. l. in U⁴ : ἔνερθε vulg.   59 πολυπίδακος Ar. b h A B C N¹
V¹ : πολυπιδάκου vulg. (cf. 218)   60 νῆες‿ τεῖχος g   62 ἆλτο]
ὦρτο Mass., v. l. in A   77 ἑ Ar. B C L⁶ L⁸ N¹ V¹⁰ V²⁰ : γε vulg.

τῷ μιν ἐεισάμενος προσέφη Διὸς υἱὸς Ἀπόλλων·
" Αἰνεία, Τρώων βουληφόρε, ποῦ τοι ἀπειλαί,
ἃς Τρώων βασιλεῦσιν ὑπίσχεο οἰνοποτάζων,
Πηλεΐδεω Ἀχιλῆος ἐναντίβιον πολεμίξειν;"   85
Τὸν δ' αὖτ' Αἰνείας ἀπαμειβόμενος προσέειπε·
" Πριαμίδη, τί με ταῦτα καὶ οὐκ ἐθέλοντα κελεύεις,
ἀντία Πηλεΐωνος ὑπερθύμοιο μάχεσθαι;
οὐ μὲν γὰρ νῦν πρῶτα ποδώκεος ἄντ' Ἀχιλῆος
στήσομαι, ἀλλ' ἤδη με καὶ ἄλλοτε δουρὶ φόβησεν   90
ἐξ Ἴδης, ὅτε βουσὶν ἐπήλυθεν ἡμετέρῃσι,
πέρσε δὲ Λυρνησσὸν καὶ Πήδασον· αὐτὰρ ἐμὲ Ζεὺς
εἰρύσαθ', ὅς μοι ἐπῶρσε μένος λαιψηρά τε γοῦνα.
ἦ κε δάμην ὑπὸ χερσὶν Ἀχιλλῆος καὶ Ἀθήνης,
ἥ οἱ πρόσθεν ἰοῦσα τίθει φάος ἠδ' ἐκέλευεν   95
ἔγχεϊ χαλκείῳ Λέλεγας καὶ Τρῶας ἐναίρειν.
τῷ οὐκ ἔστ' Ἀχιλῆος ἐναντίον ἄνδρα μάχεσθαι·
αἰεὶ γὰρ πάρα εἷς γε θεῶν, ὃς λοιγὸν ἀμύνει.
καὶ δ' ἄλλως τοῦ γ' ἰθὺ βέλος πέτετ', οὐδ' ἀπολήγει
πρὶν χροὸς ἀνδρομέοιο διελθέμεν. εἰ δὲ θεός περ   100
ἶσον τείνειεν πολέμου τέλος, οὔ κε μάλα ῥέα
νικήσει', οὐδ' εἰ παγχάλκεος εὔχεται εἶναι."
Τὸν δ' αὖτε προσέειπεν ἄναξ Διὸς υἱὸς Ἀπόλλων·
" ἥρως, ἀλλ' ἄγε καὶ σὺ θεοῖς αἰειγενέτῃσιν
εὔχεο· καὶ δὲ σέ φασι Διὸς κούρης Ἀφροδίτης   105
ἐκγεγάμεν, κεῖνος δὲ χερείονος ἐκ θεοῦ ἐστιν·
ἡ μὲν γὰρ Διός ἐσθ', ἡ δ' ἐξ ἁλίοιο γέροντος.
ἀλλ' ἰθὺς φέρε χαλκὸν ἀτειρέα, μηδέ σε πάμπαν
λευγαλέοις ἐπέεσσιν ἀποτρεπέτω καὶ ἀρειῇ."
Ὣς εἰπὼν ἔμπνευσε μένος μέγα ποιμένι λαῶν,   110
βῆ δὲ διὰ προμάχων κεκορυθμένος αἴθοπι χαλκῷ.

84 ὑπίσχεο Ar. b c h r A B C D N¹ T V¹ V¹⁶ V³²: ὑπέσχεο vulg.
99 ἰθὺς p⁹ l p r A B C Ge V⁶ V¹² al.   100 διελθεῖν c p A B C N¹
101 οὔ κε μάλα l A B C Γ V¹ V²⁰ : οὔ μέ κε μάλα h : με cet.
ῥεῖα b h V¹

οὐδ' ἔλαθ' Ἀγχίσαο πάϊς λευκώλενον Ἥρην
ἀντία Πηλείωνος ἰὼν ἀνὰ οὐλαμὸν ἀνδρῶν·
ἡ δ' ἄμυδις στήσασα θεοὺς μετὰ μῦθον ἔειπε·
" φράζεσθον δὴ σφῶϊ, Ποσείδαον καὶ Ἀθήνη,   115
ἐν φρεσὶν ὑμετέρῃσιν, ὅπως ἔσται τάδε ἔργα.
Αἰνείας ὅδ' ἔβη κεκορυθμένος αἴθοπι χαλκῷ
ἀντία Πηλείωνος, ἀνῆκε δὲ Φοῖβος Ἀπόλλων.
ἀλλ' ἄγεθ', ἡμεῖς πέρ μιν ἀποτρωπῶμεν ὀπίσσω
αὐτόθεν· ἤ τις ἔπειτα καὶ ἡμείων Ἀχιλῆϊ   120
παρσταίη, δοίη δὲ κράτος μέγα, μηδέ τι θυμῷ
δευέσθω, ἵνα εἰδῇ ὅ μιν φιλέουσιν ἄριστοι
ἀθανάτων, οἱ δ' αὖτ' ἀνεμώλιοι οἳ τὸ πάρος περ
Τρωσὶν ἀμύνουσιν πόλεμον καὶ δηϊοτῆτα.
πάντες δ' Οὐλύμποιο κατήλθομεν ἀντιόωντες   125
τῆσδε μάχης, ἵνα μή τι μετὰ Τρώεσσι πάθῃσι
σήμερον· ὕστερον αὖτε τὰ πείσεται ἅσσα οἱ Αἶσα
γιγνομένῳ ἐπένησε λίνῳ, ὅτε μιν τέκε μήτηρ.
εἰ δ' Ἀχιλεὺς οὐ ταῦτα θεῶν ἐκ πεύσεται ὀμφῆς,
δείσετ' ἔπειθ', ὅτε κέν τις ἐναντίβιον θεὸς ἔλθῃ   130
ἐν πολέμῳ· χαλεποὶ δὲ θεοὶ φαίνεσθαι ἐναργεῖς."
   Τὴν δ' ἠμείβετ' ἔπειτα Ποσειδάων ἐνοσίχθων·
" Ἥρη, μὴ χαλέπαινε παρὲκ νόον· οὐδέ τί σε χρή.
οὐκ ἂν ἔγωγ' ἐθέλοιμι θεοὺς ἔριδι ξυνελάσσαι
ἡμέας τοὺς ἄλλους, ἐπεὶ ἦ πολὺ φέρτεροί εἰμεν·   135
ἀλλ' ἡμεῖς μὲν ἔπειτα καθεζώμεσθα κιόντες
ἐκ πάτου ἐς σκοπιήν, πόλεμος δ' ἄνδρεσσι μελήσει.
εἰ δέ κ' Ἄρης ἄρχωσι μάχης ἢ Φοῖβος Ἀπόλλων,
ἢ Ἀχιλῆ' ἴσχωσι καὶ οὐκ εἰῶσι μάχεσθαι,
αὐτίκ' ἔπειτα καὶ ἄμμι παρ' αὐτόθι νεῖκος ὀρεῖται   140

114 ἡ Ar. codd. : ἢ Zen.   στήσασα Ar. (καὶ αἱ πλεῖσται) : καλέσασα Zen. codd.   μετὰ μῦθον ἔειπε] ῥεῖα ζώοντας Zen.   125-128 ath. Ar. 135 om. vulg.: hab. p⁹ b d i p q A   138 ἄρχωσι Ar. p⁹ c e o p B C N¹ T V¹⁶ V²⁰, 1 ss.: ἄρχωσι A: ἄρχῃσι Zen. vulg.   ἢ] ἰδὲ g: καὶ M⁹   εἰ δέ κεν ὡς ἄρχωσιν Ἄρης καὶ Φοῖβος Ἀπόλλων v. l. g T

20. ΙΛΙΑΔΟΣ Υ

φυλόπιδος· μάλα δ' ὦκα διακρινθέντας ὀίω
ἂψ ἴμεν Οὐλυμπόνδε θεῶν μεθ' ὁμήγυριν ἄλλων,
ἡμετέρης ὑπὸ χερσὶν ἀναγκαίηφι δαμέντας."
῾Ως ἄρα φωνήσας ἡγήσατο κυανοχαίτης
τεῖχος ἐς ἀμφίχυτον ῾Ηρακλῆος θείοιο,   145
ὑψηλόν, τό ῥά οἱ Τρῶες καὶ Παλλὰς ᾽Αθήνη
ποίεον, ὄφρα τὸ κῆτος ὑπεκπροφυγὼν ἀλέαιτο,
ὁππότε μιν σεύαιτο ἀπ' ἠιόνος πεδίονδε.
ἔνθα Ποσειδάων κατ' ἄρ' ἕζετο καὶ θεοὶ ἄλλοι,
ἀμφὶ δ' ἄρ' ἄρρηκτον νεφέλην ὤμοισιν ἕσαντο·   150
οἱ δ' ἑτέρωσε καθῖζον ἐπ' ὀφρύσι Καλλικολώνης
ἀμφὶ σέ, ἤιε Φοῖβε, καὶ ῎Αρηα πτολίπορθον.
῾Ως οἱ μέν ῥ' ἑκάτερθε καθήατο μητιόωντες
βουλάς· ἀρχέμεναι δὲ δυσηλεγέος πολέμοιο
ὄκνεον ἀμφότεροι, Ζεὺς δ' ἥμενος ὕψι κέλευε.   155
Τῶν δ' ἄπαν ἐπλήσθη πεδίον καὶ λάμπετο χαλκῷ,
ἀνδρῶν ἠδ' ἵππων· κάρκαιρε δὲ γαῖα πόδεσσιν
ὀρνυμένων ἄμυδις. δύο δ' ἀνέρες ἔξοχ' ἄριστοι
ἐς μέσον ἀμφοτέρων συνίτην μεμαῶτε μάχεσθαι,
Αἰνείας τ' ᾽Αγχισιάδης καὶ δῖος ᾽Αχιλλεύς.   160
Αἰνείας δὲ πρῶτος ἀπειλήσας ἐβεβήκει,
νευστάζων κόρυθι βριαρῇ· ἀτὰρ ἀσπίδα θοῦριν
πρόσθεν ἔχε στέρνοιο, τίνασσε δὲ χάλκεον ἔγχος.
Πηλείδης δ' ἑτέρωθεν ἐναντίον ὦρτο λέων ὥς,
σίντης, ὅν τε καὶ ἄνδρες ἀποκτάμεναι μεμάασιν   165
ἀγρόμενοι πᾶς δῆμος· ὁ δὲ πρῶτον μὲν ἀτίζων
ἔρχεται, ἀλλ' ὅτε κέν τις ἀρηϊθόων αἰζηῶν
δουρὶ βάλῃ, ἐάλη τε χανών, περί τ' ἀφρὸς ὀδόντας
γίγνεται, ἐν δέ τέ οἱ κραδίῃ στένει ἄλκιμον ἦτορ,
οὐρῇ δὲ πλευράς τε καὶ ἰσχία ἀμφοτέρωθεν   170

143 ἀναγκαίηφι i L¹⁹ M⁴ M¹² V¹¹, v. l. in A : ἀνάγκῃ ἶφι vulg. : ἀναλ-
κίῃσι r V⁹ V¹⁴   155 ὄκνεον v. l. ant., L¹⁸ T : ὤκν. cet.   158 ἄμυδις
δὲ καὶ S P¹¹ U⁴   163 τινάσσων S P¹¹ U⁴   166 κρειῶν ἐρατίζων
h p U¹⁰ V⁴ d ss (Λ 551, P 660)   170 πλευρά S   ἀμφοτέρωσε v. l.
ant, D U⁹ V¹²

174

μαστίεται, ἐὲ δ᾽ αὐτὸν ἐποτρύνει μαχέσασθαι,
γλαυκιόων δ᾽ ἰθὺς φέρεται μένει, ἤν τινα πέφνῃ
ἀνδρῶν, ἢ αὐτὸς φθίεται πρώτῳ ἐν ὁμίλῳ·
ὡς ᾿Αχιλῆ᾽ ὄτρυνε μένος καὶ θυμὸς ἀγήνωρ
ἀντίον ἐλθέμεναι μεγαλήτορος Αἰνείαο.   175
οἱ δ᾽ ὅτε δὴ σχεδὸν ἦσαν ἐπ᾽ ἀλλήλοισιν ἰόντες,
τὸν πρότερος προσέειπε ποδάρκης δῖος ᾿Αχιλλεύς·
" Αἰνεία, τί σὺ τόσσον ὁμίλου πολλὸν ἐπελθὼν
ἔστης; ἦ σέ γε θυμὸς ἐμοὶ μαχέσασθαι ἀνώγει
ἐλπόμενον Τρώεσσιν ἀνάξειν ἱπποδάμοισι   180
τιμῆς τῆς Πριάμου; ἀτὰρ εἴ κεν ἔμ᾽ ἐξεναρίξῃς,
οὔ τοι τοὔνεκά γε Πρίαμος γέρας ἐν χερὶ θήσει·
εἰσὶν γάρ οἱ παῖδες, ὁ δ᾽ ἔμπεδος οὐδ᾽ ἀεσίφρων.
ἦ νύ τί τοι Τρῶες τέμενος τάμον ἔξοχον ἄλλων,
καλὸν φυταλιῆς καὶ ἀρούρης, ὄφρα νέμηαι,   185
αἴ κεν ἐμὲ κτείνῃς; χαλεπῶς δέ σ᾽ ἔολπα τὸ ῥέξειν.
ἤδη μὲν σέ γέ φημι καὶ ἄλλοτε δουρὶ φοβῆσαι.
ἦ οὐ μέμνῃ ὅτε πέρ σε βοῶν ἄπο μοῦνον ἐόντα
σεῦα κατ᾽ ᾿Ιδαίων ὀρέων ταχέεσσι πόδεσσι
καρπαλίμως; τότε δ᾽ οὔ τι μετατροπαλίζεο φεύγων.   190
ἔνθεν δ᾽ ἐς Λυρνησσὸν ὑπέκφυγες· αὐτὰρ ἐγὼ τὴν
πέρσα μεθορμηθεὶς σὺν ᾿Αθήνῃ καὶ Διὶ πατρί,
ληϊάδας δὲ γυναῖκας ἐλεύθερον ἦμαρ ἀπούρας
ἦγον· ἀτὰρ σὲ Ζεὺς ἐρρύσατο καὶ θεοὶ ἄλλοι.
ἀλλ᾽ οὐ νῦν ἐρύεσθαι ὀΐομαι, ὡς ἐνὶ θυμῷ   195
βάλλεαι· ἀλλά σ᾽ ἔγωγ᾽ ἀναχωρήσαντα κελεύω
ἐς πληθὺν ἰέναι, μηδ᾽ ἀντίος ἵστασ᾽ ἐμεῖο,
πρίν τι κακὸν παθέειν· ῥεχθὲν δέ τε νήπιος ἔγνω."
    Τὸν δ᾽ αὖτ᾽ Αἰνείας ἀπαμείβετο φώνησέν τε·

171 τὲ] αἰὲν g : αἰεὶ L⁹ L¹⁷ M¹³ V⁶ : ἐν d : ἠδ᾽ V¹   μαχέσασθαι b d
g m al. : μαχέεσθαι vulg.   178 τί νυ h k V¹⁶   180–186 ath.
Ar.   185 καλὸν] ἐσθλὸν c e f q A B C al.   187 φόβησα b c f p
A B C V¹ V¹⁶   188 ἆπο] ἔπι Aristoph. Rhianus Chia   190 τότε]
πρὶν Et. M. 345. 36   191 κεῖθεν Dem. Sceps. ap. Strab. 607
195–198 ath. Ar.   195 νῦν ἐρύεσθαι Ar. g M¹³ V¹⁶ : νῦν σε ῥύεσθαι
vulg.

" Πηλείδη, μὴ δὴ ἐπέεσσί με νηπύτιον ὡς   200
ἔλπεο δειδίξεσθαι, ἐπεὶ σάφα οἶδα καὶ αὐτὸς
ἠμὲν κερτομίας ἠδ' αἴσυλα μυθήσασθαι.
ἴδμεν δ' ἀλλήλων γενεήν, ἴδμεν δὲ τοκῆας,
πρόκλυτ' ἀκούοντες ἔπεα θνητῶν ἀνθρώπων·
ὄψει δ' οὔτ' ἄρ πω σὺ ἐμοὺς ἴδες οὔτ' ἄρ' ἐγὼ σούς.   205
φασὶ σὲ μὲν Πηλῆος ἀμύμονος ἔκγονον εἶναι,
μητρὸς δ' ἐκ Θέτιδος καλλιπλοκάμου ἀλοσύδνης·
αὐτὰρ ἐγὼν υἱὸς μεγαλήτορος Ἀγχίσαο
εὔχομαι ἐκγεγάμεν, μήτηρ δέ μοί ἐστ' Ἀφροδίτη·
τῶν δὴ νῦν ἕτεροί γε φίλον παῖδα κλαύσονται   210
σήμερον· οὐ γάρ φημ' ἐπέεσσί γε νηπυτίοισιν
ὧδε διακρινθέντε μάχης ἐξ ἀπονέεσθαι.
εἰ δ' ἐθέλεις καὶ ταῦτα δαήμεναι, ὄφρ' ἐὺ εἰδῇς
ἡμετέρην γενεήν, πολλοὶ δέ μιν ἄνδρες ἴσασι·
Δάρδανον αὖ πρῶτον τέκετο νεφεληγερέτα Ζεύς,   215
κτίσσε δὲ Δαρδανίην, ἐπεὶ οὔ πω Ἴλιος ἱρὴ
ἐν πεδίῳ πεπόλιστο, πόλις μερόπων ἀνθρώπων,
ἀλλ' ἔθ' ὑπωρείας ᾤκεον πολυπίδακος Ἴδης.
Δάρδανος αὖ τέκεθ' υἱὸν Ἐριχθόνιον βασιλῆα,
ὃς δὴ ἀφνειότατος γένετο θνητῶν ἀνθρώπων·   220
τοῦ τρισχίλιαι ἵπποι ἕλος κάτα βουκολέοντο
θήλειαι, πώλοισιν ἀγαλλόμεναι ἀταλῇσι.
τάων καὶ Βορέης ἠράσσατο βοσκομενάων,
ἵππῳ δ' εἰσάμενος παρελέξατο κυανοχαίτῃ·
αἱ δ' ὑποκυσάμεναι ἔτεκον δυοκαίδεκα πώλους.   225
αἱ δ' ὅτε μὲν σκιρτῷεν ἐπὶ ζείδωρον ἄρουραν,
ἄκρον ἐπ' ἀνθερίκων καρπὸν θέον οὐδὲ κατέκλων·
ἀλλ' ὅτε δὴ σκιρτῷεν ἐπ' εὐρέα νῶτα θαλάσσης,

200 μ' ἐπέεσσί γε codd.: μ' om. Ca¹ S   205-209 ath. Ar.
215 αὖ] ἄρ g h p A ss. N⁴ V¹ V¹⁶   218 πολυπιδάκου g i l m A marg.
B D cit. Plat. Legg. 681 e, Strab. 592 (cf. 59)   222 ἁπαλοῖσι Mc
(-ῆσι U¹¹, V¹ m. r.)
      versum ἐν μαλακῷ λειμῶνι καὶ ἄνθεσιν εἰαρινοῖσιν
post 223 add. l, post 224 g M⁸ M¹⁰ V¹⁰   224 ἐμίγη φιλότητι καὶ
εὐνῇ v. l. ant.   228 δὴ] δὲ Ar. N⁴ V¹⁰

ἄκρον ἐπὶ ῥηγμῖνος ἁλὸς πολιοῖο θέεσκον.
Τρῶα δ᾽ Ἐριχθόνιος τέκετο Τρώεσσιν ἄνακτα·   230
Τρωὸς δ᾽ αὖ τρεῖς παῖδες ἀμύμονες ἐξεγένοντο,
Ἶλός τ᾽ Ἀσσάρακός τε καὶ ἀντίθεος Γανυμήδης,
ὃς δὴ κάλλιστος γένετο θνητῶν ἀνθρώπων·
τὸν καὶ ἀνηρείψαντο θεοὶ Διὶ οἰνοχοεύειν
κάλλεος εἵνεκα οἷο, ἵν᾽ ἀθανάτοισι μετείη.   235
Ἶλος δ᾽ αὖ τέκεθ᾽ υἱὸν ἀμύμονα Λαομέδοντα·
Λαομέδων δ᾽ ἄρα Τιθωνὸν τέκετο Πρίαμόν τε
Λάμπον τε Κλυτίον θ᾽ Ἱκετάονά τ᾽, ὄζον Ἄρηος·
Ἀσσάρακος δὲ Κάπυν, ὁ δ᾽ ἄρ᾽ Ἀγχίσην τέκε παῖδα·
αὐτὰρ ἔμ᾽ Ἀγχίσης, Πρίαμος δὲ τέχ᾽ Ἕκτορα δῖον.   240
ταύτης τοι γενεῆς τε καὶ αἵματος εὔχομαι εἶναι.
Ζεὺς δ᾽ ἀρετὴν ἄνδρεσσιν ὀφέλλει τε μινύθει τε,
ὅππως κεν ἐθέλῃσιν· ὁ γὰρ κάρτιστος ἁπάντων.
ἀλλ᾽ ἄγε μηκέτι ταῦτα λεγώμεθα νηπύτιοι ὥς,
ἑσταότ᾽ ἐν μέσσῃ ὑσμίνῃ δηϊοτῆτος.   245
ἔστι γὰρ ἀμφοτέροισιν ὀνείδεα μυθήσασθαι
πολλὰ μάλ᾽, οὐδ᾽ ἂν νηῦς ἑκατόζυγος ἄχθος ἄροιτο.
στρεπτὴ δὲ γλῶσσ᾽ ἐστὶ βροτῶν, πολέες δ᾽ ἔνι μῦθοι
παντοῖοι, ἐπέων δὲ πολὺς νομὸς ἔνθα καὶ ἔνθα.
ὁπποῖόν κ᾽ εἴπῃσθα ἔπος, τοῖόν κ᾽ ἐπακούσαις.   250
ἀλλὰ τίη ἔριδας καὶ νείκεα νῶϊν ἀνάγκη
νεικεῖν ἀλλήλοισιν ἐναντίον, ὥς τε γυναῖκας,
αἵ τε χολωσάμεναι ἔριδος πέρι θυμοβόροιο
νεικεῦσ᾽ ἀλλήλῃσι μέσην ἐς ἄγυιαν ἰοῦσαι,
πόλλ᾽ ἐτεά τε καὶ οὐκί· χόλος δέ τε καὶ τὰ κελεύει.   255
ἀλκῆς δ᾽ οὔ μ᾽ ἐπέεσσιν ἀποτρέψεις μεμαῶτα
πρὶν χαλκῷ μαχέσασθαι ἐναντίον· ἀλλ᾽ ἄγε θᾶσσον

---

231 ἀμύμονος **b d h i p**   234 καί] μὲν v. l. ant. (κατ᾽ ἔνια)
243 κάρτιστος] κ᾽ ὄχ᾽ ἄριστος **c p** A B C M¹⁰ N¹ V¹⁴ V¹⁵   251–255 ath.
Ar.   251 νείκεα] ὀνείδεα v. l. in A   255 πόλλ᾽ ἐτεά τε vulg. :
πολλὰ τά τε **c p** A B C N¹ : πόλλ᾽ ἔτ᾽ ἐόντα τὰ δ οὐκί U² , U⁴ mg. : πόλλ᾽
ἐόντα τε καὶ οὐκί L¹ᵏ Mo V⁴ : πολλά τ᾽ ἐόντα Ar. uv.   256 μεταστρέψεις
c p A B C N¹

177

γευσόμεθ' ἀλλήλων χαλκήρεσιν ἐγχείῃσιν."
Ἦ ῥα, καὶ ἐν δεινῷ σάκει ἤλασεν ὄβριμον ἔγχος,
σμερδαλέῳ· μέγα δ' ἀμφὶ σάκος μύκε δουρὸς ἀκωκῇ.   260
Πηλεΐδης δὲ σάκος μὲν ἀπὸ ἕο χειρὶ παχείῃ
ἔσχετο ταρβήσας· φάτο γὰρ δολιχόσκιον ἔγχος
ῥέα διελεύσεσθαι μεγαλήτορος Αἰνείαο,
νήπιος, οὐδ' ἐνόησε κατὰ φρένα καὶ κατὰ θυμὸν
ὡς οὐ ῥηΐδι' ἐστὶ θεῶν ἐρικυδέα δῶρα   265
ἀνδράσι γε θνητοῖσι δαμήμεναι οὐδ' ὑποείκειν.
οὐδὲ τότ' Αἰνείαο δαΐφρονος ὄβριμον ἔγχος
ῥῆξε σάκος· χρυσὸς γὰρ ἐρύκακε, δῶρα θεοῖο·
ἀλλὰ δύω μὲν ἔλασσε διὰ πτύχας, αἱ δ' ἄρ' ἔτι τρεῖς
ἦσαν, ἐπεὶ πέντε πτύχας ἤλασε κυλλοποδίων,   270
τὰς δύο χαλκείας, δύο δ' ἔνδοθι κασσιτέροιο,
τὴν δὲ μίαν χρυσέην, τῇ ῥ' ἔσχετο μείλινον ἔγχος.

Δεύτερος αὖτ' Ἀχιλεὺς προΐει δολιχόσκιον ἔγχος,
καὶ βάλεν Αἰνείαο κατ' ἀσπίδα πάντοσ' ἐΐσην,
ἄντυγ' ὕπο πρώτην, ᾗ λεπτότατος θέε χαλκός,   275
λεπτοτάτη δ' ἐπέην ῥινὸς βοός· ἡ δὲ διαπρὸ
Πηλιὰς ἤϊξεν μελίη, λάκε δ' ἀσπὶς ὑπ' αὐτῆς.
Αἰνείας δ' ἐάλη καὶ ἀπὸ ἕθεν ἀσπίδ' ἀνέσχε
δείσας· ἐγχείη δ' ἄρ' ὑπὲρ νώτου ἐνὶ γαίῃ
ἔστη ἱεμένη, διὰ δ' ἀμφοτέρους ἕλε κύκλους   280
ἀσπίδος ἀμφιβρότης· ὁ δ' ἀλευάμενος δόρυ μακρὸν
ἔστη, κὰδ δ' ἄχος οἱ χύτο μυρίον ὀφθαλμοῖσι,
ταρβήσας ὅ οἱ ἄγχι πάγη βέλος.   αὐτὰρ Ἀχιλεὺς

259 σάκεϊ ἔλασ' Ar.   χάλκεον b d h o T   260 σμερδαλέον g i
ἀκωκῇ c d A B C D L¹⁹ N¹ al.: ἀκωκή vulg.   261 ἕο] οὗ Zen.
263 ῥέα Ar. h : ῥεῖα vulg.   διελεύσεσθαι g h l al.: δ' ἐλεύσεσθαι
vulg.   265 δῶρα] ἔργα v. l. ant.   269-272 ath. Ar. al., om.
quidam ant. (προηθετοῦντο παρ' ἐνίοις τῶν σοφιστῶν, ἐν ἐνίοις δὲ οὐδὲ ἐφέ-
ροντο 8 T)   269 ἔλασσε] θλάσσε qu. 8 B Autochthon ap. Porph.
ap. Eust., P¹⁷ ss. : ἔθλασε Caˡ corr.   272 μείλινον c e g m p A B C
al.: χάλκεον vulg.   pro 273-274
    δεύτερον αὖτ' Ἀχιλεὺς μελίην ἰθυπτίωνα
    ἀσπίδα νύξ' εὔχαλκον ἀμύμονος Αἰνείαο
Zen. (μελίῃ ἰθυπτίωνι coni. Heyne)

ἐμμεμαὼς ἐπόρουσεν ἐρυσσάμενος ξίφος ὀξύ,
σμερδαλέα ἰάχων· ὁ δὲ χερμάδιον λάβε χειρὶ   285
Αἰνείας, μέγα ἔργον, ὃ οὐ δύο γ' ἄνδρε φέροιεν,
οἷοι νῦν βροτοί εἰσ'· ὁ δέ μιν ῥέα πάλλε καὶ οἶος.
ἔνθα κεν Αἰνείας μὲν ἐπεσσύμενον βάλε πέτρῳ
ἢ κόρυθ' ἠὲ σάκος, τό οἱ ἤρκεσε λυγρὸν ὄλεθρον,
τὸν δέ κε Πηλείδης σχεδὸν ἄορι θυμὸν ἀπηύρα,   290
εἰ μὴ ἄρ' ὀξὺ νόησε Ποσειδάων ἐνοσίχθων·
αὐτίκα δ' ἀθανάτοισι θεοῖς μετὰ μῦθον ἔειπεν·
" ὢ πόποι, ἦ μοι ἄχος μεγαλήτορος Αἰνείαο,
ὃς τάχα Πηλείωνι δαμεὶς Ἀϊδόσδε κάτεισι,
πειθόμενος μύθοισιν Ἀπόλλωνος ἑκάτοιο,   295
νήπιος, οὐδέ τί οἱ χραισμήσει λυγρὸν ὄλεθρον.
ἀλλὰ τίη νῦν οὗτος ἀναίτιος ἄλγεα πάσχει,
μὰψ ἕνεκ' ἀλλοτρίων ἀχέων, κεχαρισμένα δ' αἰεὶ
δῶρα θεοῖσι δίδωσι, τοὶ οὐρανὸν εὐρὺν ἔχουσιν;
ἀλλ' ἄγεθ' ἡμεῖς πέρ μιν ὑπὲκ θανάτου ἀγάγωμεν,   300
μή πως καὶ Κρονίδης κεχολώσεται, αἴ κεν Ἀχιλλεὺς
τόνδε κατακτείνῃ· μόριμον δέ οἵ ἐστ' ἀλέασθαι,
ὄφρα μὴ ἄσπερμος γενεὴ καὶ ἄφαντος ὄληται
Δαρδάνου, ὃν Κρονίδης περὶ πάντων φίλατο παίδων,
οἳ ἕθεν ἐξεγένοντο γυναικῶν τε θνητάων.   305
ἤδη γὰρ Πριάμου γενεὴν ἤχθηρε Κρονίων·
νῦν δὲ δὴ Αἰνείαο βίη Τρώεσσιν ἀνάξει
καὶ παίδων παῖδες, τοί κεν μετόπισθε γένωνται."
Τὸν δ' ἠμείβετ' ἔπειτα βοῶπις πότνια Ἥρη·
" ἐννοσίγαι', αὐτὸς σὺ μετὰ φρεσὶ σῇσι νόησον   310
Αἰνείαν, ἤ κέν μιν ἐρύσσεαι, ἦ κεν ἐάσῃς
Πηλείδῃ Ἀχιλῆϊ δαμήμεναι, ἐσθλὸν ἐόντα.

288 ἐπεσσύμενος c f g N¹ V¹⁶   296 τί] τίς g ss.   303 ἄφαντος
γενεὴ δμηθέντος ὄμηται Ar. S P¹¹ U⁴   ἄσπερμος . . . μετόπισθεν Max.
Tyr. 26. 9   306 ἤχθαιρε Aristoph. : -ειρε V¹⁴   307 γένος πάν-
τεσσιν ἀνάξει Strab. 608 : Αἰνείω γενεὴ π. ἀ. S A T   308 γένωνται]
λίπωνται v. l. ant. (αἱ διὰ τῶν πόλεων), p⁹   312 om. p⁰ b g h i p r
Λ B C D V³²

ἤτοι μὲν γὰρ νῶϊ πολέας ὠμόσσαμεν ὅρκους
πᾶσι μετ' ἀθανάτοισιν, ἐγὼ καὶ Παλλὰς Ἀθήνη,
μή ποτ' ἐπὶ Τρώεσσιν ἀλεξήσειν κακὸν ἦμαρ, 315
μηδ' ὁπότ' ἂν Τροίη μαλερῷ πυρὶ πᾶσα δάηται
καιομένη, καίωσι δ' ἀρήϊοι υἷες Ἀχαιῶν."

Αὐτὰρ ἐπεὶ τό γ' ἄκουσε Ποσειδάων ἐνοσίχθων,
βῆ ῥ' ἴμεν ἄν τε μάχην καὶ ἀνὰ κλόνον ἐγχειάων,
ἷξε δ' ὅθ' Αἰνείας ἠδ' ὁ κλυτὸς ἦεν Ἀχιλλεύς. 320
αὐτίκα τῷ μὲν ἔπειτα κατ' ὀφθαλμῶν χέεν ἀχλύν,
Πηλεΐδῃ Ἀχιλῆϊ· ὁ δὲ μελίην εὔχαλκον
ἀσπίδος ἐξέρυσεν μεγαλήτορος Αἰνείαο·
καὶ τὴν μὲν προπάροιθε ποδῶν Ἀχιλῆος ἔθηκεν,
Αἰνείαν δ' ἔσσευεν ἀπὸ χθονὸς ὑψόσ' ἀείρας. 325
πολλὰς δὲ στίχας ἡρώων, πολλὰς δὲ καὶ ἵππων
Αἰνείας ὑπεράλτο θεοῦ ἀπὸ χειρὸς ὀρούσας,
ἷξε δ' ἐπ' ἐσχατιὴν πολυάϊκος πολέμοιο,
ἔνθα τε Καύκωνες πόλεμον μέτα θωρήσσοντο.
τῷ δὲ μάλ' ἐγγύθεν ἦλθε Ποσειδάων ἐνοσίχθων, 330
καί μιν φωνήσας ἔπεα πτερόεντα προσηύδα·
" Αἰνεία, τίς σ' ὧδε θεῶν ἀτέοντα κελεύει
ἀντία Πηλεΐωνος ὑπερθύμοιο μάχεσθαι,
ὃς σεῦ ἅμα κρείσσων καὶ φίλτερος ἀθανάτοισιν;
ἀλλ' ἀναχωρῆσαι, ὅτε κεν συμβλήσεαι αὐτῷ, 335
μὴ καὶ ὑπὲρ μοῖραν δόμον Ἄϊδος εἰσαφίκηαι.
αὐτὰρ ἐπεί κ' Ἀχιλεὺς θάνατον καὶ πότμον ἐπίσπῃ,
θαρσήσας δὴ ἔπειτα μετὰ πρώτοισι μάχεσθαι·
οὐ μὲν γάρ τίς σ' ἄλλος Ἀχαιῶν ἐξεναρίξει."

Ὣς εἰπὼν λίπεν αὐτόθ', ἐπεὶ διεπέφραδε πάντα. 340
αἶψα δ' ἔπειτ' Ἀχιλῆος ἀπ' ὀφθαλμῶν σκέδασ' ἀχλὺν

317 καιομένη καίωσι ſA ss. L⁷ M⁷ M⁹ M¹³ V⁶ V¹⁶ : δαιομένη δαίωσι
vulg.   322-324 ath. Ar.   325 ἐπέσευεν b h V⁸² 331 τὸν καὶ
Rhi.   νεικείων Rhi. Zen.   332 ἀτέοντα Ar. (ἐν πάσαις), vulg. :
χατέοντα h l q L¹⁸ : ἀέκοντα c g : ἀκέοντα U⁵ V¹⁴ : ἀέκητι N⁴ m. rec. Vi²
333 ἀντία Πηλεΐωνος ὑπερθύμοιο e l m p A B C V¹² : ἀντί' Ἀχιλλῆος
πολεμίζειν ἠδὲ v. l. in A, vulg.   338 τρώεσσι ꝑˢ q B T

θεσπεσίην· ὁ δ' ἔπειτα μέγ' ἔξιδεν ὀφθαλμοῖσιν,
ὀχθήσας δ' ἄρα εἶπε πρὸς ὃν μεγαλήτορα θυμόν·
" ὢ πόποι, ἦ μέγα θαῦμα τόδ' ὀφθαλμοῖσιν ὁρῶμαι·
ἔγχος μὲν τόδε κεῖται ἐπὶ χθονός, οὐδέ τι φῶτα   345
λεύσσω, τῷ ἐφέηκα κατακτάμεναι μενεαίνων.
ἦ ῥα καὶ Αἰνείας φίλος ἀθανάτοισι θεοῖσιν
ἦεν· ἀτάρ μιν ἔφην μὰψ αὔτως εὐχετάασθαι.
ἐρρέτω· οὔ οἱ θυμὸς ἐμεῦ ἔτι πειρηθῆναι
ἔσσεται, ὃς καὶ νῦν φύγεν ἄσμενος ἐκ θανάτοιο.   350
ἀλλ' ἄγε δὴ Δαναοῖσι φιλοπτολέμοισι κελεύσας
τῶν ἄλλων Τρώων πειρήσομαι ἀντίος ἐλθών."
    Ἦ, καὶ ἐπὶ στίχας ἆλτο, κέλευε δὲ φωτὶ ἑκάστῳ·
" μηκέτι νῦν Τρώων ἑκὰς ἔστατε, δῖοι Ἀχαιοί,
ἀλλ' ἄγ' ἀνὴρ ἄντ' ἀνδρὸς ἴτω, μεμάτω δὲ μάχεσθαι.   355
ἀργαλέον δέ μοί ἐστι καὶ ἰφθίμῳ περ ἐόντι
τόσσουσδ' ἀνθρώπους ἐφέπειν καὶ πᾶσι μάχεσθαι·
οὐδέ κ' Ἄρης, ὅς περ θεὸς ἄμβροτος, οὐδέ κ' Ἀθήνη
τόσσησδ' ὑσμίνης ἐφέποι στόμα καὶ πονέοιτο·
ἀλλ' ὅσσον μὲν ἐγὼ δύναμαι χερσίν τε ποσίν τε   360
καὶ σθένει, οὔ μ' ἔτι φημὶ μεθησέμεν οὐδ' ἠβαιόν,
ἀλλὰ μάλα στιχὸς εἶμι διαμπερές, οὐδέ τιν' οἴω
Τρώων χαιρήσειν, ὅς τις σχεδὸν ἔγχεος ἔλθῃ."
    Ὣς φάτ' ἐποτρύνων· Τρώεσσι δὲ φαίδιμος Ἕκτωρ
κέκλεθ' ὁμοκλήσας, φάτο δ' ἴμμεναι ἄντ' Ἀχιλῆος·   365
" Τρῶες ὑπέρθυμοι, μὴ δείδιτε Πηλείωνα.
καί κεν ἐγὼν ἐπέεσσι καὶ ἀθανάτοισι μαχοίμην·
ἔγχεϊ δ' ἀργαλέον, ἐπεὶ ἦ πολὺ φέρτεροί εἰσιν.
οὐδ' Ἀχιλεὺς πάντεσσι τέλος μύθοις ἐπιθήσει,
ἀλλὰ τὸ μὲν τελέει, τὸ δὲ καὶ μεσσηγὺ κολούει.   370
τοῦ δ' ἐγὼ ἀντίος εἶμι, καὶ εἰ πυρὶ χεῖρας ἔοικεν,
εἰ πυρὶ χεῖρας ἔοικε, μένος δ' αἴθωνι σιδήρῳ."

Ὣς φάτ᾽ ἐποτρύνων, οἱ δ᾽ ἀντίοι ἔγχε᾽ ἄειραν
Τρῶες· τῶν δ᾽ ἄμυδις μίχθη μένος, ὦρτο δ᾽ ἀϋτή.
καὶ τότ᾽ ἄρ᾽ Ἕκτορα εἶπε παραστὰς Φοῖβος Ἀπόλλων· 375
"Ἕκτορ, μηκέτι πάμπαν Ἀχιλλῆϊ προμάχιζε,
ἀλλὰ κατὰ πληθύν τε καὶ ἐκ φλοίσβοιο δέδεξο,
μή πώς σ᾽ ἠὲ βάλῃ ἠὲ σχεδὸν ἄορι τύψῃ."
Ὣς ἔφαθ᾽, Ἕκτωρ δ᾽ αὖτις ἐδύσετο οὐλαμὸν ἀνδρῶν
ταρβήσας, ὅτ᾽ ἄκουσε θεοῦ ὄπα φωνήσαντος. 380
ἐν δ᾽ Ἀχιλεὺς Τρώεσσι θόρε φρεσὶν εἱμένος ἀλκήν,
σμερδαλέα ἰάχων, πρῶτον δ᾽ ἕλεν Ἰφιτίωνα,
ἐσθλὸν Ὀτρυντεΐδην, πολέων ἡγήτορα λαῶν,
ὃν νύμφη τέκε νηῒς Ὀτρυντῆϊ πτολιπόρθῳ
Τμώλῳ ὕπο νιφόεντι, Ὕδης ἐν πίονι δήμῳ· 385
τὸν δ᾽ ἰθὺς μεμαῶτα βάλ᾽ ἔγχεϊ δῖος Ἀχιλλεὺς
μέσσην κὰκ κεφαλήν· ἡ δ᾽ ἄνδιχα πᾶσα κεάσθη,
δούπησεν δὲ πεσών, ὁ δ᾽ ἐπεύξατο δῖος Ἀχιλλεύς·
"κεῖσαι, Ὀτρυντεΐδη, πάντων ἐκπαγλότατ᾽ ἀνδρῶν·
ἐνθάδε τοι θάνατος, γενεὴ δέ τοί ἐστ᾽ ἐπὶ λίμνῃ 390
Γυγαίῃ, ὅθι τοι τέμενος πατρώϊόν ἐστιν,
Ὕλλῳ ἐπ᾽ ἰχθυόεντι καὶ Ἕρμῳ δινήεντι."
Ὣς ἔφατ᾽ εὐχόμενος, τὸν δὲ σκότος ὄσσε κάλυψε.
τὸν μὲν Ἀχαιῶν ἵπποι ἐπισσώτροις δατέοντο
πρώτῃ ἐν ὑσμίνῃ· ὁ δ᾽ ἐπ᾽ αὐτῷ Δημολέοντα, 395
ἐσθλὸν ἀλεξητῆρα μάχης, Ἀντήνορος υἱόν,
νύξε κατὰ κρόταφον, κυνέης διὰ χαλκοπαρήου.
οὐδ᾽ ἄρα χαλκείη κόρυς ἔσχεθεν, ἀλλὰ δι᾽ αὐτῆς
αἰχμὴ ἱεμένη ῥῆξ᾽ ὀστέον, ἐγκέφαλος δὲ
ἔνδον ἅπας πεπάλακτο· δάμασσε δέ μιν μεμαῶτα. 400
Ἱπποδάμαντα δ᾽ ἔπειτα καθ᾽ ἵππων ἀΐξαντα,
πρόσθεν ἔθεν φεύγοντα, μετάφρενον οὖτασε δουρί.

373 ἔγχε᾽ ἄειραν] ἔσταν Ἀχαιῶν M¹⁰ O⁸ γρ. A N⁴   385 Ὕδης] Ἴδης
c M⁸ N⁴ U⁵ U⁹ V¹ V⁶ : Τλης v. l. ant., d f g p V³²   393 ὣς φάτ᾽
ἐπευχόμενος c e f h k l p⁹   394 ὀπισσώτροις p⁷ p A V¹² (cf. E 725,
Λ 537)   395 Δηϊλέοντα v. l. ant   401 ἀΐξαντα h l p A Ge V¹ :
ἀΐσσοντα cet.

αὐτὰρ ὁ θυμὸν ἄισθε καὶ ἤρυγεν, ὡς ὅτε ταῦρος
ἤρυγεν ἑλκόμενος Ἑλικώνιον ἀμφὶ ἄνακτα
κούρων ἑλκόντων· γάνυται δέ τε τοῖς ἐνοσίχθων·   405
ὣς ἄρα τόν γ᾽ ἐρυγόντα λίπ᾽ ὀστέα θυμὸς ἀγήνωρ·
αὐτὰρ ὁ βῆ σὺν δουρὶ μετ᾽ ἀντίθεον Πολύδωρον
Πριαμίδην. τὸν δ᾽ οὔ τι πατὴρ εἴασκε μάχεσθαι,
οὕνεκά οἱ μετὰ παισὶ νεώτατος ἔσκε γόνοιο,
καί οἱ φίλτατος ἔσκε, πόδεσσι δὲ πάντας ἐνίκα·   410
δὴ τότε νηπιέῃσι ποδῶν ἀρετὴν ἀναφαίνων
θῦνε διὰ προμάχων, ἧος φίλον ὤλεσε θυμόν.
τὸν βάλε μέσσον ἄκοντι ποδάρκης δῖος Ἀχιλλεὺς
νῶτα παραΐσσοντος, ὅθι ζωστῆρος ὀχῆες
χρύσειοι σύνεχον καὶ διπλόος ἤντετο θώρηξ·   415
ἀντικρὺ δὲ διέσχε παρ᾽ ὀμφαλὸν ἔγχεος αἰχμή,
γνὺξ δ᾽ ἔριπ᾽ οἰμώξας, νεφέλη δέ μιν ἀμφεκάλυψε
κυανέη, προτὶ οἷ δὲ λάβ᾽ ἔντερα χερσὶ λιασθείς.
    Ἕκτωρ δ᾽ ὡς ἐνόησε κασίγνητον Πολύδωρον
ἔντερα χερσὶν ἔχοντα, λιαζόμενον ποτὶ γαίῃ,   420
κάρ ῥά οἱ ὀφθαλμῶν κέχυτ᾽ ἀχλύς· οὐδ᾽ ἄρ᾽ ἔτ᾽ ἔτλη
δηρὸν ἑκὰς στρωφᾶσθ᾽, ἀλλ᾽ ἀντίος ἦλθ᾽ Ἀχιλῆϊ
ὀξὺ δόρυ κραδάων, φλογὶ εἴκελος· αὐτὰρ Ἀχιλλεὺς
ὡς εἶδ᾽, ὡς ἀνεπᾶλτο, καὶ εὐχόμενος ἔπος ηὔδα·
" ἐγγὺς ἀνὴρ ὃς ἐμόν γε μάλιστ᾽ ἐσεμάσσατο θυμόν,   425
ὅς μοι ἑταῖρον ἔπεφνε τετιμένον· οὐδ᾽ ἂν ἔτι δὴν
ἀλλήλους πτώσσοιμεν ἀνὰ πτολέμοιο γεφύρας."
    Ἦ, καὶ ὑπόδρα ἰδὼν προσεφώνεεν Ἕκτορα δῖον·
" ἆσσον ἴθ᾽, ὥς κεν θᾶσσον ὀλέθρου πείραθ᾽ ἵκηαι."
    Τὸν δ᾽ οὐ ταρβήσας προσέφη κορυθαίολος Ἕκτωρ·   430
" Πηλείδη, μὴ δή μ᾽ ἐπέεσσί γε νηπύτιον ὡς
ἔλπεο δειδίξεσθαι, ἐπεὶ σάφα οἶδα καὶ αὐτὸς

414 παραΐσσοντα a c f i T al.   421 τῶ ῥά r   κέχυτο χλοός p⁹
h U¹⁰ V¹⁶: χόλος l : χρόος, γρ. V¹²   422 Ἀχιλῆϊ p⁹ c f p A B C V¹⁶ :
Ἀχιλῆος vulg.   424 ὡς ἴδεν v. l. in Eust.   425 ἐπεμάσσατο
L¹⁹ N⁴ V⁴ V⁶ V¹⁰   426 ἂν Ar. ● h l V¹ : ἄρ᾽ vulg.

ἠμὲν κερτομίας ἠδ' αἴσυλα μυθήσασθαι.
οἶδα δ' ὅτι σὺ μὲν ἐσθλός, ἐγὼ δὲ σέθεν πολὺ χείρων.
ἀλλ' ἤτοι μὲν ταῦτα θεῶν ἐν γούνασι κεῖται,   435
αἴ κέ σε χειρότερός περ ἐὼν ἀπὸ θυμὸν ἔλωμαι
δουρὶ βαλών, ἐπεὶ ἦ καὶ ἐμὸν βέλος ὀξὺ πάροιθεν."
    Ἦ ῥα, καὶ ἀμπεπαλὼν προΐει δόρυ, καὶ τό γ' Ἀθήνη
πνοιῇ Ἀχιλλῆος πάλιν ἔτραπε κυδαλίμοιο,
ἦκα μάλα ψύξασα· τὸ δ' ἂψ ἵκεθ' Ἕκτορα δῖον,   440
αὐτοῦ δὲ προπάροιθε ποδῶν πέσεν.   αὐτὰρ Ἀχιλλεὺς
ἐμμεμαὼς ἐπόρουσε κατακτάμεναι μενεαίνων,
σμερδαλέα ἰάχων· τὸν δ' ἐξήρπαξεν Ἀπόλλων
ῥεῖα μάλ' ὥς τε θεός, ἐκάλυψε δ' ἄρ' ἠέρι πολλῇ.
τρὶς μὲν ἔπειτ' ἐπόρουσε ποδάρκης δῖος Ἀχιλλεὺς   445
ἔγχεϊ χαλκείῳ, τρὶς δ' ἠέρα τύψε βαθεῖαν.
ἀλλ' ὅτε δὴ τὸ τέταρτον ἐπέσσυτο δαίμονι ἶσος,
δεινὰ δ' ὁμοκλήσας ἔπεα πτερόεντα προσηύδα·
" ἐξ αὖ νῦν ἔφυγες θάνατον, κύον· ἦ τέ τοι ἄγχι
ἦλθε κακόν· νῦν αὖτέ σ' ἐρύσατο Φοῖβος Ἀπόλλων,   450
ᾧ μέλλεις εὔχεσθαι ἰὼν ἐς δοῦπον ἀκόντων.
ἦ θήν σ' ἐξανύω γε καὶ ὕστερον ἀντιβολήσας,
εἴ πού τις καὶ ἔμοιγε θεῶν ἐπιτάρροθός ἐστι.
νῦν αὖ τοὺς ἄλλους ἐπιείσομαι, ὅν κε κιχείω."
    Ὥς εἰπὼν Δρύοπ' οὖτα κατ' αὐχένα μέσσον ἄκοντι·   455
ἤριπε δὲ προπάροιθε ποδῶν· ὁ δὲ τὸν μὲν ἔασε,
Δημοῦχον δὲ Φιλητορίδην, ἠΰν τε μέγαν τε,
κὰγ γόνυ δουρὶ βαλὼν ἠρύκακε.   τὸν μὲν ἔπειτα
οὐτάζων ξίφεϊ μεγάλῳ ἐξαίνυτο θυμόν·
αὐτὰρ ὁ Λαόγονον καὶ Δάρδανον, υἷε Βίαντος,   460
ἄμφω ἐφορμηθεὶς ἐξ ἵππων ὦσε χαμᾶζε,

445 ἐπόρουσε κατακτάμεναι μενεαίνων M¹⁰, v. l. in U⁴   447 om.
vulg.: hab. b c p q A B C N¹ (ἐν ἄλλοις ὁ στίχος οὗτος οὐ κεῖται A marg.)
    453 ἐστι] εἴη h U¹⁰ : ἔλθοι θ V¹¹ V¹⁸ V³²: ἔσται V¹⁵   454 νῦν
αὖ τοὺς ἄλλους l L² L¹⁸ V¹¹ V¹² V¹⁶ V¹⁸ V³², v. l. in A : νῦν δ' ἄλλους Τρῶας
g h : νῦν δ' ἄλλους Τρώων vulg.

20. ΙΛΙΑΔΟΣ Υ

τὸν μὲν δουρὶ βαλών, τὸν δὲ σχεδὸν ἄορι τύψας.
Τρῶα δ' Ἀλαστορίδην,—ὁ μὲν ἀντίος ἤλυθε γούνων,
εἴ πώς εὐ πεφίδοιτο λαβὼν καὶ ζωὸν ἀφείη,
μηδὲ κατακτείνειεν ὁμηλικίην ἐλεήσας,   465
νήπιος, οὐδὲ τὸ ᾔδη, ὃ οὐ πείσεσθαι ἔμελλεν·
οὐ γάρ τι γλυκύθυμος ἀνὴρ ἦν οὐδ' ἀγανόφρων,
ἀλλὰ μάλ' ἐμμεμαώς· ὁ μὲν ἥπτετο χείρεσι γούνων
ἱέμενος λίσσεσθ', ὁ δὲ φασγάνῳ οὖτα καθ' ἧπαρ·
ἐκ δέ οἱ ἧπαρ ὄλισθεν, ἀτὰρ μέλαν αἷμα κατ' αὐτοῦ   470
κόλπον ἐνέπλησεν· τὸν δὲ σκότος ὄσσε κάλυψε
θυμοῦ δευόμενον· ὁ δὲ Μούλιον οὖτα παραστὰς
δουρὶ κατ' οὖς· εἶθαρ δὲ δι' οὔατος ἦλθ' ἑτέροιο
αἰχμὴ χαλκείη· ὁ δ' Ἀγήνορος υἱὸν Ἔχεκλον
μέσσην κὰκ κεφαλὴν ξίφει ἤλασε κωπήεντι,   475
πᾶν δ' ὑπεθερμάνθη ξίφος αἵματι· τὸν δὲ κατ' ὄσσε
ἔλλαβε πορφύρεος θάνατος καὶ μοῖρα κραταιή.
Δευκαλίωνα δ' ἔπειθ', ἵνα τε ξυνέχουσι τένοντες
ἀγκῶνος, τῇ τόν γε φίλης διὰ χειρὸς ἔπειρεν
αἰχμῇ χαλκείῃ· ὁ δέ μιν μένε χεῖρα βαρυνθείς,   480
πρόσθ' ὁρόων θάνατον· ὁ δὲ φασγάνῳ αὐχένα θείνας
τῆλ' αὐτῇ πήληκι κάρη βάλε· μυελὸς αὖτε
σφονδυλίων ἔκπαλθ', ὁ δ' ἐπὶ χθονὶ κεῖτο τανυσθείς.
αὐτὰρ ὁ βῆ ῥ' ἰέναι μετ' ἀμύμονα Πείρεω υἱόν,
Ῥίγμον, ὃς ἐκ Θρήκης ἐριβώλακος εἰληλούθει·   485
τὸν βάλε μέσσον ἄκοντι, πάγη δ' ἐν νηδύϊ χαλκός,
ἤριπε δ' ἐξ ὀχέων· ὁ δ' Ἀρηίθοον θεράποντα
ἂψ ἵππους στρέψαντα μετάφρενον ὀξέϊ δουρὶ
νύξ', ἀπὸ δ' ἅρματος ὦσε· κυκήθησαν δέ οἱ ἵπποι.
Ὡς δ' ἀναμαιμάει βαθέ' ἄγκεα θεσπιδαὲς πῦρ   490

464 εἴ περ Ν¹ : ὅπως Μ¹   εὖ] οἱ h Ν⁴ U¹⁰ V⁴   467 τι] τις et
ἔτι vv. ll. in A   471 ἐνέπρησεν Ar. Philoxenus i r M⁴ T A ss.
473 κατ'] παρ' c p A B C N¹   479 μέσης διὰ χειρὸς ἔλασσεν p⁹
480 αἰχμῇ χαλκείῃ c f g i l A B C Ge : αἰχμὴ χαλκείη cet.
481 πρόσσ' (χωρὶς τοῦ θ') Zen.   484 β' om. h U¹⁰ V¹ V¹⁸   Πείρεως
Zen. L¹⁰ N¹ m. r. P²¹ Pal¹ : -ρεος L⁸ P²   486 πνεύμονι p⁹ c e l p q
A B C N¹

οὔρεος ἀζαλέοιο, βαθεῖα δὲ καίεται ὕλη,
πάντη τε κλονέων ἄνεμος φλόγα εἰλυφάζει,
ὡς ὅ γε πάντη θῦνε σὺν ἔγχεϊ δαίμονι ἶσος,
κτεινομένους ἐφέπων· ῥέε δ' αἵματι γαῖα μέλαινα.
ὡς δ' ὅτε τις ζεύξη βόας ἄρσενας εὐρυμετώπους   495
τριβέμεναι κρῖ λευκὸν ἐϋκτιμένη ἐν ἀλωῇ,
ῥίμφα τε λέπτ' ἐγένοντο βοῶν ὑπὸ πόσσ' ἐριμύκων,
ὡς ὑπ' Ἀχιλλῆος μεγαθύμου μώνυχες ἵπποι
στεῖβον ὁμοῦ νέκυάς τε καὶ ἀσπίδας· αἵματι δ' ἄξων
νέρθεν ἅπας πεπάλακτο καὶ ἄντυγες αἳ περὶ δίφρον,   500
ἃς ἄρ' ἀφ' ἱππείων ὁπλέων ῥαθάμιγγες ἔβαλλον
αἵ τ' ἀπ' ἐπισσώτρων· ὁ δὲ ἵετο κῦδος ἀρέσθαι
Πηλεΐδης, λύθρῳ δὲ παλάσσετο χεῖρας ἀάπτους.

496 ἐϋτροχάλῳ ꝓ⁹ c●lqV¹⁸ γρ. A N⁴, cf. Hes. Opp. 599
502 ὀπ.σσώτρων ꝓ⁹U² (cf. 394)

ΙΛΙΑΔΟΣ Φ

Ἀλλ' ὅτε δὴ πόρον ἷξον ἐϋρρεῖος ποταμοῖο,
Ξάνθου δινήεντος, ὃν ἀθάνατος τέκετο Ζεύς,
ἔνθα διατμήξας τοὺς μὲν πεδίονδε δίωκε
πρὸς πόλιν, ᾗ περ Ἀχαιοὶ ἀτυζόμενοι φοβέοντο
ἤματι τῷ προτέρῳ, ὅτε μαίνετο φαίδιμος Ἕκτωρ·   5
τῇ ῥ' οἵ γε προχέοντο πεφυζότες, ἠέρα δ' Ἥρη
πίτνα πρόσθε βαθεῖαν ἐρυκέμεν· ἡμίσεες δὲ
ἐς ποταμὸν εἰλεῦντο βαθύρροον ἀργυροδίνην,
ἐν δ' ἔπεσον μεγάλῳ πατάγῳ, βράχε δ' αἰπὰ ῥέεθρα,
ὄχθαι δ' ἀμφὶ περὶ μεγάλ' ἴαχον· οἱ δ' ἀλαλητῷ   10
ἔννεον ἔνθα καὶ ἔνθα, ἑλισσόμενοι περὶ δίνας.
ὡς δ' ὅθ' ὑπὸ ῥιπῆς πυρὸς ἀκρίδες ἠερέθονται
φευγέμεναι ποταμόνδε· τὸ δὲ φλέγει ἀκάματον πῦρ
ὄρμενον ἐξαίφνης, ταὶ δὲ πτώσσουσι καθ' ὕδωρ·
ὡς ὑπ' Ἀχιλλῆος Ξάνθου βαθυδινήεντος   15
πλῆτο ῥόος κελάδων ἐπιμὶξ ἵππων τε καὶ ἀνδρῶν.
    Αὐτὰρ ὁ διογενὴς δόρυ μὲν λίπεν αὐτοῦ ἐπ' ὄχθῃ
κεκλιμένον μυρίκῃσιν, ὁ δ' ἔσθορε δαίμονι ἶσος,
φάσγανον οἶον ἔχων, κακὰ δὲ φρεσὶ μήδετο ἔργα,
τύπτε δ' ἐπιστροφάδην· τῶν δὲ στόνος ὄρνυτ' ἀεικὴς   20
ἄορι θεινομένων, ἐρυθαίνετο δ' αἵματι ὕδωρ.

1 πόρον] ῥόον Aristoph.   2 ἀθάνατον Zen. (cf. Β 741)   4 Ἀχαιοὶ
p ͧ A U⁹ V¹ V¹² γρ h L⁴ Eust.: οἱ ἄλλοι vulg.   11 ἔννεον] νήχοντ'
v. l. ant. (ἔνιαι τῶν κατὰ πόλεις)   περὶ o p A B C N¹: κατὰ vulg.
17 ὀπίσθε p⁸²   18 αὐτὸς δ' αἶψ' ἐπόρουσεν v i. ant.   ἔνθορε D N⁴
Uᶠ U¹² V¹ V¹⁹ (uv.), v. l. in A T Eust.: ἔκθορε H¹ P³ P⁵ V⁵ V¹⁴ Vi² γρ. T

21. ΙΛΙΑΔΟΣ Φ

ὡς δ' ὑπὸ δελφῖνος μεγακήτεος ἰχθύες ἄλλοι
φεύγοντες πιμπλᾶσι μυχοὺς λιμένος εὐόρμου,
δειδιότες· μάλα γάρ τε κατεσθίει ὅν κε λάβῃσιν·
ὣς Τρῶες ποταμοῖο κατὰ δεινοῖο ῥέεθρα   25
πτῶσσον ὑπὸ κρημνούς. ὁ δ' ἐπεὶ κάμε χεῖρας ἐναίρων,
ζωοὺς ἐκ ποταμοῖο δυώδεκα λέξατο κούρους,
ποινὴν Πατρόκλοιο Μενοιτιάδαο θανόντος.
τοὺς ἐξῆγε θύραζε τεθηπότας ἠΰτε νεβρούς,
δῆσε δ' ὀπίσσω χεῖρας ἐϋτμήτοισιν ἱμᾶσι,   30
τοὺς αὐτοὶ φορέεσκον ἐπὶ στρεπτοῖσι χιτῶσι,
δῶκε δ' ἑταίροισιν κατάγειν κοίλας ἐπὶ νῆας.
αὐτὰρ ὁ ἂψ ἐπόρουσε δαϊζέμεναι μενεαίνων.
    Ἔνθ' υἷι Πριάμοιο συνήντετο Δαρδανίδαο
ἐκ ποταμοῦ φεύγοντι, Λυκάονι, τόν ῥά ποτ' αὐτὸς   35
ἦγε λαβὼν ἐκ πατρὸς ἀλωῆς οὐκ ἐθέλοντα,
ἐννύχιος προμολών· ὁ δ' ἐρινεὸν ὀξέϊ χαλκῷ
τάμνε νέους ὄρπηκας, ἵν' ἅρματος ἄντυγες εἶεν·
τῷ δ' ἄρ' ἀνώϊστον κακὸν ἤλυθε δῖος Ἀχιλλεύς.
καὶ τότε μέν μιν Λῆμνον ἐϋκτιμένην ἐπέρασσε   40
νηυσὶν ἄγων, ἀτὰρ υἱὸς Ἰήσονος ὦνον ἔδωκε·
κεῖθεν δὲ ξεῖνός μιν ἐλύσατο, πολλὰ δ' ἔδωκεν,
Ἴμβριος Ἠετίων, πέμψεν δ' ἐς δῖαν Ἀρίσβην·
ἔνθεν ὑπεκπροφυγὼν πατρώϊον ἵκετο δῶμα.
ἔνδεκα δ' ἤματα θυμὸν ἐτέρπετο οἷσι φίλοισιν   45
ἐλθὼν ἐκ Λήμνοιο· δυωδεκάτῃ δέ μιν αὖτις
χερσὶν Ἀχιλλῆος θεὸς ἔμβαλεν, ὅς μιν ἔμελλε
πέμψειν εἰς Ἀΐδαο καὶ οὐκ ἐθέλοντα νέεσθαι.
τὸν δ' ὡς οὖν ἐνόησε ποδάρκης δῖος Ἀχιλλεὺς
γυμνόν, ἄτερ κόρυθός τε καὶ ἀσπίδος, οὐδ' ἔχεν ἔγχος,   50
ἀλλὰ τὰ μέν ῥ' ἀπὸ πάντα χαμαὶ βάλε· τεῖρε γὰρ ἱδρὼς
φεύγοντ' ἐκ ποταμοῦ, κάματος δ' ὑπὸ γούνατ' ἐδάμνα·
ὀχθήσας δ' ἄρα εἶπε πρὸς ὃν μεγαλήτορα θυμόν·

23 εὐόρμους H¹ M¹ᵏ O² P³ P⁵ corr. V¹⁶   33 κατακτάμεναι c ⊕ γρ. A N⁴

21. ΙΛΙΑΔΟΣ Φ

" ὢ πόποι, ἦ μέγα θαῦμα τόδ' ὀφθαλμοῖσιν ὁρῶμαι·
ἦ μάλα δὴ Τρῶες μεγαλήτορες, οὕς περ ἔπεφνον,   55
αὖτις ἀναστήσονται ὑπὸ ζόφου ἠερόεντος,
οἷον δὴ καὶ ὅδ' ἦλθε φυγὼν ὕπο νηλεὲς ἦμαρ,
Λῆμνον ἐς ἠγαθέην πεπερημένος· οὐδέ μιν ἔσχε
πόντος ἁλὸς πολιῆς, ὁ πολέας ἀέκοντας ἐρύκει.
ἀλλ' ἄγε δὴ καὶ δουρὸς ἀκωκῆς ἡμετέροιο   60
γεύσεται, ὄφρα ἴδωμαι ἐνὶ φρεσὶν ἠδὲ δαείω
ἢ ἄρ' ὁμῶς καὶ κεῖθεν ἐλεύσεται, ἦ μιν ἐρύξει
γῆ φυσίζοος, ἥ τε κατὰ κρατερόν περ ἐρύκει."
    Ὣς ὥρμαινε μένων· ὁ δέ οἱ σχεδὸν ἦλθε τεθηπώς,
γούνων ἅψασθαι μεμαώς, περὶ δ' ἤθελε θυμῷ   65
ἐκφυγέειν θάνατόν τε κακὸν καὶ κῆρα μέλαιναν.
ἤτοι ὁ μὲν δόρυ μακρὸν ἀνέσχετο δῖος Ἀχιλλεὺς
οὐτάμεναι μεμαώς, ὁ δ' ὑπέδραμε καὶ λάβε γούνων
κύψας· ἐγχείη δ' ἄρ' ὑπὲρ νώτου ἐνὶ γαίῃ
ἔσ†η, ἱεμένη χροὸς ἄμεναι ἀνδρομέοιο.   70
αὐτὰρ ὁ τῇ ἑτέρῃ μὲν ἑλὼν ἐλλίσσετο γούνων,
τῇ δ' ἑτέρῃ ἔχεν ἔγχος ἀκαχμένον οὐδὲ μεθίει·
καί μιν φωνήσας ἔπεα πτερόεντα προσηύδα·
" γουνοῦμαί σ', Ἀχιλεῦ· σὺ δέ μ' αἴδεο καί μ' ἐλέησον·
ἀντί τοί εἰμ' ἱκέταο, διοτρεφές, αἰδοίοιο·   75
πὰρ γὰρ σοὶ πρώτῳ πασάμην Δημήτερος ἀκτήν,
ἤματι τῷ ὅτε μ' εἷλες ἐϋκτιμένῃ ἐν ἀλωῇ,
καί με πέρασσας ἄνευθεν ἄγων πατρός τε φίλων τε
Λῆμνον ἐς ἠγαθέην, ἑκατόμβοιον δέ τοι ἦλφον.
νῦν δὲ λύμην τρὶς τόσσα πορών· ἠὼς δέ μοί ἐστιν   80
ἥδε δυωδεκάτη, ὅτ' ἐς Ἴλιον εἰλήλουθα
πολλὰ παθών· νῦν αὖ με τεῇς ἐν χερσὶν ἔθηκε
μοῖρ' ὀλοή· μέλλω που ἀπεχθέσθαι Διὶ πατρί,
ὅς με σοὶ αὖτις δῶκε· μινυνθάδιον δέ με μήτηρ

61 ἀνέσχεθε ⊙ L³ V¹¹ V¹² V¹⁶   70 ἄμεναι] ἄσασθαι d V¹ V⁴ : ἆσαι δὴ
V¹⁰ : ἔδμεναι γρ. V⁵   73 om. Ar V³²   φωνήσας p⁹ d f k p q A B C
V¹⁶ : λισσόμενος vulg. : καί ῥ' ὀλοφυρόμενος v. l. ant. i Mo N⁴ V¹⁰

γείνατο Λαοθόη, θυγάτηρ Ἄλταο γέροντος,   85
Ἄλτεω, ὃς Λελέγεσσι φιλοπτολέμοισιν ἀνάσσει,
Πήδασον αἰπήεσσαν ἔχων ἐπὶ Σατνιόεντι.
τοῦ δ' ἔχε θυγατέρα Πρίαμος, πολλὰς δὲ καὶ ἄλλας·
τῆς δὲ δύω γενόμεσθα, σὺ δ' ἄμφω δειροτομήσεις.
ἤτοι τὸν πρώτοισι μετὰ πρυλέεσσι δάμασσας,   90
ἀντίθεον Πολύδωρον, ἐπεὶ βάλες ὀξέϊ δουρί·
νῦν δὲ δὴ ἐνθάδ' ἐμοὶ κακὸν ἔσσεται· οὐ γὰρ ὀΐω
σὰς χεῖρας φεύξεσθαι, ἐπεί ῥ' ἐπέλασσέ γε δαίμων.
ἄλλο δέ τοι ἐρέω, σὺ δ' ἐνὶ φρεσὶ βάλλεο σῇσι·
μή με κτεῖν', ἐπεὶ οὐχ ὁμογάστριος Ἕκτορός εἰμι,   95
ὅς τοι ἑταῖρον ἔπεφνεν ἐνηέα τε κρατερόν τε."
   Ὣς ἄρα μιν Πριάμοιο προσηύδα φαίδιμος υἱὸς
λισσόμενος ἐπέεσσιν, ἀμείλικτον δ' ὄπ' ἄκουσε·
" νήπιε, μή μοι ἄποινα πιφαύσκεο μηδ' ἀγόρευε·
πρὶν μὲν γὰρ Πάτροκλον ἐπισπεῖν αἴσιμον ἦμαρ,   100
τόφρα τί μοι πεφιδέσθαι ἐνὶ φρεσὶ φίλτερον ἦεν
Τρώων, καὶ πολλοὺς ζωοὺς ἕλον ἠδὲ πέρασσα·
νῦν δ' οὐκ ἔσθ' ὅς τις θάνατον φύγῃ, ὅν κε θεός γε
Ἰλίου προπάροιθεν ἐμῇς ἐν χερσὶ βάλῃσι,
καὶ πάντων Τρώων, πέρι δ' αὖ Πριάμοιό γε παίδων.   105
ἀλλά, φίλος, θάνε καὶ σύ· τίη ὀλοφύρεαι οὕτως;
κάτθανε καὶ Πάτροκλος, ὅ περ σέο πολλὸν ἀμείνων·
οὐχ ὁράᾳς οἷος καὶ ἐγὼ καλός τε μέγας τε;
πατρὸς δ' εἴμ' ἀγαθοῖο, θεὰ δέ με γείνατο μήτηρ·
ἀλλ' ἔπι τοι καὶ ἐμοὶ θάνατος καὶ μοῖρα κραταιή·   110
ἔσσεται ἢ ἠὼς ἢ δείλη ἢ μέσον ἦμαρ,

---

86 ἀνάσσει Ar. vulg.: ἄνασσε v. l. ant. (ἔνιαι τῶν κατὰ πόλεις), P⁶
h r U¹⁰ V¹ V¹⁶ al.   87 ἐπὶ Strab. 605, cf. S T: ὑπὸ v l. ap. Strab. l. c.,
codd.   88 πολλῶν τε καὶ ἄλλων Mass.   91 χαλκῷ l   92 ἔσσεαι
b h v. l. in A al.   95 ἰογάστριος Zen.   96 a
                ᾧ σὺ μάλιστα χολῶαι (sic) ἐνὶ φρεσὶν οἶδα καὶ αὐτός
add. P⁹   99 μή μοι ταῦτα v. l ap. Eust.   101 τόφρα δέ i N⁴ v. l
in A   105 συμπάντων l L² L¹² Mc V¹¹ V¹² γρ. A Eust.   106 οὕτως
Ar. (πᾶσαι), vulg.: αὔτως (αὕτως) ● l N⁴ V¹   111 δείλη Ar. a c d f r
B C D al. : δείλης cet.

ὁππότε τις καὶ ἐμεῖο Ἄρῃ ἐκ θυμὸν ἕληται,
ἠ ὅ γε δουρὶ βαλὼν ἠ ἀπὸ νευρῆφιν ὀϊστῷ."
    Ὡς φάτο, τοῦ δ' αὐτοῦ λύτο γούνατα καὶ φίλον ἦτορ·
ἔγχος μέν ῥ' ἀφέηκεν, ὁ δ' ἕζετο χεῖρε πετάσσας   115
ἀμφοτέρας· Ἀχιλεὺς δὲ ἐρυσσάμενος ξίφος ὀξὺ
τύψε κατὰ κληῖδα παρ' αὐχένα, πᾶν δέ οἱ εἴσω
δῦ ξίφος ἄμφηκες· ὁ δ' ἄρα πρηνὴς ἐπὶ γαίῃ
κεῖτο ταθείς, ἐκ δ' αἷμα μέλαν ῥέε, δεῦε δὲ γαῖαν.
τὸν δ' Ἀχιλεὺς ποταμόνδε λαβὼν ποδὸς ἧκε φέρεσθαι,   120
καί οἱ ἐπευχόμενος ἔπεα πτερόεντ' ἀγόρευεν·
" ἐνταυθοῖ νῦν κεῖσο μετ' ἰχθύσιν, οἵ σ' ὠτειλὴν
αἷμ' ἀπολιχμήσονται ἀκηδέες· οὐδέ σε μήτηρ
ἐνθεμένη λεχέεσσι γοήσεται, ἀλλὰ Σκάμανδρος
οἴσει δινήεις εἴσω ἁλὸς εὐρέα κόλπον.   125
θρῴσκων τις κατὰ κῦμα μέλαιναν φρῖχ' ὑπαΐξει
ἰχθύς, ὅς κε φάγῃσι Λυκάονος ἀργέτα δημόν.
φθείρεσθ', εἰς ὅ κεν ἄστυ κιχείομεν Ἰλίου ἱρῆς,
ὑμεῖς μὲν φεύγοντες, ἐγὼ δ' ὄπιθεν κεραΐζων.
οὐδ' ὑμῖν ποταμός περ ἐΰρροος ἀργυροδίνης   130
ἀρκέσει, ᾧ δὴ δηθὰ πολέας ἱερεύετε ταύρους,
ζωοὺς δ' ἐν δίνῃσι καθίετε μώνυχας ἵππους.
ἀλλὰ καὶ ὣς ὀλέεσθε κακὸν μόρον, εἰς ὅ κε πάντες
τείσετε Πατρόκλοιο φόνον καὶ λοιγὸν Ἀχαιῶν,
οὓς ἐπὶ νηυσὶ θοῇσιν ἐπέφνετε νόσφιν ἐμεῖο."   135
    Ὡς ἄρ' ἔφη, ποταμὸς δὲ χολώσατο κηρόθι μᾶλλον,
ὅρμηνεν δ' ἀνὰ θυμὸν ὅπως παύσειε πόνοιο
δῖον Ἀχιλλῆα, Τρώεσσι δὲ λοιγὸν ἀλάλκοι.

112 ἀρῇ Hermapias   121 πτερόεντα προσηύδα d i k l q γρ. A
    122 κεῖσο et ἧσο Ar. (διχῶς): κεῖσο codd.: cf. σ 105 υ 262
ὠτειλὴν Ar. (ἄπασαι) b A D: ὠτειλῆς vulg.   126 μελαίνῃ φρῖχ'
Chia   ὑπαΐξει Ar. ᵹ A c h p r A B C N¹ V¹² V¹⁴: ἐπαΐξει Ar. ᵹ B T ita
L¹⁰: ὑπαλύξει Philetas, Callistr. vulg.   127 ὅς] ὣς Aristoph. h N⁴
Eust.   130–135 ath. Aristoph., fort. Ar. (μήποτε καὶ ὁ Ἀρίσταρχος
συγκατέθετο τῇ ἀθετήσει Did.)   131 πολέας Ar.: πολεῖς v. l. ant,
codd.   137 φόνοιο p⁹ e f l B Ge V¹

τόφρα δὲ Πηλέος υἱὸς ἔχων δολιχόσκιον ἔγχος
Ἀστεροπαίῳ ἐπᾶλτο κατακτάμεναι μενεαίνων,   140
υἱέι Πηλεγόνος· τὸν δ᾽ Ἀξιὸς εὐρυρέεθρος
γείνατο καὶ Περίβοια, Ἀκεσσαμενοῖο θυγατρῶν
πρεσβυτάτη· τῇ γάρ ῥα μίγη ποταμὸς βαθυδίνης.
τῷ ῥ᾽ Ἀχιλεὺς ἐπόρουσεν, ὁ δ᾽ ἀντίος ἐκ ποταμοῖο
ἔστη ἔχων δύο δοῦρε· μένος δέ οἱ ἐν φρεσὶ θῆκε   145
Ξάνθος, ἐπεὶ κεχόλωτο δαϊκταμένων αἰζηῶν,
τοὺς Ἀχιλεὺς ἐδάϊζε κατὰ ῥόον οὐδ᾽ ἐλέαιρεν.
οἱ δ᾽ ὅτε δὴ σχεδὸν ἦσαν ἐπ᾽ ἀλλήλοισιν ἰόντες,
τὸν πρότερος προσέειπε ποδάρκης δῖος Ἀχιλλεύς·
" τίς πόθεν εἰς ἀνδρῶν, ὅ μευ ἔτλης ἀντίος ἐλθεῖν;   150
δυστήνων δέ τε παῖδες ἐμῷ μένει ἀντιόωσι."
    Τὸν δ᾽ αὖ Πηλεγόνος προσεφώνεε φαίδιμος υἱός·
" Πηλείδη μεγάθυμε, τίη γενεὴν ἐρεείνεις;
εἴμ᾽ ἐκ Παιονίης ἐριβώλου, τηλόθ᾽ ἐούσης,
Παίονας ἄνδρας ἄγων δολιχεγχέας· ἥδε δέ μοι νῦν   155
ἠὼς ἑνδεκάτη, ὅτε Ἴλιον εἰλήλουθα.
αὐτὰρ ἐμοὶ γενεὴ ἐξ Ἀξιοῦ εὐρὺ ῥέοντος,
Ἀξιοῦ, ὃς κάλλιστον ὕδωρ ἐπὶ γαῖαν ἵησιν,
ὃς τέκε Πηλεγόνα κλυτὸν ἔγχεϊ· τὸν δ᾽ ἐμέ φασι
γείνασθαι· νῦν αὖτε μαχώμεθα, φαίδιμ᾽ Ἀχιλλεῦ."   160
    Ὣς φάτ᾽ ἀπειλήσας, ὁ δ᾽ ἀνέσχετο δῖος Ἀχιλλεὺς
Πηλιάδα μελίην· ὁ δ᾽ ἁμαρτῇ δούρασιν ἀμφὶς
ἥρως Ἀστεροπαῖος, ἐπεὶ περιδέξιος ἦεν.
καί ῥ᾽ ἑτέρῳ μὲν δουρὶ σάκος βάλεν, οὐδὲ διαπρὸ
ῥῆξε σάκος· χρυσὸς γὰρ ἐρύκακε, δῶρα θεοῖο·   165
τῷ δ᾽ ἑτέρῳ μιν πῆχυν ἐπιγράβδην βάλε χειρὸς
δεξιτερῆς, σύτο δ᾽ αἷμα κελαινεφές· ἡ δ᾽ ὑπὲρ αὐτοῦ

144 β᾽] δ᾽ **b e f g l r** D V³² 155 ἄγων] ἔχων **d f p** A C 156 ὅτ᾽ ἐς
codd. 157 ἐμὴ **a f l p** 158 om. p⁹ **i o p r** A Ang N⁴ U² U⁴ V³² :
οὖ ... ἐπικίδναται αἶαν B Bm² C N¹ U⁹ : οὖ ἐπικίδναται Ala Eudoxus, cf.
B 850 162 ἁμαρτῆ Ar. (cf. E 656): ὁμαρτῆ p⁹ **c g p** N⁴ V¹ al.
ἄμφω Mass. 167 χύτο Ge M⁸ U⁹, U³ ss.

21. ΙΛΙΑΔΟΣ Φ

γαίη ἐνεστήρικτο, λιλαιομένη χροὸς ἆσαι.
δεύτερος αὖτ' Ἀχιλεὺς μελίην ἰθυπτίωνα
Ἀστεροπαίῳ ἐφῆκε κατακτάμεναι μενεαίνων.   170
καὶ τοῦ μέν ῥ' ἀφάμαρτεν, ὁ δ' ὑψηλὴν βάλεν ὄχθην,
μεσσοπαγὲς δ' ἄρ' ἔθηκε κατ' ὄχθης μείλινον ἔγχος.
Πηλεΐδης δ' ἄορ ὀξὺ ἐρυσσάμενος παρὰ μηροῦ
ἆλτ' ἐπί οἱ μεμαώς· ὁ δ' ἄρα μελίην Ἀχιλῆος
οὐ δύνατ' ἐκ κρημνοῖο ἐρύσσαι χειρὶ παχείῃ.   175
τρὶς μέν μιν πελέμιξεν ἐρύσσασθαι μενεαίνων,
τρὶς δὲ μεθῆκε βίης· τὸ δὲ τέτρατον ἤθελε θυμῷ
ἆξαι ἐπιγνάμψας δόρυ μείλινον Αἰακίδαο,
ἀλλὰ πρὶν Ἀχιλεὺς σχεδὸν ἄορι θυμὸν ἀπηύρα.
γαστέρα γάρ μιν τύψε παρ' ὀμφαλόν, ἐκ δ' ἄρα πᾶσαι   180
χύντο χαμαὶ χολάδες· τὸν δὲ σκότος ὄσσε κάλυψεν
ἀσθμαίνοντ'· Ἀχιλεὺς δ' ἄρ' ἐνὶ στήθεσσιν ὀρούσας
τεύχεά τ' ἐξενάριξε καὶ εὐχόμενος ἔπος ηὔδα·
" κεῖσ' οὕτως· χαλεπόν τοι ἐρισθενέος Κρονίωνος
παισὶν ἐριζέμεναι ποταμοῖό ·περ ἐκγεγαῶτι.   185
φῆσθα σὺ μὲν ποταμοῦ γένος ἔμμεναι εὐρὺ ῥέοντος,
αὐτὰρ ἐγὼ γενεὴν μεγάλου Διὸς εὔχομαι εἶναι.
τίκτε μ' ἀνὴρ πολλοῖσιν ἀνάσσων Μυρμιδόνεσσι,
Πηλεὺς Αἰακίδης· ὁ δ' ἄρ' Αἰακὸς ἐκ Διὸς ἦεν.
τῶ κρείσσων μὲν Ζεὺς ποταμῶν ἁλιμυρηέντων,   190
κρείσσων αὖτε Διὸς γενεὴ ποταμοῖο τέτυκται.
καὶ γὰρ σοὶ ποταμός γε πάρα μέγας, εἰ δύναταί τι
χραισμεῖν· ἀλλ' οὐκ ἔστι Διὶ Κρονίωνι μάχεσθαι,
τῷ οὐδὲ κρείων Ἀχελώϊος ἰσοφαρίζει,
οὐδὲ βαθυρρείταο μέγα σθένος Ὠκεανοῖο,   195

169 ἰθυκτίωνα Zen. Callistr.: ἰθυπτιῶνα Hermapias   172 μεσσο-
παγὲς] μεσσοπαλὲς Ar. ο P⁹ A B C L¹² N¹ V¹⁶, L⁶ L⁸ M⁷ ss.   177 βίης
M⁴ U⁹ : βίην V³²: βίη, βίῃ cet.   182 ὁρούων h i r A ss. D N⁴ V¹
183 ἐξενάριξε v. l. ant. (ἐν ἐνίαις), ο   185 ἐκγεγαῶτα h U¹⁰ V¹ V¹² V¹⁶
190 ἁλιμυρηέντων v.l. ant. B C Le¹ N¹ P⁷ P¹⁷   191 δ' αὖτε v. l.
ant., vulg. : δ' om. Ar. U⁸   194 οὔτε Ar. b d h V³²   ἀχελήιος v. l.
g Ge   195 om. Zen. Megaclides, Oⁿ Paus. viii. 38. 10 uv.   οὔτε
Ar. h U¹⁰

193

ἐξ οὗ περ πάντες ποταμοὶ καὶ πᾶσα θάλασσα
καὶ πᾶσαι κρῆναι καὶ φρείατα μακρὰ νάουσιν·
ἀλλὰ καὶ ὃς δείδοικε Διὸς μεγάλοιο κεραυνὸν
δεινήν τε βροντήν, ὅτ' ἀπ' οὐρανόθεν σμαραγήσῃ."
Ἦ ῥα, καὶ ἐκ κρημνοῖο ἐρύσσατο χάλκεον ἔγχος,   200
τὸν δὲ κατ' αὐτόθι λεῖπεν, ἐπεὶ φίλον ἦτορ ἀπηύρα,
κείμενον ἐν ψαμάθοισι, δίαινε δέ μιν μέλαν ὕδωρ.
τὸν μὲν ἄρ' ἐγχέλυές τε καὶ ἰχθύες ἀμφεπένοντο,
δημὸν ἐρεπτόμενοι ἐπινεφρίδιον κείροντες·
αὐτὰρ ὁ βῆ ῥ' ἰέναι μετὰ Παίονας ἱπποκορυστάς,   205
οἵ ῥ' ἔτι πὰρ ποταμὸν πεφοβήατο δινήεντα,
ὡς εἶδον τὸν ἄριστον ἐνὶ κρατερῇ ὑσμίνῃ
χέρσ' ὕπο Πηλείδαο καὶ ἄορι ἶφι δαμέντα.
ἔνθ' ἕλε Θερσίλοχόν τε Μύδωνά τε 'Αστύπυλόν τε
Μνῆσόν τε Θρασίον τε καὶ Αἴνιον ἠδ' 'Οφελέστην·   210
καί νύ κ' ἔτι πλέονας κτάνε Παίονας ὠκὺς 'Αχιλλεύς,
εἰ μὴ χωσάμενος προσέφη ποταμὸς βαθυδίνης,
ἀνέρι εἰσάμενος, βαθέης δ' ἐκ φθέγξατο δίνης·
" ὦ 'Αχιλεῦ, περὶ μὲν κρατέεις, περὶ δ' αἴσυλα ῥέζεις
ἀνδρῶν· αἰεὶ γάρ τοι ἀμύνουσιν θεοὶ αὐτοί.   215
εἴ τοι Τρῶας ἔδωκε Κρόνου παῖς πάντας ὀλέσσαι,
ἐξ ἐμέθεν γ' ἐλάσας πεδίον κάτα μέρμερα ῥέζε·
πλήθει γὰρ δή μοι νεκύων ἐρατεινὰ ῥέεθρα,
οὐδέ τί πη δύναμαι προχέειν ῥόον εἰς ἅλα δῖαν
στεινόμενος νεκύεσσι, σὺ δὲ κτείνεις ἀϊδήλως.   220
ἀλλ' ἄγε δὴ καὶ ἔασον· ἄγη μ' ἔχει, ὄρχαμε λαῶν."
    Τὸν δ' ἀπαμειβόμενος προσέφη πόδας ὠκὺς 'Αχιλλεύς·
" ἔσται ταῦτα, Σκάμανδρε διοτρεφές, ὡς σὺ κελεύεις.

196 πᾶσαι τε θάλασσαι O⁸ W⁴ : πᾶσαι δέ τε πηγαὶ Olymp. in Ar.
meteor. ii. 2   198 καὶ ὃς c●● N⁴ V³² 205 ῥ' om. p¹ h A B Ge N¹
V¹ V¹⁶ al.   209 ἕλεν 'Ορσίλοχον M¹⁰ U¹³ V¹ V⁵ (uv.) : ἕλετ' 'Ορσί-
λοχον N⁴ V¹⁰ : Χερσίλοχον c L⁸ O² V¹² 213 om. Mo O⁸ V¹⁰ V¹² V³⁸
    εἰσάμενος et εἰδόμενος Ar. (διχῶς): hoc p¹ v. l. in A   δ' om.
Ar. h U¹⁶   ἐκφθέγξατο h U¹⁰ V²⁰ : ἐφθέγξατο vulg.   217 γ'
ἐλάσας] πελάσας Aristoph. V¹   ῥέξαι L¹⁸ : ῥέξειν ⲅⲓ D M⁴ M¹⁰ corr.,
Eust.   221 ἔασον v. l. ꙅ T

Τρῶας δ' οὐ πρὶν λήξω ὑπερφιάλους ἐναρίζων,
πρὶν ἔλσαι κατὰ ἄστυ καὶ Ἕκτορι πειρηθῆναι   225
ἀντιβίην, ἤ κέν με δαμάσσεται, ἦ κεν ἐγὼ τόν."
    ᾿Ως εἰπὼν Τρώεσσιν ἐπέσσυτο δαίμονι ἶσος·
καὶ τότ' Ἀπόλλωνα προσέφη ποταμὸς βαθυδίνης·
" ὦ πόποι, ἀργυρότοξε, Διὸς τέκος, οὐ σύ γε βουλὰς
εἰρύσαο Κρονίωνος, ὅ τοι μάλα πόλλ' ἐπέτελλε   230
Τρωσὶ παρεστάμεναι καὶ ἀμύνειν, εἰς ὅ κεν ἔλθῃ
δείελος ὀψὲ δύων, σκιάσῃ δ' ἐρίβωλον ἄρουραν."
    Ἦ, καὶ Ἀχιλλεὺς μὲν δουρικλυτὸς ἔνθορε μέσσῳ
κρημνοῦ ἀπαΐξας· ὁ δ' ἐπέσσυτο οἴδματι θύων,
πάντα δ' ὄρινε ῥέεθρα κυκώμενος, ὦσε δὲ νεκροὺς   235
πολλούς, οἵ ῥα κατ' αὐτὸν ἅλις ἔσαν, οὓς κτάν' Ἀχιλλεύς·
τοὺς ἔκβαλλε θύραζε, μεμυκὼς ἠΰτε ταῦρος,
χέρσονδε· ζωοὺς δὲ σάω κατὰ καλὰ ῥέεθρα,
κρύπτων ἐν δίνῃσι βαθείῃσιν μεγάλῃσι.
    δεινὸν δ' ἀμφ' Ἀχιλῆα κυκώμενον ἵστατο κῦμα,   240
ὦθει δ' ἐν σάκεϊ πίπτων ῥόος· οὐδὲ πόδεσσιν
εἶχε στηρίξασθαι· ὁ δὲ πτελέην ἕλε χερσὶν
εὐφυέα μεγάλην· ἡ δ' ἐκ ῥιζέων ἐριποῦσα
κρημνὸν ἅπαντα διῶσεν, ἐπέσχε δὲ καλὰ ῥέεθρα
ὄζοισιν πυκινοῖσι, γεφύρωσεν δέ μιν αὐτὸν   245
εἴσω πᾶσ' ἐριποῦσ'· ὁ δ' ἄρ' ἐκ δίνης ἀνορούσας
ἤϊξεν πεδίοιο ποσὶ κραιπνοῖσι πέτεσθαι,
δείσας· οὐδέ τ' ἔληγε θεὸς μέγας, ὦρτο δ' ἐπ' αὐτῷ
ἀκροκελαινιόων, ἵνα μιν παύσειε πόνοιο
δῖον Ἀχιλλῆα, Τρώεσσι δὲ λοιγὸν ἀλάλκοι.   250
    Πηλεΐδης δ' ἀπόρουσεν ὅσον τ' ἐπὶ δουρὸς ἐρωή,

225 ἐλάσαι g l M⁹ N⁴   230 εφρασαο Ammon. lemm.   237 ἐξῆγε
v. l. in A   240 κῦμα] ῥεῦμα g   242 εἶχε] εἴα h U¹⁰   ἔλε] ἔχε V⁴
245 μιν αὐτὸν] κέλευθον v. l in A   246 δίνης Ar. vulg.: λίμνης
v. l. ant. a g h i B C D O⁵ V¹ V¹⁶ V³²: ῥιπῆς v. l. ap. sch. T
247 πεδίονδε v. l. ant., U²   φέρεσθαι l v. l. ant.   248 μέγας θεός
b d g h O⁵ V³²   αὐτὸν P⁹ e Gc   249 φόνοιο Aristoph. P⁹ U⁸ V¹²
250 om. l M⁴ M¹⁰ V¹⁴   251 ἐρωήν l o A V¹ V¹² V¹⁸ al. : ἐρωῇ p

195

αἰετοῦ οἴματ' ἔχων μέλανος, τοῦ θηρητῆρος,
ὅς θ' ἅμα κάρτιστός τε καὶ ὤκιστος πετεηνῶν·
τῷ εἴκὼς ἤϊξεν, ἐπὶ στήθεσσι δὲ χαλκὸς
σμερδαλέον κονάβιζεν· ὕπαιθα δὲ τοῖο λιασθεὶς   255
φεῦγ', ὁ δ' ὄπισθε ῥέων ἕπετο μεγάλῳ ὀρυμαγδῷ.
ὡς δ' ὅτ' ἀνὴρ ὀχετηγὸς ἀπὸ κρήνης μελανύδρου
ἂμ φυτὰ καὶ κήπους ὕδατι ῥόον ἡγεμονεύῃ
χερσὶ μάκελλαν ἔχων, ἀμάρης ἐξ ἔχματα βάλλων·
τοῦ μέν τε προρέοντος ὑπὸ ψηφῖδες ἅπασαι   260
ὀχλεῦνται· τὸ δέ τ' ὦκα κατειβόμενον κελαρύζει
χώρῳ ἔνι προαλεῖ, φθάνει δέ τε καὶ τὸν ἄγοντα·
ὡς αἰεὶ Ἀχιλῆα κιχήσατο κῦμα ῥόοιο
καὶ λαιψηρὸν ἐόντα· θεοὶ δέ τε φέρτεροι ἀνδρῶν.
ὁσσάκι δ' ὁρμήσειε ποδάρκης δῖος Ἀχιλλεὺς   265
στῆναι ἐναντίβιον καὶ γνώμεναι εἴ μιν ἅπαντες
ἀθάνατοι φοβέουσι, τοὶ οὐρανὸν εὐρὺν ἔχουσι,
τοσσάκι μιν μέγα κῦμα διιπετέος ποταμοῖο
πλάζ' ὤμους καθύπερθεν· ὁ δ' ὑψόσε ποσσὶν ἐπήδα
θυμῷ ἀνιάζων· ποταμὸς δ' ὑπὸ γούνατ' ἐδάμνα   270
λάβρος ὕπαιθα ῥέων, κονίην δ' ὑπέρεπτε ποδοῖιν.
Πηλείδης δ' ὤμωξεν ἰδὼν εἰς οὐρανὸν εὐρύν·
" Ζεῦ πάτερ, ὡς οὔ τίς με θεῶν ἐλεεινὸν ὑπέστη
ἐκ ποταμοῖο σαῶσαι· ἔπειτα δὲ καί τι πάθοιμι.
ἄλλος δ' οὔ τίς μοι τόσον αἴτιος Οὐρανιώνων,   275
ἀλλὰ φίλη μήτηρ, ἥ με ψεύδεσσιν ἔθελγεν·
ἥ μ' ἔφατο Τρώων ὑπὸ τείχεϊ θωρηκτάων
λαιψηροῖς ὀλέεσθαι Ἀπόλλωνος βελέεσσιν.
ὥς μ' ὄφελ' Ἕκτωρ κτεῖναι, ὃς ἐνθάδε γ' ἔτραφ' ἄριστος·

252 ὄμματ' Philetas   μελανόστου Aristot. f L¹⁸ L¹⁹ V¹² V²² : μελανόσσου qu. ℊ B Ge T Eu interpr. ℊ Am. : μέλανός του Ar. ℊ B T U⁴ Eu.   258 ἂν g al.   ὕδατος p⁹ b a g h k p V¹ V³²   259 δίκελλαν Heliodorus ℊ Ge   262 φθάνέει Zen. Lysanias. Duris   265 ὁρμήσειε Ar. codd. : οἰμήσειε v. l. ant.   271 ὑπέριπτε h Mc U¹⁶ V¹⁰   279 γ' ἔτραφ' Hdn. q A L⁵ γρ. U⁴ : ἔτραφ' p V¹⁶ : τέτραφ' v l. ant. (οἱ πολλοί Hdn.), vulg.

21. ΙΛΙΑΔΟΣ Φ

τῷ κ' ἀγαθὸς μὲν ἔπεφν', ἀγαθὸν δέ κεν ἐξενάριξε·   280
νῦν δέ με λευγαλέῳ θανάτῳ εἵμαρτο ἁλῶναι
ἐρχθέντ' ἐν μεγάλῳ ποταμῷ, ὡς παῖδα συφορβόν,
ὅν ῥά τ' ἔναυλος ἀποέρσῃ χειμῶνι περῶντα."
    Ὡς φάτο, τῷ δὲ μάλ' ὦκα Ποσειδάων καὶ Ἀθήνη
στήτην ἐγγὺς ἰόντε, δέμας δ' ἄνδρεσσιν ἐίκτην,   285
χειρὶ δὲ χεῖρα λαβόντες ἐπιστώσαντ' ἐπέεσσι.
τοῖσι δὲ μύθων ἦρχε Ποσειδάων ἐνοσίχθων·
" Πηλείδη, μήτ' ἄρ τι λίην τρέε μήτε τι τάρβει·
τοίω γάρ τοι νῶϊ θεῶν ἐπιταρρόθω εἰμέν,
Ζηνὸς ἐπαινήσαντος, ἐγὼ καὶ Παλλὰς Ἀθήνη·   290
ὡς οὔ τοι ποταμῷ γε δαμήμεναι αἴσιμόν ἐστιν,
ἀλλ' ὅδε μὲν τάχα λωφήσει, σὺ δὲ εἴσεαι αὐτός·
αὐτάρ τοι πυκινῶς ὑποθησόμεθ', αἴ κε πίθηαι·
μὴ πρὶν παύειν χεῖρας ὁμοιίου πολέμοιο,
πρὶν κατὰ Ἰλιόφι κλυτὰ τείχεα λαὸν ἐέλσαι   295
Τρωϊκόν, ὅς κε φύγῃσι· σὺ δ' Ἕκτορι θυμὸν ἀπούρας
ἂψ ἐπὶ νῆας ἴμεν· δίδομεν δέ τοι εὖχος ἀρέσθαι."
    Τὼ μὲν ἄρ' ὡς εἰπόντε μετ' ἀθανάτους ἀπεβήτην·
αὐτὰρ ὁ βῆ, μέγα γάρ ῥα θεῶν ὄτρυνεν ἐφετμή,
ἐς πεδίον· τὸ δὲ πᾶν πλῆθ' ὕδατος ἐκχυμένοιο,   300
πολλὰ δὲ τεύχεα καλὰ δαϊκταμένων αἰζηῶν
πλῶον καὶ νέκυες· τοῦ δ' ὑψόσε γούνατ' ἐπήδα
πρὸς ῥόον ἀίσσοντος ἀν' ἰθύν, οὐδέ μιν ἴσχεν
εὐρὺ ῥέων ποταμός· μέγα γὰρ σθένος ἔμβαλ' Ἀθήνη.
οὐδὲ Σκάμανδρος ἔληγε τὸ ὃν μένος, ἀλλ' ἔτι μᾶλλον   305
χώετο Πηλείωνι, κόρυσσε δὲ κῦμα ῥόοιο
ὑψόσ' ἀειρόμενος, Σιμόεντι δὲ κέκλετ' ἀύσας·
" φίλε κασίγνητε, σθένος ἀνέρος ἀμφότεροί περ

281 ἀλῶναι] ὀλέσθαι 1   282 εἰρχθέντ' Mass.: ἐρχθέντ' Ptol.
Asc. Ge H¹ P² P³ P⁶ : εἰλθέντ' Crates : ἐρθέντ' Alexio   284 τὸ ϐ P¹¹
U⁴   288 τρέμε ϐ Ge Bm⁶ H¹ P⁶ T   290 ath. Ar.   290-292 ath.
Seleucus, om. Cret.   293 ὑποθήσομαι D Mo N⁴ (uv.) U⁹ V¹ V¹⁶
294 παύσειν g V¹⁶ : ψαύειν h U¹⁶   297 ἴμεν] ἴναι h   299 μέγα]
μάλα p⁹ M¹⁰ U⁹ V¹   303 ἴσχεν Ar. g L¹⁹ V¹⁶: ἔσχεν vulg.
307 παντο[ ]ν εξε[p¹²

197

σχῶμεν, ἐπεὶ τάχα ἄστυ μέγα Πριάμοιο ἄνακτος
ἐκπέρσει, Τρῶες δὲ κατὰ μόθον οὐ μενέουσιν.　　　　310
ἀλλ' ἐπάμυνε τάχιστα, καὶ ἐμπίπληθι ῥέεθρα
ὕδατος ἐκ πηγέων, πάντας δ' ὀρόθυνον ἐναύλους,
ἵστη δὲ μέγα κῦμα, πολὺν δ' ὀρυμαγδὸν ὄρινε
φιτρῶν καὶ λάων, ἵνα παύσομεν ἄγριον ἄνδρα,
ὃς δὴ νῦν κρατέει, μέμονεν δ' ὅ γε ἶσα θεοῖσι.　　　315
φημὶ γὰρ οὔτε βίην χραισμησέμεν οὔτε τι εἶδος,
οὔτε τὰ τεύχεα καλά, τά που μάλα νειόθι λίμνης
κείσεθ' ὑπ' ἰλύος κεκαλυμμένα· κὰδ δέ μιν αὐτὸν
εἰλύσω ψαμάθοισιν ἅλις χέραδος περιχεύας
μυρίον, οὐδέ οἱ ὀστέ' ἐπιστήσονται Ἀχαιοὶ　　　320
ἀλλέξαι· τόσσην οἱ ἄσιν καθύπερθε καλύψω.
αὐτοῦ οἱ καὶ σῆμα τετεύξεται, οὐδέ τί μιν χρεὼ
ἔσται τυμβοχόης, ὅτε μιν θάπτωσιν Ἀχαιοί."
　　Ἦ, καὶ ἐπῶρτ' Ἀχιλῆϊ κυκώμενος, ὑψόσε θύων,
μορμύρων ἀφρῷ τε καὶ αἵματι καὶ νεκύεσσι.　　　325
πορφύρεον δ' ἄρα κῦμα διιπετέος ποταμοῖο
ἵστατ' ἀειρόμενον, κατὰ δ' ᾕρεε Πηλείωνα·
Ἥρη δὲ μέγ' ἄϋσε περιδείσασ' Ἀχιλῆϊ,
μή μιν ἀποέρσειε μέγας ποταμὸς βαθυδίνης,
αὐτίκα δ' Ἥφαιστον προσεφώνεεν, ὃν φίλον υἱόν·　　330
" ὄρσεο, κυλλοπόδιον, ἐμὸν τέκος· ἄντα σέθεν γὰρ
Ξάνθον δινήεντα μάχῃ ἠΐσκομεν εἶναι·
ἀλλ' ἐπάμυνε τάχιστα, πιφαύσκεο δὲ φλόγα πολλήν.
αὐτὰρ ἐγὼ Ζεφύροιο καὶ ἀργεστᾶο Νότοιο
εἴσομαι ἐξ ἁλόθεν χαλεπὴν ὄρσουσα θύελλαν,　　　335
ἥ κεν ἀπὸ Τρώων κεφαλὰς καὶ τεύχεα κήαι,
φλέγμα κακὸν φορέουσα· σὺ δὲ Ξάνθοιο παρ' ὄχθας

310 κατὰ μόθον] κακὸν θεὸν v. l. ġ T　　　319 ἰλύσω v. l. ant.
σχεράδος v. l. ġ Gen.　　　321 ἀνλέξαι Ar. (cf. τ 150)　　　ἄσην b h Oᴼ
Vᴮ² : ἄτην U⁹　　　323 τυμβοχόης Crates Lᴮ (uv.) L¹⁰ R¹ U⁹ : τυμβοχῆς
vulg. : τυμβοχοῆσ' Ar. A U¹¹ W⁸　　　331 κυλλοποδίον Hermapias,
Ptol. Asc., Alexio　　　335 ὅρσασα Zen. Vⁱⁱ (ὀρούσασα)

δένδρεα καῖ', ἐν δ' αὐτὸν ἵει πυρί· μηδέ σε πάμπαν
μειλιχίοις ἐπέεσσιν ἀποτρεπέτω καὶ ἀρειῇ·
μηδὲ πρὶν ἀπόπαυε τεὸν μένος, ἀλλ' ὁπότ' ἂν δὴ   340
φθέγξομ' ἐγὼν ἰάχουσα, τότε σχεῖν ἀκάματον πῦρ."
*Ὣς ἔφαθ', Ἥφαιστος δὲ τιτύσκετο θεσπιδαὲς πῦρ.
πρῶτα μὲν ἐν πεδίῳ πῦρ δαίετο, καῖε δὲ νεκροὺς
πολλούς, οἵ ῥα κατ' αὐτὸν ἅλις ἔσαν, οὓς κτάν' Ἀχιλλεύς·
πᾶν δ' ἐξηράνθη πεδίον, σχέτο δ' ἀγλαὸν ὕδωρ.   345
ὡς δ' ὅτ' ὀπωρινὸς Βορέης νεοαρδέ' ἀλωὴν
αἶψ' ἀγξηράνῃ· χαίρει δέ μιν ὅς τις ἐθείρῃ·
ὣς ἐξηράνθη πεδίον πᾶν, κὰδ δ' ἄρα νεκροὺς
κῆεν· ὁ δ' ἐς ποταμὸν τρέψε φλόγα παμφανόωσαν.
καίοντο πτελέαι τε καὶ ἰτέαι ἠδὲ μυρῖκαι,   350
καίετο δὲ λωτός τε ἰδὲ θρύον ἠδὲ κύπειρον,
τὰ περὶ καλὰ ῥέεθρα ἅλις ποταμοῖο πεφύκει·
τείροντ' ἐγχέλυές τε καὶ ἰχθύες οἳ κατὰ δίνας,
οἳ κατὰ καλὰ ῥέεθρα κυβίστων ἔνθα καὶ ἔνθα
πνοιῇ τειρόμενοι πολυμήτιος Ἡφαίστοιο.   355
καίετο δ' ἲς ποταμοῖο ἔπος τ' ἔφατ' ἔκ τ' ὀνόμαζεν·
"Ἥφαιστ', οὔ τις σοί γε θεῶν δύνατ' ἀντιφερίζειν,
οὐδ' ἂν ἐγὼ σοί γ' ὧδε πυρὶ φλεγέθοντι μαχοίμην.
λῆγ' ἔριδος, Τρῶας δὲ καὶ αὐτίκα δῖος Ἀχιλλεὺς
ἄστεος ἐξελάσειε· τί μοι ἔριδος καὶ ἀρωγῆς;"   360
Φῆ πυρὶ καιόμενος, ἀνὰ δ' ἔφλυε καλὰ ῥέεθρα.
ὡς δὲ λέβης ζεῖ ἔνδον ἐπειγόμενος πυρὶ πολλῷ,
κνίσην μελδόμενος ἁπαλοτρεφέος σιάλοιο,
πάντοθεν ἀμβολάδην, ὑπὸ δὲ ξύλα κάγκανα κεῖται,
ὡς τοῦ καλὰ ῥέεθρα πυρὶ φλέγετο, ζέε δ' ὕδωρ·   365

343 καίετο V¹ V¹⁶ W² W³   δαῖε 1 L² L¹² L⁹⁰ Mo V¹⁶   346 νεοαλδέ'
v. l. ap. Apoll. lex. in Νεοαρδέα   347 ἀνξηράνῃ Ar vulg. : ἀγξ- V²⁶ :
-άνθη L⁸ M⁸ U¹³ : ἐξεναίνειν (!) Aristoph. ʂ T   351 κύπαιρον v. l. ant.
(αἱ ἐκ τῶν πόλεων)   355 ῥιπῇ Cret. ʂ Am.   357 ἰσοφερίζειν 1 L²
L¹² N⁴ V¹⁸   360 αὐτῆς ℗   363 κνίσην μελδόμενος Ar. Callistr.
Comanus, ℗ʰ ♭ ♭ A B C D M⁸ N¹ V¹⁴ V²⁶ : κνίσῃ μ. v. l. ant., vulg. :
κνίσης qu. : κνίσῃ μελδομένῳ Crates Pisistratus Eph.   365 ζέε]
σχέτο v. l. ʂ T

οὐδ' ἔθελε προρέειν, ἀλλ' ἴσχετο· τείρε δ' ἀϋτμὴ
Ἡφαίστοιο βίηφι πολύφρονος. αὐτὰρ ὅ γ' Ἥρην
πολλὰ λισσόμενος ἔπεα πτερόεντα προσηύδα·
"Ἥρη, τίπτε σὸς υἱὸς ἐμὸν ῥόον ἔχραε κήδειν
ἐξ ἄλλων; οὐ μέν τοι ἐγὼ τόσον αἴτιός εἰμι,   370
ὅσσον οἱ ἄλλοι πάντες, ὅσοι Τρώεσσιν ἀρωγοί.
ἀλλ' ἤτοι μὲν ἐγὼν ἀποπαύσομαι, εἰ σὺ κελεύεις,
παυέσθω δὲ καὶ οὗτος· ἐγὼ δ' ἐπὶ καὶ τόδ' ὀμοῦμαι,
μή ποτ' ἐπὶ Τρώεσσιν ἀλεξήσειν κακὸν ἦμαρ,
μηδ' ὁπότ' ἂν Τροίη μαλερῷ πυρὶ πᾶσα δάηται   375
καιομένη, καίωσι δ' ἀρήϊοι υἷες Ἀχαιῶν."
Αὐτὰρ ἐπεὶ τό γ' ἄκουσε θεὰ λευκώλενος Ἥρη,
αὐτίκ' ἄρ' Ἥφαιστον προσεφώνεεν, ὃν φίλον υἱόν·
"Ἥφαιστε, σχέο, τέκνον ἀγακλεές· οὐ γὰρ ἔοικεν
ἀθάνατον θεὸν ὧδε βροτῶν ἕνεκα στυφελίζειν."   380
Ὡς ἔφαθ', Ἥφαιστος δὲ κατέσβεσε θεσπιδαὲς πῦρ,
ἄψορρον δ' ἄρα κῦμα κατέσσυτο καλὰ ῥέεθρα.
Αὐτὰρ ἐπεὶ Ξάνθοιο δάμη μένος, οἱ μὲν ἔπειτα
παυσάσθην· Ἥρη γὰρ ἐρύκακε χωομένη περ·
ἐν δ' ἄλλοισι θεοῖσιν ἔρις πέσε βεβριθυῖα   385
ἀργαλέη, δίχα δέ σφιν ἐνὶ φρεσὶ θυμὸς ἄητο·
σὺν δ' ἔπεσον μεγάλῳ πατάγῳ, βράχε δ' εὐρεῖα χθών,
ἀμφὶ δὲ σάλπιγξεν μέγας οὐρανός. ἄϊε δὲ Ζεὺς
ἥμενος Οὐλύμπῳ· ἐγέλασσε δέ οἱ φίλον ἦτορ
γηθοσύνῃ, ὅθ' ὅρᾶτο θεοὺς ἔριδι ξυνιόντας.   390
ἔνθ' οἵ γ' οὐκέτι δηρὸν ἀφέστασαν· ἦρχε γὰρ Ἄρης
ῥινοτόρος, καὶ πρῶτος Ἀθηναίῃ ἐπόρουσε
χάλκεον ἔγχος ἔχων, καὶ ὀνείδειον φάτο μῦθον·
"τίπτ' αὖτ', ὦ κυνάμυια, θεοὺς ἔριδι ξυνελαύνεις
θάρσος ἄητον ἔχουσα, μέγας δέ σε θυμὸς ἀνῆκεν;   395
ἦ οὐ μέμνῃ ὅτε Τυδείδην Διομήδε' ἀνῆκας

372 ἀποπαύομαι h U¹⁰: εγ[ω λ]η[γω] με[νος p¹², cf. N 424 Φ 305
376 δαιομένη δαίωσι ● 1 B C al.   377 βοῶπις πο[τνια p¹² ss.
378 μειλιχιοισι προσηνδα φαιδιμον υιον p¹² ss. προ]σε[φων]ει σπ[ερχο-
μενη περ] cf. 384   382 κατεσχετο p¹² γρ. S P¹¹ U⁴   καὶ καλὰ
ῥεῖθρα γρ. S U⁴   387 πατάγῳ p⁹ p¹² οf i k p A C V¹: ὁμάδῳ cet.
394 κινάμυια Neoptolemus Parianus   395 ἀνάγει p⁹   396 Τυδείδῃ
Διομήδει ανωγας p¹²

21. ΙΛΙΑΔΟΣ Φ

οὐτάμεναι, αὐτὴ δὲ πανόψιον ἔγχος ἑλοῦσα
ἰθὺς ἐμεῦ ὦσας, διὰ δὲ χρόα καλὸν ἔδαψας;
τῶ σ᾽ αὖ νῦν ὀΐω ἀποτεισέμεν ὅσσα ἔοργας."
Ὣς εἰπὼν οὔτησε κατ᾽ αἰγίδα θυσσανόεσσαν   400
σμερδαλέην, ἣν οὐδὲ Διὸς δάμνησι κεραυνός·
τῇ μιν Ἄρης οὔτησε μιαιφόνος ἔγχεϊ μακρῷ.
ἣ δ᾽ ἀναχασσαμένη λίθον εἵλετο χειρὶ παχείῃ
κείμενον ἐν πεδίῳ μέλανα, τρηχύν τε μέγαν τε,
τόν ῥ᾽ ἄνδρες πρότεροι θέσαν ἔμμεναι οὖρον ἀρούρης·   405
τῷ βάλε θοῦρον Ἄρηα κατ᾽ αὐχένα, λῦσε δὲ γυῖα.
ἑπτὰ δ᾽ ἐπέσχε πέλεθρα πεσών, ἐκόνισε δὲ χαίτας,
τεύχεά τ᾽ ἀμφαράβησε· γέλασσε δὲ Παλλὰς Ἀθήνη,
καί οἱ ἐπευχομένη ἔπεα πτερόεντα προσηύδα·
"νηπύτι᾽, οὐδέ νύ πώ περ ἐπεφράσω ὅσσον ἀρείων   410
εὔχομ᾽ ἐγὼν ἔμεναι, ὅτι μοι μένος ἰσοφαρίζεις.
οὕτω κεν τῆς μητρὸς ἐρινύας ἐξαποτίνοις,
ἥ τοι χωομένη κακὰ μήδεται, οὕνεκ᾽ Ἀχαιοὺς
κάλλιπες, αὐτὰρ Τρωσὶν ὑπερφιάλοισιν ἀμύνεις."
Ὣς ἄρα φωνήσασα πάλιν τρέπεν ὄσσε φαεινώ·   415
τὸν δ᾽ ἄγε χειρὸς ἑλοῦσα Διὸς θυγάτηρ Ἀφροδίτη
πυκνὰ μάλα στενάχοντα· μόγις δ᾽ ἐσαγείρετο θυμόν.
τὴν δ᾽ ὡς οὖν ἐνόησε θεὰ λευκώλενος Ἥρη,
αὐτίκ᾽ Ἀθηναίην ἔπεα πτερόεντα προσηύδα·
"ὢ πόποι, αἰγιόχοιο Διὸς τέκος, Ἀτρυτώνη,   420
καὶ δὴ αὖθ᾽ ἡ κυνάμυια ἄγει βροτολοιγὸν Ἄρηα
δηΐου ἐκ πολέμοιο κατὰ κλόνον· ἀλλὰ μέτελθε."
Ὣς φάτ᾽, Ἀθηναίη δὲ μετέσσυτο, χαῖρε δὲ θυμῷ,
καί ῥ᾽ ἐπιεισαμένη πρὸς στήθεα χειρὶ παχείῃ

πανόψιον Ar. codd. : ὑπονόσφιον Antim. p¹² ss. γρ. P² 398 διὰ]
ἐμὲ p¹² 399 μ᾽ ἔοργας codd. praeter p¹ D]γη[p¹² 400 αἰγίδα
p¹ o h l m Mc V⁵³ v. l. in A: ἀσπίδα vulg. 402 om. p¹² 403 χειρὶ
παχείῃ] Παλλὰς Ἀθήνη p¹ V¹⁰ v. l. in A 406 ασπιδα p¹² ss.
409 καί μιν o k p A Ge L¹⁸ 411 ἰσοφαρίζεις o e k m p A al.: ἀντι-
φερίζεις cet. 412 αψαποτειν[p¹² 414 ἀρήγεις e l γρ. A U⁴
416 φιλομμειδὴς e l Ge V¹ γρ. A 417 μόλις i k V¹ V¹² al.
ἐσαγείρετο f p Ar. A T V¹¹ : ἐσαγείρατο vulg. 424 ἐπερεισαμένη v. l.
ap. Dem. Ixionem: και ρα[ ]ισσαμενη p¹²

201

ἤλασε· τῆς δ' αὐτοῦ λύτο γούνατα καὶ φίλον ἦτορ.   425
τὼ μὲν ἄρ' ἄμφω κεῖντο ἐπὶ χθονὶ πουλυβοτείρῃ,
ἡ δ' ἄρ' ἐπευχομένη ἔπεα πτερόεντ' ἀγόρευε·
" τοιοῦτοι νῦν πάντες, ὅσοι Τρώεσσιν ἀρωγοί,
εἶεν, ὅτ' Ἀργείοισι μαχοίατο θωρηκτῇσιν,
ὡδέ τε θαρσαλέοι καὶ τλήμονες, ὡς Ἀφροδίτη   430
ἦλθεν Ἄρῃ ἐπίκουρος ἐμῷ μένει ἀντιόωσα·
τῷ κεν δὴ πάλαι ἄμμες ἐπαυσάμεθα πτολέμοιο,
Ἰλίου ἐκπέρσαντες ἐϋκτίμενον πτολίεθρον."
Ὣς φάτο, μείδησεν δὲ θεὰ λευκώλενος Ἥρη.
αὐτὰρ Ἀπόλλωνα προσέφη κρείων ἐνοσίχθων·   435
" Φοῖβε, τίη δὴ νῶϊ διέσταμεν; οὐδὲ ἔοικεν
ἀρξάντων ἑτέρων· τὸ μὲν αἴσχιον, αἴ κ' ἀμαχητὶ
ἴομεν Οὔλυμπόνδε Διὸς ποτὶ χαλκοβατὲς δῶ.
ἄρχε· σὺ γὰρ γενεῆφι νεώτερος· οὐ γὰρ ἔμοιγε
καλόν, ἐπεὶ πρότερος γενόμην καὶ πλείονα οἶδα.   440
νηπύτι', ὡς ἄνοον κραδίην ἔχες· οὐδέ νυ τῶν περ
μέμνηαι, ὅσα δὴ πάθομεν κακὰ Ἴλιον ἀμφὶ
μοῦνοι νῶϊ θεῶν, ὅτ' ἀγήνορι Λαομέδοντι
πὰρ Διὸς ἐλθόντες θητεύσαμεν εἰς ἐνιαυτὸν
μισθῷ ἔπι ῥητῷ· ὁ δὲ σημαίνων ἐπέτελλεν.
ἤτοι ἐγὼ Τρώεσσι πόλιν πέρι τεῖχος ἔδειμα   445
εὐρύ τε καὶ μάλα καλόν, ἵν' ἄρρηκτος πόλις εἴη·
Φοῖβε, σὺ δ' εἰλίποδας ἕλικας βοῦς βουκολέεσκες
Ἴδης ἐν κνημοῖσι πολυπτύχου ὑληέσσης.
ἀλλ' ὅτε δὴ μισθοῖο τέλος πολυγηθέες ὧραι   450
ἐξέφερον, τότε νῶϊ βιήσατο μισθὸν ἅπαντα
Λαομέδων ἔκπαγλος, ἀπειλήσας δ' ἀπέπεμπε.
σὺν μὲν ὅ γ' ἠπείλησε πόδας καὶ χεῖρας ὕπερθε

426 θεινε ποτι P¹² ἐπὶ a c e f i k l A V¹ : ποτὶ cet.   427 πτερό-
εντα προσηύδα e h l n v. l. in A al.   429 κυδα[P¹²   431 ἐπίουρος
v. l. in A   433 Ἴλιον h γρ. A U⁴   434 om. e i l A B C D N⁴ O⁵
V¹ V¹²   ὡς ἔφαθ', ἡ δ' ἐγέλασσε f g p Gf T V¹⁶   446 ἤτοι μὲν γὰρ
ἐγὼ πόλεως περὶ τεῖχος ἔδειμα Aridices   πόλει Aristoph. 1 N⁴
447 μακρόν Zoilus g Ge   450 πολυγηθέος P⁶ P¹⁵ U² W³ v. l. ap.
Eust.   452 ἀπέπεμψε c g L¹² Mc   453 σὺν g h l p A B C D T V¹⁶·
σοί vulg.

δήσειν, καὶ περάαν νήσων ἔπι τηλεδαπάων·
στεῦτο δ' ὅ γ' ἀμφοτέρων ἀπολεψέμεν οὔατα χαλκῷ.   455
νῶϊ δέ τ' ἄψορροι κίομεν κεκοτηότι θυμῷ,
μισθοῦ χωόμενοι, τὸν ὑποστὰς οὐκ ἐτέλεσσε.
τοῦ δὴ νῦν λαοῖσι φέρεις χάριν, οὐδὲ μεθ' ἡμέων
πειρᾷ ὥς κε Τρῶες ὑπερφίαλοι ἀπόλωνται
πρόχνυ κακῶς, σὺν παισὶ καὶ αἰδοίῃς ἀλόχοισι."   460
   Τὸν δ' αὖτε προσέειπεν ἄναξ ἑκάεργος Ἀπόλλων·
" ἐννοσίγαι', οὐκ ἄν με σαόφρονα μυθήσαιο
ἔμμεναι, εἰ δὴ σοί γε βροτῶν ἕνεκα πτολεμίξω
δειλῶν, οἳ φύλλοισιν ἐοικότες ἄλλοτε μέν τε
ζαφλεγέες τελέθουσιν, ἀρούρης καρπὸν ἔδοντες,   465
ἄλλοτε δὲ φθινύθουσιν ἀκήριοι. ἀλλὰ τάχιστα
παυώμεσθα μάχης· οἱ δ' αὐτοὶ δηριαάσθων."
   Ὣς ἄρα φωνήσας πάλιν ἐτράπετ'· αἴδετο γάρ ῥα
πατροκασιγνήτοιο μιγήμεναι ἐν παλάμῃσι.
τὸν δὲ κασιγνήτη μάλα νείκεσε, πότνια θηρῶν,   470
Ἄρτεμις ἀγροτέρη, καὶ ὀνείδειον φάτο μῦθον·
" φεύγεις δή, ἑκάεργε, Ποσειδάωνι δὲ νίκην
πᾶσαν ἐπέτρεψας, μέλεον δέ οἱ εὖχος ἔδωκας·
νηπύτιε, τί νυ τόξον ἔχεις ἀνεμώλιον αὔτως;
μή σευ νῦν ἔτι πατρὸς ἐνὶ μεγάροισιν ἀκούσω   475
εὐχομένου, ὡς τὸ πρὶν ἐν ἀθανάτοισι θεοῖσιν,
ἄντα Ποσειδάωνος ἐναντίβιον πολεμίζειν."
   Ὣς φάτο, τὴν δ' οὔ τι προσέφη ἑκάεργος Ἀπόλλων,
ἀλλὰ χολωσαμένη Διὸς αἰδοίη παράκοιτις
νείκεσεν ἰοχέαιραν ὀνειδείοις ἐπέεσσι·   480
" πῶς δὲ σὺ νῦν μέμονας, κύον ἀδεές, ἀντί' ἐμεῖο

454 θηλυτεράων v. l. ant. (αἱ ἀπὸ τῶν πόλεων), Et. M. 451. 6
455 ἀπολεψέμεν Ar. h l V¹ V¹⁶ γρ. A Eust.: ἀποκοψέμεν, ἀποκόψειν
vulg.: ἀποκόπτειν k   456 κεκοτηότε U², γρ. U⁴   459 πειρᾶς
d h l n   461 Διὸς υἱὸς n B C V¹ V¹⁶ V²⁰   463 στυφελίξω n
469 δαμήμεναι v. l. ant.   471 ath. Ar.   474 ἔχεις καὶ τειρέας
οἰστούς Aridices : ἀπειρέας 8 Ge   475-477 ath. Ar.   480 om.
Ar. vulg.: hab. g i p q Mc

στήσεσθαι; χαλεπή τοι ἐγὼ μένος ἀντιφέρεσθαι
τοξοφόρῳ περ ἐούσῃ, ἐπεὶ σὲ λέοντα γυναιξὶ
Ζεὺς θῆκεν, καὶ ἔδωκε κατακτάμεν ἥν κ' ἐθέλησθα.
ἤτοι βέλτερόν ἐστι κατ' οὔρεα θῆρας ἐναίρειν   485
ἀγροτέρας τ' ἐλάφους ἢ κρείσσοσιν ἷφι μάχεσθαι.
εἰ δ' ἐθέλεις πολέμοιο δαήμεναι, ὄφρ' ἐΰ εἰδῇς
ὅσσον φερτέρη εἴμ', ὅτι μοι μένος ἀντιφερίζεις."
  Ἦ ῥα, καὶ ἀμφοτέρας ἐπὶ καρπῷ χεῖρας ἔμαρπτε
σκαιῇ, δεξιτερῇ δ' ἄρ' ἀπ' ὤμων αἴνυτο τόξα,   490
αὐτοῖσιν δ' ἄρ' ἔθεινε παρ' οὔατα μειδιόωσα
ἐντροπαλιζομένην· ταχέες δ' ἔκπιπτον ὀϊστοί.
δακρυόεσσα δ' ὕπαιθα θεὰ φύγεν ὥς τε πέλεια,
ἥ ῥά θ' ὑπ' ἴρηκος κοίλην εἰσέπτατο πέτρην,
χηραμόν· οὐδ' ἄρα τῇ γε ἁλώμεναι αἴσιμον ἦεν·   495
ὣς ἡ δακρυόεσσα φύγεν, λίπε δ' αὐτόθι τόξα.
  Λητὼ δὲ προσέειπε διάκτορος Ἀργειφόντης·
" Λητοῖ, ἐγὼ δέ τοι οὔ τι μαχήσομαι· ἀργαλέον δὲ
πληκτίζεσθ' ἀλόχοισι Διὸς νεφεληγερέταο·
ἀλλὰ μάλα πρόφρασσα μετ' ἀθανάτοισι θεοῖσιν   500
εὔχεσθαι ἐμὲ νικῆσαι κρατερῆφι βίηφιν."
  Ὣς ἄρ' ἔφη, Λητὼ δὲ συναίνυτο καμπύλα τόξα
πεπτεῶτ' ἄλλυδις ἄλλα μετὰ στροφάλιγγι κονίης.
ἡ μὲν τόξα λαβοῦσα πάλιν κίε θυγατέρος ἧς·
ἡ δ' ἄρ' Ὄλυμπον ἵκανε Διὸς ποτὶ χαλκοβατὲς δῶ,   505
δακρυόεσσα δὲ πατρὸς ἐφέζετο γούνασι κούρη,
ἀμφὶ δ' ἄρ' ἀμβρόσιος ἑανὸς τρέμε· τὴν δὲ προτὶ οἷ
εἷλε πατὴρ Κρονίδης, καὶ ἀνείρετο ἡδὺ γελάσσας·
" τίς νύ σε τοιάδ' ἔρεξε, φίλον τέκος, Οὐρανιώνων
μαψιδίως, ὡς εἴ τι κακὸν ῥέζουσαν ἐνωπῇ;"   510

482 ἀντιφερίζειν M¹² W³ W⁴ v. l. ap. Eust. al.   492 ἐντροπαλι-
ζομένη v. l. ant., p⁹ a b o l T V¹ : ἐντροπαλιζομένης Ptol. Asc. : πολλὰ
λισσομένης Chia, Cypr.   493 ὕπαιθα] ἔπειτα b c h k A marg. V¹ V³²
Eust.   498 ἀργαλέον γὰρ p⁹ c e k n p A Ge V¹ V³²   501 νικῆσειν
B C M⁴ N¹ O⁵ V¹⁴ V¹⁵ V²⁰   510 om. p⁹ c d h k l p A B C D O⁵ V³²

Τὸν δ' αὖτε προσέειπεν ἐϋστέφανος κελαδεινή·
" σή μ' ἄλοχος στυφέλιξε, πάτερ, λευκώλενος Ἥρη,
ἐξ ἧς ἀθανάτοισιν ἔρις καὶ νεῖκος ἐφῆπται."
Ὣς οἱ μὲν τοιαῦτα πρὸς ἀλλήλους ἀγόρευον·
αὐτὰρ Ἀπόλλων Φοῖβος ἐδύσετο Ἴλιον ἱρήν·   515
μέμβλετο γάρ οἱ τεῖχος ἐϋδμήτοιο πόληος,
μὴ Δαναοὶ πέρσειαν ὑπέρμορον ἤματι κείνῳ.
οἱ δ' ἄλλοι πρὸς Ὄλυμπον ἴσαν θεοὶ αἰὲν ἐόντες,
οἱ μὲν χωόμενοι, οἱ δὲ μέγα κυδιόωντες·
κὰδ δ' ἷζον παρὰ πατρὶ κελαινεφεῖ· αὐτὰρ Ἀχιλλεὺς 520
Τρῶας ὁμῶς αὐτούς τ' ὄλεκεν καὶ μώνυχας ἵππους.
ὡς δ' ὅτε καπνὸς ἰὼν εἰς οὐρανὸν εὐρὺν ἵκηται
ἄστεος αἰθομένοιο, θεῶν δέ ἑ μῆνις ἀνῆκε,
πᾶσι δ' ἔθηκε πόνον, πολλοῖσι δὲ κήδε' ἐφῆκεν,
ὣς Ἀχιλεὺς Τρώεσσι πόνον καὶ κήδε' ἔθηκεν.   525
Ἑστήκει δ' ὁ γέρων Πρίαμος θείου ἐπὶ πύργου,
ἐς δ' ἐνόησ' Ἀχιλῆα πελώριον· αὐτὰρ ὑπ' αὐτοῦ
Τρῶες ἄφαρ κλονέοντο πεφυζότες, οὐδέ τις ἀλκὴ
γίγνεθ'· ὁ δ' οἰμώξας ἀπὸ πύργου βαῖνε χαμᾶζε,
ὀτρύνων παρὰ τεῖχος ἀγακλειτοὺς πυλαωρούς·   530
" πεπταμένας ἐν χερσὶ πύλας ἔχετ', εἰς ὅ κε λαοὶ
ἔλθωσι προτὶ ἄστυ πεφυζότες· ἦ γὰρ Ἀχιλλεὺς
ἐγγὺς ὅδε κλονέων· νῦν οἴω λοίγι' ἔσεσθαι.
αὐτὰρ ἐπεί κ' ἐς τεῖχος ἀναπνεύσωσιν ἀλέντες,
αὖτις ἐπανθέμεναι σανίδας πυκινῶς ἀραρυίας·   535
δείδια γὰρ μὴ οὖλος ἀνὴρ ἐς τεῖχος ἅληται."
Ὣς ἔφαθ', οἱ δ' ἄνεσάν τε πύλας καὶ ἀπῶσαν ὀχῆας·

513 νείκε· Ar. T V¹⁰ V²⁶   515 Φοῖβος] οιος cit. Ammonius
520 παρὰ πατρὶ Ar. vulg. : πὰρ Ζηνὶ ο f k p A Ge   522 ἵκηται v. l.
in A : ἱκάνει codd.   524 ἐφῆπται H¹ P⁸ P⁶ V¹¹ γρ. V¹⁰   525 φόνον
ο k l p A Ge N⁴ V¹   ἐφῆκεν ι L¹⁰ V⁶ V¹⁴: ἐνῆκεν U⁹ V¹ : ἔτευξεν γρ. A :
πολύστονα κήδεα θῆκεν f h al.   530 ὀτρύνων Ar. f p A D V⁶ V¹⁸ al. :
ὀτρυνέων v. l. ant., vulg.   533 κλονέει B C L¹⁸ L¹⁹ Mc N¹ V¹ al.
535 ἐπανθέμεναι Ar. v. l. in A : ἐπ' ἀψ θέμεναι v. l. ant. (τινὲς τῶν κατὰ
πόλεις), vulg.

αἱ δὲ πετασθεῖσαι τεῦξαν φάος· αὐτὰρ Ἀπόλλων
ἀντίος ἐξέθορε, Τρώων ἵνα λοιγὸν ἀλάλκοι.
οἱ δ᾽ ἰθὺς πόλιος καὶ τείχεος ὑψηλοῖο,⁣   540
δίψῃ καρχαλέοι, κεκονιμένοι ἐκ πεδίοιο
φεῦγον· ὁ δὲ σφεδανὸν ἔφεπ᾽ ἔγχεϊ, λύσσα δέ οἱ κῆρ
αἰὲν ἔχε κρατερή, μενέαινε δὲ κῦδος ἀρέσθαι.
Ἔνθα κεν ὑψίπυλον Τροίην ἕλον υἷες Ἀχαιῶν,
εἰ μὴ Ἀπόλλων Φοῖβος Ἀγήνορα δῖον ἀνῆκε,⁣   545
φῶτ᾽ Ἀντήνορος υἱὸν ἀμύμονά τε κρατερόν τε.
ἐν μέν οἱ κραδίῃ θάρσος βάλε, πὰρ δέ οἱ αὐτὸς
ἔστη, ὅπως θανάτοιο βαρείας κῆρας ἀλάλκοι,
φηγῷ κεκλιμένος· κεκάλυπτο δ᾽ ἄρ᾽ ἠέρι πολλῇ.
αὐτὰρ ὅ γ᾽ ὡς ἐνόησεν Ἀχιλλῆα πτολίπορθον,⁣   550
ἔστη, πολλὰ δέ οἱ κραδίη πόρφυρε μένοντι·
ὀχθήσας δ᾽ ἄρα εἶπε πρὸς ὃν μεγαλήτορα θυμόν·
" ὦ μοι ἐγών· εἰ μέν κεν ὑπὸ κρατεροῦ Ἀχιλῆος
φεύγω, τῇ περ οἱ ἄλλοι ἀτυζόμενοι κλονέονται,
αἱρήσει με καὶ ὧς, καὶ ἀνάλκιδα δειροτομήσει.⁣   555
εἰ δ᾽ ἂν ἐγὼ τούτους μὲν ὑποκλονέεσθαι ἐάσω
Πηλεΐδῃ Ἀχιλῆϊ, ποσὶν δ᾽ ἀπὸ τείχεος ἄλλῃ
φεύγω πρὸς πεδίον Ἰλήϊον, ὄφρ᾽ ἂν ἵκωμαι
Ἴδης τε κνημοὺς κατά τε ῥωπήϊα δύω·
ἑσπέριος δ᾽ ἂν ἔπειτα λοεσσάμενος ποταμοῖο⁣   560
ἱδρῶ ἀποψυχθεὶς προτὶ Ἴλιον ἀπονεοίμην—
ἀλλὰ τίη μοι ταῦτα φίλος διελέξατο θυμός;
μή μ᾽ ἀπαειρόμενον πόλιος πεδίονδε νοήσῃ
καί με μεταΐξας μάρψῃ ταχέεσσι πόδεσσιν.
οὐκέτ᾽ ἔπειτ᾽ ἔσται θάνατον καὶ κῆρας ἀλύξαι·⁣   565
λίην γὰρ κρατερὸς περὶ πάντων ἔστ᾽ ἀνθρώπων.

538-539 ath. Zen.   539 ἀμύναι (-η) e g i B C T, v. l. in A al.
   541 καρφαλέοι b k O⁶ V¹⁴   542 σφεδανῶν Ar. p⁹ A B N¹ O² T
548 κῆρας N⁴ cit. Eust. : χεῖρας vulg.   550 Ἀχιλλέα Πηλείωνα v. l.
ant.   551 κιόντι M¹⁰ O² U¹³ V¹   554 κλονέονται p⁹ k n A Ge V¹ :
φοβέονται vulg.: φοβέοντο d h al.   558 Ἰλήϊον Crates L² ss.
560 ἂν] ἄρ᾽ c d f k o al.

21. ΙΛΙΑΔΟΣ Φ

εἰ δέ κέ οἱ προπάροιθε πόλεος κατεναντίον ἔλθω·
καὶ γάρ θην τούτῳ τρωτὸς χρὼς ὀξέϊ χαλκῷ,
ἐν δὲ ἴα ψυχή, θνητὸν δέ ἕ φασ' ἄνθρωποι
ἔμμεναι· αὐτάρ οἱ Κρονίδης Ζεὺς κῦδος ὀπάζει."   570
῾Ὼς εἰπὼν Ἀχιλῆα ἀλεὶς μένεν, ἐν δέ οἱ ἦτορ
ἄλκιμον ὁρμᾶτο πτολεμίζειν ἠδὲ μάχεσθαι.
ἠΰτε πάρδαλις εἶσι βαθείης ἐκ ξυλόχοιο
ἀνδρὸς θηρητῆρος ἐναντίον, οὐδέ τι θυμῷ
ταρβεῖ οὐδὲ φοβεῖται, ἐπεί κεν ὑλαγμὸν ἀκούσῃ·   575
εἴ περ γὰρ φθάμενός μιν ἢ οὐτάσῃ ἠὲ βάλησιν,
ἀλλά τε καὶ περὶ δουρὶ πεπαρμένη οὐκ ἀπολήγει
ἀλκῆς, πρίν γ' ἠὲ ξυμβλήμεναι ἠὲ δαμῆναι·
ὣς Ἀντήνορος υἱὸς ἀγαυοῦ, δῖος Ἀγήνωρ,
οὐκ ἔθελεν φεύγειν, πρὶν πειρήσαιτ' Ἀχιλῆος,   580
ἀλλ' ὅ γ' ἄρ' ἀσπίδα μὲν πρόσθ' ἔσχετο πάντοσ' ἐΐσην,
ἐγχείῃ δ' αὐτοῖο τιτύσκετο, καὶ μέγ' ἀΰτει·
"ἦ δή που μάλ' ἔολπας ἐνὶ φρεσί, φαίδιμ' Ἀχιλλεῦ,
ἤματι τῷδε πόλιν πέρσειν Τρώων ἀγερώχων,
νηπύτι'· ἦ τ' ἔτι πολλὰ τετεύξεται ἄλγε' ἐπ' αὐτῇ.   585
ἐν γάρ οἱ πολέες τε καὶ ἄλκιμοι ἀνέρες εἰμέν,
οἳ καὶ πρόσθε φίλων τοκέων ἀλόχων τε καὶ υἱῶν
Ἴλιον εἰρυόμεσθα· σὺ δ' ἐνθάδε πότμον ἐφέψεις,
ὧδ' ἔκπαγλος ἐὼν καὶ θαρσαλέος πολεμιστής."
῾Η ῥα, καὶ ὀξὺν ἄκοντα βαρείης χειρὸς ἀφῆκε,   590
καί ῥ' ἔβαλε κνήμην ὑπὸ γούνατος οὐδ' ἀφάμαρτεν.
ἀμφὶ δέ οἱ κνημὶς νεοτεύκτου κασσιτέροιο
σμερδαλέον κονάβησε· πάλιν δ' ἀπὸ χαλκὸς ὄρουσε

570 ath. Ar.   573 πάρδαλις Ar. vulg. : πόρδαλις v. l. ant. p⁹
b c g l A B C D T V³² 575 κεν ὑλαγμὸν] κυνυλαγμὸν Zen. (cf.
Stesichorus fr. 85) 576 μιν] τις v. l. ant. (αἱ ἀπὸ τῶν πόλεων), h :
περ d 580 φυγέειν B C N¹ 585 ἦ τ' ἔτι] ἢ μάλα c d k p A Ge :
ἦ τοι M⁴ V¹⁴ τετεύξεται p⁹ c e g k A B C D Gf V¹ : τετεύξεαι vulg.
586 γάρ τοι g h i ἄνδρες ἔνειμεν v. l. ant. (ἐν ταῖς πλείοσι), γρ.
A M¹ U⁴ : ἄνδρες εἰμέν h U¹⁰ 587 οἱ καί Ar. Vi⁵ : οἵ κε v. l. ant. (ἔν
τισι τῶν εἰκαιοτέρων), cet. 590 παχείης l n B C D γρ. A Eust. al.
592 οἱ e i V¹¹ V¹⁸ V²² : μιν vulg.

207

βλημένου, οὐδ' ἐπέρησε, θεοῦ δ' ἠρύκακε δῶρα.
Πηλείδης δ' ὡρμήσατ' Ἀγήνορος ἀντιθέοιο 595
δεύτερος· οὐδ' ἔτ' ἔασεν Ἀπόλλων κῦδος ἀρέσθαι,
ἀλλά μιν ἐξήρπαξε, κάλυψε δ' ἄρ' ἠέρι πολλῇ,
ἡσύχιον δ' ἄρα μιν πολέμου ἔκπεμπε νέεσθαι.
αὐτὰρ ὁ Πηλείωνα δόλῳ ἀποέργαθε λαοῦ·
αὐτῷ γὰρ ἑκάεργος Ἀγήνορι πάντα ἐοικὼς 600
ἔστη πρόσθε ποδῶν, ὁ δ' ἐπέσσυτο ποσσὶ διώκειν·
ᾗος ὁ τὸν πεδίοιο διώκετο πυροφόροιο,
τρέψας πὰρ ποταμὸν βαθυδινήεντα Σκάμανδρον,
τυτθὸν ὑπεκπροθέοντα· δόλῳ δ' ἄρ' ἔθελγεν Ἀπόλλων,
ὡς αἰεὶ ἔλποιτο κιχήσεσθαι ποσὶν οἷσι· 605
τόφρ' ἄλλοι Τρῶες πεφοβημένοι ἦλθον ὁμίλῳ
ἀσπάσιοι προτὶ ἄστυ, πόλις δ' ἔμπλητο ἀλέντων.
οὐδ' ἄρα τοί γ' ἔτλαν πόλιος καὶ τείχεος ἐκτὸς
μεῖναι ἔτ' ἀλλήλους, καὶ γνώμεναι ὅς τε πεφεύγοι
ὅς τ' ἔθαν' ἐν πολέμῳ· ἀλλ' ἐσσυμένως ἐσέχυντο 610
ἐς πόλιν, ὅν τινα τῶν γε πόδες καὶ γοῦνα σαώσαι.

596 ἄναξ Διὸς υἱὸς Ἀπόλλων v. l. in A   597 καλύψας v. l. in A
600 γὰρ Ar. vulg.: γάρ ῥ' v. l. ant. **b e g i k l** al.   606 Τρῶες]
πάντες B C N¹ V¹⁵ V²⁰   607 πύλαι δ' ἔμπληντο Antim. Rhian.:
πύλαι v. l. in A : ἔμπληστο **h q**   610 ἐσσυμένως **c h k p q** A : ἀσπα-
σίως vulg.   ἐπέχυντο Ge M¹⁰ N¹ O⁵ U¹³ V¹¹ V¹²   611 σαῶσαι
Ar. : σάωσεν **b r** U⁴ U⁹ V¹ : σάωσαν vulg.

ΙΛΙΑΔΟΣ Χ

Ὣς οἱ μὲν κατὰ ἄστυ πεφυζότες ἠΰτε νεβροὶ
ἱδρῶ ἀπεψύχοντο πίον τ' ἀκέοντό τε δίψαν,
κεκλιμένοι καλῆσιν ἐπάλξεσιν· αὐτὰρ Ἀχαιοὶ
τείχεος ἆσσον ἴσαν, σάκε' ὤμοισι κλίναντες.
Ἕκτορα δ' αὐτοῦ μεῖναι ὀλοιὴ μοῖρα πέδησεν   5
Ἰλίου προπάροιθε πυλάων τε Σκαιάων.
αὐτὰρ Πηλείωνα προσηύδα Φοῖβος Ἀπόλλων·
"τίπτε με, Πηλέος υἱέ, ποσὶν ταχέεσσι διώκεις,
αὐτὸς θνητὸς ἐὼν θεὸν ἄμβροτον; οὐδέ νύ πώ με
ἔγνως ὡς θεός εἰμι, σὺ δ' ἀσπερχὲς μενεαίνεις.   10
ἦ νύ τοι οὔ τι μέλει Τρώων πόνος, οὓς ἐφόβησας,
οἳ δή τοι εἰς ἄστυ ἄλεν, σὺ δὲ δεῦρο λιάσθης.
οὐ μέν με κτενέεις, ἐπεὶ οὔ τοι μόρσιμός εἰμι."
    Τὸν δὲ μέγ' ὀχθήσας προσέφη πόδας ὠκὺς Ἀχιλλεύς·
"ἔβλαψάς μ', ἑκάεργε, θεῶν ὀλοώτατε πάντων,   15
ἐνθάδε νῦν τρέψας ἀπὸ τείχεος· ἦ κ' ἔτι πολλοὶ
γαῖαν ὀδὰξ εἷλον πρὶν Ἴλιον εἰσαφικέσθαι.
νῦν δ' ἐμὲ μὲν μέγα κῦδος ἀφείλεο, τοὺς δὲ σάωσας
ῥηϊδίως, ἐπεὶ οὔ τι τίσιν γ' ἔδεισας ὀπίσσω.
ἦ σ' ἂν τεισαίμην, εἴ μοι δύναμίς γε παρείη."   20
    Ὣς εἰπὼν προτὶ ἄστυ μέγα φρονέων ἐβεβήκει,

    2 ἀπεψύχοντο et ἀνεψύχοντο Ατ. (διχῶς): hoc A ss., Oᵇ W⁴, γρ. M¹
U⁴   7 αὐτὰρ ὁ P¹ Pᵘ¹ M⁷ M⁸ U¹⁰   10 a
            Ἰλίου ἐξαλαπάξαι ἐϋκτίμενον πτολίεθρον
add. Pᵘ   13 μοι pro τοι Pᵘᵇ P¹⁰¹ : με μοιρ[mg. P¹   15 δολοώτατε
v. l. ant.

σευάμενος ὥς θ' ἵππος ἀεθλοφόρος σὺν ὄχεσφιν,
ὅς ῥά τε ῥεῖα θέῃσι τιταινόμενος πεδίοιο·
ὣς Ἀχιλεὺς λαιψηρὰ πόδας καὶ γούνατ' ἐνώμα.

Τὸν δ' ὁ γέρων Πρίαμος πρῶτος ἴδεν ὀφθαλμοῖσι,   25
παμφαίνονθ' ὥς τ' ἀστέρ' ἐπεσσύμενον πεδίοιο,
ὅς ῥά τ' ὀπώρης εἶσιν, ἀρίζηλοι δέ οἱ αὐγαὶ
φαίνονται πολλοῖσι μετ' ἀστράσι νυκτὸς ἀμολγῷ·
ὅν τε κύν' Ὠρίωνος ἐπίκλησιν καλέουσι.
λαμπρότατος μὲν ὅ γ' ἐστί, κακὸν δέ τε σῆμα τέτυκται,   30
καί τε φέρει πολλὸν πυρετὸν δειλοῖσι βροτοῖσιν·
ὣς τοῦ χαλκὸς ἔλαμπε περὶ στήθεσσι θέοντος.
ᾤμωξεν δ' ὁ γέρων, κεφαλὴν δ' ὅ γε κόψατο χερσὶν
ὑψόσ' ἀνασχόμενος, μέγα δ' οἰμώξας ἐγεγώνει
λισσόμενος φίλον υἱόν· ὁ δὲ προπάροιθε πυλάων   35
ἑστήκει, ἄμοτον μεμαὼς Ἀχιλῆϊ μάχεσθαι·
τὸν δ' ὁ γέρων ἐλεεινὰ προσηύδα χεῖρας ὀρεγνύς·
"Ἕκτορ, μή μοι μίμνε, φίλον τέκος, ἀνέρα τοῦτον
οἶος ἄνευθ' ἄλλων, ἵνα μὴ τάχα πότμον ἐπίσπῃς
Πηλείωνι δαμείς, ἐπεὶ ἦ πολὺ φέρτερός ἐστι,   40
σχέτλιος· αἴθε θεοῖσι φίλος τοσσόνδε γένοιτο
ὅσσον ἐμοί· τάχα κέν ἑ κύνες καὶ γῦπες ἔδοιεν
κείμενον· ἦ κέ μοι αἰνὸν ἀπὸ πραπίδων ἄχος ἔλθοι·
ὅς μ' υἱῶν πολλῶν τε καὶ ἐσθλῶν εὖνιν ἔθηκε,
κτείνων καὶ περνὰς νήσων ἔπι τηλεδαπάων.   45
καὶ γὰρ νῦν δύο παῖδε, Λυκάονα καὶ Πολύδωρον,
οὐ δύναμαι ἰδέειν Τρώων εἰς ἄστυ ἀλέντων,
τούς μοι Λαοθόη τέκετο, κρείουσα γυναικῶν.
ἀλλ' εἰ μὲν ζώουσι μετὰ στρατῷ, ἦ τ' ἂν ἔπειτα
χαλκοῦ τε χρυσοῦ τ' ἀπολυσόμεθ'· ἔστι γὰρ ἔνδον·   50
πολλὰ γὰρ ὤπασε παιδὶ γέρων ὀνομάκλυτος Ἄλτης.

23 ῥα om. D V¹ W³, γρ. U⁴   29 κυνωρίωνος Sidonius (ὑφ' ἕν)
31 μερόπεσσι ꝕ¹²: παυ]τ[εσσι Philodem. π. ἀγ. βασ. 20. 10   32 περὶ]
ἐπὶ Ϝ: ἐνὶ D   33 λάζετο h: ἥψατο U⁹   42 ἔδοιεν Ar.: ἔδοιντο
qu. ϐ B: ἔδονται codd.   45 θηλυτεράων v. l. ant.: ἀλλοδαπάων cit.
Eust.   48 οὓς v. l. ant. D V¹⁰   49 ἦ] ευ ꝕ¹²   50 ἀπολύσομεν
v. l. in A   51 παιδὶ φίλη v. l. ant. (αἱ ἀπὸ τῶν πόλεων): παιδὶ γὰρ
ὤπασε πολλὰ Aristoph. uv.

22. ΙΛΙΑΔΟΣ Χ

εἰ δ' ἤδη τεθνᾶσι καὶ εἰν Ἀίδαο δόμοισιν,
ἄλγος ἐμῷ θυμῷ καὶ μητέρι, τοὶ τεκόμεσθα·
λαοῖσιν δ' ἄλλοισι μινυνθαδιώτερον ἄλγος
ἔσσεται, ἢν μὴ καὶ σὺ θάνῃς Ἀχιλῆι δαμασθείς.   55
ἀλλ' εἰσέρχεο τεῖχος, ἐμὸν τέκος, ὄφρα σαώσῃς
Τρῶας καὶ Τρῳάς, μηδὲ μέγα κῦδος ὀρέξῃς
Πηλείδῃ, αὐτὸς δὲ φίλης αἰῶνος ἀμερθῇς.
πρὸς δ' ἐμὲ τὸν δύστηνον ἔτι φρονέοντ' ἐλέησον,
δύσμορον, ὅν ῥα πατὴρ Κρονίδης ἐπὶ γήραος οὐδῷ   60
αἴσῃ ἐν ἀργαλέῃ φθίσει, κακὰ πόλλ' ἐπιδόντα,
υἷάς τ' ὀλλυμένους ἑλκηθείσας τε θύγατρας,
καὶ θαλάμους κεραϊζομένους, καὶ νήπια τέκνα
βαλλόμενα προτὶ γαίῃ ἐν αἰνῇ δηϊοτῆτι,
ἑλκομένας τε νυοὺς ὀλοῆς ὑπὸ χερσὶν Ἀχαιῶν.   65
αὐτὸν δ' ἂν πύματόν με κύνες πρώτῃσι θύρῃσιν
ὠμησταὶ ἐρύουσιν, ἐπεί κέ τις ὀξέι χαλκῷ
τύψας ἠὲ βαλὼν ῥεθέων ἐκ θυμὸν ἕληται,
οὓς τρέφον ἐν μεγάροισι τραπεζῆας θυραωρούς,
οἵ κ' ἐμὸν αἷμα πιόντες ἀλύσσοντες περὶ θυμῷ   70
κείσοντ' ἐν προθύροισι. νέῳ δέ τε πάντ' ἐπέοικεν
ἀρηϊκταμένῳ, δεδαϊγμένῳ ὀξέι χαλκῷ,
κεῖσθαι· πάντα δὲ καλὰ θανόντι περ, ὅττι φανήῃ·
ἀλλ' ὅτε δὴ πολιόν τε κάρη πολιόν τε γένειον
αἰδῶ τ' αἰσχύνωσι κύνες κταμένοιο γέροντος,   75
τοῦτο δὴ οἴκτιστον πέλεται δειλοῖσι βροτοῖσιν."
    Ἦ ῥ' ὁ γέρων, πολιὰς δ' ἄρ' ἀνὰ τρίχας ἕλκετο χερσὶ
τίλλων ἐκ κεφαλῆς· οὐδ' Ἕκτορι θυμὸν ἔπειθε.
μήτηρ δ' αὖθ' ἑτέρωθεν ὀδύρετο δάκρυ χέουσα,
κόλπον ἀνιεμένη, ἑτέρηφι δὲ μαζὸν ἀνέσχε·   80
καί μιν δάκρυ χέουσ' ἔπεα πτερόεντα προσηύδα·

56 φίλον θάλος v. l. ant. (cf. 87)   59 φρονέων h V² V³²: ζώοντ'
v. l. ʂ T   ἐλέαιρε g h p C   61 αἴσῃ] νούσῳ Plut. vit. Hom.
ii. 67: δῄη Stob. Flor. 104. 1   64 γαίῃ] ἄστυ Stob. l. c. V¹⁶
69 θυραωρούς Ar. D⁸ γρ. U⁴: πυλαωρούς vulg.   76 φα]νειη p¹²

"῞Εκτορ, τέκνον ἐμόν, τάδε τ' αἴδεο καί μ' ἐλέησον
αὐτήν, εἴ ποτέ τοι λαθικηδέα μαζὸν ἐπέσχον·
τῶν μνῆσαι, φίλε τέκνον, ἄμυνε δὲ δήϊον ἄνδρα
τείχεος ἐντὸς ἐών, μηδὲ πρόμος ἵστασο τούτῳ,   85
σχέτλιος· εἴ περ γάρ σε κατακτάνῃ, οὔ σ' ἔτ' ἔγωγε
κλαύσομαι ἐν λεχέεσσι, φίλον θάλος, ὃν τέκον αὐτή,
οὐδ' ἄλοχος πολύδωρος· ἄνευθε δέ σε μέγα νῶϊν
'Αργείων παρὰ νηυσὶ κύνες ταχέες κατέδονται."
    ῝Ως τώ γε κλαίοντε προσαυδήτην φίλον υἱόν,   90
πολλὰ λισσομένω· οὐδ' ῞Εκτορι θυμὸν ἔπειθον,
ἀλλ' ὅ γε μίμν' 'Αχιλῆα πελώριον ἆσσον ἰόντα.
ὡς δὲ δράκων ἐπὶ χειῇ ὀρέστερος ἄνδρα μένῃσι,
βεβρωκὼς κακὰ φάρμακ', ἔδυ δέ τέ μιν χόλος αἰνός,
σμερδαλέον δὲ δέδορκεν ἑλισσόμενος περὶ χειῇ·   95
ὣς ῞Εκτωρ ἄσβεστον ἔχων μένος οὐχ ὑπεχώρει,
πύργῳ ἔπι προὔχοντι φαεινὴν ἀσπίδ' ἐρείσας·
ὀχθήσας δ' ἄρα εἶπε πρὸς ὃν μεγαλήτορα θυμόν·
" ὤ μοι ἐγών, εἰ μέν κε πύλας καὶ τείχεα δύω,
Πουλυδάμας μοι πρῶτος ἐλεγχείην ἀναθήσει,   100
ὅς μ' ἐκέλευε Τρωσὶ ποτὶ πτόλιν ἡγήσασθαι
νύχθ' ὕπο τήνδ' ὀλοήν, ὅτε τ' ὤρετο δῖος 'Αχιλλεύς.
ἀλλ' ἐγὼ οὐ πιθόμην· ἦ τ' ἂν πολὺ κέρδιον ἦεν.
νῦν δ' ἐπεὶ ὤλεσα λαὸν ἀτασθαλίῃσιν ἐμῇσιν,
αἰδέομαι Τρῶας καὶ Τρῳάδας ἑλκεσιπέπλους,   105
μή ποτέ τις εἴπῃσι κακώτερος ἄλλος ἐμεῖο·
'῞Εκτωρ ἧφι βίηφι πιθήσας ὤλεσε λαόν.'
ὣς ἐρέουσιν· ἐμοὶ δὲ τότ' ἂν πολὺ κέρδιον εἴη
ἄντην ἢ 'Αχιλῆα κατακτείναντα νέεσθαι,
ἠέ κεν αὐτῷ ὀλέσθαι ἐϋκλειῶς πρὸ πόληος.   110

83 ἀνέσχον Ge N⁴ V⁵ V¹¹ Eust.   85 ἐών Ar. 1q A B C al.: ἰών cet.
    87 φίλον τέκος f k p A T   93 ὀρέστερον Bm⁶ P³, A L⁸ corr.
ὀρέστερον ἄνδρα δοκεύῃ v. l. ant. (ἔνιαι τῶν κατὰ πόλεις)   99 οἰμοι . . η
p¹²   99 α λωβητος κεν ιο[p¹²   100 ἐπιθήσει Cic. ad Att. vii. 1. 4,
r : καταχεύει Eust.   102 νυκτα ποτι δνοφ[p¹²   ὕπο λυγαίην
E. M. 571. 22   103, 108 κέρδιον] κάλλιον v. l. ant. (αἱ κατ' ἄνδρα
108)   το]δ . . . ηε[ν p¹²   109 κατακτείναντα et -αντι Ar. (διχῶς):
hoc 1 L² L¹² O⁵   110 η[ ]τωι π[ ]ηος ευκλειω, p¹²

εἰ δέ κεν ἀσπίδα μὲν καταθείομαι ὀμφαλόεσσαν
καὶ κόρυθα βριαρήν, δόρυ δὲ πρὸς τεῖχος ἐρείσας
αὐτὸς ἰὼν Ἀχιλῆος ἀμύμονος ἀντίος ἔλθω
καί οἱ ὑπόσχωμαι Ἑλένην καὶ κτήμαθ' ἅμ' αὐτῇ,
πάντα μάλ' ὅσσα τ' Ἀλέξανδρος κοίλης ἐνὶ νηυσὶν   115
ἠγάγετο Τροίηνδ', ἥ τ' ἔπλετο νείκεος ἀρχή,
δωσέμεν Ἀτρεΐδῃσιν ἄγειν, ἅμα δ' ἀμφὶς Ἀχαιοῖς
ἄλλ' ἀποδάσσεσθαι, ὅσα τε πτόλις ἥδε κέκευθε·
Τρωσὶν δ' αὖ μετόπισθε γερούσιον ὅρκον ἕλωμαι
μή τι κατακρύψειν, ἀλλ' ἄνδιχα πάντα δάσασθαι   120
κτῆσιν ὅσην πτολίεθρον ἐπήρατον ἐντὸς ἐέργει·
ἀλλὰ τίη μοι ταῦτα φίλος διελέξατο θυμός;
μή μιν ἐγὼ μὲν ἵκωμαι ἰών, ὁ δέ μ' οὐκ ἐλεήσει
οὐδέ τί μ' αἰδέσεται, κτενέει δέ με γυμνὸν ἐόντα
αὔτως ὥς τε γυναῖκα, ἐπεί κ' ἀπὸ τεύχεα δύω.   125
οὐ μέν πως νῦν ἔστιν ἀπὸ δρυὸς οὐδ' ἀπὸ πέτρης
τῷ ὀαριζέμεναι, ἅ τε παρθένος ἠΐθεός τε,
παρθένος ἠΐθεός τ' ὀαρίζετον ἀλλήλοιιν.
βέλτερον αὖτ' ἔριδι ξυνελαυνέμεν ὅττι τάχιστα·
εἴδομεν ὁπποτέρῳ κεν Ὀλύμπιος εὖχος ὀρέξῃ."   130
Ὣς ὅρμαινε μένων, ὁ δέ οἱ σχεδὸν ἦλθεν Ἀχιλλεὺς
ἶσος Ἐννυαλίῳ, κορυθάϊκι πτολεμιστῇ,
σείων Πηλιάδα μελίην κατὰ δεξιὸν ὦμον
δεινήν· ἀμφὶ δὲ χαλκὸς ἐλάμπετο εἴκελος αὐγῇ
ἢ πυρὸς αἰθομένου ἢ ἠελίου ἀνιόντος.   135
Ἕκτορα δ', ὡς ἐνόησεν, ἕλε τρόμος· οὐδ' ἄρ' ἔτ' ἔτλη
αὖθι μένειν, ὀπίσω δὲ πύλας λίπε, βῆ δὲ φοβηθείς·
Πηλείδης δ' ἐπόρουσε ποσὶ κραιπνοῖσι πεποιθώς.
ἠΰτε κίρκος ὄρεσφιν, ἐλαφρότατος πετεηνῶν,
ῥηϊδίως οἴμησε μετὰ τρήρωνα πέλειαν,   140

111 ὅπλα τε πάντα p⁹   115 ἐνὶ] ἐπὶ ο p A D U⁵ V¹⁴   116 Τροίην
h M¹⁰ U¹³ V¹⁰   118 ὅσα τε] ὅσσα e g h i k m A B C T al.   119 ὁμοῦ-
μαι v. l. in A   121 om. n p r p²⁷ uv. A D M¹⁰ U⁹ V¹   122 τί
δή v. l. ant. (uv.)   125 επην απο p¹²   126 a]πολεμοιο μεμαοτα
δακρυοεντος p¹²   129 ὅττι] ὄφρα v. l. in A   130 κρονιδης ζευς κυδος
p¹²   post 132 vm. add. p¹² (uv.)   135 αιθομένοιο f h al.   138 ταχε
εσσ[ι διωκων] p¹²   140 καρπαλιμ[ως] ωρμη[p¹²

213

ἢ δέ θ' ὕπαιθα φοβεῖται, ὁ δ' ἐγγύθεν ὀξὺ λεληκὼς
ταρφέ' ἐπαΐσσει, ἐλέειν τέ ἐ θυμὸς ἀνώγει·
ὣς ἄρ' ὅ γ' ἐμμεμαὼς ἰθὺς πέτετο, τρέσε δ' Ἕκτωρ
τεῖχος ὕπο Τρώων, λαιψηρὰ δὲ γούνατ' ἐνώμα.
οἱ δὲ παρὰ σκοπιὴν καὶ ἐρινεὸν ἠνεμόεντα   145
τείχεος αἰὲν ὑπὲκ κατ' ἀμαξιτὸν ἐσσεύοντο,
κρουνὼ δ' ἵκανον καλλιρρόω· ἔνθα δὲ πηγαὶ
δοιαὶ ἀναΐσσουσι Σκαμάνδρου δινήεντος.
ἡ μὲν γάρ θ' ὕδατι λιαρῷ ῥέει, ἀμφὶ δὲ καπνὸς
γίγνεται ἐξ αὐτῆς ὡς εἰ πυρὸς αἰθομένοιο·   150
ἡ δ' ἑτέρη θέρεϊ προρέει ἐϊκυῖα χαλάζῃ,
ἢ χιόνι ψυχρῇ, ἢ ἐξ ὕδατος κρυστάλλῳ.
ἔνθα δ' ἐπ' αὐτάων πλυνοὶ εὐρέες ἐγγὺς ἔασι
καλοὶ λαΐνεοι, ὅθι εἵματα σιγαλόεντα
πλύνεσκον Τρώων ἄλοχοι καλαί τε θύγατρες   155
τὸ πρὶν ἐπ' εἰρήνης, πρὶν ἐλθεῖν υἷας Ἀχαιῶν.
τῇ ῥα παραδραμέτην, φεύγων, ὁ δ' ὄπισθε διώκων·
πρόσθε μὲν ἐσθλὸς ἔφευγε, δίωκε δέ μιν μέγ' ἀμείνων
καρπαλίμως, ἐπεὶ οὐχ ἱερήιον οὐδὲ βοείην
ἀρνύσθην, ἅ τε ποσσὶν ἀέθλια γίγνεται ἀνδρῶν,   160
ἀλλὰ περὶ ψυχῆς θέον Ἕκτορος ἱπποδάμοιο.
ὡς δ' ὅτ' ἀεθλοφόροι περὶ τέρματα μώνυχες ἵπποι
ῥίμφα μάλα τρωχῶσι· τὸ δὲ μέγα κεῖται ἄεθλον,
ἢ τρίπος ἠὲ γυνή, ἀνδρὸς κατατεθνηῶτος·
ὣς τὼ τρὶς Πριάμοιο πόλιν πέρι δινηθήτην   165
καρπαλίμοισι πόδεσσι· θεοὶ δ' ἐς πάντες ὁρῶντο·
τοῖσι δὲ μύθων ἦρχε πατὴρ ἀνδρῶν τε θεῶν τε·
" ὢ πόποι, ἦ φίλον ἄνδρα διωκόμενον περὶ τεῖχος

142 επαισσει ν[p¹²   144 τείχει k A ss. B C L¹⁸ N¹ V⁴ V¹⁵
145 ἠνεμόεσσαν A ss. V¹   146 ὑπὲρ e V¹   149 χλιαρῷ h U⁵ V¹⁰
    154 ὅθι] τόθι p¹²   158 a
                   φεύγ' υἱὸς Πριάμοιο δίωκε δὲ δῖος Ἀχιλλεύς
add. quidam ant.   162 τέρμασι B C M⁴ N¹ V¹⁴ V¹⁶ V²⁰   163 κεῖται
μέγ' h   166 δ' ἐς] δέ τε e l q B C N¹ N⁴ : δὲ b h n D M¹³   168 περὶ
ἄστυ cit. Plat. Rep. 388 c

22. ΙΛΙΑΔΟΣ Χ

ὀφθαλμοῖσιν ὁρῶμαι· ἐμὸν δ' ὀλοφύρεται ἦτορ
Ἕκτορος, ὅς μοι πολλὰ βοῶν ἐπὶ μηρί' ἔκηεν   170
Ἴδης ἐν κορυφῇσι πολυπτύχου, ἄλλοτε δ' αὖτε
ἐν πόλει ἀκροτάτῃ· νῦν αὖτέ ἑ δῖος Ἀχιλλεὺς
ἄστυ πέρι Πριάμοιο ποσὶν ταχέεσσι διώκει.
ἀλλ' ἄγετε φράζεσθε, θεοί, καὶ μητιάασθε
ἠέ μιν ἐκ θανάτοιο σαώσομεν, ἦέ μω ἤδη   175
Πηλείδῃ Ἀχιλῆϊ δαμάσσομεν ἐσθλὸν ἐόντα."
   Τὸν δ' αὖτε προσέειπε θεὰ γλαυκῶπις Ἀθήνη·
" ὦ πάτερ ἀργικέραυνε, κελαινεφές, οἷον ἔειπες·
ἄνδρα θνητὸν ἐόντα, πάλαι πεπρωμένον αἴσῃ,
ἂψ ἐθέλεις θανάτοιο δυσηχέος ἐξαναλῦσαι;   180
ἔρδ'· ἀτὰρ οὔ τοι πάντες ἐπαινέομεν θεοὶ ἄλλοι."
   Τὴν δ' ἀπαμειβόμενος προσέφη νεφεληγερέτα Ζεύς·
" θάρσει, Τριτογένεια, φίλον τέκος· οὔ νύ τι θυμῷ
πρόφρονι μυθέομαι, ἐθέλω δέ τοι ἤπιος εἶναι·
ἔρξον ὅπῃ δή τοι νόος ἔπλετο, μηδ' ἔτ' ἐρώει."   185
   Ὣς εἰπὼν ὄτρυνε πάρος μεμαυῖαν Ἀθήνην·
βῆ δὲ κατ' Οὐλύμποιο καρήνων ἀΐξασα.
   Ἕκτορα δ' ἀσπερχὲς κλονέων ἔφεπ' ὠκὺς Ἀχιλλεύς.
ὡς δ' ὅτε νεβρὸν ὄρεσφι κύων ἐλάφοιο δίηται,
ὄρσας ἐξ εὐνῆς, διά τ' ἄγκεα καὶ διὰ βήσσας·   190
τὸν δ' εἴ πέρ τε λάθῃσι καταπτήξας ὑπὸ θάμνῳ,
ἀλλά τ' ἀνιχνεύων θέει ἔμπεδον, ὄφρα κεν εὕρῃ·
ὣς Ἕκτωρ οὐ λῆθε ποδώκεα Πηλείωνα.
ὁσσάκι δ' ὁρμήσειε πυλάων Δαρδανιάων
ἀντίον ἀΐξασθαι ἐϋδμήτους ὑπὸ πύργους,   195
εἴ πώς οἱ καθύπερθεν ἀλάλκοιεν βελέεσσι,
τοσσάκι μιν προπάροιθεν ἀποστρέψασκε παραφθὰς
πρὸς πεδίον· αὐτὸς δὲ ποτὶ πτόλιος πέτετ' αἰεί.

194 ὁρμήσαιτο b U10   195 ὑπὸ p9 c k 1 A D al.: ἐπὶ vulg.: ποτὶ V10
   197 ἀποστρέψασκε et παραστρέψασκε Ar. (διχῶς): illud vulg.: ἀπο-
τρέψασκε p9 1 L18 M8 U5 V10   παραστὰς b h N1 N4 V1 V10   αχιλλευς
p12

ὡς δ' ἐν ὀνείρῳ οὐ δύναται φεύγοντα διώκειν·
οὔτ' ἄρ' ὁ τὸν δύναται ὑποφεύγειν οὔθ' ὁ διώκειν·   200
ὡς ὁ τὸν οὐ δύνατο μάρψαι ποσίν, οὐδ' ὃς ἀλύξαι.
πῶς δέ κεν Ἕκτωρ κῆρας ὑπεξέφυγεν θανάτοιο,
εἰ μή οἱ πύματόν τε καὶ ὕστατον ἤντετ' Ἀπόλλων
ἐγγύθεν, ὅς οἱ ἐπῶρσε μένος λαιψηρά τε γοῦνα;
λαοῖσιν δ' ἀνένευε καρήατι δῖος Ἀχιλλεύς,   205
οὐδ' ἔα ἱέμεναι ἐπὶ Ἕκτορι πικρὰ βέλεμνα,
μή τις κῦδος ἄροιτο βαλών, ὁ δὲ δεύτερος ἔλθοι.
ἀλλ' ὅτε δὴ τὸ τέταρτον ἐπὶ κρουνοὺς ἀφίκοντο,
καὶ τότε δὴ χρύσεια πατὴρ ἐτίταινε τάλαντα,
ἐν δὲ τίθει δύο κῆρε τανηλεγέος θανάτοιο,   210
τὴν μὲν Ἀχιλλῆος, τὴν δ' Ἕκτορος ἱπποδάμοιο,
ἕλκε δὲ μέσσα λαβών· ῥέπε δ' Ἕκτορος αἴσιμον ἦμαρ,
ᾤχετο δ' εἰς Ἀίδαο, λίπεν δέ ἑ Φοῖβος Ἀπόλλων.
Πηλείωνα δ' ἵκανε θεὰ γλαυκῶπις Ἀθήνη,
ἀγχοῦ δ' ἱσταμένη ἔπεα πτερόεντα προσηύδα·   215
" νῦν δὴ νῶι ἔολπα, Διὶ φίλε φαίδιμ' Ἀχιλλεῦ,
οἴσεσθαι μέγα κῦδος Ἀχαιοῖσι προτὶ νῆας,
Ἕκτορα δῃώσαντε μάχης ἄατόν περ ἐόντα.
οὔ οἱ νῦν ἔτι γ' ἔστι πεφυγμένον ἄμμε γενέσθαι,
οὐδ' εἴ κεν μάλα πολλὰ πάθοι ἑκάεργος Ἀπόλλων   220
προπροκυλινδόμενος πατρὸς Διὸς αἰγιόχοιο.
ἀλλὰ σὺ μὲν νῦν στῆθι καὶ ἄμπνυε, τόνδε δ' ἐγώ τοι
οἰχομένη πεπιθήσω ἐναντίβιον μαχέσασθαι."
    Ὡς φάτ' Ἀθηναίη, ὁ δ' ἐπείθετο, χαῖρε δὲ θυμῷ,
στῆ δ' ἄρ' ἐπὶ μελίης χαλκογλώχινος ἐρεισθείς.   225
ἡ δ' ἄρα τὸν μὲν ἔλειπε, κιχήσατο δ' Ἕκτορα δῖον
Δηιφόβῳ ἐικυῖα δέμας καὶ ἀτειρέα φωνήν·

199-201 ath. Ar   199 οὐ] τὸν οὐ p⁰   201 ὥς ῥα p⁰ k p A B
C N¹ N   202 ὑπεξέφερεν Aristoph. p⁹   205 ἄλλοισιν p⁹ h i q
A D V¹ v. l. ap. Eust. al.   207 βαλών] ἐλών g   211 ἀνδροφόνοιο
cit. Max. Tyr. x. 8   212 μέσσα] ῥύμα Chrysippus   216 νῶιν
Zen. N⁴ P³ P¹⁷ : νῶι γ' cet.   218 δῃώσαντα h   ἄατόν p q L¹⁸ Mc
N⁴ V⁴ V⁶ V¹⁰ γρ. U⁴ : ἆτον vulg.

ἀγχοῦ δ' ἱσταμένη ἔπεα πτερόεντα προσηύδα·
" ἠθεῖ', ἦ μάλα δή σε βιάζεται ὠκὺς Ἀχιλλεύς,
ἄστυ πέρι Πριάμοιο ποσὶν ταχέεσσι διώκων·   230
ἀλλ' ἄγε δὴ στέωμεν καὶ ἀλεξώμεσθα μένοντες."
    Τὴν δ' αὖτε προσέειπε μέγας κορυθαίολος Ἕκτωρ·
" Δηΐφοβ', ἦ μέν μοι τὸ πάρος πολὺ φίλτατος ἦσθα
γνωτῶν, οὓς Ἑκάβη ἠδὲ Πρίαμος τέκε παῖδας·
νῦν δ' ἔτι καὶ μᾶλλον νοέω φρεσὶ τιμήσασθαι,   235
ὃς ἔτλης ἐμεῦ εἵνεκ', ἐπεὶ ἴδες ὀφθαλμοῖσι,
τείχεος ἐξελθεῖν, ἄλλοι δ' ἔντοσθε μένουσι."
    Τὸν δ' αὖτε προσέειπε θεὰ γλαυκῶπις Ἀθήνη·
" ἠθεῖ', ἦ μὲν πολλὰ πατὴρ καὶ πότνια μήτηρ
λίσσονθ' ἑξείης γουνούμενοι, ἀμφὶ δ' ἑταῖροι,   240
αὖθι μένειν· τοῖον γὰρ ὑποτρομέουσιν ἅπαντες·
ἀλλ' ἐμὸς ἔνδοθι θυμὸς ἐτείρετο πένθεϊ λυγρῷ.
νῦν δ' ἰθὺς μεμαῶτε μαχώμεθα, μηδέ τι δούρων
ἔστω φειδωλή, ἵνα εἴδομεν εἴ κεν Ἀχιλλεὺς
νῶϊ κατακτείνας ἔναρα βροτόεντα φέρηται   245
νῆας ἔπι γλαφυράς, ἦ κεν σῷ δουρὶ δαμήῃ."
    Ὣς φαμένη καὶ κερδοσύνῃ ἡγήσατ' Ἀθήνη·
οἱ δ' ὅτε δὴ σχεδὸν ἦσαν ἐπ' ἀλλήλοισιν ἰόντες,
τὸν πρότερος προσέειπε μέγας κορυθαίολος Ἕκτωρ·
" οὔ σ' ἔτι, Πηλέος υἱέ, φοβήσομαι, ὡς τὸ πάρος περ   250
τρὶς περὶ ἄστυ μέγα Πριάμου δίον, οὐδέ ποτ' ἔτλην
μεῖναι ἐπερχόμενον· νῦν αὖτέ με θυμὸς ἀνῆκε
στήμεναι ἀντία σεῖο· ἕλοιμί κεν, ἤ κεν ἁλοίην.
ἀλλ' ἄγε δεῦρο θεοὺς ἐπιδώμεθα· τοὶ γὰρ ἄριστοι
μάρτυροι ἔσσονται καὶ ἐπίσκοποι ἁρμονιάων·   255
οὐ γὰρ ἐγώ σ' ἔκπαγλον ἀεικιῶ, αἴ κεν ἐμοὶ Ζεὺς

236 δς] ὡς o ● f B C Ge Mc N⁴ T V³³   247 κερδοσύνης v. l. ant.
A ss.   251 δίον] δίες v. l. ant. (αἱ χαριέστεραι), fort. p¹² V¹⁰ : δῖος V²
    ἔτλης p¹²   252 ανωγει p¹²   253 ἀλοίμην L⁸ U² : ἐλοίμην
L⁶ L⁸ M⁷ V¹ V¹⁰ V¹⁸   254 ἐπιδωσόμεθ' οἱ 1: ἐπιβώμεθα· τοὶ M¹⁰ V¹
255 μάρτυρες Zen. P¹ U³

δώῃ καμμονίην, σὴν δὲ ψυχὴν ἀφέλωμαι·
ἀλλ' ἐπεὶ ἄρ κέ σε συλήσω κλυτὰ τεύχε', Ἀχιλλεῦ,
νεκρὸν Ἀχαιοῖσιν δώσω πάλιν· ὧς δὲ σὺ ῥέζειν."

Τὸν δ' ἄρ' ὑπόδρα ἰδὼν προσέφη πόδας ὠκὺς Ἀχιλλεύς·
"Ἕκτορ, μή μοι, ἄλαστε, συνημοσύνας ἀγόρευε·　　　261
ὡς οὐκ ἔστι λέουσι καὶ ἀνδράσιν ὅρκια πιστά,
οὐδὲ λύκοι τε καὶ ἄρνες ὁμόφρονα θυμὸν ἔχουσιν,
ἀλλὰ κακὰ φρονέουσι διαμπερὲς ἀλλήλοισιν,
ὡς οὐκ ἔστ' ἐμὲ καὶ σὲ φιλήμεναι, οὐδέ τι νῶϊν　　　265
ὅρκια ἔσσονται, πρίν γ' ἢ ἕτερόν γε πεσόντα
αἵματος ἆσαι Ἄρηα, ταλαύρινον πολεμιστήν.
παντοίης ἀρετῆς μιμνήσκεο· νῦν σε μάλα χρὴ
αἰχμητήν τ' ἔμεναι καὶ θαρσαλέον πολεμιστήν.
οὔ τοι ἔτ' ἔσθ' ὑπάλυξις, ἄφαρ δέ σε Παλλὰς Ἀθήνη　　270
ἔγχει ἐμῷ δαμάᾳ· νῦν δ' ἀθρόα πάντ' ἀποτείσεις
κήδε' ἐμῶν ἑτάρων, οὓς ἔκτανες ἔγχεϊ θύων."

Ἦ ῥα, καὶ ἀμπεπαλὼν προΐει δολιχόσκιον ἔγχος·
καὶ τὸ μὲν ἄντα ἰδὼν ἠλεύατο φαίδιμος Ἕκτωρ·
ἕζετο γὰρ προϊδών, τὸ δ' ὑπέρπτατο χάλκεον ἔγχος,　　275
ἐν γαίῃ δ' ἐπάγη· ἀνὰ δ' ἥρπασε Παλλὰς Ἀθήνη,
ἂψ δ' Ἀχιλῆϊ δίδου, λάθε δ' Ἕκτορα, ποιμένα λαῶν.
Ἕκτωρ δὲ προσέειπεν ἀμύμονα Πηλεΐωνα·
"ἤμβροτες, οὐδ' ἄρα πώ τι, θεοῖς ἐπιείκελ' Ἀχιλλεῦ,
ἐκ Διὸς ἠείδης τὸν ἐμὸν μόρον· ἦ τοι ἔφης γε·　　　280
ἀλλά τις ἀρτιεπὴς καὶ ἐπίκλοπος ἔπλεο μύθων,
ὄφρα σ' ὑποδείσας μένεος ἀλκῆς τε λάθωμαι.
οὐ μέν μοι φεύγοντι μεταφρένῳ ἐν δόρυ πήξεις,
ἀλλ' ἰθὺς μεμαῶτι διὰ στήθεσφιν ἔλασσον,
εἴ τοι ἔδωκε θεός· νῦν αὖτ' ἐμὸν ἔγχος ἄλευαι　　　285

259 ῥέξεις f n Gf V¹ : ῥέζε P² ss. P⁷　　259 a [　　]　　259 b τρωες
και τρωων αλοχοι λελαχωσιθ [ανοντα p¹²　　265 οὐδέ τι g h i p q A ss.
D V¹ : οὔτέ τι vulg. : οὔτέ τε e B C N¹ V¹¹ V¹⁸ V²⁰　　266 γ' om. p⁹
p⁸³ U⁹ V¹¹ V¹⁴ (uv.)　　275 μείλινον ἔγχος v. l. in A　　281 μύθοις
A ss., v. l. ap. Eust.　　284 μεμαῶτα h　　ἔλασσε h L⁸

χάλκεον· ὡς δή μιν σῷ ἐν χροῒ πᾶν κομίσαιο.
καί κεν ἐλαφρότερος πόλεμος Τρώεσσι γένοιτο
σεῖο καταφθιμένοιο· σὺ γάρ σφισι πῆμα μέγιστον."
  Ἦ ῥα, καὶ ἀμπεπαλὼν προΐει δολιχόσκιον ἔγχος,
καὶ βάλε Πηλεΐδαο μέσον σάκος οὐδ' ἀφάμαρτε·   290
τῆλε δ' ἀπεπλάγχθη σάκεος δόρυ· χώσατο δ' Ἕκτωρ
ὅττι ῥά οἱ βέλος ὠκὺ ἐτώσιον ἔκφυγε χειρός,
στῆ δὲ κατηφήσας, οὐδ' ἄλλ' ἔχε μείλινον ἔγχος.
Δηΐφοβον δὲ κάλει λευκάσπιδα μακρὸν ἀΰσας·
ᾔτεέ μιν δόρυ μακρόν· ὁ δ' οὔ τί οἱ ἐγγύθεν ἦεν·   295
Ἕκτωρ δ' ἔγνω ᾗσιν ἐνὶ φρεσὶ φώνησέν τε·
" ὢ πόποι, ἦ μάλα δή με θεοὶ θάνατόνδε κάλεσσαν·
Δηΐφοβον γὰρ ἔγωγ' ἐφάμην ἥρωα παρεῖναι·
ἀλλ' ὁ μὲν ἐν τείχει, ἐμὲ δ' ἐξαπάτησεν Ἀθήνη.
νῦν δὲ δὴ ἐγγύθι μοι θάνατος κακός, οὐδ' ἔτ' ἄνευθεν,   300
οὐδ' ἀλέη· ἦ γάρ ῥα πάλαι τό γε φίλτερον ἦεν
Ζηνί τε καὶ Διὸς υἷι ἑκηβόλῳ, οἵ με πάρος γε
πρόφρονες εἰρύατο· νῦν αὖτέ με μοῖρα κιχάνει.
μὴ μὰν ἀσπουδί γε καὶ ἀκλειῶς ἀπολοίμην,
ἀλλὰ μέγα ῥέξας τι καὶ ἐσσομένοισι πυθέσθαι."   305
  Ὣς ἄρα φωνήσας εἰρύσσατο φάσγανον ὀξύ,
τό οἱ ὑπὸ λαπάρην τέτατο μέγα τε στιβαρόν τε,
οἴμησεν δὲ ἀλεὶς ὥς τ' αἰετὸς ὑψιπετήεις,
ὅς τ' εἶσιν πεδίονδε διὰ νεφέων ἐρεβεννῶν
ἁρπάξων ἢ ἄρν' ἀμαλὴν ἢ πτῶκα λαγωόν·   310
ὣς Ἕκτωρ οἴμησε τινάσσων φάσγανον ὀξύ.
ὁρμήθη δ' Ἀχιλεύς, μένεος δ' ἐμπλήσατο θυμὸν
ἀγρίου, πρόσθεν δὲ σάκος στέρνοιο κάλυψε
καλὸν δαιδάλεον, κόρυθι δ' ἐπένευε φαεινῇ
τετραφάλῳ· καλαὶ δὲ περισσείοντο ἔθειραι   315

287 καί σφιν v. l. in A   294 ἐβόα v. l. ant. (αἱ τῶν πόλεων)
301 πάλαι τό γε v. l. ant. (ἐν ταῖς εἰκαιοτέραις), vulg.: πάλαι τότε m q
T : πάροιθέ γε U⁴ V¹, γρ. M¹ U⁴   309 διὰ] ἀπὸ v. l. ap. sch. T
310 ἀπαλὴν c h Ge L¹⁸ U⁵ U¹⁰ V¹ V⁴   315 καλαὶ] δειναὶ v. l. ant. (αἱ
πλείους)

χρύσεαι, ἃς Ἥφαιστος ἵει λόφον ἀμφὶ θαμειάς.
οἶος δ' ἀστὴρ εἶσι μετ' ἀστράσι νυκτὸς ἀμολγῷ
ἕσπερος, ὃς κάλλιστος ἐν οὐρανῷ ἵσταται ἀστήρ,
ὣς αἰχμῆς ἀπέλαμπ' εὐήκεος, ἣν ἄρ' Ἀχιλλεὺς
πάλλεν δεξιτερῇ φρονέων κακὸν Ἕκτορι δίῳ,   320
εἰσορόων χρόα καλόν, ὅπῃ εἴξειε μάλιστα.
τοῦ δὲ καὶ ἄλλο τόσον μὲν ἔχε χρόα χάλκεα τεύχεα,
καλά, τὰ Πατρόκλοιο βίην ἐνάριξε κατακτάς·
φαίνετο δ' ᾗ κληῖδες ἀπ' ὤμων αὐχέν' ἔχουσι,
λαυκανίην, ἵνα τε ψυχῆς ὤκιστος ὄλεθρος·   325
τῇ ῥ' ἐπὶ οἷ μεμαῶτ' ἔλασ' ἔγχεϊ δῖος Ἀχιλλεύς,
ἀντικρὺ δ' ἀπαλοῖο δι' αὐχένος ἤλυθ' ἀκωκή·
οὐδ' ἄρ' ἀπ' ἀσφάραγον μελίη τάμε χαλκοβάρεια,
ὄφρα τί μιν προτιείποι ἀμειβόμενος ἐπέεσσιν.
ἤριπε δ' ἐν κονίῃς· ὁ δ' ἐπεύξατο δῖος Ἀχιλλεύς·   330
"Ἕκτορ, ἀτάρ που ἔφης Πατροκλῆ' ἐξεναρίζων
σῶς ἔσσεσθ', ἐμὲ δ' οὐδὲν ὀπίζεο νόσφιν ἐόντα,
νήπιε· τοῖο δ' ἄνευθεν ἀοσσητὴρ μέγ' ἀμείνων
νηυσὶν ἔπι γλαφυρῇσιν ἐγὼ μετόπισθε λελείμμην,
ὅς τοι γούνατ' ἔλυσα· σὲ μὲν κύνες ἠδ' οἰωνοὶ   335
ἑλκήσουσ' ἀϊκῶς, τὸν δὲ κτεριοῦσιν Ἀχαιοί."
    Τὸν δ' ὀλιγοδρανέων προσέφη κορυθαίολος Ἕκτωρ·
"λίσσομ' ὑπὲρ ψυχῆς καὶ γούνων σῶν τε τοκήων,
μή με ἔα παρὰ νηυσὶ κύνας καταδάψαι Ἀχαιῶν,
ἀλλὰ σὺ μὲν χαλκόν τε ἅλις χρυσόν τε δέδεξο,   340
δῶρα τά τοι δώσουσι πατὴρ καὶ πότνια μήτηρ,
σῶμα δὲ οἴκαδ' ἐμὸν δόμεναι πάλιν, ὄφρα πυρός με
Τρῶες καὶ Τρώων ἄλοχοι λελάχωσι θανόντα."

316 om. i A D   316 a b c = 133-135 𝔭¹² 322 τεύχεα V¹³ m. rec.
W³ : τεύχη cet.   324 φαίνεν v. l. ant. (ἔν τισι τῶν ὑπομνημάτων)
325 λαυκανίην 𝔭⁹ f p q A V¹⁶ : λαυκανίης vulg.   326 μεμαὼς g m p
V¹⁶   328 ἀπὸ σφάραγον Bm² L¹⁸ P⁷ P²¹, Eust. cf. Ap. lex. in Σφαρα-
γεῦντο   329 ath. Ar.   330 ἤριπε δ' ἐξ ὀχέων n   336 ἑλκήσουσι
κακῶς Antim.   340 χρυσόν τε ἅλις χαλκόν τε 𝔭⁹   341 τα]λλαθ[α 𝔭¹²

22. ΙΛΙΑΔΟΣ Χ

Τὸν δ' ἄρ' ὑπόδρα ἰδὼν προσέφη πόδας ὠκὺς Ἀχιλλεύς·
" μή με, κύον, γούνων γουνάζεο μηδὲ τοκήων· 345
αἰ γάρ πως αὐτόν με μένος καὶ θυμὸς ἀνείη
ὤμ' ἀποταμνόμενον κρέα ἔδμεναι, οἷα ἔοργας,
ὡς οὐκ ἔσθ' ὃς σῆς γε κύνας κεφαλῆς ἀπαλάλκοι,
οὐδ' εἴ κεν δεκάκις τε καὶ εἰκοσινήριτ' ἄποινα
στήσωσ' ἐνθάδ' ἄγοντες, ὑπόσχωνται δὲ καὶ ἄλλα, 350
οὐδ' εἴ κέν σ' αὐτὸν χρυσῷ ἐρύσασθαι ἀνώγοι
Δαρδανίδης Πρίαμος· οὐδ' ὧς σέ γε πότνια μήτηρ
ἐνθεμένη λεχέεσσι γοήσεται, ὃν τέκεν αὐτή,
ἀλλὰ κύνες τε καὶ οἰωνοὶ κατὰ πάντα δάσονται."
Τὸν δὲ καταθνῄσκων προσέφη κορυθαίολος Ἕκτωρ· 355
" ἦ σ' εὖ γιγνώσκων προτιόσσομαι, οὐδ' ἄρ' ἔμελλον
πείσειν· ἦ γὰρ σοί γε σιδήρεος ἐν φρεσὶ θυμός.
φράζεο νῦν, μή τοί τι θεῶν μήνιμα γένωμαι
ἤματι τῷ ὅτε κέν σε Πάρις καὶ Φοῖβος Ἀπόλλων
ἐσθλὸν ἐόντ' ὀλέσωσιν ἐνὶ Σκαιῇσι πύλῃσιν." 360
Ὣς ἄρα μιν εἰπόντα τέλος θανάτοιο κάλυψε,
ψυχὴ δ' ἐκ ῥεθέων πταμένη Ἄϊδόσδε βεβήκει,
ὃν πότμον γοόωσα, λιποῦσ' ἀνδροτῆτα καὶ ἥβην.
τὸν καὶ τεθνηῶτα προσηύδα δῖος Ἀχιλλεύς·
" τέθναθι· κῆρα δ' ἐγὼ τότε δέξομαι, ὁππότε κεν δὴ 365
Ζεὺς ἐθέλῃ τελέσαι ἠδ' ἀθάνατοι θεοὶ ἄλλοι."
Ἦ ῥα, καὶ ἐκ νεκροῖο ἐρύσσατο χάλκεον ἔγχος,
καὶ τό γ' ἄνευθεν ἔθηχ', ὁ δ' ἀπ' ὤμων τεύχε' ἐσύλα
αἱματόεντ'· ἄλλοι δὲ περίδραμον υἷες Ἀχαιῶν,
οἳ καὶ θηήσαντο φυὴν καὶ εἶδος ἀγητὸν 370
Ἕκτορος· οὐδ' ἄρα οἵ τις ἀνουτητί γε παρέστη.
ὧδε δέ τις εἴπεσκεν ἰδὼν ἐς πλησίον ἄλλον·
" ὢ πόποι, ἦ μάλα δὴ μαλακώτερος ἀμφαφάασθαι

344 τὸν δ' ἀπαμειβόμενος v. l. in A   347 οἷα μ' codd., cf. Φ 399
355 τὸν δ' ὀλιγοδρανέων 1   356 οὐ γὰρ 1   357 ἐν φρεσὶ p⁰
h 1 p A B C D N¹ V¹ al. : ἔνδοθι cet.   363 ἀδροτῆτα Plut. de aud.
poet. 17 d, g : v. om. V¹   370 οἵ κε ἐθ. e B C N¹ N⁴

"Έκτωρ ἢ ὅτε νῆας ἐνέπρησεν πυρὶ κηλέῳ."
᾿Ως ἄρα τις εἴπεσκε καὶ οὐτήσασκε παραστάς.   375
τὸν δ᾿ ἐπεὶ ἐξενάριξε ποδάρκης δῖος ᾿Αχιλλεύς,
ο τὰς ἐν ᾿Αχαιοῖσιν ἔπεα πτερόεντ᾿ ἀγόρευεν·
" ὦ φίλοι, ᾿Αργείων ἡγήτορες ἠδὲ μέδοντες,
ἐπεὶ δὴ τόνδ᾿ ἄνδρα θεοὶ δαμάσασθαι ἔδωκαν,
ὃς κακὰ πόλλ᾿ ἔρρεξεν, ὅσ᾿ οὐ σύμπαντες οἱ ἄλλοι,   380
εἰ δ᾿ ἄγετ᾿ ἀμφὶ πόλιν σὺν τεύχεσι πειρηθέωμεν,
ὄφρα κ᾿ ἔτι γνῶμεν Τρώων νόον, ὅν τιν᾿ ἔχουσιν,
ἢ καταλείψουσιν πόλιν ἄκρην τοῦδε πεσόντος,
ἦε μένειν μεμάασι καὶ ῞Εκτορος οὐκέτ᾿ ἐόντος.
ἀλλὰ τίη μοι ταῦτα φίλος διελέξατο θυμός;   385
κεῖται πὰρ νήεσσι νέκυς ἄκλαυτος ἄθαπτος
Πάτροκλος· τοῦ δ᾿ οὐκ ἐπιλήσομαι, ὄφρ᾿ ἂν ἔγωγε
ζωοῖσιν μετέω καί μοι φίλα γούνατ᾿ ὀρώρῃ·
εἰ δὲ θανόντων περ καταλήθοντ᾿ εἰν ᾿Αΐδαο,
αὐτὰρ ἐγὼ καὶ κεῖθι φίλου μεμνήσομ᾿ ἑταίρου.   390
νῦν δ᾿ ἄγ᾿ ἀείδοντες παιήονα κοῦροι ᾿Αχαιῶν
νηυσὶν ἔπι γλαφυρῇσι νεώμεθα, τόνδε δ᾿ ἄγωμεν.
ἠράμεθα μέγα κῦδος· ἐπέφνομεν ῞Εκτορα δῖον,
ᾧ Τρῶες κατὰ ἄστυ θεῷ ὣς εὐχετόωντο."
᾿Η ῥα, καὶ ῞Εκτορα δῖον ἀεικέα μήδετο ἔργα.   395
ἀμφοτέρων μετόπισθε ποδῶν τέτρηνε τένοντε
ἐς σφυρὸν ἐκ πτέρνης, βοέους δ᾿ ἐξῆπτεν ἱμάντας,
ἐκ δίφροιο δ᾿ ἔδησε, κάρη δ᾿ ἕλκεσθαι ἔασεν·
ἐς δίφρον δ᾿ ἀναβὰς ἀνά τε κλυτὰ τεύχε᾿ ἀείρας
μάστιξέν ῥ᾿ ἐλάαν, τὼ δ᾿ οὐκ ἀέκοντε πετέσθην.   400
τοῦ δ᾿ ἦν ἑλκομένοιο κονίσαλος, ἀμφὶ δὲ χαῖται

374 ἐνέπρηθεν a f k 1 A ss. al.   375 ath. Senacherim ᵹ Le
377 προσηύδα k n L⁸ V¹ V¹² V³²   378 ᾿Ατρείδη τε καὶ ἄλλοι ἀριστῆες
Παναχαιῶν Zen.: ὦ φίλοι ἥρωες Δαναοὶ θεράποντες ῞Αρηος ● Β C N¹ N⁴
380 ἔρρεξεν a f h 1 A V¹ V¹⁶ al.: ἔρδεσκεν cet.   388 ζωὸς ἐν
᾿Αργείοισι φιλοπτολέμοισι μετείω v. l. ant., ● k A mg. Β C Ge N¹ N⁴ V¹¹
V¹⁶ V¹ Eust.   392 a]εθνηστα περ τοσα γαρ κακ εμη [σατ] αχαιους
p¹² 393]ιν μεγα p¹²   393-394 ath. Ar.   396 ἀμφοτέρω h V²²

22. ΙΛΙΑΔΟΣ Χ

κυάνεαι πίτναντο, κάρη δ' ἄπαν ἐν κονίῃσι
κεῖτο πάρος χαρίεν· τότε δὲ Ζεὺς δυσμενέεσσι
δῶκεν ἀεικίσσασθαι ἑῇ ἐν πατρίδι γαίῃ.

Ὣς τοῦ μὲν κεκόνιτο κάρη ἄπαν· ἡ δέ νυ μήτηρ   405
τίλλε κόμην, ἀπὸ δὲ λιπαρὴν ἔρριψε καλύπτρην
τηλόσε, κώκυσεν δὲ μάλα μέγα παῖδ' ἐσιδοῦσα·
ᾤμωξεν δ' ἐλεεινὰ πατὴρ φίλος, ἀμφὶ δὲ λαοὶ
κωκυτῷ τ' εἴχοντο καὶ οἰμωγῇ κατὰ ἄστυ.
τῷ δὲ μάλιστ' ἄρ' ἔην ἐναλίγκιον, ὡς εἰ ἄπασα   410
Ἴλιος ὀφρυόεσσα πυρὶ σμύχοιτο κατ' ἄκρης.
λαοὶ μέν ῥα γέροντα μόγις ἔχον ἀσχαλόωντα,
ἐξελθεῖν μεμαῶτα πυλάων Δαρδανιάων.
πάντας δὲ λιτάνευε κυλινδόμενος κατὰ κόπρον,
ἐξ ὀνομακλήδην ὀνομάζων ἄνδρα ἕκαστον·   415
" σχέσθε, φίλοι, καί μ' οἶον ἐάσατε κηδόμενοί περ
ἐξελθόντα πόληος ἱκέσθ' ἐπὶ νῆας Ἀχαιῶν,
λίσσωμ' ἀνέρα τοῦτον ἀτάσθαλον ὀβριμοεργόν,
ἤν πως ἡλικίην αἰδέσσεται ἠδ' ἐλεήσῃ
γῆρας· καὶ δέ νυ τῷ γε πατὴρ τοιόσδε τέτυκται,   420
Πηλεύς, ὅς μιν ἔτικτε καὶ ἔτρεφε πῆμα γενέσθαι
Τρωσί· μάλιστα δ' ἐμοὶ περὶ πάντων ἄλγε' ἔθηκε.
τόσσους γάρ μοι παῖδας ἀπέκτανε τηλεθάοντας·
τῶν πάντων οὐ τόσσον ὀδύρομαι ἀχνύμενός περ
ὡς ἑνός, οὗ μ' ἄχος ὀξὺ κατοίσεται Ἄϊδος εἴσω,   425
Ἕκτορος· ὡς ὄφελεν θανέειν ἐν χερσὶν ἐμῇσι·
τῶ κε κορεσσάμεθα κλαίοντέ τε μυρομένω τε,
μήτηρ θ', ἥ μιν ἔτικτε δυσάμμορος, ἠδ' ἐγὼ αὐτός."

Ὣς ἔφατο κλαίων, ἐπὶ δὲ στενάχοντο πολῖται·

402 πίτναντο Ar. g h T V¹⁶ : πίλναντο v. l. ant., vulg. : πί(μ)πλαντο
v. l. ant., b d n al., cit. Dion. Hal. de comp. verb. 18 a   403 τερ-
πικέραυνος v. l. in A, V¹⁶   410 ἄρ' ἔην] αἰεὶ h   ὡς ἰ (sc. αὐτή) qa.
Apoll. pronom. 70 B ς A T   411 σμήχοιτο b D L¹⁶ U² U⁴ U⁹
412 μόγις c e f l p A al. : μόλις cet.   416 κηδόμενοι Ar. g h V¹ al. .
κηδόμενον cet.   418 λίσσομαι g p L¹⁹   420 τῷ γε e i o p A N⁴ al. :
τῷδε vulg.   424 τωμ πο[λλων p¹²   429 γέροντες ς T γρ. A :
γυναῖκες D U⁹

223

Τρωῆσιν δ' Ἑκάβη ἀδινοῦ ἐξῆρχε γόοιο·　　　　　430
" τέκνον, ἐγὼ δειλή· τί νυ βείομαι αἰνὰ παθοῦσα,
σεῦ ἀποτεθνηῶτος; ὅ μοι νύκτας τε καὶ ἦμαρ
εὐχωλὴ κατὰ ἄστυ πελέσκεο, πᾶσί τ' ὄνειαρ
Τρωσί τε καὶ Τρωῆσι κατὰ πτόλιν, οἵ σε θεὸν ὣς
δειδέχατ'· ἦ γὰρ καί σφι μάλα μέγα κῦδος ἔησθα　　　435
ζωὸς ἐών· νῦν αὖ θάνατος καὶ μοῖρα κιχάνει."

ʽΩς ἔφατο κλαίουσ', ἄλοχος δ' οὔ πώ τι πέπυστο
Ἕκτορος· οὐ γάρ οἵ τις ἐτήτυμος ἄγγελος ἐλθὼν
ἤγγειλ' ὅττι ῥά οἱ πόσις ἔκτοθι μίμνε πυλάων,
ἀλλ' ἥ γ' ἱστὸν ὕφαινε μυχῷ δόμου ὑψηλοῖο　　　　440
δίπλακα πορφυρέην, ἐν δὲ θρόνα ποικίλ' ἔπασσε.
κέκλετο δ' ἀμφιπόλοισιν ἐϋπλοκάμοις κατὰ δῶμα
ἀμφὶ πυρὶ στῆσαι τρίποδα μέγαν, ὄφρα πέλοιτο
Ἕκτορι θερμὰ λοετρὰ μάχης ἐκ νοστήσαντι,
νηπίη, οὐδ' ἐνόησεν ὅ μιν μάλα τῆλε λοετρῶν　　　445
χερσὶν Ἀχιλλῆος δάμασε γλαυκῶπις Ἀθήνη.
κωκυτοῦ δ' ἤκουσε καὶ οἰμωγῆς ἀπὸ πύργου·
τῆς δ' ἐλελίχθη γυῖα, χαμαὶ δέ οἱ ἔκπεσε κερκίς·
ἡ δ' αὖτις δμωῆσιν ἐϋπλοκάμοισι μετηύδα·
" δεῦτε, δύω μοι ἕπεσθον, ἴδωμ' ὅτιν' ἔργα τέτυκται.　　450
αἰδοίης ἑκυρῆς ὀπὸς ἔκλυον, ἐν δ' ἐμοὶ αὐτῇ
στήθεσι πάλλεται ἦτορ ἀνὰ στόμα, νέρθε δὲ γοῦνα
πήγνυται· ἐγγὺς δή τι κακὸν Πριάμοιο τέκεσσιν.
αἲ γὰρ ἀπ' οὔατος εἴη ἐμεῦ ἔπος· ἀλλὰ μάλ' αἰνῶς
δείδω μὴ δή μοι θρασὺν Ἕκτορα δῖος Ἀχιλλεὺς　　　455
μοῦνον ἀποτμήξας πόλιος πεδίονδε δίηται,
καὶ δή μιν καταπαύσῃ ἀγηνορίης ἀλεγεινῆς,
ἥ μιν ἔχεσκ', ἐπεὶ οὔ ποτ' ἐνὶ πληθυῖ μένεν ἀνδρῶν,
ἀλλὰ πολὺ προθέεσκε, τὸ ὃν μένος οὐδενὶ εἴκων."

431 βίομαι Ar. i q D V¹⁰ V¹⁶ V¹⁹ V²³　　αἰνὰ τεκοῦσα Ar.　　441 μαρ-
μαρέην b o n U⁴ γρ. T　　θρόα b h B C N¹ al.　　442 αι]ψα δαρ p¹²
446]υπ α(χι]λη̣ο̣ͅς p¹²　　447 κωκυτ]ους p¹²　　450 ὅτιν'] ὅτι b d h
D al. : ἄτιν' e Gf M¹⁰ U¹³　　456 πεδίοιο M⁸ V⁴ W³

Ὡς φαμένη μεγάροιο διέσσυτο μαινάδι ἴση,   460
παλλομένη κραδίην· ἅμα δ' ἀμφίπολοι κίον αὐτῇ.
αὐτὰρ ἐπεὶ πύργον τε καὶ ἀνδρῶν ἷξεν ὅμιλον,
ἔστη παπτήνασ' ἐπὶ τείχεϊ, τὸν δὲ νόησεν
ἑλκόμενον πρόσθεν πόλιος· ταχέες δέ μιν ἵπποι
ἕλκον ἀκηδέστως κοίλας ἐπὶ νῆας Ἀχαιῶν.   465
τὴν δὲ κατ' ὀφθαλμῶν ἐρεβεννὴ νὺξ ἐκάλυψεν,
ἤριπε δ' ἐξοπίσω, ἀπὸ δὲ ψυχὴν ἐκάπυσσε.
τῆλε δ' ἀπὸ κρατὸς βάλε δέσματα σιγαλόεντα,
ἄμπυκα κεκρύφαλόν τε ἰδὲ πλεκτὴν ἀναδέσμην
κρήδεμνόν θ', ὅ ῥά οἱ δῶκε χρυσέη Ἀφροδίτη   470
ἤματι τῷ ὅτε μιν κορυθαίολος ἠγάγεθ' Ἕκτωρ
ἐκ δόμου Ἠετίωνος, ἐπεὶ πόρε μυρία ἕδνα.
ἀμφὶ δέ μιν γαλόῳ τε καὶ εἰνατέρες ἅλις ἔσταν,
αἵ ἑ μετὰ σφίσιν εἶχον ἀτυζομένην ἀπολέσθαι.
ἡ δ' ἐπεὶ οὖν ἔμπνυτο καὶ ἐς φρένα θυμὸς ἀγέρθη,   475
ἀμβλήδην γοόωσα μετὰ Τρῳῇσιν ἔειπεν·
"Ἕκτορ, ἐγὼ δύστηνος· ἰῇ ἄρα γιγνόμεθ' αἴσῃ
ἀμφότεροι, σὺ μὲν ἐν Τροίῃ Πριάμου κατὰ δῶμα,
αὐτὰρ ἐγὼ Θήβῃσιν ὑπὸ Πλάκῳ ὑληέσσῃ
ἐν δόμῳ Ἠετίωνος, ὅ μ' ἔτρεφε τυτθὸν ἐοῦσαν,   480
δύσμορος αἰνόμορον· ὡς μὴ ὤφελλε τεκέσθαι.
νῦν δὲ σὺ μὲν Ἀίδαο δόμους ὑπὸ κεύθεσι γαίης
ἔρχεαι, αὐτὰρ ἐμὲ στυγερῷ ἐνὶ πένθεϊ λείπεις
χήρην ἐν μεγάροισι· πάϊς δ' ἔτι νήπιος αὔτως,
ὃν τέκομεν σύ τ' ἐγώ τε δυσάμμοροι· οὔτε σὺ τούτῳ   485
ἔσσεαι, Ἕκτορ, ὄνειαρ, ἐπεὶ θάνες, οὔτε σοὶ οὗτος.
ἤν περ γὰρ πόλεμόν γε φύγῃ πολύδακρυν Ἀχαιῶν,

462 σκαιας] τε πυλ[ας και] πυργον ικανεν p¹²   468 βάλε Ar.
h U⁹ V¹ : χέε vulg. (αἱ κοιναί)   473 ἦσαν b γρ. A : ἔσαν d L¹⁰ V¹᾽
474 ὀλέεσθαι v. l. ap. Eust.   475 ἔμπνυτο Ar. Bm⁴ V¹⁸ : ἔμπνυτε
cet.   476 γοάουσα γρ. U⁴   δμῳῆσιν h U⁹ V¹ Dion. Hal. de comp.
verb. 15   478 κατὰ δῶμα] ἐνὶ οἴκῳ V¹⁰ (uv.) (αἱ κοινότεραι), Strab.
585   479 Θήβηθεν ap. Strab. : -ηφιν V²⁶ V³² uv. Vi¹   482 μὲν
b g h n A D V¹ V³² : μέν β' vulg.   487-499 ath. Ar.   487 ἦν γὰρ
δὴ f k p A al.

αἰεί τοι τούτῳ γε πόνος καὶ κήδε' ὀπίσσω
ἔσσοντ'· ἄλλοι γάρ οἱ ἀπουρίσσουσιν ἀρούρας.
ἦμαρ δ' ὀρφανικὸν παναφήλικα παῖδα τίθησι·   490
πάντα δ' ὑπεμνήμυκε, δεδάκρυνται δὲ παρειαί,
δευόμενος δέ τ' ἄνεισι πάϊς ἐς πατρὸς ἑταίρους,
ἄλλον μὲν χλαίνης ἐρύων, ἄλλον δὲ χιτῶνος·
τῶν δ' ἐλεησάντων κοτύλην τις τυτθὸν ἐπέσχε,
χείλεα μέν τ' ἐδίην', ὑπερῴην δ' οὐκ ἐδίηνε.   495
τὸν δὲ καὶ ἀμφιθαλὴς ἐκ δαιτύος ἐστυφέλιξε,
χερσὶν πεπληγὼς καὶ ὀνειδείοισιν ἐνίσσων·
'ἔρρ' οὕτως· οὐ σός γε πατὴρ μεταδαίνυται ἡμῖν.'
δακρυόεις δέ τ' ἄνεισι πάϊς ἐς μητέρα χήρην,
Ἀστυάναξ, ὃς πρὶν μὲν ἑοῦ ἐπὶ γούνασι πατρὸς   500
μυελὸν οἶον ἔδεσκε καὶ οἰῶν πίονα δημόν·
αὐτὰρ ὅθ' ὕπνος ἕλοι, παύσαιτό τε νηπιαχεύων,
εὕδεσκ' ἐν λέκτροισιν, ἐν ἀγκαλίδεσσι τιθήνης,
εὐνῇ ἔνι μαλακῇ, θαλέων ἐμπλησάμενος κῆρ·
νῦν δ' ἂν πολλὰ πάθῃσι, φίλου ἀπὸ πατρὸς ἁμαρτών,   505
Ἀστυάναξ, ὃν Τρῶες ἐπίκλησιν καλέουσιν·
οἷος γάρ σφιν ἔρυσο πύλας καὶ τείχεα μακρά.
νῦν δὲ σὲ μὲν παρὰ νηυσὶ κορωνίσι νόσφι τοκήων
αἰόλαι εὐλαὶ ἔδονται, ἐπεί κε κύνες κορέσωνται,
γυμνόν· ἀτάρ τοι εἵματ' ἐνὶ μεγάροισι κέονται·   510
λεπτά τε καὶ χαρίεντα, τετυγμένα χερσὶ γυναικῶν.
ἀλλ' ἤτοι τάδε πάντα καταφλέξω πυρὶ κηλέῳ,
οὐδὲν σοί γ' ὄφελος, ἐπεὶ οὐκ ἐγκείσεαι αὐτοῖς,
ἀλλὰ πρὸς Τρώων καὶ Τρωϊάδων κλέος εἶναι."
  'Ὣς ἔφατο κλαίουσ', ἐπὶ δὲ στενάχοντο γυναῖκες.   515

488 ἀλλ' ἤτοι v. l. in A, V¹⁶ marg. m. p.   489 ἀπουρήσουσι Β C
Ge L¹² N¹ N⁴ Q⁵ U¹³   491 παρειά Ar. 1 Β C M⁵ N¹ V¹⁶ V²⁰
497 ἐνίσπων ο g al.: ἐνίπτων v. l. ant.   498 οὖτος ο ● Β C D Gf N⁴
V¹⁶ V³²   500 γούνατα 1 A ss.   515 αρ ε]φη P¹³

ΙΛΙΑΔΟΣ Ψ

Ὢς οἱ μὲν στενάχοντο κατὰ πτόλιν· αὐτὰρ Ἀχαιοὶ
ἐπεὶ δὴ νῆάς τε καὶ Ἑλλήσποντον ἵκοντο,
οἱ μὲν ἄρ' ἐσκίδναντο ἑὴν ἐπὶ νῆα ἕκαστος,
Μυρμιδόνας δ' οὐκ εἴα ἀποσκίδνασθαι Ἀχιλλεύς,
ἀλλ' ὅ γε οἷς ἑτάροισι φιλοπτολέμοισι μετηύδα·   5
"Μυρμιδόνες ταχύπωλοι, ἐμοὶ ἐρίηρες ἑταῖροι,
μὴ δή πω ὑπ' ὄχεσφι λυώμεθα μώνυχας ἵππους,
ἀλλ' αὐτοῖς ἵπποισι καὶ ἅρμασιν ἆσσον ἰόντες
Πάτροκλον κλαίωμεν· ὃ γὰρ γέρας ἐστὶ θανόντων.
αὐτὰρ ἐπεί κ' ὀλοοῖο τεταρπώμεσθα γόοιο,   10
ἵππους λυσάμενοι δορπήσομεν ἐνθάδε πάντες."
Ὢς ἔφαθ', οἱ δ' ὤμωξαν ἀολλέες, ἦρχε δ' Ἀχιλλεύς.
οἱ δὲ τρὶς περὶ νεκρὸν ἐύτριχας ἤλασαν ἵππους
μυρόμενοι· μετὰ δέ σφι Θέτις γόου ἵμερον ὦρσε.
δεύοντο ψάμαθοι, δεύοντο δὲ τεύχεα φωτῶν   15
δάκρυσι· τοῖον γὰρ πόθεον μήστωρα φόβοιο.
τοῖσι δὲ Πηλεΐδης ἁδινοῦ ἐξῆρχε γόοιο,
χεῖρας ἐπ' ἀνδροφόνους θέμενος στήθεσσιν ἑταίρου·
"χαῖρέ μοι, ὦ Πάτροκλε, καὶ εἰν Ἀΐδαο δόμοισι·
πάντα γὰρ ἤδη τοι τελέω τὰ πάροιθεν ὑπέστην,   20
Ἕκτορα δεῦρ' ἐρύσας δώσειν κυσὶν ὠμὰ δάσασθαι,
δώδεκα δὲ προπάροιθε πυρῆς ἀποδειροτομήσειν

18 ἀνδροφόνους Ar. codd.   22 ἀποδειροτομήσω L² L¹⁰ L¹⁹ P⁴ V¹⁶ W²

227

Τρώων ἀγλαὰ τέκνα, σέθεν κταμένοιο χολωθείς."

Ἦ ῥα, καὶ Ἕκτορα δῖον ἀεικέα μήδετο ἔργα,
πρηνέα πὰρ λεχέεσσι Μενοιτιάδαο τανύσσας   25
ἐν κονίῃς· οἱ δ' ἔντε' ἀφοπλίζοντο ἕκαστος
χάλκεα μαρμαίροντα, λύον δ' ὑψηχέας ἵππους,
κὰδ δ' ἷζον παρὰ νηὶ ποδώκεος Αἰακίδαο
μυρίοι· αὐτὰρ ὁ τοῖσι τάφον μενοεικέα δαίνυ.
πολλοὶ μὲν βόες ἀργοὶ ὀρέχθεον ἀμφὶ σιδήρῳ   30
σφαζόμενοι, πολλοὶ δ' ὄιες καὶ μηκάδες αἶγες·
πολλοὶ δ' ἀργιόδοντες ὕες, θαλέθοντες ἀλοιφῇ,
εὑόμενοι τανύοντο διὰ φλογὸς Ἡφαίστοιο·
πάντῃ δ' ἀμφὶ νέκυν κοτυλήρυτον ἔρρεεν αἷμα.
Αὐτὰρ τόν γε ἄνακτα ποδώκεα Πηλείωνα   35
εἰς Ἀγαμέμνονα δῖον ἄγον βασιλῆες Ἀχαιῶν,
σπουδῇ παρπεπιθόντες ἑταίρου χωόμενον κῆρ.
οἱ δ' ὅτε δὴ κλισίην Ἀγαμέμνονος ἷξον ἰόντες,
αὐτίκα κηρύκεσσι λιγυφθόγγοισι κέλευσαν
ἀμφὶ πυρὶ στῆσαι τρίποδα μέγαν, εἰ πεπίθοιεν   40
Πηλείδην λούσασθαι ἄπο βρότον αἱματόεντα.
αὐτὰρ ὅ γ' ἠρνεῖτο στερεῶς, ἐπὶ δ' ὅρκον ὄμοσσεν·
" οὐ μὰ Ζῆν', ὅς τίς τε θεῶν ὕπατος καὶ ἄριστος,
οὐ θέμις ἐστὶ λοετρὰ καρήατος ἆσσον ἱκέσθαι,
πρίν γ' ἐνὶ Πάτροκλον θέμεναι πυρὶ σῆμά τε χεῦαι   45
κείρασθαί τε κόμην, ἐπεὶ οὔ μ' ἔτι δεύτερον ὧδε
ἵξετ' ἄχος κραδίην, ὄφρα ζωοῖσι μετείω.
ἀλλ' ἤτοι νῦν μὲν στυγερῇ πειθώμεθα δαιτί·
ἠῶθεν δ' ὄτρυνε, ἄναξ ἀνδρῶν Ἀγάμεμνον,
ὕλην τ' ἀξέμεναι παρά τε σχεῖν ὅσσ' ἐπιεικὲς   50
νεκρὸν ἔχοντα νέεσθαι ὑπὸ ζόφον ἠερόεντα,

26 ἕκαστοι b g l m n B T V¹⁶ A al.   27 λύοντο δὲ μώνυχας b c g
k n γρ. A U⁴   30 ἀργῷ quidam g T   30, 31 ath. quidam
39 κέλευσεν b c h o N⁴   45 χεῦσαι h k m r C N⁴ V⁸² 46 οὔ τί
με v. l. in A   48 τερπώμεθα v. l. ant. D¹³ ss. : ταρπώμεθα V¹
49 ὄτρυνον codd.   50 ὅσσ' A B Mo T fort D Mc, γρ. U⁴ : ὡς cet.

ὄφρ' ἤτοι τοῦτον μὲν ἐπιφλέγῃ ἀκάματον πῦρ
θᾶσσον ἀπ' ὀφθαλμῶν, λαοὶ δ' ἐπὶ ἔργα τράπωνται."
Ὣς ἔφαθ', οἱ δ' ἄρα τοῦ μάλα μὲν κλύον ἠδὲ πίθοντο.
ἐσσυμένως δ' ἄρα δόρπον ἐφοπλίσσαντες ἕκαστοι   55
δαίνυντ', οὐδέ τι θυμὸς ἐδεύετο δαιτὸς ἐΐσης.
αὐτὰρ ἐπεὶ πόσιος καὶ ἐδητύος ἐξ ἔρον ἕντο,
οἱ μὲν κακκείοντες ἔβαν κλισίηνδε ἕκαστος,
Πηλεΐδης δ' ἐπὶ θινὶ πολυφλοίσβοιο θαλάσσης
κεῖτο βαρὺ στενάχων, πολέσιν μετὰ Μυρμιδόνεσσιν,   60
ἐν καθαρῷ, ὅθι κύματ' ἐπ' ἠϊόνος κλύζεσκον·
εὖτε τὸν ὕπνος ἔμαρπτε, λύων μελεδήματα θυμοῦ,
νήδυμος ἀμφιχυθείς—μάλα γὰρ κάμε φαίδιμα γυῖα
Ἕκτορ' ἐπαΐσσων προτὶ Ἴλιον ἠνεμόεσσαν—
ἦλθε δ' ἐπὶ ψυχὴ Πατροκλῆος δειλοῖο,   65
πάντ' αὐτῷ μέγεθός τε καὶ ὄμματα κάλ' εἰκυῖα,
καὶ φωνήν, καὶ τοῖα περὶ χροῒ εἵματα ἕστο·
στῆ δ' ἄρ' ὑπὲρ κεφαλῆς καί μιν πρὸς μῦθον ἔειπεν·
" εὕδεις, αὐτὰρ ἐμεῖο λελασμένος ἔπλευ, Ἀχιλλεῦ.
οὐ μέν μευ ζώοντος ἀκήδεις, ἀλλὰ θανόντος·   70
θάπτε με ὅττι τάχιστα, πύλας Ἀΐδαο περήσω.
τῆλέ με εἴργουσι ψυχαί, εἴδωλα καμόντων,
οὐδέ μέ πω μίσγεσθαι ὑπὲρ ποταμοῖο ἐῶσιν,
ἀλλ' αὔτως ἀλάλημαι ἀν' εὐρυπυλὲς Ἄϊδος δῶ.
καί μοι δὸς τὴν χεῖρ', ὀλοφύρομαι· οὐ γὰρ ἔτ' αὖτις   75
νίσομαι ἐξ Ἀΐδαο, ἐπήν με πυρὸς λελάχητε.
οὐ μὲν γὰρ ζωοί γε φίλων ἀπάνευθεν ἑταίρων
βουλὰς ἑζόμενοι βουλεύσομεν, ἀλλ' ἐμὲ μὲν κὴρ
ἀμφέχανε στυγερή, ἥ περ λάχε γιγνόμενόν περ·
καὶ δὲ σοὶ αὐτῷ μοῖρα, θεοῖς ἐπιείκελ' Ἀχιλλεῦ,   80

55 ἐφοπλίσσαντο D cit. Eust.   ἕκαστος L¹⁰ M¹² V⁵ V³²   58 δὴ
κείοντες, γρ. h   61 ἐπ'] ἀπ' p¹³ b O⁶ V¹⁰   ἠϊόνος et ἠϊόνας Ar.
(διχῶς): ἠϊόνας p¹³ ss. a f l p Mc N¹ N⁴ V³²   73 πως e k V¹ al.
76 νίσομαι] νείομαι p¹³ L² L¹² U³ γρ. h   77 οὐ γὰρ ἔτι v. l. ant. (ἔν
τισι τῶν πολιτικῶν), Aeschin. c. Tim. 149, γρ. A   μὲν om. p O²

23. ΙΛΙΑΔΟΣ Ψ

τείχει ὕπο Τρώων εὐηφενέων ἀπολέσθαι.
ἄλλο δέ τοι ἐρέω καὶ ἐφήσομαι, αἴ κε πίθηαι·
μὴ ἐμὰ σῶν ἀπάνευθε τιθήμεναι ὀστέ', Ἀχιλλεῦ,
ἀλλ' ὁμοῦ, ὡς τράφομέν περ ἐν ὑμετέροισι δόμοισιν,
εὖτέ με τυτθὸν ἐόντα Μενοίτιος ἐξ Ὀπόεντος   85
ἤγαγεν ὑμέτερόνδ' ἀνδροκτασίης ὕπο λυγρῆς,
ἤματι τῷ ὅτε παῖδα κατέκτανον Ἀμφιδάμαντος,
νήπιος, οὐκ ἐθέλων, ἀμφ' ἀστραγάλοισι χολωθείς·
ἔνθα με δεξάμενος ἐν δώμασιν ἱππότα Πηλεὺς
ἔτραφέ τ' ἐνδυκέως καὶ σὸν θεράποντ' ὀνόμηνεν·   90
ὡς δὲ καὶ ὀστέα νῶϊν ὁμὴ σορὸς ἀμφικαλύπτοι
χρύσεος ἀμφιφορεύς, τόν τοι πόρε πότνια μήτηρ."

    Τὸν δ' ἀπαμειβόμενος προσέφη πόδας ὠκὺς Ἀχιλλεύς·
" τίπτε μοι, ἠθείη κεφαλή, δεῦρ' εἰλήλουθας,
καί μοι ταῦτα ἕκαστ' ἐπιτέλλεαι; αὐτὰρ ἐγώ τοι   95
πάντα μάλ' ἐκτελέω καὶ πείσομαι ὡς σὺ κελεύεις.
ἀλλά μοι ἆσσον στῆθι· μίνυνθά περ ἀμφιβαλόντε
ἀλλήλους ὀλοοῖο τεταρπώμεσθα γόοιο."

    Ὣς ἄρα φωνήσας ὠρέξατο χερσὶ φίλῃσιν,
οὐδ' ἔλαβε· ψυχὴ δὲ κατὰ χθονὸς ἠΰτε καπνὸς   100
ᾤχετο τετριγυῖα· ταφὼν δ' ἀνόρουσεν Ἀχιλλεὺς
χερσί τε συμπλατάγησεν, ἔπος δ' ὀλοφυδνὸν ἔειπεν·
" ὦ πόποι, ἦ ῥά τίς ἐστι καὶ εἰν Ἀΐδαο δόμοισι

81 εὐηφενέων Aristoph. Rhian.: εὐηγενέων et εὐγενέων vulg.   81 a
    μαρνάμενον δηΐοις Ἑλένης ἕνεκ' ἠϋκόμοιο
add. Aeschin. l. c.   82 σὺ δ' ἐνὶ φρεσὶ βάλλεο σῇσιν Aeschin. l. c.
    83 a b
            ἀλλ' ἵνα πέρ σε καὶ αὐτὸν ὁμοίη γαῖα κεκεύθῃ
            χρυσέῳ ἐν ἀμφιφορεῖ τόν τοι πόρε πότνια μήτηρ
add. Aeschin. l. c.   84 ὡς ὁμοῦ ἐτράφομέν περ Aeschin. l. c.: ἀλλ' ὁμοῦ
ὡς ἐτράφημεν p⁹ e h l m n B C N¹, γρ. A al.: ἀλλ' ὁμοῦ ὡς ἐτράφη περ
vulg.: corr. La Roche   ἐν] ἐφ' schol. Plat. Phaed. 72 c   86 ὑμέ-
,ερον δῶ b c n M¹³ V¹¹ m. r.   88 νήπιον c p²³ D M¹² V¹ V¹⁶ al.   ἀμφ'
ἀστραγάλῃσιν ἐρίσσας v. l. ant. (αἱ πλείους τῶν κατ' ἄνδρα)   92 ath.
Ar. (ἐν πάσαις οὐκ ἦν ὁ στίχος), om. Aeschin. l. c. (uv.) p¹²   93 a = δ 809
p¹²   94 ὦ θείη Chamaeleo   96 ὥς με h n γρ. A U⁴   98 κρυεροῖο
v. l. in A   102 συμπλατάγησεν a b l A N¹ V¹⁶ V³²: συμπατάγησεν
cet.   103 τίς] τι b   h k V¹ V⁹²

ψυχὴ καὶ εἴδωλον, ἀτὰρ φρένες οὐκ ἔνι πάμπαν·
παννυχίη γάρ μοι Πατροκλῆος δειλοῖο   105
ψυχὴ ἐφεστήκει γοόωσά τε μυρομένη τε,
καί μοι ἔκαστ' ἐπέτελλεν, ἔϊκτο δὲ θέσκελον αὐτῷ."
Ὣς φάτο, τοῖσι δὲ πᾶσιν ὑφ' ἵμερον ὦρσε γόοιο·
μυρομένοισι δὲ τοῖσι φάνη ῥοδοδάκτυλος Ἠὼς
ἀμφὶ νέκυν ἐλεεινόν. ἀτὰρ κρείων Ἀγαμέμνων   110
οὐρῆάς τ' ὄτρυνε καὶ ἀνέρας ἀξέμεν ὕλην
πάντοθεν ἐκ κλισιῶν· ἐπὶ δ' ἀνὴρ ἐσθλὸς ὀρώρει,
Μηριόνης, θεράπων ἀγαπήνορος Ἰδομενῆος.
οἱ δ' ἴσαν ὑλοτόμους πελέκεας ἐν χερσὶν ἔχοντες
σειράς τ' εὐπλέκτους· πρὸ δ' ἄρ' οὐρῆες κίον αὐτῶν.   115
πολλὰ δ' ἄναντα κάταντα πάραντά τε δόχμιά τ' ἦλθον·
ἀλλ' ὅτε δὴ κνημοὺς προσέβαν πολυπίδακος Ἴδης,
αὐτίκ' ἄρα δρῦς ὑψικόμους ταναήκεϊ χαλκῷ
τάμνον ἐπειγόμενοι· ταὶ δὲ μεγάλα κτυπέουσαι
πῖπτον· τὰς μὲν ἔπειτα διαπλήσσοντες Ἀχαιοὶ   120
ἔκδεον ἡμιόνων· ταὶ δὲ χθόνα ποσσὶ δατεῦντο
ἐλδόμεναι πεδίοιο διὰ ῥωπήϊα πυκνά.
πάντες δ' ὑλοτόμοι φιτροὺς φέρον· ὣς γὰρ ἀνώγει
Μηριόνης, θεράπων ἀγαπήνορος Ἰδομενῆος.
κὰδ δ' ἄρ' ἐπ' ἀκτῆς βάλλον ἐπισχερώ, ἔνθ' ἄρ' Ἀχιλλεὺς
φράσσατο Πατρόκλῳ μέγα ἠρίον ἠδὲ οἷ αὐτῷ.   126
   Αὐτὰρ ἐπεὶ πάντη παρακάββαλον ἄσπετον ὕλην,
ἥατ' ἄρ' αὖθι μένοντες ἀολλέες. αὐτὰρ Ἀχιλλεὺς
αὐτίκα Μυρμιδόνεσσι φιλοπτολέμοισι κέλευσε
χαλκὸν ζώννυσθαι, ζεῦξαι δ' ὑπ' ὄχεσφιν ἕκαστον   130
ἵππους· οἱ δ' ὄρνυντο καὶ ἐν τεύχεσσιν ἔδυνον,
ἂν δ' ἔβαν ἐν δίφροισι παραιβάται ἡνίοχοί τε,

104 ath. Aristoph.   109 μέλας ἐπὶ ἕσπερος ἦλθεν Plut. cons
Apoll. 26   111 τ' om. quidam ant. (πολλὰ τῶν ἀντιγράφων)
117 πολυπιδάκου v. l. ant. g n D T V³²   119 ἀμειβομενοι p¹²
120 διαπλίσσοντες v. l. ant. p⁹ : διαρρήσσοντες v. l. ap. Eust. : διατμή-
γοντες γρ. U⁴   123 δ ωμοισιν p¹²   ωσπε]ρ αναγγεν p¹²   129 κεκ-
λετο[   ] τε μετελθων p¹²   μετηύδα Bm² V¹⁵ V¹⁶   ]ας εκελευσε p¹²
      130 χαλκῷ L¹⁶ M⁸ V¹⁴ V¹⁶ v. l. ap. Eust.   ]νου[p¹²   130 a]νξ[
p¹²   131]τε[ ]εντ[p¹²   132 ες διφρου[ς p¹²

πρόσθε μὲν ἱππῆες, μετὰ δὲ νέφος εἵπετο πεζῶν,
μυρίοι· ἐν δὲ μέσοισι φέρον Πάτροκλον ἑταῖροι.
θριξὶ δὲ πάντα νέκυν καταείνυσαν, ἃς ἐπέβαλλον   135
κειρόμενοι· ὄπιθεν δὲ κάρη ἔχε δῖος Ἀχιλλεὺς
ἀχνύμενος· ἕταρον γὰρ ἀμύμονα πέμπ᾽ Ἄϊδόσδε.
Οἱ δ᾽ ὅτε χῶρον ἵκανον ὅθί σφισι πέφραδ᾽ Ἀχιλλεύς,
κάτθεσαν, αἶψα δέ οἱ μενοεικέα νήεον ὕλην.
ἔνθ᾽ αὖτ᾽ ἄλλ᾽ ἐνόησε ποδάρκης δῖος Ἀχιλλεύς·   14ͻ
στὰς ἀπάνευθε πυρῆς ξανθὴν ἀπεκείρατο χαίτην,
τήν ῥα Σπερχειῷ ποταμῷ τρέφε τηλεθόωσαν·
ὀχθήσας δ᾽ ἄρα εἶπεν ἰδὼν ἐπὶ οἴνοπα πόντον·
" Σπερχεί᾽, ἄλλως σοί γε πατὴρ ἠρήσατο Πηλεύς,
κεῖσέ με νοστήσαντα φίλην ἐς πατρίδα γαῖαν   145
σοί τε κόμην κερέειν ῥέξειν θ᾽ ἱερὴν ἑκατόμβην,
πεντήκοντα δ᾽ ἔνορχα παρ᾽ αὐτόθι μῆλ᾽ ἱερεύσειν
ἐς πηγάς, ὅθι τοι τέμενος βωμός τε θυήεις.
ὣς ἠρᾶθ᾽ ὁ γέρων, σὺ δέ οἱ νόον οὐκ ἐτέλεσσας.
νῦν δ᾽ ἐπεὶ οὐ νέομαί γε φίλην ἐς πατρίδα γαῖαν,   15ͻ
Πατρόκλῳ ἥρωϊ κόμην ὀπάσαιμι φέρεσθαι."
Ὣς εἰπὼν ἐν χερσὶ κόμην ἑτάροιο φίλοιο
θῆκεν, τοῖσι δὲ πᾶσιν ὑφ᾽ ἵμερον ὦρσε γόοιο.
καί νύ κ᾽ ὀδυρομένοισιν ἔδυ φάος ἠελίοιο,
εἰ μὴ Ἀχιλλεὺς αἶψ᾽ Ἀγαμέμνονι εἶπε παραστάς·   155
" Ἀτρεΐδη, σοὶ γάρ τε μάλιστά γε λαὸς Ἀχαιῶν
πείσονται μύθοισι, γόοιο μὲν ἔστι καὶ ἆσαι,
νῦν δ᾽ ἀπὸ πυρκαϊῆς σκέδασον καὶ δεῖπνον ἄνωχθι
ὅπλεσθαι· τάδε δ᾽ ἀμφὶ πονησόμεθ᾽ οἷσι μάλιστα
κήδεός ἐστι νέκυς· παρὰ δ᾽ οἵ τ᾽ ἀγοὶ ἄμμι μενόντων."   16ͻ

135 καταείνυσαν Ar. U⁴ V¹ : καταείνυον vulg.: καταείλυον v. l. ant., n
L¹⁰ U¹⁰   136 σχέθε g L¹⁹ T   136 a]ε δαιζων p¹²   137 ᾽Αϊδος
δῶ v. l. ant. p⁹ i k m V³² al.   138 ἵκοντο i p A   143 πρὸς ὃν
μεγαλήτορα θυμόν c k V¹ V¹⁰ corr.   147 αὐτόφι h L¹⁹ T V¹⁶ V³² : οὐτίκα
D U² U⁴ V⁸, v. l. in A   155]νονα ως προσεει[p¹²   155 a ε . σ[
p¹²   156 κλα[ ] λαος p¹²   157]εν οττι ταχιστα p¹²
157 a ν[ ]κο[p¹²   158]ιμ[p¹²   158 a]ν[p¹²   160 οι τ᾽
ἀγοὶ Dionys. vulg. : οἱ ταγοὶ Ar. f h o Λ M⁷ M¹³ O²   post 160 . . .
εμονες σκεδ . . . add. p¹² (fort. νεκροῦ κηδεμόνες, σκεδάσαι δ᾽ ἀπὸ λαὸν
Ἀχαιῶν)

23. ΙΛΙΑΔΟΣ Ψ

Αὐτὰρ ἐπεὶ τό γ' ἄκουσεν ἄναξ ἀνδρῶν 'Αγαμέμνων,
αὐτίκα λαὸν μὲν σκέδασεν κατὰ νῆας ἐίσας,
κηδεμόνες δὲ παρ' αὖθι μένον καὶ νήεον ὕλην,
ποίησαν δὲ πυρὴν ἑκατόμπεδον ἔνθα καὶ ἔνθα,
ἐν δὲ πυρῇ ὑπάτῃ νεκρὸν θέσαν ἀχνύμενοι κῆρ.   165
πολλὰ δὲ ἴφια μῆλα καὶ εἰλίποδας ἕλικας βοῦς
πρόσθε πυρῆς ἔδερόν τε καὶ ἄμφεπον· ἐκ δ' ἄρα πάντων
δημὸν ἑλὼν ἐκάλυψε νέκυν μεγάθυμος 'Αχιλλεὺς
ἐς πόδας ἐκ κεφαλῆς, περὶ δὲ δρατὰ σώματα νήει.
ἐν δ' ἐτίθει μέλιτος καὶ ἀλείφατος ἀμφιφορῆας,   170
πρὸς λέχεα κλίνων· πίσυρας δ' ἐριαύχενας ἵππους
ἐσσυμένως ἐνέβαλλε πυρῇ μεγάλα στεναχίζων.
ἐννέα τῷ γε ἄνακτι τραπεζῆες κύνες ἦσαν,
καὶ μὲν τῶν ἐνέβαλλε πυρῇ δύο δειροτομήσας,
δώδεκα δὲ Τρώων μεγαθύμων υἱέας ἐσθλοὺς   175
χαλκῷ δηϊόων· κακὰ δὲ φρεσὶ μήδετο ἔργα·
ἐν δὲ πυρὸς μένος ἧκε σιδήρεον, ὄφρα νέμοιτο.
ᾤμωξέν τ' ἄρ' ἔπειτα, φίλον δ' ὀνόμηνεν ἑταῖρον·
" χαῖρέ μοι, ὦ Πάτροκλε, καὶ εἰν 'Αίδαο δόμοισι·
πάντα γὰρ ἤδη τοι τελέω τὰ πάροιθεν ὑπέστην.   180
δώδεκα μὲν Τρώων μεγαθύμων υἱέας ἐσθλοὺς
τοὺς ἅμα σοὶ πάντας πῦρ ἐσθίει· "Εκτορα δ' οὔ τι
δώσω Πριαμίδην πυρὶ δαπτέμεν, ἀλλὰ κύνεσσιν."
'Ως φάτ' ἀπειλήσας· τὸν δ' οὐ κύνες ἀμφεπένοντο,
ἀλλὰ κύνας μὲν ἄλαλκε Διὸς θυγάτηρ 'Αφροδίτη   185
ἤματα καὶ νύκτας, ῥοδόεντι δὲ χρῖεν ἐλαίῳ
ἀμβροσίῳ, ἵνα μή μιν ἀποδρύφοι ἑλκυστάζων.
τῷ δ' ἐπὶ κυάνεον νέφος ἤγαγε Φοῖβος 'Απόλλων
οὐρανόθεν πεδίονδε, κάλυψε δὲ χῶρον ἅπαντα

162 a
[κάπνισσ]άν τε κατὰ κλισίας κ[αὶ δεῖπνον ἕλοντο]
add p¹² 163 παρ'] κατ' p¹² 165 ε[ ]ραλυ[ ]νεκρο[p¹²
165 a μυρ[ι ονει]ατα χερσιν αμησα . . . add. p¹² 169 δρετὰ v. l. ant
(τὰ πολλὰ τῶν ὑπομνημάτων) 171 a (?) p¹² 172 (?)]χο[. .]ι p¹²
180 τετελεσμένα ὥς περ ὑπέστην p⁹ g n r L¹⁹ T V³², v. l. in A U⁴
182 αμφεπει p¹² ουχ[ι p¹² 183 το]νδε γαρ ου δωσω πυρι καεμεν
p¹² 183 a ωμησ]ταις φαγεειν τοσα γαρ κακ εμησατ αχαιους p¹²
(= K 52)

233

ὅσσον ἐπεῖχε νέκυς, μὴ πρὶν μένος ἠελίοιο   190
σκήλει' ἀμφὶ περὶ χρόα ἴνεσιν ἠδὲ μέλεσσιν.
Οὐδὲ πυρὴ Πατρόκλου ἐκαίετο τεθνηῶτος·
ἔνθ' αὖτ' ἄλλ' ἐνόησε ποδάρκης δῖος Ἀχιλλεύς·
στὰς ἀπάνευθε πυρῆς δοιοῖς ἠρᾶτ' ἀνέμοισι,
Βορέῃ καὶ Ζεφύρῳ, καὶ ὑπίσχετο ἱερὰ καλά·   195
πολλὰ δὲ καὶ σπένδων χρυσέῳ δέπαϊ λιτάνευεν
ἐλθέμεν, ὄφρα τάχιστα πυρὶ φλεγεθοίατο νεκροί,
ὕλη τε σεύαιτο καήμεναι. ὦκα δὲ Ἶρις
ἀράων ἀίουσα μετάγγελος ἦλθ' ἀνέμοισιν.
οἱ μὲν ἄρα Ζεφύροιο δυσαέος ἀθρόοι ἔνδον   200
εἰλαπίνην δαίνυντο· θέουσα δὲ Ἶρις ἐπέστη
βηλῷ ἔπι λιθέῳ· τοὶ δ' ὡς ἴδον ὀφθαλμοῖσι,
πάντες ἀνήϊξαν, κάλεόν τέ μιν εἰς ἓ ἕκαστος·
ἡ δ' αὖθ' ἕζεσθαι μὲν ἀνήνατο, εἶπε δὲ μῦθον·
" οὐχ ἕδος· εἶμι γὰρ αὖτις ἐπ' Ὠκεανοῖο ῥέεθρα,   205
Αἰθιόπων ἐς γαῖαν, ὅθι ῥέζουσ' ἑκατόμβας
ἀθανάτοις, ἵνα δὴ καὶ ἐγὼ μεταδαίσομαι ἱρῶν.
ἀλλ' Ἀχιλεὺς Βορέην ἠδὲ Ζέφυρον κελαδεινὸν
ἐλθεῖν ἀρᾶται, καὶ ὑπίσχεται ἱερὰ καλά,
ὄφρα πυρὴν ὄρσητε καήμεναι, ᾗ ἔνι κεῖται   210
Πάτροκλος, τὸν πάντες ἀναστενάχουσιν Ἀχαιοί."
Ἡ μὲν ἄρ' ὣς εἰποῦσ' ἀπεβήσετο, τοὶ δ' ὀρέοντο
ἠχῇ θεσπεσίῃ, νέφεα κλονέοντε πάροιθεν.
αἶψα δὲ πόντον ἵκανον ἀήμεναι, ὦρτο δὲ κῦμα
πνοιῇ ὕπο λιγυρῇ· Τροίην δ' ἐρίβωλον ἱκέσθην,   215
ἐν δὲ πυρῇ πεσέτην, μέγα δ' ἴαχε θεσπιδαὲς πῦρ.

195 Βορρέῃ n L¹⁹ U¹³ V¹ V¹⁶   195 a αρνων πρωτογονων ρεξειν κλειτην εκατομβην 𝔭¹²   196 πολλα δ αποσπενδων ηρησατο διος αχιλλευς 𝔭¹²   197 ἐλθέμεν 𝔭⁹ c f g h k n A D : ἐλθεῖν cet.   οττι 𝔭¹² νεκροί c l n A D Mc N¹ O⁵ V¹⁶ : νεκρόν cet.   198 ὕλην v. l. ant. : νληι 𝔭¹²   σεύαιτο v. l. ant. : (ἐσ) σεύοιτο L² M⁹ B corr. : -αυτο L⁵ : -οντο D : -ατο, -ετο plures   ὦκα δὲ 𝔭¹² : ὠκέα δ' codd.   199 ευχωλης 𝔭¹²   202 βηλου επιλλ[𝔭¹²   203 εἰς ἓ] εἴσω c V⁴ : εἰς ἃ n A ss. L¹⁷ L¹⁸ U⁹ (uv.) V¹³ m. sec.   205 ῥεέθρων Apoll. lex. in Ἕδος: ῥοάων B C L⁸ N¹ V¹⁴ V²   206 εἰς δῆμον v. l. ant. (αἱ ἀπὸ τῶν πόλεων)   209 a = 195 a 𝔭¹²   213 πνοιῇ ὕπο λιγυρῇ νέφεα κλονέοντες ὄπισθεν Plut. vit. Hom. ii. 108   214 ηλθε 𝔭¹²   216 πυρὶ 𝔭⁹ b d f k o B C G f N¹ N⁴ O⁵ : πυραι επεσον 𝔭¹²

παννύχιοι δ' ἄρα τοί γε πυρῆς ἄμυδις φλόγ' ἔβαλλον,
φυσῶντες λιγέως· ὁ δὲ πάννυχος ὠκὺς 'Αχιλλεὺς
χρυσέου ἐκ κρητῆρος, ἑλὼν δέπας ἀμφικύπελλον,
οἶνον ἀφυσσόμενος χαμάδις χέε, δεῦε δὲ γαῖαν,   220
ψυχὴν κικλήσκων Πατροκλῆος δειλοῖο.
ὡς δὲ πατὴρ οὗ παιδὸς ὀδύρεται ὀστέα καίων,
νυμφίου, ὅς τε θανὼν δειλοὺς ἀκάχησε τοκῆας,
ὣς 'Αχιλεὺς ἑτάροιο ὀδύρετο ὀστέα καίων,
ἑρπύζων παρὰ πυρκαϊήν, ἁδινὰ στεναχίζων.   225
'Ημος δ' ἑωσφόρος εἶσι φόως ἐρέων ἐπὶ γαῖαν,
ὅν τε μέτα κροκόπεπλος ὑπεὶρ ἅλα κίδναται ἠώς,
τῆμος πυρκαϊὴ ἐμαραίνετο, παύσατο δὲ φλόξ.
οἱ δ' ἄνεμοι πάλιν αὖτις ἔβαν οἰκόνδε νέεσθαι
Θρηΐκιον κατὰ πόντον· ὁ δ' ἔστενεν οἴδματι θύων.   230
Πηλείδης δ' ἀπὸ πυρκαϊῆς ἑτέρωσε λιασθεὶς
κλίνθη κεκμηώς, ἐπὶ δὲ γλυκὺς ὕπνος ὄρουσεν·
οἱ δ' ἀμφ' 'Ατρεΐωνα ἀολλέες ἠγερέθοντο·
τῶν μιν ἐπερχομένων ὅμαδος καὶ δοῦπος ἔγειρεν,
ἕζετο δ' ὀρθωθεὶς καί σφεας πρὸς μῦθον ἔειπεν·   235
" 'Ατρεΐδη τε καὶ ἄλλοι ἀριστῆες Παναχαιῶν,
πρῶτον μὲν κατὰ πυρκαϊὴν σβέσατ' αἴθοπι οἴνῳ
πᾶσαν, ὁπόσσον ἐπέσχε πυρὸς μένος· αὐτὰρ ἔπειτα
ὀστέα Πατρόκλοιο Μενοιτιάδαο λέγωμεν
εὖ διαγιγνώσκοντες· ἀριφραδέα δὲ τέτυκται·   240
ἐν μέσσῃ γὰρ ἔκειτο πυρῇ, τοὶ δ' ἄλλοι ἄνευθεν
ἐσχατιῇ καίοντ' ἐπιμὶξ ἵπποι τε καὶ ἄνδρες.
καὶ τὰ μὲν ἐν χρυσέῃ φιάλῃ καὶ δίπλακι δημῷ

219 ἑλὼν c i k l p q A C D V¹ : ἔχων v. l. in A, vulg.   220 ἀφυσσά-
μενος a c f l n A B C N¹ V¹ V¹⁶   221 κικλ]ησκων ψυχην πατροκ[λου
τεθ]νηω[τος p¹²   222 δ' ο]ν παιδα πατηρ p¹², ss. αποδ.   223 a b
            χήρωσεν δ[ὲ γυναῖκα μυχῷ θαλάμοιο νέοιο]
            ἀρη[τὸ]ν δὲ τ[οκεῦσι γόον καὶ πένθος ἔθηκε]
add. p¹² (= P 36-37) : ἄρρητον δὲ ... ἔθηκε cit. Plut. cons. Apoll.
30   223 c μοῦνος τηλύγετος πολλοῖσιν ἐπὶ κτεάτεσσι Plut. (= I 482)
    229 νέεσθαι] ἕκαστος q V¹   230 κατὰ] μετὰ A ss.   231 ἑτέρωθι
O⁵ V¹², cit. Eust.   234 ὄρωρεν f C V¹ V⁴ V⁶   236 'Ατρεῖδαι l N⁴
V¹⁰ V¹⁶ γρ. U⁴   ευκνημιδε]s αχαιοι p¹²   242 αυτοι τε και ιπποι p¹²

θείομεν, εἰς ὅ κεν αὐτὸς ἐγὼν Ἄϊδι κεύθωμαι.
τύμβον δ' οὐ μάλα πολλὸν ἐγὼ πονέεσθαι ἄνωγα,　　　245
ἀλλ' ἐπιεικέα τοῖον· ἔπειτα δὲ καὶ τὸν Ἀχαιοὶ
εὐρύν θ' ὑψηλόν τε τιθήμεναι, οἵ κεν ἐμεῖο
δεύτεροι ἐν νήεσσι πολυκλήϊσι λίπησθε."
Ὣς ἔφαθ', οἱ δ' ἐπίθοντο ποδώκεϊ Πηλείωνι.
πρῶτον μὲν κατὰ πυρκαϊὴν σβέσαν αἴθοπι οἴνῳ,　　　250
ὅσσον ἐπὶ φλὸξ ἦλθε, βαθεῖα δὲ κάππεσε τέφρη·
κλαίοντες δ' ἑτάροιο ἐνηέος ὀστέα λευκὰ
ἄλλεγον ἐς χρυσέην φιάλην καὶ δίπλακα δημόν,
ἐν κλισίῃσι δὲ θέντες ἑανῷ λιτὶ κάλυψαν·
τορνώσαντο δὲ σῆμα θεμείλιά τε προβάλοντο　　　255
ἀμφὶ πυρήν· εἶθαρ δὲ χυτὴν ἐπὶ γαῖαν ἔχευαν,
χεύαντες δὲ τὸ σῆμα πάλιν κίον. αὐτὰρ Ἀχιλλεὺς
αὐτοῦ λαὸν ἔρυκε καὶ ἵζανεν εὐρὺν ἀγῶνα,
νηῶν δ' ἔκφερ' ἄεθλα, λέβητάς τε τρίποδάς τε
ἵππους θ' ἡμιόνους τε βοῶν τ' ἴφθιμα κάρηνα,　　　260
ἠδὲ γυναῖκας ἐϋζώνους πολιόν τε σίδηρον.
Ἱππεῦσιν μὲν πρῶτα ποδώκεσιν ἀγλά' ἄεθλα
θῆκε γυναῖκα ἄγεσθαι ἀμύμονα ἔργα ἰδυῖαν
καὶ τρίποδ' ὠτώεντα δυωκαιεικοσίμετρον,
τῷ πρώτῳ· ἀτὰρ αὖ τῷ δευτέρῳ ἵππον ἔθηκεν　　　265
ἐξέτε' ἀδμήτην, βρέφος ἡμίονον κυέουσαν·
αὐτὰρ τῷ τριτάτῳ ἄπυρον κατέθηκε λέβητα
καλόν, τέσσαρα μέτρα κεχανδότα, λευκὸν ἔτ' αὔτως·
τῷ δὲ τετάρτῳ θῆκε δύω χρυσοῖο τάλαντα,
πέμπτῳ δ' ἀμφίθετον φιάλην ἀπύρωτον ἔθηκε.　　　270
στῆ δ' ὀρθὸς καὶ μῦθον ἐν Ἀργείοισιν ἔειπεν·
" Ἀτρεΐδη τε καὶ ἄλλοι ἐϋκνήμιδες Ἀχαιοί,

244 ἐγὼν] ἰὼν v. l. in A　　κλευσωμαι p¹² : κλεύθωμαι Ar. A g A T :
κελεύθωμαι Gf: κλεύθωμαι κελεύθωμαι Hesych. cf. Et. Flor. in v. E. M.
517. 45 Zonar. 1200. 19, βλείωμαι p　　251 κάππεσεν ὕλη v. l. in A
253 σύλλεγον p O² V⁴ γρ. V'⁸　　254 κλισίῃ f h B C N¹ N⁴ O⁵ V¹⁶
V³² δ' ἐνθέντες h　　259-261 ath. Aristoph. Ar.　　262 ἵπποισιν
v. l. ant.　　272 Ἀτρεῖδαί p⁹ h U⁹ V¹⁰　　ἀριστῆες Παναχαιῶν a f g l o
T V¹ V⁴ V⁶ γρ. A

ἱππῆας τάδ' ἄεθλα δεδεγμένα κεῖτ' ἐν ἀγῶνι.
εἰ μὲν νῦν ἐπὶ ἄλλῳ ἀεθλεύοιμεν Ἀχαιοί,
ἦ τ' ἂν ἐγὼ τὰ πρῶτα λαβὼν κλισίηνδε φεροίμην.   275
ἴστε γὰρ ὅσσον ἐμοὶ ἀρετῇ περιβάλλετον ἵπποι·
ἀθάνατοί τε γάρ εἰσι, Ποσειδάων δὲ πόρ' αὐτοὺς
πατρὶ ἐμῷ Πηλῆϊ, ὁ δ' αὖτ' ἐμοὶ ἐγγυάλιξεν.
ἀλλ' ἤτοι μὲν ἐγὼ μενέω καὶ μώνυχες ἵπποι·
τοίου γὰρ κλέος ἐσθλὸν ἀπώλεσαν ἡνιόχοιο,   280
ἠπίου, ὅς σφωϊν μάλα πολλάκις ὑγρὸν ἔλαιον
χαιτάων κατέχευε, λοέσσας ὕδατι λευκῷ.
τὸν τώ γ' ἑσταότες πενθείετον, οὔδεϊ δέ σφι
χαῖται ἐρηρέδαται, τὼ δ' ἕστατον ἀχνυμένω κῆρ.
ἄλλοι δὲ στέλλεσθε κατὰ στρατόν, ὅς τις Ἀχαιῶν   285
ἵπποισίν τε πέποιθε καὶ ἅρμασι κολλητοῖσιν."
    Ὣς φάτο Πηλείδης, ταχέες δ' ἱππῆες ἄγερθεν.
ὦρτο πολὺ πρῶτος μὲν ἄναξ ἀνδρῶν Εὔμηλος,
Ἀδμήτου φίλος υἱός, ὃς ἱπποσύνῃ ἐκέκαστο·
τῷ δ' ἐπὶ Τυδείδης ὦρτο κρατερὸς Διομήδης,   290
ἵππους δὲ Τρῳοὺς ὕπαγε ζυγόν, οὕς ποτ' ἀπηύρα
Αἰνείαν, ἀτὰρ αὐτὸν ὑπεξεσάωσεν Ἀπόλλων.
τῷ δ' ἄρ' ἐπ' Ἀτρείδης ὦρτο ξανθὸς Μενέλαος
διογενής, ὑπὸ δὲ ζυγὸν ἤγαγεν ὠκέας ἵππους,
Αἴθην τὴν Ἀγαμεμνονέην τὸν ἑόν τε Πόδαργον·   295
τὴν Ἀγαμέμνονι δῶκ' Ἀγχισιάδης Ἐχέπωλος
δῶρ', ἵνα μή οἱ ἕποιθ' ὑπὸ Ἴλιον ἠνεμόεσσαν,
ἀλλ' αὐτοῦ τέρποιτο μένων· μέγα γάρ οἱ ἔδωκε
Ζεὺς ἄφενος, ναῖεν δ' ὅ γ' ἐν εὐρυχόρῳ Σικυῶνι·
τὴν ὅ γ' ὑπὸ ζυγὸν ἦγε, μέγα δρόμου ἰσχανόωσαν.   300
Ἀντίλοχος δὲ τέταρτος ἐύτριχας ὁπλίσαθ' ἵππους,

273 ἱππεῦσιν v. l. ant.   δεδεγμένα et δεδεχμένα Ar. (διχῶς) : illud
codd.   278 a ως τω γ αθανατοι κ[b θνητους αθανατοισι p¹²
280 τοισην p¹²   κλέος p A B C L¹⁶ M⁸ V¹⁶ V²⁰ : σθένος cet.   284 ἐρη-
ράδαται r L¹² L¹⁷ V²² : ἐρηρέαται h   285 ἀλλ' ἄγε δὴ h L¹⁸ V¹ V¹⁰ V¹⁵
287 ἄγερθεν Ar. p⁹ b g k m r A B C D N⁴ V³² : ἐγερθεν cet. : ἄερθεν
L¹⁶ M⁵ : ἀνέσταν ﬤ   299 ἄφενον h   300 τὴν τόθ' n v. l. in A
ἰχανόωσαν p⁹ A D Le¹ v l Ge, cf. θ 288 Hesych. in ἰχανᾷ κ.τ.λ.

237

23. ΙΛΙΑΔΟΣ Ψ

Νέστορος ἀγλαὸς υἱὸς ὑπερθύμοιο ἄνακτος,
τοῦ Νηληϊάδαο· Πυλοιγενέες δέ οἱ ἵπποι
ὠκύποδες φέρον ἅρμα· πατὴρ δέ οἱ ἄγχι παραστὰς
μυθεῖτ' εἰς ἀγαθὰ φρονέων νοέοντι καὶ αὐτῷ·   305
"'Αντίλοχ', ἤτοι μέν σε νέον περ ἐόντα φίλησαν
Ζεύς τε Ποσειδάων τε, καὶ ἱπποσύνας ἐδίδαξαν
παντοίας· τῶ καί σε διδασκέμεν οὔ τι μάλα χρεώ·
οἶσθα γὰρ εὖ περὶ τέρμαθ' ἐλισσέμεν· ἀλλά τοι ἵπποι
βάρδιστοι θείειν· τῶ τ' οἴω λοίγι' ἔσεσθαι.   310
τῶν δ' ἵπποι μὲν ἔασιν ἀφάρτεροι, οὐδὲ μὲν αὐτοὶ
πλείονα ἴσασιν σέθεν αὐτοῦ μητίσασθαι.
ἀλλ' ἄγε δὴ σύ, φίλος, μῆτιν ἐμβάλλεο θυμῷ
παντοίην, ἵνα μή σε παρεκπροφύγῃσιν ἄεθλα.
μήτι τοι δρυτόμος μέγ' ἀμείνων ἠὲ βίηφι·   315
μήτι δ' αὖτε κυβερνήτης ἐνὶ οἴνοπι πόντῳ
νῆα θοὴν ἰθύνει ἐρεχθομένην ἀνέμοισι·
μήτι δ' ἡνίοχος περιγίγνεται ἡνιόχοιο.
ἀλλ' ὃς μέν θ' ἵπποισι καὶ ἅρμασιν οἷσι πεποιθὼς
ἀφραδέως ἐπὶ πολλὸν ἑλίσσεται ἔνθα καὶ ἔνθα,   320
ἵπποι δὲ πλανόωνται ἀνὰ δρόμον, οὐδὲ κατίσχει·
ὃς δέ κε κέρδεα εἰδῇ ἐλαύνων ἥσσονας ἵππους,
αἰεὶ τέρμ' ὁρόων στρέφει ἐγγύθεν, οὐδέ ἑ λήθει
ὅππως τὸ πρῶτον τανύσῃ βοέοισιν ἱμᾶσιν,
ἀλλ' ἔχει ἀσφαλέως καὶ τὸν προὔχοντα δοκεύει.   325
σῆμα δέ τοι ἐρέω μάλ' ἀριφραδές, οὐδέ σε λήσει.
ἕστηκε ξύλον αὖον ὅσον τ' ὄργυι' ὑπὲρ αἴης,
ἢ δρυὸς ἢ πεύκης· τὸ μὲν οὐ καταπύθεται ὄμβρῳ,
λᾶε δὲ τοῦ ἑκάτερθεν ἐρηρέδαται δύο λευκὼ
ἐν ξυνοχῇσιν ὁδοῦ, λεῖος δ' ἱππόδρομος ἀμφίς·   330

303 παλαιγενέες v. l. s B T   307 ἐδίδαξεν Ar. o A L¹⁹ V³²
310 θείειν Ar. (uv.), vulg. : θύειν M¹ U⁹   τ'] κ' a f h k l V¹ al.
317 ἐρεχθομένην Ar. codd. : ἐεργομένην v. l. ant. : ἐριχθομένην
Apio P⁶ P¹⁵   319 ἀλλ' ὃς Ptol. Asc. vulg.: ἄλλος Antigonus p⁹
o f N¹ V³²   πέποιθε Ge V¹¹ V¹⁸ v. l. ap. Eust.   324 τὸ] τὸν p q
A B C V²⁰   327 ἐνὶ γαίη v. l. ant.   328 οὗ qu. ap. Aristot. soph.
el. 166 B, poet. 1461 a 22: οὐ Hippias Thasius vulg.

238

ἤ τευ σῆμα βροτοῖο πάλαι κατατεθνηῶτος,
ἢ τό γε νύσσα τέτυκτο ἐπὶ προτέρων ἀνθρώπων,
καὶ νῦν τέρματ' ἔθηκε ποδάρκης δῖος Ἀχιλλεύς.
τῷ σὺ μάλ' ἐγχρίμψας ἐλάαν σχεδὸν ἅρμα καὶ ἵππους,
αὐτὸς δὲ κλινθῆναι ἐϋπλέκτῳ ἐνὶ δίφρῳ   335
ἦκ' ἐπ' ἀριστερὰ τοῖιν· ἀτὰρ τὸν δεξιὸν ἵππον
κένσαι ὁμοκλήσας, εἶξαί τέ οἱ ἡνία χερσίν.
ἐν νύσσῃ δέ τοι ἵππος ἀριστερὸς ἐγχριμφθήτω,
ὡς ἄν τοι πλήμνη γε δοάσσεται ἄκρον ἱκέσθαι
κύκλου ποιητοῖο· λίθου δ' ἀλέασθαι ἐπαυρεῖν,   340
μή πως ἵππους τε τρώσῃς κατά θ' ἅρματα ἄξῃς·
χάρμα δὲ τοῖς ἄλλοισιν, ἐλεγχείη δὲ σοὶ αὐτῷ
ἔσσεται· ἀλλά, φίλος, φρονέων πεφυλαγμένος εἶναι.
εἰ γάρ κ' ἐν νύσσῃ γε παρεξελάσῃσθα διώκων,
οὐκ ἔσθ' ὅς κέ σ' ἕλῃσι μετάλμενος οὐδὲ παρέλθῃ,   345
οὐδ' εἴ κεν μετόπισθεν Ἀρίονα δῖον ἐλαύνοι,
Ἀδρήστου ταχὺν ἵππον, ὃς ἐκ θεόφιν γένος ἦεν,
ἢ τοὺς Λαομέδοντος, οἳ ἐνθάδε γ' ἔτραφεν ἐσθλοί."
Ὣς εἰπὼν Νέστωρ Νηλήιος ἂψ ἐνὶ χώρῃ
ἕζετ', ἐπεὶ ᾧ παιδὶ ἑκάστου πείρατ' ἔειπε.   350
Μηριόνης δ' ἄρα πέμπτος ἐΰτριχας ὡπλίσαθ' ἵππους.
ἂν δ' ἔβαν ἐς δίφρους, ἐν δὲ κλήρους ἐβάλοντο·
πάλλ' Ἀχιλεύς, ἐκ δὲ κλῆρος θόρε Νεστορίδαο
Ἀντιλόχου· μετὰ τὸν δὲ λάχε κρείων Εὔμηλος·
τῷ δ' ἄρ' ἐπ' Ἀτρεΐδης, δουρικλειτὸς Μενέλαος,   355
τῷ δ' ἐπὶ Μηριόνης λάχ' ἐλαυνέμεν· ὕστατος αὖτε
Τυδεΐδης ὄχ' ἄριστος ἐὼν λάχ' ἐλαυνέμεν ἵππους.
στὰν δὲ μεταστοιχί, σήμηνε δὲ τέρματ' Ἀχιλεὺς

pro 332-333 ἠὲ σκῖρος ἔην, νῦν αὖ θέτο τέρματ' Ἀχιλλεύς Ar.
333 ποδώκης c f g al.   334 ἐγχριμφθεὶς h   335 κλινθῆναι δὲ
καὶ αὐτὸς Plat. Ion 537 a, b   ἐϋξέστῳ Plat. l. c., D γρ. P¹⁵ : ἐϋξέστου
Xen. Symp. iv. 6   ἐνὶ] ἐπὶ Xen. l. c., D   δίφρου Xen. l. c.
339 ἄν] μὴ Plat. l. c.   342 ἀεικίη Apoll. lex. in Ἀεικίσωσιν
343 ἔσσεαι v. l. S T Eust.   348 γ' ἔτραφον f k V²² : τέτραφεν b g l o r
G f N¹ N⁴ V¹⁶ V³³

τηλόθεν ἐν λείῳ ῖεδίῳ· παρὰ δὲ σκοπὸν εἶσεν
ἀντίθεον Φοίνικα, ὀπάονα πατρὸς ἑοῖο,   360
ὡς μεμνέῳτο δρόμους καὶ ἀληθείην ἀποείποι.

Οἱ δ' ἅμα πάντες ἐφ' ἵπποιιν μάστιγας ἄειραν,
πέπληγόν θ' ἱμᾶσιν, ὁμόκλησάν τ' ἐπέεσσιν
ἐσσυμένως· οἱ δ' ὦκα διέπρησσον πεδίοιο
νόσφι νεῶν ταχέως· ὑπὸ δὲ στέρνοισι κονίη   365
ἵστατ' ἀειρομένη ὥς τε νέφος ἠὲ θύελλα,
χαῖται δ' ἐρρώοντο μετὰ πνοιῇς ἀνέμοιο.
ἅρματα δ' ἄλλοτε μὲν χθονὶ πίλνατο πουλυβοτείρῃ,
ἄλλοτε δ' ἀίξασκε μετήορα· τοὶ δ' ἐλατῆρες
ἕστασαν ἐν δίφροισι, πάτασσε δὲ θυμὸς ἑκάστου   370
νίκης ἱεμένων· κέκλυντο δὲ οἷσιν ἕκαστος
ἵπποις, οἱ δὲ πέτοντο κονίοντες πεδίοιο.

'Αλλ' ὅτε δὴ πύματον τέλεον δρόμον ὠκέες ἵπποι
ἂψ ἐφ' ἁλὸς πολιῆς, τότε δὴ ἀρετή γε ἑκάστου
φαίνετ', ἄφαρ δ' ἵπποισι τάθη δρόμος· ὦκα δ' ἔπειτα   375
αἱ Φηρητιάδαο ποδώκεες ἔκφερον ἵπποι.
τὰς δὲ μετ' ἐξέφερον Διομήδεος ἄρσενες ἵπποι,
Τρώιοι, οὐδέ τι πολλὸν ἄνευθ' ἔσαν, ἀλλὰ μάλ' ἐγγύς·
αἰεὶ γὰρ δίφρου ἐπιβησομένοισιν ἐίκτην,
πνοιῇ δ' Εὐμήλοιο μετάφρενον εὐρέε τ' ὤμω   380
θέρμετ'· ἐπ' αὐτῷ γὰρ κεφαλὰς καταθέντε πετέσθην.
καί νύ κεν ἢ παρέλασσ' ἢ ἀμφήριστον ἔθηκεν,
εἰ μὴ Τυδέος υἷι κοτέσσατο Φοῖβος 'Απόλλων,
ὅς ῥά οἱ ἐκ χειρῶν ἔβαλεν μάστιγα φαεινήν.
τοῖο δ' ἀπ' ὀφθαλμῶν χύτο δάκρυα χωομένοιο,   385
οὕνεκα τὰς μὲν ὅρα ἔτι καὶ πολὺ μᾶλλον ἰούσας,
οἱ δέ οἱ ἐβλάφθησαν ἄνευ κέντροιο θέοντες.
οὐδ' ἄρ' 'Αθηναίην ἐλεφηράμενος λάθ' 'Απόλλων

361 δρόμους Ar. L¹⁶ N¹ U⁴ : δρόμον vulg.   362 ἅμα] ἄρα n p A B
C D N¹ V¹⁶ al.   374 ἐφ' Ar. vulg. : ἀφ' v. l. ant. (αἱ πλείους), 1 A ss.
L¹² Ge T V¹¹   379 δίφρῳ A ss. L¹⁶ M⁸   387 δ' ἑοὶ Ptol.
Asc.

Τυδείδην, μάλα δ' ὦκα μετέσσυτο ποιμένα λαῶν,
δῶκε δέ οἱ μάστιγα, μένος δ' ἵπποισιν ἐνῆκεν· 390
ἡ δὲ μετ' Ἀδμήτου υἱὸν κοτέουσα βεβήκει,
ἵππειον δέ οἱ ἦξε θεὰ ζυγόν· αἱ δέ οἱ ἵπποι
ἀμφὶς ὁδοῦ δραμέτην, ῥυμὸς δ' ἐπὶ γαῖαν ἐλύσθη.
αὐτὸς δ' ἐκ δίφροιο παρὰ τροχὸν ἐξεκυλίσθη,
ἀγκῶνάς τε περιδρύφθη στόμα τε ῥῖνάς τε, 395
θρυλίχθη δὲ μέτωπον ἐπ' ὀφρύσι· τὼ δέ οἱ ὄσσε
δακρυόφι πλῆσθεν, θαλερὴ δέ οἱ ἔσχετο φωνή.
Τυδείδης δὲ παρατρέψας ἔχε μώνυχας ἵππους,
πολλὸν τῶν ἄλλων ἐξάλμενος· ἐν γὰρ Ἀθήνη
ἵπποις ἧκε μένος καὶ ἐπ' αὐτῷ κῦδος ἔθηκε. 400
τῷ δ' ἄρ' ἐπ' Ἀτρείδης εἶχε ξανθὸς Μενέλαος.
Ἀντίλοχος δ' ἵπποισιν ἐκέκλετο πατρὸς ἑοῖο·
" ἔμβητον καὶ σφῶϊ· τιταίνετον ὅττι τάχιστα.
ἤτοι μὲν κείνοισιν ἐριζέμεν οὔ τι κελεύω,
Τυδείδεω ἵπποισι δαίφρονος, οἷσιν Ἀθήνη 405
νῦν ὤρεξε τάχος καὶ ἐπ' αὐτῷ κῦδος ἔθηκεν·
ἵππους δ' Ἀτρείδαο κιχάνετε, μηδὲ λίπησθον,
καρπαλίμως, μὴ σφῶϊν ἐλεγχείην καταχεύῃ
Αἴθη θῆλυς ἐοῦσα· τίη λείπεσθε, φέριστοι;
ὧδε γὰρ ἐξερέω, καὶ μὴν τετελεσμένον ἔσται· 410
οὐ σφῶϊν κομιδὴ παρὰ Νέστορι ποιμένι λαῶν
ἔσσεται, αὐτίκα δ' ὔμμε κατακτενεῖ ὀξέϊ χαλκῷ,
αἴ κ' ἀποκηδήσαντε φερώμεθα χεῖρον ἄεθλον.
ἀλλ' ἐφομαρτεῖτον καὶ σπεύδετον ὅττι τάχιστα·
ταῦτα δ' ἐγὼν αὐτὸς τεχνήσομαι ἠδὲ νοήσω, 415
στεινωπῷ ἐν ὁδῷ παραδύμεναι, οὐδέ με λήσει."
Ὥς ἔφαθ', οἱ δὲ ἄνακτος ὑποδείσαντες ὁμοκλὴν
μᾶλλον ἐπιδραμέτην ὀλίγον χρόνον· αἶψα δ' ἔπειτα

400 ἔδωκεν h k B C G f N⁴   405-406 ath. Ar.   406 ἔδωκεν
C U⁹   408 καταθείη l L¹²   411 κομιδὴ] βιοτὴ v. l.
ant.   414 ἐφομαρτεῖτον et ἐφαμαρτεῖτον Ar. (διχῶς) : illud vulg.:
hoc P¹⁵

στεῖνος ὁδοῦ κοίλης ἴδεν Ἀντίλοχος μενεχάρμης.
ῥωχμὸς ἔην γαίης, ᾗ χειμέριον ἀλὲν ὕδωρ   420
ἐξέρρηξεν ὁδοῖο, βάθυνε δὲ χῶρον ἅπαντα·
τῇ ῥ᾽ εἶχεν Μενέλαος ἀματροχιὰς ἀλεείνων.
Ἀντίλοχος δὲ παρατρέψας ἔχε μώνυχας ἵππους
ἐκτὸς ὁδοῦ, ὀλίγον δὲ παρακλίνας ἐδίωκεν.
Ἀτρεΐδης δ᾽ ἔδεισε καὶ Ἀντιλόχῳ ἐγεγώνει·   425
" Ἀντίλοχ᾽, ἀφραδέως ἱππάζεαι· ἀλλ᾽ ἄνεχ᾽ ἵππους·
στεινωπὸς γὰρ ὁδός, τάχα δ᾽ εὐρυτέρη παρελάσσαι·
μή πως ἀμφοτέρους δηλήσεαι ἅρματι κύρσας."
Ὣς ἔφατ᾽, Ἀντίλοχος δ᾽ ἔτι καὶ πολὺ μᾶλλον ἔλαυνε
κέντρῳ ἐπισπέρχων, ὡς οὐκ ἀΐοντι ἐοικώς.   430
ὅσσα δὲ δίσκου οὖρα κατωμαδίοιο πέλονται,
ὅν τ᾽ αἰζηὸς ἀφῆκεν ἀνὴρ πειρώμενος ἥβης,
τόσσον ἐπιδραμέτην· αἱ δ᾽ ἠρώησαν ὀπίσσω
Ἀτρεΐδεω· αὐτὸς γὰρ ἑκὼν μεθέηκεν ἐλαύνειν,
μή πως συγκύρσειαν ὁδῷ ἔνι μώνυχες ἵπποι,   435
δίφρους τ᾽ ἀνστρέψειαν ἐϋπλεκέας, κατὰ δ᾽ αὐτοὶ
ἐν κονίῃσι πέσοιεν ἐπειγόμενοι περὶ νίκης.
τὸν καὶ νεικείων προσέφη ξανθὸς Μενέλαος·
" Ἀντίλοχ᾽, οὔ τις σεῖο βροτῶν ὀλοώτερος ἄλλος·
ἔρρ᾽, ἐπεὶ οὔ σ᾽ ἔτυμόν γε φάμεν πεπνῦσθαι Ἀχαιοί.   440
ἀλλ᾽ οὐ μὰν οὐδ᾽ ὣς ἄτερ ὅρκου οἴσῃ ἄεθλον."
Ὣς εἰπὼν ἵπποισιν ἐκέκλετο φώνησέν τε·
" μή μοι ἐρύκεσθον μηδ᾽ ἕστατον ἀχνυμένω κῆρ.
φθήσονται τούτοισι πόδες καὶ γοῦνα καμόντα
ἢ ὑμῖν· ἄμφω γὰρ ἀτέμβονται νεότητος."   445
Ὣς ἔφαθ᾽, οἱ δὲ ἄνακτος ὑποδείσαντες ὁμοκλὴν
μᾶλλον ἐπιδραμέτην, τάχα δέ σφισιν ἄγχι γένοντο.

420 ῥωχμὸς Hdn. Apoll. lex. in Ῥωχμός L² N⁴ corr.   421 ἅπαντα]
ἔνερθεν Aristoph.   422 ᾗ ῥ᾽ Ar.   424 παρακλινθεὶς v. l. in A
457 εὐρυτέρη παρελάσσαι v. l. ant., p¹³ : εὐρυτέρη παρελάσσαις • h B U⁵
V²⁰ V³² : παρελάσσεις vulg.   433 τοὶ δ᾽ v. l. s T   434 ἐλαύνων
p¹³   444 καμόντε p¹³

23. ΙΛΙΑΔΟΣ Ψ

Ἀργεῖοι δ' ἐν ἀγῶνι καθήμενοι εἰσορόωντο
ἵππους· τοὶ δὲ πέτοντο κονίοντες πεδίοιο.
πρῶτος δ' Ἰδομενεὺς Κρητῶν ἀγὸς ἐφράσαθ' ἵππους·   450
ἧστο γὰρ ἐκτὸς ἀγῶνος ὑπέρτατος ἐν περιωπῇ·
τοῖο δ' ἄνευθεν ἐόντος ὁμοκλητῆρος ἀκούσας
ἔγνω, φράσσατο δ' ἵππον ἀριπρεπέα προὔχοντα,
ὃς τὸ μὲν ἄλλο τόσον φοῖνιξ ἦν, ἐν δὲ μετώπῳ
λευκὸν σῆμα τέτυκτο περίτροχον ἠΰτε μήνη.   455
στῆ δ' ὀρθὸς καὶ μῦθον ἐν Ἀργείοισιν ἔειπεν·
" ὦ φίλοι, Ἀργείων ἡγήτορες ἠδὲ μέδοντες,
οἶος ἐγὼν ἵππους αὐγάζομαι ἦε καὶ ὑμεῖς;
ἄλλοι μοι δοκέουσι παροίτεροι ἔμμεναι ἵπποι,
ἄλλος δ' ἡνίοχος ἰνδάλλεται· αἱ δέ που αὐτοῦ   460
ἔβλαβεν ἐν πεδίῳ, αἳ κεῖσέ γε φέρτεραι ἦσαν·
ἤτοι γὰρ τὰς πρῶτα ἴδον περὶ τέρμα βαλούσας,
νῦν δ' οὔ πη δύναμαι ἰδέειν, πάντῃ δέ μοι ὄσσε
Τρωϊκὸν ἂμ πεδίον παπταίνετον εἰσορόωντι·
ἦε τὸν ἡνίοχον φύγον ἡνία, οὐδὲ δυνάσθη   465
εὖ σχεθέειν περὶ τέρμα, καὶ οὐκ ἐτύχησεν ἑλίξας·
ἔνθα μιν ἐκπεσέειν ὀΐω σύν θ' ἅρματα ἆξαι,
αἱ δ' ἐξηρώησαν, ἐπεὶ μένος ἔλλαβε θυμόν.
ἀλλὰ ἴδεσθε καὶ ὔμμες ἀνασταδόν· οὐ γὰρ ἔγωγε
εὖ διαγιγνώσκω· δοκέει δέ μοι ἔμμεναι ἀνὴρ   470
Αἰτωλὸς γενεήν, μετὰ δ' Ἀργείοισιν ἀνάσσει,
Τυδέος ἱπποδάμου υἱός, κρατερὸς Διομήδης."
Τὸν δ' αἰσχρῶς ἐνένιπεν Ὀϊλῆος ταχὺς Αἴας·
" Ἰδομενεῦ, τί πάρος λαβρεύεαι; αἱ δ' ἔτ' ἄνευθεν
ἵπποι ἀερσίποδες πολέος πεδίοιο δίενται.   475
οὔτε νεώτατός ἐσσι μετ' Ἀργείοισι τοσοῦτον,

452 ἰόντος 𝔭¹³ D   ἀκουων 𝔭¹³   454 τόσον] δέμας Apoll. lex. in
Φοῖνιξ   461 κεῖθι Zen. Aristoph.   463 οὔ πω v. l. ant., 𝔭⁹ b g r q
A B C Mc V¹ V³²   464 παπταίνεται Ar. A P¹¹ P¹² V²³   467 κατά
θ' g 1 N⁴ T V¹⁶ γρ. A   471 ath. Ar.   472 ἱπποδάμοιο d f h V¹³
πάϊς h   473 ἐνένισπεν 𝔭⁹ a g h 1 r C Mc N¹ V¹ : ἐνένιπτεν L¹⁸ V⁴
475 δίονται N⁴ U⁵ : -ωνται g Ass. Bm⁶ P¹ P¹² P²¹

243

οὔτε τοι ὀξύτατον κεφαλῆς ἐκ δέρκεται ὄσσε·
ἀλλ' αἰεὶ μύθοις λαβρεύεαι· οὐδέ τί σε χρὴ
λαβραγόρην ἔμεναι· πάρα γὰρ καὶ ἀμείνονες ἄλλοι.
ἵπποι δ' αὐταὶ ἔασι παροίτεραι, αἳ τὸ πάρος περ,   480
Εὐμήλου, ἐν δ' αὐτὸς ἔχων εὔληρα βέβηκε."

Τὸν δὲ χολωσάμενος Κρητῶν ἀγὸς ἀντίον ηὔδα·
" Αἶαν, νεῖκος ἄριστε, κακοφραδές, ἄλλα τε πάντα
δεύεαι 'Αργείων, ὅτι τοι νόος ἐστὶν ἀπηνής.
δεῦρό νυν, ἢ τρίποδος περιδώμεθον ἠὲ λέβητος,   485
ἵστορα δ' 'Ατρεΐδην 'Αγαμέμνονα θείομεν ἄμφω,
ὑππότεραι πρόσθ' ἵπποι, ἵνα γνώῃς ἀποτίνων."

Ὣς ἔφατ', ὄρνυτο δ' αὐτίκ' 'Οϊλῆος ταχὺς Αἴας
χωόμενος χαλεποῖσιν ἀμείψασθαι ἐπέεσσι·
καί νύ κε δὴ προτέρω ἔτ' ἔρις γένετ' ἀμφοτέροισιν,   490
εἰ μὴ 'Αχιλλεὺς αὐτὸς ἀνίστατο καὶ φάτο μῦθον·
" μηκέτι νῦν χαλεποῖσιν ἀμείβεσθον ἐπέεσσιν,
Αἶαν 'Ιδομενεῦ τε, κακοῖς, ἐπεὶ οὐδὲ ἔοικε.
καὶ δ' ἄλλῳ νεμεσᾶτον, ὅτις τοιαῦτά γε ῥέζοι.
ἀλλ' ὑμεῖς ἐν ἀγῶνι καθήμενοι εἰσοράασθε   495
ἵππους· οἱ δὲ τάχ' αὐτοὶ ἐπειγόμενοι περὶ νίκης
ἐνθάδ' ἐλεύσονται· τότε δὲ γνώσεσθε ἕκαστος
ἵππους 'Αργείων, οἳ δεύτεροι οἵ τε πάροιθεν."

Ὣς φάτο, Τυδεΐδης δὲ μάλα σχεδὸν ἦλθε διώκων,
μάστι δ' αἰὲν ἔλαυνε κατωμαδόν· οἱ δέ οἱ ἵπποι   500
ὑψόσ' ἀειρέσθην ῥίμφα πρήσσοντε κέλευθον.
αἰεὶ δ' ἡνίοχον κονίης ῥαθάμιγγες ἔβαλλον,
ἅρματα δὲ χρυσῷ πεπυκασμένα κασσιτέρῳ τε

477 ἐκδέρκετον h L¹⁶ M⁹ Apoll. synt. iii. 171   479 ath. Ar.
480 αὐταὶ h o q A M⁸ T : αὖτε vulg.   483 νεῖκος Ar. P⁹ h p q L⁵ L¹⁰
al. : νείκει vulg. : νείκε' L¹³· -η 1   485 περιδώμεθα 1 p L¹² M⁰ N¹ O²
T V²⁵   491 καὶ κατέρυκ· L¹⁰ O⁸ V¹⁰ (uv.), v. l. in A : καὶ μετέειπε
U⁵   492 αμειβεσθαι P¹³ p¹⁸   493 κακοῖς] ἄναξ v. l. s T
495 εἰσοράασθον h   497 ῥάχα δ' ευγνωσ. P⁴⁸   500 μάστι p⁹ p¹³
(uv.) o A B D G f N⁴ V¹¹ al. ; μάστιγι vulg. : μάστιγα C L¹⁸ M¹⁰ f¹¹³ V¹
V⁴ V³²   503 δ' αὖ χαλκῷ cit. Plut. qu. conv. ix. 15

ἵπποις ὠκυπόδεσσιν ἐπέτρεχον· οὐδέ τι πολλὴ
γίγνετ᾽ ἐπισσώτρων ἁρματροχιὴ κατόπισθεν   505
ἐν λεπτῇ κονίῃ· τὼ δὲ σπεύδοντε πετέσθην.
στῆ δὲ μέσῳ ἐν ἀγῶνι, πολὺς δ᾽ ἀνεκήκιεν ἱδρὼς
ἵππων ἔκ τε λόφων καὶ ἀπὸ στέρνοιο χαμᾶζε.
αὐτὸς δ᾽ ἐκ δίφροιο χαμαὶ θόρε παμφανόωντος,
κλῖνε δ᾽ ἄρα μάστιγα ποτὶ ζυγόν· οὐδὲ μάτησεν   510
ἴφθιμος Σθένελος, ἀλλ᾽ ἐσσυμένως λάβ᾽ ἄεθλον,
δῶκε δ᾽ ἄγειν ἑτάροισιν ὑπερθύμοισι γυναῖκα
καὶ τρίποδ᾽ ὠτώεντα φέρειν· ὁ δ᾽ ἔλυεν ὑφ᾽ ἵππους.

Τῷ δ᾽ ἄρ᾽ ἐπ᾽ Ἀντίλοχος Νηλήιος ἤλασεν ἵππους,
κέρδεσιν, οὔ τι τάχει γε, παραφθάμενος Μενέλαον·   515
ἀλλὰ καὶ ὣς Μενέλαος ἔχ᾽ ἐγγύθεν ὠκέας ἵππους.
ὅσσον δὲ τροχοῦ ἵππος ἀφίσταται, ὅς ῥα ἄνακτα
ἕλκῃσιν πεδίοιο τιταινόμενος σὺν ὄχεσφι·
τοῦ μέν τε ψαύουσιν ἐπισσώτρου τρίχες ἄκραι
οὐραῖαι· ὁ δέ τ᾽ ἄγχι μάλα τρέχει, οὐδέ τι πολλὴ   520
χώρη μεσσηγύς, πολέος πεδίοιο θέοντος·
τόσσον δὴ Μενέλαος ἀμύμονος Ἀντιλόχοιο
λείπετ᾽· ἀτὰρ τὰ πρῶτα καὶ ἐς δίσκουρα λέλειπτο,
ἀλλά μιν αἶψα κίχανεν· ὀφέλλετο γὰρ μένος ἠὺ
ἵππου τῆς Ἀγαμεμνονέης, καλλίτριχος Αἴθης·   525
εἰ δέ κ᾽ ἔτι προτέρω γένετο δρόμος ἀμφοτέροισι,
τῶ κέν μιν παρέλασσ᾽ οὐδ᾽ ἀμφήριστον ἔθηκεν.
αὐτὰρ Μηριόνης, θεράπων ἐὺς Ἰδομενῆος,
λείπετ᾽ ἀγακλῆος Μενελάου δουρὸς ἐρωήν·
βάρδιστοι μὲν γάρ οἱ ἔσαν καλλίτριχες ἵπποι,   530
ἥκιστος δ᾽ ἦν αὐτὸς ἐλαυνέμεν ἅρμ᾽ ἐν ἀγῶνι.
υἱὸς δ᾽ Ἀδμήτοιο πανύστατος ἤλυθεν ἄλλων,
ἕλκων ἄρματα καλά, ἐλαύνων πρόσσοθεν ἵππους.
τὸν δὲ ἰδὼν ᾤκτειρε ποδάρκης δῖος Ἀχιλλεύς,

505 ὀπισσώτρων D, cf. E 725   506 πέτεσθον v. l. in A
517 ῥάτ᾽ codd.   519 ὀπισσώτρου A   523 δίσκου οὖρα v. l. ant.
L²⁰ Mc M¹¹ N¹ N⁴ O⁵ U¹⁰ V³²: δίσκουρα P¹³   527 παρέλασσεν ἢ Zen.
533 πρόσσοθεν Ar. vulg. (πρόσσωθεν, -ωθ᾽, πρόσθεν): ὠκέας Zen.:
μώνυχας L⁶ M⁸ U¹³

245

στὰς δ' ἄρ' ἐν Ἀργείοις ἔπεα πτερόεντ' ἀγόρευε·   535
" λοῖσθος ἀνὴρ ὤριστος ἐλαύνει μώνυχας ἵππους·
ἀλλ' ἄγε δή οἱ δῶμεν ἀέθλιον, ὡς ἐπιεικές,
δεύτερ'· ἀτὰρ τὰ πρῶτα φερέσθω Τυδέος υἱός."
  Ὣς ἔφαθ', οἱ δ' ἄρα πάντες ἐπήνεον ὡς ἐκέλευε.
καί νύ κέ οἱ πόρεν ἵππον, ἐπήνησαν γὰρ Ἀχαιοί,   540
εἰ μὴ ἄρ' Ἀντίλοχος μεγαθύμου Νέστορος υἱὸς
Πηλεΐδην Ἀχιλῆα δίκῃ ἠμείψατ' ἀναστάς·
" ὦ Ἀχιλεῦ, μάλα τοι κεχολώσομαι, αἴ κε τελέσσῃς
τοῦτο ἔπος· μέλλεις γὰρ ἀφαιρήσεσθαι ἄεθλον,
τὰ φρονέων ὅτι οἱ βλάβεν ἅρματα καὶ ταχέ' ἵππω   545
αὐτός τ' ἐσθλὸς ἐών· ἀλλ' ὤφελεν ἀθανάτοισιν
εὔχεσθαι· τῷ κ' οὔ τι πανύστατος ἦλθε διώκων.
εἰ δέ μιν οἰκτίρεις καί τοι φίλος ἔπλετο θυμῷ,
ἔστι τοι ἐν κλισίῃ χρυσὸς πολύς, ἔστι δὲ χαλκὸς
καὶ πρόβατ', εἰσὶ δέ τοι δμῳαὶ καὶ μώνυχες ἵπποι·   550
τῶν οἱ ἔπειτ' ἀνελὼν δόμεναι καὶ μεῖζον ἄεθλον,
ἠὲ καὶ αὐτίκα νῦν, ἵνα σ' αἰνήσωσιν Ἀχαιοί.
τὴν δ' ἐγὼ οὐ δώσω· περὶ δ' αὐτῆς πειρηθήτω
ἀνδρῶν ὅς κ' ἐθέλῃσιν ἐμοὶ χείρεσσι μάχεσθαι."
  Ὣς φάτο, μείδησεν δὲ ποδάρκης δῖος Ἀχιλλεὺς   555
χαίρων Ἀντιλόχῳ, ὅτι οἱ φίλος ἦεν ἑταῖρος·
καί μιν ἀμειβόμενος ἔπεα πτερόεντα προσηύδα·
" Ἀντίλοχ', εἰ μὲν δή με κελεύεις οἴκοθεν ἄλλο
Εὐμήλῳ ἐπιδοῦναι, ἐγὼ δέ κε καὶ τὸ τελέσσω.
δώσω οἱ θώρηκα, τὸν Ἀστεροπαῖον ἀπηύρων,   560
χάλκεον, ᾧ πέρι χεῦμα φαεινοῦ κασσιτέροιο

535 εν αχαιοισιν επεα p⁴⁸   προσηύδα • ι ο N⁴ T al.   538 a b
τὰ τρίτα δ' Ἀντίλοχος, τέτρατα ξανθὸς Μενέλαος,
πεμπτὰ δὲ Μηριόνης θεράπων ἐὺς Ἰδομενῆος
add. quidam ant.   539 ἠδ' ἐκέλευον p⁹ Gf L¹⁰ L¹⁶ L¹⁹ M⁸ U¹¹ V¹ V¹⁴,
v. l. in A U⁴   540 οἱ ἄλλοι v. l. in A: ἄριστοι V¹³ v. om. p⁴⁸
547 τῷ κ' Bentley: τῶ κεν h m C L¹⁰ O² U¹³ V¹ V¹⁶ V³²: τό κεν vulg.
548 φίλος Ar. (πᾶσαι) a d f k l m A B ss. C corr. Gf N¹ T al.: φίλον
vulg.

ἀμφιδεδίνηται· πολέος δέ οἱ ἄξιος ἔσται."

Ἦ ῥα, καὶ Αὐτομέδοντι φίλῳ ἐκέλευσεν ἑταίρῳ
οἰσέμεναι κλισίηθεν· ὁ δ' ᾤχετο καί οἱ ἔνεικεν,
Εὐμήλῳ δ' ἐν χερσὶ τίθει· ὁ δὲ δέξατο χαίρων.   565
Τοῖσι δὲ καὶ Μενέλαος ἀνίστατο θυμὸν ἀχεύων,
Ἀντιλόχῳ ἄμοτον κεχολωμένος· ἐν δ' ἄρα κῆρυξ
χειρὶ σκῆπτρον ἔθηκε, σιωπῆσαί τε κέλευσεν
Ἀργείους· ὁ δ' ἔπειτα μετηύδα ἰσόθεος φώς·
"'Αντίλοχε, πρόσθεν πεπνυμένε, ποῖον ἔρεξας.   570
ᾔσχυνας μὲν ἐμὴν ἀρετήν, βλάψας δέ μοι ἵππους,
τοὺς σοὺς πρόσθε βαλών, οἵ τοι πολὺ χείρονες ἦσαν.
ἀλλ' ἄγετ', Ἀργείων ἡγήτορες ἠδὲ μέδοντες,
ἐς μέσον ἀμφοτέροισι δικάσσατε, μηδ' ἐπ' ἀρωγῇ,
μή ποτέ τις εἴπῃσιν Ἀχαιῶν χαλκοχιτώνων·   575
"'Αντίλοχον ψεύδεσσι βιησάμενος Μενέλαος
οἴχεται ἵππον ἄγων, ὅτι οἱ πολὺ χείρονες ἦσαν
ἵπποι, αὐτὸς δὲ κρείσσων ἀρετῇ τε βίῃ τε.'
εἰ δ' ἄγ' ἐγὼν αὐτὸς δικάσω, καί μ' οὔ τινά φημι
ἄλλον ἐπιπλήξειν Δαναῶν· ἰθεῖα γὰρ ἔσται.   580
Ἀντίλοχ', εἰ δ' ἄγε δεῦρο, διοτρεφές, ἦ θέμις ἐστί,
στὰς ἵππων προπάροιθε καὶ ἅρματος, αὐτὰρ ἱμάσθλην
χερσὶν ἔχε ῥαδινήν, ᾗ περ τὸ πρόσθεν ἔλαυνες,
ἵππων ἁψάμενος γαιήοχον ἐννοσίγαιον
ὄμνυθι μὴ μὲν ἑκὼν τὸ ἐμὸν δόλῳ ἅρμα πεδῆσαι."   585
Τὸν δ' αὖτ' Ἀντίλοχος πεπνυμένος ἀντίον ηὔδα·
"ἄνσχεο νῦν· πολλὸν γὰρ ἔγωγε νεώτερός εἰμι
σεῖο, ἄναξ Μενέλαε, σὺ δὲ πρότερος καὶ ἀρείων.
οἶσθ' οἷαι νέου ἀνδρὸς ὑπερβασίαι τελέθουσι·
κραιπνότερος μὲν γάρ τε νόος, λεπτὴ δέ τε μῆτις.   590

562 ἄξιον e g k o A B C Gf N⁴ T V¹⁶   565 om. ϼ⁹ ϼ¹³ b g k A B C
N¹ T V¹ V¹⁶ V³²   581 ath. Ar.   583 ἔχων Mo U⁵ U¹⁰ ss. V³² Eust.
585 μὴ μὲν] μηδὲν Paus. vii. 21. 3 P¹¹   587 ἄνσχεο Ar. vulg.:
ἄσσχεο Dion. Sid.: ἄσχεο M⁵ V¹¹ V¹⁵ V¹⁶: ἴσχεο v. l. in A: cf. Ω 518

247

τῷ τοι ἐπιτλήτω κραδίη· ἵππον δέ τοι αὐτὸς
δώσω, τὴν ἀρόμην. εἰ καί νύ κεν οἴκοθεν ἄλλο
μεῖζον ἐπαιτήσειας, ἄφαρ κέ τοι αὐτίκα δοῦναι
βουλοίμην ἢ σοί γε, διοτρεφές, ἤματα πάντα
ἐκ θυμοῦ πεσέειν καὶ δαίμοσιν εἶναι ἀλιτρός." 595
Ἦ ῥα, καὶ ἵππον ἄγων μεγαθύμου Νέστορος υἱὸς
ἐν χείρεσσι τίθει Μενελάου· τοῖο δὲ θυμὸς
ἰάνθη ὡς εἴ τε περὶ σταχύεσσιν ἐέρση
ληΐου ἀλδήσκοντος, ὅτε φρίσσουσιν ἄρουραι·
ὡς ἄρα σοί, Μενέλαε, μετὰ φρεσὶ θυμὸς ἰάνθη. 600
καί μιν φωνήσας ἔπεα πτερόεντα προσηύδα·
" Ἀντίλοχε, νῦν μέν τοι ἐγὼν ὑποείξομαι αὐτὸς
χωόμενος, ἐπεὶ οὔ τι παρήορος οὐδ᾽ ἀεσίφρων
ἦσθα πάρος· νῦν αὖτε νόον νίκησε νεοίη.
δεύτερον αὖτ᾽ ἀλέασθαι ἀμείνονας ἠπεροπεύειν. 605
οὐ γάρ κέν με τάχ᾽ ἄλλος ἀνὴρ παρέπεισεν Ἀχαιῶν·
ἀλλὰ σὺ γὰρ δὴ πόλλ᾽ ἔπαθες καὶ πόλλ᾽ ἐμόγησας,
σός τε πατὴρ ἀγαθὸς καὶ ἀδελφεὸς εἵνεκ᾽ ἐμεῖο·
τῷ τοι λισσομένῳ ἐπιπείσομαι, ἠδὲ καὶ ἵππον
δώσω ἐμήν περ ἐοῦσαν, ἵνα γνώωσι καὶ οἵδε 610
ὡς ἐμὸς οὔ ποτε θυμὸς ὑπερφίαλος καὶ ἀπηνής."
Ἦ ῥα, καὶ Ἀντιλόχοιο Νοήμονι δῶκεν ἑταίρῳ
ἵππον ἄγειν· ὁ δ᾽ ἔπειτα λέβηθ᾽ ἕλε παμφανόωντα.
Μηριόνης δ᾽ ἀνάειρε δύω χρυσοῖο τάλαντα
τέτρατος, ὡς ἔλασεν. πέμπτον δ᾽ ὑπελείπετ᾽ ἄεθλον, 615
ἀμφίθετος φιάλη· τὴν Νέστορι δῶκεν Ἀχιλλεὺς
Ἀργείων ἀν᾽ ἀγῶνα φέρων, καὶ ἔειπε παραστάς·
" τῆ νῦν, καὶ σοὶ τοῦτο, γέρον, κειμήλιον ἔστω,
Πατρόκλοιο τάφου μνῆμ᾽ ἔμμεναι· οὐ γὰρ ἔτ᾽ αὐτὸν
ὄψῃ ἐν Ἀργείοισι· δίδωμι δέ τοι τόδ᾽ ἄεθλον 620
αὔτως· οὐ γὰρ πύξ γε μαχήσεαι, οὐδὲ παλαίσεις,

593 ἀπαιτ- d f k V¹ V¹⁶ V³² Eust.   604 νεοίη] νόημα Antim.
605 ὕστερον v. l. ẞ A T: βέλτερον b f g h p V¹

οὐδ' ἔτ' ἀκοντιστὺν ἐσδύσεαι, οὐδὲ πόδεσσι
θεύσεαι· ἤδη γὰρ χαλεπὸν κατὰ γῆρας ἐπείγει."

Ὣς εἰπὼν ἐν χερσὶ τίθει· ὁ δ' ἐδέξατο χαίρων,
καί μιν φωνήσας ἔπεα πτερόεντα προσηύδα·   625
"ναὶ δὴ ταῦτά γε πάντα, τέκος, κατὰ μοῖραν ἔειπες·
οὐ γὰρ ἔτ' ἔμπεδα γυῖα, φίλος, πόδες, οὐδέ τι χεῖρες
ὤμων ἀμφοτέρωθεν ἐπαΐσσονται ἐλαφραί.
εἴθ' ὣς ἡβώοιμι βίη τέ μοι ἔμπεδος εἴη
ὡς ὁπότε κρείοντ' Ἀμαρυγκέα θάπτον Ἐπειοὶ   630
Βουπρασίῳ, παῖδες δὲ θέσαν βασιλῆος ἄεθλα·
ἔνθ' οὔ τίς μοι ὁμοῖος ἀνὴρ γένετ', οὔτ' ἄρ' Ἐπειῶν
οὔτ' αὐτῶν Πυλίων οὔτ' Αἰτωλῶν μεγαθύμων.
πὺξ μὲν ἐνίκησα Κλυτομήδεα, Ἤνοπος υἱόν,
Ἀγκαῖον δὲ πάλῃ Πλευρώνιον, ὅς μοι ἀνέστη·   635
Ἴφικλον δὲ πόδεσσι παρέδραμον ἐσθλὸν ἐόντα,
δουρὶ δ' ὑπειρέβαλον Φυλῆά τε καὶ Πολύδωρον.
οἴοισίν μ' ἵπποισι παρήλασαν Ἀκτορίωνε,
πλήθει πρόσθε βαλόντες, ἀγασσάμενοι περὶ νίκης,
οὕνεκα δὴ τὰ μέγιστα παρ' αὐτόθι λείπετ' ἄεθλα.   640
οἱ δ' ἄρ' ἔσαν δίδυμοι· ὁ μὲν ἔμπεδον ἡνιόχευεν,
ἔμπεδον ἡνιόχευ', ὁ δ' ἄρα μάστιγι κέλευεν.
ὥς ποτ' ἔον· νῦν αὖτε νεώτεροι ἀντιοώντων
ἔργων τοιούτων· ἐμὲ δὲ χρὴ γήραϊ λυγρῷ
πείθεσθαι, τότε δ' αὖτε μετέπρεπον ἡρώεσσιν.   645
ἀλλ' ἴθι καὶ σὸν ἑταῖρον ἀέθλοισι κτερέϊζε.
τοῦτο δ' ἐγὼ πρόφρων δέχομαι, χαίρει δέ μοι ἦτορ,
ὥς μευ ἀεὶ μέμνησαι ἐνηέος, οὐδέ σε λήθω

622 ἐσδύσεαι Ar. (σχεδὸν ἅπασαι), vulg.: ἐνδύσεαι b c k A V¹ al.:
ὑποδύσεαι D L¹⁹   623 ἐπείγει c A D L¹⁸ L¹⁹ N¹ U⁵ V¹ V⁴ V¹⁰ V¹³ V¹⁴:
ἔπεισιν vulg.: ἱκάνει h p q C L¹⁶ V³²: ὀπάζει k T: hae tres vv. ll. in A
    625 ἀγόρευε p q: μετηύδα V¹⁶   628 ἀπαΐσσονται h Pa V¹⁶ v. l.
ap. Eust.   634 Οἴνοπος f h p C O⁵ U¹³ T V³², cit. Plut. quaest. conv.
639 c: Φαίνοπος Rhet. gr. viii. 728   635 πλήην Ar. 1 Mc
639 ἀγασσαμένω v. l. ant.   640 αὐτόθι p¹³ k p q C L¹⁶ U¹³ V¹: αὐτόφι
Ar. vuig.

τιμῆς ἧς τέ μ' ἔοικε τετιμῆσθαι μετ' Ἀχαιοῖς.
σοὶ δὲ θεοὶ τῶνδ' ἀντὶ χάριν μενοεικέα δοῖεν."　　　650
Ὣς φάτο, Πηλείδης δὲ πολὺν καθ' ὅμιλον Ἀχαιῶν
ᾤχετ', ἐπεὶ πάντ' αἶνον ἐπέκλυε Νηλείδαο.
αὐτὰρ ὁ πυγμαχίης ἀλεγεινῆς θῆκεν ἄεθλα·
ἡμίονον ταλαεργὸν ἄγων κατέδησ' ἐν ἀγῶνι
ἑξέτε' ἀδμήτην, ἥ τ' ἀλγίστη δαμάσασθαι·　　　655
τῷ δ' ἄρα νικηθέντι τίθει δέπας ἀμφικύπελλον.
στῆ δ' ὀρθὸς καὶ μῦθον ἐν Ἀργείοισιν ἔειπεν·
" Ἀτρείδη τε καὶ ἄλλοι ἐϋκνήμιδες Ἀχαιοί,
ἄνδρε δύω περὶ τῶνδε κελεύομεν, ὥ περ ἀρίστω,
πὺξ μάλ' ἀνασχομένω πεπληγέμεν· ᾧ δέ κ' Ἀπόλλων　　660
δώῃ καμμονίην, γνώωσι δὲ πάντες Ἀχαιοί,
ἡμίονον ταλαεργὸν ἄγων κλισίηνδε νεέσθω·
αὐτὰρ ὁ νικηθεὶς δέπας οἴσεται ἀμφικύπελλον."
Ὣς ἔφατ', ὄρνυτο δ' αὐτίκ' ἀνὴρ ἠΰς τε μέγας τε
εἰδὼς πυγμαχίης, υἱὸς Πανοπῆος Ἐπειός,　　　665
ἅψατο δ' ἡμιόνου ταλαεργοῦ φώνησέν τε·
" ἆσσον ἴτω ὅς τις δέπας οἴσεται ἀμφικύπελλον·
ἡμίονον δ' οὔ φημί τιν' ἀξέμεν ἄλλον Ἀχαιῶν
πυγμῇ νικήσαντ', ἐπεὶ εὔχομαι εἶναι ἄριστος.
ἦ οὐχ ἅλις ὅττι μάχης ἐπιδεύομαι; οὐδ' ἄρα πως ἦν　670
ἐν πάντεσσ' ἔργοισι δαήμονα φῶτα γενέσθαι.
ὧδε γὰρ ἐξερέω, τὸ δὲ καὶ τετελεσμένον ἔσται·
ἀντικρὺ χρόα τε ῥήξω σύν τ' ὀστέ' ἀράξω.
κηδεμόνες δέ οἱ ἐνθάδ' ἀολλέες αὖθι μενόντων,
οἵ κέ μιν ἐξοίσουσιν ἐμῇς ὑπὸ χερσὶ δαμέντα."　　675
Ὣς ἔφαθ', οἱ δ' ἄρα πάντες ἀκὴν ἐγένοντο σιωπῇ.
Εὐρύαλος δέ οἱ οἶος ἀνίστατο, ἰσόθεος φώς,

649 Ἀχαιούς b L¹⁹ V¹⁴ al., cit. Apoll. lex. in Τιμήν　　653 ἄεθλον
b d e h i l p q B C al.　　657 ἀνθρώποισιν p¹³　　658 Ἀτρείδαί p⁹
h p L¹⁶ M⁸ V⁵　　ἀριστῆες Παναχαιῶν D O⁵　　662 φερέσθω p⁹ p¹³
c f g A B T V¹³ V¹⁶　　672 τὸ δὲ καὶ̣ καὶ μὴν p⁹ T V¹⁰ (uv.) V¹² V¹⁶
γρ. A

Μηκιστῆος υἱὸς Ταλαϊονίδαο ἄνακτος,
ὅς ποτε Θήβασδ' ἦλθε δεδουπότος Οἰδιπόδαο
ἐς τάφον· ἔνθα δὲ πάντας ἐνίκα Καδμείωνας.　　680
τὸν μὲν Τυδεΐδης δουρικλυτὸς ἀμφεπονεῖτο
θαρσύνων ἔπεσιν, μέγα δ' αὐτῷ βούλετο νίκην.
ζῶμα δέ οἱ πρῶτον παρακάββαλεν, αὐτὰρ ἔπειτα
δῶκεν ἱμάντας ἐϋτμήτους βοὸς ἀγραύλοιο.
τὼ δὲ ζωσαμένω βήτην ἐς μέσσον ἀγῶνα,　　685
ἄντα δ' ἀνασχομένω χερσὶ στιβαρῇσιν ἅμ' ἄμφω
σύν ῥ' ἔπεσον, σὺν δέ σφι βαρεῖαι χεῖρες ἔμιχθεν.
δεινὸς δὲ χρόμαδος γενύων γένετ', ἔρρεε δ' ἱδρὼς
πάντοθεν ἐκ μελέων· ἐπὶ δ' ὄρνυτο δῖος Ἐπειός,
κόψε δὲ παπτήναντα παρήϊον· οὐδ' ἄρ' ἔτι δὴν　　690
ἑστήκειν· αὐτοῦ γὰρ ὑπήριπε φαίδιμα γυῖα.
ὡς δ' ὅθ' ὑπὸ φρικὸς Βορέω ἀναπάλλεται ἰχθὺς
θίν' ἐν φυκιόεντι, μέλαν δέ ἑ κῦμα κάλυψεν,
ὣς πληγεὶς ἀνέπαλτ'· αὐτὰρ μεγάθυμος Ἐπειὸς
χερσὶ λαβὼν ὤρθωσε· φίλοι δ' ἀμφέσταν ἑταῖροι,　　695
οἵ μιν ἄγον δι' ἀγῶνος ἐφελκομένοισι πόδεσσιν
αἷμα παχὺ πτύοντα, κάρη βάλλονθ' ἑτέρωσε·
κὰδ δ' ἀλλοφρονέοντα μετὰ σφίσιν εἷσαν ἄγοντες,
αὐτοὶ δ' οἰχόμενοι κόμισαν δέπας ἀμφικύπελλον.

Πηλεΐδης δ' αἶψ' ἄλλα κατὰ τρίτα θῆκεν ἄεθλα,　　700
δεικνύμενος Δαναοῖσι, παλαισμοσύνης ἀλεγεινῆς,
τῷ μὲν νικήσαντι μέγαν τρίποδ' ἐμπυριβήτην,
τὸν δὲ δυωδεκάβοιον ἐνὶ σφίσι τῖον Ἀχαιοί·
ἀνδρὶ δὲ νικηθέντι γυναῖκ' ἐς μέσσον ἔθηκε,
πολλὰ δ' ἐπίστατο ἔργα, τίον δέ ἑ τεσσαράβοιον.　　705
στῆ δ' ὀρθὸς καὶ μῦθον ἐν Ἀργείοισιν ἔειπεν·

679 Θήβας p¹³ e o N¹ N⁴ O⁵ V¹　　689 αὐτόθεν L¹⁹ V¹⁴　　692 ὑπαὶ
ῥιπῆς v. l. ant.　　693 ἐν] ἐπὶ c L¹⁸ M¹⁰ N⁴ V¹⁸　　μέλαν] μέγα
c f A L¹⁸ V⁶　　694 ἀτὰρ D m. sec. V¹⁶, cit. Eust. : αὐτὰρ vulg.
701 λαοῖσι p¹³ corr. A ss.　　704 ἔθηκαν i L² L⁴ (uv.) L¹² U³ V¹³

" ὄρνυσθ' οἳ καὶ τούτου ἀέθλου πειρήσεσθον."
ὣς ἔφατ', ὦρτο δ' ἔπειτα μέγας Τελαμώνιος Αἴας,
ἂν δ' Ὀδυσεὺς πολύμητις ἀνίστατο, κέρδεα εἰδώς.
ζωσαμένω δ' ἄρα τώ γε βάτην ἐς μέσσον ἀγῶνα,   710
ἀγκὰς δ' ἀλλήλων λαβέτην χερσὶ στιβαρῇσιν
ὡς ὅτ' ἀμείβοντες, τούς τε κλυτὸς ἤραρε τέκτων
δώματος ὑψηλοῖο, βίας ἀνέμων ἀλεείνων.
τετρίγει δ' ἄρα νῶτα θρασειάων ἀπὸ χειρῶν
ἑλκόμενα στερεῶς· κατὰ δὲ νότιος ῥέεν ἰδρώς,   715
πυκναὶ δὲ σμώδιγγες ἀνὰ πλευράς τε καὶ ὤμους
αἵματι φοινικόεσσαι ἀνέδραμον· οἱ δὲ μάλ' αἰεὶ
νίκης ἱέσθην τρίποδος πέρι ποιητοῖο·
οὔτ' Ὀδυσεὺς δύνατο σφῆλαι οὔδει τε πελάσσαι,
οὔτ' Αἴας δύνατο, κρατερὴ δ' ἔχεν ἲς Ὀδυσῆος.   720
ἀλλ' ὅτε δή ῥ' ἀνίαζον ἐϋκνήμιδας Ἀχαιούς,
δὴ τότε μιν προσέειπε μέγας Τελαμώνιος Αἴας·
" διογενὲς Λαερτιάδη, πολυμήχαν' Ὀδυσσεῦ,
ἤ μ' ἀνάειρ', ἢ ἐγὼ σέ· τὰ δ' αὖ Διὶ πάντα μελήσει."
    Ὣς εἰπὼν ἀνάειρε· δόλου δ' οὐ λήθετ' Ὀδυσσεύς·   725
κόψ' ὄπιθεν κώληπα τυχών, ὑπέλυσε δὲ γυῖα,
κὰδ δ' ἔβαλ' ἐξοπίσω· ἐπὶ δὲ στήθεσσιν Ὀδυσσεὺς
κάππεσε· λαοὶ δ' αὖ θηεῦντό τε θάμβησάν τε.
δεύτερος αὖτ' ἀνάειρε πολύτλας δῖος Ὀδυσσεύς,
κίνησεν δ' ἄρα τυτθὸν ἀπὸ χθονός, οὐδ' ἔτ' ἄειρεν,   730
ἐν δὲ γόνυ γνάμψεν· ἐπὶ δὲ χθονὶ κάππεσον ἄμφω
πλησίοι ἀλλήλοισι, μιάνθησαν δὲ κονίῃ.
καί νύ κε τὸ τρίτον αὖτις ἀναΐξαντε πάλαιον,
εἰ μὴ Ἀχιλλεὺς αὐτὸς ἀνίστατο καὶ κατέρυκε·
" μηκέτ' ἐρείδεσθον, μηδὲ τρίβεσθε κακοῖσι·   735
νίκη δ' ἀμφοτέροισιν· ἀέθλια δ' ἶσ' ἀνελόντες
ἔρχεσθ', ὄφρα καὶ ἄλλοι ἀεθλεύωσιν Ἀχαιοί."

712 ἐπεὶ σοφὸς ἤραρε τέκτων Ammon. in Porph. isag. proem. 4 r. 30 : Ὅμηρος δὲ καὶ τέκτονα σοφὸν καλεῖ Clem. Alex. strom. i. 4. 1 : σοφὸς et Eu. 1023. 14   721 ἐϋκνήμιδες Ἀχαιοί v. l. ant. p⁹ p¹³ D N¹ O⁵ V¹ V¹⁶ al.   727 κὰδ δ' ἔπεσ' o A L¹⁸ U⁵ V¹ V¹³   731 και επι χθ p⁴⁵
735 ἐρίζεσθον e f g i V¹ V¹⁶ al.

23. ΙΛΙΑΔΟΣ Ψ

Ὣς ἔφαθ', οἱ δ' ἄρα τοῦ μάλα μὲν κλύον ἠδὲ πίθοντο,
καί ῥ' ἀπομορξαμένω κονίην δύσαντο χιτῶνας.

Πηλεΐδης δ' αἶψ' ἄλλα τίθει ταχυτῆτος ἄεθλα,   740
ἀργύρεον κρητῆρα, τετυγμένον· ἓξ δ' ἄρα μέτρα
χάνδανεν, αὐτὰρ κάλλει ἐνίκα πᾶσαν ἐπ' αἶαν
πολλόν, ἐπεὶ Σιδόνες πολυδαίδαλοι εὖ ἤσκησαν,
Φοίνικες δ' ἄγον ἄνδρες ἐπ' ἠεροειδέα πόντον,
στῆσαν δ' ἐν λιμένεσσι, Θόαντι δὲ δῶρον ἔδωκαν·   745
υἱὸς δὲ Πριάμοιο Λυκάονος ὦνον ἔδωκε
Πατρόκλῳ ἥρωϊ Ἰησονίδης Εὔνηος.
καὶ τὸν Ἀχιλλεὺς θῆκεν ἀέθλιον οὗ ἑτάροιο,
ὅς τις ἐλαφρότατος ποσσὶ κραιπνοῖσι πέλοιτο·
δευτέρῳ αὖ βοῦν θῆκε μέγαν καὶ πίονα δημῷ,   750
ἡμιτάλαντον δὲ χρυσοῦ λοισθήϊ' ἔθηκε.
στῆ δ' ὀρθὸς καὶ μῦθον ἐν Ἀργείοισιν ἔειπεν·
" ὄρνυσθ' οἱ καὶ τούτου ἀέθλου πειρήσεσθε."
ὣς ἔφατ', ὄρνυτο δ' αὐτίκ' Ὀϊλῆος ταχὺς Αἴας,
ἂν δ' Ὀδυσεὺς πολύμητις, ἔπειτα δὲ Νέστορος υἱὸς   755
Ἀντίλοχος· ὁ γὰρ αὖτε νέους ποσὶ πάντας ἐνίκα.
στὰν δὲ μεταστοιχί· σήμηνε δὲ τέρματ' Ἀχιλλεύς.
τοῖσι δ' ἀπὸ νύσσης τέτατο δρόμος· ὦκα δ' ἔπειτα
ἔκφερ' Ὀϊλιάδης· ἐπὶ δ' ὄρνυτο δῖος Ὀδυσσεὺς
ἄγχι μάλ', ὡς ὅτε τίς τε γυναικὸς ἐϋζώνοιο   760
στήθεός ἐστι κανών, ὅν τ' εὖ μάλα χερσὶ τανύσσῃ
πηνίον ἐξέλκουσα παρὲκ μίτον, ἀγχόθι δ' ἴσχει
στήθεος· ὣς Ὀδυσεὺς θέεν ἐγγύθεν, αὐτὰρ ὄπισθεν
ἴχνια τύπτε πόδεσσι πάρος κόνιν ἀμφιχυθῆναι·
κὰδ δ' ἄρα οἱ κεφαλῆς χέ' αὐτμένα δῖος Ὀδυσσεὺς   765
αἰεὶ ῥίμφα θέων· ἴαχον δ' ἐπὶ πάντες Ἀχαιοὶ
νίκης ἱεμένῳ, μάλα δὲ σπεύδοντι κέλευον.

750 καὶ] κατὰ v. l. in A   753 πειρήσεσθον Zen. p¹³ P⁴ P¹²
757 ath. hic Ar. (= 358)   759 ἔκθορ' ὁ Ἰλιάδης Zen.: ὁ ἰλ. D uv.:
ὀϊλῆος h   765 οἱ] ἐκ f A L⁵ L¹⁸ Λ¹⁸ V⁶   767 ἱέμενοι p¹ p¹³ c h p
D V¹ V¹³ V¹⁶, v. l. in A : ἱεμένων v. l. ap. Eust.

I

ἀλλ' ὅτε δὴ πύματον τέλεον δρόμον, αὐτίκ' Ὀδυσσεὺς
εὔχετ' Ἀθηναίῃ γλαυκώπιδι ὃν κατὰ θυμόν·
" κλῦθι, θεά, ἀγαθή μοι ἐπίρροθος ἐλθὲ ποδοῖιν."   770
ὣς ἔφατ' εὐχόμενος· τοῦ δ' ἔκλυε Παλλὰς Ἀθήνη,
γυῖα δ' ἔθηκεν ἐλαφρά, πόδας καὶ χεῖρας ὕπερθεν.
ἀλλ' ὅτε δὴ τάχ' ἔμελλον ἐπαΐξασθαι ἄεθλον,
ἔνθ' Αἴας μὲν ὄλισθε θέων—βλάψεν γὰρ Ἀθήνη—
τῇ ῥα βοῶν κέχυτ' ὄνθος ἀποκταμένων ἐριμύκων,   775
οὓς ἐπὶ Πατρόκλῳ πέφνεν πόδας ὠκὺς Ἀχιλλεύς·
ἐν δ' ὄνθου βοέου πλῆτο στόμα τε ῥῖνάς τε·
κρητῆρ' αὖτ' ἀνάειρε πολύτλας δῖος Ὀδυσσεύς,
ὣς ἦλθε φθάμενος· ὁ δὲ βοῦν ἕλε φαίδιμος Αἴας.
στῆ δὲ κέρας μετὰ χερσὶν ἔχων βοὸς ἀγραύλοιο,   780
ὄνθον ἀποπτύων, μετὰ δ' Ἀργείοισιν ἔειπεν·
" ὢ πόποι, ἦ μ' ἔβλαψε θεὰ πόδας, ἣ τὸ πάρος περ
μήτηρ ὣς Ὀδυσῆϊ παρίσταται ἠδ' ἐπαρήγει."
Ὣς ἔφαθ', οἱ δ' ἄρα πάντες ἐπ' αὐτῷ ἡδὺ γέλασσαν.
Ἀντίλοχος δ' ἄρα δὴ λοισθήϊον ἔκφερ' ἄεθλον   785
μειδιόων, καὶ μῦθον ἐν Ἀργείοισιν ἔειπεν·
" εἰδόσιν ὕμμ' ἐρέω πᾶσιν, φίλοι, ὡς ἔτι καὶ νῦν
ἀθάνατοι τιμῶσι παλαιοτέρους ἀνθρώπους.
Αἴας μὲν γὰρ ἐμεῖ' ὀλίγον προγενέστερός ἐστιν,
οὗτος δὲ προτέρης γενεῆς προτέρων τ' ἀνθρώπων·   790
ὠμογέροντα δέ μίν φασ' ἔμμεναι· ἀργαλέον δὲ
ποσσὶν ἐριδήσασθαι Ἀχαιοῖς, εἰ μὴ Ἀχιλλεῖ."
Ὣς φάτο, κύδηνεν δὲ ποδώκεα Πηλείωνα.
τὸν δ' Ἀχιλεὺς μύθοισιν ἀμειβόμενος προσέειπεν·
" Ἀντίλοχ', οὐ μέν τοι μέλεος εἰρήσεται αἶνος,   795
ἀλλά τοι ἡμιτάλαντον ἐγὼ χρυσοῦ ἐπιθήσω."
Ὣς εἰπὼν ἐν χερσὶ τίθει, ὁ δ' ἐδέξατο χαίρων.
αὐτὰρ Πηλείδης κατὰ μὲν δολιχόσκιον ἔγχος

772 ath. hic Ar. (= E 122)   777 ἐν δ'] ἔνθ' g p q N¹ V¹ V¹² V¹⁶
V³²   789 ἐμεῦ V¹ : ἐμοῖ' i M¹⁰ V³²   792 ἐριζήσασθαι v. l. ant.
(ἔν τισι τῶν ὑπομνημάτων)

θῆκ᾽ ἐς ἀγῶνα φέρων, κατὰ δ᾽ ἀσπίδα καὶ τρυφάλειαν,
τεύχεα Σαρπήδοντος, ἅ μιν Πάτροκλος ἀπηύρα.   800
στῆ δ᾽ ὀρθὸς καὶ μῦθον ἐν Ἀργείοισιν ἔειπεν·
" ἄνδρε δύω περὶ τῶνδε κελεύομεν, ὥ περ ἀρίστω,
τεύχεα ἐσσαμένω, ταμεσίχροα χαλκὸν ἑλόντε,
ἀλλήλων προπάροιθεν ὁμίλου πειρηθῆναι.
ὁππότερός κε φθῆσιν ὀρεξάμενος χρόα καλόν,   805
ψαύσῃ δ᾽ ἐνδίνων διά τ᾽ ἔντεα καὶ μέλαν αἷμα,
τῷ μὲν ἐγὼ δώσω τόδε φάσγανον ἀργυρόηλον
καλὸν Θρηίκιον, τὸ μὲν Ἀστεροπαῖον ἀπηύρων·
τεύχεα δ᾽ ἀμφότεροι ξυνήια ταῦτα φερέσθων·
καί σφιν δαῖτ᾽ ἀγαθὴν παραθήσομεν ἐν κλισίῃσιν."   810
Ὣς ἔφατ᾽, ὦρτο δ᾽ ἔπειτα μέγας Τελαμώνιος Αἴας,
ἂν δ᾽ ἄρα Τυδεΐδης ὦρτο, κρατερὸς Διομήδης.
οἱ δ᾽ ἐπεὶ οὖν ἑκάτερθεν ὁμίλου θωρήχθησαν,
ἐς μέσον ἀμφοτέρω συνίτην μεμαῶτε μάχεσθαι,
δεινὸν δερκομένω· θάμβος δ᾽ ἔχε πάντας Ἀχαιούς.   815
ἀλλ᾽ ὅτε δὴ σχεδὸν ἦσαν ἐπ᾽ ἀλλήλοισιν ἰόντες,
τρὶς μὲν ἐπήιξαν, τρὶς δὲ σχεδὸν ὁρμήθησαν.
ἔνθ᾽ Αἴας μὲν ἔπειτα κατ᾽ ἀσπίδα πάντοσ᾽ ἐΐσην
νύξ᾽, οὐδὲ χρό᾽ ἵκανεν· ἔρυτο γὰρ ἔνδοθι θώρηξ·
Τυδεΐδης δ᾽ ἄρ᾽ ἔπειτα ὑπὲρ σάκεος μεγάλοιο   820
αἰὲν ἐπ᾽ αὐχένι κῦρε φαεινοῦ δουρὸς ἀκωκῇ.
καὶ τότε δή ῥ᾽ Αἴαντι περιδείσαντες Ἀχαιοὶ
παυσαμένους ἐκέλευσαν ἀέθλια ἶσ᾽ ἀνελέσθαι.
αὐτὰρ Τυδεΐδῃ δῶκεν μέγα φάσγανον ἥρως
σὺν κολεῷ τε φέρων καὶ ἐϋτμήτῳ τελαμῶνι.   825

799 κατὰ δ᾽] ἠδ᾽ p q V¹⁸   804 om. Nicanor (uv.) o p¹³ A L¹⁰ L¹⁶
L²⁰ N⁴ U¹¹ V¹ V¹⁰ V¹¹ V¹² V¹⁶ V²⁴   ἀλλήλους A marg., V¹⁴ : ἀλλήλω
L¹⁷ M⁷ P⁶ W³   805 φθήη Epim. O⁸ in Φανήη   805-806 ὁππότερός
κε πρόσθεν ἐπιγράψας χρόα καλὸν φθήη ἐπευξάμενος διά τ᾽ ἔντεα καὶ φόνον
ἀνδρῶν Aristoph.   806 ath. Ar.   810 ath. Ar.   παραθήσομεν
b o d f A C D T V¹³ al. : παραθήσομαι cet.   814 ἀμφοτέρω c q A L¹⁶ L¹⁸
M⁸ V¹³ V¹⁴ V¹⁶ : ἀμφοτέρων cet.   815 ἕλε p¹³ γρ. U⁴   εἰσορόωντας
T V¹² V¹⁶ v. l. in A   821 ἀκωκῇ i k n p r N¹ V¹ V¹⁶ al. : ἀκωκήν p¹³ h
A B C D U⁹ V¹⁴ V²⁰   824-825 ath. Aristoph. Ar.   825 ἐϋδμήτῳ
s T, P¹⁷ Vi²

23. ΙΛΙΑΔΟΣ Ψ

Αὐτὰρ Πηλείδης θῆκεν σόλον αὐτοχόωνον,
ὃν πρὶν μὲν ῥίπτασκέ μέγα σθένος Ἠετίωνος·
ἀλλ᾽ ἤτοι τὸν πέφνε ποδάρκης δῖος Ἀχιλλεύς,
τὸν δ᾽ ἄγετ᾽ ἐν νήεσσι σὺν ἄλλοισι κτεάτεσσι.
στῆ δ᾽ ὀρθὸς καὶ μῦθον ἐν Ἀργείοισιν ἔειπεν·   830
" ὄρνυσθ᾽ οἳ καὶ τούτου ἀέθλου πειρήσεσθε.
εἴ οἱ καὶ μάλα πολλὸν ἀπόπροθι πίονες ἀγροί,
ἕξει μιν καὶ πέντε περιπλομένους ἐνιαυτοὺς
χρεώμενος· οὐ μὲν γάρ οἱ ἀτεμβόμενός γε σιδήρου
ποιμὴν οὐδ᾽ ἀροτὴρ εἶσ᾽ ἐς πόλιν, ἀλλὰ παρέξει."   835
Ὣς ἔφατ᾽, ὦρτο δ᾽ ἔπειτα μενεπτόλεμος Πολυποίτης,
ἂν δὲ Λεοντῆος κρατερὸν μένος ἀντιθέοιο,
ἂν δ᾽ Αἴας Τελαμωνιάδης καὶ δῖος Ἐπειός.
ἑξείης δ᾽ ἵσταντο, σόλον δ᾽ ἔλε δῖος Ἐπειός,
ἧκε δὲ διωήσας· γέλασαν δ᾽ ἐπὶ πάντες Ἀχαιοί.   840
δεύτερος αὖτ᾽ ἀφέηκε Λεοντεύς, ὄζος Ἄρηος·
τὸ τρίτον αὖτ᾽ ἔρριψε μέγας Τελαμώνιος Αἴας,
χειρὸς ἄπο στιβαρῆς, καὶ ὑπέρβαλε σήματα πάντων.
ἀλλ᾽ ὅτε δὴ σόλον εἷλε μενεπτόλεμος Πολυποίτης,
ὅσσον τίς τ᾽ ἔρριψε καλαύροπα βουκόλος ἀνήρ,   845
ἣ δέ θ᾽ ἑλισσομένη πέτεται διὰ βοῦς ἀγελαίας,
τόσσον παντὸς ἀγῶνος ὑπέρβαλε· τοὶ δὲ βόησαν.
ἀνστάντες δ᾽ ἕταροι Πολυποίταο κρατεροῖο
νῆας ἔπι γλαφυρὰς ἔφερον βασιλῆος ἄεθλον.
Αὐτὰρ ὁ τοξευτῆσι τίθει ἰόεντα σίδηρον,   850
κὰδ δ᾽ ἐτίθει δέκα μὲν πελέκεας, δέκα δ᾽ ἡμιπέλεκκα,
ἱστὸν δ᾽ ἔστησεν νηὸς κυανοπρῴροιο
τηλοῦ ἐπὶ ψαμάθοις, ἐκ δὲ τρήρωνα πέλειαν
λεπτῇ μηρίνθῳ δῆσεν ποδός, ἧς ἄρ᾽ ἀνώγει
τοξεύειν· " ὃς μέν κε βάλῃ τρήρωνα πέλειαν,   855

843 ath. Ar. (cf. θ 189, 192)   πάντα b h n p q V¹⁴ V¹⁵ V¹⁶ Eust. al.
847 υπ]ερπτ[α]το p²⁸   853 ψαμάθου U⁹ V¹ V¹⁴ : ψαμάθοιο p O²
V¹⁶ V¹⁸   854 πόδα v. l. ant. (ἔνιοι S T)   ἣν ἄρ᾽ 1 C L³ L¹² : ἧς
γὰρ P⁴ P¹¹ P¹² V¹⁶ v. l. in A : ὡς γὰρ v. l. ant. h p V¹

πάντας ἀειράμενος πελέκεας οἰκόνδε φερέσθω·
ὃς δέ κε μηρίνθοιο τύχῃ, ὄρνιθος ἁμαρτών,
ἥσσων γὰρ δὴ κεῖνος, ὁ δ᾽ οἴσεται ἡμιπέλεκκα."
    Ὣς ἔφατ᾽, ὦρτο δ᾽ ἔπειτα βίη Τεύκροιο ἄνακτος,
ἂν δ᾽ ἄρα Μηριόνης, θεράπων ἐὺς Ἰδομενῆος.   860
κλήρους δ᾽ ἐν κυνέῃ χαλκήρεϊ πάλλον ἑλόντες,
Τεῦκρος δὲ πρῶτος κλήρῳ λάχεν· αὐτίκα δ᾽ ἰὸν
ἧκεν ἐπικρατέως, οὐδ᾽ ἠπείλησεν ἄνακτι
ἀρνῶν πρωτογόνων ῥέξειν κλειτὴν ἑκατόμβην.
ὄρνιθος μὲν ἅμαρτε· μέγηρε γάρ οἱ τό γ᾽ Ἀπόλλων·   865
αὐτὰρ ὁ μήρινθον βάλε πὰρ πόδα, τῇ δέδετ᾽ ὄρνις·
ἀντικρὺ δ᾽ ἀπὸ μήρινθον τάμε πικρὸς ὀϊστός.
ἡ μὲν ἔπειτ᾽ ἤϊξε πρὸς οὐρανόν, ἡ δὲ παρείθη
μήρινθος ποτὶ γαῖαν· ἀτὰρ κελάδησαν Ἀχαιοί.
σπερχόμενος δ᾽ ἄρα Μηριόνης ἐξείρυσε χειρὸς   870
τόξον· ἀτὰρ δὴ ὀϊστὸν ἔχεν πάλαι, ὡς ἴθυνεν.
αὐτίκα δ᾽ ἠπείλησεν ἑκηβόλῳ Ἀπόλλωνι
ἀρνῶν πρωτογόνων ῥέξειν κλειτὴν ἑκατόμβην.
ὕψι δ᾽ ὑπὸ νεφέων εἶδε τρήρωνα πέλειαν·
τῇ ῥ᾽ ὅ γε δινεύουσαν ὑπὸ πτέρυγος βάλε μέσσην,   875
ἀντικρὺ δὲ διῆλθε βέλος· τὸ μὲν ἂψ ἐπὶ γαίῃ
πρόσθεν Μηριόναο πάγη ποδός· αὐτὰρ ἡ ὄρνις
ἱστῷ ἐφεζομένη νηὸς κυανοπρῴροιο
αὐχέν᾽ ἀπεκρέμασεν, σὺν δὲ πτερὰ πυκνὰ λίασθεν.
ὠκὺς δ᾽ ἐκ μελέων θυμὸς πτάτο, τῆλε δ᾽ ἀπ᾽ αὐτοῦ   880
κάππεσε· λαοὶ δ᾽ αὖ θηεῦντό τε θάμβησάν τε.

856 κλισίηνδε p⁷ b g h l n N¹ V³² v. l. in Λ   φέρεσθαι Gf M⁸ U⁹ U¹³
v. l. ap. Eust.   864 om. p⁹ p¹³ g L¹⁰ L¹⁵ O⁵ T U² U⁴ V³²   869 ποτὶ]
προτὶ p⁹ U⁵   870-87¹
        σπερχόμενος δ᾽ ἄρα Μηριόνης ἐπεθήκατ᾽ ὀϊστὸν
        τόξῳ· ἐν γὰρ χερσὶν (πᾶσιν ϐ Λ) ἔχεν κ.τ.λ.
Mass.: ἐξείλετο τόξον | χερσίν, ἀτὰρ κ.τ.λ. Antim. teste ϐ Α: ἐξείρυσε
Τεύκρου | τόξον χερσὶ δ᾽ ὀϊστὸν ἔχεν κ.τ.λ. Antim. teste ϐ Τ   874 εἶδε]
ἴδι δε p¹³: ἴδετο p⁹ b f n N¹ V¹ V¹⁶ al.   875 τῇ] τὴν L³ L⁴ M¹⁰ U⁹
γρ. M¹ U⁴   μέσσης B C L² M¹⁰ U³ U¹³ V¹² V¹⁵ V²⁰: μέσσον q p¹³
    879 λίασσεν Ar. D m. rec.: λίασε W³: λιάσθη Mass. p¹³ (λιάσθητι)
O⁸ W³

ἂν δ' ἄρα Μηριόνης πελέκεας δέκα πάντας ἄειρε,
Τεῦκρος δ' ἡμιπέλεκκα φέρεν κοίλας ἐπὶ νῆας.

Αὐτὰρ Πηλείδης κατὰ μὲν δολιχόσκιον ἔγχος,
κὰδ δὲ λέβητ' ἄπυρον, βοὸς ἄξιον, ἀνθεμόεντα   885
θῆκ' ἐς ἀγῶνα φέρων· καί ῥ' ἥμονες ἄνδρες ἀνέσταν·
ἂν μὲν ἄρ' Ἀτρείδης εὐρὺ κρείων Ἀγαμέμνων,
ἂν δ' ἄρα Μηριόνης, θεράπων ἐὺς Ἰδομενῆος.
τοῖσι δὲ καὶ μετέειπε ποδάρκης δῖος Ἀχιλλεύς·
"'Ἀτρείδη· ἴδμεν γὰρ ὅσον προβέβηκας ἁπάντων   890
ἠδ' ὅσσον δυνάμει τε καὶ ἥμασιν ἔπλευ ἄριστος·
ἀλλὰ σὺ μὲν τόδ' ἄεθλον ἔχων κοίλας ἐπὶ νῆας
ἔρχευ, ἀτὰρ δόρυ Μηριόνη ἥρωι πόρωμεν,
εἰ σύ γε σῷ θυμῷ ἐθέλοις· κέλομαι γὰρ ἔγωγε."

Ὣς ἔφατ', οὐδ' ἀπίθησεν ἄναξ ἀνδρῶν Ἀγαμέμνων· 895
δῶκε δὲ Μηριόνη δόρυ χάλκεον· αὐτὰρ ὅ γ' ἥρως
Ταλθυβίῳ κήρυκι δίδου περικαλλὲς ἄεθλον.

882 ἄειρε] ἀέθλους ℘¹³   886 ῥήμονες v. l. ant. (Plut. quaest. conv.
675 a) M⁴   892 om. ℘¹³   894 ἐθέλοις b c e h m q A B Gf V¹⁶
V³² : ἐθέλεις f g l p r ℘⁹ C D T V²

Λῦτο δ' ἀγών, λαοὶ δὲ θοὰς ἐπὶ νῆας ἕκαστοι
ἐσκίδναντ' ἰέναι. τοὶ μὲν δόρποιο μέδοντο
ὕπνου τε γλυκεροῦ ταρπήμεναι· αὐτὰρ Ἀχιλλεὺς
κλαῖε φίλου ἑτάρου μεμνημένος, οὐδέ μιν ὕπνος
ἥρει πανδαμάτωρ, ἀλλ' ἐστρέφετ' ἔνθα καὶ ἔνθα,   5
Πατρόκλου ποθέων ἀνδροτῆτά τε καὶ μένος ἠΰ,
ἠδ' ὁπόσα τολύπευσε σὺν αὐτῷ καὶ πάθεν ἄλγεα,
ἀνδρῶν τε πτολέμους ἀλεγεινά τε κύματα πείρων·
τῶν μιμνησκόμενος θαλερὸν κατὰ δάκρυον εἶβεν,
ἄλλοτ' ἐπὶ πλευρὰς κατακείμενος, ἄλλοτε δ' αὖτε   10
ὕπτιος, ἄλλοτε δὲ πρηνής· τοτὲ δ' ὀρθὸς ἀναστὰς
δινεύεσκ' ἀλύων παρὰ θῖν' ἁλός· οὐδέ μιν ἠὼς
φαινομένη λήθεσκεν ὑπεὶρ ἅλα τ' ἠϊόνας τε.
ἀλλ' ὅ γ' ἐπεὶ ζεύξειεν ὑφ' ἅρμασιν ὠκέας ἵππους,
Ἕκτορα δ' ἕλκεσθαι δησάσκετο δίφρου ὄπισθεν,   15
τρὶς δ' ἐρύσας περὶ σῆμα Μενοιτιάδαο θανόντος
αὖτις ἐνὶ κλισίῃ παυέσκετο, τὸν δέ τ' ἔασκεν
ἐν κόνι ἐκτανύσας προπρηνέα· τοῖο δ' Ἀπόλλων
πᾶσαν ἀεικείην ἄπεχε χροὶ φῶτ' ἐλεαίρων

4 μιν] μὲν h   6-9 ath. Aristoph. Ar.   6 ἀδροτῆτα M⁴ M¹⁰
M¹¹ Pa P¹² P¹⁷ Vi⁵ Ge corr.   7 ἄλγη r V¹⁶ : ἔργα v. l. ant. (αἱ δημώ-
δεις)   8 περνῶν h L¹⁰ V¹ : πειρῶν Pamphilus   12 πλωΐζοντ'
ἀλύοντ' ἐπὶ θῖν' ἁλὸς ἀτρυγέτοιο cit. Plat. Rep. 388 a   17 τὸν δέ τ'
p⁹ γρ. U⁴ : τόνδε δ' Hdn. codd.   δέασκον qu. ß B T   18 κονίῃ
τανύσας h : κονίῃ L¹² N¹ U¹⁰ V¹

καὶ τεθνηότα περ· περὶ δ' αἰγίδι πάντα κάλυπτε 20
χρυσείη, ἵνα μή μιν ἀποδρύφοι ἑλκυστάζων.
Ὣς ὁ μὲν Ἕκτορα δῖον ἀείκιζεν μενεαίνων·
τὸν δ' ἐλεαίρεσκον μάκαρες θεοὶ εἰσορόωντες,
κλέψαι δ' ὀτρύνεσκον ἐΰσκοπον Ἀργειφόντην.
ἔνθ' ἄλλοις μὲν πᾶσιν ἑήνδανεν, οὐδέ ποθ' Ἥρῃ 25
οὐδὲ Ποσειδάων' οὐδὲ γλαυκώπιδι κούρῃ,
ἀλλ' ἔχον ὥς σφιν πρῶτον ἀπήχθετο Ἴλιος ἱρὴ
καὶ Πρίαμος καὶ λαὸς Ἀλεξάνδρου ἕνεκ' ἄτης,
ὃς νείκεσσε θεάς, ὅτε οἱ μέσσαυλον ἵκοντο,
τὴν δ' ᾔνησ' ἥ οἱ πόρε μαχλοσύνην ἀλεγεινήν.
ἀλλ' ὅτε δή ῥ' ἐκ τοῖο δυωδεκάτη γένετ' ἠώς, 30
καὶ τότ' ἄρ' ἀθανάτοισι μετηύδα Φοῖβος Ἀπόλλων·
" σχέτλιοί ἐστε, θεοί, δηλήμονες· οὔ νύ ποθ' ὑμῖν
Ἕκτωρ μηρί' ἔκηε βοῶν αἰγῶν τε τελείων;
τὸν νῦν οὐκ ἔτλητε νέκυν περ ἐόντα σαῶσαι, 35
ᾗ τ' ἀλόχῳ ἰδέειν καὶ μητέρι καὶ τέκεῖ ᾧ
καὶ πατέρι Πριάμῳ λαοῖσί τε, τοί κέ μιν ὦκα
ἐν πυρὶ κήαιεν καὶ ἐπὶ κτέρεα κτερίσαιεν.
ἀλλ' ὀλοῷ Ἀχιλῆϊ, θεοί, βούλεσθ' ἐπαρήγειν,
ᾧ οὔτ' ἄρ φρένες εἰσὶν ἐναίσιμοι οὔτε νόημα 40
γναμπτὸν ἐνὶ στήθεσσι, λέων δ' ὡς ἄγρια οἶδεν,
ὅς τ' ἐπεὶ ἄρ μεγάλῃ τε βίῃ καὶ ἀγήνορι θυμῷ
εἴξας εἶσ' ἐπὶ μῆλα βροτῶν, ἵνα δαῖτα λάβῃσιν·
ὣς Ἀχιλεὺς ἔλεον μὲν ἀπώλεσεν, οὐδέ οἱ αἰδὼς
γίγνεται, ἥ τ' ἄνδρας μέγα σίνεται ἠδ' ὀνίνησι. 45
μέλλει μέν πού τις καὶ φίλτερον ἄλλον ὀλέσσαι,

20-21 ath. Ar.   20 αἰγίδα ... χρυσείην Ar. L⁴ (uv.) P⁴ P¹³ T
καλύπτει g : καλύπτων h V¹ : κάλυψε V¹⁶ v. l. in A   23-30 ath.
Ar. teste g B T 25-30 teste g A   25 ενθ αλλοις μεν παντες επευ-
φημησαν Αχαιοι P¹³   26 ποσειδάονι, γρ. U⁴, L¹⁰ L¹⁷   γλαυκωπ
... κουρην P¹³   28 ἀρχῆς P¹³ V¹⁶ W² v l. in A = Γ 100   30 ἐρα-
τεινήν o f al. : ἥ οἱ κεχαρισμένα δῶρ' ὀνόμηνε Aristoph. alii ant. (τινὲς
τῶν πολιτικῶν) v. l. in A   38 κτερίσειαν b l n r N¹ V³² : κτερέουσιν P¹³
43 εἴξησ' v. l. ant.   45 ath. Ar. (= Hes. Op. 318)   ἠδ'] ἢ δ'
v. l. ant.

ἠὲ κασίγνητον ὁμογάστριον ἠὲ καὶ υἱόν·
ἀλλ' ἤτοι κλαύσας καὶ ὀδυράμενος μεθέηκε·
τλητὸν γὰρ Μοῖραι θυμὸν θέσαν ἀνθρώποισιν.
αὐτὰρ ὅ γ' Ἕκτορα δῖον, ἐπεὶ φίλον ἦτορ ἀπηύρα,   50
ἵππων ἐξάπτων περὶ σῆμ' ἑτάροιο φίλοιο
ἕλκει· οὐ μήν οἱ τό γε κάλλιον οὐδέ τ' ἄμεινον.
μὴ ἀγαθῷ περ ἐόντι νεμεσσηθέωμέν οἱ ἡμεῖς·
κωφὴν γὰρ δὴ γαῖαν ἀεικίζει μενεαίνων."
  Τὸν δὲ χολωσαμένη προσέφη λευκώλενος Ἥρη·   55
" εἴη κεν καὶ τοῦτο τεὸν ἔπος, ἀργυρότοξε,
εἰ δὴ ὁμὴν Ἀχιλῆϊ καὶ Ἕκτορι θήσετε τιμήν.
Ἕκτωρ μὲν θνητός τε γυναῖκά τε θήσατο μαζόν·
αὐτὰρ Ἀχιλλεύς ἐστι θεᾶς γόνος, ἣν ἐγὼ αὐτὴ
θρέψα τε καὶ ἀτίτηλα καὶ ἀνδρὶ πόρον παράκοιτιν,   60
Πηλέϊ, ὃς περὶ κῆρι φίλος γένετ' ἀθανάτοισι.
πάντες δ' ἀντιάασθε, θεοί, γάμου· ἐν δὲ σὺ τοῖσι
δαίνυ' ἔχων φόρμιγγα, κακῶν ἕταρ', αἰὲν ἄπιστε."
  Τὴν δ' ἀπαμειβόμενος προσέφη νεφεληγερέτα Ζεύς·
" Ἥρη, μὴ δὴ πάμπαν ἀποσκύδμαινε θεοῖσιν·   65
οὐ μὲν γὰρ τιμή γε μί' ἔσσεται· ἀλλὰ καὶ Ἕκτωρ
φίλτατος ἔσκε θεοῖσι βροτῶν οἳ ἐν Ἰλίῳ εἰσίν·
ὣς γὰρ ἔμοιγ', ἐπεὶ οὔ τι φίλων ἡμάρτανε δώρων.
οὐ γάρ μοί ποτε βωμὸς ἐδεύετο δαιτὸς ἐΐσης,
λοιβῆς τε κνίσης τε· τὸ γὰρ λάχομεν γέρας ἡμεῖς.   70
ἀλλ' ἤτοι κλέψαι μὲν ἐάσομεν—οὐδέ πη ἔστι—
λάθρη Ἀχιλλῆος θρασὺν Ἕκτορα· ἦ γάρ οἱ αἰεὶ
μήτηρ παρμέμβλωκεν ὁμῶς νύκτας τε καὶ ἦμαρ.
ἀλλ' εἴ τις καλέσειε θεῶν Θέτιν ἆσσον ἐμεῖο,
ὄφρα τί οἱ εἴπω πυκινὸν ἔπος, ὥς κεν Ἀχιλλεὺς   75

48 ὀδυρόμενος Dﺍﻬ c e h l m n A marg. al.   53 νεμεσσηθέωμεν
Ar. : -θῶμεν codd. v. ath. ﻭ B T   58 μαζῶ n   59 γένος c f V³²:
πᾶϊς v. l. ant.   63 δαίνυσ' m p q Ge V³²   64 τὴν δὲ μέγ' ὀχθήσας
v. l. ant.   71–73 ath. Ar.   71 ἐάσομεν] ἀμήχανον Antim.
72 θρασὺν] νέκυν ἕκτορος v. l. ﻭ T   ἦ] εὖ v. l. ant.   74 θέων qu.
ﻭ A : θέων T

δώρων ἐκ Πριάμοιο λάχῃ ἀπό θ' Ἕκτορα λύσῃ."
Ὣς ἔφατ', ὦρτο δὲ Ἶρις ἀελλόπος ἀγγελέουσα,
μεσσηγὺς δὲ Σάμου τε καὶ Ἴμβρου παιπαλοέσσης
ἔνθορε μείλανι πόντῳ· ἐπεστονάχησε δὲ λίμνη.
ἡ δὲ μολυβδαίνῃ ἰκέλη ἐς βυσσὸν ὄρουσεν,   80
ἥ τε κατ' ἀγραύλοιο βοὸς κέρας ἐμβεβαυῖα
ἔρχεται ὠμηστῇσιν ἐπ' ἰχθύσι κῆρα φέρουσα.
εὗρε δ' ἐνὶ σπῆϊ γλαφυρῷ Θέτιν, ἀμφὶ δ' ἄρ' ἄλλαι
ἥαθ' ὁμηγερέες ἅλιαι θεαί· ἡ δ' ἐνὶ μέσσῃς
κλαῖε μόρον οὗ παιδὸς ἀμύμονος, ὅς οἱ ἔμελλε   85
φθίσεσθ' ἐν Τροίῃ ἐριβώλακι, τηλόθι πάτρης.
ἀγχοῦ δ' ἱσταμένη προσέφη πόδας ὠκέα Ἶρις·
" ὄρσο, Θέτι· καλέει Ζεὺς ἄφθιτα μήδεα εἰδώς."
τὴν δ' ἠμείβετ' ἔπειτα θεὰ Θέτις ἀργυρόπεζα·
" τίπτε με κεῖνος ἄνωγε μέγας θεός; αἰδέομαι δὲ   90
μίσγεσθ' ἀθανάτοισιν, ἔχω δ' ἄχε' ἄκριτα θυμῷ.
εἶμι μέν, οὐδ' ἅλιον ἔπος ἔσσεται, ὅττι κεν εἴπῃ."
Ὣς ἄρα φωνήσασα κάλυμμ' ἕλε δῖα θεάων
κυάνεον, τοῦ δ' οὔ τι μελάντερον ἔπλετο ἔσθος.
βῆ δ' ἰέναι, πρόσθεν δὲ ποδήνεμος ὠκέα Ἶρις   95
ἡγεῖτ'· ἀμφὶ δ' ἄρα σφι λιάζετο κῦμα θαλάσσης.
ἀκτὴν δ' ἐξαναβᾶσαι ἐς οὐρανὸν ἀϊχθήτην,
εὗρον δ' εὐρύοπα Κρονίδην, περὶ δ' ἄλλοι ἅπαντες
ἥαθ' ὁμηγερέες μάκαρες θεοὶ αἰὲν ἐόντες.
ἡ δ' ἄρα πὰρ Διὶ πατρὶ καθέζετο, εἶξε δ' Ἀθήνη.   100
Ἥρη δὲ χρύσεον καλὸν δέπας ἐν χερὶ θῆκε
καί ῥ' εὔφρην' ἐπέεσσι· Θέτις δ' ὤρεξε πιοῦσα.
τοῖσι δὲ μύθων ἦρχε πατὴρ ἀνδρῶν τε θεῶν τε·
" ἤλυθες Οὔλυμπόνδε, θεὰ Θέτι, κηδομένη περ,

78 Σάμοιο καὶ A ss. W², Strab. 339, 457   80 βυθὸν g i q O⁶   ἵκανεν
Plat. Ion 538 d   81 ἐμμεμαυῖα Plat. c M⁹ O⁵ U¹¹ V¹² V³², v l A
82 ἐπ'] μετ' Plat.   κῆρα] πῆμα Plat., v. l. ant. (ἔνιαι τῶν κατὰ πόλεις)
     85 ὃς τάχ' Rhi.   86 ath. Ar.   φθίσθαι ἐνὶ f g h al.
88 ὄρσεο g L¹² L¹⁸ M⁸   Θέτις m q L¹⁸ Pa   97 ἐξαναβᾶσαι Ar.
(καὶ αἱ πλείους) Ang. L¹⁰ L¹⁷ L¹⁹ N¹ N⁴ V¹⁰ V¹¹ V¹³ V¹⁹ : εἰσαναβᾶσα
vulg

πένθος ἄλαστον ἔχουσα μετὰ φρεσίν· οἶδα καὶ αὐτός·   105
ἀλλὰ καὶ ὣς ἐρέω τοῦ σ᾽ εἵνεκα δεῦρο κάλεσσα.
ἐννῆμαρ δὴ νεῖκος ἐν ἀθανάτοισιν ὄρωρεν
Ἕκτορος ἀμφὶ νέκυι καὶ Ἀχιλλῆϊ πτολιπόρθῳ·
κλέψαι δ᾽ ὀτρύνουσιν ἐΰσκοπον Ἀργειφόντην·
αὐτὰρ ἐγὼ τόδε κῦδος Ἀχιλλῆϊ προτιάπτω,   110
αἰδῶ καὶ φιλότητα τεὴν μετόπισθε φυλάσσων.
αἶψα μάλ᾽ ἐς στρατὸν ἐλθὲ καὶ υἱέϊ σῷ ἐπίτειλον·
σκύζεσθαί οἱ εἰπὲ θεούς, ἐμὲ δ᾽ ἔξοχα πάντων
ἀθανάτων κεχολῶσθαι, ὅτι φρεσὶ μαινομένῃσιν
Ἕκτορ᾽ ἔχει παρὰ νηυσὶ κορωνίσιν οὐδ᾽ ἀπέλυσεν,   115
αἴ κέν πως ἐμέ τε δείσῃ ἀπό θ᾽ Ἕκτορα λύσῃ.
αὐτὰρ ἐγὼ Πριάμῳ μεγαλήτορι Ἶριν ἐφήσω
λύσασθαι φίλον υἱόν, ἰόντ᾽ ἐπὶ νῆας Ἀχαιῶν,
δῶρα δ᾽ Ἀχιλλῆϊ φερέμεν, τά κε θυμὸν ἰήνῃ."

   Ὣς ἔφατ᾽, οὐδ᾽ ἀπίθησε θεὰ Θέτις ἀργυρόπεζα,   120
βῆ δὲ κατ᾽ Οὐλύμποιο καρήνων ἀΐξασα,
ἷξεν δ᾽ ἐς κλισίην οὗ υἱέος· ἔνθ᾽ ἄρα τόν γε
εὗρ᾽ ἁδινὰ στενάχοντα· φίλοι δ᾽ ἀμφ᾽ αὐτὸν ἑταῖροι
ἐσσυμένως ἐπένοντο καὶ ἐντύνοντ᾽ ἄριστον·
τοῖσι δ᾽ ὄϊς λάσιος μέγας ἐν κλισίῃ ἱέρευτο.   125
ἡ δὲ μάλ᾽ ἄγχ᾽ αὐτοῖο καθέζετο πότνια μήτηρ,
χειρί τέ μιν κατέρεξεν ἔπος τ᾽ ἔφατ᾽ ἔκ τ᾽ ὀνόμαζε·
" τέκνον ἐμόν, τέο μέχρις ὀδυρόμενος καὶ ἀχεύων
σὴν ἔδεαι κραδίην, μεμνημένος οὔτε τι σίτου
οὔτ᾽ εὐνῆς; ἀγαθὸν δὲ γυναικί περ ἐν φιλότητι   130
μίσγεσθ᾽· οὐ γάρ μοι δηρὸν βέῃ, ἀλλά τοι ἤδη
ἄγχι παρέστηκεν θάνατος καὶ μοῖρα κραταιή.
ἀλλ᾽ ἐμέθεν ξύνες ὦκα, Διὸς δέ τοι ἄγγελός εἰμι·
σκύζεσθαι σοί φησι θεούς, ἑὲ δ᾽ ἔξοχα πάντων
ἀθανάτων κεχολῶσθαι, ὅτι φρεσὶ μαινομένῃσιν   135

109 ὀτρύνουσιν Mass. Chia : ὀτρύνεσκον codd.   110 προϊάπτω Zen.
Ar. b m p L¹⁶ M¹ M⁸ M¹² U¹¹ V²   122 ἔνθ᾽ A D L¹⁶ M⁸ V¹ V¹⁰ V¹⁴ :
ἐν δ᾽ vulg.   125 κλισίῃ Ar. codd. : κλισίης p¹³   130-132 ath. Ar.

Ἕκτορ' ἔχεις παρὰ νηυσὶ κορωνίσιν οὐδ' ἀπέλυσας.
ἀλλ' ἄγε δὴ λῦσον, νεκροῖο δὲ δέξαι ἄποινα."
    Τὴν δ' ἀπαμειβόμενος προσέφη πόδας ὠκὺς Ἀχιλλεύς·
" τῇδ' εἴη· ὅς ἄποινα φέροι καὶ νεκρὸν ἄγοιτο,
εἰ δὴ πρόφρονι θυμῷ Ὀλύμπιος αὐτὸς ἀνώγει."   140
    Ὣς οἵ γ' ἐν νηῶν ἀγύρει μήτηρ τε καὶ υἱὸς
πολλὰ πρὸς ἀλλήλους ἔπεα πτερόεντ' ἀγόρευον.
    Ἶριν δ' ὄτρυνε Κρονίδης εἰς Ἴλιον ἱρήν·
" βάσκ' ἴθι, Ἶρι ταχεῖα, λιποῦσ' ἕδος Οὐλύμποιο
ἄγγειλον Πριάμῳ μεγαλήτορι Ἴλιον εἴσω   145
λύσασθαι φίλον υἱὸν ἰόντ' ἐπὶ νῆας Ἀχαιῶν,
δῶρα δ' Ἀχιλλῆϊ φερέμεν, τά κε θυμὸν ἰήνῃ,
οἷον, μηδέ τις ἄλλος ἅμα Τρώων ἴτω ἀνήρ.
κῆρυξ τίς οἱ ἕποιτο γεραίτερος, ὅς κ' ἰθύνοι
ἡμιόνους καὶ ἄμαξαν ἐΰτροχον, ἠδὲ καὶ αὖτις   150
νεκρὸν ἄγοι προτὶ ἄστυ, τὸν ἔκτανε δῖος Ἀχιλλεύς.
μηδέ τί οἱ θάνατος μελέτω φρεσὶ μηδέ τι τάρβος·
τοῖον γάρ οἱ πομπὸν ὀπάσσομεν Ἀργειφόντην,
ὃς ἄξει ἧός κεν ἄγων Ἀχιλῆϊ πελάσσῃ.
αὐτὰρ ἐπὴν ἀγάγῃσιν ἔσω κλισίην Ἀχιλῆος,   155
οὔτ' αὐτὸς κτενέει ἀπό τ' ἄλλους πάντας ἐρύξει·
οὔτε γάρ ἐστ' ἄφρων οὔτ' ἄσκοπος οὔτ' ἀλιτήμων,
ἀλλὰ μάλ' ἐνδυκέως ἱκέτεω πεφιδήσεται ἀνδρός."
    Ὣς ἔφατ', ὦρτο δὲ Ἶρις ἀελλόπος ἀγγελέουσα.
ἷξεν δ' ἐς Πριάμοιο, κίχεν δ' ἐνοπήν τε γόον τε.   160
παῖδες μὲν πατέρ' ἀμφὶ καθήμενοι ἔνδοθεν αὐλῆς
δάκρυσιν εἵματ' ἔφυρον, ὁ δ' ἐν μέσσοισι γεραιὸς
ἐντυπὰς ἐν χλαίνῃ κεκαλυμμένος· ἀμφὶ δὲ πολλὴ
κόπρος ἔην κεφαλῇ τε καὶ αὐχένι τοῖο γέροντος,
τήν ῥα κυλινδόμενος καταμήσατο χερσὶν ἑῇσι.]   165

138 τὴν δὲ μέγ' ὀχθήσας v. l. s T   139 ἄποινα] δῶρα v. l. in A
ἄροιτο b c h al.   148 οἷος v. l. ant., cf. 177   150 ἠδὲ] ἦ κε
D M¹ T U⁴ V¹ v. l. in A   158 ἐσσυμένως N⁴ m. rec. P¹²   163 ἀντυ-
πὰς c   ἐν] ἦ v. l. ant.   165 ἑῇσι] φίλῃσι U⁵ U¹¹ V¹⁴ V¹⁶ v. l. in A

θυγατέρες δ' ἀνὰ δώματ' ἴδε νυοὶ ὠδύροντο,
τῶν μιμνησκόμεναι οἳ δὴ πολέες τε καὶ ἐσθλοὶ
χερσὶν ὑπ' Ἀργείων κέατο ψυχὰς ὀλέσαντες.
στῆ δὲ παρὰ Πρίαμον Διὸς ἄγγελος, ἠδὲ προσηύδα
τυτθὸν φθεγξαμένη· τὸν δὲ τρόμος ἔλλαβε γυῖα·   170
" θάρσει, Δαρδανίδη Πρίαμε, φρεσί, μηδέ τι τάρβει·
οὐ μὲν γάρ τοι ἐγὼ κακὸν ὀσσομένη τόδ' ἱκάνω,
ἀλλ' ἀγαθὰ φρονέουσα· Διὸς δέ τοι ἄγγελός εἰμι,
ὅς σευ ἄνευθεν ἐὼν μέγα κήδεται ἠδ' ἐλεαίρει.
λύσασθαί σε κέλευσεν Ὀλύμπιος Ἕκτορα δῖον,   175
δῶρα δ' Ἀχιλλῆϊ φερέμεν, τά κε θυμὸν ἰήνῃ,
οἶον, μηδέ τις ἄλλος ἅμα Τρώων ἴτω ἀνήρ.
κῆρύξ τίς τοι ἔποιτο γεραίτερος, ὅς κ' ἰθύνοι
ἡμιόνους καὶ ἄμαξαν ἐΰτροχον, ἠδὲ καὶ αὖτις
νεκρὸν ἄγοι προτὶ ἄστυ, τὸν ἔκτανε δῖος Ἀχιλλεύς.   180
μηδέ τί τοι θάνατος μελέτω φρεσὶ μηδέ τι τάρβος·
τοῖος γάρ τοι πομπὸς ἅμ' ἔψεται Ἀργειφόντης,
ὅς σ' ἄξει ἧός κεν ἄγων Ἀχιλῆϊ πελάσσῃ.
αὐτὰρ ἐπὴν ἀγάγῃσιν ἔσω κλισίην Ἀχιλῆος,
οὔτ' αὐτὸς κτενέει ἀπό τ' ἄλλους πάντας ἐρύξει·   185
οὔτε γάρ ἐστ' ἄφρων οὔτ' ἄσκοπος οὔτ' ἀλιτήμων,
ἀλλὰ μάλ' ἐνδυκέως ἱκέτεω πεφιδήσεται ἀνδρός."
Ἡ μὲν ἄρ' ὣς εἰποῦσ' ἀπέβη πόδας ὠκέα Ἶρις,
αὐτὰρ ὅ γ' υἷας ἄμαξαν ἐΰτροχον ἡμιονείην
ὁπλίσαι ἠνώγει, πείρινθα δὲ δῆσαι ἐπ' αὐτῆς.   190
αὐτὸς δ' ἐς θάλαμον κατεβήσετο κηώεντα
κέδρινον ὑψόροφον, ὃς γλήνεα πολλὰ κεχάνδει·
ἐς δ' ἄλοχον Ἑκάβην ἐκαλέσσατο φώνησέν τε·
" δαιμονίη, Διόθεν μοι Ὀλύμπιος ἄγγελος ἦλθε
λύσασθαι φίλον υἱὸν ἰόντ' ἐπὶ νῆας Ἀχαιῶν,   195
δῶρα δ' Ἀχιλλῆϊ φερέμεν, τά κε θυμὸν ἰήνῃ.

177 οἶος p¹³ Vi² ed. pr.   179 ἠδὲ] ἦ κε p¹⁸ A ss. D L¹⁶ M⁸ T : ἦ τε
h : ἠε p¹⁴   190 ἀπ' h p q   191 κατεδύσετο h   192 κεχάνδη Ar.
5 A p¹⁴ m. sec. l B C Bm⁸ L² L³ L¹² P⁷ Q² U⁵ V¹ V⁶ V²⁰ V²⁵ : [. . .]ονδει
p¹³ : κεκεύθει Mass.

ἀλλ' ἄγε μοι τόδε εἰπέ, τί τοι φρεσὶν εὔεται εἶναι;
αἰνῶς γάρ μ' αὐτόν γε μένος καὶ θυμὸς ἄνωγε
κεῖσ' ἰέναι ἐπὶ νῆας ἔσω στρατὸν εὐρὺν Ἀχαιῶν."
  Ὡς φάτο, κώκυσεν δὲ γυνὴ καὶ ἀμείβετο μύθῳ·   200
" ὤ μοι, πῇ δή τοι φρένες οἴχονθ', ἧς τὸ πάρος περ
ἔκλε' ἐπ' ἀνθρώπους ξείνους ἠδ' οἷσιν ἀνάσσεις;
πῶς ἐθέλεις ἐπὶ νῆας Ἀχαιῶν ἐλθέμεν οἶος,
ἀνδρὸς ἐς ὀφθαλμοὺς ὅς τοι πολέας τε καὶ ἐσθλοὺς
υἱέας ἐξενάριξε· σιδήρειόν νύ τοι ἦτορ.   205
εἰ γάρ σ' αἱρήσει καὶ ἐσόψεται ὀφθαλμοῖσιν,
ὠμηστὴς καὶ ἄπιστος ἀνὴρ ὅ γε, οὔ σ' ἐλεήσει,
οὐδέ τί σ' αἰδέσεται.   νῦν δὲ κλαίωμεν ἄνευθεν
ἥμενοι ἐν μεγάρῳ· τῷ δ' ὥς ποθι Μοῖρα κραταιὴ
γιγνομένῳ ἐπένησε λίνῳ, ὅτε μιν τέκον αὐτή,   210
ἀργίποδας κύνας ἆσαι ἑῶν ἀπάνευθε τοκήων,
ἀνδρὶ πάρα κρατερῷ, τοῦ ἐγὼ μέσον ἧπαρ ἔχοιμι
ἐσθέμεναι προσφῦσα· τότ' ἂν τιτὰ ἔργα γένοιτο
παιδὸς ἐμοῦ, ἐπεὶ οὔ ἑ κακιζόμενόν γε κατέκτα,
ἀλλὰ πρὸ Τρώων καὶ Τρωιάδων βαθυκόλπων   215
ἑσταότ', οὔτε φόβου μεμνημένον οὔτ' ἀλεωρῆς."
  Τὴν δ' αὖτε προσέειπε γέρων Πρίαμος θεοειδής·
" μή μ' ἐθέλοντ' ἰέναι κατερύκανε, μηδέ μοι αὐτὴ
ὄρνις ἐνὶ μεγάροισι κακὸς πέλευ· οὐδέ με πείσεις.
εἰ μὲν γάρ τίς μ' ἄλλος ἐπιχθονίων ἐκέλευεν,   220
ἢ οἳ μάντιές εἰσι θυοσκόοι ἢ ἱερῆες,
ψεῦδός κεν φαῖμεν καὶ νοσφιζοίμεθα μᾶλλον·
νῦν δ' αὐτὸς γὰρ ἄκουσα θεοῦ καὶ ἐσέδρακον ἄντην,

198 ἄνωγε Ar. O⁸ : ἀνώγει codd.   200 ἀνήρετο Ar. S T   201 περ;
γε A ss.   202 ἔκλυ' L¹⁰ P¹ V¹⁶ W⁴ : ἔκλετ' h   205 ἐξήναξε v. l. S T
205 a
                 ἀθάνατοι ποίησαν Ὀλύμπια δώματ' ἔχοντες
add. quidam ant. (οἳ οὐρανὸν εὐρὺν ἔχουσι S T)   209 ὥς ποτε P¹⁴
    210 τεκ]εμ[ητ]ηρ P¹³   213 ἂν τιτὰ Apoll. Callistr. : ἂν P⁷ Vi²
Vi⁵ : ἀντ. cet.   214 τι v. l. ant. (αἱ κοιναί) P¹⁴   215 πρὸς P¹³ P¹⁴
e h m n o N⁴ V¹ V¹³ V¹⁶   218 κατερύκακε a f g V¹⁹ V²³ al.   219 κακὴ
h l n p A ss.   221 ἢ οἳ] οἷοι v. l. ap. Eust. P¹² γρ. P³

εἶμι, καὶ οὐχ ἅλιον ἔπος ἔσσεται. εἰ δέ μοι αἶσα
τεθνάμεναι παρὰ νηυσὶν Ἀχαιῶν χαλκοχιτώνων,   225
βούλομαι· αὐτίκα γάρ με κατακτείνειεν Ἀχιλλεὺς
ἀγκὰς ἑλόντ' ἐμὸν υἱόν, ἐπὴν γόου ἐξ ἔρον εἵην."
Ἦ, καὶ φωριαμῶν ἐπιθήματα κάλ' ἀνέῳγεν·
ἔνθεν δώδεκα μὲν περικαλλέας ἔξελε πέπλους,
δώδεκα δ' ἁπλοΐδας χλαίνας, τόσσους δὲ τάπητας,   230
τόσσα δὲ φάρεα λευκά, τόσους δ' ἐπὶ τοῖσι χιτῶνας.
χρυσοῦ δὲ στήσας ἔφερεν δέκα πάντα τάλαντα,
ἐκ δὲ δύ' αἴθωνας τρίποδας, πίσυρας δὲ λέβητας,
ἐκ δὲ δέπας περικαλλές, ὅ οἱ Θρῇκες πόρον ἄνδρες
ἐξεσίην ἐλθόντι, μέγα κτέρας· οὐδέ νυ τοῦ περ   235
φείσατ' ἐνὶ μεγάροις ὁ γέρων, περὶ δ' ἤθελε θυμῷ
λύσασθαι φίλον υἱόν.   ὁ δὲ Τρῶας μὲν ἅπαντας
αἰθούσης ἀπέεργεν ἔπεσσ' αἰσχροῖσιν ἐνίσσων·
"ἔρρετε, λωβητῆρες ἐλεγχέες· οὔ νυ καὶ ὑμῖν
οἴκοι ἔνεστι γόος, ὅτι μ' ἤλθετε κηδήσοντες;   240
ἦ ὀνόσασθ' ὅτι μοι Κρονίδης Ζεὺς ἄλγε' ἔδωκε,
παῖδ' ὀλέσαι τὸν ἄριστον; ἀτὰρ γνώσεσθε καὶ ὕμμες·
ῥηΐτεροι γὰρ μᾶλλον Ἀχαιοῖσιν δὴ ἔσεσθε
κείνου τεθνηῶτος ἐναιρέμεν.   αὐτὰρ ἔγωγε
πρὶν ἀλαπαζομένην τε πόλιν κεραϊζομένην τε   245
ὀφθαλμοῖσιν ἰδεῖν, βαίην δόμον Ἄϊδος εἴσω."
Ἦ, καὶ σκηπανίῳ δίεπ' ἀνέρας· οἱ δ' ἴσαν ἔξω
σπερχομένοιο γέροντος· ὁ δ' υἱάσιν οἶσιν ὁμόκλα,
νεικείων Ἕλενόν τε Πάριν τ' Ἀγάθωνά τε δῖον
Πάμμονά τ' Ἀντίφονόν τε βοὴν ἀγαθόν τε Πολίτην   250
Δηΐφοβόν τε καὶ Ἱππόθοον καὶ δῖον ἀγαυόν·
ἐννέα τοῖς ὁ γεραιὸς ὁμοκλήσας ἐκέλευε·

224 ἁλίη ὁδὸς v. l. ap. Eust.   231 λευκά p¹⁴ c f h i A B C L¹⁶ V¹
al. : καλά vulg   235 ἐξεσίηνδ' ● v. l. ap Eust.   238 ἀνέεργεν
m L²⁰ N⁴ V¹¹ V³² v l ap. Eust.   ἐνίσπων c g p : ἐνίπτων Eust.
240 ἔνεστι] ἔστι p¹⁴ h i V¹¹ γρ. U⁴ al. : ἔπεστι p¹³   241 ὀνόσασθ'
Ἀr. Apoll. lex. in Οὔνεσθε. T : ὀνόσεσθ' p¹⁴ m. sec. : οὔνεσθ' (-ασθ', -υσθ')
vulg. :]ουνο[p¹³   ἔθηκε b f T A ss. al.   251 ἀγαυὸν Vi¹ Vi⁸
ἐπίθετον g T : ὄνομα κύριον Et. Gud. 3. 57 : ἄδηλον g A Eu.)

24. ΙΛΙΑΔΟΣ Ω

" σπεύσατέ μοι, κακὰ τέκνα, κατηφόνες· αἴθ' ἅμα πάντες
Ἕκτορος ὠφέλετ' ἀντὶ θοῆς ἐπὶ νηυσὶ πεφάσθαι.
ὤ μοι ἐγὼ πανάποτμος, ἐπεὶ τέκον υἷας ἀρίστους   255
Τροίῃ ἐν εὐρείῃ, τῶν δ' οὔ τινά φημι λελεῖφθαι,
Μήστορά τ' ἀντίθεον καὶ Τρωΐλον ἱππιοχάρμην
Ἕκτορά θ', ὃς θεὸς ἔσκε μετ' ἀνδράσιν, οὐδὲ ἐῴκει
ἀνδρός γε θνητοῦ πάϊς ἔμμεναι, ἀλλὰ θεοῖο.
τοὺς μὲν ἀπώλεσ' Ἄρης, τὰ δ' ἐλέγχεα πάντα λέλειπται,
ψεῦσταί τ' ὀρχησταί τε, χοροιτυπίῃσιν ἄριστοι,   261
ἀρνῶν ἠδ' ἐρίφων ἐπιδήμιοι ἁρπακτῆρες.
οὐκ ἂν δή μοι ἄμαξαν ἐφοπλίσσαιτε τάχιστα,
ταῦτά τε πάντ' ἐπιθεῖτε, ἵνα πρήσσωμεν ὁδοῖο;"
    Ὣς ἔφαθ', οἱ δ' ἄρα πατρὸς ὑποδείσαντες ὁμοκλὴν   265
ἐκ μὲν ἄμαξαν ἄειραν ἐΰτροχον ἡμιονείην
καλὴν πρωτοπαγέα, πείρινθα δὲ δῆσαν ἐπ' αὐτῆς,
κὰδ δ' ἀπὸ πασσαλόφι ζυγὸν ᾕρεον ἡμιόνειον
πύξινον ὀμφαλόεν, εὖ οἰήκεσσιν ἀρηρός·
ἐκ δ' ἔφερον ζυγόδεσμον ἅμα ζυγῷ ἐννεάπηχυ.   270
καὶ τὸ μὲν εὖ κατέθηκαν ἐϋξέστῳ ἐπὶ ῥυμῷ,
πέζῃ ἔπι πρώτῃ, ἐπὶ δὲ κρίκον ἕστορι βάλλον,
τρὶς δ' ἑκάτερθεν ἔδησαν ἐπ' ὀμφαλόν, αὐτὰρ ἔπειτα
ἑξείης κατέδησαν, ὑπὸ γλωχῖνα δ' ἔκαμψαν.
ἐκ θαλάμου δὲ φέροντες ἐϋξέστης ἐπ' ἀπήνης   275
νήεον Ἑκτορέης κεφαλῆς ἀπερείσι' ἄποινα,
ζεῦξαν δ' ἡμιόνους κρατερώνυχας ἐντεσιεργούς,
τούς ῥά ποτε Πριάμῳ Μυσοὶ δόσαν ἀγλαὰ δῶρα.
ἵππους δὲ Πριάμῳ ὕπαγον ζυγόν, οὓς ὁ γεραιὸς
αὐτὸς ἔχων ἀτίταλλεν ἐϋξέστῃ ἐπὶ φάτνῃ.   280
    Τὼ μὲν ζευγνύσθην ἐν δώμασιν ὑψηλοῖσι

253 κατηφέες Crates, D m. rec.   267 πρωτοπαγῆ b d h ꝑ V³²
269 om. Zen.   ὀμφαλόεν h l m p A B C G f N⁴ V¹⁶ Eust : ὀμ-
φαλόεντ' vulg.   270 ἐννεάπηχυν d C N¹ V¹² V¹⁸   272 ἕκτορι
qu. S Ge, min. E. M. 383. 25   274 ἔκαμψαν l n A T : ἔγναμψαν
vulg.   277 ἐντεσιεργούς b h m A B C G f N⁴ V¹ al. : ἐντεσιουργούς
vulg.   279 ἵππους δὲ Τρῳοὺς B C V²⁰ W², cf Ψ 291

κῆρυξ καὶ Πρίαμος, πυκινὰ φρεσὶ μήδε' ἔχοντες·
ἀγχίμολον δέ σφ' ἦλθ' Ἑκάβη τετιηότι θυμῷ,
οἶνον ἔχουσ' ἐν χειρὶ μελίφρονα δεξιτερῆφι,
χρυσέῳ ἐν δέπαϊ, ὄφρα λείψαντε κιοίτην·   285
στῆ δ' ἵππων προπάροιθεν ἔπος τ' ἔφατ' ἔκ τ' ὀνόμαζε·
" τῆ, σπεῖσον Διὶ πατρί, καὶ εὔχεο οἴκαδ' ἱκέσθαι
ἂψ ἐκ δυσμενέων ἀνδρῶν, ἐπεὶ ἂρ σέ γε θυμὸς
ὀτρύνει ἐπὶ νῆας, ἐμεῖο μὲν οὐκ ἐθελούσης.
ἀλλ' εὔχεο σύ γ' ἔπειτα κελαινεφέϊ Κρονίωνι   290
Ἰδαίῳ, ὅς τε Τροίην κατὰ πᾶσαν ὁρᾶται,
αἴτει δ' οἰωνόν, ταχὺν ἄγγελον, ὅς τέ οἱ αὐτῷ
φίλτατος οἰωνῶν, καί εὐ κράτος ἐστὶ μέγιστον,
δεξιόν, ὄφρα μιν αὐτὸς ἐν ὀφθαλμοῖσι νοήσας
τῷ πίσυνος ἐπὶ νῆας ἴῃς Δαναῶν ταχυπώλων.   295
εἰ δέ τοι οὐ δώσει ἑὸν ἄγγελον εὐρύοπα Ζεύς,
οὐκ ἂν ἔγωγέ σ' ἔπειτα ἐποτρύνουσα κελοίμην
νῆας ἐπ' Ἀργείων ἰέναι μάλα περ μεμαῶτα."
   Τὴν δ' ἀπαμειβόμενος προσέφη Πρίαμος θεοειδής·
" ὦ γύναι, οὐ μέν τοι τόδ' ἐφιεμένῃ ἀπιθήσω·   300
ἐσθλὸν γὰρ Διὶ χεῖρας ἀνασχέμεν, αἴ κ' ἐλεήσῃ."
   Ἦ ῥα, καὶ ἀμφίπολον ταμίην ὄτρυν' ὁ γεραιὸς
χερσὶν ὕδωρ ἐπιχεῦαι ἀκήρατον· ἡ δὲ παρέστη
χέρνιβον ἀμφίπολος πρόχοόν θ' ἅμα χερσὶν ἔχουσα.
νιψάμενος δὲ κύπελλον ἐδέξατο ἧς ἀλόχοιο·   305
εὔχετ' ἔπειτα στὰς μέσῳ ἕρκεϊ, λεῖβε δὲ οἶνον
οὐρανὸν εἰσανιδών, καὶ φωνήσας ἔπος ηὔδα·
" Ζεῦ πάτερ, Ἴδηθεν μεδέων, κύδιστε μέγιστε,
δός μ' ἐς Ἀχιλλῆος φίλον ἐλθεῖν ἠδ' ἐλεεινόν,
πέμψον δ' οἰωνόν, ταχὺν ἄγγελον, ὅς τε σοὶ αὐτῷ   310

286 ἔπος τέ μιν ἀντίον ηὔδα p⁹   292 ταχὺν] ἐὸν p¹⁴ Apoll. synt.
ii. 113 v. l. ap. Apollon. pron. 48. 1 β A T : τεὸν A ss., cf. 296, 310
293 εὐ] οὐ Zen. H¹ M⁸ P⁶ · οἱ h1p N¹   μάλιστα b e A B C al.
295 ἴῃς χαίρων ἐνὶ θυμῷ v. l. in A   304 ath. Ar.   χέρνιβα Mass.
πρόχοόν θ' ἅμα] ταμίη μετὰ Massil.   310 ταχὺν] ἐὸν P¹², v. l. in A

φίλτατος οἰωνῶν, καί εὖ κράτος ἐστὶ μέγιστον,
δεξιόν, ὄφρα μιν αὐτὸς ἐν ὀφθαλμοῖσι νοήσας
τῷ πίσυνος ἐπὶ νῆας ἴω Δαναῶν ταχυπώλων."

Ὣς ἔφατ' εὐχόμενος, τοῦ δ' ἔκλυε μητίετα Ζεύς,
αὐτίκα δ' αἰετὸν ἧκε, τελειότατον πετεηνῶν,   315
μόρφνον θηρητῆρ', ὃν καὶ περκνὸν καλέουσιν.
ὅσση δ' ὑψορόφοιο θύρη θαλάμοιο τέτυκται
ἀνέρος ἀφνειοῖο, ἐὖ κληῖσ' ἀραρυῖα,
τόσσ' ἄρα τοῦ ἑκάτερθεν ἔσαν πτερά· εἴσατο δέ σφι
δεξιὸς ἀΐξας διὰ ἄστεος· οἱ δὲ ἰδόντες   320
γήθησαν, καὶ πᾶσιν ἐνὶ φρεσὶ θυμὸς ἰάνθη.

Σπερχόμενος δ' ὁ γεραιὸς ἑοῦ ἐπεβήσετο δίφρου,
ἐκ δ' ἔλασε προθύροιο καὶ αἰθούσης ἐριδούπου.
πρόσθε μὲν ἡμίονοι ἕλκον τετράκυκλον ἀπήνην,
τὰς Ἰδαῖος ἔλαυνε δαΐφρων· αὐτὰρ ὄπισθεν   325
ἵπποι, τοὺς ὁ γέρων ἐφέπων μάστιγι κέλευε
καρπαλίμως κατὰ ἄστυ· φίλοι δ' ἅμα πάντες ἕποντο
πόλλ' ὀλοφυρόμενοι ὡς εἰ θανατόνδε κιόντα.
οἱ δ' ἐπεὶ οὖν πόλιος κατέβαν, πεδίον δ' ἀφίκοντο,
οἱ μὲν ἄρ' ἄψορροι προτὶ Ἴλιον ἀπονέοντο,   330
παῖδες καὶ γαμβροί, τὼ δ' οὐ λάθον εὐρύοπα Ζῆν
ἐς πεδίον προφανέντε· ἰδὼν δ' ἐλέησε γέροντα,
αἶψα δ' ἄρ' Ἑρμείαν, υἱὸν φίλον, ἀντίον ηὔδα·
"'Ἑρμεία, σοὶ γάρ τε μάλιστά γε φίλτατόν ἐστιν
ἀνδρὶ ἑταιρίσσαι, καί τ' ἔκλυες ᾧ κ' ἐθέλησθα,   335
βάσκ' ἴθι, καὶ Πρίαμον κοίλας ἐπὶ νῆας Ἀχαιῶν
ὣς ἄγαγ', ὡς μήτ' ἄρ τις ἴδῃ μήτ' ἄρ τε νοήσῃ
τῶν ἄλλων Δαναῶν, πρὶν Πηλεΐωνάδ' ἱκέσθαι."

Ὣς ἔφατ', οὐδ' ἀπίθησε διάκτορος Ἀργειφόντης.

311 εὖ] οὖ L⁶ L⁸ : οἱ l p M¹ M¹² N¹ al.   μάλιστα A   318 εὖ
κληῖσ' Trypho : ἐϋκλῆῒς Ar. Ptol. Asc. Hdn. codd.   319 τόσσ'] ὣς
c L⁶ L⁸ M¹ U⁴ V³²   320 διὰ p¹⁶ g h : δι' b c γρ. A al. : ὑπὲρ vulg.
       322 γεραιὸς ἑοῦ q A L¹⁶ M⁸ M⁹ : γέρων ξεστοῦ vulg.   328 πόλλ']
οἴκτρ' Iren. in haer. i. 9. 4, W³ γρ. N⁴   θάνατόν γε c f h N¹ V³²
330 ἄψορρον P¹ U¹⁰ Vi¹   331 ζῆ|ν Ar. a f l n o q p⁹ A B C T, cf.
Θ 206 Ξ 265   332 καταβάντε Chia

αὐτίκ' ἔπειθ' ὑπὸ ποσσὶν ἐδήσατο καλὰ πέδιλα   340
ἀμβρόσια χρύσεια, τά μιν φέρον ἠμὲν ἐφ' ὑγρὴν
ἠδ' ἐπ' ἀπείρονα γαῖαν ἅμα πνοιῆς ἀνέμοιο·
εἵλετο δὲ ῥάβδον, τῇ τ' ἀνδρῶν ὄμματα θέλγει
ὧν ἐθέλει, τοὺς δ' αὖτε καὶ ὑπνώοντας ἐγείρει·
τὴν μετὰ χερσὶν ἔχων πέτετο κρατὺς Ἀργειφόντης.   345
αἶψα δ' ἄρα Τροίην τε καὶ Ἑλλήσποντον ἵκανε,
βῆ δ' ἰέναι κούρῳ αἰσυμνητῆρι ἐοικώς,
πρῶτον ὑπηνήτῃ, τοῦ περ χαριεστάτη ἥβη.

Οἱ δ' ἐπεὶ οὖν μέγα σῆμα παρὲξ Ἴλοιο ἔλασσαν,
στῆσαν ἄρ' ἡμιόνους τε καὶ ἵππους, ὄφρα πίοιεν,   350
ἐν ποταμῷ· δὴ γὰρ καὶ ἐπὶ κνέφας ἤλυθε γαῖαν.
τὸν δ' ἐξ ἀγχιμόλοιο ἰδὼν ἐφράσσατο κῆρυξ
Ἑρμείαν, ποτὶ δὲ Πρίαμον φάτο φώνησέν τε·
" φράζεο, Δαρδανίδη· φραδέος νόου ἔργα τέτυκται.
ἄνδρ' ὁρόω, τάχα δ' ἄμμε διαρραίσεσθαι ὀΐω.   355
ἀλλ' ἄγε δὴ φεύγωμεν ἐφ' ἵππων, ἤ μιν ἔπειτα
γούνων ἁψάμενοι λιτανεύσομεν, αἴ κ' ἐλεήσῃ."

Ὣς φάτο, σὺν δὲ γέροντι νόος χύτο, δείδιε δ' αἰνῶς,
ὀρθαὶ δὲ τρίχες ἔσταν ἐνὶ γναμπτοῖσι μέλεσσι,
στῆ δὲ ταφών· αὐτὸς δ' ἐριούνιος ἐγγύθεν ἐλθών,   360
χεῖρα γέροντος ἑλὼν ἐξείρετο καὶ προσέειπε·
" πῇ, πάτερ, ὧδ' ἵππους τε καὶ ἡμιόνους ἰθύνεις
νύκτα δι' ἀμβροσίην, ὅτε θ' εὕδουσι βροτοὶ ἄλλοι;
οὐδὲ σύ γ' ἔδεισας μένεα πνείοντας Ἀχαιούς,
οἵ τοι δυσμενέες καὶ ἀνάρσιοι ἐγγὺς ἔασι;   365
τῶν εἴ τίς σε ἴδοιτο θοὴν διὰ νύκτα μέλαιναν
τοσσάδ' ὀνείατ' ἄγοντα, τίς ἂν δή τοι νόος εἴη;
οὔτ' αὐτὸς νέος ἐσσί, γέρων δέ τοι οὗτος ὀπηδεῖ,
ἄνδρ' ἀπαμύνασθαι, ὅτε τις πρότερος χαλεπήνῃ.

344 om. p¹⁴   ἐθέλει Ar. vulg. : -η S A (αἱ κοιναί) A C O² U¹¹ al.
346 ἄρα c d e h p A B V³² : ἄρ' ἐς vulg.   347 αἰσυμνητῆρι Ar.
f h i p q B C T V¹ al.: αἰσυνητῆρι Apio, vulg.   348 πρώτῳ b
354 εὐφραδέος V¹ : ἀφραδέος h   361 μετέειπε V³², cit. Eust.
367 ἄγοντα] ἔχοντα m N⁴ V¹²

271

ἀλλ' ἐγὼ οὐδέν σε ῥέξω κακά, καὶ δέ κεν ἄλλον   37⁰
σεῦ ἀπαλεξήσαιμι· φίλῳ δέ σε πατρὶ ἐΐσκω."
  Τὸν δ' ἠμείβετ' ἔπειτα γέρων Πρίαμος θεοειδής·
" οὕτω πη τάδε γ' ἐστί, φίλον τέκος, ὡς ἀγορεύεις.
ἀλλ' ἔτι τις καὶ ἐμεῖο θεῶν ὑπερέσχεθε χεῖρα,
ὅς μοι τοιόνδ' ἦκεν ὁδοιπόρον ἀντιβολῆσαι,   375
αἴσιον, οἷος δὴ σὺ δέμας καὶ εἶδος ἀγητός,
πέπνυσαί τε νόῳ, μακάρων δ' ἔξ ἐσσι τοκήων."
  Τὸν δ' αὖτε προσέειπε διάκτορος Ἀργειφόντης·
" ναὶ δὴ ταῦτά γε πάντα, γέρον, κατὰ μοῖραν ἔειπες
ἀλλ' ἄγε μοι τόδε εἰπὲ καὶ ἀτρεκέως κατάλεξον,   380
ἠέ πη ἐκπέμπεις κειμήλια πολλὰ καὶ ἐσθλὰ
ἄνδρας ἐς ἀλλοδαπούς, ἵνα περ τάδε τοι σόα μίμνῃ,
ἦ ἤδη πάντες καταλείπετε Ἴλιον ἱρὴν
δειδιότες· τοῖος γὰρ ἀνὴρ ὥριστος ὄλωλε
σὸς πάϊς· οὐ μὲν γάρ τι μάχης ἐπιδεύετ' Ἀχαιῶν."   385
  Τὸν δ' ἠμείβετ' ἔπειτα γέρων Πρίαμος θεοειδής·
" τίς δὲ σύ ἐσσι, φέριστε, τέων δ' ἔξ ἐσσι τοκήων;
ὥς μοι καλὰ τὸν οἶτον ἀπότμου παιδὸς ἔνισπες."
  Τὸν δ' αὖτε προσέειπε διάκτορος Ἀργειφόντης·
" πειρᾷ ἐμεῖο, γεραιέ, καὶ εἴρεαι Ἕκτορα δῖον.   390
τὸν μὲν ἐγὼ μάλα πολλὰ μάχῃ ἔνι κυδιανείρῃ
ὀφθαλμοῖσιν ὄπωπα, καὶ εὖτ' ἐπὶ νηυσὶν ἐλάσσας
Ἀργείους κτείνεσκε, δαΐζων ὀξέϊ χαλκῷ·
ἡμεῖς δ' ἑσταότες θαυμάζομεν· οὐ γὰρ Ἀχιλλεὺς
εἴα μάρνασθαι, κεχολωμένος Ἀτρεΐωνι.   395
τοῦ γὰρ ἐγὼ θεράπων, μία δ' ἤγαγε νηῦς εὐεργής·
Μυρμιδόνων δ' ἔξ εἰμι, πατὴρ δέ μοί ἐστι Πολύκτωρ.

370 οὐδ' ἄν σε b h B C V³² al.   κακὰ ℗⁹ A L⁴ L⁵ U⁴ V¹⁰ : -ὸν cet.
ἠδέ κεν ℗⁹ i q Ge U⁹ γρ. A al.   373 πη] δὴ v. l. ant. ℗⁹ V¹⁴ : δή πη
h L¹⁰   374 ἔτι] εἴ b h A B C al.   376 δέμας] μένος ℗¹⁴   καὶ
ἀτειρέα φωνήν h B C L³ V²⁰   382 ἵνα τοι τάδε περ ℗⁹ c g h q al.
383 καταλείψετε c A ss. L¹⁶ M⁸ V¹⁰   387 [ἐσσ' ἀνθ]ρώπων ℗¹²
      388 ὥς c ℗⁹ m sec. A B C L¹⁰ L²⁰ M¹ T U¹⁰ V³² : ὅς vulg.
392 νηυσίν] νῆας h   397 δ' ἐμὸς ℗¹⁴ D

ἀφνειὸς μὲν ὅ γ' ἐστί, γέρων δὲ δὴ ὡς σύ περ ὧδε,
ἐξ δέ οἱ υἷες ἔασιν, ἐγὼ δέ οἱ ἕβδομός εἰμι·
τῶν μέτα παλλόμενος κλήρῳ λάχον ἐνθάδ' ἕπεσθαι.   400
νῦν δ' ἦλθον πεδίονδ' ἀπὸ νηῶν· ἠῶθεν γὰρ
θήσονται περὶ ἄστυ μάχην ἑλίκωπες Ἀχαιοί.
ἀσχαλόωσι γὰρ οἵδε καθήμενοι, οὐδὲ δύνανται
ἴσχειν ἐσσυμένους πολέμου βασιλῆες Ἀχαιῶν."

Τὸν δ' ἠμείβετ' ἔπειτα γέρων Πρίαμος θεοειδής·   405
" εἰ μὲν δὴ θεράπων Πηληϊάδεω Ἀχιλῆος
εἶς, ἄγε δή μοι πᾶσαν ἀληθείην κατάλεξον,
ἢ ἔτι πὰρ νήεσσιν ἐμὸς πάϊς, ἦέ μιν ἤδη
ᾗσι κυσὶν μελεϊστὶ ταμὼν προύθηκεν Ἀχιλλεύς."

Τὸν δ' αὖτε προσέειπε διάκτορος Ἀργειφόντης·   410
" ὦ γέρον, οὔ πω τόν γε κύνες φάγον οὐδ' οἰωνοί,
ἀλλ' ἔτι κεῖνος κεῖται Ἀχιλλῆος παρὰ νηὶ
αὔτως ἐν κλισίῃσι· δυωδεκάτη δέ οἱ ἠὼς
κειμένῳ, οὐδέ τί οἱ χρὼς σήπεται, οὐδέ μιν εὐλαὶ
ἔσθουσ', αἵ ῥά τε φῶτας ἀρηϊφάτους κατέδουσιν.   415
ἦ μέν μιν περὶ σῆμα ἑοῦ ἑτάροιο φίλοιο
ἕλκει ἀκηδέστως, ἠὼς ὅτε δῖα φανήῃ,
οὐδέ μιν αἰσχύνει· θηοῖό κεν αὐτὸς ἐπελθὼν
οἷον ἐερσήεις κεῖται, περὶ δ' αἷμα νένιπται,
οὐδέ ποθι μιαρός· σὺν δ' ἕλκεα πάντα μέμυκεν,   420
ὅσσ' ἐτύπη· πολέες γὰρ ἐν αὐτῷ χαλκὸν ἔλασσαν.
ὥς τοι κήδονται μάκαρες θεοὶ υἷος ἑῆος
καὶ νέκυός περ ἐόντος, ἐπεί σφι φίλος περὶ κῆρι."

Ὣς φάτο, γήθησεν δ' ὁ γέρων, καὶ ἀμείβετο μύθῳ·
" ὦ τέκος, ἦ ῥ' ἀγαθὸν καὶ ἐναίσιμα δῶρα διδοῦναι   425
ἀθανάτοις, ἐπεὶ οὔ ποτ' ἐμὸς πάϊς, εἴ ποτ' ἔην γε,

400 τοῖσι δὲ πρῶτον ὑπηνήτης v. l. S T   ἕπεσθαι] ἱκέσθαι h B C
L³ V¹ m. rec.   411 οὗτοι D γρ. S U⁴   φάγον κύνες s Ge al.
413 ἠὼς] ἤδε p¹³ e h m o p N¹ N⁴ Eust. al. : ἤδη p¹⁴ O⁸ γρ. U⁴   414 γρ.
ἡδύμῳ L⁸   421 ἐν] ἐπ' p⁹ p¹³ p¹⁴ c e f 1 o B C G f N¹ V¹ al.   422 ἑοῖο
p L⁴ P¹³ : τεοῖο p¹⁴ m. sec.   423 ath. Aristoph. Ar.

λήθετ' ἐνὶ μεγάροισι θεῶν, οἳ Ὄλυμπον ἔχουσι·
τῶ οἱ ἀπομνήσαντο καὶ ἐν θανάτοιό περ αἴσῃ.
ἀλλ' ἄγε δὴ τόδε δέξαι ἐμεῦ πάρα καλὸν ἄλεισον,
αὐτόν τε ῥῦσαι, πέμψον δέ με σύν γε θεοῖσιν,   430
ὄφρα κεν ἐς κλισίην Πηληϊάδεω ἀφίκωμαι."
  Τὸν δ' αὖτε προσέειπε διάκτορος Ἀργειφόντης·
" πειρᾷ ἐμεῖο, γεραιέ, νεωτέρου, οὐδέ με πείσεις,
ὅς με κέλεαι σέο δῶρα παρὲξ Ἀχιλῆα δέχεσθαι.
τὸν μὲν ἐγὼ δείδοικα καὶ αἰδέομαι περὶ κῆρι   435
συλεύειν, μή μοί τι κακὸν μετόπισθε γένηται.
σοὶ δ' ἂν ἐγὼ πομπὸς καί κε κλυτὸν Ἄργος ἱκοίμην,
ἐνδυκέως ἐν νηὶ θοῇ ἢ πεζὸς ὁμαρτέων·
οὐκ ἄν τίς τοι πομπὸν ὀνοσσάμενος μαχέσαιτο."
  Ἦ, καὶ ἀναΐξας ἐριούνιος ἅρμα καὶ ἵππους   440
καρπαλίμως μάστιγα καὶ ἡνία λάζετο χερσίν,
ἐν δ' ἔπνευσ' ἵπποισι καὶ ἡμιόνοις μένος ἠΰ.
ἀλλ' ὅτε δὴ πύργους τε νεῶν καὶ τάφρον ἵκοντο,
οἱ δὲ νέον περὶ δόρπα φυλακτῆρες πονέοντο,
τοῖσι δ' ἐφ' ὕπνον ἔχευε διάκτορος Ἀργειφόντης   445
πᾶσιν, ἄφαρ δ' ὤιξε πύλας καὶ ἀπῶσεν ὀχῆας,
ἐς δ' ἄγαγε Πρίαμόν τε καὶ ἀγλαὰ δῶρ' ἐπ' ἀπήνης.
ἀλλ' ὅτε δὴ κλισίην Πηληϊάδεω ἀφίκοντο
ὑψηλήν, τὴν Μυρμιδόνες ποίησαν ἄνακτι
δοῦρ' ἐλάτης κέρσαντες· ἀτὰρ καθύπερθεν ἔρεψαν   450
λαχνήεντ' ὄροφον λειμωνόθεν ἀμήσαντες·
ἀμφὶ δέ οἱ μεγάλην αὐλὴν ποίησαν ἄνακτι
σταυροῖσιν πυκινοῖσι· θύρην δ' ἔχε μοῦνος ἐπιβλὴς
εἰλάτινος, τὸν τρεῖς μὲν ἐπιρρήσσεσκον Ἀχαιοί,
τρεῖς δ' ἀναοίγεσκον μεγάλην κληῖδα θυράων,   455
τῶν ἄλλων· Ἀχιλεὺς δ' ἄρ' ἐπιρρήσσεσκε καὶ οἶος·

428 τῶ] τῶν v. l. s T, pᵖ⁹ B C L³ M¹⁰ γρ. U⁸   434 κέλεαι Wolf :
κέλῃ codd.   Ἀχιλῆος ἔχεσθαι V⁶ V¹⁸ : Ἀχιλῆος δέχεσθαι f g al.
436 μωμεύειν p¹⁴   440 ἀναΐξας s o f g l B C N¹ T al.: ἐπαΐξας vulg.
445 ὄρουσε A m. rec. Ca¹ : ὄρεσ(σ)ε s

δή ῥα τόθ' Ἑρμείας ἐριούνιος ὦξε γέροντι,
ἐς δ' ἄγαγε κλυτὰ δῶρα ποδώκεϊ Πηλείωνι,
ἐξ ἵππων δ' ἀπέβαινεν ἐπὶ χθόνα φώνησέν τε·
" ὦ γέρον, ἤτοι ἐγὼ θεὸς ἄμβροτος εἰλήλουθα,   460
Ἑρμείας· σοὶ γάρ με πατὴρ ἅμα πομπὸν ὄπασσεν.
ἀλλ' ἤτοι μὲν ἐγὼ πάλιν εἴσομαι, οὐδ' Ἀχιλῆος
ὀφθαλμοὺς εἴσειμι· νεμεσσητὸν δέ κεν εἴη
ἀθάνατον θεὸν ὧδε βροτοὺς ἀγαπαζέμεν ἄντην·
τύνη δ' εἰσελθὼν λαβὲ γούνατα Πηλείωνος,   465
καί μιν ὑπὲρ πατρὸς καὶ μητέρος ἠϋκόμοιο
λίσσεο καὶ τέκεος, ἵνα οἱ σὺν θυμὸν ὀρίνῃς."
ᵁΩς ἄρα φωνήσας ἀπέβη πρὸς μακρὸν Ὄλυμπον
Ἑρμείας· Πρίαμος δ' ἐξ ἵππων ἆλτο χαμᾶζε,
Ἰδαῖον δὲ κατ' αὖθι λίπεν· ὁ δὲ μίμνεν ἐρύκων   470
ἵππους ἡμιόνους τε· γέρων δ' ἰθὺς κίεν οἴκου,
τῇ ῥ' Ἀχιλεὺς ἵζεσκε Διὶ φίλος· ἐν δέ μιν αὐτὸν
εὗρ', ἕταροι δ' ἀπάνευθε καθήατο· τὼ δὲ δύ' οἴω,
ἥρως Αὐτομέδων τε καὶ Ἄλκιμος, ὄζος Ἄρηος,
ποίπνυον παρεόντε· νέον δ' ἀπέληγεν ἐδωδῆς   475
ἔσθων καὶ πίνων· ἔτι καὶ παρέκειτο τράπεζα.
τοὺς δ' ἔλαθ' εἰσελθὼν Πρίαμος μέγας, ἄγχι δ' ἄρα στὰς
χερσὶν Ἀχιλῆος λάβε γούνατα καὶ κύσε χεῖρας
δεινὰς ἀνδροφόνους, αἵ οἱ πολέας κτάνον υἷας.
ὡς δ' ὅτ' ἂν ἄνδρ' ἄτη πυκινὴ λάβῃ, ὅς τ' ἐνὶ πάτρῃ   480
φῶτα κατακτείνας ἄλλων ἐξίκετο δῆμον,
ἀνδρὸς ἐς ἀφνειοῦ, θάμβος δ' ἔχει εἰσορόωντας,
ὣς Ἀχιλεὺς θάμβησεν ἰδὼν Πρίαμον θεοειδέα·
θάμβησαν δὲ καὶ ἄλλοι, ἐς ἀλλήλους δὲ ἴδοντο.
τὸν καὶ λισσόμενος Πρίαμος πρὸς μῦθον ἔειπε·   485
" μνῆσαι πατρὸς σοῖο, θεοῖς ἐπιείκελ' Ἀχιλλεῦ,

469 ἆλτο] βαῖνε v. l. S T   471 ἵππους θ' p⁹ B C D L³ M¹⁰ U⁵ U¹³
V¹⁸ V²⁰ V²³   476 ath. Ar.   477 ἄγχι παραστὰς b o f al.
479 παιδοφόνους p¹⁴ m. sec. marg.   482 ἔχεν p⁹ e m al.   476 σοῖο
p D O² V²³ Amm. diff. voc. in v. : σεῖο Zen., vulg. : ἑοῖο h Gf

τηλίκου ὥς περ ἐγών, ὀλοῷ ἐπὶ γήραος οὐδῷ·
καὶ μέν που κεῖνον περιναιέται ἀμφὶς ἐόντες
τείρουσ', οὐδέ τίς ἐστιν ἀρὴν καὶ λοιγὸν ἀμῦναι.
ἀλλ' ἤτοι κεῖνός γε σέθεν ζώοντος ἀκούων   490
χαίρει τ' ἐν θυμῷ, ἐπί τ' ἔλπεται ἤματα πάντα
ὄψεσθαι φίλον υἱὸν ἀπὸ Τροίηθεν ἰόντα·
αὐτὰρ ἐγὼ πανάποτμος, ἐπεὶ τέκον υἷας ἀρίστους
Τροίη ἐν εὐρείη, τῶν δ' οὔ τινά φημι λελεῖφθαι.
πεντήκοντά μοι ἦσαν, ὅτ' ἤλυθον υἷες Ἀχαιῶν·   495
ἐννεακαίδεκα μέν μοι ἰῆς ἐκ νηδύος ἦσαν,
τοὺς δ' ἄλλους μοι ἔτικτον ἐνὶ μεγάροισι γυναῖκες.
τῶν μὲν πολλῶν θοῦρος Ἄρης ὑπὸ γούνατ' ἔλυσεν·
ὃς δέ μοι οἶος ἔην, εἴρυτο δὲ ἄστυ καὶ αὐτούς,
τὸν σὺ πρῴην κτεῖνας ἀμυνόμενον περὶ πάτρης,   500
Ἕκτορα· τοῦ νῦν εἵνεχ' ἱκάνω νῆας Ἀχαιῶν
λυσόμενος παρὰ σεῖο, φέρω δ' ἀπερείσι' ἄποινα.
ἀλλ' αἰδεῖο θεούς, Ἀχιλεῦ, αὐτόν τ' ἐλέησον,
μνησάμενος σοῦ πατρός· ἐγὼ δ' ἐλεεινότερός περ,
ἔτλην δ' οἷ' οὔ πώ τις ἐπιχθόνιος βροτὸς ἄλλος,   505
ἀνδρὸς παιδοφόνοιο ποτὶ στόμα χεῖρ' ὀρέγεσθαι."
    Ὣς φάτο, τῷ δ' ἄρα πατρὸς ὑφ' ἵμερον ὦρσε γόοιο·
ἁψάμενος δ' ἄρα χειρὸς ἀπώσατο ἦκα γέροντα.
τὼ δὲ μνησαμένω, ὁ μὲν Ἕκτορος ἀνδροφόνοιο
κλαῖ' ἀδινὰ προπάροιθε ποδῶν Ἀχιλῆος ἐλυσθείς,   510
αὐτὰρ Ἀχιλλεὺς κλαῖεν ἑὸν πατέρ', ἄλλοτε δ' αὖτε
Πάτροκλον· τῶν δὲ στοναχὴ κατὰ δώματ' ὀρώρει.
αὐτὰρ ἐπεί ῥα γόοιο τετάρπετο δῖος Ἀχιλλεύς,
καί οἱ ἀπὸ πραπίδων ἦλθ' ἵμερος ἠδ' ἀπὸ γυίων,
αὐτίκ' ἀπὸ θρόνου ὦρτο, γέροντα δὲ χειρὸς ἀνέστη,   515

488 ἐόντος v. l. ant., Gf   489 καὶ λοιγὸν] ἀπὸ οἴκου h
492 μολόντα p¹⁴ o g h q   499 αὐτός h V¹   502 φέρων δ' L⁸
L¹⁶ U¹⁰ V⁵ V⁶ : φέρων τ' D Mˢ   506 χεῖρας ὀρέξαι v. l. ap. Eust.
512 στεναχὴ Zen. p¹³   513 αὐτὰρ ἐπεὶ κλαίων τε κυλινδόμενός τ'
ἐκορέσθη Chrysippus ap. Galen. de plac. Hipp. iv. 153   514 ath.
Ar.

οἰκτίρων πολιόν τε κάρη πολιόν τε γένειον,
καί μιν φωνήσας ἔπεα πτερόεντα προσηύδα·
" ἆ δείλ', ἦ δὴ πολλὰ κάκ' ἄνσχεο σὸν κατὰ θυμόν.
πῶς ἔτλης ἐπὶ νῆας 'Αχαιῶν ἐλθέμεν οἶος,
ἀνδρὸς ἐς ὀφθαλμοὺς ὅς τοι πολέας τε καὶ ἐσθλοὺς   520
υἱέας ἐξενάριξα; σιδήρειόν νύ τοι ἦτορ.
ἀλλ' ἄγε δὴ κατ' ἄρ' ἕζευ ἐπὶ θρόνου, ἄλγεα δ' ἔμπης
ἐν θυμῷ κατακεῖσθαι ἐάσομεν ἀχνύμενοί περ·
οὐ γάρ τις πρῆξις πέλεται κρυεροῖο γόοιο·
ὡς γὰρ ἐπεκλώσαντο θεοὶ δειλοῖσι βροτοῖσι,   525
ζώειν ἀχνυμένοις· αὐτοὶ δέ τ' ἀκηδέες εἰσί.
δοιοὶ γάρ τε πίθοι κατακείαται ἐν Διὸς οὔδει
δώρων οἷα δίδωσι κακῶν, ἕτερος δὲ ἑάων·
ᾧ μέν κ' ἀμμείξας δώῃ Ζεὺς τερπικέραυνος,
ἄλλοτε μέν τε κακῷ ὅ γε κύρεται, ἄλλοτε δ' ἐσθλῷ·   530
ᾧ δέ κε τῶν λυγρῶν δώῃ, λωβητὸν ἔθηκε,
καί ἑ κακὴ βούβρωστις ἐπὶ χθόνα δῖαν ἐλαύνει,
φοιτᾷ δ' οὔτε θεοῖσι τετιμένος οὔτε βροτοῖσιν.
ὣς μὲν καὶ Πηλῆϊ θεοὶ δόσαν ἀγλαὰ δῶρα
ἐκ γενετῆς· πάντας γὰρ ἐπ' ἀνθρώπους ἐκέκαστο   535
ὄλβῳ τε πλούτῳ τε, ἄνασσε δὲ Μυρμιδόνεσσι,
καί οἱ θνητῷ ἐόντι θεὰν ποίησαν ἄκοιτιν.
ἀλλ' ἐπὶ καὶ τῷ θῆκε θεὸς κακόν, ὅττι οἱ οὔ τι
παίδων ἐν μεγάροισι γονὴ γένετο κρειόντων,
ἀλλ' ἕνα παῖδα τέκεν παναώριον· οὐδέ νυ τόν γε   540
γηράσκοντα κομίζω, ἐπεὶ μάλα τηλόθι πάτρης
ἧμαι ἐνὶ Τροίῃ, σέ τε κήδων ἠδὲ σὰ τέκνα.
καὶ σέ, γέρον, τὸ πρὶν μὲν ἀκούομεν ὄλβιον εἶναι·
ὅσσον Λέσβος ἄνω, Μάκαρος ἕδος, ἐντὸς ἐέργει

518 ἄσχεο p¹³ L¹⁹ M¹ U⁴ V¹¹ : ἔσχεο Gf V¹⁸   521 ἐξενάριξε p¹⁴ g
522 καταέζευ γρ. U⁴   524 πρῆξις] τ' ἄνυσις Bm⁸ corr. T v. l. in
A   526 ἀχνυμένοις p¹⁴ e h A D N⁴ V¹ : ἀχνυμένους vulg.   528 κηρῶν
ἔμπλειοι ὁ μὲν ἐσθλῶν αὐτὰρ ὁ δειλῶν Plat. Rep. 379 d   530 ἐπιμίσ
γεται g Pind. Pyth. iii. 141   544 μακάρων p¹⁴ m. sec. h L¹⁰ V¹ V¹⁰
Dio Prus. lxxiv. 13, Plut. de exil. 603 d, Suid. in Ἄνω, cf. Mela ii. 7.
4 : μάκαρος πόλις Strab. 356, 586

καὶ Φρυγίη καθύπερθε καὶ Ἑλλήσποντος ἀπείρων,   545
τῶν σε, γέρον, πλούτῳ τε καὶ υἱάσι φασὶ κεκάσθαι.
αὐτὰρ ἐπεί τοι πῆμα τόδ' ἤγαγον Οὐρανίωνες,
αἰεί τοι περὶ ἄστυ μάχαι τ' ἀνδροκτασίαι τε.
ἄνσχεο, μηδ' ἀλίαστον ὀδύρεο σὸν κατὰ θυμόν·
οὐ γάρ τι πρήξεις ἀκαχήμενος υἷος ἑῆος,   550
οὐδέ μιν ἀνστήσεις, πρὶν καὶ κακὸν ἄλλο πάθῃσθα."
    Τὸν δ' ἠμείβετ' ἔπειτα γέρων Πρίαμος θεοειδής·
" μή πώ μ' ἐς θρόνον ἵζε, διοτρεφές, ὄφρα κεν Ἕκτωρ
κεῖται ἐνὶ κλισίῃσιν ἀκηδής, ἀλλὰ τάχιστα
λῦσον, ἵν' ὀφθαλμοῖσιν ἴδω· σὺ δὲ δέξαι ἄποινα   555
πολλά, τά τοι φέρομεν· σὺ δὲ τῶνδ' ἀπόναιο, καὶ ἔλθοις
σὴν ἐς πατρίδα γαῖαν, ἐπεί με πρῶτον ἔασας
αὐτόν τε ζώειν καὶ ὁρᾶν φάος ἠελίοιο."
    Τὸν δ' ἄρ' ὑπόδρα ἰδὼν προσέφη πόδας ὠκὺς Ἀχιλλεύς·
" μηκέτι νῦν μ' ἐρέθιζε, γέρον· νοέω δὲ καὶ αὐτὸς   560
Ἕκτορά τοι λῦσαι, Διόθεν δέ μοι ἄγγελος ἦλθε
μήτηρ, ἥ μ' ἔτεκεν, θυγάτηρ ἁλίοιο γέροντος.
καὶ δέ σε γιγνώσκω, Πρίαμε, φρεσίν, οὐδέ με λήθεις,
ὅττι θεῶν τίς σ' ἦγε θοὰς ἐπὶ νῆας Ἀχαιῶν.
οὐ γάρ κε τλαίη βροτὸς ἐλθέμεν, οὐδὲ μάλ' ἡβῶν,   565
ἐς στρατόν· οὐδὲ γὰρ ἂν φυλάκους λάθοι, οὐδέ κ' ὀχῆα
ῥεῖα μετοχλίσσειε θυράων ἡμετεράων.
τῶ νῦν μή μοι μᾶλλον ἐν ἄλγεσι θυμὸν ὀρίνῃς,
μή σε, γέρον, οὐδ' αὐτὸν ἐνὶ κλισίῃσιν ἐάσω
καὶ ἱκέτην περ ἐόντα, Διὸς δ' ἀλίτωμαι ἐφετμάς."   570

546 τῶν] τῶ 𝔭¹³ 𝔭¹⁴ c p A D N¹ T V¹ V²³ V³² Eust.   549 ἄσχεο
M¹ U⁴ V¹¹ V¹³ L⁸ ss.   550 ἑοῖο Zen. h L⁴ uv. : υἱέος αἰνῶς Stob. Flor.
124. 1   553 μή πώ μ' A L¹⁶ M⁸ M⁹ V¹⁴ : μή μέ πω vulg.   554 κηται
𝔭¹⁴ A T D corr.   556-557 ath. Ar.   556 φέρομαι h 𝔭 v. l. ap.
Eust. al.   557 ἔασας Did. Hermapias, A : ἐπεί με πρῶτ' ἐλέησας
Dion. Sid.   558 om. 𝔭¹⁴ b D GfT U⁵ U⁹ U¹¹ V¹ V¹⁰ V¹¹ V¹⁴ V²³ (οὗτος
ὁ στίχος οὐχ εὑρέθη ἐν τῷ παλαιῷ A marg.)   566 φύλακας 𝔭¹⁴ g i
B C M¹ al.   οὐδέ τ' A V¹⁴   ὀχῆα Ar. A L¹⁶ L²⁰ M⁸ N¹ N⁴ T U¹¹ :
ὀχῆας cet.   568 τῶ] τῶν c f L⁸ V⁴ V³²   ἐνὶ φρεσὶ v. l. in A

Ὡς ἔφατ', ἔδεισεν δ' ὁ γέρων καὶ ἐπείθετο μύθῳ.
Πηλεΐδης δ' οἴκοιο λέων ὣς ἆλτο θύραζε,
οὐκ οἶος, ἅμα τῷ γε δύω θεράποντες ἕποντο,
ἥρως Αὐτομέδων ἠδ' Ἄλκιμος, οὕς ῥα μάλιστα
τῖ' Ἀχιλεὺς ἑτάρων μετὰ Πάτροκλόν γε θανόντα,   575
οἳ τόθ' ὑπὸ ζυγόφιν λύον ἵππους ἡμιόνους τε,
ἐς δ' ἄγαγον κήρυκα καλήτορα τοῖο γέροντος,
κὰδ δ' ἐπὶ δίφρου εἷσαν· ἐϋξέστου δ' ἀπ' ἀπήνης
ᾕρεον Ἑκτορέης κεφαλῆς ἀπερείσι' ἄποινα.
κὰδ δ' ἔλιπον δύο φάρε' ἐΰννητόν τε χιτῶνα,   580
ὄφρα νέκυν πυκάσας δοίη οἰκόνδε φέρεσθαι.
δμῳὰς δ' ἐκκαλέσας λοῦσαι κέλετ' ἀμφί τ' ἀλεῖψαι,
νόσφιν ἀειράσας, ὡς μὴ Πρίαμος ἴδοι υἱόν,
μὴ ὁ μὲν ἀχνυμένῃ κραδίῃ χόλον οὐκ ἐρύσαιτο
παῖδα ἰδών, Ἀχιλῆϊ δ' ὀρινθείη φίλον ἦτορ,   585
καί ἑ κατακτείνειε, Διὸς δ' ἀλίτηται ἐφετμάς.
τὸν δ' ἐπεὶ οὖν δμῳαὶ λοῦσαν καὶ χρῖσαν ἐλαίῳ,
ἀμφὶ δέ μιν φᾶρος καλὸν βάλον ἠδὲ χιτῶνα,
αὐτὸς τόν γ' Ἀχιλεὺς λεχέων ἐπέθηκεν ἀείρας,
σὺν δ' ἕταροι ἤειραν ἐϋξέστην ἐπ' ἀπήνην.   590
ᾤμωξέν τ' ἄρ' ἔπειτα, φίλον δ' ὀνόμηνεν ἑταῖρον·
" μή μοι, Πάτροκλε, σκυδμαινέμεν, αἴ κε πύθηαι
εἰν Ἄϊδός περ ἐὼν ὅτι Ἕκτορα δῖον ἔλυσα
πατρὶ φίλῳ, ἐπεὶ οὔ μοι ἀεικέα δῶκεν ἄποινα.
σοὶ δ' αὖ ἐγὼ καὶ τῶνδ' ἀποδάσσομαι ὅσσ' ἐπέοικεν."   595
Ἦ ῥα, καὶ ἐς κλισίην πάλιν ἤϊε δῖος Ἀχιλλεύς,
ἕζετο δ' ἐν κλισμῷ πολυδαιδάλῳ, ἔνθεν ἀνέστη,
τοίχου τοῦ ἑτέρου, ποτὶ δὲ Πρίαμον φάτο μῦθον·

571 ἔδεισεν] ῥι]γησεν p¹³   574 ἠδ' A B C D L³ L¹⁶ M⁸ T U⁵ V²⁰ :
τε καὶ vulg.: καὶ M⁹ M¹⁰ N¹ U¹³ V⁶   576 ἵππους θ' c L⁶ L⁸ U⁵ V⁵ V⁶
578 ἐϋξέστου] ἐϋσσώτρου p¹⁴ h D T V¹ A marg. γρ. A   584 κότον
οὐ κατερύκοι v.l. ant.: χόλον οὐ κατερύξει h V¹ : γδον Hdn. : κόλον
Rhianus : κότον al. s T   590 ἐϋξέστῃ ἀπ' ἀπήνῃ (sic) A ss.
594-595 ath. Ar.   595 αὖ] ἂν g   ὅσσ'] ὡς p¹⁴

279

" υἱὸς μὲν δή τοι λέλυται, γέρον, ὡς ἐκέλευες,
κεῖται δ' ἐν λεχέεσσ'· ἅμα δ' ἠοῖ φαινομένηφιν   600
ὄψεαι αὐτὸς ἄγων· νῦν δὲ μνησώμεθα δόρπου.
καὶ γάρ τ' ἠύκομος Νιόβη ἐμνήσατο σίτου,
τῇ περ δώδεκα παῖδες ἐνὶ μεγάροισιν ὄλοντο,
ἓξ μὲν θυγατέρες, ἓξ δ' υἱέες ἡβώοντες.
τοὺς μὲν Ἀπόλλων πέφνεν ἀπ' ἀργυρέοιο βιοῖο   605
χωόμενος Νιόβῃ, τὰς δ' Ἄρτεμις ἰοχέαιρα,
οὕνεκ' ἄρα Λητοῖ ἰσάσκετο καλλιπαρῄῳ·
φῆ δοιὼ τεκέειν, ἡ δ' αὐτὴ γείνατο πολλούς·
τὼ δ' ἄρα καὶ δοιώ περ ἐόντ' ἀπὸ πάντας ὄλεσσαν.
οἱ μὲν ἄρ' ἐννῆμαρ κέατ' ἐν φόνῳ, οὐδέ τις ἦεν   610
κατθάψαι, λαοὺς δὲ λίθους ποίησε Κρονίων·
τοὺς δ' ἄρα τῇ δεκάτῃ θάψαν θεοὶ Οὐρανίωνες.
ἡ δ' ἄρα σίτου μνήσατ', ἐπεὶ κάμε δάκρυ χέουσα.
νῦν δέ που ἐν πέτρῃσιν, ἐν οὔρεσιν οἰοπόλοισιν,
ἐν Σιπύλῳ, ὅθι φασὶ θεάων ἔμμεναι εὐνὰς   615
νυμφάων, αἵ τ' ἀμφ' Ἀχελώϊον ἐρρώσαντο,
ἔνθα λίθος περ ἐοῦσα θεῶν ἐκ κήδεα πέσσει.
ἀλλ' ἄγε δὴ καὶ νῶϊ μεδώμεθα, δῖε γεραιέ,
σίτου· ἔπειτά κεν αὖτε φίλον παῖδα κλαίοισθα,
Ἴλιον εἰσαγαγών· πολυδάκρυτος δέ τοι ἔσται."   620
Ἦ, καὶ ἀναΐξας ὄϊν ἄργυφον ὠκὺς Ἀχιλλεὺς
σφάξ'· ἕταροι δὲ δερόν τε καὶ ἄμφεπον εὖ κατὰ κόσμον,
μίστυλλόν τ' ἄρ' ἐπισταμένως πεῖράν τ' ὀβελοῖσιν,
ὤπτησάν τε περιφραδέως, ἐρύσαντό τε πάντα.
Αὐτομέδων δ' ἄρα σῖτον ἑλὼν ἐπένειμε τραπέζῃ   625
καλοῖς ἐν κανέοισιν· ἀτὰρ κρέα νεῖμεν Ἀχιλλεύς.
οἱ δ' ἐπ' ὀνείαθ' ἑτοῖμα προκείμενα χεῖρας ἴαλλον.
αὐτὰρ ἐπεὶ πόσιος καὶ ἐδητύος ἐξ ἔρον ἕντο,
ἤτοι Δαρδανίδης Πρίαμος θαύμαζ' Ἀχιλῆα,

599 ὡς σὺ κελεύεις o h B C D L³ V¹ V²⁰   604 υἱέες et υἱεῖς Ar.
(διχῶς): υἱέες p¹⁸ : υἱεῖς codd.   614–617 ath. Aristoph. Ar.
616 Ἀχελῆϊον v. l. ant., A ss. : Ἀχελήσιον S T

ὅσσος ἔην οἷός τε· θεοῖσι γὰρ ἄντα ἐῴκει·   630
αὐτὰρ ὁ Δαρδανίδην Πρίαμον θαύμαζεν Ἀχιλλεύς,
εἰσορόων ὄψίν τ᾽ ἀγαθὴν καὶ μῦθον ἀκούων.
αὐτὰρ ἐπεὶ τάρπησαν ἐς ἀλλήλους ὁρόωντες,
τὸν πρότερος προσέειπε γέρων Πρίαμος θεοειδής·
" λέξον νῦν με τάχιστα, διοτρεφές, ὄφρα καὶ ἤδη   635
ὕπνῳ ὕπο γλυκερῷ ταρπώμεθα κοιμηθέντες·
οὐ γάρ πω μύσαν ὄσσε ὑπὸ βλεφάροισιν ἐμοῖσιν
ἐξ οὗ σῆς ὑπὸ χερσὶν ἐμὸς πάϊς ὤλεσε θυμόν,
ἀλλ᾽ αἰεὶ στενάχω καὶ κήδεα μυρία πέσσω,
αὐλῆς ἐν χόρτοισι κυλινδόμενος κατὰ κόπρον.   640
νῦν δὴ καὶ σίτου πασάμην καὶ αἴθοπα οἶνον
λαυκανίης καθέηκα· πάρος γε μὲν οὔ τι πεπάσμην."
Ἦ ῥ᾽, Ἀχιλεὺς δ᾽ ἑτάροισιν ἰδὲ δμῳῆσι κέλευσε
δέμνι᾽ ὑπ᾽ αἰθούσῃ θέμεναι καὶ ῥήγεα καλὰ
πορφύρε᾽ ἐμβαλέειν, στορέσαι τ᾽ ἐφύπερθε τάπητας,   645
χλαίνας τ᾽ ἐνθέμεναι οὔλας καθύπερθεν ἔσασθαι.
αἱ δ᾽ ἴσαν ἐκ μεγάροιο δάος μετὰ χερσὶν ἔχουσαι,
αἶψα δ᾽ ἄρα στόρεσαν δοιὼ λέχε᾽ ἐγκονέουσαι.
τὸν δ᾽ ἐπικερτομέων προσέφη πόδας ὠκὺς Ἀχιλλεύς·
" ἐκτὸς μὲν δὴ λέξο, γέρον φίλε, μή τις Ἀχαιῶν   650
ἐνθάδ᾽ ἐπέλθῃσιν βουληφόρος, οἵ τέ μοι αἰεὶ
βουλὰς βουλεύουσι παρήμενοι, ἣ θέμις ἐστί·
τῶν εἴ τίς σε ἴδοιτο θοὴν διὰ νύκτα μέλαιναν,
αὐτίκ᾽ ἂν ἐξείποι Ἀγαμέμνονι ποιμένι λαῶν,
καί κεν ἀνάβλησις λύσιος νεκροῖο γένηται.   655
ἀλλ᾽ ἄγε μοι τόδε εἰπὲ καὶ ἀτρεκέως κατάλεξον,
ποσσῆμαρ μέμονας κτερεϊζέμεν Ἕκτορα δῖον,
ὄφρα τέως αὐτός τε μένω καὶ λαὸν ἐρύκω."
Τὸν δ᾽ ἠμείβετ᾽ ἔπειτα γέρων Πρίαμος θεοειδής·

636 ταυσώμεθα Ar. h A L¹⁰ L¹⁹ M⁹ N⁴ V¹   642 λαυκανίης p¹⁴
e h A B Gf N⁴ T al.: λευκανίης vulg.   643 ἔειπε Ge V¹¹   646 τ᾽
ἐφύπερθεν h U⁹ V⁴   647 δάδας h L¹⁰ M⁹   656 ἀγόρευσον h i q al.
658 τε μένω] μενέω Apoll. lex. in Τέως

" εἰ μὲν δή μ᾽ ἐθέλεις τελέσαι τάφον Ἕκτορι δίῳ,　660
ὧδέ κέ μοι ῥέζων, Ἀχιλεῦ, κεχαρισμένα θείης.
οἶσθα γὰρ ὡς κατὰ ἄστυ ἐέλμεθα, τηλόθι δ᾽ ὕλη
ἀξέμεν ἐξ ὄρεος, μάλα δὲ Τρῶες δεδίασιν.
ἐννῆμαρ μέν κ᾽ αὐτὸν ἐνὶ μεγάροις γοάοιμεν,
τῇ δεκάτῃ δέ κε θάπτοιμεν δαινῦτό τε λαός,　665
ἑνδεκάτῃ δέ κε τύμβον ἐπ᾽ αὐτῷ ποιήσαιμεν,
τῇ δὲ δυωδεκάτῃ πολεμίξομεν, εἴ περ ἀνάγκη."

Τὸν δ᾽ αὖτε προσέειπε ποδάρκης δῖος Ἀχιλλεύς·
" ἔσται τοι καὶ ταῦτα, γέρον Πρίαμ᾽, ὡς σὺ κελεύεις·
σχήσω γὰρ πόλεμον τόσσον χρόνον ὅσσον ἄνωγας."　670
Ὡς ἄρα φωνήσας ἐπὶ καρπῷ χεῖρα γέροντος
ἔλλαβε δεξιτερήν, μή πως δείσει᾽ ἐνὶ θυμῷ.
οἱ μὲν ἄρ᾽ ἐν προδόμῳ δόμου αὐτόθι κοιμήσαντο,
κῆρυξ καὶ Πρίαμος, πυκινὰ φρεσὶ μήδε᾽ ἔχοντες.
αὐτὰρ Ἀχιλλεὺς εὗδε μυχῷ κλισίης ἐϋπήκτου·　675
τῷ δὲ Βρισηὶς παρελέξατο καλλιπάρῃος.

Ἄλλοι μέν ῥα θεοί τε καὶ ἀνέρες ἱπποκορυσταὶ
εὗδον παννύχιοι, μαλακῷ δεδμημένοι ὕπνῳ·
ἀλλ᾽ οὐχ Ἑρμείαν ἐριούνιον ὕπνος ἔμαρπτεν,
ὁρμαίνοντ᾽ ἀνὰ θυμὸν ὅπως Πρίαμον βασιλῆα　680
νηῶν ἐκπέμψειε λαθὼν ἱεροὺς πυλαωρούς.
στῆ δ᾽ ἄρ᾽ ὑπὲρ κεφαλῆς καί μιν πρὸς μῦθον ἔειπεν·
" ὦ γέρον, οὔ νύ τι σοί γε μέλει κακόν, οἷον ἔθ᾽ εὕδεις
ἀνδράσιν ἐν δηΐοισιν, ἐπεί σ᾽ εἴασεν Ἀχιλλεύς.
καὶ νῦν μὲν φίλον υἱὸν ἐλύσαο, πολλὰ δ᾽ ἔδωκας·　685
σεῖο δέ κε ζωοῦ καὶ τρὶς τόσα δοῖεν ἄποινα
παῖδες τοὶ μετόπισθε λελειμμένοι, αἴ κ᾽ Ἀγαμέμνων
γνώῃ σ᾽ Ἀτρεΐδης, γνώωσι δὲ πάντες Ἀχαιοί."
Ὡς ἔφατ᾽, ἔδεισεν δ᾽ ὁ γέρων, κήρυκα δ᾽ ἀνίστη.

661 ῥέξας f h m al.　　663 δὲ] γὰρ Ar. a b c d h m N¹ N⁴ al.
670 τόσσον πόλεμον χρόνον a b f l A Ge Gf　　ὡς σὺ v. l. ap. Eust.
673 αὐτοῦ P¹⁴ : αὐτίκα V¹　676 δὲ] δ᾽ ἄρα q A L¹⁶ M⁸ P¹³ ss.
681 πυλαουρους P¹³

τοῖσιν δ' Ἑρμείας ζεῦξ' ἵππους ἡμιόνους τε,   690
ῥίμφα δ' ἄρ' αὐτὸς ἔλαυνε κατὰ στρατόν, οὐδέ τις ἔγνω.
'Αλλ' ὅτε δὴ πόρον ἷξον ἐϋρρεῖος ποταμοῖο,
Ξάνθου δινήεντος, ὃν ἀθάνατος τέκετο Ζεύς,
Ἑρμείας μὲν ἔπειτ' ἀπέβη πρὸς μακρὸν Ὄλυμπον,
Ἠὼς δὲ κροκόπεπλος ἐκίδνατο πᾶσαν ἐπ' αἶαν,   695
οἱ δ' ἐς ἄστυ ἔλων οἰμωγῇ τε στοναχῇ τε
ἵππους, ἡμίονοι δὲ νέκυν φέρον. οὐδέ τις ἄλλος
ἔγνω πρόσθ' ἀνδρῶν καλλιζώνων τε γυναικῶν,
ἀλλ' ἄρα Κασσάνδρη, ἰκέλη χρυσέη 'Αφροδίτῃ,
Πέργαμον εἰσαναβᾶσα φίλον πατέρ' εἰσενόησεν   700
ἑσταότ' ἐν δίφρῳ, κήρυκά τε ἀστυβοώτην·
τὸν δ' ἄρ' ἐφ' ἡμιόνων ἴδε κείμενον ἐν λεχέεσσι·
κώκυσέν τ' ἄρ' ἔπειτα γέγωνέ τε πᾶν κατὰ ἄστυ·
" ὄψεσθε, Τρῶες καὶ Τρῳάδες, Ἕκτορ' ἰόντες,
εἴ ποτε καὶ ζώοντι μάχης ἐκ νοστήσαντι   705
χαίρετ', ἐπεὶ μέγα χάρμα πόλει τ' ἦν παντί τε δήμῳ."
  Ὣς ἔφατ', οὐδέ τις αὐτόθ' ἐνὶ πτόλεϊ λίπετ' ἀνὴρ
οὐδὲ γυνή· πάντας γὰρ ἀάσχετον ἵκετο πένθος·
ἀγχοῦ δὲ ξύμβληντο πυλάων νεκρὸν ἄγοντι.
πρῶται τόν γ' ἄλοχός τε φίλη καὶ πότνια μήτηρ   710
τιλλέσθην, ἐπ' ἄμαξαν ἐΰτροχον ἀΐξασαι,
ἀπτόμεναι κεφαλῆς· κλαίων δ' ἀμφίσταθ' ὅμιλος.
καί νύ κε δὴ πρόπαν ἦμαρ ἐς ἠέλιον καταδύντα
Ἕκτορα δάκρυ χέοντες ὀδύροντο πρὸ πυλάων,
εἰ μὴ ἄρ' ἐκ δίφροιο γέρων λαοῖσι μετηύδα·   715
" εἴξατέ μοι οὐρεῦσι διελθέμεν· αὐτὰρ ἔπειτα
ἄσεσθε κλαυθμοῖο, ἐπὴν ἀγάγωμι δόμονδε."
  Ὣς ἔφαθ', οἱ δὲ διέστησαν καὶ εἶξαν ἀπήνῃ.
οἱ δ' ἐπεὶ εἰσάγαγον κλυτὰ δώματα, τὸν μὲν ἔπειτα
τρητοῖς ἐν λεχέεσσι θέσαν, παρὰ δ' εἶσαν ἀοιδοὺς   720

693 om. p¹³ p¹⁴ a f l o A Ang. Gf V¹¹ V³²   697 φέρον] ἄγον p¹³
h A L¹⁶ M⁸   704 εκτορα διον p¹³   706 πόλι Ar g U⁴ ita Vi¹
717 ασεσθαι p¹⁴: -ασθαι f T   ἀγάγωμι D L¹⁹ Vi² : -ωμαι h : -σιμι
cet.   πόλινδε V¹⁴ γρ. A

θρήνων ἐξάρχους, οἵ τε στονόεσσαν ἀοιδὴν
οἱ μὲν ἄρ' ἐθρήνεον, ἐπὶ δὲ στενάχοντο γυναῖκες.
τῇσιν δ' Ἀνδρομάχη λευκώλενος ἦρχε γόοιο,
Ἕκτορος ἀνδροφόνοιο κάρη μετὰ χερσὶν ἔχουσα·
" ἆνερ, ἀπ' αἰῶνος νέος ὤλεο, κὰδ δέ με χήρην   725
λείπεις ἐν μεγάροισι· πάϊς δ' ἔτι νήπιος αὔτως,
ὃν τέκομεν σύ τ' ἐγώ τε δυσάμμοροι, οὐδέ μιν οἴω
ἥβην ἵξεσθαι· πρὶν γὰρ πόλις ἥδε κατ' ἄκρης
πέρσεται· ἦ γὰρ ὄλωλας ἐπίσκοπος, ὅς τέ μιν αὐτὴν
ῥύσκευ, ἔχες δ' ἀλόχους κεδνὰς καὶ νήπια τέκνα,   730
αἳ δή τοι τάχα νηυσὶν ὀχήσονται γλαφυρῇσι,
καὶ μὲν ἐγὼ μετὰ τῇσι· σὺ δ' αὖ, τέκος, ἢ ἐμοὶ αὐτῇ
ἕψεαι, ἔνθα κεν ἔργα ἀεικέα ἐργάζοιο,
ἀθλεύων πρὸ ἄνακτος ἀμειλίχου, ἤ τις Ἀχαιῶν
ῥίψει χειρὸς ἑλὼν ἀπὸ πύργου, λυγρὸν ὄλεθρον,   735
χωόμενος, ᾧ δή που ἀδελφεὸν ἔκτανεν Ἕκτωρ
ἢ πατέρ', ἠὲ καὶ υἱόν, ἐπεὶ μάλα πολλοὶ Ἀχαιῶν
Ἕκτορος ἐν παλάμῃσιν ὀδὰξ ἕλον ἄσπετον οὖδας.
οὐ γὰρ μείλιχος ἔσκε πατὴρ τεὸς ἐν δαῒ λυγρῇ·
τῶ καί μιν λαοὶ μὲν ὀδύρονται κατὰ ἄστυ,   740
ἀρητὸν δὲ τοκεῦσι γόον καὶ πένθος ἔθηκας,
Ἕκτορ· ἐμοὶ δὲ μάλιστα λελείψεται ἄλγεα λυγρά.
οὐ γάρ μοι θνῄσκων λεχέων ἐκ χεῖρας ὄρεξας,
οὐδέ τί μοι εἶπες πυκινὸν ἔπος, οὗ τέ κεν αἰεὶ
μεμνήμην νύκτας τε καὶ ἤματα δάκρυ χέουσα."   745
    Ὣς ἔφατο κλαίουσ', ἐπὶ δὲ στενάχοντο γυναῖκες.
τῇσιν δ' αὖθ' Ἑκάβη ἁδινοῦ ἐξῆρχε γόοιο·
"'Ἕκτορ, ἐμῷ θυμῷ πάντων πολὺ φίλτατε παίδων,
ἦ μέν μοι ζωός περ ἐὼν φίλος ἦσθα θεοῖσιν·
οἱ δ' ἄρα σεῦ κήδοντο καὶ ἐν θανάτοιό περ αἴσῃ.   750

721 θρήνων c f h i al. : θρήνους vulg. : θρήνου M¹¹ P⁴ P¹³ V⁵   722 δὴ
θρήνεον e h m D v. l. in A   724 ἱπποδάμοιο p¹³ p¹⁴ c e m r N¹ V¹
V²³ al. Matro 31   725 νέον Zen. Gf   726 δ' ἔτι b h l v. l. in A
al. : δέ τε vulg.   740 κατὰ] περὶ p¹⁴

ἄλλους μὲν γὰρ παῖδας ἐμοὺς πόδας ὠκὺς Ἀχιλλεὺς
πέρνασχ᾽, ὅν τιν᾽ ἔλεσκε, πέρην ἁλὸς ἀτρυγέτοιο,
ἐς Σάμον ἔς τ᾽ Ἴμβρον καὶ Λῆμνον ἀμιχθαλόεσσαν·
σεῦ δ᾽ ἐπεὶ ἐξέλετο ψυχὴν ταναήκεϊ χαλκῷ,
πολλὰ ῥυστάζεσκεν ἑοῦ περὶ σῆμ᾽ ἑτάροιο,   755
Πατρόκλου, τὸν ἔπεφνες· ἀνέστησεν δέ μιν οὐδ᾽ ὥς.
νῦν δέ μοι ἐρσήεις καὶ πρόσφατος ἐν μεγάροισι
κεῖσαι, τῷ ἴκελος ὅν τ᾽ ἀργυρότοξος Ἀπόλλων
οἷς ἀγανοῖσι βέλεσσιν ἐποιχόμενος κατέπεφνεν."
    Ὣς ἔφατο κλαίουσα, γόον δ᾽ ἀλίαστον ὄρινε.   760
τῇσι δ᾽ ἔπειθ᾽ Ἑλένη τριτάτη ἐξῆρχε γόοιο·
    "Ἕκτορ, ἐμῷ θυμῷ δαέρων πολὺ φίλτατε πάντων,
ἦ μέν μοι πόσις ἐστὶν Ἀλέξανδρος θεοειδής,
ὅς μ᾽ ἄγαγε Τροίηνδ᾽· ὡς πρὶν ὤφελλον ὀλέσθαι.
ἤδη γὰρ νῦν μοι τόδ᾽ ἐεικοστὸν ἔτος ἐστὶν   765
ἐξ οὗ κεῖθεν ἔβην καὶ ἐμῆς ἀπελήλυθα πάτρης·
ἀλλ᾽ οὔ πω σεῦ ἄκουσα κακὸν ἔπος οὐδ᾽ ἀσύφηλον·
ἀλλ᾽ εἴ τίς με καὶ ἄλλος ἐνὶ μεγάροισιν ἐνίπτοι
δαέρων ἢ γαλόων ἢ εἰνατέρων εὐπέπλων,
ἢ ἑκυρή—ἑκυρὸς δὲ πατὴρ ὣς ἤπιος αἰεί—,   770
ἀλλὰ σὺ τὸν ἐπέεσσι παραιφάμενος κατέρυκες,
σῇ τ᾽ ἀγανοφροσύνῃ καὶ σοῖς ἀγανοῖς ἐπέεσσι.
τῶ σέ θ᾽ ἅμα κλαίω καὶ ἔμ᾽ ἄμμορον ἀχνυμένη κῆρ·
οὐ γάρ τίς μοι ἔτ᾽ ἄλλος ἐνὶ Τροίῃ εὐρείῃ
ἤπιος οὐδὲ φίλος, πάντες δέ με πεφρίκασιν."   775
    Ὣς ἔφατο κλαίουσ᾽, ἐπὶ δ᾽ ἔστενε δῆμος ἀπείρων.
λαοῖσιν δ᾽ ὁ γέρων Πρίαμος μετὰ μῦθον ἔειπεν·

752 ὅν τιν᾽ ἔλῃσι v. l. in A : ὅν κε λάβοι Strab. 457   753 μιχθαλό-
εσσαν Antim. N⁴ corr.: ὀμιχθαλόεσσαν h   759 καταπέφνῃ P¹⁴
c h v. l. in A al.   760 ἔγειρε P¹⁴ p q L¹⁰ M¹ M¹² O² : ὄρουσε V⁴
761 τῇσιν δ᾽ αὖθ᾽ c f g i l al.   764 ἄγαγ᾽ ἐς l B C L¹²   ὤφελλον
ὀλέσθαι Ar. e h i A B C D V¹ V³²: ὤφελλ᾽ ἀπολέσθαι vulg.   768 ἐνίπτοι
b h i l A B C D V¹ al : ἐνίπτοι e N¹ : ἐνείποι Gf : ἐνίσσοι v. l. in A :
ἐνίσποι vulg.   770 αἰεί] ἦεν P¹⁴ m sec. h p V¹⁸ : εἴεν v. l. in A
771 τόν γ᾽ codd.   773 θ᾽ ἅμα] μάλα h   καὶ ἐμὸν μόρον v. l. 8 T

" ἄξετε νῦν, Τρῶες, ξύλα ἄστυδε, μηδέ τι θυμῷ
δείσητ' Ἀργείων πυκινὸν λόχον· ἦ γὰρ Ἀχιλλεὺς
πέμπων μ' ὧδ' ἐπέτελλε μελαινάων ἀπὸ νηῶν,   780
μὴ πρὶν πημανέειν, πρὶν δωδεκάτη μόλῃ ἠώς."
Ὡς ἔφαθ', οἱ δ' ὑπ' ἀμάξῃσιν βόας ἡμιόνους τε
ζεύγνυσαν, αἶψα δ' ἔπειτα πρὸ ἄστεος ἠγερέθοντο.
ἐννῆμαρ μὲν τοί γε ἀγίνεον ἄσπετον ὕλην·
ἀλλ' ὅτε δὴ δεκάτη ἐφάνη φαεσίμβροτος ἠώς,   785
καὶ τότ' ἄρ' ἐξέφερον θρασὺν Ἕκτορα δάκρυ χέοντες,
ἐν δὲ πυρῇ ὑπάτῃ νεκρὸν θέσαν, ἐν δ' ἔβαλον πῦρ.
Ἦμος δ' ἠριγένεια φάνη ῥοδοδάκτυλος Ἠώς,
τῆμος ἄρ' ἀμφὶ πυρὴν κλυτοῦ Ἕκτορος ἔγρετο λαός.
αὐτὰρ ἐπεί ῥ' ἤγερθεν ὁμηγερέες τ' ἐγένοντο,   790
πρῶτον μὲν κατὰ πυρκαϊὴν σβέσαν αἴθοπι οἴνῳ
πᾶσαν, ὁπόσσον ἐπέσχε πυρὸς μένος· αὐτὰρ ἔπειτα
ὀστέα λευκὰ λέγοντο κασίγνητοί θ' ἕταροί τε
μυρόμενοι, θαλερὸν δὲ κατείβετο δάκρυ παρειῶν.
καὶ τά γε χρυσείην ἐς λάρνακα θῆκαν ἑλόντες,   795
πορφυρέοις πέπλοισι καλύψαντες μαλακοῖσιν·
αἶψα δ' ἄρ' ἐς κοίλην κάπετον θέσαν, αὐτὰρ ὕπερθε
πυκνοῖσιν λάεσσι κατεστόρεσαν μεγάλοισι·
ῥίμφα δὲ σῆμ' ἔχεαν, περὶ δὲ σκοποὶ ἥατο πάντῃ,
μὴ πρὶν ἐφορμηθεῖεν ἐϋκνήμιδες Ἀχαιοί.   800
χεύαντες δὲ τὸ σῆμα πάλιν κίον· αὐτὰρ ἔπειτα
εὖ συναγειρόμενοι δαίνυντ' ἐρικυδέα δαῖτα
δώμασιν ἐν Πριάμοιο, διοτρεφέος βασιλῆος.
Ὡς οἵ γ' ἀμφίεπον τάφον Ἕκτορος ἱπποδάμοιο.

783 ζεύγνυον h p q T   785 ῥοδοδάκτυλος L⁴ L⁵ L¹⁵ U⁵ V¹⁴ v. l. in A
786 ἀχνύμενοι κῆρ v. l. in A (= Ψ 165)   789 κριτος pro κλυτοῦ
p¹⁴   790 om. p¹⁴ b c e g A Gf N¹ T V³² Eust.   792 ἐπέσχε c e m
793 θ' om. vulg.: hab. A B C L³ L⁴ L¹⁶ M⁸ O⁵ T   796 καθά-
ψαντες v. l. g T   800 ἐφορμήσειαν h L¹⁰ U⁵ V¹ V¹⁴   802 συνα-
γειράμενοι p¹⁴ o g h : διαγειρ. f p V³²: τ' ἀναγειρ. 1 L²   pro 804 hos
duo versus

        ὡς οἵ γ' ἀμφίεπον τάφον Ἕκτορος, ἦλθε δ' Ἀμαζών
        Ἄρηος θυγάτηρ μεγαλήτορος ἀνδροφόνοιο
quidam g T

286

INDEX NOMINVM

INDEX NOMINVM

INDEX NOMINVM

INDEX NOMINVM

INDEX NOMINVM

INDEX NOMINVM

INDEX NOMINVM

INDEX NOMINVM

INDEX NOMINVM

INDEX NOMINVM